民国学术经典丛书

中华二千年史（四）

邓之诚 著

中国社会科学出版社

十　母后之临朝

（一）祺祥之狱

　　清无母后垂帘之制，顺治、康熙两朝，幼主登极，仅委任重臣柄政。顺治初有摄政王、辅政王，康熙初有四辅政。咸丰之末，遗诏赞襄王大臣八人辅政，本为顺、康旧制，而两太后同阅章奏，其异于垂帘者，但不召见群臣而已。朝臣中若周祖培、祁寯藻、翁心存诸人，与肃顺、端华、载垣结党相争，乃外结领兵之胜保，内结恭、醇两王，突下诏，数肃顺等之罪而诛之，于是两宫临朝，而以恭亲王为议政王军机大臣。初本改元祺祥，自是改为同治，故世称肃顺之诛为祺祥之狱。名为两宫听政，其实事皆决于西后，独揽大权至四十七年之久，史册所无也。在此期中，外恃英、法、美诸国之力，内倚曾、左、胡、李诸人，使太平诸军不幸先后败没，清室重振，号为中兴。然不五十年，清遂以亡，则由外患更深，割地、赔款、丧权、辱国之事，层见叠出，人民愤而起革命之军，清虽欲苟延，不可得矣。

　　　　咸丰十一年1861年。七月……癸卯，文宗显皇帝宾天。先是……壬寅，文宗疾大渐，召御前大臣载垣、端华、景寿、肃顺，军机大臣穆荫、匡源、杜翰、焦祐瀛，承写朱谕，立皇长子为皇太子，越翌日寅刻，文宗升遐。己酉，……恭亲王奕訢奏请前赴热河叩谒梓宫，允之。（《清穆宗实录》卷一）

　　　　八月……癸亥，……胜保奏请叩谒梓宫，允之。（《清穆宗实录》卷二）

　　　　九月……乙卯，谕王公百官等：上年海疆不靖，京师戒严，总由在事之王大臣等，筹画乖方所致。载垣等复不尽心和议，徒诱获英国使臣，以塞己责，以致失信于各国，淀园被扰，我皇考巡幸热河，实圣心万不得已之苦衷也。嗣经总理各国事务衙门王大臣等，将各国应办事宜，妥为经理，都城内外，安谧如常。皇考屡召王大臣，议回銮

肃顺像

之旨，而载垣、端华、肃顺，朋比为奸，总以外国情形反覆，力排众论。皇考宵旰焦劳，更兼口外严寒，以致圣体违和，竟于本年七月十七日，龙驭上宾。……追思载垣等从前蒙蔽之罪，……朕御极之初，即欲重治其罪，惟思伊等系顾命之臣，故暂行宽免，以观后效。孰意八月十一日，朕召见载垣等八人，因御史董元醇敬陈管见一折，内称：请皇太后暂时权理朝政，俟数年后，朕能亲裁庶务，再行归政；又请于亲王中，简派一二人，令其辅弼；又请在大臣中，简派一二人，充朕师傅之任。以上三端，深合朕意。虽我朝向无皇太后垂帘之仪，朕受皇考大行皇帝付托之重，惟以国计民生为念，岂能拘守常例，此所谓事贵从权，特面谕载垣等，著照所请传旨。该王大臣奏对时，晓晓置辨，已无人臣之礼，拟旨时，又阳奉阴违，擅自改写，作为朕旨颁行，是诚何心？……总因朕冲龄，皇太后不能深悉国事，任伊等欺蒙。……若再事姑容，何以仰对在天之灵？……载垣、端华、肃顺，著即解任，景寿、穆荫、匡源、杜翰、焦祐瀛，著退出军机处，派恭亲王会同大学士、六部九卿、翰詹科道，将伊等应得之咎，分别轻重，按律秉公具奏，至皇太后应如何垂帘之仪，一并会议具奏。……

谕内阁：本月据贾桢、周祖培、沈兆霖、赵光奏，政权请操之自上，并皇太后召见臣工礼节，及一切办事章程，请饬廷臣会议，并据胜保奏，请皇太后亲理大政，并另简近支亲王辅政，各一折，著王大臣、大学士、六部九卿、翰詹科道，将应如何酌古准今折衷定议之处，即行妥议以闻。……

谕：前因载垣、端华、肃顺等三人，种种跋扈不臣，朕于热河行宫，命醇郡王奕譞，缮就谕旨，将载垣等三人解任。兹于本日特旨召见恭亲王，带同大学士桂良、周祖培、军机大臣户部左侍郎文祥，乃载垣等肆言不应召见外臣，擅行拦阻。……前旨仅予解任，实不足以蔽辜，著恭亲王奕䜣、桂良、周祖培、文祥，即行传旨，将载垣、端华、肃顺，革去爵职，拿问，……议罪。……（《清穆宗实录》卷五）

董元章醇。敬陈从权守经疏：窃以事贵从权，理宜守经。何为从

权?……皇帝陛下,以冲龄践祚,……臣以为宜明降谕旨,……使海内咸知,皇上圣躬虽幼,皇太后暂时权理朝政,左右不能干预,庶人心益知敬畏,而文武臣工,俱不敢稍肆其蒙蔽之术。俟数年后,皇上能亲裁庶务,再躬理万几,……虽我朝向无太后垂帘之仪,而审时度势,不得不为此通权达变之举。……何为守经?自古帝王,莫不以亲亲尊贤为急务,此千古不易之经也。现时赞襄政务,虽有王大臣、军机大臣诸人,臣以为当更于亲王中,简派一二人,令其同心辅弼,一切事务,俾各尽心筹画,再求皇太后、皇上,裁断施行,庶亲贤并用,既无专擅之患,亦无偏任之嫌。至朝夕纳诲,辅翼圣德,则当于大臣中,择其治理素优者一二人,俾充师傅之任,逐日进讲经典,以扩充圣聪。……至行政多端,首在用人,……臣以为宜严旨晓谕,令各洗心涤虑,勿得仍蹈因循欺饰之弊,……庶人人惕厉,而寰宇可望肃清矣。(王延熙《皇朝道咸同光奏议》卷四〇)

咸丰……十一年七月,上疾大渐,召肃顺,及御前大臣载垣、端华、景寿,军机大臣穆荫、匡源、杜翰、焦祐瀛入见,受顾命,上已不能御朱笔,诸臣承写焉。穆宗即位,肃顺等以赞襄政务,多专擅。御史董元醇疏请皇太后垂帘听政,肃顺等梗其议,拟旨驳斥,非两宫意,抑不下,载垣、端华等,负气不视事,相持逾日,卒如所拟。(《清史稿·列传》一七四《宗室·肃顺传》)

贾桢,……山东黄县人。……咸丰……十一年,……穆宗回銮,偕大学士周祖培、尚书沈兆霖、赵光,上疏曰:"……皇上冲龄践祚,钦奉先帝遗命,派怡亲王载垣等八人,赞襄政务,……臣等详慎思之,似非久远万全之策,不能谓日后绝无流弊。……为今日计,正宜皇太后亲操出治威权,庶臣工有所禀承,命令有所咨决。……我皇上天亶聪明,不数年即可亲政,而此数年间,外而寇难未平,内而洋人逼处,……倘大权无所专属,以致人心惶惑,是则大可忧者。请敕下廷臣,会议皇太后召见臣工礼节,及一切办事章程,或仍循向来军机大臣承旨旧制,量为变通条列,请旨酌定,以示遵守。(《清史稿·列传》一七七《贾桢传》)

是年七月,文宗崩于行在,穆宗嗣位,肃顺、载垣、端华等辅政,专擅。胜保昌言,将入清君侧,肃顺等颇忌惮之。洎回銮,上疏

曰："政柄操之自上，非臣下所得专。皇上冲龄嗣位，辅政得人，方足以资治理。怡亲王载垣、郑亲王端华等，……揽君国大权，以臣仆而代纶音，挟至尊而令天下，……嗣圣既未亲政，皇太后又不临朝，是政柄尽付之该王等数人。……如御史董元醇条陈，极有关系，应准应驳，惟当断自圣裁，广集廷议，以定行止，乃径行拟旨驳斥，已开矫窃之端，大失臣民之望。……为今之计，……惟有吁恳皇上，俯察刍荛，即奉皇太后权宜听政，而于近支亲王，择贤而任，仍秉命而行，以成郅治。"奏上，会大学士周祖培等亦以为言，下廷议，从之。(《清史稿·列传》一九〇《胜保传》)

咸丰十一年1861年。冬十月丙辰朔，……授恭亲王奕訢为议政王，在军议处行走。……庚申，……谕内阁：大学士周祖培奏，建元年号，可否更正一折，奉母后皇太后、圣母皇太后懿旨，建元大典，昭垂万世，前经载垣等，拟进"祺祥"字样，意义重复，本有未协。……爰命议政王、军机大臣，恭拟"同治"二字进呈，仰蒙母后皇太后、圣母皇太后允行，本月初九日，朕御极颁诏，其以明年为同治元年，布告天下。(《清穆宗实录》卷六)

十一年，文宗崩。……及穆宗奉两宫回銮，祖培疏言：怡亲王载垣等，拟定祺祥年号，意义重复，请更正。诏嘉其关心典礼。(《清史稿·列传》一七七《周祖培传》)

咸丰十一年1861年。冬十月……辛酉，谕内阁：宗人府会同大学士、九卿、翰詹科道等，定拟载垣等罪名，请将载垣、端华、肃顺，照大逆律，凌迟处死等因一折，……载垣、端华、肃顺，于七月十七日，皇考升遐，即以赞襄政务王大臣自居。实则我皇考弥留之际，但面谕载垣等，立朕为皇太子，并无令其赞襄政务之谕，载垣等乃造作赞襄名目，诸事并不请旨，擅自主持，即两宫皇太后面谕之事，亦敢违阻不行。御史董元醇条奏皇太后垂帘事宜，载垣等非独擅改谕旨，并于召对时，有伊等系"赞襄朕躬，不能听命于皇太后"，伊等"请皇太后看折，亦系多余"之语，当面咆哮，目无君上，……且每言，亲王等不可召见，意存离间。……肃顺擅坐御位，于进内廷当差时，出入自由，目无法纪，擅用行宫内御用器物。……并自请分见两宫皇太后，于召对时，词气之间，互有抑扬，意在构衅。……一切罪状，

均经母后皇太后、圣母皇太后，面谕议政王、军机大臣。……兹据该王大臣等按律拟罪，将载垣、端华、肃顺，凌迟处死，……实属情真罪当。惟国家本有议亲议贵之条，尚可量从末减，……载垣、端华，著加恩赐令自尽，……至肃顺之悖逆狂谬，较载垣等尤甚，……肃顺著加恩改为斩立决。……至景寿、……穆荫、匡源、杜翰、焦祐瀛，于载垣等窃夺政柄，不能力争，均属孤恩溺职，……该王大臣等，拟请将景寿、穆荫、匡源、杜翰焦祐瀛革职，发往新疆效力赎罪，均属咎有应得，惟以载垣等凶焰方张，受其箝制，均有难与争衡之势，……尚有可原，御前大臣景寿，著即革职，加恩仍留公爵并额驸品级，免其发遣；兵部尚书穆荫，著即革职，加恩改为发往军台效力赎罪；吏部左侍郎匡源、署礼部右侍郎杜翰、太仆寺卿焦祐瀛，均著即行革，职加恩免其发遣。（《清穆宗实录》卷六）

宗室肃顺，……郑亲王乌尔恭阿第六子也。……咸丰……十一年七月，……穆宗即位，肃顺等……多专擅。御史董元醇疏请皇太后垂帘听政，肃顺等……拟旨驳斥，……又屡阻回銮。恭亲王至行在，乃密定计，九月，车驾还京，至，即宣示肃顺、载垣、端华等不法状，下王大臣议罪。肃顺方护文宗梓宫在途，命睿亲王仁寿、醇郡王奕𫍽往逮，

慈禧（右）慈安（左）像

卷五 明清

遇诸密云，夜就行馆捕之，咆哮不服，械系下宗人府狱，见载垣、端华已先在，叱曰："早从吾言，何至今日！"载垣咎肃顺曰："吾罪，皆听汝言成之也。"谳上，罪皆凌迟。诏谓擅政，阻皇太后垂帘，三人同罪，而肃顺擅坐御位，进内廷出入自由，擅用行官御用器物，传收应用物件，抗违不遵，并自请分见两宫皇太后，词气抑扬，意在构衅，其悖逆狂谬，较载垣、端华罪尤重，赐载垣、端华自尽，斩肃顺于市。（《清史稿·列传》一七四《宗室·肃顺传》）

咸丰十一年1861年。冬十月……壬戌，……谕：前因许彭寿，于拿问载垣、端华、肃顺时，敬陈管见折内，有查办党援一条，……嗣据明白回奏，形迹最著者，莫如吏部尚书陈孚恩，踪迹最密者，如侍郎刘崐、黄宗汉，伊等平日保举之人，如侍郎成琦、太仆寺少卿德克津太、候补京堂富续，外间皆啧有烦言。……陈孚恩、黄宗汉，均著革职，永不叙用，……刘崐、成琦、德克津太、富绩，均著即行革职。……甲申，谕内阁：前因许彭寿奏请，严密查办载垣、端华、肃顺三人党与，当将指出形迹尤著之尚书陈孚恩等，分别革职，永不叙用。……嗣因诸王大臣，遵议郊祀大典，………经仁寿等覆奏，陈孚恩种种措词荒诞，并查钞肃顺家产，陈孚恩亲笔暗昧书函尤多，两事并发，是以复经降旨，将陈孚恩家产查钞，并照周祖培等所拟罪名，将其发往新疆，效力赎罪。……因思载垣、端华、肃顺，权势薰灼，肃顺管理处所尤多，凡内外大小臣工，赠答书函，均恐难与拒绝。……自今以后，诸臣其各涤虑洗心，为国宣力，朕自当开诚相待，……断不咎其既往。……所有此次查钞肃顺家产内，帐目、书信各件，著议政王、军机大臣，即在军机处公所，公同监视焚毁，毋庸呈览，以示宽厚和平、礼待臣工至意。（《清穆宗实录》卷六）

九月，以上旨，命王大臣条上垂帘典礼。十一月乙酉朔，上奉两太后，御养心殿，垂帘听政，谕曰："垂帘非所乐为，惟以时事多艰，王大臣等不能无所禀承，是以姑允所请，俟皇帝典学有成，即行归政。"自是，日召议政王、军机大臣，同入对，内外章奏，两太后览讫，王大臣拟旨，翼日进呈，阅定，两太后以文宗赐"同道堂"小玺钤识，仍以上旨颁示。……命内直翰林，辑前史帝王政治，及母后垂帘事迹可为法戒者，以进。……同治……十二年二月，归政。……十

三年十二月，穆宗崩，太后定策立德宗，两太后复垂帘听政，谕曰："今皇帝绍承大统，尚在冲龄，时事艰难，不得已垂帘听政。"……光绪……十五年……二月己卯，太后归政。……二十四年……八月丁亥，太后遽自颐和园还宫，复训政，以上有疾，命居瀛台养疴。……三十四年十月，太后有疾，上疾益增剧。壬申，太后命授醇亲王载沣摄政王。癸酉，上崩于瀛台，太后定策，立宣统皇帝，即日尊为太皇太后。甲戌，太后崩。（《清史稿·列传》—《后妃传·孝钦显皇后传》）

（二）亲贵之当权

西后柄政，军机必以亲王为领袖，恭、醇近支，礼、庆则支派较远，或庸懦无识，或贿赂公行，政治益以昏浊。其时外患频仍，有识者皆亟思振作，以抗强权。恭王所经营者，为购置船炮及设同文馆，学习外国语文、算学，醇王则总海军，外表虽似维新，实则虚应故事，委靡不振。军机大臣中，恭王所倚者宝鋆、沈桂芬。甲申以后，礼王仅为傀儡，大事决于醇王，孙毓汶以附醇王而擅权。甲午而后，翁同龢以授读毓庆宫而跋扈。戊戌政变，荣禄专权，庆王继之，尤为贪鄙。宣统时，亲贵用事，各部尚书大半属于旗员，因失人心以至于亡。

甲、恭王

恭王签订庚申和约，遂以通晓洋务掌总理衙门，以赞训政，得为议政王、军机大臣，先后专政柄二十三年。稍稍举办新政，军兴之后，督抚权重，略示裁抑，兼奖借廉能，若阎敬铭、丁宝桢，一时规模粗具。以杀安得海，阻修圆明园，收物望，渐为西后所恶。先以蔡寿祺奏参，夺议政王；继以谏阻圆明之修，降郡王；复以晋豫之灾，中法之役，两遭严议，革职留任，然终不能解其军机之任。卒由醇王纳孙毓汶之谋，令盛昱严劾，始罢政事。中日之战欲倚以谋和，得再起用，自是持荣保宠，一无匡正，渊默守位而已。

咸丰十一年1861年。冬十月丙辰朔，

恭亲王奕訢像

……授恭亲王奕䜣为议政王，在军机处行走。(《清穆宗实录》卷六)

咸丰十一年1861年。冬十月……癸亥，……谕：……上年京畿不靖，皇考大行皇帝特命恭亲王奕䜣留驻京师，办理一切事宜，……均就妥协，……皇考大行皇帝……屡欲于回銮后，特沛殊恩。……见在梓宫回京，……即派恭亲王奕䜣为议政王，在军机处行走。……痛惟先帝遗言在耳，……曷敢不仰承先志，懋赏酬庸。……因于召见恭亲王奕䜣时，宣示此旨，著以亲王世袭罔替，实属论功行赏，……用慰在天之灵。……乃恭亲王奕䜣，至诚挚抑，洒涕固辞，……未忍重拂其意，……将世袭亲王罔替之旨，暂从缓议。……恭亲王奕䜣，著先赏食亲王双俸，以示优礼。(《清穆宗实录》卷六)

咸丰十一年1861年。十一月……甲午，……命议政王会同醇郡王，训练京营。(《清穆宗实录》卷九)

十二月……辛未，……命恭亲王、醇郡王，督率都统瑞麟、侍郎文祥、崇纶、署都统福兴、副都统遮克敦布，管理神机营。(《清穆宗实录》卷一三)

咸丰……十一年……冬十月……庚午，谕议政王等，赞理庶务，毋避小嫌。(《清史稿》卷二一《穆宗本纪》一)

同治元年1862年。九月…乙亥，……谕：……著曾国藩、薛焕、李鸿章、左宗棠商酌，于都司以下武弁中，……酌挑一二十员，令其在上海、宁波，学习外国兵法，以副参大员统之，会同外国教练之官，勤加训练。……练成之后，即令各该员弁，转传兵勇，以资得力。……至天津所练之兵，并著文煜、崇厚，仿照办理。(《清穆宗实录》卷四四)

同治元年1862年。九月……戊寅谕：……总理各国事务衙门奏，购买外国船炮，明春可到，请饬预派将弁水勇，以备演习。……购买外国船炮，……实长驾远驭第一要务，……官文、曾国藩，……著即相度机宜，……悉心筹酌，将应用将弁、兵丁、水手、炮手等人，于该船未到之先，一律配齐，俟轮船驶到，即可上船演习。(《清穆宗实录》卷四四)

同治二年1863年。二月……丙戌……谕：前据总理各国事务衙门奏，遵议设立学习外国语言文字学馆，为同文馆。……见据李鸿章奏称，上海已议设立外国语言文字学馆，广东事同一律，亦应仿照办理。著库克吉、泰宴、端书，于广州驻防内，公同选阅，择其资质聪

慈禧垂帘听政处

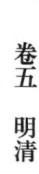

慧，年在十四岁内外，或年二十左右，而清、汉文字业能通达，……一并拣择，延聘西人教习，兼聘内地品学兼优之举、贡、生员，课以经史大义，……并令仍习清语。……倘一二年后，学有成效，即调京考试，授以官职。……此事为当今要务，……不得视为具文。（《清穆宗实录》卷五七）

同治三年1864年。四月……戊戌……谕：……总理各国事务衙门奏请派京营弁兵学制火器一折，据称"洋人所制炸炮、炸弹等项，尤为行军利器，见在李鸿章军营，制造此项火器，已有成效，请饬火器营，于曾学习制军火弁兵内，拣派武员八名，兵丁四十名，发往江苏，一体学习"等语，……本日业经谕火器营……派拨矣，……即交李鸿章差委，专令学习炸炮、炸弹，及各种军火机器。（《清穆宗实录》卷一○一）

恭忠亲王奕䜣，宣宗第六子。……咸丰……十年，……文宗幸热河，……授王钦差便宜行事全权大臣。……议和定约，悉从英、法人所请，奏请降旨宣示，并自请议处。上谕曰："恭亲王办理抚局，本属不易，……毋庸议处。"十二月，……初设总理各国事务衙门，命王……领其事。……十一年七月，文宗崩，……穆宗侍两太后奉文宗丧还京，……授议政王，在军机处行走，命王世袭，食亲王双俸，并免召对叩拜，奏事书名，王坚辞世袭。寻命兼宗令，领神机营。同治元年，上就傅，两太后命王弘德殿行走，稽察课程。三年，江宁克

总理各国事务衙门

复，上谕曰："恭亲王自授议政王，于今三载，东南兵事方殷，用人行政，征兵筹饷，深资赞画，弼亮忠勤，加封贝勒，以授其子辅国公载澂。……四年三月，两太后谕，责王信任亲戚，内廷召对，时有不检，罢议政王，及一切职任。寻以惇亲王奕誴、醇郡王奕譞及通政使王拯……等，奏请任用，……两太后命仍在内廷行走，管理总理各国事务衙门。王入谢，痛哭引咎，两太后复谕王亲信重臣，相关休戚，期望既厚，责备不得不严，仍在军机大臣上行走。七年二月，西捻逼畿辅，命节制各路统兵大臣，授右宗正。十一年九月，穆宗大婚，复命王爵世袭。……十三年……十二月，上疾有间，于双俸外，复加赐亲王俸。……光绪……十年，法兰西侵越南，王与军机大臣，不欲轻言战，言路交章论劾，太后谕责王等委靡因循，罢军机大臣，停双俸。（《清史稿·列传》八《诸王传·恭忠亲王奕䜣传》）

同治朝，恭亲王执政，遂以贿赂闻矣。此即李鸿章轻视朝廷之渐。通州文人范当世，……尝在李幕府，言有候补道求奏保，李曰："非军机处诺，奏保无济。尔识军机处何人？"曰："识许军机。"曰："识，即图之，诺，而后以奏稿来。"此人复命曰："诺矣。"曰："费若干？"曰："若干。"李摇首曰："不止此。"曰："尚有费若

干。"曰:"不止此,别有费若干。"曰:"是其数矣,犹为廉也。"……然户科给事中黄冈、洪良品,奏劾云南军需案贿赂,慈禧斥逐军机处王大臣一空,恭亲王其首也。……先是宣宗宠香妃,疾革,文宗方为大阿哥,入视疾,香妃弥留,以为所生六阿哥奕䜣也,抚之曰:"我无事不可对尔,止这座儿,争之不得。"文宗始知恭亲王谋夺嫡。……大学士贾桢,宣宗朝为诸皇子师傅,尝放学差江南,宣宗手诏曰:"汝出差后,六阿哥在书房中又不安分矣。"恭亲王少颇佻达,不信于父,复以谋嫡,见疑于兄。同治初,邂逅时会进用,仍以信任非人,奏对失旨,被皇太后谴责,惧而检束,皇太后遂加温慰,终以云南报销贿赂,斥罢。(吴光耀《慈禧三大功德纪》卷一)

光绪……二十年,日本侵朝鲜,兵事急,太后召王入见,复起王管理总理各国事务衙门,并总理海军,会同办理军务,内廷行走。……寻又命王督办军务,节制各路统兵大臣。十一月,授军机大臣。二十四年,授宗令,王疾作,……四月,薨。(《清史稿·列传》八《诸王传·恭忠亲王奕䜣传》)

乙、醇王

肃顺等之诛,恭、醇皆与有力。两宫听政,恭王秉政,醇王为御前大臣管神机营,倚翁同龢、荣禄为腹心。其福晋与西后姊妹行,故光绪帝得入承大统。才智甚疏,崇绮尝讥神机营章程谬、人才杂。与恭王积不相能,终借中法事,夺其政柄。然中法再战,仍依天津五条议和,不足以服人,幸尚知仇洋。但倡办海军,而以海军经费修颐和园,意在博西后欢心,于是颐和园电灯、轮船两处人员,皆隶于神机营。倚张翼办开平热河之矿,亏帑无算,又欲修铁路,皆隶属海军衙门。中日之战,所练海军,竟一战而溃。

光绪十年1884年。三月……己

醇亲王奕谭像

丑，……懿旨：军机处遇有紧要事件，著同醇亲王奕𫍽商办，俟皇帝亲政后，再降懿旨。(《光绪东华录》卷五八)

光绪十一年1885年。五月丁未……上谕：……前据左宗棠奏，请旨敕议拓增船炮大厂，昨据李鸿章奏，仿照西法创设武备学堂，各一折，规画周详，均为当务之急。自海上有事以来，法国恃船坚炮利，横行无忌。……当此事定之时，惩前毖后，自以大治水师为主，船厂应如何增拓，炮台应如何安设，枪械应如何精造，均须破除常格，实力讲求。至于遴选将才，筹画经费，尤应谋之于豫。……著李鸿章、左宗棠、彭玉麟、穆图善、曾国荃、张之洞、杨昌濬，各抒所见，确切筹议，迅速具奏。(《光绪东华录》卷七〇)

光绪十一年1885年。九月，……懿旨：著派醇亲王总理海军事务，所有沿海水师，悉归节制调遣，并派庆郡王奕劻、大学士直隶总督李鸿章，会同办理；正红旗汉军都统善庆、兵部右侍郎曾纪泽，帮同办理。现当北洋练军伊始，即著李鸿章专司其事，其应行创办筹议各事宜，统由该王大臣等，详慎规画，拟立章程，奏明次第兴办。(《光绪东华录》卷七二)

光绪十三年1887年。二月……庚辰，总理海军事务衙门奏：……臣奕𫍽……自经前岁战事，复亲历北洋海口，……当与臣李鸿章、臣善庆，巡阅之际，屡经讲求。……臣曾纪泽出使八年，亲见西洋各国轮车铁路，于调兵运饷、利商便民诸大端，为益甚多，而于边疆之防务，小民之生计，实无危险窒碍之处，……至调兵运械，……自当择要而图。……直隶海岸六七百里，……大沽口至山海关，约五百余里，……猝然有警，深虞缓不济急，且南北防营太远，……如有铁路相通，……屯一路之兵，能抵数路之用。……开平矿务局，于光绪七年，创造铁路二十里，后因兵船运煤不便，复接造铁路六十里，……若将此铁路南接至大沽北岸，北接至山海关，则提督周盛波所部盛军万人，在此数百里间，驰骋援应，不啻数万人之用。……请将阎庄至大沽口北岸，……先行接造，再将由大沽至天津百余里之铁路，逐渐兴办。……津沽铁路办妥，再将开平迤北至山海关之路，接续筹办。此事有关海防要工，……似应官为筹措，并调兵勇帮同工作，以期速成。且北洋兵船用煤，全恃开平矿产，尤为水师命脉所系。开平铁

醇亲王奕譞墓

路，若接至大沽北岸，则出矿之煤，半日可上兵船。……得旨，允行。（《光绪东华录》卷八一）

戊子光绪。十四年1888年。四月，定海军经制。先是法粤既平，廷议锐意建海军，十一年，立海军衙门于京师，督办以醇贤亲王，以北洋大臣李鸿章会办，山东巡抚张曜、奉天将军善庆，皆帮办。会前订德厂镇远、定远两铁甲，济远一快船，亦陆续至，十二年春，醇贤亲王乃奉慈旨，周历旅顺、大连湾、威海卫、烟台诸要隘。十三年，续订英德厂致远、靖远、经远、来远四快船，并延英水师兵官琅威理，均来华，合超勇、扬威，凡得铁甲二、快船七。至是，乃定海军经制，以丁汝昌为海军提督，予英国水师兵官琅威理副将衔，为海军总教习，福建船政局学生刘步蟾等，适出洋归，尽与营官。乃编为中军、左右翼、后军四队，中军三营，左翼三营，右翼三营，此战船九艘；后军则守口蚊子船六艘，合以鱼雷艇六艘、练船三艘、运船一艘，共大小二十五艘。又定考校之制，简阅之制，员弁之制，俸饷之制。（沈桐生《光绪政要》卷一四）

醇贤亲王奕譞，宣宗第七子。……穆宗即位，……授都统、御前大臣、领侍卫内大臣、管神机营。同治……四年，两太后命弘德殿行走，稽察课程。……德宗即位，王奏……哀恳矜全，许乞骸骨。……两太后下其奏，王大臣集议，以王奏诚恳，请罢一切职任，……从

卷五 明清

之，命王爵世袭，王疏辞不许。光绪二年，上在毓庆宫入学，命王照料。五年，赐食亲王双俸。十年，恭亲王奕訢罢军机大臣，以礼亲王世铎代之，太后命遇有重要事件，与王商办。时法兰西侵越南，方定约罢兵，王议建海军。十一年九月，设海军衙门，命王总理，节制沿海水师，以庆郡王奕劻、大学士总督李鸿章、都统善庆、侍郎曾纪泽为佐，定议练海军。自北洋始，责鸿章专司其事。十二年，……鸿章经画海防，于张顺开船坞，筑炮台，为海军收泊地。北洋有大小战舰凡五，辅以蚊船、雷艇，复购舰英德，渐次成军。五月，太后命王巡阅北洋，善庆从焉。会李鸿章自大沽出海，至旅顺，历威海、烟台，集战舰合操，遍视炮台、船坞，及新设水师学堂，十余日毕事。王还京，奏奖诸将吏，及所聘客将。……十六年……十一月……丁亥，王薨。（《清史稿·列传》八《诸王传·醇贤亲王奕譞传》）

十一年……九月，命会同醇亲王办理海军。……十四年，海军成，船二十八，檄饬海军提督丁汝昌，统率全队周历南北印度各海面，习风涛，练军技，岁率为常。（《清史稿·列传》一九八《李鸿章传》）

海军开府，粗具规模，先练北洋一支，以为天下倡始，发端闳大，只可逐渐扩充。前者分设学堂，近复径度船坞，皆属创造，议论烦多。……夏初，醇邸莅津，观兵海上，楼船壁垒，颇极军威，士气载扬，人言渐息，差可幸耳。（《李文忠公尺牍》册二《复署甘肃臬台饶子维书》）

海军一事，条陈极多，皆以事权归一为主。鸿章事烦力急，屡辞不获，虽得两邸主持，而仍不名一钱，不得一将，茫茫大海，望洋悚惧。（《李文忠公朋僚函稿》卷二〇《复曾沅浦宫保》）

海军之役，同舟共济，借资赞襄，鄙人方幸卸肩有期，执事仍欲称病避事。……海军无可恃之饷，尚未能多购巨舰，将材尤乏，欲仿英制万分之什佰，一时实办不到。甚盼及时来访西国水师兵制，以备他日逐渐振兴，公其有意乎？（《李文忠公朋僚函稿》卷二〇《复曾劼刚袭侯》）

丙、礼王

礼王远宗，人尚持正。恭王罢政，得继其任，而醇王以"军机处重要事件会同商办"名目，尽垄军机之权。甲午，恭王再出领军机，事事退让，唯以恭谨博西后欢心，宫闱之争日甚，遂佯作心疾，冀以远祸而已。

同治间，授内大臣、右宗正。光绪十年，恭亲王奕䜣罢政，太后咨醇亲王奕譞，诸王孰可任，举世铎对，乃命在军机大臣上行走，并诏紧要事件，会同奕譞商办。德宗亲政，世铎请解军机大臣，奉太后旨，不许。十九年，命增护卫。二十年，太后万寿，赐亲王双俸，再增护卫。……二十七年七月，罢直，授御前大臣，逊位后三年薨。(《清史稿·列传》三《诸王传·礼烈亲王代善传附》)

孙毓汶，……山东济宁州人。……咸丰六年，以一甲二名进士，授编修。……光绪元年，……授工部左侍郎。十年，……时法越事起，毓汶以习于醇亲王，渐与闻机要。适奉朱谕，尽罢军机王大臣，……遂命毓汶入直军机，兼总理各国事务大臣。……十五年，擢刑部尚书，寻调兵部，加太子少保。……二十年，中日媾和，李鸿章遣人赍约至，廷臣章奏，凡百上，皆斥和非计，翁同龢、李鸿藻主缓，俄、法、德三国，亦请毋遽换约。毓汶素与鸿章相结纳，力言战不可恃，亟请署，上为流涕书之，和约遂成。明年，称疾乞休。二十五年，卒。……毓汶权奇饶智略，直军机逾十年。初，醇亲王以尊亲参机密，不常入直，疏牍日送邸阅，谓之过府，谕旨陈奏，皆毓汶为传达，同列或不得预闻，故其权特重云。(《清史稿·列传》二二三《孙毓汶传》)

翁同龢，……江苏常熟人。……咸丰六年，一甲一名进士，授修撰。……光绪元年，署刑部右侍郎。明年四月，上典学毓庆宫，命授读。……八年，命充军机大臣。十年，法越事起，……旋与军机王大臣同罢，仍直毓庆宫。……二十年，再授军机大臣，懿旨，命撤讲，上请如故。同龢善伺上意，得遇事进言。上亲政久，英爽非复常度，剖决精当，每事必问同龢，眷倚尤重。时日韩起衅，同龢与李鸿藻主战，孙毓汶、徐用仪主和，会海陆军皆败，懿旨，命赴天津，传

翁同龢手札

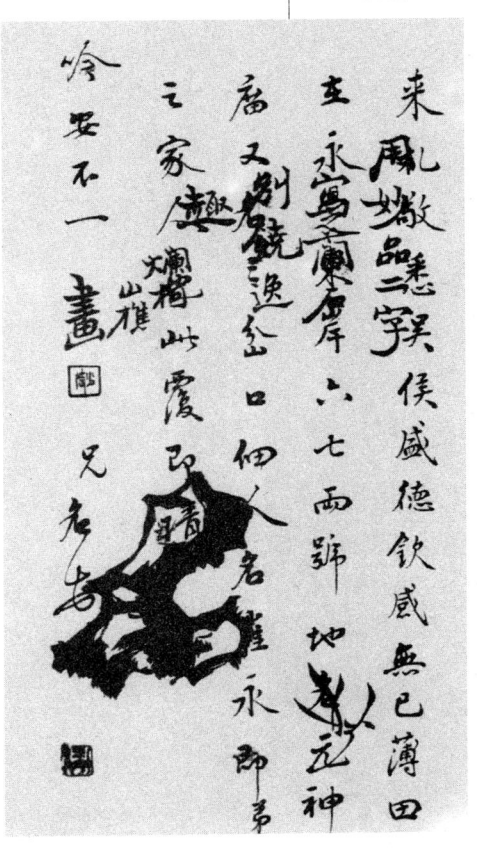

谕李鸿章，诘责之；同龢并言，太后意决不即和。归，荐唐仁廉忠赤可用，请设巡防处，筹办团防。于是命恭亲王督办军务，同龢、鸿藻等，会商办理。上尝问诸臣，时事至此，和战皆无可恃，……及和议起，同龢与鸿藻力争改约稿，并陈宁增赔款，必不可割地，上曰："台湾去，则人心皆去，……"毓汶以前敌屡败对。……上以和约事，徘徊不能决，天颜憔悴。同龢以俄、英、德三国，谋阻割地，请展期换约，以待转圜，与毓汶等执争，终不可挽，和约遂定。……二十三年，以户部尚书协办大学士。（《清史稿·列传》一二三《翁同龢传》）

丁、庆王

继礼王长军机者荣禄。同光两朝，例以亲王为军机大臣领班承旨，而荣禄以外人得之。初倚醇王，同治末，已为工部尚书兼步军统领，贵盛莫比，为恭王所恶，中以吏议，闭门十余年。起用都统，出为西安将军，夤缘宦者李莲英，遂至大用。以计逐翁同龢，遂掌武卫五军，出为直隶总督。复与庆王合谋，翻戊戌维新之局。西后再训政，得入军机。其人便辟，善持两端，既令董福祥攻使馆，复电致东南督抚，微示拳民不足恃。后拜命会同李鸿章、庆王议和，为西人所持，乃走西安，力劝西后签和约，诛祸首。死谥文忠，追封男爵。庆王乃得继其任。甲申后，醇王举之总交涉事，终光宣之世不改。复继醇王管海军，以善画为西后所喜，光绪帝屡谯诃之。及入军机，老而黩货，屡遭弹劾，而倚任不衰。与袁世凯表里为奸，以逐瞿鸿禨、岑春萱，摄政王兄弟皆恶之，虽在政地，不得预机密。革命军起，力赞起用袁世凯，逊国诏下，乃踉跄走天津。

> 光绪二十四年1898年。夏四月……甲辰，授荣禄为大学士，管理户部事务。（《光绪东华录》卷一四四）
>
> 五月……丁巳，……实授荣禄为直隶总督，兼充办理通商事务北洋大臣。（《光绪东华录》卷一四五）

荣禄像

八月……甲午，……谕荣禄著在军机大臣上行走，……所有北洋各军，仍归荣禄节制。……乙未，……谕大学士荣禄，著管理兵部事务，并节制北洋各军，由礼部颁给关防。(《光绪东华录》卷一四八)

……丁未，……简荣禄为钦差大臣，所有提督宋庆所部毅军，提督董福祥所部甘军，提督聂士成所部武毅军，候补侍郎袁世凯所部新建陆军，以及北洋各军，悉归荣禄节制，以一事权。(《光绪东华录》卷一四八)

荣禄，……瓜尔佳氏，满洲正白旗人。……光绪……二十年，……再授步军统领。日本构衅，恭亲王、庆亲王督办军务，荣禄参其事，和议成，疏荐温处道袁世凯练新军，是曰新建陆军。授兵部尚书、协办大学士，疏请益练新军，而调甘肃提督董福祥军，入卫京师。二十四年，晋大学士，命为直隶总督。……太后复临朝训政，召荣禄为军机大臣，以世凯代之。……复命荣禄管兵部，仍节制北洋海陆各军。荣禄乃奏设武卫军，以聂士成驻芦台为前军，董福祥驻蓟州为后军，宋庆驻山海关为左军，世凯驻小站为右军，而自募万人为中军，驻南苑。时太后议废帝，立端王载漪子溥儁为穆宗嗣，患外人为梗，用荣禄言，改称大阿哥。二十六年，……诏诣西安，既至，宠礼有加，……随扈还京，加太子太保，转文华殿大学士。二十九年，卒。……荣禄久直内廷，得太后信仗，眷顾之隆，一时无比，事无巨细，常待一言决焉。(《清史稿·列传》二二四《荣禄传》)

以绵性子奕劻为后，……光绪十年三月，命管理总理各国事务衙门。十月，进庆郡王。十一年九月，会同醇亲王办理海军事务。……二十年，太后六十万寿，懿旨，进亲王。二十六年七月，上奉太后幸太原，命奕劻留京，会大学士李鸿章，与各国议和。二十七年六月，改总理各国事务衙门为外务部，奕劻仍总理部事。十二月，加子。载振贝子衔。二十九年三月，授奕劻军机大臣，仍总理外务部如故，寻命总理财政处、练兵处，解御前大臣，以授载振。……三十年三月，御史蒋式瑆奏：……庆亲王奕劻，将私产一百二十万送往东交民巷英商汇丰银行收存。……按其事，不得实，式瑆回原衙门行走。……三十二年，遣载振使奉天、吉林按事，改商部为农工商部，仍以载振为尚书。三十三年，命奕劻兼管陆军部事，东三省改设督抚，以直隶候

补道段芝贵署黑龙江巡抚。御史赵启霖奏：段芝贵……以一万二千金鬻歌妓以献，载振。又以十万金为奕劻寿，夤缘得官。上为罢芝贵，而命醇亲王载沣、大学士孙家鼐，按其事，不得实，夺启霖官。载振复疏辞御前大臣、农工商部尚书，许之。（《清史稿·列传》八《诸王传·庆僖亲王永璘传》）

梁鼎芬，……广东番禺人，光绪六年进士。……三十二年入觐，面劾庆亲王奕劻通贿赂，请月给银三万两，以养其廉。……诏诃责，引疾乞退。（《清史稿·列传》二五九《梁鼎芬传》）

（三）督抚之权重
甲、用人理财之自专

太平军起，湘淮将帅多绾疆符，调兵筹饷，理财用人，及刑杀外结之案，得便宜从事，中枢不为遥制。同光之世，地方督抚，多属汉人，权力益以增长，每有所请，无不允许，中枢重要政务，有时取决于疆吏。司农岁入有常，而督抚则可以厘捐盐关为挹注，甚且滥借洋债，拒不报销；吏部用人以资，而督抚则可以军功奏调奏保。至庚子，东南互保，而疆吏之权，无以复加矣。摄政以后，尽力裁抑，名为中央集权，自此中外离心。辛亥革命得以传檄而定，固由人心向义，亦由督抚怨望，百务废弛，有机可乘也。

同治元年1862年。春正月……辛亥，……谕：……骆秉章奏，"探闻贵州清镇县团首何山斗，因逼捐未遂，田兴恕执而戮之。该处百姓，积愤已深，遂将厘金局委员戕毙，见在聚众数万，……声称围省杀赵国澍方休，田兴恕见委韩超驰往办理"等语，贵州省军饷短绌，自不能不劝捐抽厘，借资接济。第该省地瘠民贫，必须承办得人，于征取之中，寓拊循之意，方不至苛扰闾阎。若任令不肖官绅，借端恶索，……何以服群情而平众怨？（《清穆宗实录》卷一七）

同治元年十一月……辛酉，谕：……詹事府左中允钱宝廉奏，"请饬各大臣督抚，不得将降革获罪之员，率行请留请调"等语，……嗣后各路统兵大臣，暨各直省督抚，务当破除情面，认真厘剔，

奕劻像

中华二千年史

凡降革获罪之员，……不准仅以差委需员，抚拾虚词，率行请留请调，以儆徇滥而杜诡随。(《清穆宗实录》卷四九)

方今厉民之政，指不胜屈，其大端则津贴、抽厘、劝捐，津贴虽仅行之四川，而按粮加派，各省多有，亦与津贴无异，抽厘、劝捐则天下习然。……(王延熙《皇朝道咸同光奏议》卷一《蒋琦龄应诏上中兴十二策疏》)

各省抽厘，其弊尤不胜言，名目太繁，委员太杂，愈增愈广，利少弊多。捐数骤加，而物价腾贵，或一货而数捐，或一物而加至数倍，几于无物不捐，无人不捐。其名则出之商人，其实则加之百姓，无损于商而大病于民也。(王延熙《皇朝道咸同光奏议》卷一《吴大澂应诏直言疏》)

淮盐加引筹捐，连接子箴都转与扬州粮台报文，二十万已如数起解，感德非浅。子箴来文声明，并报尊处，且于捐款外，按新引劝募棉衣，折价二万两。(《李文忠公朋僚函稿》卷一一《复曾相》)

时忧度支之告匮，将若之何。司农岂知国计，即奏拨，恐亦空文。似宜从长计议，俟造船限满，付托结实可靠之人，以善其后。而垂天之翼，经纬六合，仍左右主持之，斯经国之大计也。近世非疆吏不能治军办事，惟所欲为。弟虽为畿省贫瘠所困，仍日盼我公兼圻东南，宏斯远谟，一振颓纲。(《李文忠公朋僚函稿》卷一三《复沈幼丹船政》)

同治十三年1874年。二月……丁亥，谕禁各省私设厘卡。(《清穆宗实录》卷三六三)

朝贵一闻拨款，则缩项结舌而莫之敢应，即有一应，农部疆吏空文支吾，于事何济？是以曾文正剿粤贼，鸿章剿捻匪，兴师十万，皆自筹饷。但求朝廷不掣肘为幸，何曾预请巨款耶？今事不可知，相忍为国，……私计只有借洋债一说，幸卓见之适符。左公借款，向系若何利息？闻……日本借英商有七八厘者，中国恐不相上下也。(《李文忠公朋僚函稿》卷一四《复沈幼丹节帅》)

津关一席，亟求帮手，久欲借重黎。召民，……故数月虚左以待，未敢预商左右者。以需才吃紧之际，恐有牵掣，昨因日人就抚，专疏荐列，幸荷俞允，另录容呈。适阅疏陈，召民不愿留闽，……乞

将鄙诚一为道达,……幸速驾北来相助为理。(《李文忠公朋僚函稿》卷一四《复沈幼丹节帅》)

执事何时内渡,回工后再筹接替船政之人。……海防事宜,及江左兵饷大局,……亟欲觌面畅谈。……饷源之绌,各省同病,……吴中著名财赋,亦患竭蹶。李雨亭上年添募及筑台之费,百数十万,仅赖暂留洋税四成,邻省协济,尚多不敷。刘岘庄未必更张,或待履新后,设法弥缝耳。船饷必须有着,他人乃敢接手,回省自可商定。(《李文忠公朋僚函稿》卷一五《复沈幼丹制军》)

至云位在已上,事权较重,则鄙见殊不谓然。从前军旅之事,皆出亲贵重臣,经略将军,高于督抚,文移体制,轩轾显然,而大兵所临,督臣往往仅领粮台之任。中兴以后,事寄绝殊,其握兵符而不兼疆篆者,实有仰息地方之势。推其位次者,不过致王人之敬,初非有节制之权;资其器用者,不过尽地主之情,初非有军兴之罚,无所谓上,更无所谓重。(《李文忠公尺牍》第一册《复奉天府尹抚台裕寿泉》)

英国洋布入中土,每年售银三千数百万,实为耗财之大端。……亟宜购机器纺织,渐收回利源。……适有魏温云观察,……与弟世好,……商情最熟,浼令出头承办,昨已赴沪会集华商,查议节略,欲求……由江、直各筹公款十万金,定购机器,存局生息,再招商股,购料鸠工,庶更踊跃。(《李文忠公朋僚函稿》卷一六《复沈幼丹制军》)

至闽省厘税添出台防及养船经费百数十万,入不敷出,自系实情。惟此项年例七万余金,似尚可勉力凑拨,闽海关四成分拨海防,以后或得数万,乞随时婉商星帅,就近划抵,感佩莫铭。(《李文忠公朋僚函稿》卷一六《复丁雨生中丞》)

淮军向恃苏省为命脉,近因税厘收数过绌,……而解额大减,……每年八九关,竟放不出,南北海防,赖此支持,又不敢大加裁减,不得不乞怜于执事。兹蒙饬解三万,……又承金诺,年底必解足六万两,明年诸事就理,当加增一二批。……明知尊处协拨繁多,……犹为此不情之渎,惶愧奚涯。黔、滇盐务,整顿新章,委用得人,定卜日有起色。借拨东省三十万,闻亦未能如数。……宁远、越巂,必有五金佳矿,官为试办,需费无多,幸早筹及。此间现派员分

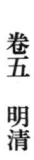

清代开平煤矿

办,滦州、开平煤铁矿,顺德及张家口外银铅矿,二三年后,冀有成效。盖中土穷极无聊,非从地产讨生活,别无开源之术也。(《李文忠公朋僚函稿》卷一七《复丁稚璜宫保》)

光绪八年1882年。二月,礼科给事中孔宪毂,请禁止督抚奏调隔省人员疏云:窃见近年各省,率以人员众多,请停止分发,何至有乏才之患,欲远借于异地。……从前李鸿章奏调袁保龄、章鸿钧诸人,左宗棠所派曾沅及近日奏调王嘉敏、周崇傅各员,尚不免于物议,外此之相率效尤,更无论矣。……上谕:……嗣后各省督抚于隔省人员,毋得借端滥行奏调。……(沈桐生《光绪政要》卷八)

光绪八年1882年。二月,太仆寺少卿钟佩贤,请禁止督抚奏调京员,……上谕:……嗣后各督抚不准再行奏调翰林部属等官。……(沈桐生《光绪政要》卷八)

光绪三十年1904年。冬十月……丙寅,谕:……近年以来,民力已极凋敝,加以各省摊派赔款,益复不支。……闻各省督抚,因举办地方要政,又复多方筹款,几同竭泽而渔。……所有各省派捐等款,除有大宗收数者,姑准照办外,其余巧立名目,及苛细私捐,著即概行禁止。凡地方应办要政,仍当次第推行,一切学堂、工艺,有关教养之事,但当官为剀切劝导,应由绅民自行筹办,不准借端抽派,致

卷五 明清

滋苛扰。各该督抚务当督令属员，深维邦本，共体时艰。(《光绪东华录》卷一八九)

光绪三十二年1906年。春正月……庚辰，户部奏：……咸同以来，各省军务倥偬，部拨款项，往往难以立应，疆臣遂多就地筹款，以济军食，如抽厘助饷之类。因而一有缓急，彼此自相通融协借，不尽咨部核覆。然亦以其系就地自筹之款，与例支之项无碍，故部臣亦无从深问。近年库款支绌，各省皆然，任事之臣，知臣部筹措之难，动辄自行电檄各省，求为协济，其意不过在外销款内匀拨。而各省亦不尽能另筹的款，遂将例支正项，及报部候拨者，挪移擅动以应之。迨臣部查知，而款已动用，往返驳诘，迄难就绪。诚恐日久，难以限制。……请饬下各省将军督抚，嗣后凡有动拨款项，必先咨明臣部，核其有无窒碍，俟部覆到日，再行查照办理。倘或不俟部覆，擅自动解，除将所动之项，照数提还外，仍由臣部指名严参，以重库储。得旨，如所议行。(《光绪东华录》卷一九八)

乙、南北洋大臣之分设

南北洋大臣，本为外人通商而设，嗣因崇其体制，乃以总督兼领。新练海陆军，购舰购械，聘外人为教习，以及铁路、电报之事，动关洋务，皆由南北洋主之。北洋之任，尤为雄峻，李鸿章任北洋二十余年，一国对外交涉，几乎一手包办。庚子以后，袁世凯继之，外交、新政，并归掌握，其权益重，幕僚多任督抚，材官亦得专阃。北洋派之称，由此而起。

【南洋大臣】

同治元年1862年。五月……戊戌，……谕：前因薛焕熟悉外国情形，谕令以头品顶带，充办理通商事务大臣。……兹据薛焕奏，……请即裁撤，各归本省督抚将军经理，并片陈长江通商，事属创始，必须平时勋望隆重，乃能詟服远人。请于官文、曾国藩，特简一员，兼领其事。……(《清穆宗实录》卷二八)

同治元年秋七月……丙午，……谕：……长江上下计有二千余里，地处腹心，事关创始，自应将通商大臣改驻长江。著曾国藩于镇江、金陵，或汉口、九江，择一扼要之处，……酌量具奏。……其上海及长江一带，中外交涉事件，固应归通商大臣专管，而粤、闽、浙三省事务，通商大臣亦应兼理，以免歧异。(《清穆宗实录》卷三五)

同治九年1870年。十一月……戊申，……以两江总督曾国藩充办理通商事务大臣。(《清穆宗实录》卷二九七)

【北洋大臣】

同治九年1870年。冬十月……壬子谕：……前因东、豫各省匪踪未靖，总督远驻保定，兼顾为难，特设三口通商大臣，驻津筹办。……三口通商大臣著即裁撤，所有洋务海防各事宜，著归总督经管，照南洋通商大臣之例，颁给钦差大臣关防，以昭信守。其山东登莱青道所管之东海关，奉天奉锦道所管之牛庄关，均归该大臣统辖。……(《清穆宗实录》卷二九三)

钦差南洋大臣奖赏银牌

谕旨准照总理衙门所议，裁撤三口通商大臣，洋务归总督经管，并令长驻津郡，整顿海防，洵属未雨绸缪之策。臣前奉旨驻津，筹办弹压抚绥各事，今值归并通商，事同创始，……自应久驻此间。……目前最急者，须添设海关道一员。查咸丰十年十二月间，崇厚由长芦盐政，改授三口通商大臣，职分较卑。……兹臣以总督兼办，又蒙特颁钦差大臣关防，各国和约载有专条，未便过事通融，至亵国体，而启外人骄慢之渐。且臣曾兼任南洋通商大臣五年，……未可前后易辙。计惟添海关道，比照各口现定章程，责成道员，与领事官、税务司等商办一切，随时随事，禀臣裁夺，其有应行知照事件，臣即札饬关道，转行领事遵照。至往来会晤仪节，务皆斟酌适宜，此等事体虽小，动关体制。……又中外交涉案件，洋人往往矫强，有关道承上接下，开谕调停，易得转圜，不独常洋两税须人专管也。……相应请旨，准令添设津海关道一缺，专管洋务，及新钞两关税务，凡华洋交涉案件，责令该道督同府县各官，认真妥办，并由直隶总督拣员请补，俾可呼应得力。……至选将练兵，筹备海防一节，尤为目今要务。……曾国藩本年四月续奏马步练军章程，经部议准，似较从前营制差强，……随时整饬变通，或者有裨实用。……大沽海口南北炮台，最为扼要，而守兵过单，守具亦未精备。杨村、河西务、王庆坨

等处，均系由津进京要路，将来应否拨营分驻，修筑炮台，以壮声势，均当次第妥酌办理。……并奏派记名提督、广西右江镇总兵周盛传，统盛仁各营，为拱卫畿辅之师，……暂在景州、沧州一带屯扎操练。……至畿东水利，……崇厚前于军粮城，开垦渠田五百余顷，闻不久亦多淤废，容再察看，妥筹试办。(王延熙《皇朝道咸同光奏议》卷一六《李鸿章裁并通商大臣酌议应办事宜疏》)

同治九年十二月……丙戌，吏部等部议覆：直隶总督李鸿章条陈，新设天津海关道，定为冲繁疲难四字最要之缺，由外拣员请补，沿海地方均归专辖，直隶通省中外交涉事件，统归管理，兼充直隶总督海防行营翼长，并以天津府城未据险要，拟于五大河以北，圈筑新城，以资备御，均应如所请办理。从之。(《清穆宗实录》卷三〇一)

光绪元年1875年。夏四月……壬辰，……以沈葆桢为两江总督，兼办理通商事务大臣，谕：……南北洋地面过宽，必须分段督办。著派李鸿章督办北洋海防，沈葆桢督办南洋海防，所有练军设局，及招致海岛华人诸议，统归该大臣等择要筹办，其如何巡历海口，随宜布置，及提拨饷需、整顿诸税之处，均著悉心办理。至铁甲船需费过巨，著李鸿章、沈葆桢酌度情形，如实利于用，即先购一两只。开采煤铁事宜，著照李鸿章、沈葆桢所请，先在磁州、台湾试办。出使各国及通晓洋务人才，并著李鸿章、沈葆桢随时保奏。(《光绪东华录》卷三)

光绪五年1879年。闰三月……乙未，赏前福建巡抚丁日昌总督衔，专驻南洋，会同沈葆桢及各督抚，实力筹办海防，南洋沿海水师弁兵，统归节制。丙申，命丁日昌充兼理各国事务大臣。(《光绪东华录》卷二七)

(四) 财政之支绌

清代岁入，顺治以后，约二千万两。道光时，关税骤增，及他所增益共为四千万；光绪二十年为七千万，三十年达一万万；宣统三年，预算为四万万元。而一代兵费，约占岁出之半，临时军费尚不在内。康熙库存二千余万，乾隆时达七千万，然晚年用兵，耗费已尽。自后国用，时虞不足。道光以迄光绪，兵费尤多，加以赔款、维新之费，至宣统时，益形竭蹶。故清之亡，原因甚多，而财政之崩溃，亦其一也。

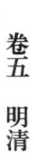

李鸿章故居

甲、赔款

鸦片赔款后,外人以中国为易与,于是不问是非,动辄勒索赔款。教民死伤,则索赔款;教堂被毁,则索赔款;琉民被害,与日本无涉,亦索赔款;俄占伊犁,本我土地,亦索赔款。甲午之役,赔兵费至二万万两,赎还辽东半岛又三千万两,庚子赔款本息达九万万余两。竭中国之脂膏,不足餍无厌之壑,于是剜肉补疮,借外债以偿外债,利息折扣,额溢于旧。全国利权抵押殆尽,不得已筹及干路,欲以为外债抵押品,而清亡矣。

东事久无定议,……竟索至二百万两之多。……英国威使忽为调停,至少必须五十万两,……复称须先付给一半,余俟兵退后补给。……(《李文忠公朋僚函稿》卷一四《复王补帆中丞》)

光绪七年1881年。春正月……己丑,出使俄国大臣曾纪泽,在俄都森彼得堡,与彼外部大臣格尔斯暨前驻华公使布策,改订条约二十款,专条一,……第六款,大清国大皇帝允将大俄国自同治十年代收代守伊犁所需兵费,并所有前此在中国境内被抢受亏俄商,及被害俄民家属各案补恤之款,共银卢布九百万元,归还俄国。……(《光绪东华录》卷三九)

卷五 明清

光绪二十一年1895年。三月……甲午，……李鸿章与日本全权大臣伊藤博文等，在马关议定和约十一款，另约三款，成，……第四款，中国约将库平银二万万两，交与日本，作为赔偿军费。……(《光绪东华录》卷一二五)

五月……壬辰，与日本国订交还奉天省南边地方条约七款，……第二款，中国约为酬报交还奉天省南边地方，允给银三千万两，……于……光绪二十一年九月二十二日，交与日本国政府。……(《光绪东华录》卷一二七)

七月……戊午，……许景澄奏：本年四月间，俄国户部大臣威特，述其国主之意，深愿中国速给偿款，俾日本早日退兵，并令伊部代筹款项，以备周转，……旋拟推荐俄法银行承办。经臣迭奏电旨，暨总理各国事务衙门来电，与外部大臣罗拔诺夫，会同威特，详慎商办。……闰五月……初九日，奉旨：合同各条，著许景澄斟酌妥协，即与画押订定。……臣于十四日，将两国议订专条，并银号合同，……分析画押讫。查合同内载，中国订借法银四万万佛郎，按九四又八之一扣，再扣印税、造票工本、发寄等费，周年四厘起息，由中国驻使出给借款总据，银号商董，先将总款全揽刊印股票散售，每年分还票本息，共二千一百十五万四千七百五十二佛郎，另加银号经办费用四分厘之一，并刊报添印息票等费，半年一给，至三十六年清讫。十五年后，亦可将票本增还，或全还。其息以西历本年七月初一日起算，交款极迟，自西历八月二十日，至明年正月初一日止，分期交清。未交款之前，应给息银，由银号扣存抵。付此项借款，以海关作保，遇有付款阻滞，俄国允许立合同之银号，按期拨付票本息，中国在六个月不另借款，每年银号经办制金、销票、刊报、对号等事，由使馆派员稽察，借款全还，银还即将总据缴销。……此臣与俄法银号商董互订合同之情形也。(《光绪东华录》卷一二八)

光绪二十四年1898年。二月……庚申，总理各国事务衙门奏：前于光绪二十二年二月间，订借英德商款一千六百万镑，约计库平银一万万两，……嗣经陆续提付日本赔款及威海卫军费七千七百五十九万余两，加以订购炮船等项，仅余三百数十万两，而日本赔款尚欠七千二百五十万两。若不续借巨款，照约于二年之内全数还清，则已付之

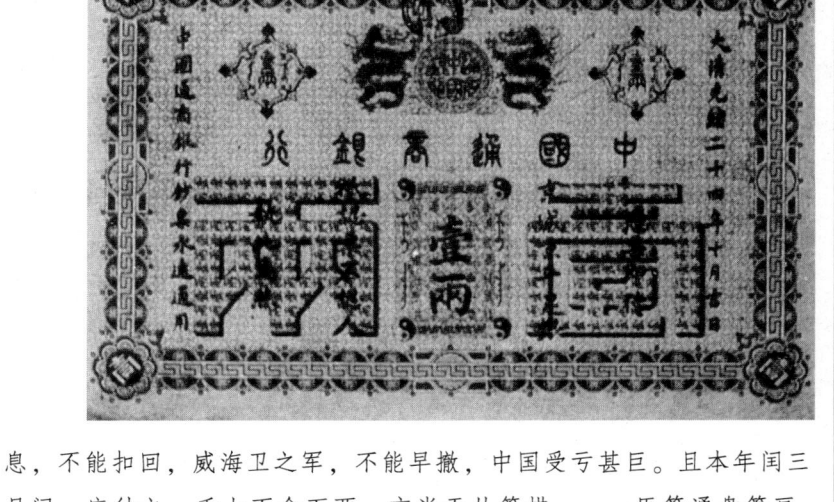

清中国通商银行纸币

息，不能扣回，威海卫之军，不能早撤，中国受亏甚巨。且本年闰三月间，应付之一千七百余万两，亦尚无从筹措。……臣等通盘筹画，拟将苏州货厘，松沪货厘，九江货厘，浙东货厘，宜昌盐厘，等项，……札派总税务司赫德代征，以便按期拨付本息，不致迟误。此项货厘、盐厘每年约征厘五百万两，抵偿借款，当可取信洋商，而他国不致有所借口。当将此意，面告赫德，令向英德银行商办，……订期续借金一千六百万镑，仍合库平银一万万两，开具草合同呈送前来。臣等查合同所开，周息四厘五毫，八三折扣，四十五年还清，每四百镑用费一镑，虽较前次英德借款折扣较重。然前项周息五厘，三十六年还清，现款周息四厘五毫，四十五年还清，每年少还本息银十三万一千七百二十余镑，亦可稍舒财力。其余各款，与前次合同不甚参差。……既无误日本偿款之期，亦免诸多要挟。……仅钞录合同底稿，恭呈御览，……得旨如所议行。（《光绪东华录》卷一四三）

据全权大臣先后来电，并还款表一纸，计此次赔款，议定四万五千万两，前数年每年本利银一千八百八十二万九千五百两，嗣后按年递加，每年二千余万两及三千余万两不等，至光绪三十九年为止，总共本利银九万八千二百二十三万八千一百五十两，另有允缓半年付利息九百万两，分三年带交，由西历明年正月初一日，即华历本年十一月二十二日起，照数付足。款目之巨，旷古罕闻，限期之迫，转瞬即届，就中国目前财力而论，实属万不能堪。然和议既成，赔款既定，

无论如何窘急，必需竭力支持。臣部职司度支，固属责无可卸，各省值此艰巨，尤当勉为其难，亦惟有于出款力求裁减，入款再求加增，庶几凑集巨款，届期归偿，于大局不致贻误。

谨将拟裁拟增各款，逐一开列，恭呈御览。计开：一、虎神营、骁骑营、护军营，光绪二十五年，共开支津贴银一百四十余万两。此项津贴，原因添练各营，始行加增，并非兵丁底饷，现拟自本年起，……照数裁减。一、神机营经费，及步兵营练兵口分，抽练兵丁口分，光绪二十五年共开支银一百二十余万两。前项经费、口分，系属挑练各营兵丁先后加增之款，亦非兵丁底饷，现拟……酌量裁减。一、满汉官员，八旗兵丁，向有米折一项，每年由户部约支一百余万两。……拟自本年起，……暂行停支。一、南洋经费，及沿海、沿江防费，并各省水陆勇营、旧营、旧有绿营，率多事涉虚糜，难期实际，拟一律酌加裁汰。一、房间捐输，按粮捐输，广东已电奏开办，如果妥定章程，办有端绪，尚属款项大宗。拟通饬各省，一体酌量试办。一、地丁收钱，酌提盈余，剔余中饱，山东已奏准办理，臣部亦抄录原奏，行咨各省仿照，现拟再行通饬各省，切实遵办。一、盐斤加价，前已奏明办理有案，然为数尚少，款项亦均已拨用。拟令各省，就现在盐斤价值，每斤再加增四文。一、各省土药一项，茶、糖、烟、酒四项，非民生日用所必需，重征之尚无甚妨碍，拟令就现抽厘数再加三成。

统计部库裁减之款，可省三百余万两，各省……加增之款，约略估计亦当有一千数百万两，惟各省情形不同，未必皆能逐款遵办；即使遵照部章，竭力筹办，……尚需时日，仍恐有误还期。拟先就赔款二千二百万两之数，令各该省关，将应解部库，西征洋款，改为加放俸饷一款；抵京饷，改为加放俸饷一款；京官津贴，改为加复俸饷一款；自光绪二十四年起，加增边防经费一款；向未有漕省分，循案解部漕折一款。以上约共银三百余万两，全数提出，均留作赔款外，尚有一千八百余万两，即摊派各省，责令按期报解。其数目……应按省分大小、财力多寡为断，拟派江苏省二百五十万两，四川省二百二十万两，广东省二百万两，浙江省一百四十万两，江西省一百四十万两，湖北省一百二十万两，安徽省一百万两，山东省九十万两，河南

清户部银行兑换券

省九十万两，山西省九十万两，福建省八十万两，直隶省八十万两，湖南省七十万两，陕西省六十万两，新疆省四十万两，甘肃省三十万两，广西省三十万两，云南省三十万两，贵州省二十万两，计共一千八百八十万两。各省自奉文派定以后，均应按臣部单开裁减加增各办法，妥速筹办。倘单开各条内，有与该省未能相宜，及窒碍难行之条，各该督抚均有理财之责，自可因时制宜，量为变通，并准就地设法，另行筹措。惟必须在本省司、关、道、局，凑足分派之数，如期汇解，不得少短迟延，致有贻误。倘期限已届，而短少尚多，即惟各该督抚是问。再通商各海关税银，拟收足值百抽五，现已商办有成，将来开办后，核计关税，究能征收若干，应将增出数目，专为赔款应用，各省此次分摊之数，尚可酌量核减。（王延熙《皇朝道咸同光奏议》卷二六《户部奏新定赔款数巨期急迫应合力通筹疏》）

光绪三十年1904年。十月乙丑，外务部奏：查辛丑和约第六款，内载诸国偿款海关银四百五十兆，按年息四厘，分三十九年清还本息，用金付给，或按应还日期之市价，易金付给。……现因银价跌落，……每届还款之期，虽由江海关道照银数付给各国银行，该银公会每期开送清单，仍悉按以银易金计算，载明亏欠数目，并将欠款于结算后即一律起利。照此核计，至本年三年届满，亏欠之数约已逾千万。……亏欠之数，仍一例以四厘计息，则欠数必逐年递增，算至三十九年之后，将又积成数万万之巨款。（《光绪东华录》卷一八九）

卷五 明清

乙、兵费

清代八旗及绿旗军饷，岁有常规，约需银二千数百万两。太平军起，湘勇每名每月饷银四两五钱，淮、粤、豫军咸仿其制。此项兵费在常规之外，户部无以应，则由各省协助，且设卡抽厘以给之，官吏因缘为奸，层层盘剥，税及毫厘。其后捻、回举兵，厘金不足，则提及关税，或别创米捐、官捐，甚至借外债、商债。甲申以后，又开海防捐、郑工捐，许捐实官，仕途益以庞杂。至于编练新军，购买舰械，所费尤巨，其详数已不可考，但以清季用兵之久，区域之广，饷项之繁，所耗兵费实数，当不下银二三万万两。

同治元年1862年。春正月……乙酉谕：……前以军饷浩繁，度支不足，不得已，议亩捐、厘捐之举，地方有司，不知善为经理，暴敛横征，漫无限制，……致民不聊生，殊堪痛恨。……各该省督抚酌量裁留，并将殃民官吏，严行查办。（《清穆宗实录》卷一五）

户部……奏折内称，曾国藩军营，现在月饷，每月湖北协济银二万五千两，湖南协济银二万五千两，四川协济银五万两，江西协济银三万两外，尚有广东厘金，及江苏厘金等款，为数甚巨。……（《曾文正公奏议》卷八《饷绌情形折》）

窃臣接准部咨，……军需报销一事，……自咸丰三年九月至六年十二月底止，……共收银二百八十九万一千四百一十九两五钱有奇，收米五万三千七百四十九石八升有奇。……自咸丰八年六月，臣由原籍起复，带兵援浙之日起，至十年四月底止，……共收银一百六十九万一千六百七十九两一钱有奇，收钱一千一十九串有奇。……自咸丰十年五月，臣接任两江总督起，至同治三年六月克复金陵止，……共收银一千六百八十五万四千五百九十两七钱有奇，收钱九十六万五千五百五十二串有奇。……其各军欠饷及协济各路银钱等款，另行分析开单，具

清代银锭

详请奏前来。臣查此次汇办报销，为时阅十二年之久，用款至二千一百三十余万之多，臣复加查核，均系确实可据。……（王延熙《皇朝道咸同光奏议》卷五〇《曾国藩造报军需款目疏》）

用银一万七百九十余万，钱九百万贯，钞七百万两。清对捻军所用军费。平洪用银二万八千余万，钞七百六十余万两，钱八百十八万贯。（《湘绮楼日记》光绪四年十月）

窃臣军先后入秦，及续募马步各营之在途者，并计步队四十余营，马队三千余骑，综核各营饷项，及津贴、粮价、采办军火，并转运经费，每月已不下三十万两。（王延熙《皇朝道咸同光奏议》卷五〇《左宗棠甘省粮饷奇绌援案请办米捐疏》）

东、苏两境，运堤袤长千里，苟非各督抚……通力合作，臣军断不敷用。皖、豫派到各军，与淮军分守宿迁以下地段，……而宿迁以下至清江，运堤几二百里，尚无守兵，……臣仅调前金门镇王钟华提督、鲁洪达水师三营，分在宿迁亨济闸下，至盐河箍口坝一带。……钦奉初五日寄谕，复经函商浙江抚臣马新贻，请其速派五千人北上，协守宿迁、桃源运堤。……叠准李瀚章、曾国荃咨称，已派提督谭仁芳、总兵刘维桢，率万二千人；刘长佑咨称，已派臬司张树声，率总兵余承惠等四五千人，前来助守，均尚未得起程日期，故运防犹未布满，即暂无兵替入胶莱。至胶莱河距南北海口，……丁宝桢则云约三百里，以每营三里计之，须百营布守，至少亦须八十营。刘铭传等三路之师，刘铭传、潘鼎新、董凤高、沈宏富等三路，……逼贼胶莱。日内先后已到，然步队止四十六营。臣复拟调豫军宋庆十二营，淮军王永胜开字十营，由运河续行抽往，必合之丁宝桢所部东军三十一营，始可密布。丁宝桢止允以十一营相助，……若丁宝桢尽以东军协守，目前略可敷用。（王延熙《皇朝道咸同光奏议》卷五三《李鸿章陈明办贼大致暂难赴前敌疏》）

臣所部各军，自同治元年逐渐募练，初系淮南农民居多，迨克复苏、浙各城，间收粤匪降众，四年后，全调剿捻，随地募补，马步水陆营数过多，需饷愈巨。数年以来，竭两江之财力，供亿此军，罗掘净尽，而各营每年必欠放三个月，积逋如山。曾国藩与筹饷司道，屡请裁军节饷银，以运防游击，多一营得一营之助，未敢遽议。今东捻

既平，必应陆续裁撤，每裁一营，应酌补欠饷若干，粮台无丝毫存项，又须设法筹此巨款。（王延熙《皇朝道咸同光奏议》卷五三《李鸿章东捻荡平覆陈善后为难情形疏》）

光绪十一年1885年。八月……庚寅，卞宝第奏：国家……岁出大宗，莫如兵勇之兼设。查各省、旗绿各营，兵额七十七万余人，每年薪粮，计银一千数百万两，养兵不为不多，费饷亦不为不巨。……粤逆自金田起事，初不过二千人，广西额兵二万三千，土兵一万四千，乃以三万七千之兵，不能击二千之贼。……其后发、捻、回、苗等匪，悉赖湘、淮营勇剿除戡定。……大乱甫平，伏莽未尽，兵不得力，勇难尽裁，于是岁支勇粮，又在一千余万两，赋入有常，何堪如此耗费。（《光绪东华录》卷七二）

军兴以来，近三十年，用财曷止万万，迄寰宇底定，惟甘肃、新疆，需饷孔多，除明春一军，业经裁撤不计外，以现在调拨而论，刘锦棠、谭钟麟关内外之师，岁拨银七百九十三万两，是为西征军饷。若西宁岁拨之一万，宁夏岁拨之十万，凉庄岁拨之八万四千两，不与焉。金顺一军，并接统荣全、景廉旧部，岁拨银二百二十八万两，部垫二十六万两，是为伊犁军饷。若巴里坤专饷，迭次提拨之四十万两，不与焉。锡纶接统英廉所部，并新募诸军，岁拨银三十三万，是为塔尔巴哈台兵饷。长顺接统恭镗所部，岁拨银九万六千两，是为乌鲁木齐军饷。若张曜所带豫军，岁需银六十余万两，向由河南供支，亦不与焉。以上西路各军，每岁共需银一千一百八十余万两，遇闰加银九十余万两。……通盘计算，甘肃、新疆岁饷，耗近岁财赋所入六分之一，各省关或括库储，或向商借，剜肉补疮，设法筹解，已属不遗余力。……上年筹办海防，西路协饷，颇难兼顾。……天下无大患难之时，犹且拮据如此，万一海疆有警，……各省自顾不暇，西路之事，何堪设想。

……查咸丰初年，始抽厘助饷，于关税之外，复设厘卡，迹近重征，大吏谕民，

清代钱庄印章

以暂时抽厘助饷，事竣裁撤，小民均切同仇之义，勉强输将。其后厘卡愈密，……析及秋毫，贩负俱不得免，因军饷不足，迄今未能遽裁。计每军报部，收厘数目，千数百万，至外销之款，与夫官吏所侵蚀，书吏所勒索，又无论矣。层层剥削，竭泽而渔，商贾咸谓事竣不裁，久为商累，物价昂贵，终归累民。至于田赋所出，俱有常经，军兴既久，供亿不恒，遂隳经制。如四川之按粮津贴捐输，已近加赋，各省遭贼蹂躏，城池甫复，遽事征收，……本年之钱粮，既须完纳，历年之积欠，又须带征，饷需紧要，不得不严其考成。考成綦严，不得不出于敲扑，至于州县之勒派，胥吏之诛求，尚不在其中，而民间捐资以应差徭，摊派以办团保，又无论矣。虽官非增赋，私已倍输。数十年来，海内疲弊，户鲜殷实，田多污莱，率以此故。（王延熙《皇朝道咸同光奏议》卷五〇《户部统筹新疆全局疏》）

光绪十年1884年。十二月……丙戌，……岑毓英奏：臣于十年十一月初二日奉旨，著督饬各军，设法攻克宣光，联络桂军，力图进取，所添粤勇，即著赶紧招募训练，……该督所需月饷，著户部速议具奏。……又于十一月十四日奉上谕，鲍超奏请在川、黔等处，设局转运，……该军到滇后，著岑毓英于张之洞筹借商款所解银两内酌量拨给。……两广督臣张之洞，顾持大局，奏请筹借商款百万，分济各军，臣深为感佩，惟分给滇军若干，由何路运解，尚未准知会。（《光绪东华录》卷六七）

十二月……壬午，李鸿章奏：广东借大东英金五十万镑，息九厘，期以十年，分二十次还清，……限七日汇港。得旨依议行。（《光绪东华录》卷六七）

光绪十一年1885年。二月……己丑，……李鸿章电致总理各国事务衙门：顷接闽抚刘二月初九日来电，……吴鸿源……所部皆水师，……本议广东济饷，至今未解，仍由台发饷，王诗正所部三千，又抽土勇二千，饷由台支发五万，军火器械，搜发一空，援兵皆徒手渡台，更增台急。（《光绪东华录》卷六八）

九月……丙辰，户部奏：光绪十年十二月初八日，臣等会议奏准，部库暨各直省，开捐实官常例，以裕饷源，……予限一年，限满即行停止。……计自开例起，截至本年八月底止，各直省共收捐银一

清代户部衙门

百三十余万两，臣部共收捐银八十五万余两，统计共收捐银二百十五万四千余两。……此次捐例，原为海防而设，现在海防既定，且距限满之期不远，……拟请饬下各直省督抚，……限满一律停止，其奖册……赶紧造送到部，毋得迟延。（《光绪东华录》卷七二）

法事平后，各省须还洋债，近二千万。（《李文忠公朋僚函稿》卷二〇《复曾劼刚袭侯》）

光绪二十年1894年。八月，户部奏，请息借商款，备充饷项事，疏云：窃以海防吃紧，需饷浩繁，前经臣部，于北洋大臣李鸿章奏请募勇购船各案内，拨银二百五十万两，嗣又酌拟筹饷条约，可提挪银四百万两，并声明续有所见，应由臣部奏明办理，各在案。伏查近年以来，帑藏偶有不敷，往往息借洋款。……若以息借洋款之法，施诸中国商人，但使诚信允孚，自亦乐于从事。……谨酌拟办法章程六条，……恭呈御览。……京城已经创办，各省省会关埠等处，……拟请饬谕各督抚，……照臣衙门办法，议定行息，……准于地丁关税内，照数按期归还。……奉上谕：……现在倭氛不靖，购船募勇，需饷浩繁，息借商款，京城业经创办，即著各直省督抚，……照户部办法，议定行息，……准于地丁关税项下，照数按期归还，……但使本

息无亏，当无不踊跃从事也。钦此。（沈桐生《光绪政要》卷二〇）

　　八月慈谕停办万寿受贺典礼：……本年十月，予六旬庆辰，……特允皇帝之请，在颐和园受贺。讵意自六月后，倭人肇衅，……不得已兴师致讨，……两国生灵，均罹锋镝。……前因念士卒临阵之苦，特颁内帑三百万两，俾资饱腾，……其颐和园受贺事宜即行停办。（沈桐生《光绪政要》卷二〇）

　　九月甲戌，李鸿章电致总理各国事务衙门，营口道善联电，边氛渐紧，拟募陆勇马步三营，……月饷约九千金，就地劝商集捐，计可五万。……应用枪炮火药，……所用共约需十万金。查本关洋税，……尚有底零计共九十四结，积余二十一万两。可否即就此款，先提十万，以为置办军火，添补月饷，一切零星制备之需；下余十一万两，并恳全数皆备不虞。……鸿查营口防务紧要，酌提本关积存税项，为募练防军之用，似属可行，应请旨敕部准拨。……上谕：……著准其在该关积存税项内，提银十万两应用。（《光绪东华录》卷二二一）

　　光绪二十一年1895年。夏四月……乙巳，……户部奏：臣部于上年八月间，……爰有息借华款之举，先试办于京师，继复推行于外省。……自开办至今，已经奏咨有案者，广东借银五百万两，江苏借银一百八十一万余两，山西借银一百三十万两，直隶借银一百万两，陕西借银三十八万余两，江西借银二十三万余两，湖北借银十四万两，四川借银十三四万两，合诸京城所借之一百万两，已逾千万之数，洵于军兴用款，不无少补。……虽属公私两便，而行之过久，恐银价日增，有碍商民生计。……此事不妨暂停。……得旨允行。（《光绪东华录》卷一二六）

丙、糜费

清末额外开支，如光绪十三年河决郑州，所耗工程，达银一千万两，山东河决齐河，亦达五百万两。咸丰帝、同治帝、孝贞后三陵工，各数百

《光绪政要》书影

万两,此外尚有常年陵工。同治、光绪两帝大婚,各五百万两。撤帘后,修缮三海三百万两,颐和园约八百万两。西后六旬万寿,点景铺张,亦达数百万两。皆糜费也,所耗约达六七千万两。

顷奉二十日手示,以奉拨大婚等用盐厘二十万,无可指拨,属于预厘彭营厘饷项下,月拨二万,俾有着落,俟解清二十万后,仍归淮军充饷。(《李文忠公朋僚函稿》卷九《复马谷山制军》)

今冲圣吉礼将备,官府内外,竭蹶供支之不遑,何暇计及民生之休戚。遇有兴举,悉下部议,徒令猾吏奸司留难需索,而名实皆亏,纪纲日隳。踵此而行,乱机将兆,岂疏远所能为力,即百湘乡在外,庸有济耶。(《李文忠公朋僚函稿》卷一二《复四品卿衔何子莪》)

光绪十四年正月……己巳,……懿旨,……办理大婚之款,四百万两尚不敷用,著户部再行筹拨一百万两。(《光绪东华录》卷八七)

枢垣无主持大计之人,农部尤甚愤愤,欲朝廷力减不急之务,无敢言者,亦无能行者。如三陵岁需二三百万,与京饷并重,势须设法腾挪。(《李文忠公朋僚函稿》卷一五《复沈幼丹制军》)

海内财力,一耗于西征,再耗于海防及留防兵勇,三耗于陵工河防、意外之需,其势实不足分供边远。(《李文忠公朋僚函稿》卷一六《复刘荫渠制军》)

清永陵全图

丙子，张曜奏，山东河工吃紧，请由部库垫发饷银五十二万两。(《光绪东华录》卷八六)

户部奏……拨郑州大工六百万两，山东河工二百万两，续拨山东河工八十九万两。(《光绪东华录》卷八六)

十三年九月……己亥，张曜奏：黄河……挑挖引河，酌挑矶滩，估计工程经费，除成平外，共需银二十九万七千余两。……北岸遥堤经费民埝津贴，除成平外，共需银五十三万一千二百余两。利津下游至灶坝尾堤工九十六里，除成平外，需银六万五千八百余两。南岸……遥堤经费，民埝津贴，除成平外，共需银二十六万七百余两。……赵庄口门……经费，除成平外，共需银十二万七千余两。堵筑王家圈等四处口门，估计经费，除成平外，共需银六十一万余两。……徒骇河堤工，……共需津贴银十六万六千余两。南岸滨州地段，……需银三万四千五百余两。……赶造平头圆船五十只，……每船约需银二百余两。……(《光绪东华录》卷七八)

十四年七月庚申，……谕：……郑工漫口，……先后发给工需银九百万两。(《光绪东华录》卷九〇)

同治时欲修复圆明园，为恭王所阻，约于军事平定后再行修复，故光绪十年以后，又重提此议，终以费多不克举行。而改修三海，约费二百余万，犹以为未足，故修清漪园，改名颐和园，其费无法计算，大约内务府、户部所筹者百余万，各省分筹者二百余万，其余报效者百余万，由海军经费挪用者不知确数，约计共费最少当在六百万至八百万之间。世间传言费至数千万，并言海军经费全部用以修园，实为过甚之辞。

同治十三年1874年。秋七月……己巳，谕：……前降旨谕令总管内务府大臣，将圆明园工程，择要兴修，原以备两宫皇太后燕憩，用资颐养而遂孝思。本年开工后，朕曾亲往阅看数次，见工程浩大，……见在物力艰难，经费支绌，军务未尽平定，……仰体慈怀，甚不欲以土木之工，重劳民力。所有圆明园一切工程，均著即行停止，俟将来边境乂安，库款充裕，再行兴修。因念三海近在宫掖，殿宇完固，量加修理，工作不至过繁。著该管大臣，查勘三海地方，酌度情形，将如何修葺之处，奏请办理，将此通谕中外知之。(《清穆宗实录》卷三六九)

万寿山工程集款，前系函商两江、两广、湖广、四川四督，湖

颐和园老照片

北、江西两抚，较论南省财力，惟此数处，尚可勉筹。诸臣受恩至深，益以钧函之重，必当尽力措置，不敢迁延。以愚见揣度，二百万之数，当可集成，足纾厪念。（《李文忠公尺牍》册八《复醇邸》）

粤中代购颐和园电灯机器全份，业经分批解京，并派知州承霖随往，伺候陈设。此项电灯，系因粤堂鱼雷教习德弁马驷请假回国之便，令其亲往德厂订购，格外精工，是西洋最新之式，前此中国所未有。该洋弁将第三批箱件，由粤自送到津，呈递各项细图，鸿章逐加披视，实属美备异常。……至预备西苑更换电灯锅炉各件，系信义洋行代办，日内亦可抵津，闻器料尚属精美。一俟到齐，即派妥员解京，以备更换。（《李文忠公尺牍》册一八《复庆邸》）

奉五月二十六日手示，以三海工程急需三十万，拟先由海署存款内如数借拨，俟粤海关续措三十万解到，扣还署款。……（《李文忠公全集·光绪十二年五月致醇邸函》）

南海工作，各商按八成正款一百八十八万一千六百两，业经放竣，合有二成节省银四十七万四百两之数，原为备放续估工作及装修，并修理陈设船只等项之用。讵一昨通盘核算，约需百万内外，而圈北堂不与焉。……计工程处入款，文铦二万，崇礼十三万，崇厚四

万，文锡五万，神机营海署七十五万，户部五万八千零，英绶三万，文麟三万，闽海本年十万，海绪三十一万，增润七十万，……可否指称创建京师水操学堂，或贵处某事，借洋七八十万之谱。……此银一来，全局立定。(《李文忠公全集·醇邸来函》)

分段点景一节，……户部前咨王大臣等，会奏分扣廉俸，报效经费，即系分段点景之费，各疆臣尚有届期自行进献礼物之举。……此间拟率同阁省提镇司道等，……续请报效三万两。……(《李文忠公尺牍》册二六《复两江制台刘岘庄》)

盐商报效一节，山东四万，已见《邸钞》。两淮闻令出五十万，只认交二十万，大约至多不过三四十万。芦商拟令捐八万。两浙盐商可出若干，想亦不能过多也。(《李文忠公尺牍》册二六《复浙江抚台崧镇青》)

钦奉懿旨著照捧日、恒春船式，成造轮船一只，随洋划四只，以备倚虹堂至万寿寺乘用。……当经札饬机器局司道，遵照式样，……一切工料，均令力求精坚，……应用外洋物料，亦经电促从速购运，再饬大沽船坞，配造洋划四只，届时一并解京。(《李文忠公尺牍》册二六《复庆邸》)

各将军、督、抚请赏地段点景，……大约系内务府承办，……费不足，则各自添筹耳。……即彩绸一项，已须三百余万，宁、苏两织造承办者，数必不少，更大费张罗矣。(《李文忠公尺牍》册二六《复两江制台刘岘庄》)

庆典各省商，捐长芦十万，两广四万，……两淮拟进呈四十万，……河东三万。……(《李文忠公尺牍》册二六《复两淮运台江蓉舫》)

十九年……五月……乙卯，……总办万寿庆典王大臣世铎等会同内务府奏：……报效清单，亲王、郡王、贝勒、贝子、公、将军，共银四万三千六百两；宗人府、内阁、各部院寺满、汉文职各官，共银九万四千八百两；侍卫处、銮仪卫、八旗满洲、蒙古、汉军、前锋、护军、圆明园八旗、内务府三旗、健锐营、火器、领绿、步各营、满、汉武职各官，共银六万八千四百两；公、侯、伯、子、男、轻车都尉、骑都尉、云骑尉、恩骑卫、满、汉袭荫各官，共银五万七千一百两，以上共报效银二十六万三千九百两。直隶省共银五万七千两，

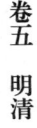

健锐营遗址

江宁省共银三万五千八百两，江苏省共银三万五千六百两，安徽省共银三万三千五百两，山东省共银五万六千一百两，山西省共银五万一千五百两，河南省共银五万八千四百两，陕西省共银二万九千三百两，甘肃省共银六万六千五百两，新疆省共银四万六千八百两，福建省共银四万五千两，台湾省共银一万三千四百两，浙江省共银四万三千三百两，江西省共银四万一千二百两，湖北省共银四万三千六百两，湖南省共银四万四千九百两，四川省共银六万一千八百两，广东省共银六万四千五百两，广西省共银三万一千七百两，云南省共银三万二千六百两，贵州省共银三万七千六百两，奉天省共银五千七百两，吉林省共银三千两，黑龙江省共银一千两，热河省共银三千二百两，以上共报效银九十四万三千两。统计京内外各官，共报效银一百二十万六千九百两。得旨，览。(《光绪东华录》卷一一四)

十一　维新之开始

维新事业，首重兵工，以至汉阳铁厂之设，皆为官办。次始及于矿，为中外合办；交通事业，或中外或官商合办；湖北丝、纱、布三厂为官办。官办多窘于经费，不能扩张；官商合办者多所侵蚀，以致亏累；商办多由洋行买办出资。营纱厂赢利三倍，乙未以后，外人得在商埠设厂，谓之机制洋货，只纳子口半税，中国工艺及仿造洋货，受厘金之累，势不能敌，多至破产。而士大夫言维新者，多营矿厂，谓之实业，或集股，或借外资。风气渐开，清廷始设农工商部，颁行公司注册法。

（一）兵工

甲、江南制造局

制造局之设，重在造船制炮。后与广方言馆合力，译各国书数十百种，聘美国人林乐知主其事，科学输入，颇为有功。

丁日昌禀称：上海虹口地方，有洋人机器铁厂一座，能修造大小轮船，及开花炮、洋枪各件，实为洋泾浜外国厂中机器之最大者，……索值在十万洋以外，是以未经议妥。兹有海关通事唐国华，……因案革究，赎罪情急，与同案已革之扦手张灿、秦吉等，愿共集资四万两，购成此座铁厂，以赎前愆。厂内一切机器俱精，所有匠目照旧，发价任凭迁移调度。其余厂中必需之物，如铜、铁、木料等件，另值银二万两，由该关道筹借款项，给发采买，以资兴造。先行请示前来。当查唐国华一案，既情有可原，报效军需赎罪，亦有成案可援。此项外国铁厂机器，觅购甚难，机会尤不可失。批饬速行定议，禀候分别具奏，并饬该厂一经收买，即改为江南制造总局，……其丁日昌及韩殿甲旧有两局，即归并总局。一切事宜，责成该关道丁日昌督察筹画，会同总兵韩殿甲，暨素习算造之分发补用同知冯焌光、候选知县王德均，熟谙洋军火之候选直隶州知州沈保靖，一同到局总理。所有出入用款，收发器具，稽查工匠，分派委员数人，各司其事。……

旋据丁日昌等查造该厂机器物料件数清册，拟具开办章程，约有数端：一、核计局用房租薪水及中外匠工等有定之款，月需银四千五六百两，其添购物料多寡不能预定，

丁日昌像

大约每月总在一万两以外。一、查原厂所用之洋匠，计留八人其匠目科而一名，技艺甚属精到，所有轮船、枪炮机器，俱能如法制造。现拟于华匠中留心物色，督令操习，如有技艺与洋人等者，即给以洋人工食；再能精通，则拔为匠目，以示鼓励。一、现造洋枪器具，尚未全备，已令匠目赶制全副，约大小四十余件，数月可以成功，如式仿制，即省功力。惟已制洋枪，则必需铜帽，既得铜帽，又必需洋药，皆系相因而至之物，不容偏废。但闻制药机器工料，尤为繁重，容再设法购求，俾可推行尽利。一、查铁厂向以修造大小轮船为长技，……目前尚未轻议兴办，如有余力，试造一二，以考验工匠之技艺。其铸钱、织布、挖河、犁田诸器，虽可仿制，但其法式，……尚须考究。……一、前奉议饬以天津拱卫京畿，宜就厂中机器，仿造一分，以备运津，俾京营员弁，就近学习，以固根本。现拟督饬匠目，随时仿制，一面由外购求添补。……一、查本厂现在虹口，每年房租价银六七千两，实为过费，兼之洋泾浜习俗繁华，游艺者易于失志，厂中工匠繁多时有与洋人口角生事，均不相宜，应请择地移局。其他所议，如机器宜择人指授，工匠不令随意去留，费用宜实报实销，赏罚

江南制造局

宜明定章程，以上各条，均属切实。臣查此项铁厂所有，系制器之器，无论何种机器，逐渐依法仿制，……事事可通。目前未能兼及，仍以铸造枪炮，借充军用为主。月需经费，容臣随时于军需项下通融筹拨。……曾国藩采办西洋机器，俟到沪后，应归臣处措置。……
（《李文忠公全书奏稿》卷九《置办外国铁厂机器折》）

窃中国试造轮船之议，臣于咸丰十一年1861年。七月，覆奏购买船炮折内即有此说。同治元、二年间，驻扎安庆，设局试造洋器，全用汉人，未雇洋匠，虽造成一小轮船，而行驶迟钝，不甚得法。二年1863年。冬间，派令候补同知容闳出洋购买机器。……湖广督臣李鸿章，自初任苏抚，即留心外洋军械，维时丁日昌在上海道任内，……四年1865年。五月，在沪购买机器一座，派委知府冯焌光、沈保靖等，开设铁厂，适容闳所购之器，亦于是时运到，归并一局，……专造枪炮。……至六年1867年。四月，臣奏请拨留洋税二成，以一成为专造轮船之用。……查制造轮船，以汽炉、机器、船壳三项为大宗，……此次创办之始，考究图说，自出机杼。本年……七月初旬，第一号工竣，臣命名曰恬吉轮船，……其汽炉、船壳两项，均系厂中自造，机器则购买旧者，修整参用。船身长十八丈五尺，阔二丈七尺二寸。先在吴淞口外试行，……于八月十三日驶至金陵，臣亲自登舟试行至采石矶，每一时上水行七十余里，下水行一百二十余里，尚属坚致灵便，可以涉历重洋。原议拟造四号，今第一号系属明轮，此后即续造暗轮，将来渐推渐精，即二十余丈之大舰，可伸可缩之烟筒，可高可低之轮轴，或亦可苦思而得之。

……溯自上海初立铁厂，迄今已逾三年，……修船之器居多，造炮之器甚少。各委员详考图说，……就厂中洋器，以母生子，……造成大小机器三十余座，即用此器以铸炮，……先铸实心，再用机器车

容闳像

刮镞挖，……制造开花、田鸡等炮，配备炮车、炸弹、药引、火心等物，皆与外洋所造者足相匹敌。至洋枪一项，需用机器尤多，如碾卷枪筒，车刮外光，钻挖内膛，镞造斜棱等事，各有精器，巧式百出，枪成之后，亦与购自外洋者无异。此四五年间先造枪炮，兼造制器之器之情形也。该局向在上海虹口，……六年1867年。夏间，乃于上海城兴建新厂，……其已成者，曰汽炉厂，曰机器厂，曰熟铁厂，曰洋枪厂，曰木工厂，曰铸铜铁厂，曰火箭厂，曰库房、栈房、煤房、文案房、工务厅，暨中外工匠住居室。……其未成者，尚须速开船坞，以整破舟；酌建瓦棚，以储木料；另立学馆，以习翻译。……先后订请英国伟烈亚力、美国傅兰雅、玛高温三名，专择有裨制造之书，详细翻出。现已译成《汽机发轫》、《汽机问答》、《运规约指》、《泰西采煤图说》四种。拟俟学馆建成，即选聪颖子弟，随同学习，妥立课程，先从图说入手，切实研究，庶几物理融贯，不必假手洋人，亦可引伸。（《曾文正公全集·奏稿》卷二七《新造轮船折》）

乙、福州船厂

船厂之设，左宗棠倡之，沈葆桢成之，终以费绌不能扩张，购外国船，费反减于自造者，船厂遂同虚设。

我国家建都于燕，津沽实为要镇，自海上用兵以来，泰西各国火轮兵船，直达天津，藩篱竟成虚设。……目前江浙海运，即有无船之虑，而漕政益难措手，是非设局急造轮船不为功。……如虑船厂择地之难，则福建海口罗星塔一带，开槽浚渠，水清土实，为粤、浙、江苏所无。……如虑机器购觅之难，则先购机器一具，巨细毕备，觅雇西洋师匠，与之俱来，以机器制造机器。……机器既备，成一船轮机，即成一船，成一船即练一船之兵，比及五年，成船稍多，可以布置沿海各省，遥卫津沽。……如虑筹集巨款之难，就闽论，海关结款既完，则此款应可划项支应，不足则提取厘税益之。又臣曾函商浙江抚臣马新贻、新授广东抚臣蒋益澧，均以此为必不容缓，愿凑集巨款，以观其成。计造船厂，购机器，募师匠，须费三十余万两；开工集料，支给中外匠作薪水，每月约需五六万两。以一年计之，需费六十余万两。创始两年，成船少而费极多，迨三、四、五年，则工以熟而速，成船多而费亦渐减，通计五年所费，不过三

沈葆桢故居

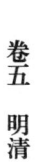

百余万两。……轮船成则漕政兴，军政举，商民之困纾，海关之税旺，一时之费，数世之利也。……计闽、浙、粤东三省，通力合作，……尚非力所难能。……近时洋枪、开花炮等器之制，中国仿洋式制造，亦皆能之。炮可仿制，船独不可仿制乎？……前在杭州时，曾觅匠仿造小轮船，形模粗具，试之西湖，驶行不远。以示洋将德克碑、税务司日意格，据云，大致不差，惟轮机须从西洋购觅，乃臻捷便。……嗣德克碑归国，绘具图式、船厂图册，并将购觅轮机、招延洋匠各事宜，逐款开载，寄由日意格转送漳州行营，德克碑旋来漳州接见。臣时方赴粤东督剿，未暇定议，……先将拟造轮船缘由，据实驰陈。……（《左恪靖伯奏稿》卷三二《拟购机器雇洋匠试造轮船先陈大概折》）

窃维试造轮船兼习驾驶一事，……奉谕旨允行。比即缄知原议之洋员日意格，令转告德克碑，速来定议。……日意格于七月初十日来闽，臣与详商一切事宜，同赴罗星塔，择定马尾山下地址，宽大一百三十丈，长一百一十丈，土实水清，深可十二丈，湖上倍之，堪设船槽、铁厂、船厂，及安置中外工匠之所。议程期，议经费，议制造，议驾驶，议设厂，议设局，冀由粗而精，由暂而久，尽轮船之长，并通制器之利。日意格立约画押后，……返沪见法国总领

卷五 明清

事白来尼，画押担保。八月二十七日，德克碑自安南来闽，臣出示条约，无异词，惟虑马尾山下土色或系积淤沙所致，……臣比令开掘取验，泥多沙少，色青质腻，……德克碑乃信其真可用也。……九月初六日，奉到恩命，调督陕甘，……臣维轮船之事，……须择接办之人，……再四思维，惟丁忧在籍前江西抚臣沈葆桢，……虑事详审精密，……可否……特命总理船政。(《左恪靖伯奏稿》卷三四《请派重臣接管轮船局务折》)

本月二十三日，道员胡光墉偕日意格、德克碑来闽，……所有铁厂、船槽、船厂、学堂，及中外公廨、工匠住屋、筑基、砌岸，一切工程，经日意格等觅中外殷商包办，由臣核定，计共需银二十四万余两。船槽尤为通局最要之件，应用法国新法购办铁板，……嵌造成槽。此外一切局中应用什物，由护抚臣周开锡委员估置，日意格、德克碑俟厂工估定，即回法国购买机器、轮机、钢铁等件，并购大铁船槽一具，募雇员匠来闽。一面开设学堂，延致熟习中外语言文字洋师，教习英、法两国语言文字算法画法，名曰求是堂艺局，挑选本地资性通敏颖悟，通文字义子弟，入局肄习。并采办铜铁木料，一俟船厂造成，即先修造船身，庶来年机器、轮机运到时，可先就现轮机配成大小轮船各一只。此后机器、轮机，可令中国匠作学造。约计五年限内，可得大轮船十一只，小轮船五只，大轮船一百五十四马力，可装载百万斤；小轮船八十匹马力，可装载三四十万斤。均照外洋兵船

福州船政局制造的"扬武号"兵船模型

式样，总计所费不逾三百万两。……应将关税每月协拨兵饷五万两，划提四万两归需局库，另款存储，以便随时随付，而前后牵计，仍不得逾每月四万之数。……

兹局之设，所重在学造西洋机器，以成轮船，俾中国得转相授受，为永远之利也，非如雇买轮船之徒取济一时可比，……合将日意格、德克碑合紧，保约、条议清折、合同规约照钞，咨呈军机处、总理各国事务衙门存案外，谨胪举船政事宜十条，……恭呈御览。一、洋员应分正副督监也。……令德克碑推日意格为正监督，德克碑为之副，……一切事务，均责成该两员承办。一、宜优待艺局生徒，以拔人材也。……拟请凡学成船主及能按图监造者，准授水师官职，如系文职文生入局学习者，仍准保举文职官阶，用之水营，以昭奖劝，……一、限期程期应分别酌定也。……五年之限，应以铁厂开厂之日为始，……自法国购运来闽，约须十个月、十一个月不等，……一、定轮机马力并搭造小轮船也。大轮船轮机马力以一百五十匹为准，除拟买现成轮机两副外，其余九副皆开厂自造，……另购八十匹马力轮机五副，……乘船厂闲工，加造小轮船五只。一、饬洋员与洋匠要约也。……已饬日意格等拟定合同规约，由法国总领事钤印画押，令洋师匠一律遵守。一、宜预定奖格以示鼓舞也。……现已与日意格等议定，五年限满，教习中国员匠，能自按图监造，并能自行驾驶，加奖日意格、德克碑，银各二万四千两，加奖各师匠等共银六万两，……一、购运机器等件来闽须筹小费也。各项器具物料，……包扎、保险银两，已一并议给。一、凡需用纹银之项，应准开销银水也。闽省通行银色，向较江、浙、广东为低，……船局支发各款，除在闽境采办物料无庸补水外，其采买洋料等用款，应准将补水银两作正开销。一、宜讲求采铁之法也。轮机水缸需铁甚多。据日意格云，中国所产之铁，与外国同，但……熔炼不得法，故不合用。现拟于所雇师匠中，择一兼明采铁之人，就煤铁兼产之

胡雪岩像

处，开炉提炼，庶几省费适用。……一、轮船中必需之物宜筹备也。轮船中应用星宿盘、量天尺、风雨镜、寒暑镜、罗盘、水气表、千里镜、玻璃管，以及垫轮机之软皮，即音陈勒索等件，现饬日意格等回国，探问制造器具价值，如所费不过数千金，即……筹购一分，并约募工匠一人同来，一并教造。（《左恪靖伯奏稿》卷三八《详议创设船政章程购器募匠教习折》）

本年同治八年。正月起，广召舱钻各匠，黏灰穿孔，塞罅汩钉，铁匠打镶铁梁、铁胁、铁条等件。……四月之杪，日意格禀称，船上大小工程，一切告竣，请期下水。臣饬监工员绅覆验无异，因诹五月初一日乘午潮涨满，纵船入江。……七月间，可径出大洋，驶赴津门，请旨简大臣勘验。此第一号下水之情形也。第二号之船，自开工以来，匠作等驾轻就熟，工程较速，……再有两三月，亦可下水。第三号，船台底桩，俱如法钉齐，全架一成，便可兴造。……第一号船拟名曰万年清，第二号拟名曰湄云，暂资号召，应俟抵津勘验，再恳恩旨，宠锡嘉名。（《沈文肃公政书》卷四《第一号轮船下水并续办各情形折》）

丙、各省机器局

机器局之设，本为修理枪械及造弹药，然当时兼以为款待外宾之所。清季机器局扩大者有汉阳兵工厂、成都兵工厂、白药厂，规模甚弘，能造枪炮、机关枪矣。

汉阳兵工厂旧照

各省机器局简表

名称	创立时期	创始人	经理人	经费来源
安庆军械所	同治二年（1863）	曾国藩	不详	不详
江南制造局	同治四年（1865）	李鸿章	丁日昌	军费项下筹拨，江海关洋税。
金陵机器局	同治四年（1865）	李鸿章	马格里（英）	不详
天津机器局	同治六年（1867）	崇厚、李鸿章	不详	海关洋税
兰州机器局	同治末	左宗棠	赖长	不详
山东机器局	光绪元年（1875）	丁宝桢		地方专办
四川机器局	光绪三年（1877）	丁宝桢		四川土货厘金、四川茶引加票。
吉林机器局	光绪七年（1881）	吴大澂		不详
广东制造局	约光绪十一年（1885）	张之洞		绅商捐款
广东枪弹厂	光绪十二年（1886）	张之洞		不详
湖北枪炮厂	光绪十七年（1891）	张之洞		绅商捐款、湖北土药税、川盐加抽。
附注	本表据《曾文正公全集》、《李文忠公全书》、《左文襄公全集》、《张文襄公四稿》、《丁文诚公奏议》、《清季外交史料》、《光绪东华录》而作。			

（二）交通

甲、招商局

初怡和、太古两公司垄断中国沿海及长江航利，中国乃买美国旗昌公司轮船十八只，改为招商局，与两公司对抗，称为三公司。然船多窳败，买价终未能付清，船务不振。甲申中法之战，再悬美旗，以避法船邀击，舆论大哗，诋马建忠为汉奸，兼及李鸿章。后为盛宣怀独擅其利，以局资营商，利巨万，而局独亏累，不添一船，直至清亡以后，驾驶者犹为外人。

遵照总理衙门函示，商令浙局总办海运委员、候补知府朱其昂等，酌拟轮船招商章程。嗣又据称，现在官造轮船内，并无商船可领，该员等籍隶松沪，稔知各省在沪殷商，或置轮船，或挟资本，向各口装载贸易，向俱依附洋商名下。……拟请先行试办招商，为官商

浃洽地步，俟机器局商船造成，即可随时添入，推广通行。又江浙、沙宁船只日少，海运米石日增，本届因沙船不敷，诸形棘手，应请以商局轮船分装海运米石，以补沙宁船之不足，将来虽米数愈增，亦可无缺船之患等情。臣饬据津海关道陈钦、天津道丁寿昌等覆核，皆以该府朱其昂所议为然，请……准该商等借领二十万串，以作设局商本，而示信于众商，……所有盈亏，全归商认，与官无涉。朱其昂承办海运已十余年，于商情极为熟悉，……当即饬派回沪设局招商，……各帮商人纷纷入股。现已购集坚捷轮船三只，所有津沪应需机房码头，及保险股分事宜，海运米数等项，均办有头绪，并……饬拨明年海运漕米二十万石，由招商轮船运津，其水脚耗米等项，悉照沙宁船定章办理，至揽载货物报关纳税，仍照新关章程办理，以免借口。昨据浙江粮道如山详称，该省新漕米数较增，正患沙船不敷拨用，请令朱其昂等招商轮船分运浙漕，较为便捷。又准署两江督臣张树声函覆，以海运难在雇船，今有招商轮船，以济沙卫之乏，不但无碍漕行，实于海运大有裨益。……若从此中国轮船畅行，闽沪各厂造成商船，亦得随时租领，庶使我内江外海之利，不致为洋人占尽，其关系于国计民生者，实非浅鲜。（《李文忠公全书奏稿》卷二〇《试办招商轮船折》）

九月十八日奉上谕：御史董俊翰奏，……称"该局每月亏银五六万两，因置船过多，载货之资，不敷经费，用人太滥，耗费日增"等语，……适该局商总道员朱其昂、唐廷枢等在津，……臣鸿章面加考究，仍分饬津海关道黎兆棠、署江海关道刘瑞芬，密为查访，妥筹整顿之策。兹据该道等分晰查明，拟议章程前来，臣等覆加察核。如原奏"置船过多"一节，查招商局开办五年，已自置轮船十二号，追收买旗昌洋行，又添大小轮船十八号。旗昌船向走长江为多，……乃英商太古将装货吨银大减，一意倾跌，局船揽载价亦随减，不敷船用，以致间有停搁。……拟令该局逐加挑剔，将旗昌轮船年久朽敝者，或拆料存储，以备配修他船；或量为变价，归还局本，借省停船看守之

费。……其现行各船，内有附局带管者，岁收码头费无几，徒分局船揽载之货，除永宁、洞庭二船，已据报由局收买，归入商股外，其余三船，应全行辞去。……"用人太滥"一节，查……现在各口岸，总分各局共二十七处，需人必多，在事皆各有职守，并无隔省官员挂名应差支领薪水之事。又原奏该局每月须赔五六万两等语，查该局先后置买船栈等项，计价银四百二十余万两，其中实本，仅分领各省官帑一百九十万有奇，商股七十三万零，……尚短一百六十万两，系以浮存挪借抵用，计息不赀，遂至左支右绌。……加以太古洋行跌价倾轧，入不敷出，然每年结算官利，尚敷衍匀结，其暗中亏耗者，只有轮船置价一项，未曾按年折除，并不得谓每月亏赔也。

又原奏"各项费用，严禁滥支，随时驳饬"等语，查该局进项，以揽载水脚为大宗，另有运漕耗米，及带货二成免税，办米盈余。应令此后能将耗米照章收足，带货免税，按照税则核计，除贴还货主外，尚余几成，均归入局中，专款列收，不得并入水脚开销。其采办漕米，无论盈亏，悉归公局。……至出款约有三端：一为船用，凡在船人役辛工等项，每船月定额数，修理工料，行船用物，须有限制，均在所收水脚内开支；一为局用，总分各局司事人等辛资杂费，须分别定额，均在所提每两五分公费内开支，倘有不敷，不准于公帐拨补，仍将收支各数，按年详细开报；一为栈房船厂之用，应在栈租内开支，不敷再由局费提补。外如购买船煤，置备物业，皆应撙节。揽载客货水脚，向章每百两给回用银五两，不准滥加，务归一律，即借用钱庄银，亦不可多糜重息。……其帐目除局员商总随时互相查核外，并饬江海、津海两关道，于每年结帐时，就近分赴沪、津各局，认真清查，如有隐冒，据实禀请参赔，以昭核实而免浮议。……

惟念招商局之设，原以分洋商利权，于国家元气，中外大局，实相维系，赖商为承办，尤赖官为维持。英商力与倾挤，商股遂多观望，诚恐亏耗既巨，难以久支，贻笑外人，且堕其把持专利之计。臣等再四筹维，只得就现有之款，为变通之策。……拟请自光绪三年起，将直隶、江苏、浙江、江西、湖北、东海关等，历年拨存该局官帑银一百九十万八千两，均予缓息三年，俟光绪六年起，缓利拔本，匀分五期，每年缴还一期，以纾商力，每期计应缴官本银三十八万一

千六百两。……商股按年给息一分,今官利既缓,嗣后拟将每年应付一分息银,以一半给各商收倾,一半存局,作为续招股本,……俟八年后,局本补足,息即全给。……随时招添新股,一律办理,……其有盈余银两,……作为公股,照章一分起息,其息全留作本,俟八年期满,……除酌提换购新船外,再分派众商均沾。……所有保险局存本,及新收局船保险银两,应并归招商局统算,无须作为浮存,照市付息,亦无庸另提九五局用,别立一局,以免盈绌悬殊。(《李文忠公全书·奏稿》卷三〇《整顿招商局事宜折》)

乙、电报

大东、大北公司在上海经营电报事业,中国乃不得不自营此事。初为官商合办,继乃收归商股,改为官办,派督办司其事,技师犹沿用丹麦人不改。自电报兴而驿递减,军机处字寄改为电旨,督抚奏事称为电奏。吴大澂以发长电致受申斥,知其时尚爱惜电费,不得作冗语也。

用兵之道,必以神速为贵,是以泰西各国,……莫不设立电报,瞬息之间,可以互相问答。独中国文书,尚恃驿递,虽日行六百里加紧,亦已迟速悬殊。……同治十三年1874年。日本窥犯台湾,沈葆桢等屡言其利,奉旨饬办,而因循迄无成就。臣上年曾于大沽北塘海口炮台试设电报,以达天津,号令各营,顷刻响应。从前传递电信,犹用洋字,必待翻译而知,今已改用华文,较前更便。如传秘密要事,

大北公司大楼

另立暗号，即经理电线者，亦不能知，断无漏泄之虑。……如由天津陆路，循运河以至江北，越长江由镇江达上海，安置旱线，即与外国通中国之电线相接，需费不过十数万两，一半年可以告成，约计正线支线横亘须三千余里，沿路分设局栈，常年用费颇繁，拟由臣先于军饷内酌筹垫办。俟办成后，仿照轮船招商章程，择公正商董，招股集赀，俾令分年缴还本银，嗣后即由官督商办，听其自取信资，以充经费，并由臣设立电报学堂，雇用洋人，教习中国学生，自行经理。

(《李文忠公全书·奏稿》卷三八《请设南北洋电报片》)

光绪六年1880年。八月十四日，奉上谕：……遵即遴派妥员，于六年九月在天津设立电报学堂，一面由丹国招雇洋人来华，教习电学打报工作等事，购备各项机器料物，采办木植，察看由津至沪设线地道，沿途应立巡电汛房，分投料理，于天津设立电报总局，并于紫竹林、大沽口、济宁、清江、镇江、苏州、上海七处，各设分局，自七年1881年。三月开办起，至是年八年。十月工竣止，安设电线经费，共用湘平银十七万八千七百两有奇。此项应照原奏招集商股认缴，当饬道员盛宣怀等督同众商筹议，据禀称，初创电线，绵亘三省，地段甚长，非官为保护不可。电报原为军务缓急备用，自北至南，所经之地，绝少商贾码头，其丝茶荟萃之区，尚无枝线可通，线短报稀，取资有限，非官为津贴不可。遵即试招商股，自八年1882年。三月初一日起，改归官督商办，除由商于八年三月六月按期缴还官本银六万两外，后分年续缴银二万两，按年交五千两，免其计息，其余不敷银两，以军机处、总理衙门、各省督抚、出使各国大臣，如寄洋务军务电报，于信纸上盖印验明转发，是谓头等官报，应收信资，另册存记，陆续划抵，按年核明汇报。俟此项抵缴完毕，别无应还官款，则前项官报，亦不领资，以尽商人报效之忱。其各局常年经费，即以所收寻常官商信资抵支，无论不敷多少，不得再请津贴。其由津至沪，沿途各汛，弁兵马乾口粮修理汛房，每年约支湘平银一万一千两，自八年三月起，仍请由淮军协饷内开支，俟五年后，电报局倘能立脚，此项亦归电局自行筹给。至各局雇用洋匠，为教习学生造就人才起见，此项第一年薪水川资，由官给发，期满后，或撤或留，由电局酌定，应给薪水，回国川资，均归商本支发。……又据道员朱格仁禀

称，电报学堂现存学生三十二名，以后陆续派出，不再招添新生，裁减教习，则经费渐可节省。……（《李文忠公全书·奏稿》卷四四《创办电线报销折》）

光绪八年。十月间，英、法、美、德各使，请在上海设立万国电报公司，拟添由沪至香港各口海线，英国署使臣格维讷，并援同治九年1870年。总理衙门已允成案，请由英商添设自上海至宁波、温州、福州、厦门、汕头各口海线，其势几难禁遏。臣与总理衙门往返函商，惟有劝集华商，先行接办由沪至粤沿海各口陆线，以杜外人觊觎之渐，而保中国自主之权，……因饬津沪电报局委员盛宣怀等，传集众商，妥晰会议。顷据盛宣怀会同商董候选道郑官应、候选主事经元善、国子监学正衔谢家福、副将王荣和等，联衔驰禀，拟请自苏州、浙江、福建通商各海口，以达广东，与现在粤省所办陆线相接，计将六千里，照津沪陆线成本工费核算，约需银四十余万两，沿途分设局栈，常年用费，亦倍于津沪。现有丹国。大北公司海线，直达香港，或将来英商再添水线，势必互相跌价倾挤，筹办实属不易，惟欲收我中国自有之权利，必当竭力筹维，劝集巨资，次第开办，以尽报效之忱。公议章程十条，呈请察核，并请援案奏明，请旨敕下苏、浙、闽、粤各督抚，转行经过地方官，一体照料保护等情前来。臣查核所议章程，尚属周妥，谨钞恭呈御览。当此外人窥伺之际，必须激厉华商，群策群力，共图抵制。……署两广督臣曾国荃等，现因英商议设水线至省，饬粤商兴造陆线，以拒敌谋，业有成效，……

章程十条，……一、道里宜先约计也。查自江苏省苏州府，经浙江之湖州、嘉兴、杭州、绍兴、宁波、台州、温州等府，福建之福宁、福州、兴化、泉州、漳州等府，广东之潮州、惠州二府，以达广东省城广州府，约共五千六百五十里。……一、经费宜先酌定也。查津沪电线三千里，计动

清代电报封

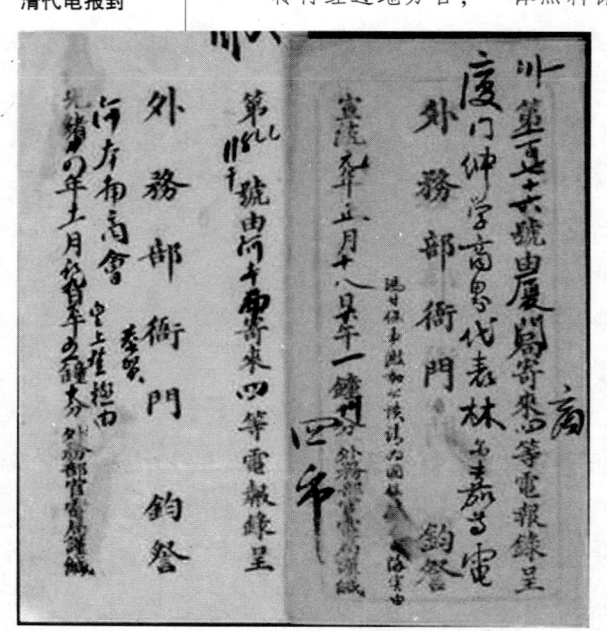

支经费十八万两，现计自苏至粤，道里加倍，约须费四十万两，应设分局、分线。……现拟并连津沪电线，通集华商股本英洋八十万元，即以一百元为一股，由局刊发股票给执，惟招股必宜先尽旧商。……一、巡费宜请津贴也。津沪巡线经费，每年一万余两，系奉批准五年之内，由军饷开支，现在浙、闽、粤三省巡费，每年约须湘平银二万两，应请奏准由官津贴。……一、学生宜请添习也。……拟请现有学生，赶紧教习外，再招谙习英文学生四五十名，一体教习，约于本年年底，即可拨局派用。至测量学生，前于出洋学生二十名内，挑出八名，交洋总管教习有效，应请再选八名发局教习，以备各分局总管报房之选。一、查路宜选能员也。津沪设线，系分南北两路，派员会同各省文武地方官，按电线所经之地，计里分段，先将巡兵逐段派定，并晓谕民人一体知晓。……此次仍应禀请选派能员，分赴各省会同地方官查照办理。一、监工宜派大员也，查津沪设线，南北两路，均有大员一人监工，此次仍应禀请选派大员，督率洋匠人等，分投办理。……一、开工宜资熟手也。前南路工程，所调铭军二百名，勤捷过于民夫，此次开工，拟请仍调从前铭军熟手二百名赴工，由局酌发赏项。……一、巡守宜立劝惩也。查津沪电线，沿途设立巡电房，责成绿营汛兵看守。……此次设线，自应援案咨请督饬巡护，遇有贻误损坏，由局随时禀请核办。一、官报宜仍登记也。军机处、总理衙门、各督抚、将军、出使各国大臣，来往洋务军务电报，仍照章列作头等信资，另册存记，按年汇报，以抵官贴巡费。俟扣毕别无应还官项，则前项官报，毋庸给资，以尽报效之忱。其代转洋商公司电报，仍给信资转发。……一、材料宜请免税也。电杆应用木料甚多，须各就近处采办，应请援案免纳税厘；至于电线电器进口，各拟准随时咨请关道，给发免单。（《李文忠公全书·奏稿》卷四五《商局接办电线折》）

丙、铁路

光绪二年，买外人所建淞沪铁路而毁之，后三年，即建胥各庄之路。六年，刘铭传首倡内地宜建干路。甲申后，李鸿章以银行、铁路并设为言，舆论非之，银行驳于部议，而铁路得醇王赞许，以其事隶于海军衙门。张之洞独主修京汉铁路，以利土货输出。自后铁路之修，多借外资，独詹天佑以自力修京张路，外人为之动色相骇。

本年光绪二年。三月间,接准总理衙门函钞上海洋商擅筑铁路奏稿,并奉谕旨一道,属为妥商归宿之法。其时适英国汉文正使梅辉立过津晤谈,……旋因所议未就北旋。现据上海道冯焌光叠禀,火车开行后,六月间有压毙人命之事,经该道会商英领事敕令停止行驶。……连日威妥玛、梅辉立屡向臣处饶舌,……以铁路系各国通行善举,洋商自在通商口岸,租地置造,希冀中国仿行,非中国所宜阻止,即英国亦断不令其中止。而沈葆桢暨冯竣光来函,又皆欲止其事,彼此相持不下。……臣拟派随同来烟之道员朱其诏、盛宣怀驰往上海,与该关道详酌机宜。……(《李文忠公全书·奏稿》卷二七《妥筹上海铁路折》)

本年春间,上海英商于租地内擅筑铁路。……臣鸿章在烟台时,……派道员盛宣怀、朱其诏驰晤江海关冯焌光,……适威妥玛所派之汉文正使梅辉立于八月十八日亦到上海,……往复筹商,始于九月初八日,议明买断,行止悉听中国自便,洋商不得过问。惟一年限内,价未付清,暂由洋商办理,只准搭客往来,不得违章装货,亦不得添购地段。推广铁路,订立条款,由臣葆桢核定,照缮两分,梅辉立与冯焌光等均各画押。……所有条款内应办事宜,系先议一年限内,暂

詹天佑故居

中华二千年史

行火车保护章程，经领事。麦华陀画押，由上海道出示晓谕，一面会查铁路价值。……统计买此铁路，共需规平银二十八万五千两，复立议据定于一年限内分三期付清，……应付价银，在江海关洋税项下作正开支，分期交英领事转给，俟光绪三年1877年。九月十五日，一年届满，价银付清，即将地亩车器各件，照单由中国收管，行止悉由中国自主，永与洋商无涉。（《沈文肃公政书》卷六）

　　光绪六年1880年。十一月丙寅，初二。刘铭传奏：……自强之道，练兵造器，固宜次第举行，然其机括，则在于急造铁路。……今欲乘时立办，莫如议借洋债，盖借洋债以济国用，断断不可。若以之开利源，则款归有着，洋商乐于称贷，国家有所取偿，息可从轻，期可从缓，且彼国惯修铁路之匠，亦自愿效能于天朝。……查中国要道，南路宜开二条，一条由清江，经山东，一条由汉口，经河南，俱达京师；北路宜由京师东通盛京，西通甘肃，惟工费浩繁，急切未能并举。请先修清江至京一路，与本年议修之电线相表里。……（《光绪东华录》卷三八）

　　十一月初二日，奉上谕：刘铭传奏筹造铁路一折，……著李鸿章、刘坤一……妥议具奏，……外洋造路，有坚脆久暂之不同，其价亦相去悬殊，每里需银自数千两至数万两不等，清江浦至京，最为冲要之衢，造路须坚实耐久，所需经费……自必不赀。现值帑项支绌之时，此宗巨费，……刘铭传所拟暂借洋债，亦系不得已之办法。……顾借债以兴大利，与借债以济军饷不同，盖铁路既开，则本息有所取偿，而国家所获之利又在久远也。惟是借债之法，有不可不慎者三端，恐洋人之把持，而铁路不能自主也，宜与明立禁约，不得干预吾事；……又恐洋人之诡谋，而铁路为所占据也，宜仿招商局之例，不准洋人附股；……又恐因铁路之债，或妨中国财用也，……宜议明借款与各海关无涉，但由国家指定，日后所收铁路之利，陆续分还。（《李文忠公全书·奏

刘坤一像

稿》卷三九《妥议铁路事宜折》)

　　光绪十三年1887年。二月庚辰，二十二日。总理海军事务衙门奏，铁路之议，历有年所，毁誉纷纭，莫衷一是。臣奕譞向亦习闻陈言，尝持偏论，自经前岁战事，复亲历北洋海口，始悉局外空谈，与局中实济，判然两途。……曾纪泽出使八年，亲见西洋各国轮车铁路，于调兵、运饷、利商、便民诸大端，为益甚多。……据天津司道营员联衔禀称，……近畿海岸，自大沽北塘迤北，五百余里之间，防营太少，究嫌空虚。……今开平矿务局，于光绪七年创造铁路二十里，后因兵船运煤不便，复接造铁路六十里，南抵蓟河边阎庄为止。此即北塘至山海关中段之路运兵必经之地，若将此铁路南接至大沽北岸，北接至山海关，则提督周盛波所部盛军万人，在此数十里间，驰骋援应，不啻数万人之用。若虑工程浩大，集赀不易，请将阎庄至大沽北岸八十余里铁路，先行接造，再将由大沽至天津百余里之铁路，逐渐兴办。若能集款百余万两，自可分起告成，津沽铁路办妥，再将开平迤北至山海关之路，接续筹办。……且北洋兵船用煤，全恃开平矿产，尤为水师命脉所系，开平铁路，若接至大沽北岸，则出矿之煤半日可上兵船，若将铁路由大沽接至天津，商人运货最便，可收取洋商运货之赀，借充养铁路之费。如蒙奏准，拟归开平铁路公司一手经理，以期价廉工省，并请派公正大员主持其事。……所请由阎庄接修铁路至大沽北岸八十余里，均在大沽北塘之后，距海岸尚数十里，实无危险之虑。……即战阵偶不得力，只须收回轮车，拆断铁路，埋伏火器，自不虞其冲突。……得旨，允行。(《光绪东华录》卷八一)

　　光绪十四年十二月二十日，……懿旨：余联沅、屠仁守、洪良品等，奏请停办铁路折三件，徐会澧等折内，请停铁路一条，……翁同龢等、奎顺等、游百川、文治，奏请停办铁路折四件，片一件，著……妥议具奏，钦此。……夫津通之路，非为富国，亦非利商，外助海路之需，内备征兵入卫之用。……详阅各原奏，所虑各节，综而约之，大抵皆臣等创议之始，筹商问难所及者。……议建铁路，忽然中止，显然之害，亦有二端。主见不定，朝令夕更，外洋讥诮，固无足论，海上铁路，失此资助，恐难久存，遇事分防抵御，岸长兵少，设有疏失，咎将谁归？且已成之功，无端废弃，虚掷款项，失信商民，

继此再兴他事，难于招徕，害一。津沽铁路，前因力催赶办，曾借洋债百余万两，罢津通之路，则商情畏阻，断难再招商股，以清洋债，而是非办理不善，亦无可着落赔偿，势须户部动拨正款，以有用之财，掷无用之地，较昔年江苏以重金购吴淞铁路，毁而弃之，任其锈蚀者，尤为失算，害二。……查防务以沿江、沿海最为吃紧，……可否将臣等此奏，并廷臣各原奏，发交各该将军、督、抚，按切时势，各抒所见，再行详议以闻，届时仰禀圣慈，折衷定议。……懿旨：……著定安、曾国荃、卞宝第、裕禄、张之洞、崧骏、陈彝、德馨、刘铭传、奎斌、王文韶、黄彭年，按切时势，各抒所见，迅速覆奏，用备采择。（《光绪东华录》卷九三）

张之洞像

光绪十五年1889年。四月癸未，初八。张之洞奏：……臣之愚见，窃以为今日铁路之用，尤以开通土货为急。……近数年来，洋药、洋货进口价值，每岁多于土货出口价值者，约二千万两，若再听其耗漏，以后断不可支。现在洋药、洋货之来源，无可杜遏，惟有设法多出土货、多销土货以救之。……腹地奥区，工艰运贵，其生不蕃，其流不广，……非用机器化学，不能变粗贱为精良。……苟有铁路，则机器可入，……本轻费省，土货旺销，……于是山乡边郡之产，悉可致诸江岸海壖，而流行于九州四瀛之外。……内开未尽之地宝，外收已亏之利权，是铁路之利，首在利民，……利国之大端，则征兵转饷是矣。……夫守国即所以卫民，故利国之与利民，实相表里。似宜先择四达之衢，首建干路，以为经营全局之计，以立循序渐进之基。……惟津通密迩辇毂，非寻常散地可比。……今大沽铁路，已至天津，若再开至通州，不为置兵筑垒，以扼要隘，但恃临时收车撤轨之图，则备豫似觉未密，苟于中途多设坚台巨炮，以为之备，则所费必在百万以外，筹款实属不赀，其当审者一也。……至于征兵一节，诚

卷五 明清

于军事有益，然当今所忧者外患耳。津沽为京师门户，常屯重镇，在大沽有事，后路援师早应厚集津门，若待至天津郡城告急，势难再分都门之禁旅，远出赴援，亦无从抽大沽、山海关之防军，回师宿卫，苟无此路亦无甚妨，其当审者五也。……

窃查翁同龢等请试行铁路，于远地以便运兵，……臣愚以为宜自京城外之芦沟桥起，经行河南，达于湖北之汉口镇，此则干路之枢纽，枝路之始基，而中国大利之所萃也。……铁路取道宜自保定、正定、磁州，历彰、卫、怀等府，北岸在清化镇以南一带，南岸在荥泽口以上，择黄河上游，滩窄岸坚、径流不改之处，作桥以渡河，则三晋之辙下于井陉，关陇之骖交于洛口，西北声息，刻期可通。自河以南，则由郑、许、信阳驿路，以抵汉口，东引淮、吴，南通湘、蜀。……语其利便，约有数事：内处腹地，不近海口，无引敌之虑，利一。南北二千余里，原野广漠，编户散处，不如近郊之稠密，一屋一坟易于勘避，利二。干路亥远，厂盛站多，经路生利既繁，纬路枝流必旺，执鞭之徒，列肆之贾，生计甚宽，舍旧谋新，决无失所，利三。以一路控八九省之冲，人货辐辏，贸易必旺，将来汴、洛、荆、襄、济东、淮、泗，经纬纵横，各省旁通，四达不悖，岂惟充养路之资费，实可裕无穷之饷源，利四。近畿有事，三楚旧部，两淮精兵，电檄一传，不崇朝而云集都下，或内地偶有土寇窃发，发兵征讨，旬日立可荡平，征兵之道，莫此为便，利五。中国矿利惟煤铁最有把握，太行以北，煤铁最旺而最精，然质最重，路最难，既有铁路，则辇机器以开采，用西法以煎熔，矿产日多，大开三晋之利源，永塞中华之漏卮，利六。海上用兵，首虑梗漕，南漕米百余万石，由镇江轮船溯江而上，三日而抵汉口，又二日而达阜城，由芦沟桥运赴京仓，道里与通州相等，足以备河海之不虞，辟飞挽之坦道，而又省挑河剥运之浮縻，较之东道王家营一路，碍于黄河下流者，办理最有把握，利七。此路既成，但有利便，并无纷扰，……关东、陇右，以次推行，……二十年以后，中国武备，屹然改观矣。

……请以分段之法为之，拟分自京至正定为首段，次至黄河北岸，又次至信阳州，为二三段，次至汉口为末段，……估计大约每里不过五六千金，一段不过四百万内外，合计四段之工，须八年造成，

则款亦八年分筹。中国之大，每年筹二百万之款，似尚不至无策。开办之始，先首段估造，俟本段工竣，余段以次推广。其筹款之法，除由铁路公司照常招股外，应酌择各省口岸较盛、盐课较旺之地，分别由藩、运两司关道，转发印票股单，设法劝集，集股多者，股商及承办之员，优予奖励，并准该公司援照前案，暂借商款垫解，以资周转。……拟请责成李鸿章，仍令原派总办铁路各员，督饬该公司熟筹全局，扩充原议，次第举工。……

皇太后懿旨：……张之洞所议，"自芦沟桥起，经行河南，达于湖北之汉口镇，画为四段，分作八年造办"等语，尤为详尽。……著总理海军事务衙门，即就张之洞所奏各节，详细覆议，奏明请旨。

（《光绪东华录》卷九四）

光绪十五年1889年。八月甲戌朔，总理海军事务衙门奏，……懿旨，令就张之洞所奏各节详细覆议：……臣等统筹天下大局，津通则畿东南一正干也，水路受沿海七省之委输，陆路通关东三省之命脉；豫鄂则畿西南一正干也，控荆襄，达关陇，以一道扼七八省之冲。初意徐议中原，而先以津沽便海防，继以津通扩商利，区区二百里，其关系与豫、鄂三千里略同，固将以开风气而利推行也。……惟事关创始，择善而从，臣等亦不敢固执成见，津通铁路，应即暂行缓办。第由津沽至阎庄已成铁路，……俾北洋运兵之路，不至中废，……原奏由唐山接造至山海关，以备畿防调兵运械，……应俟帑力稍充，……再行……兴办。……

至由芦沟桥，经河南，达汉口，考之地志，

张之洞与英国官员合影

唐胥铁路通车仪式

约三千余里，张之洞奏称南北二千里外，自系错误。造路愈长，需款愈巨，该督请分四段八年造成，亦颇详尽，顾其意以晋铁造轨为主，仅首段酌购洋料动工，期于财不外耗，按之实不能行。……炼法未精，中多杂质，……该督谓土炼虽逊洋铁，亦足济用，实非笃论。西国中等炼钢铁炉器全副，约需银一百四十余万两，正定、清化分设两炉，约需银二百八十余万两，非先购洋轨以造干路，则机炉不能运至正定、清化；非由正定造成通盂县、平定之枝路，由清化造成通泽、潞之枝路，则铁石不能运至正定、清化。就芦沟至正定之干，与正定至平定之枝计，一千余里，又由怀庆、清化至泽、潞枝路，亦数百里，必须购轨先成，方能造端谋始。……今未得以铁造路之益，先苦以路运铁之劳，未储拨帑造路之资，先谋集股采铁之费，势必经年累月，劳扰无成。……臣等再四筹商，拟再购用外洋钢轨，以归省捷。……至铁路段落，则必以汉口至信阳为首段，层递而北，为最合算。……铁路所用，以钢条、垫木、碎石为三大宗，均极笨重，陆运民车多行百里，则增价数倍；多行一日，又增价数倍；办理愈迟，则员弁工役之费因之递加。若芦沟达正定一段，节节陆运，繁费实多，但在

臣鸿章辖境以内，艰巨所不敢辞。今拟改为芦沟、汉口两路，分投试办，逐节前进，程功较速。汉口地滨大江，轮帆如织，购料既便，迨路成而前途需用木铁石等项，即由轮车转运，斯用费省而成本较轻。又汉口至信阳，民物殷阜，铁路造成一节，即收一节运货之利，商股或易招徕。通盘筹计，首尾兼营，此实至当不易之策也。惟是工大费巨难成，张之洞……所估银数，似由约略臆揣，必以亲历已办者为定衡。查三千里之路，就津沽造成之价估之，其路双轨，占地宽七丈，连取土共须占地二十一丈，每一里路须占六十亩，每亩约价二十三、四两，是为购地之费。造路一里，合银七千三百十二两有奇，是为设轨之费。自汉口至芦沟，约三千里，其购地需十八万亩，约共需银四百二十余万两，其设轨之费，约二千二百余万两。中间经过大川，在直隶境者十五，……在河南境内者九，……其在湖北境内者二，……凡二十六水，宽或千余里，或二三里，其余小河支港，尚不在内，所需大铁桥或十余万，或五六万不等。约计亩价轨费及造桥经费，非三千万两不能竣工，较张之洞原拟一千六百万，数几倍之。若执定由芦沟一路，顺行而南，其工费更不止此。至于筹款之法，当以商股、官帑、洋债三者并行，始能集事。……

上谕：……所奏颇为赅备，……即可定计兴办，著派李鸿章、张之洞会同海军衙门，一切应行事宜，妥筹开办，并派直隶按察使周馥、河道潘峻德，随同办理，以资熟手。……创始之际，难免群疑，著直隶、湖北、河南各督抚，剀切出示，晓谕绅民，毋得阻挠滋事。（《光绪东华录》卷九五）

九月丙午十四日谕：王文韶、张之洞胪陈铁路办理事宜，"请设立铁路总公司，保荐盛宣怀督办"等语，直隶津海关道盛宣怀，著开缺，以四品京堂候补，督办铁路总公司事务。（《光绪东华录》卷一三六）

光绪二十四年1898年。六月壬辰，初十日。盛宣怀奏：……伏查芦汉干路，臣于光绪二十二年九月，奉命会同直隶督臣王文韶、湖广督臣张之洞办理，是年……十一月……至沪，……开办以来，一年有半。……今芦、保已开车运料，年内全工可竣，淞沪月内告成。汉口、滠口间，外江内湖数十里，工最艰巨，夏涨以前，瞪石筑土，亦

清川汉铁路股票

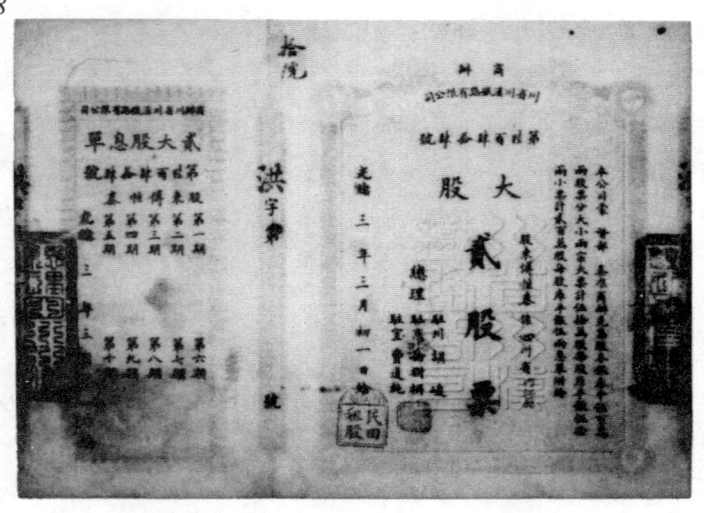

皆蔵事。……然保定迤南，漯口迤北，未能兼程并进者，则筹款之周折，而事变之不及料也。……初与美商议，病其所索权利过多，继及英商，相去不远，……未敢遽定。……适有比商玛西等，介汉口比领事就议，……五月初七日，始与画押，……比国总工程师俞贝得，……另立文凭，除黄河桥工外，如无意外担搁，款不中辍，限令三年竣工行车。粤汉一路，……美款甫定草约，而西班牙开战，美公司稍有所待，……夏后来华，勘估全工，须俟勘定，议立正约，即可分头开工。……沪宁一路，英国工程师勘估大概将竣，正约一定，开办必速。……三路之款，次第就范，即三路之工，操券可成。……臣初任事，亦欲雇用洋工程司，任我指使，而不假以事权。无如中国员司，……究竟事非谙习，华人苦工师之多方挑剔，工师咎华人之办理两歧，……是以独排群议，……借用某国之款，即订用某国总工程师代为营造，年限之内，其事权略如海关税务司，一切购料、办工、用人、理财，悉资经理，仍事事预请总公司核定而后行。此后三路同举，合同内皆限以款到之日为始，三年工竣。(《光绪东华录》卷一四六)

二十四年1898年。六月丁酉十五日。谕：……现在津榆、津芦铁路，早已工竣，由山海关至大凌河一带，亦筹款接办，大段已具，矿务如开平、漠河两处，办理最为得法。……著于京师专设矿务铁路总局，特派总理各国事务大臣王文韶、张荫桓专理其事，所有开矿、筑

路一切公司事宜，俱归统辖，以专责成。(《光绪东华录》卷一四六)

光绪二十四年1898年。十一月庚戌朔，总理各国事务衙门奏：铁路……利国便民，原期干枝相辅。脉络贯通，……国家转输征调，呼息灵通，所注意者在干路；商贾懋迁货物，欲远见小，所注意者在枝路。……若办理不分次第，势必使认办枝路者纷至沓来，串通影射，而承办干路之公司，出售股票，反至无人过问，事多掣肘。……不特此也，各公司所办各路，集有股本者甚属细微，其大宗皆系息借洋款，所立合同，皆载有本息未还以前，将所办之路作为抵押。设干枝杂糅竞办，当彼此尚未贯通之际，纵有路利，必难丰旺，……所有应付洋债本息，及养路各费，恐无实在着落，则抵押之路，必难收回，是权利仍属他人，操纵岂能由我，商路之害，亦国家之害也。……伏查芦汉、粤汉要干，及宁沪、苏浙、浦信、广九等近干要枝，均由总公司盛宣怀承办，津镇及山海关内外，亦奉谕旨，责成胡燏棻等办理，太原至柳林，已由山西商务局承办，广西龙州已由提督苏元春承办。应请旨饬下该大臣等，认真督饬，先尽此各要路妥速办竣，如果敷还借款本息及养路各费绰有余裕，再议次第推广办理各枝路，以昭慎重。自此次奏明后，除已与各国定有成议，及近干要路，地不过百里，款不出百万，不在停办之列外，凡华洋各商，请办各枝路，此时概不准行。……得旨，如所议行。(《光绪东华录》卷一五〇)

自北京至张家口一路，为南北互市通衢。……前议筹设京张铁路，辄因工巨款繁，未易兴办。臣等……经派候选道詹天佑，前往查勘估修，并公同筹商，以关内外铁路进款，目前颇有盈余，拟就此项余款，酌量提拨，开办京张铁路。当饬关内外铁路局道员梁如浩等，与中英公司商办，该公司代理人英人顾璞，以按照合同，各路进款应存天津汇丰银行，作为借款之保，所有经理养路各费，开支余剩，备还借款本息，原约均已载明，须彼此商议妥善，方可提用。经梁如浩等酌拟办法，函致伦敦中英公司，由该路进款余利项下，除划存备付六个月借款本息外，其余应听该路任便提拨，作为开办京张路工之需。复由臣等函准英国使臣萨道义复称，"此事已准本国外部电称，中英公司现以铁路进款余利，中国铁路局可任便使用，该公司已函致铁路局，宜俟该函寄到"等语，该局旋据顾璞函称，接伦敦来电，应

备存一年本息，续经梁如浩等驳令仍照原议商办。现据顾璞函称，伦敦公司已允，除将余款划存六个月借款本息，余可动用，请照办等情。伏查京张一路，……综核全路工程，通盘约估，如买地填道，购料设轨，凿山建桥，共约需银五百万两左右，若从速动工，四年可成，拟即在关内外铁路进款余利项下，每年酌提银一百万两。……又查庚子年后，关内铁路因乱被毁，曾于进款项下垫拨修路之款，暨收路后，垫还各项帐款，应在大赔款内拨还者，约有八十余万两可提。统计约可敷京张全路工程之用。……光绪三十一年1905年。四月初八日。（袁世凯《养寿园奏议辑要》卷三四）

自北京至张家口铁路，……综查全路工程，核实估计，一、测量经费等项，约需银一万五千五百两；二、地亩、土方、开山、凿洞、石工等项，约需银二百三十四万三千二百六十两；三、修造桥梁，水沟等项，约需银一百一十万六千一百两；四、钢轨等项，约需银一百九十万六百五十两；五、房厂等项，约需银二十万四千零五十两；六、电线等项，约需银六万一千八百两；七、转运材料等项，约需银九万八千两。以上七项，统计共约估银五百七十二万九千三百六十两。此外购置各项车辆，约估银一百一十三万五百两，四年内员司薪、公、杂费等项，约估银四十三万二千两，系在原奏工程之外。总共约估银七百二十九万一千八百六十两，……较原估所逾无多，委系无可再减。……光绪三十一年九月十一日。（袁世凯《养寿园奏议辑要》卷三五）

承准军机处电开，奉旨岑春煊电奏，请饬詹天佑回粤勘办路工等语，著照所请钦此等因，自应钦遵办理。……伏查道员詹天

1901年修建的秦皇岛铁路

佑，现充京张铁路总工程司，兼会办局务，全路各事，皆该员一手经理。现该路甫经开办，工程浩繁，势难半途中止，必须先遴有接办之员，方可令该员赴粤。惟查京张铁路，前于光绪二十五年，1899年。经前总理各国事务衙门，向俄国使臣声明，中国政府将来如添造由北京向北之路，只用华款华员自造，不允他国人承造，二十八年1902年。议收关内外铁路时，复经外务部与俄国使臣声明，并于英国交路章程内订明，北京至张家口之铁路，应归中国造办，外国不得干预各在案，是京张一路……不得由外人承造，尤必须……华员接任总工程司之职，方可令詹天佑赴粤。当经檄饬关内外铁路，暨京张铁路两局总办，会同遴选保荐去后，兹据该总办等公同复称，京张路工，正当紧要，中经八达岭等处，开山凿洞，工程尤为艰巨，所有全路一切布置，悉赖詹天佑精心缔造，壹力经营，倘调赴粤中，则该路工程，即须停办。且再四访求，……实无熟精路工堪以接办之员，详请奏留詹天佑仍办京张路工前来，……詹天佑综理全工，乃该路必不可少之员，……惟有吁恳天恩，……将詹天佑仍留办京张铁路。……光绪三十二年1906年五月十七日。（袁世凯《养寿园奏议辑要》卷四〇）

宣统元年1909年八月戊子，邮传部奏：京张铁路全路告成，计长三百五十七里，连岔道计长四百四十九里。此路为我国铁路北干之起点，道员詹天佑总司工程，经营缔造，其会办以及各段工程师，暨执事各员，均属异常出力，拟请优给奖叙。得旨，准其酌保数员，毋许冒滥。（《宣统政纪》卷一九）

詹天佑塑像

卷五　明清

丁、邮政

邮政亦由外人先行于商埠，而后中国仿之，旧有信局遂废。

光绪二十二年1896年。二月壬申，初七日。户部奏：臣衙门准署南洋大臣张之洞咨……称，"泰西各国邮政，重同铁路，特设大臣综理，取资甚微，获利甚巨，权有统一，商民并利。近来英、法、美、德、日本，在上海及各口设局，实背万国通例，曾经前南洋大臣曾国荃据道员薛福成、委员李圭、税务司葛显礼等，往复条议，咨由总理衙门饬总税务司赫德详议，谓此举裕国便民，为办得到之事，至税关所办邮递，因与国家所设体制不同，故推广每多窒碍。……请饬总理衙门转饬赫德，妥议章程开办，即推行沿江、沿海各省，及内地水陆各路，务令各国将所设信局全撤，并与各国联会，彼此传递文函"等语，……查光绪二年1876年间，赫德因议滇案，请设送信官局，为邮政发端之始。经……商北洋大臣李鸿章，于四年间覆称，拟开设京城、天津、烟台、牛庄、上海五处，略仿泰西邮政办法，交赫德管理，嗣因各国纷纷在上海暨各口设立邮局，虑占华民生计。九年间，德国使臣巴兰德来请派员赴会，十一年，1885年。曾国荃咨称，州同李圭条陈邮政利益各节，并据宁海关税务司葛显礼申称，"香港英监督，有愿将上海英局改归华关自办"之语，……查宁海、江海各关道来禀，每谓税关邮局，未经奏定，外人得以借口。十八年1892年。冬，赫德以数年来创办艰难，若再不奏请设立官邮政局，恐将另生枝节。十九年1893年。五月，迭接李鸿章、刘坤一咨，据江海关道聂缉椝禀称，"上海英美工部局，现议增设各口信局，异日中国再议推广，必更艰难"各等语，……考泰西邮政，自乾隆初年，普国始议代民经理，统以大臣，位齐卿贰，各国以为上下交便，仿而效之。光绪十九年，葛显礼呈送万国邮政条例，联约六十余国，大端以先购图记纸黏贴信面送局，以抵信资，其费每封口重五钱者，收银四分，道远酌加，其取资既微，又有定期而无遗拆，……至有事时，并可查禁敌国私函。……又查十八年以来，美国一国邮局清单一纸，所收银圆至六十四兆二十万九千四百九十圆之多，张之洞所举英国收数，当中银三四千万两，尚系约略之辞，利侔铁路，诚为不虚。且西国邮政与电局相辅，以火车、轮船为递送。近年法国设立公司，轮船十艘，通名

清代邮票

曰信船，遇口停泊，信包未到，不得开碇，其郑重如此。中国工商旅居新旧金山、檀香山、新嘉坡、槟榔屿、古巴、秘鲁者，不下数百万人，据李圭禀称，工等有一纸家书，十年不达者，缘邮会有扣阻无约国文函之例也。中国邮政若行，即以获资，置备轮船出洋，借递信以流通商货，其挽回利权，所关尤巨。……爰于十九年，札饬赫德详加讨论，是否确于小民生计无碍。……先后据其递到四项章程，计四十四款，臣等详加披阅，大致厘然，自应及时开办。应请旨敕下臣衙门转饬总税务司赫德专司其事，仍由臣衙门总其成，略如各口新关规制，即照赫德现拟章程定期开办，应制单纸，亦由赫德一手经理。……至赫德呈内称，万国联约邮政公会，系在瑞士国，应备照会，寄由出使大臣转交该国执政大臣，为入会之据，自可援万国通例，转告各国，将在华所设信局，一律撤回。按咸丰八年1858年。俄约，光绪十三年1887年。法约，本载明两国公文信件，互相递送，中国既经入会，各国无从借口。以上所议如蒙俞允，即由臣衙门钦遵，分别咨照札饬办理。俟办有头绪，即推行内地水陆各路，克期兴办。……得旨，如所议行。(《光绪东华录》卷一三二)

(三) 教育
甲、同文馆

同文馆初招翰林院编、检入学，时论不予，大学士倭仁倡言力阻，乃选幼年聪颖者，教以各国语言，兼习算学，优其膏火，未毕业即有保举，多派遣出洋。同文馆颇印行新学书籍，教算学者李善兰为有名。

同治元年1862年。七月丙午,恭亲王等奏:查咸丰十年1860年。冬间,……请饬广东、上海各督抚等,分派通解外国语言文字之人,携带各国书籍来京,选八旗中资质聪慧,年在十三四以下者,俾资学习,……奉旨允准在案。臣等行文两广总督、江苏巡抚,派委教习,并行文八旗,挑选学生去后,嗣据各该旗陆续将学生送齐,而所请派委教习,广东则称无人可派,上海虽有其人,而艺不甚精,……是以日久未能举办。臣等伏思欲悉各国情形,必先谙其言语文字,方不受人欺蒙。各国均以重赀聘请中国人讲解文义,而中国迄无熟悉外国语言文字之人。……旋据英国威妥玛言及,该国包尔腾兼通汉文,暂可令充此席,臣等令来署察看,尚属诚实,……因于上月十五日,先令挑定之学生十人来馆,试行教习,并与威妥玛豫为言明,……不准传教,仍另请汉人徐树琳教习汉文,并令暗为稽察,即以此学为同文馆。至应给修金一节,……包尔腾……尚有余赀,若充中国教习,系属试办,本年止给银三百两,即可敷用;至明年如教有成效,须岁给银千两内外,方可令其专心课徒。……至汉教习薪水,按照中国办法,现拟每月酌给银八两。……通计此项教习薪水,及学生茶水、饭食、服役人等工食,并一切零费,每年约需银数千两。……于南北各海口,外国所纳船钞项下,酌提三成,……以资应用。……如蒙俞允,应请即以奉旨之日为始,行文各海关遵照办理。至汉教习薪水,较之外国教习薪水,厚薄悬殊,如教有成效,拟由臣等酌量奖励。……臣等谨酌拟同文馆章程六条,恭呈御览。御批,依议。

新设同文馆酌拟章程六条:一、请酌传学生,以资练习也。查旧例,俄罗斯文馆,额设学生二十四名,今改设同文馆,事属创始,学生不便过多,拟先传十名。俟有成效,再行添传,仍不得逾二十四名之数。……应由八旗满、蒙、汉闲散内,择其资质聪慧,现习清文,年在十五岁上下者,每旗各保送二三名,由臣等酌量录取,挨次传补。一、请分设教习,以专训课也。……英文教习包尔腾,止图薪水,不求官职。将来如广东、上海两处得人,……由该省督抚保送来京充补。……如果教授有成,自应酌量奏请奖励,每年薪水,即不得援照外人办理。……嗣后汉教习乏人,拟即由考取八旗官学候补汉教习内,……咨传直隶、河南、山东、山西四省之人,取其土音易懂,

便于教引，仍取具同乡京官印结，在臣衙门投卷，试以诗文，酌量录取，挨次传补，月给薪水银八两。二年期满，如有成效，……均奏请以知县用，再留学二年，准以知县分发省分归候补班补用。……一、请设立提调，以专责成也。……应即由臣衙门办事司员中，拣选满、汉各一员，兼充该馆提调，所有馆务责成该员等专心经理，如督课得力，遇有奖叙教习之年，一并奖励。专设苏拉三名，以备驱策，每名月给工食银二两五钱。一、请分期考试，以稽勤惰也。查旧例，俄罗斯文馆，有月课、季考、岁试三项，……请仿照办理。惟所试之艺，……一年之内，应先用满、汉文字考试，俟一年后，学有成效，再试以各国照会，令其翻译汉文。一、请限年严试，以定优劣也。……臣等拟请每届三年，由臣衙门堂官自行考试一次，核实甄别，……优者授为七、八、九品等官，劣者分别降革留学，俟考定等第，将升降各生，咨行吏部注册。其由七品官考取一等，应授主事者，……请仍准掣分各衙门行走，遇缺即补。至考试学生时，该助教等，如果训道有方，亦应由臣衙门奏请，以主事分部，遇缺即补，仍兼馆行走。一、请酌定俸饷，以资调剂也。查旧例，俄罗斯文馆助教，限年严试，中一、二等内择其优者，堂委副教习，额设助教二员，由副教习内拣选奏请补放。每年俸银八十两，七品官每年俸银四十两，八品官每年俸银四十两，九品官每年俸银三十二两三钱，学生传补，咨旗坐补马甲钱粮，今改设同文馆，拟请仿照俄罗斯文馆旧章办理。……臣等酌拟此项放款，悉由奏拨各海关船钞项下支给，至学生钱粮，……遇有本旗马甲缺出，照例坐补，以资调剂。（《筹办夷务始末·同治朝》卷八）

北京同文馆遗址

卷五 明清

乙、上海广方言馆、广东同文馆

广方言馆，学法文者，多为外交官，有名。

同治二年1863年。二月丙戌，江苏巡抚李鸿章奏：臣前准总理衙门来咨，遵议设立学习外国语言文字学馆，为同文馆，等因，……互市二十年来，彼酋之习我语言文字者不少，其尤者能读我经史，于朝章、宪典、吏治、民情，言之历历，而我官员绅士中，绝少通习外国语言文字之人。各国在沪均设立翻译官一二员，遇中外大臣会商之事，皆凭外国翻译官传述，亦难保无偏袒捏架情弊，中国能通洋语者，仅恃通事，……而其人遂为洋务之大害。查上海通事一途，获利最厚，于士、农、工、商之外，别成一业。其人不外两种，一广东、宁波商伙子弟，佻达游闲，别无转移执事之路者，辄以学习通事为逋逃薮；一英、法等国设立义学，招本地贫苦童稚，与以衣食而教肄之，市儿村竖，来历难知，无不染洋泾习气，亦无不传习彼教。此两种人者，……心术卑鄙，货利声色之外，不知其他；且其仅通洋语者十之八九，兼识洋字者十之一二，……即遇有交涉事宜，词气轻重缓急，往往失其本旨，惟知借洋人势力，播弄挑唆，以遂其利欲，……或遂以小嫌酿大衅。洋务为国家怀远招携之要政，乃以枢纽付若辈之手，遂至彼己之不知，情伪之莫辨。……京师同文馆之设，实为良法，行之既久，必有正人君子、奇尤异敏之士，出乎其中，然后尽得西人之要领，而思所以驾驭之。……惟是洋人总汇之地，以上海、广东两口为最。……臣拟请仿照同文馆之例，于上海添设外国语言文字学馆，选近郡年十四岁以下，资禀颖悟、根器端静之文童，聘西人教习，兼聘内地品学兼优之举、贡、生员，课以经史文艺，学成之后，送本省督抚考验，请作为该县附学生，准其应试。其候补、佐贰、佐杂等官，有年少聪慧，愿入馆学习者，呈明，由同乡官出具品行端方切结，送局一体教习。……学成后，亦酌给升途，以示鼓励。均由海关监督督筹试办，随时察核具详。三五年后，有此一种读书明理之人，精通番语，凡通商督抚衙门，及海关监督，应添设翻译官承办洋务，即于学馆中遴选承充，庶关税军需，可期核实，而无赖通事亦敛迹矣。……我中华智巧聪明，岂出西人之下，果有精熟西文者转相传习，一切轮船、火器等巧技，当可由渐通晓，于中国自强之道，似有

裨助。如蒙俞允，一切章程及薪赀、工食各项零费，容臣督同关道设法筹画，或仍于船钞项下酌量提用。其广东海口，可否试行，有无窒碍之处，应请饬下该省督抚体察办理。谕：……李鸿章奏请，"饬广东仿照同文馆，设立学馆，学习外国语言文字"等语，已谕令广州将军等，查照办理。……（《筹办夷务始末·同治朝》卷一四）

光绪二十三年1897年十一月己酉，总理各国事务衙门奏：……臣等查近日中外交涉事宜，条目日繁，需才益亟，仅恃臣衙门之同文馆，上海之广方言馆，广东之同文馆，及南北洋闽厂学堂数处，学生有限，诚不足应各省之取求。（《光绪东华录》卷一四一）

丙、派遣幼童出洋

两次派遣幼童，以詹天佑为最有成就，严复、辜鸿铭亦有名。

窃臣曾国藩上年在天津办理洋务，经前江苏巡抚丁日昌奉旨来京会办，屡与臣商榷，"拟选聪颖幼童，送赴泰西各国书院，学习军政、船政、步算、制造诸书，约计十余年，业成而归，使西人擅长之技，中国皆能谙习，然后可以渐图自强，且谓携带幼童前赴外国者，如四品衔刑部主事陈兰彬、江苏候补同知容闳，皆能胜任"等语，臣国藩深韪其言，曾于上年九月、本年正月两次，附奏在案。臣鸿章复往返函商，窃谓"自斌春及志刚、孙家谷，两次奉命游历各国，于海外情形，业已窥其要领，如舆图、算法、步天、测海、造船、制器等

清代留学幼童

卷五 明清

事，无一不与用兵相表里。……当此风气既开，似宜亟选聪颖子弟，携往外国肄业。……查美国新立和约第七条内载，嗣后中国人欲入美国大小官学，习学各等文艺，须照相待最优国人民，一体优待，又美国可以在中国指准外人居住地方，设立学堂，中国人亦可在美国一体照办"等语。本年春间，美国公使过天津时，臣鸿章面与商及，允俟知照到日，即转致本国，妥为照料。三月间，英国公使来津接见，亦以此事有无相询，臣鸿章当以实告，意颇欣许，亦谓先赴美国学习。英国大书院极多，将来亦可随便派往。……臣等伏思外国所长，既肯听人共习，志刚、孙家谷，又已导之先路，计由太平洋乘轮船径达美国，月余可至，当非甚难之事。……

设局制造，开馆教习，所以图振奋之基也。远适肄业，集思广益，所以收远大之效也。西人学求实济，无论为士、为工、为兵，无不入塾读书，共明其理，习见其器，躬亲其事，各致其心思功力，递相师授，期于月异而岁不同。……古人谓学齐语者，须引而置之庄岳之间，又曰百闻不如一见。……惟是试办之难有二，一曰选材，一曰筹费。……拟派员在沪设局，访选沿海各省聪颖幼童，每年以三十名为率，四年计一百二十名，分年搭船赴洋，在外国肄习十五年后，按年分起挨次回华，计回华之日，各幼童不过三十岁上下，年力方强，正可及时报效。……至带赴外国，悉归委员管束，分门别类，务求学术精到。又有翻译教习，随时课以中国文义，俾识立身大节，可冀成有用之材，虽未必皆为伟器，而人材既众，当有瑰异者出乎其中，此拔十得五之说也。至于通计费用，首尾二十年，需银百二十万两，诚属巨款，然此款不必一时凑拨，分析计之，每年接济六万，尚不觉甚难。除初年盘川发给委员携带外，其余指有定款，按年预拨，交与银号陆续汇寄，事亦易办。……（《曾文正公全书·奏稿》卷三《拟选子弟出洋学艺折》）

臣等拟选聪颖子弟，前赴泰西各国，肄习技艺，以培人才，业于十年1871年七月初三

严复像

日，专折会奏在案，旋准总理衙门覆奏，不分满、汉子弟，择其质地端谨，文理优长，一律送往，每年所需薪水膏火，准于江海关洋税项下指拨。……所有携带幼童委员，……查有奏调来江之四品衔刑部候补主事陈兰彬，……运同衔、江苏候补同知容闳。……以上二员，……相应请旨饬派陈兰彬为正委员，容闳为副委员，常川驻扎美国，经理一切事宜。……至挑选幼童，应在上海先行设局。……查有盐运使衔、分发候补知府刘翰清，……业经檄令经理沪局事宜，所有驻洋及在沪两局，中外大小事件，由陈兰彬等互相商办，各专责成。

辜鸿铭像

兹将臣等前奏所未及者，酌拟应办事宜，开列清单，恭呈御览。一、挑选幼童，不分满、汉子弟，俱以年十二岁至二十岁为率，收录入局，由沪局委员查考，中学西学，分别教导。将来出洋后，肄习西学，仍兼讲中学，课以《孝经》、《小学》、五经，及国朝律例等书，随资高下，循序渐进。每遇房虚昴星等日，正副二委员，传集各童宣讲《圣谕广训》，示以尊君亲上之义，庶不至囿于异学。一、幼童选定后，取具年貌籍贯，暨亲属甘结，收局注册，在沪局肄习以六个月为率，察看可以造就，方准资送出洋，仍由沪局造册报明通商大臣，转咨总理衙门查考，至洋局课程，以四个月考验一次，年终分别等第报查。其成功则以十五年为率，中间艺成后，游历两年，以验所学，然后回至内地，听候总理衙门酌量器使，奏明委用。此系选定官生，不准半途而废，亦不准入籍外洋，学成后，不准在华洋自谋别业。一、出洋委员，及驻沪办事，所有内外往来文件，应刊给关防，洋局之文，曰奏派选带幼童出洋肄业事宜关防，沪局之文，曰总理幼童出洋肄业沪局事宜关防，均经臣刊刻饬发，以资信守。一、每年八月，颁发时宪书，由江海关道转交税务司，递至洋局，恭逢三大节，以及朔、望等日，由驻洋之员，率同在事各员，以及诸幼童，望阙行礼，俾娴仪节而服诚敬。一、出洋办事，除正副二委员外，拟用翻译一

卷五 明清

员，教习一员。查有五品衔监生曾恒忠，究心算学，兼晓沿海各省土音，堪充翻译事宜；光禄寺典簿、附监生叶源濬，文笔畅达，留心时务，堪充出洋教习事宜，业由臣檄饬遵照，届时随同正副委员一并前往。一、每年需用经费，查照奏定章程，于江海关洋税项下，指拨洋局用款，下年应用之项，于上年六月前，由上海道筹拨银两，眼同税务司，汇寄外洋，交驻洋之员验收。其沪局用款，即交沪局总办支销。惟原奏系二十年内，共用一百二十万金，约计每年须六万两，而细加推算，分年应用之款，参差不齐，不能适符六万之数。如首数年，沪上设局，幼童齐往，用款较巨，第四年竟至八万九千六百余两；末数年，幼童已归，用款较减，第十九年，仅需二万三千四百余两。此外各年递推，亦皆多寡悬殊，并由陈兰彬等核开清单，某年应用银若干，交江海关道署存照，按年寄洋，仍由该道分析造报，以昭核实。（《李文忠公全书·奏稿》卷一九《幼童出洋肄业事宜折》）

丁、北洋大学

甲午后，盛宣怀在天津设立头二等学堂，后改为天津大学，又改北洋大学，专教工科，成就人才颇众。

光绪二十一年，1895年。津海关道盛宣怀于天津创设头二等学堂。头等学堂，课程四年，第一年习竣，欲专习一门者，得察学生资质，酌定专门凡五，一工程学，二电学，三矿务学，四机器学，五律例学。二等学堂，课程四年，按班次递升，习满，升入头等。意谓二等拟外国小学，头等拟外国大学。（《清史稿·选举志》二）

臣于光绪二十八年1902年到任之始，大局甫定，人心思治，即督饬省会暨各府、厅、州、县，遍办学堂，先后设立学校司、大学堂、师范学堂、中学堂、小学堂等，奏明在案。嗣于二十九年1903年奉到学务大臣奏定章程，遵改学校司为学务处，……以天津大学堂设立多年，程度颇高，业经分设专科，照章作为大学，即名北洋大学。……光绪三十二年1906年五月初八日。（袁世凯《养寿园奏议辑要》卷三九）

北洋大学校徽

（四）矿业

甲、开平煤矿

开平后改为开滦，北洋以官款所办，后乃与英人合办，由张翼主之，翼为醇王府管事。光绪十年以后，各处勘矿，多由海军衙门主之，是时海军兼管路矿，后以时有对外交涉，移归总理衙门管理。清季合滦州之矿，改称开滦。

光绪元年1875年。四月间，钦奉寄谕，著照所请，先在磁州试办，派员妥为经理。……旋经屡次委员往查磁州煤铁，运道艰远，又订购英商熔铁机器不全，未能成交，因而中止。旋闻滦州所属之开平镇，煤、铁矿产颇旺，臣饬招商局候选道唐廷枢驰往察勘，携回煤块铁石，分寄英国化学师熔化试验，成色虽高低不齐，可与该国上中等矿产相仿，采办稍有把握。三年1877年。八月，臣檄派前任天津道丁寿昌、津海关道黎兆棠，会同唐廷枢熟筹妥办。旋据酌拟设局招商章程十二条，……拟招商股银八十万两，开采煤、铁，并建生熟铁炉机厂，就近熔化。继因招股骤难足额，熔铁炉厂成本过巨，非精于铁工者不能位置合宜，遂先专力煤矿，采煤既有成效，则炼铁必可续筹也。

唐廷枢奉檄设局后，勘得滦州所属，距开平西南十八里之唐山，山南旧煤穴甚多，土人开井百余口，只取浮面之煤，因无法取水而止。光绪四年，1878年。钻地探试，深六十丈，得有高烟煤六层，第一层厚十八寸，第二层二尺，第三层七尺，第四层三尺，第五层六尺，第六层八尺，其第六层之下，尚有一二层，但计所得之煤，已足供六十年之用，因是不复深探。旋于五年1879年。购办机器，按西法开二井，一提煤，一贯风抽水。其提煤井开深六十丈，贯风抽水井开深三十丈。地下开横径三道，一在提煤井二十丈，开洞门作旋风之用，一在三十丈，一在五十六丈，两道系取煤之用。所有地下横径直道，均与两井相通，其第一条横径南开四丈，得见第一层，煤质略松，煤层过薄，豫备不用；北开八丈，得见第二层、第三层煤，两层相隔，只有一尺，其质坚色亮，燃烧耐久，性烈而蒸气易腾，烧烬之灰亦少。就目下二十丈深之煤论，可与东洋头号烟煤相较，将来愈深愈美，尤胜东洋。惟煤产出海销路较广，由唐山至天津，必经芦台，陆路转运维艰，若夏秋山水涨发，节节阻滞，车马亦不能用。因于六

年1880年。九月,议定兴修水利,由芦台镇东起,至胥各庄止,挑河一道,约计九十里,为运煤之路,又由河头接筑马路十五里,直抵矿所,共需银十数万两,统归矿局筹捐,……所占地亩,均照民价购买。本年二月兴工挑挖,五六月可一律告蒇。从此中国兵、商轮船,及机器制造各局用煤,不致远购于外洋,一旦有事,庶不为敌人所把持,亦可免利源之外泄,富强之基,此为嚆矢。(《李文忠公全书·奏稿》卷四○《直境开办矿务折》)

据候选道唐廷枢禀称,开办矿务局以来,购备机器,延订洋匠工司,及买地、筑路、挑河经费,约共用银七十余万两,成本既重,煤价亦因之而昂,若再加现定之税额,即难敌外洋之煤,其势必不能畅销。……中国原定洋货税则过轻,土货税则较重。……即以煤斤而论,洋煤每吨税银五分,土煤每担税银四分,合之一吨,实有六钱七分二厘,若复加进口半税,已合每吨银一两有奇,盈绌悬殊至二十倍之多。前两江督臣沈葆桢,于台湾基隆开煤时,奏准土煤每吨征税一钱,较洋煤业已加重,嗣湖北用机器开采,亦奉谕旨准照台湾税则在案。……今开平煤矿,全用西法,每日出至五六百吨之多,据洋师测量,足供六十年采取,除运往要口,分供各局及中外轮船之用,并可兼顾内地民间日用。刻下运道疏通,脚价既省,若再将税则减轻,煤之售价必廉,可以畅销无滞,而运售于各局者,不致再用洋商昂贵之煤,其有裨于公款不少等情,……合无仰恳天恩,俯准开平出口煤斤,援照台湾、湖北之例,每吨征收税银一钱,以恤华商而敌洋煤,庶风气日开,利源日旺,而关税亦必日有起色矣。(《李文忠公全书·奏稿》卷四○《请减出口煤税折》)

庚子拳乱,前矿务督办张翼、委洋员德璀琳设法保护矿产,讵德璀琳与矿师胡华私立卖约,继复由张翼签订移交约及副约,举凡开平煤矿原定十里矿界以外之所有矿产,并推广及于与矿产相连之利益,全行包括在内,是以唐山、西山、半壁店、马家沟、无水庄、赵各庄、林西等处,地脉相接,数十里之矿产,以及奉旨代办之秦皇岛通

唐廷枢像

商口岸码头地亩，与附属之承平、建平金银等矿，悉移交英公司执掌。(陈夔龙《庸盦尚书奏议》卷一四《筹议收回开平矿产情形折》)

窃臣于宣统二年1910年。十二月初五日，钦奉上谕：载泽盛宣怀奏，"查明开平矿务一案，始末情形，及现拟收回办法一折，所拟滦州矿局加招商股，即就开、滦两矿，发给公司债票，归并办理，如有把握，尚属可行。倘或英公使要求无厌，不妨坚持定见，徐筹抵制，著按照载泽等所奏各节妥筹办法，……并准军机处钞录查办大臣载泽、盛宣怀原奏到直。查原奏内称，责成滦州煤矿，迅速加筹商股五百万两，连滦矿原有股分五百万两，凑足商股一千万两，并作开滦煤矿公司，即以两矿产业作为抵保，出立债票，分年清还英商应得之款。否则如能由公司另借轻息之款，一起付还，尤为直捷。此两层应归该公司自行妥议，呈请直隶总督酌核奏明办理，揆之各国实业债票办法，均属相符"等语，是就滦矿接收开平，业经恭奉谕旨，自应钦遵办理。惟查该公司上年股东会决议，由该矿添集资本，将两矿合为一事，担任接办还款，乃悉查照臣前定条件，俟国家担保发给债票，实行收回开平以后之办法，今若照载泽等覆奏，先由滦矿添股，出立公司债票，而以两矿产业作为抵保，办法又不相同，自应饬令该公司切实研究，以速进行。……宣统三年1911年。三月初五日。(陈夔龙《庸盦尚书奏议》卷一五《开平矿案妥筹添股借款办法折》)

乙、汉冶萍

张之洞以全力经营汉阳铁厂，兼采大冶之铁，萍乡之煤，改归商办，称汉冶萍公司，规模宏敞，炼钢制器甚精。惜成本太重，复以不善经营，负外债数百万，仅能以铁砂出口，供日本八幡制所之用而已。

为勘定炼铁厂基，现筹赶办厂工，暨开采煤、铁事宜，恭折具陈，仰祈圣鉴事。……本年春间，……查明大冶县铁山，实系产旺质良，取用不竭，……兴国州产有锰铁，尤为炼钢所必需，适与大冶接界。至炼钢、炼铁，以白煤、石煤为最善，或用油煤炼成焦炭亦可。……湖南之宝庆、衡州、永州三府所属各县地方，及接界之四川奉节、巫山，江西萍乡，所产白煤、石煤、油煤、焦炭，尤为旺盛，均属一水可通。……大率铁矿每百分以铁质多至五六十分，内含硫质在二厘以内、燐质在一厘以内者为合用，煤以灰在十分以内、炭质在八

萍乡煤矿总局旧址

十五分及九十分以外者为合用。大冶之铁矿，铁质六十分有奇，湘、鄂各煤合式可用者，共有二十余处。至建厂一节，……兹勘得汉阳县大别山下，有地一区，原系民田，略有民房，长六百丈，广百余丈，宽绰有余，南枕大别山，东临大江，北滨汉水，东与省城相对，北与汉口相对，气局宏阔，运载合宜，当经饬局员及学生洋匠详加考核，金以为此地恰宜建厂。……采铁、炼钢、开煤三事，合而为一，复有修运道，筑江堤，设化学矿务学堂，添修理机器厂，皆连类而及。……现在约估大数，需银二百四十余万两。……光绪十六年1890年十一月初六日。（《张文襄公奏稿》卷一九）

为湖北铁厂经费难筹，遵旨招商承办，议定章程，截限交接，以维大局而计久远。……窃维湖北铁厂，兼采矿、炼铁、开煤三大端，……今厂工早已次第告成，各种铁炉、钢炉，冶炼钢铁，制造轨械，均能精美合用，以至铁山煤井，一切机器运道，皆已灿然大备。惟是经费难筹，销场未广，支持愈久，用款愈多，当此度支竭蹶，不敢为再请于司农之举，亦更无罗掘于外省之方，再四熟筹，惟有钦遵上年六月十二日谕旨招商承办之一策。……伏查大冶铁矿，从前本系直隶津海关道盛宣怀督率英国矿师所勘得，就鄂设厂炼铁造轨之议，又自

该道发之,且曾续有承办原议。该道……于中国商务、工程、制造各事宜,均极熟习,经理招商局多年,著有成效。……适因奉差在沪,经臣电调来鄂,劝令力任其难,檄饬将湖北铁厂归该道招集商股,一手经理,督商妥办;并即督饬司道与盛宣怀酌议章程,截清用款,……嗣后需用厂本,无论多少,悉归商筹。从前用去官本数百万,概由商局承认,陆续分年抽还。……以中国兴造铁路,必须路厂一气、轨由厂造为要义,俟铁路公司向汉阳厂订购钢轨之日起,即按厂中每出生铁一吨,抽银一两,即将官本数百万抽足还清,以后仍行永远按吨照抽,以为该商报效之款。该道力顾大局,已于四月十一日,将汉阳厂内外各种炉座、机器、房屋、地基、存储煤铁料物件,以及凡关涉铁厂之铁山、煤矿、运道、码头、轮剥各船,一律接收。……光绪二十二年1896年。五月十六日。(《张文襄公奏稿》卷二八)

　　为遵旨查明招商局保借洋款,办理萍乡煤矿,有益民生,无碍商局。……窃照承准军机大臣字寄,光绪二十五年四月初二日奉上谕:有人奏"大理寺少卿盛宣怀办理江西萍乡煤矿铁路,以招商局洋泾滨各产抵保洋行借款,请饬查禁"等语,……若如所奏,因萍乡一隅之矿,辄以招商局各产抵保,殊属有碍大局,著张之洞详细查明,即行知照盛宣怀,毋得轻许,致滋流弊,是为至要。……湖北前经奏开铁厂,遍觅煤矿,不得佳质,后经臣访获江西萍乡煤矿,最合炼焦之

湖北铁厂一角

卷五　明清

用,……因路僻运艰,故未能尽量采购。……上年三月间,经督办铁路大理寺少卿臣盛宣怀会同臣奏明,购用机器,筑路设线,派员总办,力筹大举,并援照开平禁止商人别立公司,及多开小窑,抬价收买,以济厂用而杜流弊,仰蒙俞旨钦遵在案。……目前造轨,将来行车,需用煤焦,皆属极巨。……筹办萍煤,至今已用银五十万两左右,系由湖北铁厂认股二十万,铁路总公司、轮船招商局,各认股十五万,均以相需甚殷也。……购办机器,营造铁路轮剥,需款至繁。……盛宣怀当以机器各件,多由德商礼和洋行垫购,为数已巨,故与该行议借四百万马克,分十二年摊还,统由萍乡煤矿公司商借商还,……议明萍矿仍归自办,仅给借息七厘,……因将招商局产业以为作保之据,当经议订借款合同,分别咨呈总理衙门、路矿总局,核准存案。……臣此次钦奉寄谕,当将此项借款,每年还款本利共须若干,是否以招商全局各项产业抵押,抑止上海洋泾滨一处栈房产业作保,……至抵押与作保有何区别,设将来借款本利万一无著,洋商能否将全局占踞管理,有碍大局各节,向盛宣怀详细咨查,旋准咨覆,并详考案据。查借款合同载明,"招商局允保礼和垫款四百万马克息本,其息本未还以前,不得将上海洋泾滨南北地皮栈房产业出售,或抵押于人"等语,实系招商局仅止作保,并未将产业抵押,且止上海洋泾滨一处栈房产业作保,并未将全局各码头及轮船作保。……光绪二十五年1899年。六月十七日。(《张文襄公奏稿》卷三〇)

光绪三十四年,1908年。会办商约大臣邮传部侍即盛宣怀奏,商办汉冶萍煤铁厂矿,宜扩充股本,合并公司。得旨:著责成盛宣怀加招华股,认真经理,以广成效。(《皇朝续文献通考》卷三八八《实业考》)

光绪三十四年1908年。三月癸巳,邮传部奏:……查萍潭一路,亦用官款修筑,前以该路系为运煤而设,暂由……盛宣怀一手经理,现萍乡煤矿,已奏明合并汉冶萍厂矿公司,专归商办,是官商股本,自应划清界限。……经总理盛宣怀与臣等面商,拟即改归臣部管辖,以符定制。(《光绪东华录》卷二一五)

丙、漠河金矿

漠河金矿,俄人采之有利、我独亏损者,官私侵欺之故。清季倪嗣冲奉命在黑龙江开垦,费数十万金,一无成就,移交时,仅余耕牛两头而

已。地远苦寒，无人查究，与漠河同一欺罔，当时新政多类此。

光绪十二年1886年。十二月二十八日，奉上谕，恭镗等奏，漠河金厂亟宜举办一折，……另片奏，"吉林候补知府李金镛，熟悉矿务，请饬派往会办"等语，……臣查漠河金矿出产颇旺，往年俄人越境开采，华商间往收买金沙，自光绪十一年1885年。秋间，派兵驱逐，孽芽未净。叠接出使大臣刘瑞芬函称，俄国官商，仍思集股采取，若不及早筹办，久必为人占据，贻患匪轻。惟地处极边，集资不易，得人尤难，当经恭镗奏派道员用候补知府李金镛前往查勘。……李金镛……于十一月抄来保定面禀，据呈章程十六条，……其中自备轮船、开通陆路、募勇保护、招回流民四条，于边防尤有关系。现拟仿照西国公司之法，招集股本二十万两，先行试办。惟近日商情困敝，……年内外赶紧劝集，约不过六七万金，合之恭镗筹借库款三万两，仅得其半。……适有天津商人，情愿出借，当即由臣代借十万两，以足二十万之数，一俟股分招齐，将借款陆续缴还，将来开办后，所获余利，除开支局用官利外，当以十成之三，呈交黑龙江将军衙门，报充军饷。应用矿师，询据山东平度州矿局道员李宗岱电禀，该局矿师美国人阿鲁士威，明年四月内，可往漠河察勘，一面购置机器，建造厂屋，以备克期开工。前奉谕旨敕臣遴派干员，迅往勘办，

李金镛祠堂

卷五 明清

臣查李金镛，血性忠勇，不避艰险，向本随臣办事，经前吉林将军铭安，奏办珲春垦务，兼理中俄交涉事件，先后将及十年，边情最为熟悉。此次勘矿之便，恭镗派赴精奇里江南岸，与俄酋厘定四十八旗屯地界，尤能力持正议，动合机宜。现与恭镗往返函商，拟即饬令该员总办矿务。该厂地处极边，驿程稽滞，除重大事件，应禀商黑龙江将军酌夺，其余一切，准由该员相机妥办，以专责成。

窃惟金矿之兴，数十年来，竞推美之旧金山，英之新金山，及俄之悉毕尔部，皆系荒地，开采以后，日臻繁殖，遂成都会。……查漠河一带山脉，正接俄境悉毕尔诸山，据称金苗长及五百里，李金镛所呈金样，成色尚佳，中外谓为金穴，似非无据。……今之新界，三面斗入，仅隔一江，彼方治兵招矿，……伺隙蹈瑕，意殊叵测，漠河、奇干河之间，尤所注意。漠河距将军都统所驻，均极窎远，而齐齐哈尔、墨尔根两城，且隔在内兴安岭之南，若不及早经营，诚为可虑。夫实边之计在人，聚人之计在财。该处林木富饶，地气本旺，特以极边寒苦，千余里荒僻，绝无人烟。若金矿一开，人皆趋利，商贾骈集，屯牧并兴，可与黑龙江北岸俄城，声势对抗。外以折强邻窥伺之渐，内以植百年根本之谋，且因此自行轮船，则江西不令独占；开通山路，则军府不至远悬，此皆防患未萌，而不容稍缓者也。现在开通运道工程，尤为紧要，必须借资兵力。应请敕下黑龙江将军，会商练兵大臣，派兵一二千名随往调遣，至经办各员，……将来著有成效，……恳恩准予从优保奖。……

谨将李金镛筹议章程十六条，照缮清单，恭呈御览。下该衙议奏，寻议上，得旨，允行。……一、设局宜统筹也。雇矿师，购机器，盖房屋，置车辆，买牲口，设码头，招流民，募勇丁，造轮船，开山路，事多用繁，非筹足资本，无从入手。……一、股本宜招集也。……现议筹本二十万两，分作二千股，每股收天津行平化宝银一百两，……长年官利七厘，均于次年端节凭折支付。……一、开办宜定地也。勘得漠河在爱珲之西，江道一千五百余里，是处起旱七十里，即达金厂，地名元宝山，……高山中间有溪河一道，……昔年俄人即在此溪两边盗挖，……惟溪身正脉，尚未挖及，西至奇干、阿勒罕等河，均二百余里，东至阿木尔河下游口，三百余里。据俄人云，

此道金脉，自额尔古纳河西山发源，经奇干、阿勒罕，直至阿木尔河下游，计长五百余里。……兹拟就昔日俄人盗挖之处，先行开办。……卑府前此赴漠河所得金样，即在溪边之残沙内淘出，经美国化学师乐百时化炼，计一千分中，得净金八百七十一分，银七十五分，铅、硫磺、铁五十四分。据该化学师称，此金可与美国旧金山之金并埒云。一、矿师宜妥延也。既用机器，即不能无矿师，……金脉非老于矿学者未易推测，况漠河金厂，尚有数处，拟一面开办，一面即四出相度。……惟……本公司……僻在荒漠，……宜择用西国矿师之肯耐劳耐烦者。……如热河矿师之哲尔者，平度矿师之阿鲁士威，皆有本领，延订合同内声明，到厂后如无明效，不拘年限，即行辞换。一、事权宜归一也。……漠河金厂，去齐齐哈尔省城陆路几二千里，内多人迹未到之地，……与俄界一江之隔，俄人久在漠河窃挖，今一旦收回，俄人眈眈逐逐之心，尤所莫测，此后交涉事件，势必常有。远道禀商，诚恐缓不济急，可否遇有小事，即由卑府相机酌量妥办，其重大事件，仍禀承北洋大臣、黑龙江将军核夺。一、轮船宜自备也。……爱珲至漠河，水路一千五百里，冬时犹可踏冰行车，夏则我无一舟可济，因之兵粮往来，不得不借坐俄轮，种种受其挟制。然此犹患之轻者，其大害则在漠河金厂久为俄人窃挖觊觎，此次卑府奉差

漠河淘金遗址
胭脂沟

卷五 明清

前赴黑龙江左分界，俄员谆谆以税租金厂为托，今我一旦开采，彼不必违好兴戎，只须轮不我借，即粮无可运，金厂中人，便有束手待毙之虑。反覆筹议，必须自备轮船，庶几有恃无恐，且于边防信息，亦可灵捷。……商请吉林机器局，代造小轮船二只，一上一下，专以拖带驳船为主，……并拟制造十二桨之小长龙船四只，以济轮船之不及。……黑龙江二千里内，尚未探得产煤之处，俄国轮船往来，俱用木柴代煤，……我轮往来，……拟裹请黑龙江将军恭，将原设之卡伦，一律整顿，就饬各卡兵，一体砍储木柴待用，立定章程，给予价值。……一、机器宜购置也。……金生于沙，沙凝于冰，须先融冰而后得沙，淘沙而后见金，……佐以机器，则吸水淘金，事半功倍。……漠河之沙金，与矿金不同，……仅需吸水、淘金、钻地等件，每副价值亦不甚巨，但定购之时，……须求其至精至坚，可适久用者。……一、用人宜慎选也，……内地有用之才，孰肯谋食于负罪谪戍之乡，……今欲任用得人，非丰薪优奖，不足养其家而得其力，……且开办金厂，既借以防边，又可抽助军饷，……非破格奖励，实不足昭激劝也。一、流民宜招回也。……前有流入俄境之华民，即昔日俄人盗挖时，招集之华民也。……若辈开矿，尚称熟手，自官兵驱逐后，绝其归途，俄人仍收作佣工，……困苦备尝。今拟招回此项流民，仍为我用，并优给工食，勤加约束。……一、陆路宜开通也。查齐齐哈尔省城……至漠河，……水路兼程，共二千三百五十里。……卑府亲率员弁，冒险……另探一路，由齐齐哈尔径达漠河，旱路仅止一千四五百里。……拟请拨兵一二千人，除底饷外，量予犒赏，开路宽以一丈为率，分哨定段，限日兴挑。……约一年可竣，工竣即可安电线，置卡房，……即以此项兵丁分布要隘。……即不开矿，亦是边防要图。一、保护宜募勇也。查开办后，招集流民，动以千计，……加以强邻逼处，在在堪虞，存厂之款，既必不少，挖出之金，尤关重要。……必须另募一营，即在金厂内自行筹给口分，由总办为统领，用西法西械，勤加训练，庶内可以资弹压，外可以与防兵联为一气，声势既壮，矿务、边务两有裨益。一、司帐宜公举也。……收支事务，由股本最大者公举，……将来如有亏空舞弊等情，一经查出，惟原荐主理直认赔。……一、股友宜助理也。……议定万金之股，或自驻厂，

或派人驻厂。……如厂中有合宜职司，自当量才派事，开支薪水，如……无职司可派，仅能供给火食，……至于未满百股之友，……准其二三人凑足百股。……一、局用宜节省也。……一、盈亏宜预计也。……一、余利宜分派也。……一切开支外，若有盈余，作为二十成均分，内交黑龙江将军衙门六成，报充军饷，商股十成，本厂员友司事花红四成。（《光绪东华录》卷八七）

官办之矿未有不赔者，故有"十矿九空"之谚。私办若湖南华昌锑矿，赢利最著，倏亦乌有。

新法开采各矿简表

矿名	矿址	资本	成立年	备考
奇干河金矿局	黑龙江奇干河		光绪十五年（1889）	民办官收
观都金矿局	黑龙江观音山都鲁河	80 000元 37 700两	光绪十七年（1891）	民办官收
汉阳铁厂大冶铁矿	湖北汉阳大冶	五百数十万两	光绪十七年（1891）	官矿，廿二年改商办。
湖南益阳锑矿	湖南益阳县西村	145 600两	光绪二十二年（1896）	官矿，卅年改商办。
湖南官矿经理处（金）	湖南平江县黄金洞	300 050两	光绪二十三年（1897）	官办
焦作煤矿	河南修武县清化镇	1 142 822镑	光绪二十三年（1897）	官督中英商办
热河平泉金矿	热河平泉州密云乡		光绪二十五年（1899）	官矿，宣统间改商办。
井陉矿务局（煤）	直隶井陉县冈头村	500 000两	光绪二十九年（1903）	官督中德合办，资本各半。
六河沟煤矿	河南安阳县观台村	20 000两	光绪二十九年（1903）	官督商办
临城矿务局（煤）	直隶临城高邑内邱	3 000 000佛郎	光绪三十一年（1905）	中比合办，资本各半。
甘河煤矿局	黑龙江嫩江县甘河九峰山	136 000两 36 000元	光绪三十一年（1905）	官办
金怀马煤矿局	黑龙江呼兰河沿岸金怀马	50 000两	光绪三十一年（1905）	官办
陕西延长石油矿	陕西延长县西	290 000两	光绪三十二年（1906）	官办
湖南官矿经理处（铅锌）	湖南常宁水口山	约500 000两，不动产在外。	光绪三十三年（1907）	官办
同上	常宁县松柏炼厂	71 600两		官办

续表

矿 名	矿 址	资 本	成立年	备 考
同上（锑）	新化县锡坑山	50 000 两		官办
富贺官矿局（煤）	广西富川县西湾	595 000 两	光绪三十三年（1907）	官办
余干官矿局（煤）	江西余干县枫港	约 200 000 元	光绪三十三年（1907）	官办
吉林金矿	吉林密山兴隆沟	小洋一万元	光绪三十四年（1908）	民办官收
库玛尔河金矿局	黑龙江呼玛县库玛尔河		光绪三十四年（1908）	民办官收
吉林铜矿	吉林磐石县石咀山	银 30 000 两，钱 25 吊	光绪三十四年（1908）	官办
田坪金矿局	四川盐源县田坪	40 000 元	光绪三十四年（1908）	官办
个旧锡务公司	云南个旧县马落革	商股 2 540 000 元 官股 760 000 元	宣统元年（1909）	官商合办
宝华公司（锑）	云南文山茅山阿迷都邱	官股 175 000 元 商股 59 500 元	宣统元年（1909）	官商合办
富贺官矿局（锡）	广西富川贺县	136 000 元	宣统元年（1909）	民办官收
本溪湖煤铁公司	奉天本溪湖庙儿沟	5 150 000 元	宣统二年（1910）	官督中日合办，资本各半。
铜仁官矿局（锑）	贵州铜仁梵净山等处		宣统二年（1910）	民办官收
彭县铜矿局	四川彭县大宝山	41 000 两	宣统三年（1911）	官办
京张铁路局煤矿	直隶宣化县鸡鸣山	500 000 两	宣统三年（1911）	官办
瑷黑官商合办公司	黑龙江呼玛县余庆沟	40 000 卢布	宣统三年（1911）	民办，官商合收。

附注 据丁文江《中国官办矿业史略》作。

（五）纺织

张之洞以缫丝、纺纱、织布与铁厂合称四厂，以经理不善，亏空官钱局之款，至一亿余串之多。

甲、缫丝

义、法等国，讲求种桑养蚕之法，……抽缫专用机器，匀净精细。即丝质不佳，一经缫出，无不精好。近十年来，上海、广东等处商人，多有仿照西法，用机器缫丝者，较之人工所缫，其价顿增至三

倍，专售外洋，行销颇旺。于光绪十二年1886年，曾经海军衙门咨行粤省，劝导商民，广为兴办在案。湖北产丝甚多，……臣将湖北蚕茧寄至上海，用机器缫出，质性甚佳，与江浙之丝相去不远，亟应官开其端，民效其法，庶可以渐开利源。……查有候选同知黄晋荃，家道殷实，……久居上海，其家开设机器缫丝厂有年，且在汉口设有丝行。……当饬委员与之筹商，由该职员承办，先酌借公款试办。……查善后局尚存……款银三万两，又提盐道库外销款银一万两，……先订购缫丝二百盆之机器，酌买蚕茧，于湖北省城望山门外，购地设厂，并派工匠赴沪学习，先行试办，其厂地、厂屋及马力汽机可供三百盆之用，……即委黄晋荃办理。……计十二月内，厂机俱可造竣安齐，开工缫制。……奉上谕：张之洞奏，鄂省……添设机器缫丝……片，业经批谕照所请行矣。(《张文襄公奏稿》卷二二《开设缫丝局折》)

乙、织布

各国通商以来，进口洋货，日增月盛，核计近年销数价值，已至七千九百余万两之多，出口土货，年减一年，往往不能相敌。推原其故，由于各国制造均用机器，较中国土货成于人工者，省费倍蓰，售价既廉，行销愈广。……查进口洋货，以洋布为大宗，近年各口销

上海纺织局旧址

数,至二千二三百万余两,而中国银钱耗入外洋者,实已不少。臣拟遴派绅商,在上海购买机器设局,仿造布匹,冀稍分洋商之利。……据三品衔候选道郑官应、三品衔江苏补用道龚寿图,会同编修戴恒,妥细筹拟,据禀估需成本银四十万两,分招商股足数,……先在上海设局试办,派龚寿图专办官务,郑官应专办商务,又添派郎中蔡鸿仪、主事经元善、道员李培松,会同筹办。该道等延聘美国织布工师丹科到沪,据称中国棉花抽丝不长,恐织不如式,必须就花性改制织机,已与订立合同,令其携带华花赴美各厂试织,酌购机器,本年夏秋之交,即可回华开办。查泰西通例,凡新创一业,为本国未有者,例得畀以若干年限,该局用机器织布,事属创举,自应酌定十年以内,只准华商附股搭办,不准另行设局。其应完税厘一节,……拟俟布匹织成后,如在上海本地零星销售,应照中西通例,免完税厘;如由上海迳运内地,及分运通商他口,转入内地,应照洋布花色,均在上海新关完一正税,概免内地沿途税厘,以示体恤。如日后运出外洋行销,应令在新关完一出口正税。若十年后,销路果能渐畅,洋布果可少来,再行察酌另议。此系中国自主之事,自可特定专章,无虞洋商借口。(《李文忠公全书奏稿》卷四三《试办织布局折》)

臣于光绪八年,1882年。因华商禀请,分招商股,在于上海设立机器织布局。……上年复派绅商添筹资本,建厂开机,每日夜已能出布六百匹,销路颇畅。……乃据江海关道禀报,九月初十日,该局清化厂起火,……厂货被焚。……查洋货进口,以洋布、洋纱为大宗,光绪十八年,1892年。洋布进口值银三千一百余万两,洋棉纱进口值银二千一百余两,中国出口丝、茶价值,不能相抵。布缕为民间日用必需,其机器所纺织者,轻软匀净,价值尤廉,故远近争购,……是以因势利道,不得不用机器仿造。……此事断难中止,亦难缓图,应仍在上海另设机器纺织总局,筹集款项,官督商办,以为提倡。……臣查津海关道盛宣怀,历办轮船招商局,及各省电报局,著有成效,……现值津河将封,关权事简,拟派暂行赴沪,会同江海关道聂缉椝,商明前办绅商,将前局妥为结束,截清界限,分筹资本,一面规复旧局,一面设法扩充。(《李文忠公全书·奏稿》卷七七《重整上海织布局折》)

丙、纺纱

窃查上海机器织布局，上年九月间被焚，……当饬津海关道盛宣怀……暂行赴沪，会同江海关道聂缉椝，……一面招徕新股，仍就织布局旧址设立机器纺织总厂，名曰华盛，另在上海及宁波、镇江等处，招集华商，分设十厂，官督商办。总厂请办纱机七万锭子，布机一千五百张，各分厂请办纱机四万锭子至二万锭子不等，其有兼办织布者，请办布机五百张至二百张不等。统共纱机三十二万锭子，布机四千张，合之湖北官办纱机八万锭子，布机一千张，共成纱机四十万锭子，布机五千张。如果纱布畅销，机器全行开办，约计每日夜可出纱一千包，出布一万匹，每纱一包，通扯售银六十两，每年约得纱价银一千八百万两；每布一匹，通扯售银二两五钱，每年约得布价银七百五十万两。上海华盛总厂，及华新、大纯、裕源数厂，现已购机建厂，先行开办，其余各厂，亦经陆续措置，商情尚形踊跃。……应请饬下总理各国事务衙门立案，合中国各口综计，无论官办商办，即以现办纱机四十万锭子、布机五千张为额，十年之内，不准续添，俾免壅滞。至洋商贩运机器，在中国口岸改造土货，本系条约所无，前准总理衙门咨行，洋商贩运机器，有关华民生命，有碍华民生计之物，又为税则所不载者，不准进口。……洵为思患预防之计，纺织机器华商既经限定额数，如果洋商贩运轧花、纺纱、织布及棉子榨油机器进口，自行制造，实有碍华民生计，臣已咨明总理衙门饬令关道税务司，查明禁止。……臣仍督饬现设各厂绅商，讲求种棉之法，徐图纺织细纺厚布，以期开拓利源，渐敌洋产。（《李文忠公全书·奏稿》卷七八《推广机器织局折》）

北洋大臣李鸿章，于上年冬间，

清代纱厂旧址

奏派津海关道盛宣怀，在上海招商添设纺纱厂，……鄂省地处上游，于行销西南各省尤便，自应仿照，一律扩充。……现已招集商股，订购纺纱机器，即在鄂省文昌门外，附近织布局，购地添设南北两纱厂，……订购新式上等精利机器，全副纺纱九万七百余梃，以及电气灯、通风、洒水、灭火、打包、自来水各项机器，一切应用零件。至购地造厂工料，均招商股筹办，大率系官商合办。……奉朱批，著照所请。(《张文襄公奏稿》卷二二《增设纺纱厂折》)

十二　外患之迭乘

同治三年，清廷借湘、淮军之力，以覆太平天国，自后山东、河南之捻亦终破灭，因得次第平定陕、甘、云、贵，清室垂亡之局，始得维系于不坠。然不五十年，清遂以亡，盖湘淮军军资、器械率资之侵略者，实阴受其操纵，内宁必有外忧，乃意中之事。光绪一朝，外患迭乘，几于无岁无之，对日有台湾高山族与琉球改属两事，对英有云南马嘉理事件，对俄有收回伊犁事件，交涉经年，委曲迁就，仅免于战。中法、中日，两次用兵，耗竭国帑无算；甲午、庚子，两次赔款，竭数十年之力，不足以偿，加以丧权辱国，人民怨恨，遂起而革命矣。

（一）对外战争

甲、中法之战

法侵入安南北圻，中国不能不仗义执言。朝议多主战，政府与李鸿章虽稍为战备，而意偏于和，及徐延旭、唐炯不战而溃，乃罢黜军机恭王等，以礼王等代之，而命醇王以会同商办为名，实则总理国事，大修战备。和战之策不定，交涉与备战并行，不过欲保全体面，以较好条件议和。法人亦愿和，李鸿章乃与之订草约五条于天津。未几，法人背约，以海军侵扰基隆、澎湖，清廷遂下诏宣战。冯子材谅山大捷，杀其统将尼格里。子材愿具结于一年内攻复全越，清廷执持不坚，竟仍照天津五条成约停战。前敌将士大愤，几拒朝命，然已成之局，莫能挽也。自后清廷始设

海军衙门，兴办海军，而台湾亦规建省制焉。

【法之侵越】

法以南亚为利源所在，英既经营印度，荷有南洋群岛，故以全力经营越南，与英荷相抗。先由传教以夺矿厂之利，继遂干涉越南内政，乘其内争，加以援助操纵，时复构兵，以勒索酬报。同治元年成约，割越南南圻之嘉定、边和、定祥外三省以和；十二年，再开兵衅，又割永隆、安江、河曲内三省以和，于是南圻尽为法有。光绪八年，法人欲自红河上溯，以通云南商务。时刘永福为三宣副提督，辖宣光、兴化、山西三省，自驻保胜，设卡抽税，以供军饷。永福本太平天国旧人，入越倡黑旗军，善战，屡为法人梗阻，且时创之。法人大恨，是年三月，以兵船攻入河内，九年二月，进陷南定、河阳及广安、宁平二省，七月，遂与越南王阮福升成立新约十七条，尽揽越南权利。

刘永福雕像

先是，明季有法兰西天主教徒，布教来安南。康熙五十九年，法兵舰俄罗地号泊交趾，士官三人登陆，至平顺省，土人缚而献之王，舰长与教师商，以重金赎归，此为法、越交涉之始。乾隆十四年，法王路易十五，命皮易甫亚孛尔者，为全权大臣，至顺化府，谋通商，国王不许。乾隆十八年，越人大戮天主教徒。乾隆五十一年，越内乱，阮岳自称王，阮光平使其子景叡诣法国乞援，翌年，遂定法越同盟之约，割昆仑岛之茶麟港于法。未几，爽约。嘉庆二十五年，法舰来越南，测量海口，国人激王，杀法人狄亚氏。道光二十七年，法人以兵舰至茶麟港，大败越军，至是年咸丰八年。遂径夺西贡，越南第一都会也。……同治元年，1862年。法国拿破仑第三以海军大举伐越南，夺茶麟港，约割下交趾边和、嘉兴、定祥三省，开通商三口，赔偿二千万佛郎，许其和。嘉兴省即西贡所在也。……八年，1869年。……法人割取越南国安江、河曲、永隆三省，自是下交趾六省悉隶法版。（《清史稿·属国传》二《越南传》）

卷五 明清

光绪九年1883年……十一月，贼酋阮四、陆之平、张十一等，复踞高平省，越王复恳出师，帝命冯子材再督军出关。……十年夏，冯子材次龙州。……十一年，1885年。……冯子材亦调回防边。十二年，华军将撤，法人突以兵船至河内省。国王咨称，华总兵陈得贵派队押令放入，刘长佑据情奏闻，朝命革职提讯，法人遂招中国散勇，及云南边境不逞之徒，攻越南各省，其守臣多降。……是年，十三年，1887年。法人逼令越南王公布天主教及红河通航二事，红河即富良江也，旋又以保商为名，派兵驻守河内、海防诸地，且求开采红河上流矿山。（《清史稿·属国传》二《越南传》）

【中国之备战】

法越新约既立，清廷以中、越有多年历史关系，不能听法人宰割，向法抗议，力拒新约，同时结纳刘永福，资以饷械，使为前驱，并于云南、广西增军。旋命广西巡抚徐延旭率师出关，进驻北宁，云南巡抚唐炯出关，进驻山西，为永福声援，仍与法交涉，保存越南王国，及中国在北圻画界为守之事。而徐延旭、唐炯之众，先后溃退，北宁、山西失守，清廷乃尽易秉政者，逮治徐延旭、唐炯诸人，大修陆、海之防，以岑毓英自云南出关，张之洞、彭玉麟任粤事，潘鼎新、冯子材任桂事，刘铭传任台湾之事，而意仍在和。十年四月，李鸿章遂与法国福禄诺签订五款于天津，大约一停战，二法不索兵费，三不损中国威望体面，四通商，五划界。所谓第三条，盖指中、越关系而言，颇受议者指摘，以为中国失策也。

法兵至太原省，守臣招刘永福兴化省保胜贼首。相助，法兵至，永福设伏败之，擒其帅安邺。法人败退河内省，与王和，王遣其臣阮文祥与议，法人遂建馆河内，并于白藤海口设关收税。初，贼首黄崇英、……刘永福，素不相能，永福降越南，王授以三省提督之职，黄崇英踞河阳，为盗自若。十三年，刘长佑遣刘玉成将左军十营，道员赵沃将右军十营，由顺安府出关讨黄崇英。……光绪元年……七月，擒黄崇英戮之，二年春，班师。（《清史稿·属国传》二《越南传》）

光绪八年1882年五月，……刘长佑奏：……嗣后得……统领防军提督黄桂兰报称，刘永福驰赴山西，与总督黄佐炎等，商画御敌之策，道经谅山来见，该提督晓以忠义，感激奋发，据称分兵赴北宁助守，保胜有伊防军，万不使法人得逞，惟兵力不足，望天朝为援。

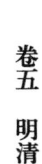

刘永福故居

(《光绪东华录》卷四八)

  吏部主事唐景崧，自请赴越南招抚刘永福。……先至粤谒曾国荃，题其议，资之入越。见永福为陈三策，上策言越为法逼，亡在旦夕，诚因保胜，传檄而定诸省，请命中国，假以名义，事成则王，此上策也。次则提全师，击河内，驱法人，中国必助之饷，此中策也。如坐守保胜，事败而投中国，此下策也。永福曰："微力不足当上策，中策勉为之。"（《清史稿·属国传》二《越南传》）

  光绪十年，……刘永福谒岑毓英于嘉喻关，毓英极优礼之，编其军为十二营。法军将攻北宁，毓英遣唐景崧，率永福全军赴援，桂军黄桂兰、赵沃，方守北宁，山西之围，桂兰等坐视不救，永福憾之深。……法兵进逼北宁，黄桂兰、赵沃败奔太原，刘永福亦坐视不救。（《清史稿·属国传》二《越南传》）

  刘永福字渊亭，广西上思人。……幼……率三百人出关，粤人何均昌据保胜，即取而代之。所部皆黑旗，号黑旗军。同治末，法人陷河内，法将安邺构越匪黄崇英谋占全越，拥众数万，号黄旗。越王谕永福来归，永福遂绕驰河内，与法人抗，设伏以诱斩安邺，覆其全军。法人大举入寇，永福军濒挫，越人惧，乃行成，而授永福为三宣副提督，辖宣光、兴化、山西三省，设局保胜，榷厘税助饷。有黄佐

卷五 明清

炎者，越驸马，以大学士督师，永福数著战功，匿不闻，永福衔之。越难深，国王责令佐炎发兵，六调永福不至，然越王始终思用之。

光绪七年，1881年。法人借词前约，互市红河，胁越王逐永福，越王佯调解而阴令勿从。法大怒，逾岁入据河内，永福愤，请战，出驻山西，径谅山，谒提督黄桂兰，乞援助；会唐景崧至，面陈三策，永福曰："微力不足当上策，中策勉为之。"朝旨赏十万金犒军。永福入赀为游击，战怀德纸桥，阵斩法将李威利，越王封一等男。既又败之城下，法人决堤淹其军，越人具舟拯之出，退顿丹凤，与法人水陆相持，苦战三日。部将黄守忠攻最力，敌大创，乃浮舰攻越都，悬万金购永福，越乞降。永福欲退保胜，黑旗军皆愤懑，守忠自请以全师守山西，功不居，罪自坐，永福乃不复言退。无何，闻法军至，遂出驻水田中，而军已罢困，及战大溃，退保兴化。九年，1883年。法人要议越事，岑毓英力言土寇可驱，永福断不宜逐，上韪之，命永福相机规河内，并济以饷。十年，1884年。毓英次嘉喻关，永福往谒，毓英极优礼之，编其军为十二营。法人闻之，改道犯北宁，永福驰援，径永祥金英，法教民梗阻，击却之。比至，粤军已大溃，永福夺还扶朗、猛球炮台，俄北宁失，力不支，再还兴化，复以粮饷艰阻，改壁文盘洲大滩，候进止。毓英奏言，永福为越官守越地，分所应为，若畀以职，将来边徼海澨皆可驱策，于是擢提督，赏花翎，而李鸿章坚持和议，犹责其骚动。已而和局中变，上令永福军先进，法人扰宣光，永福窖地雷待之，连日隐卒以诱，敌不敢出，复徙营逼城，三战皆利。敌援至，毓英遣水师溯河而上，永福夹流截击，夺其船二十余艘，斩馘数十级，法人愕走。逾月，法舰入同章，毓英遣将分伏河东西，永福居中策应，两岸轰击败之，复以全力厄河道。十一年，1885年。法军攻左域，守忠失，同章不守，诸军败挫。永福退浪泊，停战诏已下未至，犹大捷临洮，论胜宣临功，赐号依博德恩巴图鲁。和议成，法人要逐如故，张之洞令永福驻思钦，不肯行，景崧危词胁之，乃勉归于粤，授南澳镇总兵。（《清史稿·列传》二五〇《刘永福传》）

曾纪泽……疏云：伏察法人觊觎越南，蓄意已久，缘该国初据西贡、柬埔寨等处之时，满意澜沧江、湄南河可以直通云南，其后见该二水浅涸多处，不能通舟，遂欲占据越南东京，由富良江入口，以通

云南，添开商埠。……上年……照会法国外部，总理衙门历年未认法越所订条约之意，剀切声明。……（沈桐生《光绪政要》卷）

光绪八年1882年。夏四月……己巳，以曾国荃署两广总督。（《光绪东华录》卷四七）

五月……丁亥，命刘长佑等，饬令道员沈寿榕，带兵出境，与广西官军联络声势，保护越南。（《光绪东华录》卷四八）

……壬辰，……召刘长佑入觐，以岑毓英署云贵总督，张兆栋署福建巡抚。（《光绪东华录》卷四八）

……壬子，刘长佑等奏：……越国自三月初八日失东京后，尚无紧要探报情形，……连日接据……沈寿榕……等禀称，探闻法人破东京后退驻轮船，每日添兵，并潜招群盗，悬赏格万金购刘永福，十万金取保胜州。又法领事于破城后，至商政衙门，劫掠一空，传文知照各商，出入货税，另有新章，现仍调取陆军，造成拖船，为西取保胜之计。现在越王派兵部侍郎陈廷肃，接署河内总督，遣吏部尚书阮正等抵山西，与黄佐炎等筹商事件，各省巡抚、布、按，大半同黄佐炎、刘永福之议，愿与决战。……其河内探报云，"法人恐援兵猝至，当释所获之河内巡抚，交还城池仓库，巡抚不受，……乃转交该国按察使宗室阮霸，复将东京城用火药尽行轰毁，以免越人复聚，且省力分守。其轮船或东下海阳，或分驶广南、西贡，俟添兵既集，从事上游"等情，臣等伏查法人已焚掠东京，狡谋操纵越南诸臣，决计主战。……山西为上通云南扼要之地，该国官军能于该省悉力抵御，微特滇、粤边防可保门户，即越南大局亦尚有振兴之期，而粤督与总署所议区画北圻一策，更可乘势早图，以杜窥伺。然越国受制已久，人心恇怯，此次决战山西，期于必胜，稍有挠败，不堪设想。盖该省有失，则法人西入三江口，不独保胜无复障蔽，而滇省自河底江以

曾纪泽像

卷五 明清

下，皆须步步设防，益形劳费。且越臣主战者虽多，而中无所恃，必有疑虑之意，改图和议，一授以保胜，则滇边接连，通商之议嗃嗃。……以事机而论，中国有万难坐视之处，且不可待山西有失，始为事后之援。……滇、粤两军，当联络声势之意，一俟得有机要，即当奉命出关。……上谕：……著刘长佑、杜瑞联，就现在兵力密为布置。……曾国荃、岑毓英，……著俟抵任后，各将该省水陆边防事宜，悉心规画，通筹全局，彼此联络声势，会商办理。(《光绪东华录》卷四八)

先是，刘长佑命藩司唐炯，率旧部屯保胜。曾国荃至粤，命提督黄得胜，统兵防钦州；提督吴全美率兵轮八艘，防北海；广西防军提督黄桂兰、道员赵沃，相继出关，所谓三省合规北圻也。(《清史稿·属国传》二《越南传》)

光绪九年1883年。八月……己巳，……上谕：……法越构兵一事，法人自攻占顺化河岸炮台后，迫胁越南议约十三条，该国情形危急。法使脱利古现乘兵船来京，并有以大队兵船至广东寻衅之说，恫喝要求，诡计叵测。南北洋防务均关紧要，亟须实力筹办，以期有备无患。(《光绪东华录》卷五五)

时法人要中国会议越事，谕滇、粤筹画备议，法使宝海至天津，命北洋大臣会商越南通商分界事宜。(《清史稿·属国传》二《越南传》)

滇、粤之出师也，名为防备土匪，实欲牵制法人，保我边境，是隐然自认保护之意。今法、越相持，日久不下，法廷议院必欲添兵益饷，以图一逞，刘永福终难弧注，若中国不复过问，恐其乘胜席卷北圻，边境亦有唇齿之患。法使宝海欲从中调停，实无他意，故译署与敝处，因所请而允为会商。……译署叠函及腊月初十日寄谕奉到，想尊处必妥细筹覆矣。保胜为通商总口，是否相宜，应由滇省主政核复，则刘永福如何安置，滇中当一并筹及，彼所驻扼，实当滇边门户也。粤西只应度量情势，能保护至越南何省何处为止耳。……

论越为中国属国，全境皆应归中国保护，此乃泰西通例，然中国自古朝贡之邦，不搀与其内政，更无保护明文。今越之南圻，早为法有，骎骎蚕食而北，若不趁此时划定鸿沟，设竟扰及边界，……为患益长。及今明立限制，边疆可期永固，而越土不至为琉球之续，越之利亦中国之利也。至尊虑异日或有要挟背盟之事，我当专受其责，此

亦不可不防。意者但以近边某处至某处为保护之界，绘图贴说，由译署转交会议大臣，与法使商办可乎。法已续调水陆兵若干至西贡，专俟明春会商中国定界后，彼兵但派往所应巡防界内，保护红江通商。盖同治十三年法越定约，由红江通商，而久为刘永福所阻，决不甘心，……其咎固在越不在法也。……宝使候该国来文，正月可到，必将特派会商，倘滇、粤豫有成议，法使不大费唇舌，或可克期定约。
(《李文忠公朋僚函稿》卷二〇《复倪豹岑中丞》)

于是中法和议起，四月，李鸿章与法总兵福禄诺，在天津商订条款，谕滇、桂防军，候旨进止。鸿章旋以和约五款入告，大略言中国南界毗连北圻，法国任保护，不虞侵占。中国应许于毗连北圻之边界，法、越货物听其运销。将来法与越改约，决不插入伤中国体面之语。朝旨报可，予鸿章全权画押。既而法公使以简明条约，法文与汉文不符相诘，帝责鸿章办理含混，……法使即借端废约。(《清史稿·属国传》二《越南传》)

【对法之宣战】

五条既定，法人借口撤兵，及法军有死亡者，遽尔败约，索赔兵费九千万法郎。光绪十年七月，清廷乃下诏宣战。

六月，以法人失和，布告各国。七月，法公使谢满禄下旗出京。
(《清史稿·属国传》二《越南传》)

七月己酉，谕：越南乃我大清封贡之国，二百余年，载在典册，中外咸知。法人狡焉思逞，肆志鲸吞，先据南圻各省，旋又进据河内等处，戮其民人，利其土地，夺其赋税。越南向本暗懦苟安，私与立约，并未奏闻，挽回无及，越亦与有罪也，是以姑予包涵，不加诘问。光绪八年冬间，法使宝海在天津，与李鸿章议约三条，当饬总理各国事务衙门会商妥筹，法人又撤使翻覆，我存宽大，彼益骄贪。越之山西、北宁等省，为我军驻扎之地，清查越匪，保护藩属，与法国绝不相涉。本年二月间，法兵竟来扑犯防营，当经降旨宣示，正拟派员进取，力为镇抚，忽据该国总兵福禄诺先向中国议和。其时该国因埃及之事，岌岌可危，中国明知其势处迫逼，本可峻词拒绝，而仍示以大度，许其行成。特命李鸿章与议简明条约五款，互相画押，谅山、保胜等军，应照议于定约三月后调回，迭经谕饬各该防军，扎

刘铭传手迹

合肥迤西有大潜山焉其上有名泉冬春不竭莲花叠嶂柱其前龙穴蕴奇柱其外山中之人秉山之气颇多崒嵂磊落挺出而特立地灵如此人杰可知自肥西书院开而文风乃日盛铭传筑居于斯领而乐之因登山陟冈以相其阴阳导其脉络而创建盐亭于其间山中之文人学士来游斯亭者盖不知山中之有盐夫斯盐

原处，不准轻动开衅，带兵各官奉令慎谨。乃该国不遵定约，忽于闰五月初一、初二等日，以巡边为名，在谅山地方直扑防营，先行开炮轰击，我军始与接仗，互有杀伤。法人违背条约，无端开衅，伤我官兵，本应以干戈从事，因念订约通好二十余年，亦不必因此尽弃前盟，仍准总理各国事务衙门，与在京法使往返照会，情喻理晓，至再至三。闰五月二十四日，复明降谕旨，照约撤兵，昭示大信，所以保全和局者，实属仁至义尽。如果法人稍知礼义，自当翻然改图，乃竟始终怙过，饰词抵赖，横索无名兵费，恣意要挟，辄于六月十五日，占据台北基隆山炮台，经刘铭传迎剿获胜，立即击退。

本月初三日，何璟等甫接法领事照会开战，而法兵已自马尾先期攻击，伤坏兵商各船，轰坏船厂，虽经官军焚毁法船二只，击坏雷船一只，并阵毙法国兵官，尚未大加惩创。该国专行诡计，反覆无常，先启兵端，若再曲予含容，何以伸公论而顺人心，用特揭其无理情节，布告天下，必晓然于法人有意废约，衅自彼开。各路统兵大臣及各该督抚，整军经武，备御有年，沿海各口，如有法国兵轮驶入，著即督率防军，合力攻击，悉数驱除；其陆路各军，有应行进兵之处，亦即著赶速前进。刘永福素抱忠怀，而越南昧于知人，未加拔擢。该员本系中国之人，即可入为我用，著以提督记名简放，并赏戴花翎，统率所部，出奇制胜，将法人所占越南各城，迅图恢复。凡我将士奋勇立功者，破格施恩，并特颁内帑奖赏；退缩贻误者，立即军前正法。朝廷于此事，审慎权衡，总因动众兴师，难免震惊百姓，故不轻于举发，此次法人背约失信，众怒难犯，不得已而用兵。各省团练，众志成城，定能同仇敌忾，并著各省督抚，督率战守，共建殊勋，同膺懋赏。此事系法人背盟肇衅，至此外通商各国，与中国订约已久，毫无嫌隙，断不可因法人之事，有伤和好。著沿海各督抚，严饬地方官及各营统领，将各国商民一律保护，即法国官、商、教民等，愿留内地安分守业者，亦饬一律保护。倘有干预军事等情，一经察出，即照公例惩治。各该督抚即晓谕军民人等知悉，倘有借端滋扰情事，则是故违诏旨，妄生事端，我中国兵民必不出此，或有纠匪报复，即著严拿正法，毋稍宽宥，当体朝廷保全大局至意，将此通谕知之。（《光绪东华录》卷六三）

中国海上空虚无备，法将孤拔率海军炮击马尾船厂，张佩纶败逃，诿为敌众我寡，南洋不肯救援。法海军复攻据基隆、澎湖，为要挟地步，刘铭传孤悬海外，甚赖台人林朝栋自募义勇，并捐助饷项，以力抗法人。然法不扰上海等通商口岸，知英、法实有默契。

六月……壬辰，谕：……法人坚索巨款，万难允许，本月十五日，台北基隆炮台，被其攻占，殊堪发指。……（《光绪东华录》卷六二）

五月，刘铭传行抵台北。六月，法人来犯，毁炮台，铭传以无兵舰不能争锋海上，诱之登陆，与战于基隆，斩法酋三人、兵百余，夺纛二、军械数十件。（《清史列传》卷五九《刘铭传传》）

八月……癸酉，张佩纶奏：法提督弧拔以轮船驶入马尾，窥伺船厂，闰五月二十八日，臣亲率黄超群两营，驻防马尾，其时法船仅五艘。……六月二十日以后，彼合口内外常有十二三艘。……七月初三日……未刻，而法人炮声作矣。……是日，法以潮大风顺，于口外骤入一大船，发炮为号，猛攻我军，……以六艘截振威、飞云、济安于下，而以五大轮、一鱼雷船合攻扬武，比臣至山，则扬武已为敌鱼雷所碎。法船方围攻福星，该管驾陈英转捩甚灵，放炮亦捷，酣战不退，两蛋船用炮助击，相持至一时之久，一大船中炮退驶，他船亦皆桅斜枝洞。奈船大小过悬，众寡不敌，未几，而该船及两蛋船相继沉毁，伏波、艺新亦各中炮，驶上中歧，则我上流之船已没。其下流之船，法以双桅

张佩纶像

三筒乌波铁船为最大，振威为其所挤，立断为两。飞、济二轮还炮之声，犹相应答，法驶一鱼雷船近之，则骤为我台上一炮所中，立没于水，而乌波亦为我炮攒击火药舱，立时焚没，飞、济两艘即带火流下，则高腾云已为炮击而死。我所余之艇哨各船，及所制雷船与木牌引火之具，以潮力抵牾，逆激不能上，皆为法乘胜轰击都尽，并泊近厂河之商船亦焚。计焚法一轮，坏一轮，沉一雷船，我则七兵轮两商船及艇哨各船均烬，惟余伏波、艺新两轮，少受伤损，即行驶回。（《光绪东华录》卷六四）

十年，法衅起，我购制镇远、定远诸船已毕工，尚未来华，法水师将弧拔乘我海军未成，以铁木战舰十余艘，纵横南洋，攻夺我台湾之基隆。时我扬武、济安、飞云、伏波、福星、振威、艺新、永保、琛航、福胜、建胜兵轮十一艘，驻福建马江口内，侍讲学士张佩纶方以会办闽防驻船政局，意气甚盛。而法舰亦入马江，与我兵船相错寄碇，佩纶不先发，又不设备，法猝开炮，毁我船政局，我扬武九舰歼焉，惟伏波、艺新幸免。法舰乃突出长门，复追击我援台兵轮澄庆、驭远，沉于石浦港，未几，法款局成。（姚锡光《东方兵事纪略》卷四）

陆路于十一年正月失守谅山，法军进攻镇南关，形势岌岌。二月，冯子材出关，一战大胜，尽复失地。自有对外战争以来，此为第一次奇捷矣。

……十一年三月，命湖南巡抚潘鼎新，办广西关外军务。……法军由北宁进据兴化，……帝令关外整军严防。……法兵欲巡视谅山，抵观音桥，桂军止之，……法将语无状，遂互击胜之。奏入，谕进规北宁，责法使先行开炮。……八月，谕岑毓英督饬刘永福及在防各营，规取北圻，并谕潘鼎新饬各军联络声势，分路并进。提督苏元春与法人战于陆岸县，败之。十月，……苏元春与法战于纸作社，阵斩法兵官四人。十一月，王德榜军大败于丰谷，……唐景崧与刘永福、丁槐军攻宣光，力战大捷，优诏褒之。十二月十九日，法兵攻谷松，……苏军败退威坡，谅山戒严，帝命冯子材帮办广西关外军务。二十九日，法军攻谅山，据之，……冯子材与法军战于文渊，互有杀伤。十一年正月初九日，法兵攻镇南关，轰毁关门而去，提督杨玉科战殁，……彭玉麟请调冯子材军防粤。……潘鼎新师久无功，褫职，以李秉衡护理广西巡抚，苏元春督办广西军务。法兵既毁镇南关，……

镇南关之战

广西全省大震，子材至，乃力为安辑。……(《清史稿·属国传》二《越南传》)

  杨玉科战殁，总兵董履高受重伤，诸军多溃，法兵焚关进。翌日，子材至南关，建议于关内十里之关前隘，跨东西两岭间，督所部筑长墙三里余，外掘深堑，为扼守计，营于半岭，令总兵王孝祺军屯于后半里为掎角。当是时，苏元春、陈嘉军屯幕府，在关前隘后五里；蒋宗汉、方友升军屯凭祥，在幕府后三十里，潘鼎新军屯海村，在幕府后六十里；魏纲军屯艾瓦，防芃封，在关西百里，王德榜军屯油隘，防入关旁路，在关东三十里，独子材一军当中路前敌。得越南人密报，法兵将出扣波，袭芃封，攻牧马，绕出南关以北，欲断唐景崧、马盛治两军归路，子材遣五营扼扣波以待。法兵至，突出奋击，获其驮军火大象一，擒匪党二。法兵败退，复来争，再击却之，乃率王孝祺军出关，袭破其二垒，法兵多死，败走。

  法人既败，悉起谅山之众，并力入关，直扑关前隘长桥。子材告诸将曰："法兵再入关，有何面目见粤民。"诸将皆愤甚，誓与俱死。

法军以开花炮队循东西两岭进，以枪队扑中路，又以越南人皆冯军内应，自以真法兵居前，黑兵次之，越南散匪又次之。炮声远闻七八十里，山谷皆鸣，枪弹积陈前厚者至寸许，我军死战，伤亡殊多。……法军炮最猛，子材与诸统领约，有退者，立诛之，复于各路设卡，截杀逃者。子材与王孝祺各刃退卒数十人，敌势狂悍致死，已薄长墙，或已越墙而入。子材年近七十矣，短衣草履，持矛大呼，跃出长墙，率二子相荣、相华搏战。诸军见子材如此，无不感奋，关外游勇、客民千余，闻子材亲出阵，皆来助战。……于是法兵鏖战两日，弹炮已尽，后队军火又被截，惶惧无措，遂大奔。我军阵斩三画、二画、一画数十级。一画、二画者，各队之头目也。乘胜追杀，法兵翻岩越涧而窜，有王子在兵队中习战，亦逃死。旬日后，樵人入山，见深谷中饿死法人数十。是役，杀真法兵千余，法酋数十，客匪、教匪数百，追至关外二十余里而还。子材以法被大创，遂益兵攻谅山城及对河之驱驴墟，……乘胜克复谅山。贼悉众遁，分军追之，山谷中搜获法兵甚多，皆斩之。……复长庆府，……进规北宁，越南义民闻风响应，……北宁等处义民立忠义五大团，建冯军旗号，自愿具浆饭，作向导，随军进剿，或分道进攻；……越官、越民，争为耳目，敌人举动，悉来报知，近自北宁，远至西贡，皆通消息。冯军出关后，扶老携幼，来相犒问，愿助官军，剿除法人，长为天朝赤子。……西人自入中国以来，未有如此次法人之大败者。(《清史列传》卷六二《冯子材传》)

二月十三日，遂克谅山，法悉众遁。子材进军克拉木，逼攻郎甲，王孝祺进军贵门关，尽复昔年所驻边地，……西贡亦闻风通款。自海通以来，中国与外国战，惟是役大捷，子材之功也。法兵六千犯临洮府，复分两队，一北趋河岭、安平，一南趋缅旺、猛罗，滇督岑毓英命岑毓宝、李应珍等扼北路，王文山扼南路，而自率军当中路，皆有斩获。法军遂合趋临洮府，滇军拒战，南北路迴军夹攻之，阵斩法将五人，法军大溃。时法兵舰据台湾之澎湖，谅山既大捷，法人力介英人赫德，向李鸿章议和，言法人交还基隆、澎湖，彼此撤兵，不索兵费。鸿章奏言，澎湖既失，台湾必不可保，当借谅山一胜之威，与缔和约，则法不至再事要求。朝廷纳其议，立命停战。临洮之战，

冯子材故居

乃在停战后，电谕未达前也。……约既成，越南遂归法国保护焉。（《清史稿·属国传》二《越南传》）

【中法和约】

法政府用兵而不得议会赞许，致兵费无着，故欲和之心有甚于中国。由总税务司赫德斡旋，光绪十一年1885年四月，李鸿章与法使巴特纳仍照天津五条定议，签订和约十条，名为不索赔款而有抚恤费，所谓不损中国威望体面之保证，经久始得答复。自是越南遂为法之保护国，英亦进占缅甸，而云南一省竟为英、法两国交侵之地。

光绪十一年1885年。夏四月……乙未，大学士直隶总督李鸿章、刑部尚书锡珍、鸿胪寺卿邓承修，与驻华法公使巴特纳，在天津会订越南新约十款成，……

第一款，一、越南诸省与中国边界毗连者，其境内，法国约明，自行弭乱，安抚其扰害百姓之匪党，及无业流氓。……惟无论遇何事，法兵永不得过北圻与中国边界，法国并约明，必不自侵此界，且保他人必不犯之。其中国与北圻交界各省境内，凡遇匪党逃匿，即由中国设法或应解散，或当驱逐出境；倘有匪党在中国境内会合，意图往扰法国保护之民者，亦由中国设法解散。法国即担保边界无事，中国约明，亦不派兵前赴北圻。至于中国与越南如何互交逃犯之事，中法两国应另行议定专条，……

第二款，一、中国既订明，于法国所办弭乱安抚各事，无所掣肘，凡有法国与越南自主之条约章程，或已定者，或续立者，现时并日后，均听办理。至中越往来，言明必不至有碍中国威望体面，亦不致有违此次之约。

第三款，一、自此次订约画押之后起，限六个月，期内应由中法两国，各派官员，亲赴中国北圻交界处所，会同勘定界限，……

第五款，一、中国与北圻陆路交界，允准法国商人，及法国所保护之商人，并中国商人，运货进出。其贸易应限定若干处，及在何处，俟日后体察两国生意多寡，及往来道路定夺，须照中国内地现有章程，酌核办理。总之通商处所，在中国边界者，应指定两处，一在保胜以上，一在谅山以北，法国商人均可在此居住，应得利益，应遵章程，均与通商各口无异。中国应在此设关收税，法国亦得在此设立领事官，……中国亦得与法国商酌，在北圻各大城镇，拣派领事官驻扎。

第六款，一、北圻与中国之云南、广西、广东各省陆路通商章程，应于此约画押后，三个月内，两国派员会议，另定条款，附在本约之后。所运货物，进出云南、广西边界，应纳各税，照现在通商税则较减，惟由陆路运过北圻及广东边界者，不得照此减轻税则纳税，其减轻税则，亦与现在通商各口无涉。其贩运枪炮、军械、军粮、军火等，应照两国界内所行之章程办理，至洋药进口出口一事，应由通

商章程内定一专条，其中越海路通商，亦应议定专条，……

第七款，一……由法国在北圻一带开辟道路，鼓励建设铁路。……日后若中国酌议创造铁路时，中国向法国业此之人商办，其招募人工，法国无不尽力襄助，惟彼此言，明不得视此条系为法国一国独受之利益。（《光绪东华录》卷六九）

约成，清廷命周德润、邓承修定界，议久不决，后法人乘机进占云南边地甚广。

昆明腹地，竟有法领，但从讳饰，名曰委员，弥乐石者，尤肆骄很，中法战后，改定界址，大赌咒河，本我旧疆，曾以赐越，应还中土，已成约归地。其地周匝，四百余里，丁口二万，里名归仁，凡分八甲，隶于安平，实为要冲。法人反汗，入贿总署，别颁新图，夺据猛峒黄树皮之地，八甲之中，去其三焉。王文韶方起为云贵总督，目视无睹，一从退让，或上书力争，竟斥之为妄。中法会勘澜沧东岸，又复攘及猛乌、乌得、磨丁盐井，若此二事，皆弥主之。（《滇语》下）

乙、中日之战

中日之战，日不攻南方通商口岸，而得英借款五千万，媾和之始，英公使欧格讷限期逼和，美公使田贝力促中国割地赔款以求和，英、美之助日本，为显然之事。当时国际形势，所谓远东问题，即指中、日、鲜三国而言，亦即英与帝俄利害冲突所在。英恐鲜为帝俄所得，而中国力弱，不足以资保卫，唯日本新兴，助其攻我并鲜，足为抗俄之用，故中日战后，英、日海军同盟。世人皆知日、俄之战为期不远，三国还辽之事，即针对英国外交政策而发。惜中国当局昏庸泄沓，目视无睹，被人播弄，坐受屠割，可为太息也。

【天津条约】

同治末，日本以台湾高山族误杀琉球难民事，命西乡隆盛率师入台，美国人李仙得实为谋主，乘中国疲力于马嘉理被戕交涉，无暇兼顾之时，日本竟得成约，索赔偿费五十万而撤兵。日本合并琉球，正中国对伊犁交涉几与帝俄开战之时，日遂乘机取得琉球主权，兼索得在中国利益均沾之待遇，英、美皆暗助之。自后日本尽其力以干涉朝鲜，而朝鲜内争甚烈，东学党与守旧党有争；守旧党中，国王之父大院君李昰应，又与闵妃有

西乡隆盛像

争，东学党实受日本操纵。光绪八年，有袭攻日使馆伤及日本人之事，中国出兵，执大院君安置于保定，日本亦兴师问罪，得朝鲜赔款五十万元。十年，东学党金玉均、洪英植尽杀闵族，逼国王行新政，王走入中国兵营，新党败走，朝鲜允赔偿日本损失费十二万，日本多方要挟，示将开衅。时中国与法战方酣，后由英国居间，日本派使臣伊藤博文，与李鸿章议订天津条约三条，两国同时撤兵，以后派兵，须互相照会，可谓大错。

光绪二年，……朝鲜与日本立约通商。先是，同治十一年，日本外务卿副岛种臣，来北京议约，乘间诘问总理各国事务衙门，朝鲜是否属国，当代主其通商事，答以朝鲜虽藩属，而内政外交，听其自主，我朝向不预闻。元年，日本乃以兵力胁朝鲜，突遣军舰入江华岛，毁炮台，烧永宗城，杀朝鲜兵，劫其军械而去，别以军舰驻釜山要盟，而遣开拓使长官黑田清隆为全权大臣，议官井上馨副之，赴朝鲜议约。至是，定约十二款，大要认朝鲜为独立自主国，礼仪交际，皆与日本平等，互派使臣，并开元山、仁川两埠通商，及日舰得测量朝鲜海岸诸事。……八年……六月，朝鲜大院君李昰应，煽乱兵杀执政数人，入王宫，将杀王妃闵氏，胁王及世子不得与朝士通，并焚日本使馆，在朝鲜练兵教师堀本礼造以下七人死焉，日使花房义质走回长崎。时马建忠、丁汝昌俱回国，李鸿章以忧去，张树声署北洋大臣，电令建忠会汝昌，率威远、超勇、扬威三艘，东渡观变。二十七日，抵仁川，泊月尾岛，而日本海军少将仁礼景范，已乘金刚舰先至。朝鲜臣民惶惧，望中国援兵亟，建忠上书树声，请济师，速入王京，执逆首，缓则乱深而日人得逞，损失国威而失藩封，汝昌亦内渡请师。七月初三日，日兵舰先后来仁川，陆兵亦登岸，分驻仁川、济物浦，花房义质且率师入王京。初七日，中国兵舰威远、日新、泰西、镇东、拱北至，继以南洋二兵轮，凡七艘，盖树声得朝鲜乱耗即以闻，遂命提督吴长庆所部三千人东援，便宜行事，以兵轮济师。是日登岸，十二日薄王京。十三日，长庆、汝昌、建忠入城，往候李昰应，

中华二千年史

……昰应来报谒,遂执之,致之天津,而乱党尚踞肘腋。十六日黎明,营官张光前、吴兆有、何乘鳌,掩至城东枉寻里,擒百五十余人,长庆自至泰利里,捕二十余人,乱党平。日使花房义质入王京,以焚馆逐使为言,要挟过当,议不行。义质恶声去,示决绝,朝鲜惧,介建忠留之仁川。以李裕元为全权大臣,金宏集副之,往仁川会议,卒许偿金五十万元,开杨华镇市埠,推广元山、釜山、仁川埠行程地,宿兵王京,凡八条,隐忍成约。

……十年,朝鲜维新党乱作。初,朝鲜自立约通商后,国中新进,轻躁喜事,号维新党,目政府为守旧党,相水火。维新党首金玉均、洪英植、朴泳孝、徐光范、徐载弼,谋杀执政代之。五人者,常游日本,昵日人,至是倚为外援。十月十七日,延中国商务总办,及各国公使,并朝鲜官饮于邮署,盖英植时总邮政也。是日,驻朝日兵运枪炮弹药入日使馆,及暮,宾皆集,惟日使竹添进一郎不至,酒数行,火起,乱党入,伤其国禁卫大将军闵泳翊,杀朝官数人于座,外宾惊散。夜半,日本兵排门入景祐宫,金玉均、朴泳孝、徐光范,直入寝殿,挟其王,谬言中国兵至,矫令速日本入卫。十八日天明,杀其辅国闵台镐、赵宁夏,总海防闵泳穆,左营使李祖渊,前营使韩圭稷,后营使尹泰骏。而乱党自署官,英植右参政,玉均户曹参判,泳孝前后营使,光范左右营使,载弼前营正领官,遂议废立。(《清史稿·属国传》一《朝鲜传》)

议废立,英植欲幽王江华岛,进一郎欲幽诸日本之东京。议未决而勤王兵起。十九日,其臣民吁长庆保卫,长庆责进一郎撤兵,及暮不答,朝鲜臣民固请我兵赴王宫平难。甫及阙,日兵于普通门发枪,我兵疑王之在正宫也,狐疑未格斗,而死伤已多,乃驱兵进战于宫门外,玉均等皆出助战。(姚锡光《东方兵事纪略》卷一)

王乘间避至后北关庙,华军侦知之,遂以王归于军,斩洪英植,及其徒七人以殉,泳孝、光范、载弼,奔日本,日使自焚署,走济物浦。朝民仇日人益甚,长庆卫其官商妻孥出王京。朝鲜具疏告变,帝命吴大澂为朝鲜办事大臣,续昌副之,赴朝鲜筹善后。日本亦派全权大臣井上馨至朝鲜,有兵舰六艘,并载陆军登济物浦,以五事要朝鲜,一、修书谢罪,二、恤日本被害人十二万圆,三、杀太尉林矶之

江华岛条约签订仪式

凶手，处以极刑，四、建日本新馆，朝鲜出二万元充费，五、日本增置王京戍兵，朝鲜任建兵房，朝鲜皆听命成约。

十一年正月，日本遣其宫内大臣伊藤博文、农商务大臣西乡从道来天津，议朝鲜约，帝命李鸿章为全权大臣，副以吴大澂与议。……三月，……鸿章奏：……二月十八日，……其使臣要求三事，一、撤回华军，二、议处统将，三、偿恤难民。臣惟三事之中，惟撤兵一层，尚可酌允，……日兵驻扎汉城，名为护卫使馆，今乘其来请，正可乘机令彼撤兵。……伊藤于二十七日，自拟五条给臣阅看，第一条，声明嗣后两国，均不得在朝鲜国内派兵设营。……臣于其第二条内，添注若他国与朝鲜或有战争，或朝鲜有叛乱情事，不在前条之列，伊藤于"叛乱"一语，坚持不允，遂各不怿而散。旋奉三月初一日电旨，撤兵可允，求不派兵不可允，万不得已，或……添叙两国遇有朝鲜重大事变，各可派兵，互相知照。至教练兵事一节，亦须言定，两国均不派员为要。臣复恪遵旨意，与伊藤再四磋商，始将前议五条，改为三条，第一条，议定两国撤兵日期，第二条，中日均勿派员在朝教练，第三条，朝鲜变乱重大事件，两国或一国要派兵，应先互行文知照，及其事定，仍即撤回，不再留防。……至议处统将、偿恤难民二节，一非情理，一无证据，本可置之不理，惟伊藤谓此二节不定办法，既无以复君命，更无以息众忿，……念驻朝庆军，系臣部曲，由臣行文戒饬，以明出自己意。（《清史稿·属国传》一《朝鲜传》）

【对日宣战】

中国撤兵后，由袁世凯任朝鲜商务委员，实总揽朝鲜之事，复代国王练兵，劝朝鲜与各国订约通使，以避外交责任，实则事无不预，深中日本之忌。光绪二十年，东学党复有争哄，国王求兵于中国，事定，中国撤兵，而日本借口须改革朝鲜内政，不承认中韩关系，反增兵不已，态度骤强。李鸿章绾北洋二十年，手握海陆军，岁糜巨饷，而暮气已深，知战无必胜把握，唯幸无事，东事起，不惟不敢言战，并布置亦无之，但冀调停了结，而不知战端已露，非口舌所能奏功也。

　　光绪二十年1894年。……四月，朝鲜东学党变作。东学者，创始崔福成，刺取儒家、佛、老诸说，转相衍授，起于庆尚道之慈仁县，蔓延忠清、全罗诸道。当同治四年，……擒东学党首乔姓杀之，其党卒不衰。洎上年，径赴王官讼乔冤，请湔雪，不许，旋擒治其渠数人，乃急而思逞。朝鲜赋重刑苛，民多怨上，党人乘之，遂倡乱于全罗道之古阜县。朝鲜王以其臣洪启勋为招讨使，假中国平远兵舰、苍龙运船，自仁川渡兵八百人，至长山浦登岸，赴全州，初战甚利，党人逃入白山，朝兵躐之，中伏大败，丧其军大半。贼由全罗犯忠清，两道兵皆溃，遂陷全州、会城，获枪械药弹无算，榜全州城，以匡君救民为名，扬言即日进公州、洪州，直捣王京。朝鲜大震，急电北洋乞援。（《清史稿·属国传》一《朝鲜传》）

　　光绪二十年五月戊寅，李鸿章电致总理各国事务衙门，袁世凯三十夜电，"顷准韩政府文开，案照敝邦全罗道所辖之泰仁、古阜等县，民习凶悍，……近月来附串东学教匪，聚众万余人，攻陷县邑十数处，今又北窜，陷全州省治。前经遣练军前往剿，抚该匪竟敢拼死拒战，致陷军败挫。……而敝邦新练各军，现数仅可护卫都会，且未经战阵，殊难用以殄除凶寇。……查壬午、甲申，敝邦两次内乱，咸赖中朝兵士，代为戡定。兹拟援案请烦贵总理迅即电恳北洋大臣，酌遣数队，速来代剿，……"等语，鸿已饬丁汝昌，派海军济远、扬威二舰，赴仁川、汉城护商，并调直隶提督叶志超，率同太原镇总兵聂士成，选淮练劲旅一千五百名，配齐军装，分坐招商轮船，先后进发，一面电驻日本汪使，知照日外部，以符前约，请代奏。上谕军机大臣等：李鸿章电奏已悉，……派出兵练千五百名，是否足敷剿办，

如须厚集兵力，即著酌量添调。(《光绪东华录》卷一二〇)

五月初四日，日本外务省卿陆奥宗光覆驻日公使汪。凤藻书，略称查照明治十八年四月十八日，中日所订和约，贵国已发兵前往朝鲜，备文照会等因，准此，本大臣查贵国虽指朝鲜为藩服，然朝鲜王从未自承为属于贵国，理合声明照覆。同日，其驻我京师使臣小村寿太郎照会我总署文云，接奉廷寄，……近来朝鲜内乱孔炽，本国不得不派兵前往，业已命将出师，合即告知中国。……(姚锡光《东方兵事纪略》卷一)

自我兵泊牙山，东学党人闻之，已弃全州遁，朝兵收会城，而日兵来不已。五月初六日，其公使大岛圭介抵仁川，率数百人趋王京，是时日本兵舰六艘泊汉江口。初九日，其陆军大至，朝鲜骇愕，止之不可。中国以朝乱既平，约日本撤兵，而日本要改朝鲜内政，中国以内政应归其自主，却之，日本持益坚。五月十九日，日本外务府照会我公使文，略谓朝鲜王常蓄阴谋，致酿祸变，大为敝国之害，乃为自主之力太薄，不足膺重任，是以代为设法，为日愈迟，为祸愈烈。今两国退兵之先，必须订定规条，办理就绪，方可班师。……自五月中旬后，日兵陆续渡朝，凡八千余人，皆屯王京，据要害，我兵逍遥牙山。……时各国使臣居间，平日本于我，或责其撤兵，胥无成议。鸿

日本军舰击沉高升号

章不欲战，将以赔款息兵，而日本索银三百万两，朝士大哗，于是和战无定计，而日本已以兵劫朝鲜。五月二十三日，其驻高使臣大岛圭介首责朝鲜独立自主，勿认为我国藩属。六月一日，圭介要以五事，一举能员，二制国用，三改律法，四改兵制，五兴学校，朝鲜为设校正厅，示听命。十四日，朝鲜照会日使，先撤兵，徐议改政，日本不许，复责以谢绝为我藩属，并同力袭我牙山兵，朝鲜以久事中国不欲弃前盟对。（姚锡光《东方兵事纪略》卷一）

六月十四日，日本驻我公使小村寿太郎照会我总署文云：……朝鲜之乱，在内治不修。若中日两国同心合力，代为酌办，事莫有善于此者。万不料中国悉置不讲，但日请我国退兵而已，……毫无合力整顿之意。两国若启争端，实惟中国执其咎。……（姚锡光《东方兵事纪略》卷一）

六月廿一日，大岛圭介率兵入，杀王宫卫兵，遂掳朝王，令大院君主国事，以仇闵氏，矫王令，流闵泳骏、闵炯植、闵应植远恶岛，凡朝臣不便日本者，皆逐之，政令无巨细，皆入日人管钥。（姚锡光《东方兵事纪略》卷一）

翁同龢纳文廷式、张謇主战之议，力劝光绪帝用兵，西后不置可否，遂于是年七月下诏宣战。同龢深恶李鸿章贻误，屡请以刘坤一代之，西后不许。

鸿章以和议不成，始租英高升商轮，载北塘防兵两营并军装器械渡援，以兵轮三艘翼之而东。而倭人间谍时在津，贿我电报学生某，得我师期，遂为所截。我兵轮即逃回威海，于是倭人既掳我操江运船，而逼我在高升船之两营兵降，我将士抵死拒，倭遂以炮击高升轮，并以水雷沉之，我两营歼焉。（姚锡光《东方兵事纪略》卷一）

十一年1885年。秋七月乙亥朔谕：朝鲜为我大清藩属，二百余年，岁修职贡，为中外所共知。近十数年，该国时多内乱，朝廷字小为怀，叠次派兵前往裁定，并派员驻扎该国都城，随时保护。本年四月间，朝鲜又有土匪变乱，该国王请兵援剿，情词迫切，当即谕令李鸿章拨兵赴援，甫抵牙山，匪徒星散。乃倭人无故添兵，突入汉城，嗣又增兵万余，迫令朝鲜更改国政，种种要挟，难以理喻。我朝抚绥藩服，其国内政事，向令自理，日本与朝鲜立约，系属与国，更无以

重兵欺压强令革政之理。各国公论，皆以日本师出无名，不合情理，劝令撤兵，和平商办，乃竟悍然不顾，迄无成说，反更陆续添兵。朝鲜百姓及中国商民，日加惊扰，是以添兵前往保护，讵行至中途，突有倭船多只，乘我不备，在牙山口外海面，开炮轰击，伤我运船。变诈情形，殊非意料所及。该国不遵条约，不守公法，任意鸱张，专行诡计，衅开自彼，公论昭然，用特布告天下，俾晓然于朝廷办理此事，实已仁至义尽。而倭人渝盟肇衅，无理已极，势难再予姑容。著李鸿章严饬派出各军迅速进剿，厚集雄师，陆续进发，以拯韩民于涂炭。并著沿江沿海各将军督抚及统兵大臣，整饬戎行，遇有倭人轮船入各口，即行迎头痛击，悉数歼除，毋得稍有退缩，致干罪戾，将此通谕知之。（《光绪东华录》卷一二一）

六月十二日，文忠李鸿章奉廷寄，筹战备，乃派总兵卫汝贵，统盛军马步兵六营进平壤，提督马玉昆，统毅军二千进义州，分起由海道至大东沟登岸，而饬叶志超移扎平壤，皆淮军也。所派各军，雇英商三轮分运，而以济远、广丙二兵轮卫之。廿三晨，为日兵轮袭击，济远管带方伯谦，见敌近，惶恐匿铁甲最厚处，遭日炮毁其舵，即高悬白旗，下悬日旗，逃回旅顺，高升沉，我军死七百余。二十七日，布

牙山战役

告各国，饬驻日公使汪凤藻下旗回国。（张一麐《心太平室集》卷八）

九月戊戌，……李鸿章奏：……牙山之战，倭人首先开炮轰击我军，济远大副沈寿昌，坚守炮位，竭力还攻，及中炮阵亡，则柯建章继之，旋又阵亡，则黄承勋继之，争趋死地，义不顾身，卒能击退敌船，保全战舰。（《光绪东华录》卷一二二）

济远之奔，倭吉野追甚急。……时有水手王姓者，甚怒而力素弱，问何人助我运子，又有一水手挺身愿助，乃将十五生特尾炮连发四出，第一出中倭船舵楼，第二炮亦中，第三炮走线，第四炮中其要害，船头立时低俯。（姚锡光《东方兵事纪略》卷四）

海军衙门之设，由醇王主之，而统率则归李鸿章，购置铁甲船只，设防于旅顺、大沽，颇具规划。唯经费无多，而颐和园工、山东河工、吉林放饷、开平煤矿、烟筒山铁矿，皆有挪用。而丁汝昌以淮军宿将而为海军提督，佐之者德国陆军将领汉纳根也。兵船管带多福建人，与山东、广东人之为管带者，平素不协，丁汝昌孤寄于上，号令不行，甚有兵船终岁停泊、机轮失修者。故中国海军实力虽略优于日本，而效力则逊之，大东沟一战而败，刘公岛全军燔焉。世多言海军窳败，而不知杀敌致果，大有其人，将弁死者八十七，水兵死者千余人，致远邓世昌最为壮烈，扬威林履中、经远林永升、超勇黄建勋皆致其命，丁汝昌、刘步蟾、张文宣、林泰曾皆咋舌自杀，以谢天下，亦胜于偷生者。

海军公府遗址

位于威海刘公岛。

日本兵船麇集朝鲜，殆如梭织，而各华舰避匿于威海卫，逍遥海上，启椗出口，约历五六点钟，便遽回轮。八月初旬，北洋叠接军电，请济师以壮声威，遂以招商局船五艘，载运兵丁银米，以海军兵舰护送，凡铁甲船、巡洋船各六艘，水雷船四艘，合队同行。中秋日，安抵鸭绿江口，五运船鼓轮直入浅水，兵船及水雷船，与之偕，余船小住于离江十里，或十六里之地，炉中之煤未息也。十六晨，了见南方黑烟缕缕，知日舰将至，海军提督丁汝昌，传令列阵作人字形，镇远、定远两铁舰，为人字之首，靖远、来远、怀远、经远、致远、济远、超勇、扬威、广甲、广丙，及水雷船，张人字之两翼，兼以号旗招鸭绿江中诸战船，悉出助战。

俄而敌舰渐近，列阵作一字形，向华军猛扑，共十一艘，其巡洋船之速率，过于华军，转瞬间又易而为太极阵，裹人字于其中。华舰先开巨炮示威，然距日船九里，不能及也。炮声未绝，敌船麇至，与定远、镇远，相去恒六里许，盖畏重甲而避重炮，且华炮之力不能及，日兵之弹可至也。与人字阵末二舰相逼较近，欺炮略小而甲略薄也。有顷，日舰圈入人字阵脚，致远、经远、济远三艘，皆被挖出圈外，致远失群后，船身叠受重伤，势将及溺，其管带邓世昌，开足汽机，向日舰飞驰，欲撞与同沉，未至而已覆溺，舟中二百五十人，同时殉难。盖中日全役，死事者以邓君为最烈矣。其同被圈出之经远船，甫离群，火势陡发，管带林永升，发炮以攻敌，激水以救火，依然井井有条，遥见一日舰，似已受伤，即鼓轮追之，乃被放水雷相拒，闪避不及，遽被轰裂，死难者亦二百七十人，惨矣。至管带济远之方伯谦，即七月间护送高升至牙山，途遇日舰，逃回旅顺者也。是日两阵甫交，方伯谦先挂本船已受重伤之旗，以告主将，旋因图遁之故，亦被日船划出圈外，致、经两船，与日苦战，方伯谦置而不顾，如丧家狗，遂误至水浅处。时扬威铁甲，先已搁浅，不能转动，济远撞之，裂一大穴，遂以沉没，扬威遭此横逆，死者百五十余人。方伯谦惊骇欲绝，飞遁入旅顺口。越日，鸿章电令缚伯谦军前正法云。广甲一舰，逃出阵外，误撞岛石，日水雷击碎之。阵中自经远、致远、扬威、超勇沉，济远、广甲逃，与日舰支持者，仅七艘耳。（张一麐《心太平室集》卷八）

甲午战争中的威海卫海战

　　海军全队兵轮十二艘，镇远、定远两铁甲，致远、靖远、经远、来远、济远、超勇、扬威、平远八兵轮，益以广丙、广甲两艘，又蚊炮船镇南、镇中两艘，鱼雷艇四艘。……十八日，……将归旅顺，已刻，见西南来黑烟一簇，测望悬美国旗，我军作战备。向午，船来愈近，凡有船十二艘，已尽易倭旗。丁汝昌乃令起椗，水手站炮位。是时我战舰十艘，平远、广丙在港口，未及至。分五队，……倭船十二艘，则快船四，吉野、高千穗、秋津洲、浪速。兵船八，松岛、千代田、严岛、桥立、比睿、扶桑、西京九、赤城。其舰小于我，而速率大于我，大炮少于我，而快炮亦多于我。

　　……时汝昌自坐定远为督船，作掎角鱼贯阵进，遥望倭船作一字竖阵来扑，快船居前，兵船继之，汝昌谓其直攻中坚也，以镇远、定远两铁甲居中，而张左右翼应之，令作掎角雁行阵。……敌畏我镇、定两铁甲，故于驶近时，改道飞驶左行，绕攻我军右翼，瞬息已过我右翼，绕攻船后，我扬威、超勇相继中弹火起，超勇未几沉没，军士烬焉。倭船之拂我右翼而过也，其小船比睿、扶桑、赤城不及从，而转出我左翼之侧，我定远与经远、来远夹攻之，炮火迷茫之际，我将士谓比叡、赤城已为我击沉，而定远复击沉其西京丸一艘。倭舰之攻我也，以快船为利器，而吉野为其全军前锋，绕行于我船阵之外，驶

卷五　明清

作环形,盖既避我铁甲巨炮,且以其快炮轰我左右翼小船,为避实击虚计。自我超勇沉后,平远、广丙亦来会,而船弱不任战,倭舰复分两枝,以快船四艘为一枝,兵轮五大艘为一枝,左右环裹而攻,于是我阵乱,致远药弹尽,适与倭船吉野值,管带邓世昌……遂鼓快车向吉野冲突,……中其鱼雷,……顷刻沉没,世昌死之,船众尽殉。时已逾申刻矣,……济远……将逃,撞扬威舵叶,扬威行愈滞,敌弹入机舱,立沉于海,自管带林履中以下皆死。……济远既逃,广甲随之,靖远、经远、来远不能支,亦驶出阵地逃避,倭快船四艘来追,靖远、来远避至大鹿岛侧,而经远管带林翼升并大副、二副先阵亡,船行无主,亦沉于敌。……倭兵轮五艘萃于我镇远、定远两艘,鏖战一时许,我定远击其松岛舰,倭海军将伊东祐祐坐船。几沉之,而定远亦重伤,遍船皆火,炮械俱尽。时已日夕,暮色苍茫,倭人惧我靖远诸舰合鱼雷之乘之也,解而南去。我军亦西归,明日卯刻,抵旅顺,……广甲之逃,……搁礁不得出,越日,为倭炮所碎。

是战,我军凡失船五,……存者……共七艘,已不能军,而镇远、定远凡受炮三百余弹,来远毁及半,余诸舰亦各创甚。……将士死者,邓世昌最烈,官弁亡八十七员,水手死一千余人,伤者四百余名,而定远洋炮手宜格尔,亦死于炮,洋员受弹伤者十一名。是役也,德员汉纳根与战事,偕汝昌驻定远舰,汝昌先立望楼,旋受弹伤腿倒地,扶入舱,于是战事颇赖汉纳根指挥。(姚锡光《东方兵事纪略》卷四)

李鸿章奏:据海军提督丁汝昌呈称,……敌以鱼雷快船直攻定远,尚未驶到,致远开足机轮,驶出定远之前,即将来船攻沉,倭船以鱼雷轰击,致远旋亦沉没,管带邓世昌、大副陈金揆,同时落水。经远先随致远驶出,管带林永升奋勇督战,突中敌弹,脑裂阵亡。……超勇舱内中弹火起,旋即焚没,扬威舱内亦被弹炸,……该两船管带黄建勋、林履中随船焚溺同殒。……邓世昌首先冲阵,攻毁敌船,被溺后遇救出水,自以阖船俱没,义不独生,仍复奋掷自沉,忠勇性成,一时称叹。(《光绪东华录》卷一二二)

乙未1886年。正月……初五日,倭船二十一艘……扑威海,南帮炮台陷。……初九日,倭舰合南帮炮台踞倭攻我,……相持竟

日，……伤亡甚众，……定远卒中雷伤，……凿沉之。……十二日，……来远并威远练船宝筏差船皆沉于敌。……十三日，我管带鱼雷艇王登瀛等，率雷艇十二艘，从西口驶逃，倭舰追之，尽掳以去。……十五日，……击沉我靖远舰，……总兵刘步蟾以手枪自击死。……汝昌令诸将候令同时沉船，诸将不应。……时岛中尚存镇远铁舰一，济远、广丙、平远兵轮三，镇中等蚊雷艇六，凡十艘，而药弹将罄。是日得烟台密信，始知东抚李秉衡已走，莱州援兵绝。汝昌召海军诸将，议鼓力碰敌船突围出，或幸存数艘，得抵烟台，愈于尽覆于敌，诸将不允，散去。……汝昌……入舱仰药，张文宣继之，十八日晓夜四更许，相继死，……诸将……乃议降。（姚锡光《东方兵事纪略》卷四）

丁汝昌像

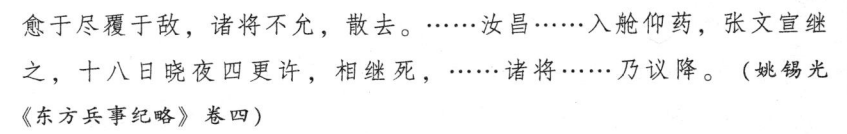

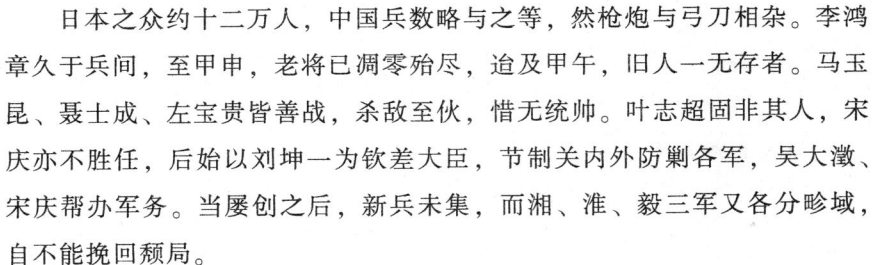

日本之众约十二万人，中国兵数略与之等，然枪炮与弓刀相杂。李鸿章久于兵间，至甲申，老将已凋零殆尽，迨及甲午，旧人一无存者。马玉昆、聂士成、左宝贵皆善战，杀敌至伙，惜无统帅。叶志超固非其人，宋庆亦不胜任，后始以刘坤一为钦差大臣，节制关内外防剿各军，吴大澂、宋庆帮办军务。当屡创之后，新兵未集，而湘、淮、毅三军又各分畛域，自不能挽回颓局。

成欢驿值平泽县东北，左右皆山，中通纵横两驿道，前横大河。……时我军驻地，甚据形胜。六月二十六日，武备学生于光炘等，于光炘、周宪章、李国华、辛得林。夜冒雨出探，倭已分道来犯，归促聂士成速备战，并纠健士先往，伏桥侧，守要隘，且请士成速接应，遂行，而诸将莫利前进，观望不即行。光炘等伏桥畔村落，夜午，倭前锋至，光炘等狙击之，颇有杀伤，并毙倭官数名，倭兵骇却，过桥多挤溺。而岘我军无继，其后队且至，复猛进。光炘等扼桥守四刻许，接应终不至，光炘等四学生皆死焉。（姚锡光《东方兵事纪略》卷一）

二十七日黎明，倭兵已踞成欢西北面山坡，聂士成自督队与相

卷五 明清

持，甚猛，……势不支，遂败，……趋公州，就叶志超。志超已弃公州，乃合军北走，仍恐与倭遇，绕王京之东，……渡大同江，至平壤，与大军合。时值夏秋之交，溽暑甚，途行匝月始达，残军饥疫，死者相属。志超方以成欢之战，杀敌过当，并沿途叠败倭兵，铺张电鸿章入告，且论功奏保员弁数百人，获嘉奖，并赏军士银二万两，未几，复拜总统诸军之命。是时我军驻朝境者为芦防六营，叶志超部。盛军十三营，卫汝贵部。奉军六营，左宝贵部。奉天之盛军六营，丰伸阿部。毅军四营，马玉昆部。共三十五营，尽屯平壤，……置酒高会，日督勇丁并朝民于城内外筑叠，环炮而守。……八月初三日，盛军夜出哨，与毅军遇，互疑为敌，遂相轰击，历一时许，死伤颇众。（姚锡光《东方兵事纪略》卷一）

平壤为朝鲜要镇，西、南、东三面均有大江围绕，北面则枕崇山。城倚山崖，城东江水，绕山南迤西而去，西北隅则无山无水，为直达义州之孔道。……当中国之初发兵于牙山也，副将聂士成曾建议，以为当趁日兵未入韩地之先，先以大兵渡鸭绿江，速据平壤，而以海军舰队，扼仁川港口，使日本军舰不得逞，牙山、成欢之兵，与北洋海军，既牵掣日军，然后以平壤大军南袭韩城云云。鸿章不能用，其精神全在守而不在战，此其病根也。时依李之部署，马玉昆率所部毅军四营，绕出江东为犄角势，卫、丰二军十八营，驻城江南岸，左军六营，守此山城上，叶、聂两师城中。十二、三、四等日，日兵已陆续齐集平壤附近，互相挑战，彼此损伤不多。至十五日晚，敌部署已定，以右翼队，陷大同江左岸桥里之炮台，更渡江以冲平壤之正面，而师团长本队为其后援，以左翼队自羊角岛下渡大同江，冲我之右。十六日，在大同江岸，与马军相遇，剧战，敌军死伤颇多，炮台卒被陷。时左宝贵退守牡丹台，有七响之毛瑟枪及快炮等，鏖战颇力，敌军连发开花炮，宝贵负伤卒，遂大乱。午后四时半，叶志超急悬白旗，乞止战。是夜，全师纷纷宵遁，从义州、甑山两路，为敌兵截杀，死者二千余人，平壤遂陷。厥后九连城失，凤凰城失，金州失，大连湾失，岫岩失，海城失，旅顺口失，盖平失，营口失，登州失，荣城失，威海卫失，刘公岛失，海军提督丁汝昌，以北洋败残兵舰降于日本而自戕，于是中国海陆军遂尽。

威海水师学堂遗址

(张一麐《心太平室集》卷八)

十月……陷连山关，引兵直趋大高岭。聂士成扼隘路，以巨炮当其冲，张旗帜丛林间，鸣鼓角为疑兵，时出截杀，而露宿以守，倭不得逞，乃撤回连山关。……二十九日，聂士成乃收复连山关。……十二月，……聂士成以战事起，只闻敌来，未闻我往，故敌得前进无忌，电请于诸帅，谓愿亲率精锐千人，直出敌后，往来游击，截饷道，焚积聚，多方扰之，令彼首尾兼顾，然后以大军麾之，倭可克也。诸帅止之，不果行。……二十七日，士成侦敌将至，以兵散伏陡岭子、长岭子一带，令曰："闻山巅号声，悉吹洋号应之，即燃枪迭击，蛇行鼠伏，时聚时散，使敌莫测我军虚实，此奇兵也。"二十九日，倭果来犯，号声枪声，同时并发，倭大骇窜退，自相踩躏，中枪，多死伤，乃遁去。(姚锡光《东方兵事纪略》卷二)

【中日和约】

开战仅三月而海陆皆败，主和之议骤盛。李鸿章首欲和，军机中孙毓汶、徐用仪附之，窥西后意在和，首请起用恭王，朝臣如荣禄辈，亦俱愿和。主战者唯光绪帝及翁同龢二人，欲以岁费四千万两，令汉纳根练新军十万，并向外国购舰，重兴海军，不惜迁都，作持久战，终为主和者所绌。于是英、美出面调停，李鸿章遂遣税务司德璀林往日本，觅伊藤言和。及朝命张荫桓、邵友濂衔命往和，日本拒不纳，示意必鸿章亲往，始

能开议。鸿章遂往马关，成约而归，割台湾、辽东半岛，赔款二万万两，添辟通商口岸，最要者允许日本在内地制造洋货，开从来未有之恶例，国货从此不振。既以银赔偿，又定临时折合金镑，所损失者又二千万。

　　光绪二十年，……日、朝变起，……至是中兴诸臣，及湘、淮军名将，皆老死，鲜有存者。鸿章深知将士多不可恃，器械缺乏不应用，方设谋解纷难，而国人以为北洋海军信可恃，争起言战，廷议遂锐意用兵。初败于牙山，继败于平壤，日本乘胜内侵，连陷九连、凤凰诸城，大连、旅顺相继失，复据威海卫、刘公岛，夺我兵舰，海军覆丧殆尽。于是议者交咎鸿章，褫其职，以王文韶代督直隶，命鸿章往日本议和。二十一年二月，抵马关，与日本全权大臣伊藤博文、陆奥宗光议，多要挟，鸿章遇刺，伤面，创甚，而言论自若，气不少衰，日皇遣使慰问，谢罪，卒以此结约解兵。（《清史稿·列传》一九八《李鸿章传》）

　　光绪二十一年1895年。三月……甲午，……李鸿章与日本全权大臣伊藤博文等，在马关议定和约十一款，另约三款成，其文曰：

　　第一款，中国认明朝鲜国确为完全无缺之独立自主，故凡有亏损独立自主体制，即如该国向中国所修贡献典礼等，嗣后全行废绝。

　　第二款，中国将管理下开地方之权，并将该地方所有堡垒、军

李鸿章与日本谈判代表伊藤博文等会面

器、工厂，及一切属公物件，永远让与日本。

一、下开划界以内之奉天省南边地方，从鸭绿江口，溯该江以抵安平河口，又从该河口划至凤凰城、海城及营口而止，划成折线，以南地方，所有前开各城市邑，皆包括在划线内。该线抵营口之辽河后，即顺流至海口止，彼此以河中心为分界。辽东湾东岸及黄海北岸，在奉天省所属诸岛屿，亦一并在所让境内。二、台湾全岛，及所有附属各岛屿。三、澎湖列岛，即英国格林尼次东经百十九度起，至百二十度止，及北纬二十三度起，至二十四度之间诸岛屿。

第三款，前款所载，及黏附本约之地图，所划疆界，俟本约批准互换之后，两国应各选派官员二名以上，为公同划定疆界委员，就地踏勘，确定划界。……

第四款，中国约将库平银二万万两，交与日本，作为赔偿军费。……

第六款，中日两国，所有约章，因此次失和，自属废绝，中国……与日本……新订约章，应以中国与泰西各国现行约章为本，……新订约章未经实行之前，所有日本政府官吏、臣民，及商业、工艺、行船、船只、陆路通商等，与中国最为优待之国，礼遇护视，一律无异。中国约将下开认与各款，……照办。第一，……中国……添设下开各处立为通商口岸，……应得优例及利益等，亦当一律享受，一……沙市，二……重庆，……三……苏州，……四……杭州。……日本得派遣领事官，于前开各口驻扎。

第二，日本轮船得驶入下开各口，附搭行客，装运货物：一，从湖北省宜昌，溯长江以至四川省重庆府。二，从上海驶进吴淞口，及运河，以至苏州府、杭州府。……第三，日本臣民，在中国内地购买经工货件，若自生之物，或将进口商货运往内地之时，欲暂行存栈，除勿庸输纳税钞派征一切诸费外，得暂租栈房存货。第四，日本臣民，得在中国口岸城邑，任便从事各项工艺制造，又得将各项机器，任便装运进口，只交所定进口税。……在中国制造一切货物，其于内地运送税、内地税、钞课、杂派，以及在中国内地沾及寄存栈房之益，即照日本臣民运入中国之货物，一体办理，至应享优例豁除，亦莫不相同。……

第九款，本约批准互换之后，两国应将是时所有俘虏，尽数交还。中国约将由日本所还俘虏，并不加以虐待，若或置于罪戾；中国约将认为军事间谍，或被嫌逮系之日本臣民，即行释放；并约此次交仗之间，所有关涉日本军队之中国臣民，概予宽贷，并饬有司不得擅为逮系。（《光绪东华录》卷一二五）

四月戊午谕：……日本觊觎朝鲜，称兵犯顺，朕眷怀藩服，命将出师，原期迅扫敌氛，永弭边患，故凡有可以裨益军务者，不待臣工陈奏，皆已立见施行。何图将不知兵，士不用命，畀以统领之任，而偾事日深；予以召募之资，而流氓麇集，遂至海道陆路无不溃败，延及长城内外，险象环生。比来戎马骎骎，有进无退，甚将北犯辽沈，西犯京畿，危急情形，匪言可喻，和战两事，必应当机立断。念朕临御天下二十余年，宵旰忧勤，未尝稍释，今乃忽有此变，实惟藐躬凉德，有以致之。且天津海啸为灾，冲没营垒，为史策所仅见，上天示警，尤可寒心。乃尔诸臣工，于所议约章，或以割地为非，或以偿银为辱，或更以速与决战为至计，具见忠义奋发，果敢有为，然于时局安危得失之所关，皆未能通盘筹画，万一战而再败，为祸更难设想。今和约业已互换，必须颁发照行，昭示大信，凡此已成之局，均不必再行论奏。惟望京外文武大小各员，自今以后，深省愆尤，痛除积弊，咸知练兵筹饷为今日当务之急，切实振兴，一新气象，不可因循废弛，再蹈前辙。诸臣等均为朕所倚畀，朕之艰苦，当共深知，朕之万不得已而出于和，当亦为天下臣民所共谅也。（《光绪东华录》卷一二六）

割台而命李经方为使，翁同龢所以窘李鸿章也。台人邱逢甲、林朝栋等起义兵，奉巡抚唐景崧及帮办军务刘永福，谋自主，建台湾共和国，不七日而景崧败，永福守台南府苦战，至是年九月始退。事虽不成，其义足以风矣。台人大抵皆内渡。

四月甲子，张之洞电奏：顷接台民二十一公电云，全台绅民敬电禀者：台湾属日，万姓不服，叠请唐景崧。抚院代奏台民下情，而事难挽回，如赤子之失父母，悲愤曷极。伏查台湾已为朝廷弃地，百姓无依，惟有死守，据为岛国，遥戴皇灵，为南洋屏蔽。惟须有人统率，众议坚留唐抚暂仍理台事，并留刘镇永福镇守台南。一面恳请各国，查照割地绅民不服公法，从公剖断，台湾应作何处置，再送唐抚

邱逢甲纪念馆

入京，刘镇回任。……全台绅民同泣叩。(《光绪东华录》一二六)

时台湾举人方以会试在都，上书力争，留中不报。三月，弃台信益急，台人惶惧，主事邱逢甲首建自主议，登坛誓众于新竹，出示告台民，遂议立民主，开议院，制国旗。四月，和议成，卒弃台湾，朝命率兵民内渡，台人乃有丐各国保护之议，电告政府，政府谕以既能自立，无庸奏请。……二十二日，唐景崧令台中官弁，以五月初四日为断，欲去者听，……于是省会、道、府、县官相继纳印去。……初二日，景崧受台湾总统印章，文曰"台湾民主之章"，绅民入抚署，鼓乐赍送者百余人，行两跪六叩礼，国旗蓝地黄虎文，长方五幅，虎首内向，尾高首下。改台湾藩司衙门曰内部，设内部大臣；筹防局曰外部，设外部大臣；别立军部，设军部大臣。……初五日，倭兵轮运轮二十九艘运抵台北海面，……而潜结教匪、挖金砂匪从澳底登岸。……十二日辰刻，倭兵登狮球岭，……城中大乱，……抚署火起，景崧微服杂弁勇出亡。……台北亡……

台南土匪蜂起，绅民相率之旗后，迎刘。永福，并上民主总统印章。永福不受，仍称帮办，入府城，议防守。……台南见银匮乏，……不足供军饷二十日。……前敌自开战以来，屡电求饷械，迫切待命，……而台南军储早罄，器械亦空，永福忧惶无措，搜括得银八千两，解前敌，……仍电求沿海督抚拯台民，辞甚哀痛。……仿内地保

卷五 明清

甲，行联庄法，……匪首……黄荣邦、林义成……皆受抚，愿效死。……率义民数千助战，……倭兵大溃，朱乃昌挥兵竞进，将抵大莆林，遥见火光烛天，声喧甚，乃义成、荣邦已率义民抄至，前后夹击，遂复大莆林，毙倭数百，乃昌身受殊伤，裹创血战，中炮死。……义民矫捷可用，虽用土枪，能卧击无虚发，且稔习地势，暮山越涧，尤其长技，聚散前后，飙忽猱腾，每绕倭兵后路，倭人畏之。于是台北、台中颇思反正。适联庄法已及台中，颇著成绩，台北乡民闻之，愿潜入联庄受约束，期大军至，即内应同举，为台湾全局一大转机。而台南饷械已匮，不能派兵前进，……军民饥困，日益不支。……初六日，荣邦先攻炮台，猛战中炮死。初七日，义成亦攻炮台受殊伤。……十四日，前敌诸军求饷益急，无策搜括，永福谓"内地诸公误我，我误台民"，旁皇莫能应。……生员徐骧为军锋奋战，诸军继之，倭颇却，骧旋中炮死。……二十三日，倭以炮队攻嘉义，王德标初营城外，倭至，走入城，倭踞营，夜半，地雷发，轰毙倭七百余人，倭惊退，德标设伏邀之。倭多死，大忿，二十四日，以车炮攻城，陷之。……进攻凤山，义民拒战大败，倭遂入凤山，屠戮甚惨。……二十九日，倭攻城外炮台，永福自发炮击之，毙倭数十人。九月一日，城中无食，饥军悉溃。初二日，永福……内渡，……台南亡。

（姚锡光《东方兵事纪略》卷五）

俄、德、法三国突然干涉割让辽东半岛事，日本知势不敌，乃退回辽东半岛，另与中国定约，索赎三千万两。世多以此为李鸿章操纵外交之功，实则三国计定然后告知中国。俄且代中国借款以偿赔款，自是中俄交稔，光绪二十二年，李鸿章使俄贺加冕，订中俄密约而归，翁同龢为主订此约最力者。后一年，三国遂向中国索租借港。

光绪二十一年1895年。五月……壬辰，与日本订交还奉天省南边地方条约七款。第一款，日本国自愿将……下关和约第二款中国让与日本国管理之奉天省南边地方，原划疆界地图，从鸭绿江口，抵安平河口，至凤凰城、海城，及营口而止，以南各城市邑，以及辽东湾东岸、黄海北岸，奉天所属诸岛屿，均永远交还中国，以后与日本无涉。因此将原约第三款，并拟订立陆路通商章程之事，作为罢论。第二款，中国约为酬报交还奉天省南边地方，允给银三千万两，迫于明治二十

日本攻占台湾后，大肆搜捕抗日义军

八年十一月初八日，即光绪二十一年九月二十二日，交与日本政府。第三款，中国允将本约第二款所开之酬款三千万两，交与日本国政府，自订立本约之日起，三个月以内，日本国军队，从该交还地方，一律撤回。……该交还各地方内，所有衙署、公所、工厂、船坞，及一切属公物件，日本文武军队，不得毁坏搬迁，并俟某处城镇军队撤回时，由日本全权公使，按约知照中国政府，转饬中国收地印委各员验收。第四款，中国约日本国军队占踞之间，所有关涉该国军队之中国臣民，概予宽贷，并饬有司不得擅为逮系。（《光绪东华录》卷一二七）

十年以来，文娱武嬉，酿成此变。平日讲求武备，辄以铺张糜费为拟，至以购械购船，悬为厉禁，一旦有事，明知兵力不敌，而淆于群哄，轻于一掷，遂至一发不可复收。战绌而后言和，且值都城危急，事机万紧，更非寻常交际可比。兵事甫解，谤书又腾，知我罪我，付之千载，固非口舌所能分析矣。（《李文忠公尺牍》册二九《复新疆抚台陶子方》）

（二）丧权辱国

甲、教案

天津条约许外人传教，于是教徒之足迹遍中国，莠民入教，辄恃外人为护符，不受官吏钤束。人民既愤教士之骄横，又怪其行动诡秘，推测附会，争端遂起。教民或有死伤，外籍教士即借口要挟，勒索巨款，甚至归

罪官吏，胁清廷治以重罪，封疆大吏，亦须革职永不叙用。内政由人干涉，国已不国矣。教案以千万计，兹举其大者。

【天津教案】

同治九年五月二十三日，天津因迷拐幼孩，牵及教堂，并无实据，民众内讧，致将法国丰领事，及教士洋人十数名杀毙，教堂学馆，焚毁多处。法使以案情重大，须禀命国主而行。（《李文忠公朋僚函稿》卷一〇《复吴仲仙制军》）

同治九年，1870年。……天津民击杀法领事丰大业，毁教堂，伤教民数十人。通商大臣崇厚议严惩之，民不服，国藩方病目，诏速赴津，乃务持平，保和局，杀十七人，及遣戍府县吏。国藩之初至也，津民谓必反崇厚所为，备兵以抗法，然当是时，海内初定，湘军已散遣，天津咫尺京畿，民教相哄，此小事不足启兵端，而津民争怨之。……国藩既负重谤，疾益剧，乃召鸿章治其狱，逾月事定，如初议。（《清史稿·列传》一九二《曾国藩传》）

【川省教案】

同治十二年1873年。十月，……谕：……据魁玉奏称：法国主教范若瑟，遣教士张紫兰，潜赴黔江县，私买民房建堂传教，该县民人，将司铎余克、教士戴明卿殴毙，……见已拿获正凶陈淙发等六名，饬令酉阳州知州罗亨奎等，提犯研究下手正凶，禀候查办。（《清穆宗实录》卷三五八）

光绪二年1876年。九月，……己巳，……谕：……川省民教仇杀，据法国使臣称，伤毙教民二十余命，抢毁二百余家，与魁玉等函报该衙门情节，不尽相同，此外该省邻水、南充、巴州、营山等处，民教滋事，尚有四案。……内江县有团民杀毙教民之案，邻水县有教民杀毙团民之案，均有拆毁教堂之事。（《光绪东华录》卷二二）

【芜湖教案】

光绪十七年1891年。五月，……南洋大臣、安徽巡抚电称，芜湖……因谣传教中女医迷拐幼孩，群疑莫释，聚众滋闹，遂将教堂焚毁。旋经拿获首犯二名，正法示众。……此外若江宁、九江，亦有匪徒滋事，幸经官兵防护，登时解散。（《光绪东华录》卷一〇三）

【丹阳教案】

光绪十七年1891年。八月……辛亥，刘坤一、刚毅奏：本年……江苏之丹阳、金匮、无锡、阳湖、江阴、如皋，各属教堂，接踵被焚毁，派员前往查办，……各该县未能先事豫防，究属咎有应得。苏属案，系由丹阳首先滋事，将该县查文清，甄别参革；署无锡县刘树仁、署江阴县孙贻绅、阳湖县叶怀善、金匮县汤曜，均摘去顶戴；代理如皋县莫炳琪，到任甫及三月，予以记过。并将该管汛弁，一律摘去顶戴，示惩。（《光绪东华录》卷一〇五）

【武穴教案】

光绪十七年1891年。九月……壬申，……张之洞奏：……武穴地方，……向有英国福音堂，而无育婴教堂，民教相安已久。讵意四月二十九日傍晚，有广济县人天主教民欧阳理然，肩挑幼孩四人，行至武穴街外，据云，将送往九江教堂，适为痞匪郭六寿等所见，误信讹传，顷刻之间，人众麇集，……竟误以武穴教堂为即收养幼孩之处，掷石奋击入窗，以致屋内洋油灯击破失火，烧洋楼一层，余亦多有残毁。……该处洋关分卡委员候补通判华聘三、龙坪司巡检邹振清，急往弹压，均被……殴伤。……武穴洋关分卡之扦手英国人柯姓、……英国教士金姓，……驰往救火，登时被匪殴毙。教士妇女三人，洋孩四人，由后门逃出，先投马口司巡检陈培周，……未敢收留，妇孺即经同知衙门，及龙坪巡检、差役、弓兵，陆续护送至武黄同知署，该同知顾允昌留住署内，查知该洋妇三人，在途次亦被匪徒殴伤。……臣闻报之后，立饬地方官，严拿首要各犯，一面抽调省外水陆各勇营，分投弹压保护，……将毙命之英人二名，照料护送回汉口。……实获匪犯十名，……郭六寿、戴厥鱼二名，……讯明确实系此案首要正犯，……就地正法。……其帮殴及殴伤洋妇、攫取零物之从犯八名，……将英领事先后所指要证民人陶春灿，及弓兵田德等三名，范修兴等四名，……王七贤一名，共九名，一律传到，质讯明确，按照律例，拟议罪名核办。……已将审办各犯，照例从严科断各节，……照会英领事，旋据覆称，均属情罪允当，无所异议。……至柯扦手、金教士两洋人，无辜殒命，……拟给予该两洋人家属，各二万元。武

穴教堂，……应由官给款代为修复，并补给堂中失物，……酌给洋银二万五千元，……共洋银六万五千元，合银四万五千余两。（《光绪东华录》卷一〇六）

【古田教案】

光绪二十一年1895年。六月……庚辰，福建古田县民人，杀英国教士多名，中英交涉起。（《光绪东华录》卷一二八）

【成都教案】

光绪二十一年1895年。八月……己卯谕：……本年五月间，四川省城匪徒滋事，打毁东校场教堂，省外各处，旋又屡出教案。……该督刘秉璋，督率无方，著即革职，永不叙用，以示惩儆。（《光绪东华录》卷一二九）

重庆先有教案，秉璋初至，捕教民罗元义、乱民石汇等，置之法。至是各属继起，教堂被毁者数十，教士愬牒总署，指名夺秉璋职，朝廷不获已，许之。（《清史稿·列传》二三四《刘秉璋传》）

【巨野教案】

光绪二十三年1897年。冬十月癸亥，山东曹州府天主堂德教士二人被杀，中德交涉起。……乙亥，德国海军少将岱特利菲率军舰三艘，突入胶州湾，遂夺炮台据之。（《光绪东华录》卷一四一）

古田教案制造者行刑现场

光绪二十三年1897年。十二月……戊寅，……谕：前因山东巨野县地方，有盗匪拒捕伤毙教士之案，业将凶犯分别惩办矣。开缺四川总督前巡抚李秉衡，身任地方，不能先事预防，以致酿成巨案，著交部议处。(《光绪东华录》卷一四一)

其时大刀会起，主仇教，势渐张。二十三年，会众戕德国教士，德使海靖要褫秉衡职，……徙督四川，海靖请益坚，乃罢免。(《清史稿·列传》二五四《李秉衡传》)

【平罗教案】

光绪二十七年1901年。十一月……己卯，……崧蕃电称，"平罗县上营子地方，突有匪徒多人，焚掳乡民，抢掠教堂，伤及梅教士，并教民数人，已饬派队保护，并电山西巡抚，分途兜拿"等语，……壬午，……谕：甘肃平罗县属杀伤教士教民一案，业经谕令将该地方官革职，带罪勒限严拿匪徒。……如再不获，著即照前旨，永不叙用。(《光绪东华录》卷一七〇)

【南昌教案】

光绪三十二年1906年。三月……己丑，……先是本年正月二十九日，江西南昌县法国教士王安之，邀南昌县知县江召棠，至天主堂议翻旧案，俄，江召棠咽喉被创，越数日卒。巡抚胡廷干，方委员查办，而愚民已于二月初三日暴动，毁法国教堂三处，毙王安之等六人；误毁英国教堂一处，毙金姓教士夫妇二人。(《光绪东华录》卷一九九)

本年光绪三十二年，公元1906年。正月二十九日，南昌县知县江召棠，到天主堂与法教士王安之商议旧案，彼此意见不合，以致江令愤急自刎。乃因该令自刎之举，传有毁谤法教士之讹言，以致出有二月初三日暴动之事，中国国家已自将有罪之人惩办。兹将外务部与驻京法国钦差议定各条，开列于左：……应给被害教习五人家属抚恤银四万两，另给一万两，作为后来新教习等川资经费之用。……新昌等旧案，及南昌新案，所有被毁教堂、学堂、养济院等处，及教内之人房屋，并一切物件，总共赔偿银二十万两。……江西巡抚胡廷干，著先行撤任；布政使周浩，已有旨查办；按察使余肇康，于重要刑案，未

能立即讯验，著先行交部议处。……江西新昌案已拿到案之龚栋一名正法；龚耀廷一名革去武举，交地方官管束；在逃之龚春华、龚启明、龚炳藜三名，拿获时讯明照律办理。……所有杀人放火正凶刘狗子、吴红眼、周之秀、任廷发、吴金生五名，拟就地正法，以昭炯戒。其为从情节较重之杨大盛、罗中秋、吴老五三名，均拟永远监禁；其余犯内之周正大、卢高财二名，均拟监禁十年；杨起堂、魏大水二名，均监禁五年；戴阿水、胡长生、衷才官、谢锡连、涂宜洲、胡中元六名，拟各监禁三年，谢袁洲、周得胜、彭炳生、吴友鹏四名，均拟罚作苦工二年；刘东林子一名，拟罚作苦工一年；胡明应、罗声孜、李老三、熊荷子、郭毛头、万叶林、胡廷学七名，均拟罚作苦工半年。……贵国政府素关怀裨益华民之善举，兹江西省愿助善举银两，以表歉忱，特议明由该省拨银十万两，为在该省省城建造医院之用，将来由该省巡抚奏请给予敕建字样，以示优异。此医院延用法国医士一名。

（王彦威《清季外交史料》卷一九七《中法会订江西南昌教案善后合同》）

乙、租借地

清季租地，始于九龙。其后三国挟还辽之惠，各索重酬，德以教案，先据胶澳。李鸿章请俄主持正义，俄允遣海军暂泊旅顺，相机与德讲说，竟久假不归。法占广州湾，英借口均势，攫威海卫，并于九龙扩界。名为租借，实同割让。

【胶澳】

光绪二十四年1898年。二月……戊辰，中德胶澳租界条约成，……第一款，……离胶澳海面潮平周遍一百里内，系中国里，准德国官兵无论何时过调，惟自主之权，仍全归中国。如有中国饬令设法等事，先应与德国商定，如德国须整顿水道等事，中国不得拦阻。该地内派驻兵营，筹办兵法，仍归中国，先与德国会商办理。第二款，……将胶澳之口，南北两面，租与德国，先以九十九年为限。德国于所租之地，应盖炮台等事，以保地栈各项，护卫澳口。第三款，德国所租之地，租期未完，中国不得治理，均归德国管辖，以免两国争端。兹将所租各段之地，开列于后，一胶澳之口，北面所有连旱地之岛，其东北，以一线自阴岛东北角起，至劳山湾为限；二，胶澳之口，南面所有连旱地之岛，其西南，以一线自离齐伯山岛西南偏南之

湾，西南首起，往笛罗山岛为限；三，齐伯山、阴岛两处；四，胶澳之内，全海面，至现在潮平之地；五，胶澳之前，防护海面所用群岛，如笛罗山、炸连等屿。至德国租地，及胶澳周遍一百中国里界址，将来两国派员查照地情，详细定明。在胶澳中国兵商各船，与德国相交之国各船，德国拟一律优待。因胶澳内海面均归德国管辖，德国国家随时可以定妥章程，约束他国往来各船。此章程，即中国之船亦应一体照办，另外决无拦阻之事。第四款，胶澳外各岛及险滩，德国应设立浮桩等号，各国船均应纳费，中国船亦应纳费，为修整口岸各工程之用。其余各费，中国船均无庸纳。第五款，嗣后如德国租期未满之前，自愿将胶澳归还中国，德国所有在胶澳费项，中国应许赔还，另将较此相宜之处，让于德国。德国向中国所租之地，德国应许永远不转租与别国，租地界内华民，如能安分并不犯法，仍可随意居住，德国自应一体保护。倘德国需用地土，应给地主地价，并中国原有税卡，设立在德国租地之外，惟所商定一百里之内，此事德国即拟将纳税之界，及纳税各章程，与中国另外商定无损于中国之法，办结。(《光绪东华录》卷一四三)

【旅顺大连湾】

光绪二十四年1898年。三月……己丑，……中俄会订旅顺大连湾租借条约成，……第一款，……大清国大皇帝允将旅顺口、大连湾暨附近水面，租与俄国。……第二款，……所租地段之界，经大连湾迤北，酌视旱地合宜保守该段所需，应相离若干里。即准相离若干里，其确切界限，……商定后，所有划入租界线内之地，及附近水面，专归俄国租用。第三款，租地限期，自画此约之日起，定二十五年为限，然限满后，由两国相商展期，亦可。第四款，所定限内，在俄所租之地，以及附近海面，所有调度水陆各军，并治理地方大吏，全归俄官，……中国无论何项陆军，不得驻此界内。……第五款，所租地界以北，定一隙地，……此隙地之内，一切吏治，全归于中国官，惟中国兵，非与俄官商明，不得来此。第六款，两国政府相允，旅顺一口，既专为武备之口，独准华、俄船只享用，而于各国兵商船只，以为不开之口。至于大连湾，除口内一港，亦照旅顺口之例，专为华、俄兵舰之用，其余地方，作为通商口岸，各国商船，任便可到。第七款，俄国认在所租之地，旅顺、大连湾两口，尤要备资，自行盖造水

清代时的旅顺口

陆各军所，需处所建筑炮台，安置防兵，……修养灯塔，以及保航海无虞之所需各项标志。第八款，中国政府，允以光绪二十二年，所准中国东方铁路公司，建造铁路，……推及由该干路某一站起，至大连湾或酌量所需，……由该干路至辽东半岛、营口、鸭绿江中间，沿海较便地方，筑一枝路。……（《光绪东华录》卷一四三）

【九龙】

光绪二十四年1898年。夏四月……丁酉，……许英人于广东九龙辟立租界。……癸卯，……大学士李鸿章，与英国订中英展拓香港界址专条成，……按照黏附地图，展扩英界，作为新租之地，……以九十九年为限期。又议定，所有现在九龙城内驻扎之中国官员，仍可在城内各施其事，惟不得与保卫香港之武备，有所妨碍。其余新租之地，专归英国管辖。至九龙向通新安陆路，中国官民，照常行走。又议定，仍留附近九龙城原旧马头一区，以便中国兵商各船渡艇任便往来停泊，且便城内官民任便行走，将来中国修造铁路至九龙英国管辖之界，临时商办。又议定，在所展界内，不可将居民迫令迁移，产业入官。若因修建衙署、筑造炮台等官工，需用地段，皆应从公给价。自开办后，遇有两国交犯之事，仍照中英原约香港章程办理。查按照黏附地图所租与英国之地，内有大鹏湾、深洲湾水面，惟议定该两湾，中国兵船，无论在局内局外，仍可享用。……（《光绪东华录》卷一四四）

【威海卫】

光绪二十四年1898年。五月……乙丑，……订中英议租威海卫专条，其文曰：今议定，中国政府将山东省之威海卫，及附近之海面，租与英国政府，……租期应按照俄国驻守旅顺之期相同。所租之地，系刘公岛，并在威海湾之群岛，及威海全湾沿岸以内之十英里地方。以上所租之地，专归英国管辖，……沿海暨附近地方，均可择地建筑炮台，驻扎兵丁，或另设应行防护之法。又在该界内，均可以公平价值，择用地段，凿井开泉，修筑道路，建设医院，以期适用。以上界内，所有中国管辖，治理此地，英国并不干预，惟除中、英两国兵丁之外，不准他国兵丁擅入。……又议定，所租与英国之水面，中国兵船无论在局内、局外，仍可享用。又议定，在以上所提地方内，不可将居民迫令迁移，产业入官。若应修建衙署、筑造炮台等官工，须用地段，皆应从公给价。（《光绪东华录》卷一四五）

【广州湾】

光绪二十五年1899年。冬十月……戊子，先是，广州附近，有法国兵官，为游匪所戕，法人以兵舰入广州湾，据之，向我政府要求租借，争议年余。至是，钦差勘界大臣广东提督苏元春，与法国使臣，会议广州湾租界七条，成。……第一款，……中国国家，将广州湾租与法国国家，作为停船趸煤之所，定期九十九年。……第二款，……所有租界内水面，均归入租界内管辖，其未入租界者，仍归中国管辖。开列于左：东海全岛、硇洲全岛。该岛与东海岛中间水面，系中国船舶往来要道，嗣后仍由中国船舶任便往来租界之内停泊，勿得阻滞，并勿庸纳钞征税等事。其租界定在遂溪县属，南由通明港登岸，向北至新吟垸官路作界线，直至志满墟，转向东北，至赤坎以北，福建村以南，分中为界，赤坎、志满新墟，归入租界。……复由赤坎以北，福建村以南，分中出海，水面横过调神岛北，近水面，至兜离窝登岸，向东至吴川县属西炮台后，分中出海三海里为界。……又由吴川县海口外三海里水面起，沿岸边至遂溪县属之南，通明港向北三海里，转入通明港内，分中登岸，沿官路为界。此约订明，并绘图画明界址。……第三款，于九十九年期内，所租之地，全归法国一国管

辖。……又议定，租界内，华民能安分，并不犯法，仍可居住，照常自便，不可迫令迁移。其华民物业，仍归华民管理，法国自应一律保护。若法国需用物业，照给业主公平价值。第四款，在租界之内，法国可筑炮台，驻扎兵丁，并设保护武备各法。又在各岛及沿岸，法国应起造灯塔，设立标记浮桩等，以便行船。……第五款，中国商轮船只，在新租界湾内，如在中国通商各口，一律优待办理。其新租界各地，湾内水面，均归法国管理，法国可立定章程，并征收烟船各钞，以为修灯桩各项工程之费。此系专指广州湾内水面而言，至硇东水面，已在第二款内声明。第六款，遇有交犯之事，应照中法条款，互订中越边界章程办理。第七款，中国国家允准，法国自雷州府属广州湾地方，赤坎至安铺之处，建造铁路、旱电线等情，应备所用地段，由法国官员给价，请中国地方官，代给中国民人，……而修造行车需用各项材料，及养修电路各费，均归法国办理。……又议定，在安铺铁路、电线所抵之处，水面岸上，均准筑造房屋，停放物料，并准法国各商轮停泊上落。……（《光绪东华录》卷一五六）

【旅大转让】

光绪三十一年1905年。十一月……乙未，……中日新约成，……第一款，中国政府，将俄国按照日俄和约第五款及第六款，允让日本国之一切，概行允诺。第二款，日本国政府，承允按照中俄两国所订，借地及造路原约，实力遵行。（《光绪东华录》卷一九七）

丙、势力范围

鸦片之役，英踞舟山，交还之际，恐为他国先得，乃订永不割让他国之约。自是效尤者纷起，始犹限于交界之地，如滇缅之江洪、孟连，旅大之隙地是；继则议及岛屿，如琼州岛、庙群列岛是；终则公然分割省份，如法之于广西、云南，俄之于东三省，德之于山东，日之于福建沿海，英之于长江一带，皆为势力范围，不得让与他国。美虽无势力范围，而主张门户开放，则他国之范围，皆其范围也。英颇赞美之主张，一时盛传之瓜分论，为之稍敛。

【英国】

道光二十二年1842年。八月戊寅……谕：……耆英等奏，……定

海之舟山海岛，厦门之鼓浪屿小岛，均准其暂驻数船，俟各口开关，即著退出，不准久为占据。（《清宣宗实录》卷三七九）

道光二十五年1845年。十一月……庚辰，谕：……耆英等奏，……英兵在舟山数年，见当交割接收之期，该督亲赴香港接晤，各节均坚守条约，并无异言。（《清宣宗实录》卷四二三）

道光二十六年，吾国要求撤舟山、鼓浪屿之兵，英以舟山列岛永不割让于他国为条件，遂订为约。此乃中国境内势力范围之第一先例也。（叶景莘《撤废势力范围论》二）

光绪二十年1894年。正月……壬寅，……驻英钦差大臣薛福成，与英外部大臣劳偲伯力，续议滇缅条约二十款成，……第五款，……英国大君主……允将从前属中国兼属缅甸之孟连、江洪，所有缅甸上邦之权，均归中国大皇帝永远管理，英国大君后于该地所有权利，一切退让。惟订明一事，若未经大皇帝与大君后预先议定，中国必不将孟连与江洪之全地或片土，让与别国。（《光绪东华录》卷一一七）

光绪二十一年1895年。五月……戊戌，……中法续议界务专条附章成，……三，滇越边界，……又自南乌江发源处，界线顺南乌江与南腊河，并各支河中间之分水岭，……其东边之猛乌、乌得、化邦、哈当、贺联盟、猛地各处，归越南。（《光绪东华录》卷一二七）

光绪二十一年夏，中日和议既成，法索云南普洱徼外猛乌、乌得两地，英使欧格讷以两地属缅江洪，指为违约。（《清史稿·邦交志》二《英吉利》）

光绪二十三年1897年。正月……甲寅，中英续议缅甸条约成，其文曰：大清国、大英国国家为续议附款事。今因英国不再索问中国于光绪二十一年五月二十八日，与法国订立条约，所让江洪界内之地，致与二十年正月二十四日，与英国订立之中缅条约相违，彼此和

瓜分中国漫画

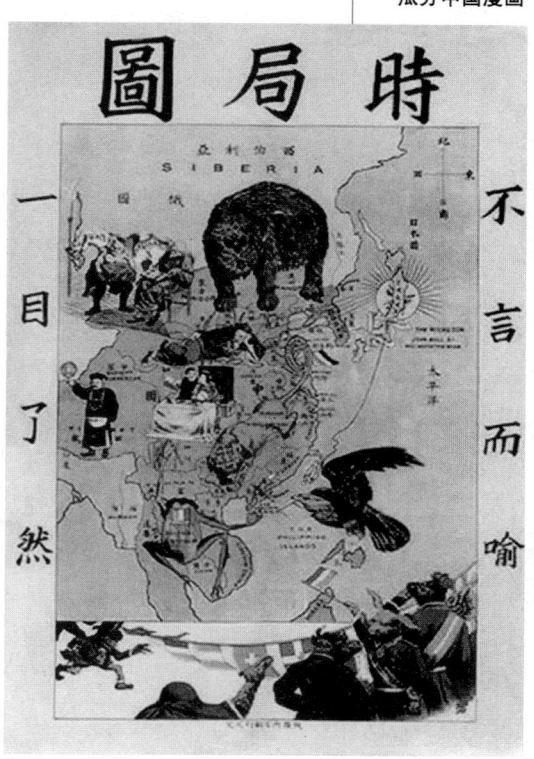

商，于原订条约或增或改，拟立附款如左。……第五款，今彼此言明，日后中国未经先与英国议定，不能将现在仍归中国在湄江左岸之江洪土地，以及孟连，与所有在湄江右岸之江洪土地，或全地、或片土让与他国。……第十二款，……中国答允，将来在云南修建铁路，与贸易有无裨益，如果修建，即允与缅甸铁路相接。(《光绪东华录》卷一三九)

英国既订光绪二十二年1896年。之英法协约，与法共享云南、四川之权利，及德占胶州，俄占旅大后，乃于二十四年1898年。正月，向我国提出要求四项。(一)扬子江流域各省之土地，不得租借，或割让于他国。(二)开放内河。(三)二年后，开放长沙为通商口岸。(四)中国总税务司，永久雇用英国人。中国一一承认，俄既订租借旅大条约，英以抵制为口实，要求租借威海卫。二十四年五月十三日，租借约成，……及法以抵制俄、德之口实，租借广州湾，英更以抵制法之口实，要求租借九龙。……光绪二十四年五月十八日，九龙租借条约订定，……于是英在广东之势力，益以巩固。……其铁路一方，因光绪二十四年，我政府与比人缔结芦汉铁路合同，总理衙门先告英使，谓与俄无关，及合同发表，明载委华俄道胜银行以筑造之权，英使乃要求津镇、九广、沪宁、浦信、沪杭甬，及山西、河南、襄阳各路权，以为赔偿。总理衙门先后以草合同承认之，惟津镇一路，因英、德协商，北段归德，南段归英。同年更订关外铁道借款合同，借款二百三十万镑，即以关内外铁道为抵押品，并由总理衙门声明，决不以该铁道让与他国。……英、俄协商之结果，划长城以北，及扬子江流域，为俄、英分享之筑造铁道范围，而关外铁道，英所已得之权利，则不加妨碍。(叶景莘《撤废势力范围论》二)

【法国】

光绪二十一年1895年。五月……戊戌，中法续议商务专条附章成，……第五款，议定中国将来在云南、广西、广东开矿时，可先向法国厂商及矿师人员商办，其开矿事宜，仍遵中国本土矿政章程办理。至越南之铁路，或已成者，或日后拟添者，彼此议定，可由两国酌商，妥订办法，接至中国境内。(《光绪东华录》卷一二七)

光绪二十一年，中日约成，法求换商约界约，遂许开龙州、蒙自等埠，并与越界线内猛乌、乌得二地。……二十三年，法要求琼州不

广州湾的法国公署遗址

割让租借于他国，许之。二十四年，法乘广东雷州人杀其士民二人，以兵舰据广州湾，来商租借，言为停船屯煤之用，无损中国主权。……时广西永安有杀毙法教民之事，方议办犯、劾官、赔偿、建堂四条，适值北海铁路造至南宁，援龙州铁路案，中法合办，法使遂要求将铁路归并教案。议久，始允就案议结，不及他事。(《清史稿·邦交志》三《法兰西》)

光绪二十一年，中法境界及陆路通商条约之缔结，……而适在中日和约签字后月余，殆为干涉返还辽东事件之报偿也。及二十二年，英法协约成，法以所获于云南、四川之利权，与英分享之，乃求取偿于我。次年二月，向总理衙门要求二款：（一）海南岛不割让于他国。（二）延长龙州铁道，开采两广、云南矿山，修筑滇越间通商道路。总理衙门先覆以决不割让海南岛于他国，嗣更覆之曰："铁道俟谅山龙州线修成后，可更延长龙州至南宁，与龙州至百色之线。开采两广、云南之矿山时，依前约，法国得尽先商办之权。红河之航路，与自河口经蛮耗、蒙自至云南省城之道路，中国即时起工修缮。……次年，……德踞胶州，俄占旅大，法人借口于均势，要求四项：（一）两广、云南三省，不割让与他国。（二）自东京至云南府之铁道，由法国建筑。（三）租借广州湾九十九年。（四）邮政事务，用法人承办。总理衙门覆认第一、第二两项，租借广

卷五 明清

湾，谈判之结果，为二十五年十月十四日之条约。……同年，因戕杀教士案，更要求自南宁至北海之铁道权，亦得许焉。（叶景莘《撤废势力范围论》二）

【俄国】

光绪二十二年1896年。八月……甲子，……驻俄钦差大臣许景澄，与华俄道胜银行，订立东省铁路公司合同十二条。（《光绪东华录》卷一三五）

光绪二十二年1896年。九月……丁未，……中俄新约成，其文曰："大清国大皇帝，前于中日肇衅之后，因蒙大俄罗斯大皇帝仗义各节，并愿将两国边疆，及通商等事，于两国互有益者，商定妥协，以固格外和好。……

一、近因俄国西卑里亚火车道竣工在即，中国允准俄国将该火车道，一由俄国海参崴埠，续造至中国吉林珲春城，又向西北续至吉林省城止；一由俄国境之西卑里亚火车站，续造至中国黑龙江之爱珲城，向西南至齐齐哈尔省城，又至吉林伯都讷地方，又向东南续造至吉林省城止。

二、凡续造进中国境内黑龙江及吉林各火车道，均由俄国自行备筹赀本，其车道一切章程，亦均仿俄国火车条程，中国不得与闻。至其管理之权，亦暂行均归俄国。以三十年为期，过期后，准由中国筹

海参崴港

备赀本，估价将该火车道，并一切火车、机器厂、房屋等产赎回，惟如何赎法，容后再行妥议。

三、中国现有火车道，拟自山海关续造至奉天盛京城，由盛京接续至吉林，倘中国日后有不便即时造此铁路者，准由俄国备赀，由吉林城代造，以十年为期赎回。至铁路应由何路起造，均照中国已勘定之道，接续至盛京，并牛庄等处地方止。

四、中国所拟续造之火车道，自奉天山海关，至牛庄，至盖平，至金州，至旅顺口，以及至大连湾等处地方，均应仿俄国火车道，以期中、俄彼此来往通商之便。

五、以上俄国自造之火车道，所经各地方，中国文武官员，不能随时保护周详，应准俄国专派马步营兵数队，驻扎各要站，以期妥护商务。

六、自造成各火车道后，两国彼此运进之货，其纳税章程，均准同治元年二月初四日，中俄陆路通商条约完纳。

七、黑龙江及吉林长白山等处地方，所产五金之矿，向有禁例，不准开挖。自此约定后，准俄国以及本国商民随时开采，惟须先行禀报中国地方官，具领护照，并按中国内地矿务条程，方准开挖。

八、东三省虽有练军，惟大半军营，系仍照古制办理，倘日后中国，欲将各省全行改仿西法，准向俄国借请熟悉营务之武员，来中国整顿一切，其章程，则与两省所请德国武员条程办理无异。

九、俄国在亚细亚洲无周年不冻之海口，一时该洲若有军务，俄国东海以及太平洋水师，诸多不便，不得随时驶行。今中国因鉴于此，是以情愿将山东省之胶州地方，暂行租与俄国，以十五年为限，其俄国所造之营房、栈房、机器厂、船坞等类，准中国于期满后，估价备赀购入。但如无军务之危，俄国不得即时屯兵据要，以免他国嫌疑。惟赁租之款，应如何办理，日后另有附条酌议。

十、辽东之旅顺口，以及大连湾等处地方，原系险要之区，中国极应速为整顿各事，以及修理各炮台等诸要务，以备不虞。既立此约，则俄国允准，将此二处相为保护，不准他国侵犯，中国亦允准，将来永不让与他国占踞。惟日后俄国忽有军务，中国准将旅顺口及大连湾等处地方，暂行让与俄国水陆军营泊屯于此，以期俄军攻守之便。

尼古拉二世像

十一、旅顺口、大连湾等处地方，若俄国无军务之危，则中国自行管理，与俄国无涉。惟东三省火车道，以及开挖五金矿诸务，准于换约后，即行便易施行。俄国文武官员，以及商民人等，所到之处，中国官员，理应格外优待保护，不得阻滞其游历各处地方。

十二、此约奉两国御笔批准后，各将条约照行，除旅顺口、大连湾及胶州诸款外，全行晓谕各地方官遵照。将来换约，应在何处，再行酌议。自画押之日始，以六个月为期，两国全权大臣议定，此约备汉文、俄文、法文约本各两份，画押盖印为凭。三国文字校对无讹，遇有讲论，以法文为准。(《光绪东华录》卷一三六)

光绪二十二年四月，俄皇尼哥拉斯二世加冕，命李鸿章为专使，王之春为副使。……九月，与俄订新约。时李鸿章尚未回国，俄使喀希呢持密约求总署奏请批准，约成，俄使贵族邬多穆斯契以报谢加冕使来北京，议立华俄银行，遂命许景澄与俄结华俄道胜银行契约，中国出股本银五百万两，与俄合办，别立中国东省铁路公司。又立条例九章，其第二章，银行业务之第十项，规定对于中国之业务，一、领收中国内之诸税；二、经营地方及国库有关系之事业；三、铸造中国政府允许之货币；四、代还中国政府募集公债之利息；五、布设中国内之铁道、电线，并订结东清铁道会社条约，以建造铁路，与经理事宜，悉委银行。(《清史稿·邦交志》一《俄罗斯》)

光绪二十二年1896年。……十二月，俄政府发布东清铁道公司条例三十条，其第一条云：该公司经中国政府之许可，即采掘与铁道连带或与铁道无关之煤矿，且同时得经营其他中国之矿业，及商工业。又其第八条云：为保护铁道及附属物之地段内之秩序起见，该公司委任警察部执行其事，因此该公司得制定铁道之警察规则。(叶景莘《撤废势力范围论》二)

光绪二十三年1897年。十一月，俄以德占胶州湾为口实，命西伯利亚舰队入旅顺口，要求租借旅顺、大连二港，且求筑造自哈尔滨至旅顺之铁道权。……二十四年1898年。……三月初六日，……遂订约，将

旅顺口及大连湾暨附近水面租与俄。(《清史稿·邦交志》一《俄罗斯》)

光绪二十四年戊戌1898年。闰三月……庚午，中俄会订续约成。……第一款，按照原约第二条，租与俄国之旅顺口及大连湾、辽东半岛陆地，其北界应从辽东西岸亚东湾之北起，穿过亚东山脊，山脊亦在俄国租地内。至辽东东岸皮子窝湾北尽处止，租界附近水面，及陆地周围各岛，均准俄国享用。……第二款，从第一款所定地段北界起，应照北京约第五款所定隙地，其北界线，应从辽东西岸盖州河口起，经岫岩城北至大洋河，沿河左岸，至河口，此河在隙地内。第三款，俄国国家允西毕利铁路通接辽东半岛之枝路末处，在旅顺口及大连湾海口，不在该半岛沿海别处。又公同商定，此枝路经过地方，不将铁路利益给与别国人。……第五款，中国国家允认：一、非俄国应允，不将隙地地段让与别国人享用；二、不将隙地东西沿海口岸，与别国通商；三、非俄国应允，不将隙地地段内造路、开矿及工商各利益让给。(《光绪东华录》卷一四四)

光绪二十五年1899年。三月……乙亥，户部尚书王文韶、工部左侍郎许景澄，与俄国驻使臣格尔思，议立勘分旅顺大连湾租界专条八款，成。……第六款，辽东半岛，租借地陆地北界，纬线以北，在隙地内，东西岸附近水面各岛，均应照华历光绪二十四年三月初六日、俄历一千八百九十八年三月十五日。条约第五款，暨华历光绪二十四年闰三月十七日、俄历一千八百九十八年四月二十五日续约第五款，所定隙地办法。第七款，按照北京俄国使署，与总理各国事务衙门商定，所有辽东半岛以南，庙群各岛，不归租借之内。而中国允认，不能将该全岛或一二岛让与别国及别国之人，或永远或暂行享用，并不能在此群岛开设通商口岸，亦不能在此各岛，准与他国人民造铁路、开矿及工商利益各事。(《光绪东华录》卷一五三)

光绪二十五年1899年，……俄以辽东租借地为关东省。(《清史稿·邦交志》一《俄罗斯》)

光绪二十八年，……翌年二十九年。三月，第二期金州、牛庄、辽阳、奉天、铁岭、开原、长春、吉林、宁古塔、珲春、阿拉楚喀、哈尔滨驻扎之俄兵，仍不如期撤退，代理北京公使布拉穆损，向外务部新要求七款，拒之。……会俄使雷萨尔复任，复提新议五款，宣言

东省撤兵断不能无条件,纵因此事与日本开战,亦所不顾。(《清史稿·邦交志》一《俄罗斯》)

光绪二十九年,至第二期撤退东三省俄兵之际,俄人要求东三省不割让他国,行政、军事不得聘俄国以外之人等各项,继复要求,凡东三省中国经营之事业,与中俄共同事业,悉由道胜银行贷资,营税关事务,委托道胜银行管理二十年。奉天、吉林设交涉局,由中俄两国委员组织之。关于两省政治、军事、经济、卫生、司法等事,互相协商办理。自北京经张家口、库伦至恰克图之铁道,由道胜银行修造之。西藏西北部,行中俄协同行政制度,盖直欲由享有势力范围,进而割据长城以北矣。(叶景莘《撤废势力范围论》二)

【德国】

光绪二十四年1898年。二月……戊辰,中德胶澳租界条约成,其文曰:"山东曹州府教案,现已商结,中国另外酬德国前经相助之谊,故大清国国家、大德国国家……和衷商定专条,开列于左。第一端,胶澳租界。……第二端,铁路、矿务等事。第一款,中国国家允准德国,在山东省盖造铁路二道,其一,由胶澳经过潍县、青州、博山、淄川、邹平等处,往济南及山东界;其二,由胶澳往沂州,及由此处经过莱芜县,至济南府。其由济南府往山东界之一道,应俟铁路

青岛的德式建筑

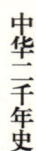

造至济南府后，始可开造，以便再商与中国自办干路相接。此后段铁路经过之处，应于另立详细章程内定明。第二款，盖造以上各铁路，设立德商、华商公司，……各自集股，各派妥员领办。……第四款，于所开各道铁路附近之处，相距三十里内，……允准德国开挖煤斤等项，及须办工程各事，亦可德商、华商合股开采。……第三端，山东全省办事之法，在山东省内，如有开办各项事务，商定向外国招集帮助为理，或用外国人，或用外国资本，或用外国料物，中国应许先问该德国商人等，愿否承办工程、售卖料物。如德商不愿承办此项工程，及售卖料物，中国可任凭自便另办，以昭公允。(《光绪东华录》卷一四三)

光绪三十年，与德会订小清河岔路合同。初胶济铁路章程原不许擅行另造枝路，今为商务便利计，特委胶济铁路公司代办。(《清史稿·邦交志》五《德意志》)

【日本】

日本割据台湾，遂窥闽省，光绪二十四年，亦要求福建省及沿海一带，不得租借割让于他国，我国亦承认之。(叶景莘《撤废势力范围论》二)

光绪三十一年1905年，日战胜俄，两国议和，政府令外务部照会日、俄，谓关涉中国之事，若中国不与闻者，中国将来断不承认。是年十一月二十六日，外务部庆亲王奕劻，与日本大使小村寿太郎、公使内田康哉订新约，正约三款，……附约十二款。(《清史稿·邦交志》六《日本》)

附约……第六款，中国政府允将由安东县至奉天省城所筑造之行军铁路，仍由日本国政府接续经管，改为专运各国工商货物。自此路改良竣工之日起，以十五年为限，……届期，……估价售与中国。……第七款，中日两国政府，为图来往输运均臻兴旺便捷起见，妥订南满洲铁路，与中国各铁路接联营业章程。……第八款，中国政府允南满洲铁路所需各项材料，应豁免一切税捐厘金。第九款，所有奉省已开办商埠之营口，暨虽允开埠尚未开办之安东县、奉天府各地方，其划定日本租界之办法，应由中日两国官员，另行妥商厘定。第十款，中国政府允许设一中日木植公司，在鸭绿江右岸地方，采伐木植，

……一切合办章程，应另订详细合同。………第十一款，满韩交界陆路通商，彼此应按照相待最优国之例办理。(《光绪东华录》卷一九七)

光绪三十二年，日本设立南满洲铁道株式会社，并于关东州置都督府，另设领事五人，总领事驻奉天。……三十四年，日使忽提出安奉铁道案，要求解决，……乃命锡良会同奉天巡抚程德全，与日本奉天总领事，缔结安奉铁道协约。此宣统元年七月事也。协约要目如左。一、中国确认前次两国委员勘定之路线，陈相屯至奉天一段，由两国再协议决定。二、轨道与京奉铁道同样。三、此约调印之当日，即协议购买土地，及一切细目。四、此约调印之翌日，即行急进工事。五、沿铁道之中国地方官，关于施行工事，应妥为照料。未几，间岛之争议又起，……日使伊集院彦吉，与外部尚书梁敦彦，……缔结间岛条约。……七、中国将吉长铁道延长至延吉南边界，与朝鲜会宁铁道联络，一切办理，与吉长铁道同。……

嗣议五案协约，即新法铁道，营口支线，抚顺、烟台炭矿，安奉铁道沿线，及南满铁道干路沿线之矿务是也。新法铁道者，新民屯至法库门之铁道，政府欲借英款筑造此路，以分南满铁道之势力，日本谓系南满铁道竞争线，极力抗议。营口支线者，光绪二十五年，东清铁道会社，规定筑造旅顺、哈尔滨间之铁道，得设营口支线，以运送材料，俟铁道落成后拆去。日俄战争后，南满铁道归日本，政府要求日本拆此支线，日本不允。抚顺炭矿距奉天城东六十里，日公使以此地炭矿为东清铁道附属品，利权应归日本，政府以炭山在东清铁道三十里外，不认为附属财产，日使不允，并烟台炭矿，均成悬案。因安奉铁道交涉，定约如下：一、中国如筑新法铁道时，当先与日本商议。二、中国允日本，营口支路俟南满铁道期限满，同时交还，并允将该支线，延长至营口新市街。三、中国承认，日本有开采抚顺、烟台两处炭矿之权，日本承认该两处开采之煤斤，纳税与中国，惟税率应按照中国他处最轻煤税之例，另行协定。其矿界及一切章程，亦另委员定之。四、安奉铁道沿线，及南满洲铁道干路沿线之矿务，除抚顺、烟台外，应按照光绪三十三年东三省督抚与奉天日本总领事议定之大纲，归中日合办。五、京奉铁道沿长至奉天城根一节，日本无异议。自此南满洲大势，遂一变矣。(《清史稿·邦交志》六《日本》)

十三　戊戌变政

（一）康梁之维新运动
甲、康有为之学说

康有为之师朱次琦，治学平实，兼综汉宋，而归本于经世，与有为行径不类。嘉庆中，治经者喜今文家微言大义之说，庄存与、刘逢禄、宋翔凤皆言《公羊》。龚自珍、魏源论时事，亦主今文。海通以后，外患日深，策时务者，若汤鹏著《浮丘子》，孙鼎臣著《刍言》，效之而有作者，无虑数十种，各抒其所见，渐趋于维新。光绪初，廖平传王闿运之学。有为与廖平为友，熟闻其《绪论》，以公羊改制，足为变法张目；自号长素，比于孔子之素王；且倡孔教，欲传之于世界，著《新学伪经考》，力攻刘歆窜改经文，而致疑于尧舜之有无，所以震撼一世，破其守旧之习；习知民权之说，主开国会立宪，较他人所言为得其要。当甲午前后，稍有知识者，无不日盼富强，而有为遂为之魁率。

康有为像

康有为，字广厦，号更生，原名祖诒，广东南海人。光绪二十一年进士，用工部主事。少从朱次琦游，博通经史。好公羊家言，言孔子改制，倡以孔子纪年，尊孔保教。（《清史稿·列传》二六〇《康有为传》）

光绪二年，1876年。十九岁，是年应乡试不售，愤学业之无成，邑有大儒朱九江先生，讳次琦，号子襄者，……乃请从之学。先生硕德高行，博极群书，……而其学平实敦大，……特重气节。……其教学者之恒言，则曰四行五学。四行者，敦行孝弟、崇尚名节、变化气质、检摄威仪，五学则经学、史学、掌故之学、性理之学、词章之学也。先生……强记博

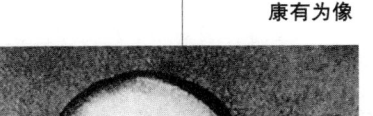

闻，每议一事、论一学，贯串今故，……发先圣大道之本，……扫去汉宋之门户，而归宗于孔子。……既从先生学，……日读宋儒书，及经说、小学、史学、掌故、词章，兼综而并鹜。……盖余家小有藏书，久好涉猎，读书甚多，但无门径，及一闻先生之说，与同学简君竹居，名朝亮。胡君少恺，名景棠。日上下其议论，即涣然融释贯串。……光绪五年1879年。二十二岁，……正月，遂入樵山，居白云洞。……编修张延秋先生，讳鼎华。与朝士四五人来游樵山，张君素以文学有盛名于京师者，至是见之，……由是订交焉。……自是来城访张君谈，则竟夕申旦，尽知京朝风气，近时人才，及各种新书，道、咸、同三朝掌故，皆得咨访焉。……吾自师九江先生，而得闻圣贤大道之绪，自友延秋先生，而得博中原文献之传。（《康南海自编年谱》）

光绪十六年，1890年。……三十三岁，春，居徽州会馆，……既而移家羊城之云衢书屋。……三月，陈千秋来见，六月，来及吾门，八月，梁启超来学。陈通甫又字礼吉，时读书甚多，能考据，以客礼来见，凡三与论《诗》、《礼》，泛及诸经，吾乃告之以孔子改制之意，仁道合群之原，破弃考据旧学之无用。礼吉恍然悟，首来受学。（《康南海自编年谱》）

梁启超字卓如，号饮冰，广东新会人，光绪十五年举人。从康有为受学，能属文。有为主维新，设保国会，启超为之奔走最力。二十四年，以六品衔办理译书局事务。事败，由日本人保护赴日本，设《新民丛报》，鼓吹立宪。辛亥，革命军起，袁世凯为内阁总理大臣，以启超为学部副大臣，不赴官，而应召归国。初，有为主保皇，与世凯寻仇，而启超主立宪，设进步党，与世凯合，遂与有为离。……卒于民国十八年，年五十六。（《松堪小记》）

光绪十年1884年。……二十七岁，……秋冬，独居一楼，万缘澄绝，俯读仰思，至十二月，所悟日深，因显微镜之万数千倍者，视虱如轮，见蚁如象，而悟大小齐同之理；因电机光线，一秒数十万里，

梁启超像

中华二千年史

而悟久速齐同之理。知至大之外尚有大者，至小之内尚包小者，剖一而无尽，吹万而不同。根元气之混仑，推太平之世，既知无来去，则专以现在为总持；既知无无，则专以生有为存存；既知气精神无生死，则专以示现为解脱；既知无精粗、无净秽，则专以悟觉为受用；既以畔援歆羡皆尽绝，则专以仁慈为施用。其道以元为体，以阴阳为用，理皆有阴阳，则气之有冷热，力之有拒吸，质之有凝，流形之有方圆，光之有白黑，声之有清浊，体之有雌雄，神之有魂魄，以此八统物理焉；以诸天界、诸星界、地界、身界、魂界、血轮界，统世界焉。以勇、礼、义、智、仁五运，论世宙，以三统论诸圣，以三世推将来，而务以仁为主。故奉天合地，以合国、合种、合教一统地球，……浩然自得，然后莫往莫来，因于所遇，无毁无誉，无丧无得，无始无终。……生死示现，来去无数，富贵贫贱，……皆所已作，故无所希望，无所逃避。其来现也，专为救众生而已，故不居天堂而故入地狱，不投净土而故来浊世，不为帝王而故为士人。不肯自洁，不肯独乐，不愿自尊，而以与众生亲，为易于援救。故日日以救世为心，刻刻以救世为事，舍身命而为之，……日号于众，望众从之，以是为道术，以是为行己。（《康南海自编年谱》）

《新学伪经考》，经林乐知译成英文，传于欧美，英国李格，附会其说，日本亦效之。盛言疑古，其意在否认中国为四千年文明首出之国家；后二十年疑古之风盛行于中国，则为倡导新文化，然是时康有为对于前此所说，多已自加否定矣。

> 光绪十七年1891年。……七月，《新学伪经考》刻成，陈千秋、梁启超助焉。（《康南海自编年谱》）

> 始作伪乱圣制者，自刘歆；布行伪经篡孔统者，成于郑玄。阅二千年……咸奉伪经为圣法，诵读尊信，奉持施行，违者以非圣无法论，亦无一人敢违者，亦无一人敢疑者。于是夺孔子之经以与周公，而抑孔子为传；于是扫孔子改制之圣法，而目为断烂朝报。六经颠倒，乱于非种，

《新学伪经考》书影

……以孔子天命大圣……蒙难遘闵，乃至此极，岂不异哉！且后世之大祸，曰任奄寺、广女色、人主奢纵、权臣篡盗，是尝累毒生民、覆宗社者矣，古无有是，而皆自刘歆开之，是上为圣经之篡贼，下为国家之鸩毒者也。夫始于盗篡者，终于即真；始称伪朝者，后为正统。……习非成是之后，丹黄乱色，甘辛变味，孤鸣而正易之，吾亦知其难也。然提圣法于既坠，明六经于暗智，刘歆之伪不黜，孔子之道不著，吾虽孤微，乌可以已。窃怪二千年来，通人大儒，肩背相望，而咸为瞽惑，无一人焉发奸露覆，雪先圣之沉冤，出诸儒于云雾者，岂圣制赫暗，有所待邪？不量绵薄，摧廓伪说，犁庭扫穴，魑魅奔逸，雾散阴豁，日魐星呀，冀以起亡经、翼圣制，其于孔氏之道，庶几御侮云尔。（康有为《新学伪经考》卷一）

乙、运动之经过

【公车上书】

光绪二十一年1895年。……（三月）十二日，偕卓如、梁小山入京，将至大沽，日人来搜船，当颇愤。……时旅顺已失，朝廷震动，……命大学士李鸿章求和，议定割辽台，并偿款二万万两。三月二十一日，电到北京，吾先知消息，即令卓如鼓动各省，并先鼓动粤中公车，上折拒和议，……于二十八日，粤楚同递。……台湾举人，垂涕而请命，莫不哀之。时以士气可用，乃合十八省举人于松筠庵会议，与名者千二百余人，以一昼二夜，草万言书，请拒和、迁都、变法三者。……至四月八日投递，则察院以既已用宝，无法挽回，却不收。（《康南海自编年谱》）

为安危大计，乞下明诏，行大赏罚，迁都、练兵，变通新法，以塞和款而拒外夷，保疆土而延国命，呈请代奏事。

窃闻与日本议和，有割奉天沿边，及台湾一省，补兵饷二万万两，及通商苏杭，听机器洋货流行内地，免其厘税等款，此外尚有献俘、迁民之说，……天下震动，……都人惶骇。又闻台湾臣民，不敢奉诏，思戴本朝。……伏乞皇上，下诏鼓天下之气，迁都定天下之本，练兵强天下之势，变法成天下之治而已。

何谓鼓天下之气也？……伏乞皇上近法列圣，远法禹汤，时下明诏，责躬罪己，……激厉天下，同雪国耻，使忠臣义士，读之而流涕情发；骄将懦卒，读之而感愧怩怩。士气耸动，慷慨效死，……而岂有闻风哗溃者哉！……故罪己之诏宜下也。……凡辅佐不职，……主和辱国之枢臣，……丧师失地之将帅，……辱国通款之使臣，……守御无备之疆吏，或明正典刑，以寒其胆，或轻予褫革，以蔽其辜。……其余大僚尸位，……咸令自陈，无妨贤路，……此明罚之诏宜下也。……然后悬赏功之格，为不次之擢，……凡有高材，不次拔擢。天下之士，既怀国耻，又感知遇，必咸致死力，以报皇上，故求才之诏宜下也。……苟三诏既下，赏罚得当，士气咸伸，天下必距跃鼓舞，奔走动容，以赴国家之急。所谓下诏鼓天下之气者此也。

何谓定天下之本也？……方今旅顺已失，威海既隳，险阻无有，京师孤立，……故今日大计，必在迁都。……以今事言之，吾所以忍割地弃民者，为保都畿、安乘舆也。夫王者有都，以治天下耳，岂有割天下以保都城，而恃为至计哉！……皇上既讲明利害，远之防诸国之联镳，近之拒日本之胁制，急断乃成。……即日移驾，奉皇太后，巡于陕西，……择亲藩之望重者，留守旧京。……日人虽欲轻兵相袭，数日乃抵津沽，而我大兵云集都畿，犹可一战。……以二万万之费，改充军饷，示之以虽百战百败，沿海糜烂，必不为和，日本既失胁制之术，即破旧京，不足轻重，必不来攻，都城可保，或俯就驾驭，不必割地，和议亦成，即使不成，可以言战矣。故谓迁都以定天下之本者此也。

何谓强天下之势也？……兵者国之甲胄也，……大国练兵至百余万，……而我犹守大一统之旧制以待之，不训兵备，至有割地款和之事。今日氛未已，不及精练，然能将卒相知，共其甘苦，器械精利，

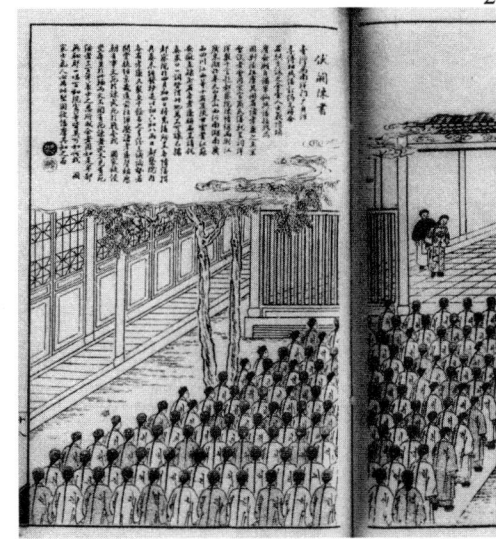

公车上书

卷五 明清

壮其胆气，亦可自用，选将购械，犹可成军。……今请更练重兵，以待敌变。……宜选精于制造、操守廉洁之士，专购英黎姆斯枪十数万，以备前敌，并广购毒烟空气之炮，御敌之衣，庶器械精利，有恃无恐。……所谓练兵以强天下之势者此也。

然凡上所陈，皆权宜应敌之谋，非立国自强之策也。伏念国朝法度，因沿明制数百年矣。物久则废，器久则坏，法久则弊。……变之之法，富国为先。……夫富国之法，有六，曰钞法，曰铁路，曰机器、轮舟，曰开矿，曰铸银，曰邮政。今奇穷之余，急筹巨款，而可以聚举国之财，收举国之利，莫如钞法。令天下银号，报明资本，皆存现银于户部，及各省藩库，户部用精工制钞，自一至百，量其多少，皆给现银之数，而加其半。……巨商乐借国力，富户不患倒亏，以十八省计之，可得万万，……上下相通，……要需可以立办。……钞票通行，可扩商务，……此钞票宜行一。可缩万里为咫尺，合旬月于昼夜，便于运兵，便于运械，便于赈荒，便于漕运，便于百司走集，便于庶士通学，便于商贾运货，便于负担谋生，便于通言语、一风俗，……莫如铁路。……此铁路宜行二。机器厂可兴作业，小轮舟可便通达，……宜纵民为之，并加保护。……此机器轮舟宜行三。……美人以开金银之矿，富甲四海，英人以开煤铁之矿，雄视五洲。……而藏富于地，中国为最，……宜开矿学，专延比人教之，且为踏勘，购械器以省人工，筑铁路以省转运，……选才督办，而无滥私人，则吾金银煤铁之富，可甲地球。此矿务宜开四。……自濠镜通商，洋银流入中国，……每岁运入约数百万，进口无税，八成夹铅，而换我足银，市价涨落，……多方折耗，是谓大漏卮。……今广东已开局铸银，……请饬下户部，预筹巨款，并令各直省，皆开铸银局，……改铸钱两。令严而民信，可以塞漏卮，……此铸银宜行五。我朝公牍文移，谕旨奏折，皆由塘驿汛铺传递，而军务加紧，又有驿马遍布天下，设官数百，养夫数万，岁费帑三百万两，而民间书札不得过问。……查英国有邮政局寄带公私文书，……而岁入一千六百余万，我中国人四万万，书信更多，若设邮政局以官领之，……而进坐收千余万之款，退可省三百万之驿，……此邮政宜行六。

此六者国不患贫矣，然百姓匮乏，国无以为富也。……

养民之法，一曰务农，二曰劝工，三曰惠商，四曰恤穷。……吾地大物博，但讲之未至，宜命使者，择其农书，遍于城镇；设为农会，督以农官。……比较则弃楛而从良，鼓舞则用新而去旧，农业自盛。若丝茶为中国独擅，……宜设丝茶局，开丝茶学会，力求振兴。……其余东南种棉蔗，西北讲牧畜，……以及沙漠可以开河种树，海滨可以渔网取鱼，……宜有以鼓劝之。此务农宜行一也。……宜令各州县咸设考工院，译外国制造之书，选通测算学童，分门肄习，……凡有新制绘图贴说，呈之有司，验其有用，给以执照，旌以功牌，许其专利。……劝工之法，莫善于此，此劝工宜行二也。……宜特设通商院，派廉洁大臣长于理财者，经营其事，令各直省设立商会、商学、比较厂，而以商务大臣统之，上下通气，通同商办，庶几振兴。……然后蠲厘金之害，以慰民心；减出口之税，以扩商务，……故惠商宜行三也。……其余穷困无业，游散无赖，所在皆是，京师四方观望，而乞丐遍地，其他孤老残疾，无人收恤，废死道路，日日而有。……恤之之法，一曰移民垦荒，西北诸省，土旷人稀，东三省、蒙古、新疆，疏旷益甚，……移有三，曰罪遣，……曰认耕，……曰贸迁。……二曰教工，……宜令州县设立警惰院，……凡无业游民，皆

康有为故居

入其中，择其所能，教以艺业。……其乞丐之非老弱残疾者，咸收于外院，工作如之。……三曰养穷，鳏、寡、孤、独、疲癃、残疾、盲、聋、喑哑、断者、侏儒，民之无告，……宜令各州、县、市、镇、聚落，并设诸院，咸为收养。……民心固结。……故恤穷宜行四也。……

夫才智之民多则国强，才智之士少则国弱。……今宜改武科为艺学，令各省州县，遍开艺学书院，凡天文、地矿、医、律、光、重、化、电、机器、武备、驾驶，分立学堂，而测量、绘图、语言、文字皆学之。选学童十五岁以上，入堂学习，仍专一经，以为根本，延师教习，各有专门，学政有司，会同院师，试之以经题一论，及专门之业，通半中选，不限名额，得荐于省学，谓之秀才，……五年不成者出学。省学、书器益多，见闻益广，学政督抚，会同其院师，每岁试其专门之业，增以经一论史一考，掌故一策，通半中选，不限名额，贡于京师，谓之举人，五年不成者出学。京师广延各学教习，图器尤盛，每岁总裁礼部会同大教习试之，其法与省学同，不限名次，及半中选，谓之进士，三年不成者出学。……其文科童试，即以经古场为正场，自占经解一，专门之学一；二场试四书文一，中外策一，诗一亦，及格即取，不限名额。……其乡会试，头场四书义一，五经解一，诗一，纵其才力，不限格法，……但在讲明义理，宗尚孔子，二场掌故策五道，三场问外国考五道，及格者中，不限名额，殿试策问，不论楷法，但取直言极谏、条对剀切者入翰林，其文科、艺科，愿互应者听。其有创著一书，发明新义，确实有用者，皆入翰林，进士授以检讨，举人授以庶吉士，诸生授以待诏。如是……则人才皆可胜用矣。……

而今官制太冗，俸禄太薄，外之则使才未养，内之则民情不达，……至于罾及监司，而吏治坏滥极矣。今请首停捐纳，乃改官制，用汉世太守领令长之制，唐代节度兼观察之条，每道设一巡抚，上通章奏，下领知县，以四五品京堂及藩臬之才望者充之；其知县升为四品，以给、御、编、检、郎、员及道府之爱民者授之。其巡抚之下，增置参议、参军、支判，凡道、府、同、通，改授此官；其知县之下，分设公曹、决曹、贼曹、金曹，以州县进士，分补其缺。其余诸

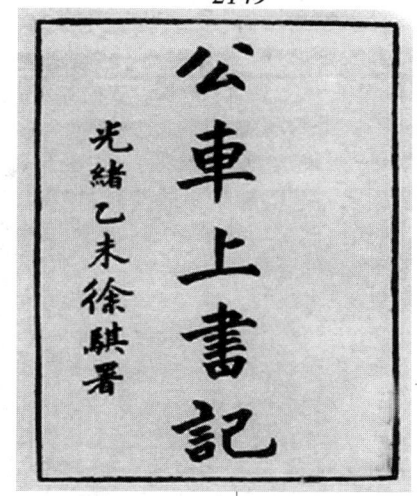

吏,皆听诸生考充,渐拔曹长,行取郎官。其上总督,皆由巡抚兼管。……三老之乡官,各由民举。……其京官,则太常、光禄、鸿胪,可统于礼部,大理可并于刑部,太仆可并于兵部,通政可并于察院,其余额外冗官,皆可裁汰。各营一职,不得兼官。章京领天下之事,宜分以诸曹。翰林为近侍之臣,宜轮班顾问。部吏皆听举贡学习,以升郎曹。通政准百僚奏事,以开言路。骈枝既去,宦途甚清,以彼冗縻,增此廪禄,令其达官有以为舆马仆从之费,……其小吏有以为仰事俯畜之用。……若用魏隋之制,予以世禄之田,既体群臣,庶多廉吏。……今宜立使才馆,选举贡、生、监之明敏有才者,入馆学习,其翰林部曹,愿入者听。各国语言、文字、政教、律法、风俗、约章,皆令学习,学成,或为游历,或充随员,出为领事,擢为公使,庶几通晓外务,可以折冲。……夫中国大病,首在壅塞。……伏乞特诏,颁行海内士民,令公举博古今、通中外、明政体、方正直言之士,略分府县,约十万户而举一人,不论已仕未仕,皆得充选,因用汉制,名曰议郎。皇上开武英殿,广悬图书,俾轮班入直,以备顾问,并准其随时请对,上驳诏书,下达民词。凡内外兴革大政,筹饷事宜,皆令会议于太和门,三占从二,下部施行,所有人员,岁一更换,若民心推服,留者领班,著为定制,宣示天下。……天下鼓舞奔走,能者竭力,富者纾财,……君民同体,……中国一家。……

　　合四万万人之心以为心,天下莫强焉,……何至含垢忍耻,割地款于小夷哉?及今为之,犹可补牢,苟徘徊迟疑,……因循守旧,……则诸夷环伺,……迟之期月,事变必来。……近日土耳其为回教大国,不变旧法,遂为六大国割地废君,而柄其政。日本一小岛夷耳,能变旧法,乃能灭我琉球,侵我大国,前车之辙,可以为鉴。……伏惟皇上,……历鉴覆辙,独奋乾纲,勿摇于左右之言,勿惑于流俗之说,破除旧习,更新大政,宗庙幸甚,天下幸甚。……举人等草茅疏逖,何敢妄陈大计,自取罪戾。但同处一家,深虞胥溺,……用敢竭尽其愚,惟皇上采择焉。(康有为《公车上书记》)

公车签名表

省	人名						人数
吉林	德懋						一
直隶	刘世骏 邢霁云 刘晋荣 王恩澎 李恩铭 郭好苏	何之镕 郑蜀江 薛士鸿 孙同荣 张权 牛桂荣	王闸元 姚曰焜 马文煜 魏景僖 刘以榕	刘福田 德善 刘铜 同书 吴毓福	孙植 桑魁卯 张保衡 梁秉鑫 郑士林	杨月村 文元 孙豫桐 王阔城 吕寿铭	贾恩绂 王六德 王恩翰 袁励廷 文成	三七
江苏	徐普 周钺 王凤璘 张继良 唐浩镇 廉泉 姜汝谟	陈世垣 罗宏洞 刘元炳 陈恩洽 刘廷弼 汪曾武 左运奎	郭嘉禾 吴廷锡 张男寅 许士熊 缪抡俊 周召齐 曹元忠	王嘉宾 吴眺 胡同颍 杜嗣程 孔揆均 胡祥鑠 徐秉瑱	金还 王孝达 卞汝方 钱树声 华承谟 程祖蔚 范蠡	濮贤恒 濮人骥 俞复 吴曾溪 吴廷燮 秦曾潞	王禄孙 冯诚求 高翔 朱柏 沈恩孚 茅谦	四七
安徽	李汝稚 何云蔚	胡嘉楷	胡腾迻	刘景埔	胡殿元	何承培	何其纯	八
山西	柴淇 常立教	靳绍祖 李鉴堂	葛尔寿 王仪通	崔养锋	张泰纯	宁绳武	王润章	一〇
陕西	常鼎馨 吴星映 王延 乔柏荫 雷光甸 孔繁荫 宋应相 刘光铣	惠常煜 申典钦 郑书同 孙炳麟 校培乙 刘肇复 步绍曰 刘映藜	杨汝春 陈良均 李福善 曹步章 桂嘉会 常懋德 张继忠 赖清键	雷运午 窦牛虚 曹邦彦 曹宏参 张经寅 刘化南 朱陶 蒯培元	吕国治 张效敏 雷延寿 似树森 胡永荣 赵鼎泉 吴琮 陈爵	崔志远 陈名扬 张镇岳 吴兴敬 张彪 余鼎臣 王炳蔚 高士龙	高福荫 王建 温恭 胡均 谢仁泳 洪祥麟 丁兆松	五五
甘肃	李于锴 马文蔚 李增秾 苟萃珍 秦望澜 马轧德 谢邦彦 张一心 赵养廉	王汝贤 彭汝翼 王国麒 孙云锦 李凤来 史彰 高守愚 张耀南 蒲春霖	陈协华 吴海净 张廷政 梁寓冕 李煓 陆云锦 罗经权 苏源泉 王从乾	张思永 赵鼎臣 王世相 蔡绳仲 张自诚 黄元清 赵元贵 柳逢源 刘文炳	侯垣 卢殿魁 张溥 刘兆庚 李其骏 仙鹏 李象贤 严恩荣 黄居中	魏鸿仪 蒲茂 牟缵绪 梁士选 王仪乾 聂湜 苏曜泉 钱旭东	张振麒 丁俊 郭肇煃 孙毓英 魏命侯 王墍械 滕钫 安启桢	六一
福建	董元亮 胡兆铨	任承纪	董玉林	胡序铨	李景骧	黄家琮	朱勋	八
江西	陈鹏运	陈鹗运						二
湖北	黄庆曾	夏良材	宋均平	董昌达				四
湖南	刘锽	曾熙	戴展诚	曾纪先				四

续表

省	人　名							人数
四川	张联芳 李友梁 罗鸿藻 李之实 汪世杰 谢刚国 刘轧 刘纵之 贺伦修 李宗模 杨巨川	杨道南 郭瀚 欧阳薰 陈礼 陈正学 杨宜瀚 邓云卿 谢璋 王大尧 周炳煃	周铣 蓝光策 刘秉元 贺云骧 张可均 赖毓灵 刘焯 李作枢 罗组香 王晋涵	邓代聪 曾鉴 龚经佶 李植 杨永澂 刘济普 罗泰莹 倪文炳 盛时赓 戴锡章	吴昌祁 凌开运 严崇经 周鸿志 洪尔振 张梦笔 廖世英 湛凤翔 洪子祁 曾忠上	秦渐和 李本筼 蓝光第 吴琳 曹兴杰 林秉钧 杨绍荣 胡光大 吕廷桢 胡峻	赖作楫 张继善 杨锐 万正常 曾思慎 张西铭 王濬道 王鲤 李树德 岳嗣佺	七一
广东	周元兰 潘志和 谭资鉴 谭镳 黎宗保 林廷资 陈谟 陈祺年 梁启超 周恩镐 梁冠澄 湛书 梁泮	周发祥 吴世泰 魏宗弼 梁朝杰 林树埔 谢荣熙 陈桂荣 黄烜林 李伯兴 麦葆元 莫寿彭 林缵统 颜绍泽	冼瑞琪 何祖濂 张元钰 司徒澜 江孔殷 张思泽 郭金阳 黄桂瀛 关伯麟 潘宗尹 曾述经 刘彦芬	陈大照 何天衢 黄心龄 饶集蓉 赵纯熙 龚其奉 郑文桢 梁骥藻 林镜鎏 梁禹甸 黄恩荣 梁念祖	何宗愈 朱珩 冯祥光 郑润霖 马銮光 莫洳鈫 陈启人 冯元鼎 赖际熙 陆寿昌 黄立权 潘焱熊	刘庆骐 李均琦 钟荣光 麦孟华 颜贻泽 江慎中 徐廷杰 梁知鉴 陈廷选 谢锡勋 侯家骥 陈敬彭	麦劭祥 左公海 冯焕章 林宪 王寿慈 谢晋勋 梁金鳌 陆锡骐 招卓华 杜士琮 吴荃选 叶衍蕃	八六
广西	周炳蔚 陈荃征 俸肇祥 罗启璜 谢显球 李惟寅 吴兆梅 李国材 朱永观 黄凤仪 施献瑄 杨超伦 杨书田 朱贤缙 陈松	谢经成 李益源 范晋藩 文同书 苏鋆 高柱国 黄熊祥 袁维瀚 周纪凤 罗朝纶 黄家崇 何源毓 胡梅 廖鸿年	梁全士 吕增荣 朱椿林 吕凤仪 林世焘 莫鸿裁 陈德三 朱远绥 于凤翔 雷智龙 黎肇熙 郑干材 左庆欣 周经宗	黄得琮 汤宏业 甘乃调 苏奇华 王国梁 王子俊 卢荣恩 黄周 卢玉鑫 吕瑞燕 林伯桐 曾文鸿 朱贤志 凌天衢	黎士玛 韦锦恩 熊振翔 李识韩 黎效松 吕炳纶 张乃森 蒋德彰 江蕴深 黄冕 以庄 韦荫槐 谢宝树 黎启勋	邹戴尧 黄世泝 秦钟毓 杨杰 陈书 莫建宰 朱远缮 刘楷 杨裕达 胡建恭 陈绍湘 钟朝纲 冯希京 苏汝佶	伍登元 陈慕沅 杜元椿 赵元杰 王国瑞 李庆光 刘懋官 黄祥光 蒋士奇 雷廷珑 施献璜 黄经垣 程式谷 谢光埔	九九
云南	王佩玱 徐新德 胡开云	白嘉澍 陈玉相	段荣嘉 沈鎜章	张锴 陈永锟	程梧 缪云章	蓝和光 钮尚质	赵鹤龄 詹太和	一五

续表

省	人　名							人数
贵州	黄钟杰	李瑞荣	谢沛泽	喻熙箴	伍襄钧	吴鹤书	张尧煦	九五
	曾鹏星	陈其铸	杜树棻	胡嗣芬	谈定安	葛明远	罗廷珍	
	寥　杭	申德渠	萧子鉴	萧正和	黄泽书	谢承珪	黄　明	
	李端荣	陈凤仪	周之麟	周　祜	谭沛林	周守彬	张致安	
	杨　绶	王崧寿	李端槩	吴懋卿	姜兴胄	车鸣桢	李端检	
	杨锡谟	蒋夔奇	彭汝寿	胡　俊	周学海	吴廷璧	犹朝选	
	柳元翘	徐培中	丁汝寯	王　勋	陈文焘	杨懋林	赵昌麒	
	顾福基	颜德辉	杨国栋	罗会恕	陈燸厚	张可瑛	张鸿逵	
	吕钧璜	杨树琪	申元熙	张清华	张煦春	陈明清	白子钊	
	戴仁禄	傅　夔	胡纪辰	王玉梁	徐致和	乐嘉藻	何庆崧	
	樊　瑗	黄厚成	白赞元	李绍莲	彭秀章	艾应芳	赵永霖	
	王智元	蒯兆庚	吴见举	刘廷魁	丁树铭	向日葵	犹海龙	
	吴正枢	魏祚臣	杨元龙	孔繁华	聂树奇	吴　鹏	杨鸿鬻	
	熊滨臣	董玉林	聂树楷	马治源				
附记	《康南海自编年谱》谓十八省举人千二百余人，光绪二十一年文陞阁刻本《公车上书记》只有十六省凡六百三人。							

【强学会——保国会】

中国风气，向来散漫，……思开风气，开知识，非合大群不可。……合群，非开会不可。在外省开会，则一地方官足以制之，非合士大夫开之于京师不可，既得登高呼远之势，可令四方响应，而举之于辇毂众著之地，尤可自白嫌疑。故自上书不达之后，日（光绪二十一年乙未1895年。五月）以开会之义，号之于同志。……沈子培刑部，陈次亮户部，皆力赞此举。七月初，与次亮约集客，若袁慰亭世凯、杨叔峤锐、丁淑衡立钧及沈子培、沈子封兄弟、张巽之孝谦……即席定约，各出义捐，一举而得数千金，即举次亮为提调，张巽之帮之，……举吾草序文及章程，与卓如拟而公商之。……于是三日一会于炸子桥嵩云草堂，来者日众。翰文斋愿送群书，议开"书藏"于琉璃厂，乃择地购书，先属孺博出上海办焉。……时英人李提摩太亦来会，……英美公使愿大助西书及图器，规模日广，乃发公函于各督抚，刘坤一、张之洞、王文韶各捐五千金，乃至宋庆、聂士成咸捐数千金。士夫云集，将俟规模日廓，开书藏，派游学游历。……于是大学士徐桐、御史褚成博皆欲劾奏，沈子培、陈次亮皆来告，促即行，乃留卓如办事，而以八月二十九日出京。（《康南海自编年谱》）

九月……十五，入江宁，……说张香涛开强学会。香涛颇以自任，隔日一谈，每至夜深，香涛不信孔子改制。……与黄仲弢、梁星海议章程，出上海刻之，而香涛以论学不合背盟，电来属勿办，则以会章大行，不能中止告。乃开会赁屋于张园旁，远近响应，而江宁一切不来，处处掣肘，即无杨崇伊之劾，亦必散矣。……吾以十二月，……急须开报，以用孔子纪年，及刊上谕事，江宁震动，适有京师劾案，遂借此停止。(《康南海自编年谱》)

光绪二十一年1895年。乙未十二月初七日，……言者以城南强学会，为结党敛钱，大干法纪，有寄谕，令都察院封禁，盈廷之是非如此。……十四日，……沈子封来，南城因封禁强学会，众汹汹有烦言。(翁同龢《翁文恭公日记》)

时欲续强学会之旧，先与乡人士开会，曰粤学会，于(光绪二十三年1897年。丁酉)十二月十三日，在南海馆创办，京友集者二十余人，……乃令丁叔雅，佐寿百福，成知耻会。(《康南海自编年谱》)

光绪二十四年1898年。有为立保国会于京师。(《清史稿·列传》二六〇《康有为传》)

以公车咸集，欲遍见其英才，成一大会，以伸国愤。……李木斋

北京强学会遗址

亦来言开会事。卓如新在湖南开南学会，极盛，时扶病来京，幼博康广仁以医卓如故，同寓三条胡同金顶庙，乃定于（光绪二十四年三月）二十二日，开保国会于粤东馆，为草定章程，士夫集者数百。……二十五日，再集于崧云草堂，二十九日，再集于贵州会馆，人皆逾百数。是时各省人士，应时开会，保滇会、保浙会继起，人数皆逾百数。当是时，公车如云，来见者日数十，座客填塞，应援不暇，分日夜之力，往各会宣讲。……吏部主事洪嘉与者，……三来拜，不得遇，阍者忘其居址，又不答拜，洪以为轻己，……乃草《驳保国会议》，谓吾将欲为民主教皇，刻数千本，遍投朝贵，于是谤言益沸，乃停会。而四方之士，投书预会者纷纷，于是李盛铎参保国会以求自免。四月初七日，潘庆澜附片，劾吾聚众不道，上曰："会为保国，岂有不善，……"时御史黄桂鋆，劾保滇会、保浙会，并及保国会，皆洪嘉与为之云，于是谤言塞途，宾客至交，皆避不敢来，……与三月时，成两世界矣。（《康南海自编年谱》）

自胶州旅顺既割，京师人人震恐，……于是康有为既上书求变法于上，复思开会振士气于下，于是与□□□等开粤学会，与杨锐等开蜀学会，与林旭等开闽学会，与杨深秀□□□等开陕学会。……于时会试期近，公车云集，御史李盛铎，乃就康谋，欲集各省公车，开一大会，康然之，是为保国会议之初起。康复欲集京官之有志者，李不谓然，后卒从康议，于三月二十七日，《康南海自编年谱》作二十二日。在粤东会馆第一集，到会者二百余人。时会中公推康及李及□□□□□□等演说，而李以事后至。是日公拟保国会章程三十条，今录于下。一、本会以国地日割，国权日削，国民日困，思维持振救之，故开斯会，以冀保全，名为保国会。二、本会遵奉光绪二十一年闰五月二十七日上谕，卧薪尝胆，惩前毖后，以图保全国地、国民、国教。三、为保国家之政权土地。四、为保人民种类之自立。五、为保圣教之不失。六、为讲内治变法之宜。七、为讲外交之故。八、为仰体朝旨，讲求经济之学，以助有司之治。九、本会同志，讲求保国、保种、保教之事，以为论议宗旨。十、凡来会者，激厉愤发，刻念国耻，无失本会宗旨。十一、自京师、上海，设保国总会；各省、各府、各县，皆设分会，以地名冠之。十二、会中公选总理若干人，值

理若干人，常议员若干人，备议员若干人，董事若干人，以同会中人多推荐者为之。十三、常议员公议会中事。十四、总理以议员多寡决定事件推行。十五、董事管会中杂事，凡入会之事，及文书会计一切诸事。十六、各分会每年于春秋二八月，将各地方入会名籍寄总会。十七、各地方会议员，随其地情形，置分理议员约七人。十八、董事每月将会中所收捐款登报。十九、各局将入会之姓名、籍贯、住址、职业，随时登记，各分局同。二十、欲入会者，须会中人介之，告总理、值理，察其合者，予以入会凭票。二十一、入会者，若心术品行不端，有污会事者，会众除名。二十二、如有意见不同，准其出会，惟不许假冒本会名滋事。二十三、入会者人捐银二两，以备会中办事诸费。二十四、会期有大会、常会、临时会之分。二十五、来会者不论名位学业，但有志讲求，概予延纳，德业相劝，过失相规，患难相恤，务推蓝田乡约之义，庶自保其教。二十六、捐助之款，写明姓名爵里，交本会给发收条为据。本会将姓名、爵里、学业、寄寓，按照联票号数，汇编存记，联票皆有总理、值理及董事图章。二十七、来会之人，必求品行心术端正明白者，方可延入。本会中应办之事，大众随时献替，留备采择。倘别存意见，或诞妄挟私，及逞奇立异者，恐其有碍，即由总理、值理、董事诸友，公议辞退。如有不以为然者，到本会申明，捐款照例充公，去留均听自便。二十八、商董兼司帐，须习知贸易、书籍情形及刷印文字者，充其选，必须考查确实，一秉至公。倘涉营私舞弊，照例责赔，经手之董事、会友，凡预有保荐之力者，亦须一律议罚。二十九、本会用项，概由值董核发，如有巨款，在千数百金以上者，须集齐公议，方准开支。收有成数，择殷实商号存储，立折支取，如存数渐多，亦可议生利息。发票之期，按几日为限，由值董眼同经理。三十、总理董事，均仗义创办，不议薪资，将来局款大盛，须专请人办理，始

梁启超诗稿墨迹

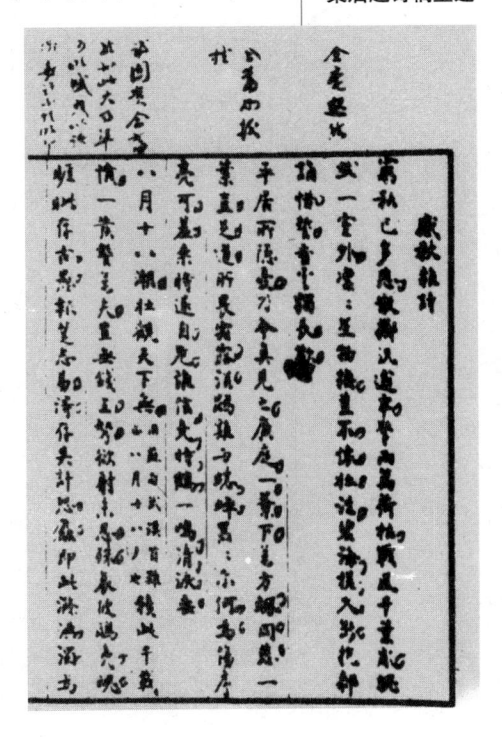

议薪水。惟撰报、管书、管器、司事、教习、游历、司帐，酌量给予薪水。（梁启超《戊戌政变记》）

【新政建议】

今行世戊戌奏议，多足以表其所见，然自撰或他人代撰，或已上或仅为拟稿，则未分别注出。

尚书李端棻，学士徐致靖、张百熙，给事中高燮曾等，先后疏荐有为才，至是始召对。有为极陈四夷交侵，覆亡无日，非维新变旧，不能自强，变法须统筹全局而行之，遍及用人行政，上叹曰："奈掣肘何？"有为曰："就皇上现有之权，行可变之事，扼要以图，亦足救国。唯大臣守旧，当广召小臣，破格擢用。并请下哀痛之诏，收拾人心。"上皆颔之，……命在总理衙门章京上行走，特许专折言事，……有为连条议以进。（《清史稿·列传》二六〇《康有为传》）

请勿下部议，特发明诏，立废八股，其乡试、童试，请改试策谕，……俟学校尽开，徐废科举，……并罢试帖，严戒考官，勿尚楷法。（《南海先生戊戌奏稿》）

乞立下明诏，停止弓刀石武试，……广设武备学校，……派……学生就学德、日兵校，……归教兵学，且统戎旅。（《南海先生戊戌奏稿》）

请皇上统筹全局，商定政体，……草具纲领条目，……特御干清门，大集群臣，……布告天下，……革旧……维新，……开制度局于内廷，选天下通才任之，皇上亲临，日共商榷。（《南海先生戊戌奏稿》）

请……乡立小学，令民七岁以上皆入学，县立中学，其省、府能立专门、高等学、大学，各量其力，皆立图书仪器馆，京师议立大学。（《南海先生戊戌奏稿》）

请在京师设译书局，……日本佳书，可大略皆译也，……派游学……欧美，……县二人，骤得三千游学生。（《南海先生戊戌奏稿》）

请……议奖创造新器，著作新书，寻发新地，启发新俗，……成大工厂以兴实业，开专门学以育人

《戊戌奏稿》书影

才。(《南海先生戊戌奏稿》)

请裁汰绿营，选改营勇为巡警，更仿照东西国兵制，大练新军。(《南海先生戊戌奏稿》)

乞设立教部教会，并以孔圣纪年，……所有淫祀，……皆以改充孔庙。(《南海先生戊戌奏稿》)

请停废漕运，……应发俸饷……每石折给四两，……岁余三千八百万两，……专用以兴筑铁路。(《南海先生戊戌奏稿》)

设巡警，整土田，行自治，举邮政，开学校，定法律，改判狱。……内政办成，略需一万万两。……陆军……七十万人，……须一万万两，……海军……须一万万两。……铁路……分筑三大干路，……须三万万两。臣统合计之，应须六万万两，……则可大借公债，……先办国家银行以募之，分立银行于纽约、伦敦，……以此六万万存贮于总银行，而改定金币，发行公债纸钞，增其倍数，听民间银行以实业押款。(《南海先生戊戌奏稿》)

请建……十都，……自新京及北京、盛京、兴京外，请建武昌为中京，……成都为西京，……广州为南京，……兰州或长安为西北京，……拉萨……为藏京，……伊犁或迪化……为西域京。(《南海先生戊戌奏稿》)

请断发易服，……改元为维新元年。(《南海先生戊戌奏稿》)

请裁撤厘金。(《南海先生戊戌奏稿》)

请定立宪开国会。(《南海先生戊戌奏稿》)

中国向用朝号，……伏惟今定国号，因于外称，顺乎文史，莫若用"中华"二字。(《南海先生戊戌奏稿》)

顷承恩命，以臣进呈所著各书，编写有劳，特赏给银二千两，微臣拜受。……臣窃闻礼部侍郎阔普通武奏请开国会，皇上欲毅然行之，大学士孙家鼐谏曰："若开国会，则民有权而君无权矣。"皇上曰："朕但欲救中国耳，若能有益于国民，则无权何害。"臣伏闻之，流涕、感泣曰："大哉圣人之言也！"……今欧日之强，皆以开国会、行立宪之故。皇上禽受嘉谟，毅然断行，此中国之福也。……请即定立宪为国体，预定国会之期，明诏布告天下。然宪法、国会条例至繁，尚待选集，取资各国。今未开国会之先，请采用国会之意，一曰

集一国人才而与之议定政制，一曰听天下人民而许其上书言事。……伏乞皇上特下明诏，令群臣各荐才俊，府必一人，不问已仕未仕，概行征集阙下，大开懋勤殿，令入直行走，……分列百政，各设专科，派以鸠集东西，斟酌今古，编纂政法，以备施行，日轮二十人置之左右，以备顾问，……其有大政，……与之商略，或发与议定。……其外僚微末，士庶专门，各有专长，……故各国议院、学校、农、工、商、矿之人，皆预选焉。今未开国会，一时难集，请明诏特下，许令天下人民上书，听其所言，……则国才咸集，下情无壅，……其于维新致治，必有大益。（《南海先生戊戌奏稿》）

（二）百日维新

甲、翁同龢之得罪

翁同龢先后为弘德殿、毓庆宫师傅，垂三十余年，得西太后宠遇。光绪六年，中俄伊犁交涉危急时，特命三王两大臣专主其事，三王者惇、恭、醇，两大臣者潘祖荫、翁同龢也，信任可知。甲申中法之战，命为军机大臣，旋与恭王同退，自后专任户部尚书者十余年。醇之枋政，同龢阴为参佐。光绪亲政后，与同龢在书房决定大政，眷顾莫比。对日开战，再入军机，力争和约，又力主缔结中俄密约。耻于甲午之败，力主变法，戊

翁同龢故居

戌四月，御史杨深秀上奏《维新守旧应守一途》，得懿旨允许，乃下定国是之诏，即同龢所草。大端在练兵与修铁路、设银行、开矿而已，与有为主张之民权及剪发易服，迥然有别；与西后主张之裁绿营、裁局员，及刚毅条陈之积谷办团，亦迥然有别。

见起，上颇诘问时事所宜先，并以变法为急，恭邸默然，臣谓从内政根本起，颇有敷对，诸臣亦默然也。(《翁文恭公日记》光绪二十三年十二月二十四日)

光绪二十四年戊戌1898年。夏四月……乙巳，……谕：……数年以来，中外臣工，讲求时务，多主变法自强，迩者诏书数下，如开特科，裁冗兵，改武科制度，立大小学堂，皆经再三审定，筹之至熟，甫议施行。惟是风气尚未大开，论说莫衷一是，或托于老成忧国，以为旧章必应墨守，新法必当摈除，众喙哓哓，空言无补，试问今日时局如此，国势如此，若仍以不练之兵，有限之饷，士无实学，工无良师，强弱相形，贫富悬绝，岂真能制梃以挞坚甲利兵乎？朕惟国是不定，则号令不行，极其流弊，必至门户纷争，互相水火，徒蹈宋明积习，于时政毫无裨益。即以中国之大经大法而论，五帝三王不相沿袭，譬之冬裘夏葛，势不两存，用特明白宣示，嗣后中外大小诸臣，自王公以及士庶，各宜努力向上，发愤为雄，以圣贤义理之学，植其根本；又须博采西学之切于时务者，实力讲求，以救空疏迂谬之弊，专心致志，精益求精，毋徒袭其皮毛，毋竞腾其口说，总期化无用为有用，以成通经济变之才。京师大学堂，为各行省之倡，尤应首先举办。著军机大臣、总理各国事务王大臣，会同妥速议奏，所有翰林院编检、各部院司员、大门侍卫、候补、候选道、府、州、县以下官、大员子弟、八旗世职、各省武职后裔，其愿入学堂者，均准入学肄业，以期人才辈出，共济时艰，不得敷衍因循，徇私援引，致负朝廷谆谆告诫之至意。将此通谕知之。(《清德宗实录》卷四一八)

同龢屡典试事，门生故吏满天下，折节下士，为物望所归，方恃帝眷，倚清议，尽揽军机之权，万无屏黜之理，乃于国是诏下后数日，忽奉朱谕，以原官回籍。谓其以维新得罪于西后，则同龢去后，益进用康有为，厉行新政，世人多不得其解，实则起因于离间，归结于党争。西后归政后，以土木宫监之故，因致母子失欢，首迁怒于瑾妃、珍妃，借鲁伯

阳、玉铭买缺事，指为纳贿擅权，黜之为贵人；次复以离间两宫逐汪鸣銮、文廷式，诛内监文得兴。汪、文皆同龢亲信门生，逐之即所以警同龢。同龢无魄力，多瞻顾，然实任性，恭王以其党醇而久恶之，李鸿藻性命之交，徐桐弘德同直，皆致终离，李鸿章论事不合，张之洞因购械及汉阳铁厂经费遭户部裁抑，致憾尤深，荣禄则视西后意向为转移，而皆妒同龢独得帝眷，异口同声，诋其导帝对日主战，以致大挫。而同龢失西后之宠，出纳之吝，亦其一端。上下交构，遂致骤逐，逐同龢亦即所以警光绪帝。

光绪二十四年戊戌1898年。夏四月……己酉，……谕：……协办大学士户部尚书翁同龢，近来办事，多未允协，以致众论不服，屡经有人参奏，且每于召对时，咨询事件，任意可否，喜怒见于词色，渐露揽权狂悖情状，断难胜枢机之任。本应查明究办，予以重惩，姑念其在毓庆宫行走有年，不忍遽加严谴，翁同龢著即开缺回籍，以示保全。（《清德宗实录》卷四一八）

翁同龢像

世皆谓同龢两黜皆由刚毅下石，而沈鹏参三奸疏所指，为荣禄、刚毅、李莲英。沈鹏为同龢门人，于同龢之黜，不平其事，张之报端，姑以泄忿，荣、刚进用，皆由李莲英，故并及之。荣禄当甲午之秋，以同龢命汉纳根练兵，力持异议，寓书陕抚鹿传霖，有"常熟奸狡性成，误国甚于合肥"语。又徐桐密保张之洞，西后令来京陛见，同龢以计阻之，之洞嘱王之春，求援于荣禄，答以"南皮公忠可敬，唯常熟一掌遮天，容当缓图"。翁荣交恶若此，非荣不足以逐翁也。

光绪二十四年戊戌1898年。冬十月……辛丑，朱笔谕内阁：翁同龢授读以来，辅道无方，从未将经史大义，剀切敷陈，但以怡情适性之书画古玩等物，不时陈设，往往巧借事端，刺探朕意，自甲午年中东之役，主战主和，甚至议及迁避，信口侈陈，任意怂恿，办理诸务，种种乖谬，以致不可收拾。今春力陈变法，密保康有为，谓其才胜伊百倍，意在举国以听。朕以时局艰难，亟图自强，于变法一事，不惮屈己以从。乃康有为乘变法之际，阴行其悖逆之谋，是翁同龢滥保匪人，已属罪无可逭。其余陈奏重大事件，朕间有驳诘，翁同龢辄怫然不悦，恫喝要挟，无所不至，词色甚为狂悖，其任性跋扈情形，事后追维，殊堪痛恨。前令其开缺回籍，实不足以蔽辜，翁同龢著即行革职，永不叙用，交地方官严加管束，不准滋生事端，以为大臣居心险诈者戒。(《清德宗实录》卷四三二)

常熟翁协揆，学问家世，冠绝班行，两充帝师，名高望重，而祸亦随之。当戊戌廷试后，德宗御太和殿传胪，……翼日为公揆辰。……忽奉严旨驱逐回籍，即日出京，不准逗留，霹雳一声，朝野同为震骇。公到籍后，闭门谢客，日在山中养疴。迨八月政变，康梁获罪，刚相时在枢府，首先奏言，翁同龢曾经面保康有为，谓其才胜臣百倍，此而不严惩，何以服牵连获咎诸臣。维时上怒不测，幸荣文忠造膝婉陈，谓康梁如此横决，恐非翁同龢所逆料，同龢世受国恩，两朝师傅，乞援议贵之典，罪疑惟轻。上恻然，仅传旨交地方官严加管束。协揆奉严旨后，始知夏间获谴，系由刚相构成，因谓人曰："子良刚相号。前充刑部司员，由余保列一等，得以外简。厥后以粤抚入京祝嘏，适额相奉旨退出军机，余即力保子良，继入枢垣。虽不敢市恩，实亦未曾开罪。不知渠乘人之危，从井下石如此。"嗟叹久之。客有告协揆曰："刚相识汉字无多，闻在直时，每称大舜为舜王，读皋陶之陶字从本音，……指导员刘鼒，为刘鼐，经公当面呵斥，渠隐恨思报复久矣。"公熟思良久，曰："是吾之过也。"(陈夔龙《梦蕉亭杂记》卷二)

《翁文恭公日记》书影

荐康一事，同龢属徐致靖疏荐，而己不居其名，庸或有之。就当时事势而言，康若不得翁之赞许，决不能自达于帝，翁尚赏识陈炽、张謇，岂有独不喜康，预知其谋之理？乃同龢力辩未尝荐康，所以愈启世人之疑。是年四月以后，康有为之骤用，则张荫桓所引进也。

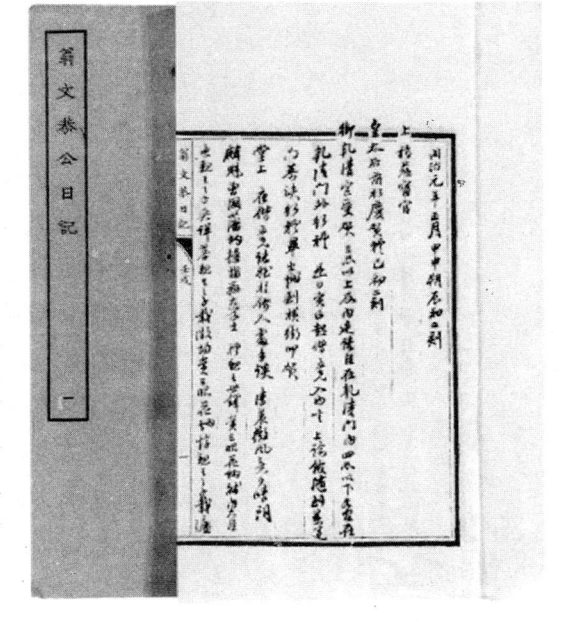

新闻报纪十八日谕旨，严拿康梁二逆，并及康逆为翁同龢极荐，有"其才百倍于臣"之语，伏读悚惕。窃念康逆进身之日，已微臣去国之后，且屡陈此人居心叵测，臣不敢与往来。上索其书至再至三，辛传旨由张荫桓转索，送至军机处，同寮公封递上，不知书中所言何如也。厥后臣若在列，必不任此逆猖狂至此，而转因此获罪，惟有自艾而已。(《翁文恭公日记》光绪二十五年十一月二十一日)

乙、维新之事项

变法之事，顽固者及畏被裁而失官者，最为侧目，西后则在若赞若不赞之间。因大事必须请旨，或请安时面禀，西后断无不知之理，其不赞而帝必欲行者，则亦听其所为，不加力沮。母子失和，关键在西后不肯作闲人，戊戌所罢新政，庚子后，西后虽复一一行之，而不肯归政，其意可知。礼部六堂之罢，未经请旨，而怀塔布为荣禄从叔，其妻常入侍宫中，为装扮福禄寿三星之一，此事自为西后所极不满。光绪帝于所居瀛台涵元殿，不时召见康有为兄弟，抵掌而谈，不行君臣之礼，其时即将剪发易服之言，腾于众口，顽固者日日走诉。是皆西后万不能忍之事，而政变以作。

有为连条议以进，于是诏定科举新章，罢四书文，改试策论，立京师大学堂，译书局，兴农学，奖新书新器，改各省书院为学校，许士民上书言事，谕变法，裁詹事府、通政司、大理、光禄、太仆、鸿胪诸寺，及各省与总督同城之巡抚、河道总督、粮道、盐道，并议开懋勤殿、定制度、改元、易服、南巡迁都。未及行。(《清史稿·列传》二六〇《康有为传》)

光绪二十四年戊戌1898年。……五月……丁巳，初五日。……谕：……自下科为始，乡会试及生童岁科各试，向用四书文者，一律改试策论。……(《清德宗实录》卷四一九)

五月……辛酉，初九日。……谕：……据……奏请精练陆军，并神机营改用新法操演，……京营绿营参用西法。……著军机大臣会同神机营王大臣、八旗都统，迅速议奏。……(《清德宗实录》卷四一九)

五月甲子，十二日。……谕：……乡会试既改试策论，经济岁举……自应并为一科考试，……生童岁科试……一律改为策论。……(《清德宗实录》卷四一九)

五月……丁卯，十五日。……谕：……京师大学堂，为各行省之

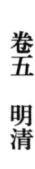

瀛台涵元门

倡，必须规模宏远。……派孙家鼐管理大学堂事务，办事各员，由该大臣慎选奏派，至总教习、……分教习各员，亦一体精选，中西并用。所需兴办经费及常年用款，著户部分别筹拨。所有原设官书局及新设之译书局，均著并入大学堂，由管学大臣督率办理。(《清德宗实录》卷四一九)

赏举人梁启超六品衔，办理译书局事务。(《清德宗实录》卷四一九)

五月……戊辰，十六日。……谕：……农务为富国根本，……各省可耕之土，未尽地力者尚多。著各督抚督饬各该地方官，劝谕绅民，兼采中西各法，切实兴办。……如果办有成效，准该督抚奏请奖叙。上海近日创设农学会，颇开风气，著刘坤一查明该学会章程，咨送总理各国事务衙门，查核颁行，其外洋农学诸书，并著各省学堂，广为编译，以资肄习。(《清德宗实录》卷四二〇)

五月……己巳，十七日。……谕：……各省士民，著有新书，及创行新法，制成新器，果系堪资实用者，尤宜悬赏，以为之劝，或量其材能，试以实职；或锡之章服，表以殊荣。所制之器，颁给执照，酌定年限，准其专利售卖，其有能独力创建学堂，开辟地利，兴造枪炮各厂，有裨于经国远猷、殖民大计，并著照军功之例，给予特赏，

以昭激励。(《清德宗实录》卷四二〇)

　　五月……癸酉二十一日。……谕：……各省绿营练勇、……神机营、……八旗骁骑营、两翼前锋护军营，……按照泰西兵制，更定新章，认真操演。其八旗汉军炮营、藤牌营，著一并改用新法。(《清德宗实录》卷四二〇)

　　五月……甲戌，二十二日。……谕：……前经降旨，开办京师大学堂，入堂肄业者，由中学、小学，以次而升，必有成效可睹，惟各省中学、小学，尚未一律开办。总计各直省省会，暨府、厅、州、县，无不各有书院，著……一律改为兼习中学西学之学校，……以省会之大书院为高等学，郡城之书院为中等学，州县之书院为小学，皆颁给京师大学堂章程，令其仿照办理。其地方自行捐办之义学、社学，等亦令一律中西兼习，以广造就。至各书院需用经费，如上海电报局、招商局，及广东闱姓规，闻颇有溢款，此外陋规滥费，当亦不少，著该督抚尽数提作各学堂经费。各省绅民，如能捐建学堂，或广为劝募，准各督抚按照筹捐数目，酌量奏请给奖，其有独力措捐巨款者，朕必予以破格之赏。所有中学、小学应读之书，仍遵前谕，由官设书局，编译中外要书，颁发遵行。至如民间祠庙，其有不在祀典者，即著由地方官晓谕居民，一律改为学堂。(《清德宗实录》卷四二〇)

　　五月……丙子，二十四日。……谕：……各国传教，载在条约，……令各督抚妥为保护，以期民教相安。……(《清德宗实录》卷四二〇)

　　五月……丁丑，二十五日。……谕：……经济特科，……著三品以上京官及各省督抚学政，各举所知，限于三个月内，迅速咨送总理各国事务衙门，会同礼部奏请考试。……(《清德宗实录》卷四二〇)

　　又谕：……各省士民著书制器，暨捐办学堂，……给予世职、实官、虚衔，及许令专利，颁赏扁额，……出示晓谕，以动观听而开风气。(《清德宗实录》卷四二〇)

　　……戊寅，二十六日。……谕：振兴商务，……必须讲求工艺，设厂制造。……(《清德宗实录》卷四二〇)

　　……己卯，二十七日。……谕：……水陆各军，一律挑留精壮，勤加训练，……力行保甲，……整顿厘金。……(《清德宗实录》卷四二〇)

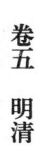

梁启超故居

……辛巳，二十九日。……谕：……冯桂芬《校邠庐抗议》，……著荣禄迅即饬令刷印一千部，克日送交军机处。……（《清德宗实录》卷四二〇）

六月……戊子，初六日。……谕：……《校邠庐抗议》一书，……颁发各衙门悉心核看，逐条签出，各注简明论说，分别可行不可行，限十日咨送军机处，汇核进呈，以备采择。（《清德宗实录》卷四二一）

六月……己丑，初七日。……谕：……著刘坤一、张之洞，拣派通达商务、明白公正之员绅，试办商务局事宜。先就沿海、沿江，如上海、汉口一带，查明各该省所出物产，设厂兴工，……应如何设立商学、商报、商会各端，暨某省所出之物产，某货所宜之制造，并著饬令切实讲求。（《清德宗实录》卷四二一）

……庚寅，初八日。……谕：……上海《时务报》改为官报，派康有为督办其事，所出之报，随时呈进。其天津、上海、湖北、广东等处报馆，凡有报单，均著该督抚咨送都察院及大学堂各一份，择其有关时事者，由大学堂一律呈览。（《清德宗实录》卷四二一）

六月……癸巳，十一日。……谕：……著各部院堂官，督饬司员，

卷五　明清

各将该衙门旧例，细心紬绎，其有语涉两歧，易滋弊混，或貌似详细，揆之情理，实多窒碍者，概行删去，另定简明则例，奏准施行，……迅速办竣具奏。(《清德宗实录》卷四二一)

……又谕：……各省中学堂、小学堂，……著各直省督抚就各省在籍绅士，选择品学兼优、能孚众望之人，派令管理。……(《清德宗实录》卷四二一)

六月……丁酉，十五日。……谕：……著翰林院、詹事府、都察院，各于值日之日，由该堂官轮派讲、读、编、检八员，中、赞二员，科、道四员，随同到班，听候召见，俾收敷奏以言之益。其部司员有条陈事件者，著由堂官代奏，士民有上书言事者，著赴都察院呈递，毋得拘牵忌讳，稍有阻格，用副迩言必察之至意。(《清德宗实录》卷四二一)

……又谕：……著于京师专设矿务铁路总局，特派……王文韶、张荫桓，专理其事，所有各省开矿筑路一切公司事宜，俱归统辖，以专责成。(《清德宗实录》卷四二一)

……己亥，十七日。……谕：……五城添立小学堂，……著五城御史设法劝办。……(《清德宗实录》卷四二二)

六月……甲辰，二十二日。……谕：……上海《时务报》改为官报，……派康有为督办其事，……一切学校、农、商、兵、刑、财赋，均准胪陈利弊，……兼可翻译各国报章。……所需经费，……由两江总督按月筹拨银一千两，并另拨开办经费六千两。……至报馆所著论说，总以昌明大义、抉去壅蔽为要义，不必拘牵忌讳。……泰西律例，专有报律一门，应由康有为详细译出，参以中国情形，定为报律。(《清德宗实录》卷四二二)

六月……乙巳，二十三日。谕：……创建水师……学堂，……增设学额，添置练船，……至铁路矿务，……亟应设立学堂，……各处铁路扼要之区，暨开矿省分，应行增设学堂，……著……奏明办理。(《清德宗实录》卷四二二)

《时务报》书影

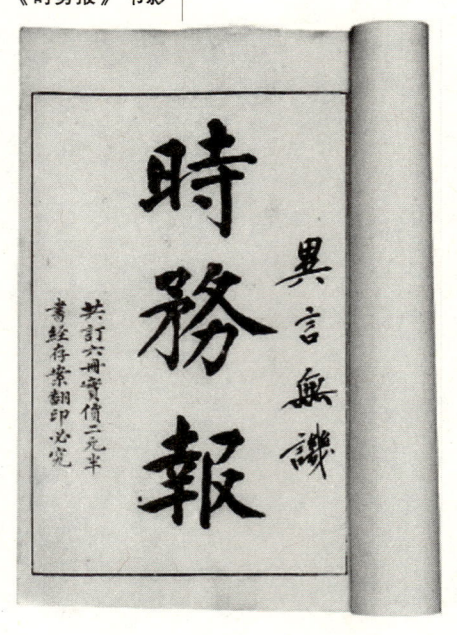

……辛亥，二十九日。谕：……译书局事务前经派令梁启超办理，……所拟章程十条，均尚切实，即著依议行。……开办经费银一万两，……著再加给银一万两，……原定每月经费一千两外，再行增给每月二千两。……（《清德宗实录》卷四二二）

七月……甲寅。初三日。……谕：……朝考一场，著即废止。（《清德宗实录》卷四二三）

丙辰，初五日。……谕：……著即于京师设立农工商总局，派……端方、……徐建寅、吴懋鼎为督理，……各直省即由该督抚设立分局。……（《清德宗实录》卷四二三）

七月……辛酉，初十日。……谕：……翻译学堂，准予学生出身，……书籍报纸……免……税。（《清德宗实录》卷四二三）

七月……乙丑，十四日。谕：……詹事府、……通政司、光禄寺、鸿胪寺、太仆寺、大理寺等衙门，……湖北、广东、云南三省巡抚，并东河总督，著一并裁撤，其湖北、广东、云南三省，均著以总督兼管巡抚事，东河总督应办事宜，即归并河南巡抚兼办。……其各省不办运务之粮道，向无盐场、仅管疏销之盐道，亦均著裁缺，归各藩司巡守道兼理。此外如各省同、通、佐、贰等官，有但兼水利盐捕，并无地方之责者，均属闲冗，即著查明裁汰。除应裁之京外各官，……巡抚、河督、京卿等员，听候另行录用外，其余京外尚有应裁文武各缺，及一切裁减归并各事宜，著……详议筹办。（《清德宗实录》卷四二四）

又谕：……重农之外，桑麻丝茶等项，均为民间大利所在，……著各直省督抚，督饬地方官，各就物土所宜，悉心劝办。……（《清德宗实录》卷四二四）

……戊辰，十七日。……谕：……昨据吏部、户部奏，删订则例，……仿照史表，分门别类，列为一表，使人易晓，……各衙门均当照此办理。（《清德宗实录》卷四二四）

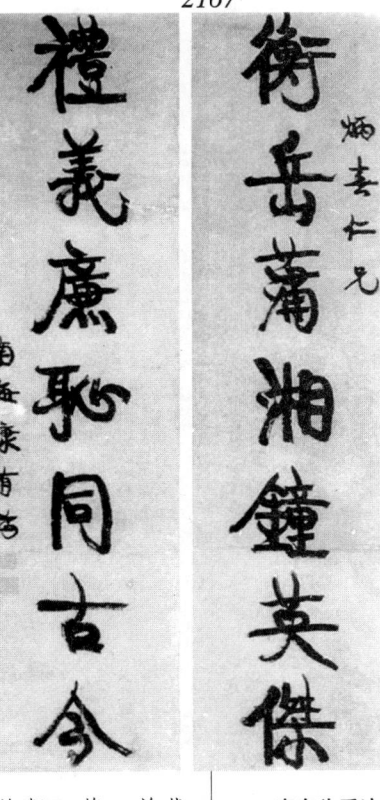

康有为手迹

卷五 明清

……谕：……士民有上书言事者，著赴都察院呈递，毋得拘牵忌讳，稍有阻格。……如系封口呈请代奏，即著将原封进呈，毋庸拆阅。其具呈到院者，即将原呈封进，不必另行钞录，均著随到随递，不准稽压。……（《清德宗实录》卷四二四）

……庚午，十九日。……谕：……礼部尚书怀塔布等，……将该部主事王照条陈，一再驳斥，经该主事面斥其显违诏旨，始不得已勉强代奏。……礼部尚书怀塔布、许应骙，左侍郎堃岫，署左侍郎徐会澧，右侍郎溥颋，署右侍郎曾广汉，均著即行革职。至该主事王照，不畏强御，勇猛可嘉，著赏给三品顶戴，以四品京堂候补。……（《清德宗实录》卷四二四）

……辛未，二十日。……谕：京师为首善之区，现在道路泥泞，沟渠河道，壅塞不通，……著工部会同管理沟渠河道大臣、步军统领衙门、五城御史暨街道厅，将京城内外河道沟渠，一律挑挖深通，并将各街巷道路修垫坦平，毋得迁就敷衍。（《清德宗实录》卷四二四）

……又谕：……各省实行团练，即以民团为民兵。……（《清德宗实录》卷四二四）

又谕：内阁侍读杨锐，刑部候补主事刘光第，内阁候补中书林旭，江苏候补知府谭嗣同，均著赏加四品卿衔，在军机章京上行走，参预新政事宜。（《清德宗实录》卷四二四）

癸酉，二十二日。谕：……著各直省督抚，留心访察，于所属地方州县官，如有通达时务、勤政爱民之员，即随时保送引见，以备录用。（《清德宗实录》卷四二五）

又谕：……昭信股票苛派扰民，……一概停止劝办。（《清德宗实录》卷四二五）

甲戌，二十三日。……谕：……现在裁撤各衙门，……裁缺各官，未便听其闲散，……应于铁路矿务总局、农工商务总局，酌设大小官员额缺，以备将来量能任使。（《清德宗实录》卷四二五）

又谕，……设工赈厂，……以工代赈。……（《清德宗实录》卷四二五）

乙亥，二十四日。谕：……酌置三、四、五品卿，三、四、五、六品学士各职，……以备献纳。（《清德宗实录》卷四二五）

又谕：……设医学堂，考求中西医理，归大学堂兼辖。(《清德宗实录》卷四二五)

谕：……各衙门呈递封奏，有一日多至数十件者，嗣后凡有呈请代递之件，随到随即分日进呈，不必拘定值日之期。(《清德宗实录》卷四二五)

丙子，二十五日。谕：……将在京各衙门闲冗员缺，……外省道员以及同、通、佐贰等官，暨候补、分发、捐纳、劳绩等项人员，认真裁并，并严行甄别沙汰，其各局所冗员，一律裁撤净尽，……漕督所辖卫所各官……应行裁汰。……至京外已裁实缺、候补各员，应如何分别录用，……著妥议条款。(《清德宗实录》卷四二五)

丁丑，二十六日。……谕：……茶务学堂及蚕桑公院，……著已开通商口岸及出产丝茶省分各督抚，迅速筹议开办。(《清德宗实录》卷四二五)

……戊寅，二十七日。……谕：……国家振兴庶政，兼采西法，诚以为民立政，中西所同，而西人考究较勤，故可以补我所未及。今士大夫昧于域外之观者，几若彼中全无条教，不知西国政治之学，千端万绪，主于为民开其智慧，裕其身家，其精乃能美人性，质延人寿命，凡生人应得之利益，务令其推扩无遗。朕夙夜孜孜，改图百度，岂为崇尚新奇，乃眷怀赤子，皆上天之所畀，祖宗之所遗，非悉使之康乐和亲，朕躬未为尽职，加以各国环处，陵迫为忧，非取人之所长，不能全我之所有。朕用心至苦，而黎庶犹有未知，职由不肖官吏，与守旧之士大夫，不能广宣朕意，乃反胥动浮言，使小民摇惑惊恐，山谷扶杖之民，有不获闻新政者，朕实为叹恨。今将变法之意，布告天下，使百姓咸喻朕心，共知其君之可恃，上下同心，以成新政，以强中国，朕不胜厚望。著查照四月二十三日以后，所有关乎新政之谕旨，各省督抚均迅速照录，刊刻誊黄，切实开导，著各州县教官，详切宣讲，务令家喻户晓。各省藩臬道府，饬令上书言事，毋事

梁启超手迹

卷五 明清

清大学堂匾

隐默顾忌,其州县官应由督抚代递者,即由督抚将原封呈递,不得稍有阻格,总期民隐尽能上达,督抚无从营私作弊为要。此次谕旨,并著悬挂各省督抚衙门大堂,俾众共观,庶无壅隔。(《清德宗实录》卷四二五)

又谕:……各衙门有条陈事件者,次日即当呈进,……所有六月十五日、七月十六日谕旨,七月十九日朱谕,七月十七日暨二十四日交片谕旨,均令各衙门钞写一通,同此件谕旨,一并悬挂。(《清德宗实录》卷四二五)

又谕:……司员……令各部院堂官考试,……认真试以策论,秉公分别去取,笔帖式亦著一律考试。又……整顿部务,……令司员逐日到署办事拟稿,借知司员优劣。……(《清德宗实录》卷四二五)

又谕:瑞洵奏,……"商约同志,于京城创设报馆,翻译新报,为上海官报之续"等语,即著瑞洵创办,以为之倡。此外官绅士民,并著顺天府尹、五城御史,切实劝办,以期一律举行。(《清德宗实录》卷四二五)

谕:……各省教职改为中小学堂教习。……(梁启超《戊戌政变记》)

又谕:……京师及各通商口岸,设立邮政局,商民既俱称便,亟直多设分局,以广流通,至各省府州县,著一律举办。……向设驿站之处,自可酌量裁撤。(《清德宗实录》卷四二五)

己卯,二十八日。……谕:……各省藩臬道府,均得上书言事,其州县条陈事件,应由督抚将原书代递,……至士民有上书言事者,即径由本省道府随时代奏,均不准稍有抑格。(《清德宗实录》卷四二五)

庚辰,二十九日。谕:……八旗……旗丁生齿日繁,徒以格于定制,不得在外省经商贸易,遂致生计益艰。……宜弛宽其禁,俾得各习四民之业,以资治生。……(《清德宗实录》卷四二五)

八月壬午朔,初一日。谕:……直隶按察使袁世凯……著开缺

以侍郎候补，责成专办练兵事务。……(《清德宗实录》卷四二六)

又谕：……著户部将每年出款入款，分门别类，列为一表，按月刊报，俾天下咸晓然于国家出入之大计。……(《清德宗实录》卷四二六)

又谕：……审定官职，……著……详议具奏。(《清德宗实录》卷四二六)

癸未，初二日。谕：……康有为前命其督办官报局，……著……迅速前往上海，毋得迁延观望。(《清德宗实录》卷四二六)

（三）政变

甲、训政

光绪十五年，西后归政后，军机处遇大事及二品以上除罢，皆须请旨，每日例必向西后递本，西后亦常召见军机，本与训政无异，所异者，不必日日有起而已。杨崇伊之请训政，实际上为请推翻新政。先是七月中，锐行新政益力，谣传即将剪发易服。荣禄奉西后密旨，令觅京官参奏，崇伊为原参文廷式之人，独毅然应募，赴天津与荣禄密议。适袁世凯召见后，回天津，向荣禄告密，乃由崇伊具折，请庆王代奏。庆王至颐和园请起，西后谓此大事，非小臣所宜言，应由近支议具办法，问庆王意见，庆无语，西后遽谓"既尔等意见相同，我不能不从"矣。后以谋逆罪康梁，盖寻题目也，崇伊旋由御史外放汉中府知府，未得峻擢。

八月……丁亥，初六日。……谕：……现在国事艰难，庶务待理，朕勤劳宵旰，日综万几，兢业之余，时虞丛脞。恭溯同治年间以来，慈禧……皇太后，两次垂帘听政，办理朝政，宏济时艰，无不尽美尽善。因念宗社为重，再三吁恳慈恩训政，仰蒙俯如所请，此乃天下臣民之福。由今日始，在便殿办事，本月初八日，朕率诸王大臣，在勤政殿行礼，一切应行礼节，著各该衙门敬谨豫备。(《清德宗实录》卷四二六)

八月……辛卯初十日。……谕：……朕躬自四月以来，屡有不适，调治日久，尚无大效，京外如有精通医理之人，即著内外臣工，切实保荐候旨，其现在外省者，即日驰送来京，毋稍延缓。(《清德宗实录》卷四二六)

八月丁亥，太后遽自颐和园还宫，复训政，以上有疾，命居瀛台养疴。(《清史稿·列传》一《后妃传·孝钦显皇后传》)

谭嗣同像

……阍人持名片来，称有谭军机大人有要公来见，不候传请，已下车至客堂，急索片视，乃谭嗣同也。……谭云："荣某近日献策，将废立弑君，公知之否？"予答以在津时常与荣相晤谈，察其词意，颇有忠义，毫无此项意思，必系谣言，断不足信。谭云："……公如真心救上，我有一策，与公商之。"因出一草稿，如名片式，内开"荣某谋废立弑君，大逆不道，若不速除，上位不能保。即性命亦不能保，袁世凯初五请训，请面付朱谕一道，令其带本部兵赴津，见荣某，出朱谕宣读，立即正法。即以袁某代为直督，传谕僚属，张挂告示，布告荣某大逆罪状，即封禁电局铁路，迅速载袁某部兵入京，派一半围颐和园，一半守宫，大事可定。如不听臣策，即死在上前"各等语。……谭云："我雇有好汉数十人，并电湖南，招集好将多人，不日可到。去此老朽，在我而已，无须用公。但要公以二事，诛荣某，围颐和园耳。"……上意甚急，我有朱谕在手，必须即刻定准一个办法，方可覆命。及出示朱谕，乃墨笔所书，字甚工，亦仿佛上之口气，大概谓"朕锐意变法，诸老臣均不顺手，如操之太急，又恐慈圣不悦，饬杨锐、刘光第、林旭、谭嗣同，另议良法"等语。……又诘以两宫不和，究由何起？谭云："因变法罢去礼部六卿，诸内臣环泣于慈圣之前，纷进谗言危词，怀塔布、立山、杨崇伊等，曾潜往天津，与荣相密谋，故意见更深。……自古非流血不能变法，必须将一群老朽，全行杀去，始可办事。"……初五日请训，……即赴车站，……抵津，日已落，即诣院谒荣相，略述内情，……次早，荣相枉顾，以详细情形备述。……是晚，荣相折简来招，杨莘伯在坐，出示训政之电，业已自内先发矣。荣相复抚茶杯笑曰："此非毒药，你可饮之。惟耿耿于心、寝食难忘者，恐累及上位耳。"越四日，荣相奉召入都，临行相约，誓以死保全皇上，………荣相曰："此事在我与庆邸，决不至累及上位，勿虑也。"……（袁世凯《戊戌日记》）

戊戌四月，……文忠（荣禄）出领北洋，袁君（世凯）叨蒙恩

遇，尚能恪受节制。维时新政流行，党人用事，朝廷破格用人，一经廷臣保荐，即邀特简。袁热中赋性，岂能郁郁久居，倩其至友某太史入京，转托某学士密保，冀可升一阶，不意竟超擢以侍郎候补，举朝惊骇。……袁君遵旨来京，预备召见，入见后，传闻有旨，以文忠大逆不道，令赴津传旨，即行正法，所有直督一缺，即以袁补授，并带兵入京围颐和园。袁谓天津尚有芦台聂士成一军，曾经百战，兵数倍于新建陆军。围园之事，万不敢办，至传旨将直督正法，亦恐办不到，或俟九月，两宫赴津阅操，相机进行。八月初三，袁探知朝局将变，悒悒回津，文忠佯作不知，迨其来谒，但言他事，绝不询及朝政。袁请屏退左右，跪而言曰："今日奉命而来，有一事万不敢办，亦不忍办，惟有自请死。"文忠笑谓究系何事，……袁袖出一纸，……文忠阅竣，正色告曰："大臣事君，雨露雷霆，无非恩泽，但承旨责在枢臣，行刑亦有菜市。我若有罪，甚愿自首入京，束身司败，岂能凭尔袖中片纸，便可钦此钦遵？"袁知事不谐，乃大哭失声，长跪不起，文忠曰："君休矣，明日再谈。"因夤夜乘火车入京，晤庆邸，请见慈圣，均各愕然。越日奉朱谕，以朕躬多病，恭请太后训政，时局为之一变。（陈夔龙《梦蕉亭杂记》卷二）

乙、尽罢新政

西后训政后，新政悉罢，所不罢者，京师大学堂及各省民团，山东义和团即民团之一。

> 八月壬辰，十一日。谕：朝廷振兴商务，筹办一切新政，原为当此时局，冀为国家图富强，为吾民筹生计，并非好为变法，弃旧如遗，此朕不得已之苦衷，当为天下臣民所共谅。乃体察近日民情，颇觉惶惑，总缘有司奉行不善，未能仰体朕意，以致无识之徒妄相揣测，议论纷腾。即如裁并官缺一事，本为沙汰冗员，而外间不察，遂有以大更制度为请者。举此类推，将以讹传讹，伊于胡底，若不开诚宣示，诚恐胥动浮言，民气因之不靖，殊失朕力图自强之本意。所有现行新政中裁撤之詹事府等衙门，原议将应办之事分别归并，以省繁冗，现在详察情形，此减彼增，转多周折，不若悉仍其旧。著将詹事府、通政使、大理寺、光禄寺、太仆寺、鸿胪寺等衙门，照常设立，毋庸裁并，其各省应行裁并局所冗员，仍著各该督抚认真裁汰。至开

办时务官报及准令士民上书，原以寓明目达聪之用，惟现在朝廷广开言语，内外臣工条陈时政者，言苟可采，无不立见施行，而疏章竞进，辄多撮拾浮词，雷同附和，甚至语涉荒诞，殊多庞杂。嗣后凡有言责之员，自当各抒谠论，以达民隐而宣国是，其余不应奏事人员，概不准擅递封章，以符定制。时务官报无裨治体，徒惑人心，并著即行裁撤。大学堂为培植人材之地，除京师及各省会业已次第兴办外，其各府、州、县议设之小学堂，著该地方官察酌情形，听民自便；其各省祠庙不在祀典者，苟非淫祀，著一仍其旧，毋庸改为学堂，致于民情不便。此外业经议行及现在交议各事，如通商、惠工、重农、育材，以及修武备、浚利源，实系有关国计民生者，亟当切实次第举行，其无裨时政而有碍治体者，均毋庸置议，著六部及总理各国事务衙门详加核议，据实奏明，分别办理。方今时势艰难，一切兴革事宜，总须斟酌尽善，期于毫无流弊。朕执两用中，不存成见，尔大小臣工等，务当善体朕心，共矢公忠，实事求是，以副朝廷励精图治、不厌求详之至意。将此通谕知之。（《光绪东华录》卷一四八）

戊戌，十七日。……谕：……本年江浙新漕，除拨赈外，均即照常起运，毋庸改折。……（《光绪东华录》卷一四八）

乙巳，二十四日。……懿旨：……嗣后乡试、会试，及岁考、科考等，悉照旧制，仍以四书文、试帖、经文、策问等项，分别考试，……经济特科……并著即行停罢。……农工商诸务，亟宜实力整顿，惟总局设在京城，文牍往还，事多隔膜，……著即裁撤。（《光绪东华录》卷一四八）

谕：莠言乱政，最为生民之害，前经降旨将官报局、时务报一律停止，近闻天津、上海、汉口各处仍复报馆林立，肆口逞说，……亟应设法禁止，著各该督抚饬属认真查禁，其中主笔之人，……严行访

谭嗣同（右）与光绪（中）在一起

拿,从重惩治。……(《光绪东华录》卷一四八)

丁未,二十六日。……懿旨:联名结会,本干例禁,乃近来风气,往往私立会名,……结党营私。……著各省督抚严行查核,拿获入会人等,分别首从,按律治罪,其设会房屋,封禁入官。(《光绪东华录》卷一四八)

九月戊辰,十八日。……懿旨:……湖北、广东、云南三省巡抚,均著悉仍旧制,勿庸裁并。……河道总督……著照旧设立。……督抚既未经裁并,其余各员自应一仍其旧,……毋庸裁撤。……(《光绪东华录》卷一四九)

懿旨:……武场童试及乡会试,均著仍照旧制,用马步箭刀弓石等项,分别考试。(《光绪东华录》卷一四九)

庚辰三十日。……懿旨:……取士之法,……各省学政暨乡会试正副考官,务当恪遵学政全书、科场条例内载条款,实力奉行。……各省书院……照旧办理,停罢学堂。……(《光绪东华录》卷一四九)

丙、杀六君子

四京卿进用,西后必知之,而未必知其任寄之隆。杨锐、刘光第为陈宝箴所保,谭嗣同为徐致靖所保,康梁变法首要,反致向隅,必因忌者太多,留以有待。故谭嗣同欲行非常之事,使得擢用康梁,所以二人逗留不肯出京。四京卿任事半月中,所行之事,唯免李鸿章总理衙门大臣,及谭嗣同所草广宣变法之诏,稍足注目。其全力所注,乃在笼络袁世凯调兵一事,而不料反为西后添一谋逆题目。四京卿皆著名,谭嗣同影响于辛亥革命者甚大,唐才常即其同里,而萍醴之役,多嗣同徒党也。

八月……丁亥,初六日。……谕:工部候补主事康有为,结党营私,莠言乱政,屡经被人参奏,著革职,并其弟康广仁,均著步军统领衙门拿交刑部,按律治罪。(《光绪东华录》卷一四八)

庚寅,初九日。……谕:张荫桓、徐致靖、杨深秀、杨锐、林旭、谭嗣同、刘光第,均著先行革职,交步军统领衙门,拿解刑部审讯。(《光绪东华录》卷一四八)

壬辰,初十日。……上谕:……官犯徐致靖、杨深秀、杨锐、林旭、谭嗣同、刘光第并康有为之弟康广仁,著派军机大臣会同刑部都察院,严行审讯。……(《光绪东华录》卷一四八)

戊戌六君子图

甲午，十三日。谕：……康广仁、杨深秀、杨锐、林旭、谭嗣同、刘光第等，大逆不道，著即处斩。(《清德宗实录》卷四二七)

乙未，十四日。……谕：……主事康有为，首倡邪说，惑世诬民，而宵小之徒，群相附和，乘变法之际，隐行其乱法之谋，包藏祸心，潜图不轨。前日竟有纠约乱党，谋围颐和园，劫制皇太后、陷害朕躬之事，幸经觉察，立破奸谋。又闻该乱党私立保国会，言保中国不保大清，其悖逆情形，实堪发指。朕恭奉慈闱，力崇孝治，此中外臣民之所共知。康有为学术乖僻，其平日著述，无非离经畔道、非圣无法之言，前因讲求时务，令在总理各国事务衙门章京上行走，旋令赴上海办理官报局，乃竟逗留辇下，构煽阴谋，若非仰赖祖宗默佑，洞烛几先，其事何堪设想。康有为实为叛逆之首，现已在逃，著各省督抚一体严密查拿，极刑惩治。举人梁启超，与康有为狼狈为奸，所著文字，语多狂谬，著一并严拿惩办。康有为之弟康广仁，及御史杨深秀，军机章京谭嗣同、林旭、杨锐、刘光第等，实系与康有为结党，隐图煽惑。杨锐等每于召见时，欺蒙狂悖，密保匪人，实属同恶相

济，罪大恶极，前经将各该犯革职，拿交刑部讯究，旋有人奏，若稽时日，恐有中变。朕熟思审处，该犯等情节较重，难逃法纲，倘语多牵涉，恐致株累，是以未俟覆奏，于昨日谕令将该犯等即行正法。……（《光绪东华录》卷一四八）

丁酉，十六日。……谕：已革工部主事康有为，学术乖谬，大悖圣教，其所著作，无非惑世诬民、离经畔道之言，著将该革员所有书籍版片，由地方官严查销毁，以息邪说而正人心。（《光绪东华录》卷一四八）

又谕：……已革工部主事康有为，已革举人梁启超，情罪重大，现饬革职拿办，所有该革员等原籍财产，著谭钟麟督饬该地方官，迅速严密查抄，该家属例应缘坐，著一并严拿到案，一面根究康有为、梁启超下落，一面悬赏购缉。……（《清德宗实录》卷四二七）

二十六年正月……戊午，十五日。……谕：……不论何项人等，如有能将康有为、梁启超缉获送官，验明实系该逆犯正身，立即赏银十万两。万一该逆等早伏天诛，只须呈验尸身，确实无疑，亦即一体给赏。……至该逆犯等开设报馆，发卖报章，……如有购阅……者，一体严拿惩办。此外如尚有该逆等从前所著各逆书，并著严查销毁。……（《清德宗实录》卷四五八）

杨深秀字仪村，本名毓秀，山西闻喜人。……光绪十五年成进士，就本官迁郎中，转御史，……与徐致靖先后疏请定国是，……请设译书局，派王公游历各国。……八月政变，举朝惴惴，惧大诛至，独深秀抗疏请太后归政，……官台谏十阅月，封事二十余上。……（《清史稿·列传》二五一《杨深秀传》）

杨锐字叔峤，四川绵竹人。……优贡，朝考得知县。……光绪十一年，举顺天乡试，考取内阁中书。二十四年，……上手诏密谕锐，……锐复奏言，太后亲擎大位，授之皇上，皇上宜以孝先天下，遇事将顺，变法宜有次弟，进退大臣不宜太骤。上是之，……宣统改元，锐子庆昶缴手诏于都察院，请代奏，始传于世。（《清史稿·列传》二五一《杨锐传》）

刘光第字裴村，四川富顺人。光绪九年进士，授刑部主事。……家素贫而性廉介。……其召也，亦以陈宝箴荐，然非其素志，……语

所亲曰:"吾终不任此,行当亟假归矣。"(《清史稿·列传》二五一《刘光第传》)

谭嗣同字复生,湖南浏阳人。……少倜傥有大志。……梁启超倡办南学会,嗣同为之长。……四人虽同被命,每召对,嗣同建议独多。……启超……劝嗣同东游,嗣同曰:"不有行者,无以图将来,不有死者,无以酬圣主。"卒不去。……(《清史稿·列传》二五一《谭嗣同传》)

林旭字暾谷,福建侯官人。年十九,举本省乡试第一,……入赀为内阁中书。……为闽学会领袖,又充保国会会员,……年二十有四。(《清史稿·列传》二五一《林旭传》)

康广仁名有溥,以字行,有为弟。……谓当先变科举,庶人才可出,……得旨俞允。……语有为,今科举既废,宜且南归兴学,专教育,俟养成多数有用才,数年后,乃可云改革也。……在狱言笑自若。……(《清史稿·列传》二五一《康广仁传》)

戊戌党禁简表

姓名	官职	罪名	惩罚	备注
康有为	工部主事,总理各国事务衙门章京,督办官报局	结党营私、莠言乱政、大逆不道	革职拿办,查抄家产,家属缘坐	二十六年正月谕悬缉十万两
康广仁		大逆不道	处斩	
宋伯鲁	御史	滥保匪人	革职永不叙用	
张荫桓	户部左侍郎,铁路矿务大臣	居心巧诈、反覆无常	革职发往新疆,巡抚严加管束	
徐致靖	翰林院侍读学士、署礼部右侍郎		革职永远监禁	
杨深秀	御史	大逆不道	处斩	
杨锐	内阁中书,四品卿衔,军机章京,参预新政	大逆不道	处斩	
林旭	同上	大逆不道	处斩	
谭嗣同	候补知府,四品卿衔,军机章京,参预新政	大逆不道	处斩	
刘光第	刑部主事,四品卿衔,军机章京,参预新政	大逆不道	处斩	
文廷式	前翰林院侍读学士	议论时政、与内监往来	二十二年,革职永不叙用;二十四年,令拿办	
徐仁铸	翰林院编修、湖南学政		革职、永不叙用	致靖子

续表

姓名	官职	罪名	惩罚	备注
梁启超	举人，赏六品衔，办理译书局	与康有为狼狈为奸	革职拿办，查抄家产，家属缘坐	二十六年正月谕悬缉十万两
王照	候补四品京堂		革职拿办，查抄家产	
李端棻	礼部尚书	滥保匪人	革职，发往新疆	
陈宝箴	湖南巡抚	滥保匪人	革职，永不叙用	
陈三立	吏部主事	招引奸邪	革职	宝箴子
江标	候补四品京堂	庇护奸党、暗通消息	革职、永不叙用，交地方官严加管束	
熊希龄	庶吉士	庇护奸党、暗通消息	革职、永不叙用，交地方官严加管束	
吴懋鼎	直隶候补道、三品卿衔，督办农工商局		销衔撤差	
王锡蕃	詹事府少詹事、署礼部左侍郎		革职、永不叙用	
李岳瑞	工部员外郎		革职、永不叙用	
张元济	刑部主事		革职、永不叙用	
张百熙	内阁学士	保送康有为使才	革职、留任	
翁同龢	协办大学士，户部尚书	滥保匪人、任性跋扈	革职、永不叙用，交地方官严加管束	
曾鉌	湖北巡抚	莠言乱政	革职、永不叙用	
皮锡瑞	举人，主讲湖南南学会	宣演平权民主之说	交地方官严加管束	
说明	一、上表据《清德宗实录》及《觉迷要录》。 一、次序依上谕年月排列。				

丁、立储

光绪帝为西后亲妹之子，四岁入继为帝，幼即多病，脐中出黄水，瘰疬，咯血，畏雷，唯好读书，性急且崛强。既长，喜俭素，恶奢华，每衣敝衣，与西后秉性各异。亲政后，屡责内务府浮冒，时杖责中人，谗人交构，母子失和。宫中礼数最严，帝于太后前，奏对及迎送，皆须长跪，非常之事，帝决不能为。清代无废立事，西后纵极恶毒，亦不敢为，康梁所传，帝被杖、被囚与被弑同为虚构，然报纸既已喧传，一若实有其事。后只立大阿哥，兼预布明年光绪帝三旬万寿典礼，以示无他，而康有为在海外，遂以保皇为号召矣。

光绪二十五年己亥1899年十二月……丁酉，谕：朕冲龄入承大统，仰承皇太后垂帘训政，殷勤教诲，巨细无遗。迨亲政后，正际时艰，亟思振奋图治，……乃自上年以来，气体违和，庶政殷繁，时虞丛脞，……前已吁恳皇太后训政，一年有余，朕躬总未康复。……且入继之初，曾奉皇太后懿旨，俟朕生有皇子，即承继穆宗毅皇帝为嗣，统系所关，至为重大，……诸病何能望愈，用再叩恳圣慈，就近于宗室中，慎简贤良，为穆宗毅皇帝立嗣，以为将来大统之畀。再四恳求，始蒙俯允，以多罗端郡王载漪之子溥儁，继承穆宗毅皇帝为子。……谨敬仰遵慈训，封载漪之子溥儁为皇子。将此通谕知之。(《光绪东华录》卷一五七)

丁酉，……谕：大阿哥正当典学之年，嗣后，大内著在弘德殿读书，驻跸西苑，著在南殿读书，派崇绮为师傅授读，并派徐桐常川照料。(《光绪东华录》卷一五七)

明年二十六年。元旦，大高殿、奉先殿行礼，以溥儁代。都下流言，将下诏禅位，大学士荣禄与庆亲王奕劻，以各国公使有异同，谏止。(《清史稿·列传》八《诸王传·瑞怀亲王绵忻传》)

当戊戌政变后，官闱之内，母子之间，盖有难言之隐矣。而一班

光绪大婚图

薰心富贵之徒，致有非常举动之议，东朝惑之，嘱文忠（荣禄）从速办理，此己亥冬间事也。公谏阻无效，忧惧成疾，适合肥李文忠（鸿章）外任粤督，行有日矣，来辞公，见公容貌清癯，曰："何忧之深也？"公谓文忠曰："……我受恩至渥，责备亦最严，近数日来，求生不能，求死不得，将何以教我？"因密语非常之变，恐在目前，文忠听未终，即大声起曰："此何等事，讵可行之今日？试问君有几许头颅，敢于尝试？此事若果举行，危险万状，各国驻京使臣，首先抗议，各省疆臣，更有仗义声讨者。无端动天下之兵，为害曷可胜言！东朝圣明，更事最久，母子天伦，岂无转圜之望？是在君造膝之际，委曲密陈。成败利钝，言尽于此。"公闻之悚然若失，翼日以文忠语密奏，幸回天聪。闻某相国、某上公，颇拟借端建不世之勋，某上公并手拟一稿，开编公然有废立字样，公急诃止之，上公意颇怏怏。
（陈夔龙《梦蕉亭杂记》卷一）

时太后议废帝，立端王载漪子溥儁为穆宗嗣，患外人为梗，用荣禄言，改称大阿哥。（《清史稿·列传》二二四《荣禄传》）

光绪二十四年，1898年。太后复训政。二十五年正月，赐载漪子溥儁头品顶带。十二月，上承太后命，溥儁入为穆宗后，号大阿哥。
（《清史稿·列传》八《诸王传·瑞怀亲王绵忻传》）

康梁所述戊戌之事，在当时口不择言，未免言过其实，南海先生《十不死记》，章炳麟曾痛驳之。

（四）富有贵为之狱
甲、保皇公司

梁启超投日本公使馆，得其保护，送往横滨。康有为由李提摩太介绍，得英使保护，送往上海。清吏预先在码头严密布置，一俟登岸，即行逮捕，亦得英人之力而免，旋往日本。后启超留横滨办报，有为赴美洲。其时正值大阿哥新立，故以保皇公司为名，向海外华侨招集股本，以营新工商业。前此张謇创大生纱厂于南通，文廷式亦欲办萍乡煤矿，其他维新先觉，多投身工矿，谓之办实业，成为一

李提摩太像

时风气。非官非商，亦官亦商，而以救国为号召，利用外资，如刘鹗之勾结福公司者，亦有其人。清季工矿较为发达，则事实也。

今为我海外同胞筹之，第一，当每埠公立公司，各立董事、值理，总埠立总理，公举忠义才能殷实之人为之。第二，当埠埠相通识，相联结，不论万里，每月每札，互相通信，互相寄相，互激忠义，互讲工商进步，互讲变法条理，俾知识日开，热心日加，群力日合，起大公司、成大商业皆易，而办一切事亦出于此矣。第三，当筹公费，以开银行、购轮船，将来为开矿山、筑铁路之用。……今通筹之，若海外五百万人，扯算计之，每人能以烟酒之余，人捐美洲银五圆，合中国银十圆，则有五千万矣。先开银行，印银纸行之，可得一万万零二千五百万矣。以三千万办轮船，以三千万办铁路，以三千万开矿，以五百万办杂业，他日矿路轮船有股者，分利无穷。以三千万办一切救国事，以养才能之士、忠义之人，立国体以行之，则中国立可救矣。（《海外宜合公司以救君国演说》）

今圣主被废，那拉篡位，荣禄拥兵，日为卖地卖民之事，几一年矣。……若我同胞不肯自鹥身，不愿自绝种，但同心大发其忠君爱国之心，救之固自易易耳。吾为开二方，上方曰保皇会，则保已能医救我国民之圣主复位，则四万万人立救矣；下方曰保工商会，则我海外五百万同胞，合力自行保护，则亦可补救我四万万人焉。上方至顺至易，下方至厚至稳，而皆以人心十分为引，……保君保民，以保国保种在是矣。……

保救大清皇帝公司例：

一，此公司钦奉光绪二十四年七月二十九日皇上交军机杨锐带出康工部密诏，"朕惟非变法不能救中国，而太后不以为然，今朕位不保，可与同志妥速密筹，设法相救"。今同志专以救皇上、以变法救中国、救黄种为主。

一，遵奉圣诏，凡我四万万同胞，有忠君爱国救种之心者皆为公司中同志。

一，此公司为保救大清皇帝公司，即保种公司，亦为保工商公司之事，皆同一贯。以保国保种，非变法不可，变法非仁圣如皇上不可，此公司最名正言顺。

一，各地各埠，皆公举值理，持簿劝讲，以任此事，值理人数，以多为贵，盖亡国亡种，人人有份，无可推辞也。凡值理皆得为本埠公司中议员。

一，每埠于值理中，公举忠义殷实数人为董事，专任一埠公司事，凡收支捐款，通信各埠办事，皆主之。有事与各值理公议，即为议长，并帮同总理办事，即为总埠议员协理。

一，每一大地，合众埠公举一尤忠义豪侠著名者为总理，如美国、加拿大、南洋、澳洲、日本等处，又如美国中之大埠，古巴、檀香山或纽约，皆可立总理，南洋亦然，近地各埠公司事皆统任之。有事与各埠董事，及本埠中公举有才望之人为议员者商议，则为议长，随时商告公司长。

一，立通信人。中国之患，在于不通，内地则省、府、州、县不通，外埠亦各地不通，故有才能而不知，有忠义而不达。外人诮吾为一盘散沙，故虽有四万万人，实散为一二人而已，安得不弱乎？今各埠立一书记，专主通信各埠，每月互相寄信，总理、董事、值理，互相寄相公函、私札、合影、单片，交互往来，人人相识，埠埠相通，共谈国耻而激忠愤，并讲工商进益、变法保护之事，则血脉相通，体质自盛。

一，立总公司所，择近内地通海外者为之。澳门《知新报》、横滨《清议报》，皆港、澳、日本忠义殷商合股所办，主持正论，激昂忠爱，薄海共信，今公推为总公司所。两报即为本公司之报，凡同志皆阅此二报，各埠捐款，皆汇汇《知新报》、《清议报》妥收，有报馆印章及总公司所印章、总理印章之收单为据。而《知新报》与香港接近，皆握外洋之枢，尤为办事之主，港澳皆公举忠义殷实巨商为大总理，总管收支各款及公司中各事，更立协理、干事、书记数人，皆

公选通才志士任之，以通各埠，任各事。……

一，立公司长，主公司中各事，皆听指挥。宜公举维新忠臣、才望最著、薄海信仰者任之，其维新志士，有才望者，将陆续公举为公司长、总公司议员，应公商者，与各议员、总理、董事公议。

一，凡我同志，齐心协力，其有害吾同志者，公司中志士，必报此仇，皇天后土共鉴此言。

一，同志份金，捐美洲银一圆，即中国银二圆。以为本公司支用，其捐千万份者皆可。

一，公司中捐款，以招养忠义之士，奔走讲劝，通信才能，劳力之人，及开报印纸，传于各地，发明大义，鼓舞大众。大款咸集，则为银行轮船，以保君国，外护工商，其遵诏设法各事，要皆筹救君国之用，不暇琐及。

一，求救为皇上密诏，赏功为有国大典，况功之高者，莫如救驾，酬劳之厚，尤出非常，此千古罕有之遇也。苟救得皇上复位，公司中帝党诸臣，必将出力捐款之人，奏请照军功例，破格优奖，皇上必垂俞允。凡救驾有功者，布衣可至将相，古来常见，愿共发愤，立致贵显，不拘出身，无失机会。今将预拟请奖之格开列……

一，公司中捐款，无论多少，将来作为五金煤矿股份，即以公司中凭票，换给股票，均分利息，其十份以上者，分别差等，加赏功牌。

一，捐款自百圆以上者，以中国之银计。及总理、董事、值理出力者，除捐款作开矿股份外，分别差等，奏请赏给官阶。

一，捐款万圆以上，及总理、董事、值理、各议员，异常出力，及劳殁王事者，应特奏请破格给予世爵，分别差等，子孙袭封。其捐五千圆以上者，有欲承办开矿工商等事，皆优予权利。至破格封爵，及捐二三千圆，并得工商矿利，当听圣恩。

一，出力之人，由各埠总理、董事，存记于公司长，分别差等，皆赏义士银牌，或奏请赏职衔功牌。

一，出力捐款之人，或未便出姓名者，由总理、董事密记于公司长，到时分别差等，一律奏请奖叙。其有无名氏之款，虽不能赏给官阶，亦准持凭票换五金矿股票。

一，皇上嘉许，或施破格之恩，更从优厚。凡我同志，上念舍身之圣主，下思自保其身家，各励忠义，垂名千秋。出洋者，烟酒烧夜，动费巨金，况兹自顾身家国种，预购矿务利权乎？我同胞同志，富者输财，能者出力，各尽其心。

一，各埠皆立三连裹簿据，骑缝皆写千字文号数。盖印本公司及总理或董事印章，以一为收银之凭票，一为总公司之存票，一为本埠之存票，票中备记姓名、爵里、事业，以便将来换取矿务股票，及授功牌职衔，其不愿者听。其各三连票簿，皆由总埠分给，与各埠董事管理，以便收银给据，惟簿册体式，应同一律。

一，捐款姓名数目，愿登报者登之，不愿者不登。若自愿刻报者，告知书记，函告登报，以表彰忠义。其公私函名，愿否登报者同。

一，各埠董事，按月将所收捐款，汇汇总公司一次，如不满百金者，或小埠交总埠汇汇一次，并按月或按季将本埠公司中情形，寄一函于总公司。有事则总理、董事，宜函告公司长，幸勿逾限。

一，各埠皆以忠义报效，惟通信及奔走劝说人，支辛金盘费，截留余款支之，惟公事开支各埠截留之款，按季汇报总公司。

一，总公司之总理管收支者，皆殷实巨商，其款皆分放银行，其有支销千万之数，皆公司长公函，总理签名，始准支发。

一，各埠同志，皆宜酌设公司所，旦夕之暇，来复之日，七日来复。共到公司所，互谈国事，共励忠义及保工商期进步之事，随时量力捐资，不支正款，会中共议扩充本公司之事。宜多阅报，横滨《清议报》、澳门《知新报》、星架坡《天南报》，皆为本公司之报，必宜购阅，以知本公司之事。书记住持公司所，每来复日集众。

一，公司中各事，各地议员，各埠总理、董事、值理，皆可随时函商公司长，及互相函商公司事，随时议例捐益，函宜写名。

《清议报》书影

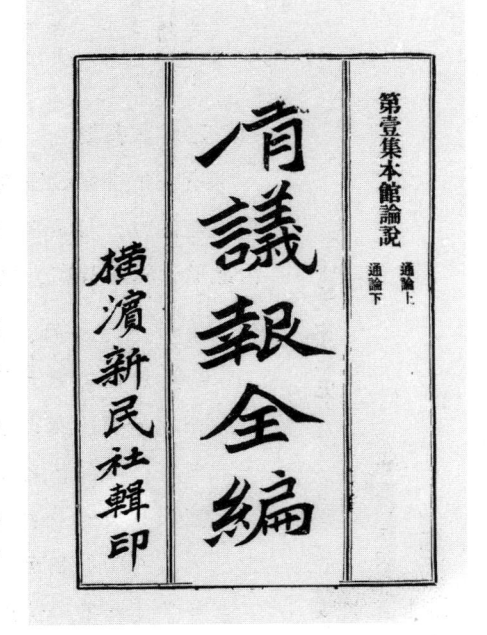

一，海外志士仁人、同志救国者，望随时贻书本公司见教，或寄书赠相于公司长者，请寄总公司所，或交各埠公司所代寄亦可。凡我同志，必以多通信、多寄相、多聚谈，然后血脉通而气体盛。

一，各埠情形不同，其办事人数，收支存放银款各情，劝讲各法，由各埠议员自议，除此例之外，不必由总公司限定，惟当函告总公司。凡某埠公司成，即当先报总公司，并迅速汇款不可迟。

一，诵救圣主歌。各国人民，皆有颂其君主歌诗，宴会公聚，皆大众高歌。今为歌辞，凡我公司中同志会聚，皆宜歌之，……

一，各地报馆，愿作为本公司报者，即通行公司中同志阅看，广其销流，其本不足者，由本埠董事、值理，酌量助资。

一，上书救主总督刘坤一，曾抗奏保救皇上，以势薄未成，天下称忠。本公司先上书太后，请归政皇上，各埠分上，次则电奏，再次则合各埠签名千百万，公请归政，陈说利害，人心拥戴。西后已悔，当肯相从，否则亦畏人心，不敢害皇上，同志再行设法签名，以多为贵。此事但请归政，并无得罪，宜争忠义，万世流芳。

一，中国卖地鬻权日急，皇上幽囚经年。公司中同志，宜亟发忠愤，日夜念之，奉诏速筹，一切急办，如救火追亡，以救君国。

凡各埠见此序例者，望大呼同志，立即举行，勿延迟以误大局。光绪二十五年月日海外保救大清皇帝公司同启。（《保救大清皇帝公司序例》）

乙、富有票

唐才常特借勤王为名，未必效忠于清，纠合两湖志士，欲夺武汉，居中以应四方，与后来武昌起义，用意略同，视戊戌变法为进一步。张之洞治此狱，株连甚广，意在杜绝后患，未几竟有萍醴之起事。

七月初间，湖北巴东、长乐等县，果有会匪，纠众竖旗起事。……旋闻安徽大通，已有大股会匪，突起焚劫，其势甚炽。湖北沔阳州之新堤，蒲圻县之羊楼峒，湖南临湘县之滩头，均有会匪接踵而起。……荆州之沙市，以及嘉鱼、麻城等县，均有会匪谋乱情事，各匪聚众点名，打造刀械，制造号衣，储备米粮，一似钱财甚为充裕者，并闻有私运外洋军火之说。……同时各省拿获各匪，皆系领有富有票，此票乃仿照哥老会散放票布之办法，其票系上海洋纸石印，写

刻篆印，皆极精工，上横书"富有"二字，直书凭票发足典钱一串文，前有编号，后有年月，背有暗口号，图章二颗，用在湖北者，又钤"楚"字图章，其命名盖暗寓富有四海之意。……凡领票者，均系勾串一气，互为声援。据匪首散票者告人云，持有此票，即可向该匪首处，领钱一千文，以后乘坐怡和太古轮船，不索船价，并云中国即将大乱，持票即可保家，以故各省会匪，趋之若鹜。

旋经查出，此乃大逆康有为一人主使，调度其伙党，分布各省，辗转煽惑。其巢穴即在上海，于租界内设有国会总会，……沿江沿海各省，皆有国会分会而分会之中，以汉口之分会为最大，因武汉当南北适中之地，居长江之上游，而两湖会匪又最多，故先于武汉举事。其会名曰自立会，其军名曰自立军，勾煽三江两湖等处哥老会匪，……定期七月二十九日，武昌、汉口、汉阳三处，同时起事，约定新堤、蒲圻之匪，速起大股，前来接应，岳州、沙市之匪，遥为声援。先于二十七日，访有端倪，密饬员弁，在汉口地方李慎德堂及宝顺里内，拿获两湖分会总匪首唐才常、匪首林圭、李虎生等三十余名。唐才常系督办南部各省总会，又督办南部各省军务处，林圭系统带国会中军，李虎生系总窝户。当时在唐才常寓所，起获军械、火药、伪印、伪札、伪示及富有票多张；又入会各匪姓名簿，又购买洋枪刀械用款，雇募奸细，分往各城各营各局充当内应，月支薪水用款，招募会匪，自称发饷用款，各项帐簿；又各匪党往来逆信；又洋文自立会办事规条，皆在唐才常屋内搜获。……发交营务处司道、武昌府、江夏县，公同审讯。该匪等供认开设自立会、勾结哥老会、散放富有票、同伙逆谋不讳，当即将该匪首唐才常等二十名，正法示儆。旋在嘉鱼县拿获匪党蒋帼才，搜获富有票、黄旂，及各匪口号、名单，及正副会长康梁伪谕，暨供出各匪姓名。续据湖南拿获会匪头目李英、谭焘等，供称"康有为在上海开富有山，正龙头系康有为、唐才常、梁启超、李金彪、杨鸿钧、师马炳等，唐才常派为上海总粮台。……此事是康有为为总，康有为以唐才常为总，唐才常以辜仁杰即洪恩、师马炳即师襄为总，

唐才常像

卷五 明清

湘省闻拿自尽之汪镕，派为长沙总粮台，各粮台之钱，均是康有为接济"等语。查蒋帼才匪单内，系康有为为正龙头，梁启超为副龙头，并据唐才常供，上海国会总会头目，系广东人容闳，此外各处所获哥老会匪供词，供出康有为、唐才常为首者，不计其数。……

查此项自立会匪唐才常等，以康逆死党，窟穴上海，设立总会，自为总粮台，往来沿江沿海各处，广散银钱，购诱会匪。……其匪党往来书信，大指因北方有警，乘此煽动沿江沿海各省，各种会匪，同时作乱，其同谋勾结之人，各省皆有。其购械募匪之款，查簿内存款计洋银一万五千余元，用去已将及万元。闻康有为诈骗敛集之款，共有银六十万元，安排以二十万元用之长江，……其伪札有曰"指定东南各行省为新造自立之国"，其华洋文规条内有曰"不认满洲为国家"，其伪印文曰"中国国会分会驻汉之印"，又曰"中国国会督办南部各省总会之关防"，又曰"中国国会督办南部各路军务处之关防"，又曰"统带中国国会自立军中、左、右、前、后等营各关防"，其逆信内有曰"以湖北为中军，以安徽为前军，以湖南为后军"。其唐才常身边小箧内，搜出伪号令、告示稿，有云：焚毁各衙署，占夺枪炮厂，劫掠局库，占踞城池，焚戮三日，封刀安民，派将固守，再筹征进。其逆信内有曰"沿途亦可劫掠"。其开用伪关防札稿内有曰"业经报明沪会，篆刻关防一颗，内刻中国国会督办南部各省总会字样，于庚子年七月初八日开用"等语。唐才常到案，一一供认不讳。至平空造言，捏诬狂吠，诋毁两宫，悖逆凶悍，笔不忍书，令人发指。该会匪等，以自立为名号，以焚戮劫掠为条规，以富有票为引诱，以哥老会、红教会及各省各种会匪为羽翼，意欲使天下人心，同时摇动，天下民生，同时糜烂，实为凶毒已极。……

自汉口匪首伏诛后，各路匪徒，闻之震慑夺气，惟富有裹放出太多，其悍党匪首尚多漏网。现已访知，仍复潜踪往来上海、长江一带，别设狡谋，力图纠众报复。沙市、岳州、常德、澧州一带匪徒，

唐才常手迹

尚在煽惑窥伺，新堤之匪，窜扰湖南之临湘、巴陵及监利之朱河等处，其监利、沙洋、麻城、嘉鱼、崇阳、巴东、长乐之匪，仍饬各营分投搜剿解散。其襄阳、枣阳、随州、应山等处，界连豫边，素多刀匪，豫省年来旱荒，饥民颇众，亦遂有会匪开堂放票之事，自七月以来，借闹教为名，啸聚焚劫，自立会匪滋事。复查有匪目潜往孝感、应山、河南信阳州一带，谋劫北上诸军军火，并煽诱饥民，来汉滋事。现又讯出匪目潜往襄樊一带，煽动刀匪，已添募马步各营，沿边防遏，入境即击。……惟有仍一面督饬各军各州县严防密拿，解散胁从；一面照会各国领事，布其逆乱罪状，嘱其远告外部，勿为所惑。(叶德辉《觉迷要录》卷二《鄂督张、鄂抚于奏康党谋逆创设自立会勾结各会匪作乱折》)

光绪二十六年庚子1900年。闰八月……丙午，湖广总督张之洞等奏：康党谋逆，创设自立会、自立军，勾结长江两湖会匪，同时作乱，散放富有票，暗寓富有四海之意。在上海开富有山，以康有为为正龙头，梁启超为副龙头，自称新造自立之国，不认满洲为国家。在汉口先期破获，渠魁唐才常等伏诛，现派营四路剿捕解散。得旨：览奏殊堪痛恨，著即会商沿江沿海各督抚，将此项会匪，饬属一体查拿，尽法惩治，务绝根株。(《清德宗实录》卷四七〇)

查富有票，系用千字文编号，就查获亲见者，最前有地字号，最后者有职字号，职字已有七百九十四号之票。查职字系第三百一十字，是每字一千张，已有三十一万张。近据湖南拿获唐才常之弟唐才中供称，上海刊印富有票三十多万，分散伙党，招匪起事等语。(叶德辉《觉迷要录》卷二《鄂督张奏分咨各驻使知会各国外部领事勿得容留各匪首片》)

庚子联军入京，那拉后挟清德宗西狩，保皇会历在外洋运动华侨，积有巨款，以戊戌维新中止，密谋举事武汉。时浏阳唐绂丞才常，实主其事，在长江上下游，有

叶德辉像

所布置。因哥老会为秘密会党之一，有势力于长江，才常以勤王说之，其头目谓吾党若以勤王号召，其势不可理喻，必动之以利，乃可致之，才常不得已，故有"大戮三日、封刀安民"之说，为当局诟病。自沪至汉，均有所谓富有票者，为入党秘证，事成则溯汉入襄河，劫德宗于西安，以图复辟。机事不密，才常被捕授命，亦维新痛史也。梁启超在横滨候船失期，事败，不果行。（张一麐《心太平室集》卷八）

唐才常，字佛尘，少与嗣同齐名。……闻嗣同死，忧愤屡有所谋，每言及德宗，常泣下。（光绪）二十六年，两宫出狩，才常阴结富有会，谋举事，号勤王，将攻武汉，被获，慷慨言无所隐，请就死，遂杀之。（《清史稿·列传》二五一《谭嗣同传附唐才常传》）

十四 义和团

（一）义和团之崛起

甲、起源

【源流】

义和拳不知所由起，嘉庆间曾遭严禁，然直鲁民间，传习拳法者不绝，附会神道，持咒后神即附体，谓之上法，自能距跃技击。或谓属于八卦教乾坎二卦，以其习拳而分，卦步相同。八卦教有妇女结队，窄袖短衣，挥刀善斗，号红衣健妇营，而义和拳亦有红灯照。然兰簃外史所撰《靖逆记》，称齐豫死党以虎尾鞭、义和拳、红砖社、瓦刀社与八卦教并列，则非一体可知。义和拳与白莲教仇杀，不闻八卦教有同此之事。或谓"义和"为山东曹州村名，亦无确证。戊戌变政，令各省举办团练，改拳为团，即在此时。

嘉庆十三年1808年。七月戊寅上谕：……近日江南之颍州府、亳州、徐州府，河南之归德府，山东之曹州府、沂州府、兖州府一带地方，多有无赖棍徒，拽刀聚众，设立顺刀会、虎尾鞭、义和拳、八卦

教名目，……遇会场市集，公然搭设长棚，押宝聚赌，勾通胥吏，为之耳目。……饬下三省督抚，认真踹缉……聚赌械斗之案，拿获尽法惩治。（劳乃宣《义和拳教门源流考》）

王秉衡即王景会，其族分住直隶滦州及卢龙县等处，以大乘教清茶门分往外省，传徒敛钱。……石佛口王姓一族，世传邪教，历年久远，蔓延各省，……家……藏《九莲如意皇极宝卷真经》、《元亨利贞钥匙经》，及一切邪悖经卷。……滑县闹事之人，俱系震卦教，凡有在教者，均称为东方震宫王老爷门下，其王老爷系首先传教之山东菏泽县人王中，已于乾隆三十七年1772年。犯案正法。林清徒党，多系坎卦教，凡有在教者，均称为北方元上坎宫孔老爷门下，其孔老爷系首先传教之山东宁阳人孔万林，亦已于王中案内正法。至大乘教、金丹八卦教、义和门、如意门等教，凡有在教者，均称为南方离宫头殿真人郜老爷门下，其郜老爷系首先传教之河南商丘县人郜生文，已于乾隆三十六年1771年。犯案正法。又……有清茶门教，系滑县人王正纪所传，……即系滦州石佛口王姓分支，……嘉庆十六年1811年。经温承惠审办过。巨鹿县民孙维俭等，系以吴二瓦罐所传之好话教，即离卦教，改名大乘教，……将大会首孙维俭等五名，分别拟以绞决监候，二会首宋连捷等九十余名，连吴二瓦罐一并拟遣，其散会首卢珍明等一千六百三十余名，奏准取具悔结，……再犯加等治罪，十七年1812年。又经温承惠拿办过。前案内散会首，复图兴教，私雕伪宝印，盖护道榜文之刘帼名等，三十余名口。……是年又拿获滦州李家套民董怀信等三十余名，传习金丹八卦教。……十八年1813年。冬间，

义和团团民

大乘教案内，拟绞监禁之大会首李经，在监勾结同教田克岐，散旗谋逆。……旋又究获八卦教内首要逆犯张九成、杨遇山、宿元谟、刘坤并河南离卦教首郜生文之孙郜坦炤、刘功等。……其离卦一教，仍未改悔之案，如所获安平县传习离卦教之杨俊等，究出首先传教吴二瓦罐之子，仍称少当家之吴洛云，并其徒大头目路运等一案；交河县传习一炷香离卦教之齐闻章等，搜出违背十王经卷一案，沧州吴久治、路老等，传习佛门教一案；青县季八、叶福明等，传习义和门教一案；又青县边二从习白阳教，预知逆情一案；景州葛锡华等，从习离卦教，预知逆情一案；祁州邢士魁等，传习如意教，搜获妄造表名卦号总册一案；故城县葛立业传习义和门拳棒，预知逆情一案，均经讯明教名虽别，俱系离卦教之子孙徒党。……现又访获青县尤明等，传习义和门离卦教一案，束鹿县马杨氏，传习红阳教，搜获飘高老祖经一案，亦经奏明，从严究办。

至石佛口王姓传教一案，……派员在卢龙县安家楼庄，访获自江南回借之王殿魁，并其子王朝万二犯，提省严讯。据王殿魁供认，于乾隆五十七年1792年。即在淮安、溧水、泗洲、江宁等处传徒，……并据供出伊族人在湖北传教共有三人，一名王书鲁，一名王泳太，一名王兴建。王书鲁先在江南仪征县传教，即在彼住家，王泳太、王兴建俱在卢龙县安家楼庄住。又有在山西传教犯案王如青之次子，小名来子，……续……在安家楼庄，拿获王三乐、王三畏二名，讯据供称，伊等均未习教，惟伊次兄王三聘，又名王绍英，曾在山西传教犯案，业已奏办，伊三兄王三顾，从前亦往山西，回家后，旋患疯迷，于本年四月内外出，不知去向。……因查从前办过王烈案内，有王际昌、王汉伟、王秉钧三犯，分发邢台县充徒，行司提省质讯，至王殿魁供出在湖北传教之王书鲁一犯，现准湖广咨会内开，樊万兴案内之王姓，即王大鼻子，已准江苏省拿获，核与王殿魁所供形貌相符，其王泳太、王兴建二犯，亦在湖北传教，当即飞檄各委员访拿，……教犯王三乐、王三畏、王凤吉、王来子等四名，已饬提省审办，并仍……在于该州石佛口、卢龙县安家楼及阆家庄等处，实力查拿。……

(劳乃宣《义和拳教门源流考》)

义和拳一门，乃白莲教之支流，其教以练习拳棒为由，托言神灵

附体，讲道教拳，诡称念诵咒语，能御枪炮。……其党自嘉庆年间惩办以后，根株迄未尽绝，直、东两省各州县，所在多有。……（劳乃宣《义和拳教门源流考》）

近年该拳起于山东曹州府之义和村，改名义和拳。（艾声《拳匪纪略》）

李秉衡抚山东，适有大刀会仇西教，秉衡奖借之，戕德国二教士。廷议以毓贤官鲁久，谙河务，擢代之。光绪二十五年二月。既莅事，护大刀会尤力。匪首朱红灯构乱，倡言灭教，毓贤令知府卢昌诒按问。匪击杀官军数十人，自称义和拳，毓贤为更名曰团，团建旗帜皆署毓字。教士乞保护，置勿问，匪浸炽。法使诘总署，乃征还，至则谒端王载漪、庄王载勋、大学士刚毅，盛言拳民忠勇，得神助。（《清史稿·列传》卷二五二《毓贤传》）

【组织】

义和团之组织，除设坛事事请命于诸神，设粮台以供食用，二者之外，举不可知。大约以村为本，村与村联，略同于联庄会。旗帜之色，随卦而分，亦不止乾、坎二卦。手执刀棍者，皆戴红巾，相呼曰师兄，主坛者为大师兄，管事者为二师兄，张德成、曹福田为众所推奉，然亦不能统一指挥。忌讳甚多，讳败为胜，至讳同拜为同胜。知始于兵起之后，因造一切名目，一龙者光绪帝，二虎者礼、庆二王，羊者百官，二毛子三十以上之教民，三毛子则四十以上之教民，洋人谓之狗，或曰大毛子，洋钱谓之狗钞，洋炮谓之狗铳，洋枪谓之狗杆，火药谓之散烟粉，铁轨谓之铁蜈蚣，电报谓之千里杆，凡洋货皆必毁之，上阵曰杀狗，帽子曰开元宝盖，皮帽曰燰兜，酒曰降神汤，烟曰救睡药，棍曰二郎神，靴曰黑脚裹，水曰雷公汤，饼曰老君粮，箸曰小二郎神。改"洋"字为"湫"，谓水火夹攻也；"清"为"擒"，谓扶清也，或谓旗帜为扶清灭洋，容或有之。

其厂前横大刀一，大刀会所由名也，亦有枪有炮有戈矛之属。其神以杨戬为主，谓之太老师，其次则孙膑、马武、张飞、孙悟空等。神之所附谓之马子，马子之年率二十上下。其术有符有咒，符加于顶，或佩身畔，则若风若颠，力大寻常数倍。其说则谓明年光绪二十六年。为劫年，玉皇大帝命诸神下降。其党相呼以师兄，呼其渠为大师兄。渠姓名为朱红灯，或曰茌平人，或曰长清之李家庄人，其号谓

之天龙。……朱红灯戴大红风帽,著红裤,头目各执两红旗,枪刀之属,以红布为饰,盖其色尚红,托南方火色,以别于它卦。其初出,向东南叩头。其令以鼓。其党有和尚、有道士。其队以四人为一圈,轮伏轮起,轮退轮进。(蒋楷《平原拳匪纪事》)

其学拳者,称大师兄、二师兄、三师兄,其管事者,称大先生、二先生、三先生,其教师皆由山东来,隐其姓名,行踪诡秘,其学法画符请神附体,一夜即成,能避火枪刀矛,小试辄验,临战则否。其神则《封神演义》、《三国演义》、《水浒》等书。(艾声《拳匪纪略》)

吾城中(定兴县城)见拳民,由东南两门整队而来,或十数人一起,或二三十人一起,壮丁幼童皆有,持长枪者十之七八,持腰刀双手袋者十之二三,持鸟枪者甚少,或腰红带,或蒙红巾,目不旁视,鱼贯而行。(艾声《拳匪纪略》)

每传拳法一处,必须招集二十五人,是谓一团,每团立一团首,一团之人聚散,皆从其令。(《拳匪纪事》卷六)

取十八岁以下至十二岁以上之闺女,身穿红布衣履,手执红巾,一手持一小红灯笼者,名曰红灯照。言能上法后,用扇一煽,便能起空驾云至半空,若大红星者,或一煽而大炮自闭不响,或一煽而轮船在海中自烧,或一煽而城楼坚固石室俱焚。只见有此种人,从未见其一上法。(袁昶《乱中日记残稿》)

女童习红灯照,妇人习蓝灯照,降体之神,多半小说所云樊梨花、刘金定之类。(《拳匪纪事》卷六)

总匪首李来中,陕西人,京城匪首韩八,曾充吏部经承,……山东匪首徐天吉。或云总匪首王觉一,现在四川。该匪系离卦教,色尚红,故红巾红带,间有黄带蓝带者。……红灯照大头目曰黄莲圣母,曰二仙姑。(《拳匪纪事》卷六)

最著则为乾门,首曰张得诚,次曹福田。张乃静海人,……妄言联军败北,捏奏邀功者,即是人也,后为村人所戮。在北京者曰李来

中，亦称乾门，陕西逋民，占踞涿州城，刚中堂奉命查勘，揭之去。侮大臣，攻使馆，称兵都下，焚大栅栏，皆李匪所为，事后乃逸。别有女匪黑儿，幼故绳伎，美其术曰红灯照，拳门之别派也，乘缘舆出入督辕，制府与之抗礼。（支碧湖《续义和拳源流考》）

伏查义和拳，即离卦教中所称之义和门，与白莲教同出一源，止有拳会之名，本无乡团之目。嘉庆年间，……捕治……甚严，……日久……防范稍疏，……上年遂复公然传习。入其教者，虽名为习拳练技，实乃演诵符咒，诡称神灵附体，舞枪操棍。……其附体则托以王禅、杨戬、武松、黄飞虎、罗吒诸名号，其魁桀则加以老祖师、大师兄、二师兄诸称谓。分设拳厂，……入厂者并须输赀，又以输赀之多寡，入厂之先后，定其名称之尊卑。如欲赴某村讹抢，则送分传单，先期征召，迫齐集后，逐一吞符诵咒，焚香降神，杂逯跳舞，为首者指挥部署，附会神语，以诳其众。至临阵对敌，各插一小黄旗，又以红黄巾带裹头束腰，胸际佩黄纸符，其头目手执黄旗，或身著黄袍，背负神像，其徒众分持枪刀及鸟枪抬炮，群向东南叩头，喃喃作法，起而赴斗，自谓无前。会中簿册以红布为之，分别登载，有总办、统领、打探、巡营、前敌、催阵，及分编哨队各名目。其充总办、统领者，皆险骛教师，充前敌、催阵者，皆凶横匪类，骑马当先，往来督战；其名隶哨队者，皆丁壮少年。……部勒颇严，……会中如有期约，虽在数百里外，亦须征徒往应，沿途令村店供给食物，去不偿值。……其用以惑人者，谓能避枪炮，然迭与乡团教民兵役格斗，一遇枪炮，辄伤毙多人，瓦解鼠窜，……每至弃其神像旗帜簿册。（袁世凯《养寿园奏议辑要》卷四）

乙、民教之相仇

义和团之起，由于民教相仇，固为事实。自江宁和约有传教专条，教堂例由各国保护，每借教案以索权利。因贵州田兴恕杀开州教民，而勒令革职永不叙用，遣戍新疆。后来成都高密教案，皆沿例要求。天津教案，至杀四十人以抵一法领事之命，府县由论抵而减为遣戍，统兵之陈国瑞亦几不免。曹州教案，德人借此强占胶州湾，索胶济铁路及沿路矿权，以致各国效尤，强占海港，划势力范围，几肇瓜分，国几不国。而教民恃教士为护符，县官竟不能执法，民教诉讼，例必祖教。教民不信神佛，常诋毁

人家神主牌位，尤恶拳民所奉诸神，故民教相仇，拳民、教民尤相水火。义和团起，人民无不信之，士大夫能文章、讲气节、专精元史，称为学人，如湘中曾廉辈亦信之。盖自鸦片战争横遭屈辱，人思雪耻，乃有维新之事；至于维新失败，外患更甚，人心愤激，乃不计成败利钝，与之并命，是则属于全国人心，不仅义和团而已。故维新不成，乃有义和团；又不成，乃有辛亥革命，其事不同，而抗强权则实一贯。

毓中丞贤，于光绪二十五年1899年。令义和拳民教授兵勇拳艺，在按察司街设厂。……中丞赴兖州时，途次拳匪持枪刀出迓，中丞赏以银两，谕善习法术，以期大用，随即密奏朝廷，谓拳民具神力，能避枪炮，力胜洋兵。……是时省城内外多设拳厂。……有名朱红灯者，……与茌平城北三里堂僧人法号心诚者为拳首，……在新甸祠聚众督拳，烧茌、博、平等县教堂，……茌平张庄洋式教堂，价逾万金，顿成焦土。……北京总署以法使之请，行文到鲁，毓贤视为具文。……莘县民人刘日清、刘玉清、刘义清、刘宙清，与子侄思南、惟南，纠匪二百余，攀红白四旗，上书"保清灭洋"四字，将梨园庄教民于贵等二十五家，抢劫尽净。……毓命……各处刀匪，改称民团。……十月初五日，茌平刀匪树毓抚黄旗，至李韶武庄抢教友两家。……（李杕《增补拳匪祸教记》）

伏查东省民教，积不相能。推究本原，实由地方州县各官，平时为传教洋人挟制，不能按照约章，持平办案，遇有交涉之案，但凭教民一诉，或教士一言，即签票传人，纵役勒索；到案复又不分曲直，往往抑制良民，希图易结。而教民转得借官吏之势力，肆其欺凌，良民上诉，亦难伸理，积怨成仇，有由然也。……良民郁极思逞，乃起而与教士教民为难。官正苦于无如教何也，亦思借民力以报复，有仇教者，不但不肯查禁，或对众讽煽，不啻潜导而阴驱之，迨教案既成，强邻执约以相诘责，则又张皇失措，听其所为。……东省自德人因教案构衅，租割胶澳，

毓贤像

输偿巨赀，……而本年光绪二十五年。春间，沂属教案，偿款十万余金，夏间曹济各属教案，德教士安治泰拟索偿六七万金，迄今尚未议结。秋冬来，济东各属，焚劫大小教堂十处，抢掠教民三百二十八家，掳害教民二十三名，蔓延十数州县，较之沂曹两案，滋扰弥甚，将来索偿，更不知几何。……是则官吏不能持平办案，致使良民激于一逞，而重则割地，轻亦输金。……适有不逞之徒，乘间滋事，结伙聚徒，习知良民之为教民欺凌也，辄诳诱乡愚，勾引报复，焚毁教堂，劫掠教民，继因各处著名教堂，如禹城之韩庄、恩县之庞庄、平阴之白云峪，皆设备固守，屡攻弗克，转遭杀伤。（袁世凯《养寿园奏议辑要》卷二）

光绪二十五年己亥1899年。二月癸卯，廿五日。……谕：……有人奏，近来山东民教不和，屡屡滋衅。……著该抚谆饬各州县，……遇有词讼，无论教不教，地方官总应一律持平办理。……寻毓贤奏：东省民教不和，由来已久。从前平民贱视教民，迨后彼强我弱，教民日见鸱张，横行乡里，鱼肉良民，断无虐待教民之事。（《清德宗实录》卷四三九）

上年光绪二十五年。十二月初一日，据平阴县知县梁石甫禀称，有寄居该县之英教士卜克斯，由泰安府城转回平阴，十一月二十八日，经过肥城张家店地方，突遇头缠红布匪徒三十余人，各持刀械，殴伤卜克斯头额，架赴肥城境内隐匿等情。……初二日，据肥城县知县金猷大禀称，卜克斯已于二十八日，又遇骑马贼匪，掳架戕害。（袁世凯《养寿园奏议辑要》卷三）

丙、义和团之起兵

胶澳之事，鲁人目击心伤，故义和团先起于山东，即无教民买米以致互哄、官吏屠杀教民之事，亦必起兵无疑。既起之后，外人责难鲁抚毓贤仇教，清廷命袁世凯署山东巡抚，兼率新练陆军入鲁，先剿后抚。世凯揣知执政者意不在剿，乃逼义和团入直隶境今河北省。

欧阳熙己亥冬月十八日与书李盛铎云：……山东平原因教民买米，义和拳出而相阻，并抗官抗捕，团总入城调停，官误以投之监，以致地方鼓噪，乃捏词请兵。东抚即派首府卢昌诒及候补知府袁世廉率兵往弹压，袁先至，不分皂白，枪毙四五百人，德州、临邑，万姓

哗然。东抚据实参奏，请将袁交袁世凯随营学习，特旨严斥，将袁革职。初四，上谕：命毓贤来京，以袁世凯署理东抚。闻系命其将所部八千人带往，再添募万二千人，训练备用，并闻其请训时，慈圣有"先剿后抚"之谕。（《松堪小记》）

自光绪二十五年秋，拳匪扰平原、禹城、茌平、恩县等邑，东昌十属教民，尽遭荼毒。二十六年春夏，拳匪蔓延三四十州县，几遍济东、泰、武、临所属地方，焚拆教堂数百座，烧毁教民屋二千余家，杀教友二百九十余，其因难病故者又有百余人，受勒受伤，不胜屈指。总计教堂教民所失物件，约值银一百六十万。（李杕《增补拳匪祸教记》）

毓贤抚山东，纵匪，匪散入河间、深、冀。……已而毓贤去，袁世凯代之，自兴兵疾击，以故匪不敢近山东，而纷纷入畿疆矣。（《清史稿·列传》二五二《裕禄传》）

丁、直隶境内之蔓延

【涞水案】

时裕禄为直督，初颇袒教，后乃事团甚谨。庚子四月，有涞水之事：教民有被杀者，杨福同率兵往勘，击毙团众数十，杨福同亦遭团众袭杀，遂拆路，毁教堂，响应者遍于近畿。

光绪二十六年。庚子1900年。四月十一日，席教士来函，……高洛村阎洛福请来义和拳匪，现今聚人太众，口称杀害教民与奉教者，放火。……恳祈阁下多费心神，速加护佑。（祝芾《庚子剿办涞水拳匪始末摘要》）

本年二月间，新城拳匪滋事。……四月，……聚集千人，各持器械，……焚烧教民房屋数十间，戕毙多命。（祝芾《庚子剿办涞水拳匪始末摘要》）

四月十六日，院委……前往查勘，计焚教民房屋八十二间，……拿获要犯蔡培、杨大柱两名。又因其设伏邀击官兵，当格杀匪首一名，击毙数十名，擒获四十名，并枪械、牌位、符袋、传帖等件，……余众均各散回房、涿、定兴各老团，……而教民尸身，亦先后起获十具。……二十四日卯刻，杨分统（福同）即带马队三十、步队四

十，驰往查办。行近石亭左近之两狼沟地方，……不意沟内聚伏多匪，约有二三千之数，群起突出，致将杨分统坐马扎伤，惊蹶而堕，锋刃交集，分统……力竭殒命。(祝苪《庚子剿办涞水拳匪始末摘要》)

四月二十七日，据探报称，匪尚团聚陈家庄、石亭一带，众约数千，领队者为房、涿拳师密熹和尚，并道士两名，曾在石亭左右亮队操演。……二十九日，散回房、涿一带，既焚毁涿州铁桥，又放烧高碑店、长辛店铁路车站。……闻烧高碑店时，左近村民，皆按户出给秫秸一束，外糊黄纸，蘸以火油，每人手持一把，点火飞传，故令东西明灭，闪烁无定，诡托神灯，以炫人目。……(祝苪《庚子剿办涞水拳匪始末摘要》)

【刚赵之查办】

清廷闻警，一面派聂士成率军弹压，一面命赵舒翘、刚毅，往涿州查办，实觇团众可用与否。刚毅自命仇洋，力言团众可恃，团众入都者三万人，先设坛于庄王府，教民憬憬自危，各使馆遂各调兵自保。

二十六年五月庚戌，谕：……近畿一带拳民聚众，昨已派令赵舒翘驰往剀切晓谕，著再派刚毅前赴保定一带地方，开诚布公，谕以拳民教民皆朝廷赤子，务宜仰体皇仁，即日解散，各安本业。(《清德宗实录》卷四六三)

本月五月。初九日，该拳会复在高碑店扑攻防营。十二日，又在北河焚烧铁路。……十一日，刚相、赵兼尹先后到涿查办，该拳会始将红布红带等件藏过。……十八日，即闻该匪复聚数千，随即率众至高碑店，拆毁铁路。……近闻顺天、保定、天津、河间各属，遍地皆匪。(祝苪《庚子剿办涞水拳匪始末摘要》)

刚毅还朝，密陈拳民志在拒敌，非叛逆可比，今已俯首受约，不如因而用之，太后默然。……刚、赵既还，拳匪相继入城，借庙宇设坛，练习拳勇，已乃盘踞民房，竖保清灭洋大旗。(胡思敬《驴背集》卷一)

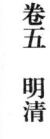

聂士成像

卷五 明清

（二）义和团之抗战

甲、使馆及教堂之围攻

是时，荣禄为军机大臣，兼掌武卫五军，最得西后宠信。首调董福祥甘军入卫，而端王载漪，以大阿哥之父，援醇王故事，得与闻军机重要事件，兼管虎神营，权势薰灼无比，极力主战，附之者庄王载勋、刚毅、徐桐。廷臣中，自命老成、实图苟安者比比，皆言拳不可恃，衅不可启，西后颇徇端、庄，而不能骤决。荣禄视西后为从违，徘徊二者间，故虽命董军攻使馆教堂，追德使克林德、杀克林德者神机营队长恩海后自首，慷慨就死。日馆书记官杉山彬，先后被戕，而仍命总理衙门与各使通殷勤。盖攻使馆为清内顾之忧，而又不肯负杀公使之名，但欲令其自行撤退而已，故攻使馆教堂五十日，不能下。

上曾有谕捉拿拳匪，命董福祥以甘军平之，董复以不能杀此老百姓苦娃娃为辞，内外交讧，而后有失和攻打使馆事。董福祥军其西，瓯武卫中军军其东，自五月十九起，至今将议和，枪声络绎不绝。（袁昶《乱中日记残稿》）

光绪二十六年庚子1900年。五月己未，十九日。谕：昨因拳匪滋扰京城，曾谕令步军统领衙门，严拿首要，认真梭巡。……乃昨日夜

董福祥故居

中华二千年史

间，城内各处焚烧如旧，……并著派庆亲王奕劻、端郡王载漪、贝勒载濂、大学士荣禄，督饬派出各员，及马步各营，并地方文武，实力遵行。(《光绪东华录》卷一六〇)

北京使馆被围，实自六月八号始。……自六月二十号，德公使被戕后，是日下午，所有西人悉入英馆，而所有水师兵，则仍守奥、法、德、美各馆。奥馆旋以不可守弃去，而意大利、荷兰二馆亦为华人所焚，随后法馆东面经华兵占据。余如德、日、西班牙、俄罗斯及洋客栈等处，均守至八月十四号，未为华人所夺。(《拳匪纪事》卷二)

五月二十二日，又召见大学士、六部、九卿。载漪请攻使馆，太后许之。(李希圣《庚子国变记》)

廿四日下午四点钟，甘军在王府大街长安牌楼北，与奥使署洋兵开仗。……闻是役系荣中堂发令，饬董军开仗。当议发令时，皇上痛哭曰："如此则数千万生灵，必遭涂炭，三百年宗社，必致不守。"(《拳匪纪事》卷二)

二十四日，遂令董福祥及武卫中军，围攻交民巷，荣禄自持檄督之，欲尽杀诸使臣。炮声日夜不绝，屋瓦自腾，城中皆哭。拳匪助之，巫步披发，升屋而号者数万人，声动天地。夷兵才四百，四面为营叠，穿地道，令教民分守之，人自为必死，皆奋。围攻五十余日，昼夜番战，苦相持，董军及武卫中军，死者无虑四千人，拳匪亦多有

清代时的东交民巷

伤亡，皆引退。（李希圣《庚子国变记》）

庚子五月十二日，京都教民奏稿：……拳匪仇教，……于四月二十日，焚烧固安县公村之教堂，杀毙教士二人。继于二十七日，又焚烧霸州之善来营村，杀毙教民男女十三人。又于五月初十日，通州东路焚烧教堂教民住房数处，杀毙教民四十余人。其他永清、武清等处，杀毙英教士二人，教民死亡无从稽考，其数不可得知，教堂教民房产均焚掠一空。现在四外教民，携男抱女，逃难到京者，多至数百人。（鹿完天《庚子北京事变纪略》）

十二日晚八点钟，城外人声鼎沸，从东便门至西便门，众口一词，佥云，烧香磕头，泼凉水，杀洋鬼子。即时火起，或云，是顺治门外本会南堂。……十七日，……忽报拳匪拥进孝顺胡同，美兵迎战，喊声振地，拳匪……败北，向大街行。……至本会外堂，举火焚烧。又北行至施医院，延烧伦敦会教堂、灯市口公理会教堂、二条胡同长老会教堂、东华门八面槽天主教堂。折而西，连烧鸭儿胡同教堂、驴肉胡同教堂、缸瓦市福音堂、顺治门内天主堂。（鹿完天《庚子北京事变纪略》）

十七日，拳匪于右安门内，火教民居，无论老幼妇女皆杀之，一僧为之长。十八日，往宣武门内，火教堂，又连烧他教堂甚众。（李希圣《庚子国变记》）

北京西什库教堂

二十四日，拳匪既不得志于交民巷，乃往攻西什库教堂。副都统阿克达春为前锋，战不利，载漪大怒，立斩之，而教民皆坚壁以待攻。刚毅帕首鞾刀请督战，张左右翼而前，拳匪死者数百人，刚毅跳而免，悆发骂曰："公等在涿州时，皆言何如？今若此，天下事不足言，吾与之俱受其戮矣！"其后崇绮又三往攻之，讫不能入。(李希圣《庚子国变记》)

西什库则虎神营与义和团合打，亦一月未攻开，则诡云，镇物太多，有光腚女人无数，在楼上者云；而洋人用枪击杀义和团不出，则云为秽物所冲。(袁昶《乱中日记残稿》)

乙、对外之宣战

【宣战之诏书】

庚子五月，外兵业已进攻大沽口，情势愈急。江苏粮道罗嘉杰，摭拾浮言，密禀荣禄，谓外人要挟四端，一，光绪帝亲政；二，西太后不得干预政事；三，全国之兵归外人统率训练；四，全国之财归外人整顿管理。荣禄不能秘，以呈西后，主战之意遂决。五月二十一、二、三三日，在仪鸾殿东暖阁连叫大起，每日两次，召见王、公、贝勒、军机、内阁、六部、九卿，商和战，许景澄、袁昶力陈不可战，不听。五月二十五日，下诏宣战，有云："我国赤子仇怨郁结，人人欲得而甘心，此义勇焚烧教堂、屠杀教民所由来也。"又云："与其苟且图存，贻讥万古，何若大张挞伐，一决雌雄。"其辞甚壮，军机章京连文冲所草。七月初三日，杀许景澄、袁昶，后又杀徐用仪、立山、联元，以离间为名，盖疑其招外兵以谋复辟也。

二十日……午正，有旨命王、贝勒、大臣、六部、九卿传牌子，预备叫起。……申初，随班召见，慈圣再三谕，尔等各抒所见。臣昶力言，莫急于先自治乱民，示各夷使以形势，俾折服其心，然后可以商阻夷使添调外兵，办法须有次第。佛谕现在民心已变，总以顺民心为最要，汝所奏不合。臣复奏，变者但左道惑人心之拳匪耳，以辟止辟，捕杀为首要匪数十人，乱党乌合之众，必可望风解散。我自办乱民，免致夷人调兵代办。交哄毂輂之下，则大局糜烂，不可收拾。佛不纳。(袁昶《乱中日记残稿》)

二十一日，召对时，诸王、贝勒及崇绮等二十余人，痛哭合词面

奏云，非战不可，皆主张端邸之说。……决战之机，由罗粮道嘉杰上略园（荣禄）相书，称夷人要挟有四条，……致触宫闱之怒，端邸、徐相、刚相、启秀等，又力主惩治外人，推枰之几遂决。推原祸本，苏粮道罗嘉杰密禀大学士荣禄，所称夷人要挟四条，多悖逆语云云。……然罗嘉杰所称，既非各国提督照会裕禄，亦非天津各领事扬言。又李鸿章、刘坤一等，前后电奏各国外部语，绝无此说。各外部金言，此次调兵，系为保护使臣，助剿乱民，断不干预中国国家政治家法，当时战未交绥，何所施其要挟。可知罗语妄诞不根，荒唐无据，轻率密禀，实为罪魁。（袁昶《乱中日记残稿》）

二十三日，到署，始知朝议今晨决战，命署照会各国公使，因彼水师提督塞我大沽口门，占我炮台，饬各使限二十四点钟内，下旗出京回国，已成决裂之局，无可挽回矣。上对廷臣言，可惜十八省数万万之生灵，将遭涂炭，临朝太息久之。……二十四日，……大叫起，上询许景澄，手絜其右袂，言"天下数万万生灵，立见涂炭，汝不可不切言之"，御容戚然。许对以似宜保全公使，令其下旂生还，上首肯。举朝皆怒许之失言。（袁昶《乱中日记残稿》）

七月初四日，奉朱谕：吏部左侍郎许景澄、太常寺卿袁昶，屡次被人奏参，声名恶劣，平日办理洋务，各存私心，每遇召见时，任意妄奏，莠言乱政，且语多离间，有不忍言者，实属大不敬。若不严行惩办，何以整肃群僚？许景澄、袁昶，均着即行正法。（《松堪小记》）

七月丙辰，十七日。谕：……兵部尚书徐用仪，屡次被人参奏，声名甚劣，办理洋务，贻患甚深。内阁学士联元，召见时，任意妄奏，语涉离间，与许景澄等厥罪惟均。已革户部尚书立山，平日语多暧昧，动辄离间，该大臣受恩深重，尤为丧尽天良。若不严行惩办，何以整饬朝纲？徐用仪、联元、立山，均著即行正法。

光绪帝朝服像

(《松堪小记》）

上谕：我朝二百数十年，深仁厚泽，凡远人来中国者，列祖列宗，罔不待以怀柔。迨道光、咸丰年间，俯准彼等互市，并乞在我国传教，朝廷以其劝人为善，勉允所请。初亦就我范围，遵我约束，讵三十年来，恃我国仁厚，一意拊循，乃益肆鸱张，欺凌我国家，侵犯我土地，蹂躏我民人，勒索我财物。朝廷稍加迁就，彼等负其凶横，日甚一日，无所不至，小则欺压平民，大则侮慢神圣。我国赤子，仇怨郁结，人人欲得而甘心，此义勇焚烧教堂、屠杀教民所由来也。朝廷仍不开衅、如前保护者，恐伤我人民耳。故再降旨申禁，保卫使馆，加恤教民。故前日有"教民拳民皆我赤子"之谕，原为民教解释宿嫌，朝廷柔服远人至矣、尽矣。乃彼等不知感激，反肆要挟，昨日公然有杜士兰照会，令我退出大沽口炮台，归彼看管，否则以力袭取，危词恫吓，意在肆其猖獗，震动畿辅。平日交邻之道，我未尝失礼于彼，彼自称教化之国，乃无礼横行，专恃兵坚器利，自取决裂如此乎？朕临御将三十年，待百姓如子孙，百姓亦戴朕如天帝，况慈圣中兴宇宙，恩德所被，浃髓沦肌，祖宗凭依，神只感格，人人忠愤，旷代所无。朕今涕泣以告先庙，慷慨以誓师徒，与其苟且图存，贻羞万古，孰若大张挞伐，一决雌雄。连日召见大小臣工，询谋佥同，近畿及山东等省义兵，同日不期而集者，不下数十万人，下至五尺童子，亦能执干戈以卫社稷。彼尚诈谋，我恃天理，彼凭悍力，我恃人心。无论我国忠信甲胄，礼义干橹，人人敢死，即土地广有二十余省，人民多至四百余兆，何难翦彼凶焰，张国之威。其有同仇敌忾，陷阵冲锋，抑或仗义捐赀，助益饷项，朝廷不惜破格懋赏，奖励忠勋。苟其自外生成，临阵退缩，甘心从逆，竟作汉奸，即刻严诛，决无宽贷。尔普天臣庶，其各怀忠义之心，共泄神人之愤，朕实有厚望焉。钦此。（《松堪小记》）

【军民之苦战】

联军既夺大沽炮台，守将罗荣光死之。聂士成扼天津，喋血八昼夜，中炮死。李秉衡率军入援，败于杨村，秉衡自杀。七月二十一日，京师陷。先一日，西后挟光绪帝仓猝出怀来，奔大同，经太原以至西安，由马玉昆残众护之，荣禄率董部退保定。京津之战，敌军多属日本，我固损

折，敌亦死伤甚众，尤以团众肉搏陷阵，杀敌致果，为敌所畏。兵民合而抗敌，民之死绥，更多于兵也。

光绪二十六年1900年。五月，联军攻我大沽口炮台，陷之。大沽炮台在白河口之南，北盐田之东，其北岸曰北炮台，南岸曰南炮台，聚于南部者曰新炮台，筑以泥土，围以石墙，其口岸距京四百八十余里，天津二百余里，洵为天然要隘。先是各国以得其使臣急电，调其水师舰队，驻泊于此，每欲入据炮台而无其名，遂各互相聚议，于是月二十日，往见守将罗荣光，勒其让于各国屯兵。荣光不许，遂备战事。是晚彼此开炮轰击，互有死伤。次日昧爽，炮台旁火药库中敌炮，兵丁受伤甚众，各敌舰即乘势驶至港口。未几，各台均被占据。此为中外开战之始。(沈桐生《光绪政要》卷二六)

大沽一役，列国军舰之受伤者，计德舰蕙芦崎号，受弹八枚，舰长肢下被伤，兵弁毙者一名，兵卒毙者六名，重伤一名，轻伤八名；俄舰吉利鼓号，受弹四枚，兵弁伤者二名，兵卒伤者四十六名，毙者八名，廓烈号受弹未详，右舷侧约受五枚，船中被焚毙者十名，伤者二十名，菠蒲芦号伤者一名；法舰利安号受弹一枚，船中被焚伤者三名；英舰鸦舌玲号，受弹一枚，士卒无恙。(《拳匪纪事》卷四)

罗荣光，湖南乾州人。初隶曾国藩麾下，补把总。……光绪二十

六年，擢喀什噶尔提督，未之官，而拳乱起。八国兵舰入寇，荣光守大沽炮台。大沽水深广，河道萦曲，有台备险奥。外兵慑其势，弗敢进，荣光备益严，乃伴就款，使人言于裕禄，谓第得四五艘入口，护侨商，无他意，裕禄许之。荣光闻而大惊，力阻，而敌舰已踵入。将及台，遽出炮仰击，荣光再谒裕禄乞发战令，谍者已报台毁。荣光愤极，归，拔刀杀眷属，曰："毋令辱外人手！"遂出赴难，一仆随之，不知所终。他日得其尸台下，仆尸亦在焉。（《清史稿·列传》二五四《罗荣光传》）

六月丁亥，十七日。各国联军攻天津，……戊子，十八日。各国联军占据天津，宋庆、马玉昆、裕禄退守北仓。（《光绪东华录》卷一六〇）

聂士成，字功亭，安徽合肥人。……光绪二十六年，拳匪乱，戕总兵杨福同，命士成相机剿办。匪焚黄村郎坊铁轨，士成阻止之，弗应，击杀数十人，其党大恨，诉诸朝，朝旨诃责士成。时匪麇集天津可二万，遇武卫军辄诟辱，士成检勒部下，毋妄动。荣禄虑激变，驰书慰解，士成覆书曰："匪害民，必至害国，身为提督，境有匪不能剿，如职何？"乃郁郁驻杨村观变。会英法诸联军至，士成三分其军，一护铁路，一留芦台，而自率兵守天津，连夺陈家沟、跑马厂、八里台，径攻紫竹林。喋血八昼夜，敌来益众，燃毒烟炮，我军稍却。士成立桥上，手刃退卒，顾诸将曰："此吾致命之所也，逾此一步，非夫矣！"遂殒于阵，肠胃洞流。（《清史稿·列传》二五四《聂士成传》）

七月，……敌军英水师督西摩尔督军转战而前，兵势屡挫。及初十日，敌军联合一气，分路大举入犯，我军迎敌拒战。至十一日，洋兵麇集猛攻，北仓被占，裕禄、宋庆退驻杨村。越二日，洋兵进攻杨村，裕禄拒之，正酣战间，忽受飞炮，伤胸阵亡。（沈桐生《光绪政要》卷二六）

裕禄字寿山，喜塔腊氏满洲正白旗人。……光绪二十四年，……督直隶。义和拳起山东，入直境，……裕禄初颇持正论，主剿，……居无何，……承风指，忽主抚。……匪愈横，张德成居独流，称举国第一坛，曹福田为津匪魁，二人者，炫神术为妄，妖言相煽诱，裕禄不之问。已复致书，请饷二十万，自任灭外人，裕禄驰檄召之，于是

二人出入节署，与裕禄抗礼。当是时，津城拳匪，至可三万人，呼啸周衢市，又以红灯照荧众，每入夜，家家悬红灯，谓迎仙姑。顷之各国兵舰大集，匪犹群聚督辕，求枪炮。裕禄命诣军械所，任自择，尽攫以去。而联军络绎登岸，索大沽炮台，裕禄惧，疏告急，请敕董福祥来援。联军索益坚，提督罗荣光不允，战失利。而裕禄且上天津团民杀敌状，于是朝廷以团民为可恃，宣战诏书遂下，而不知大沽已先数日失矣。裕禄又报大捷，盛张拳匪功，发帑金十万犒团，更荐德成、福田于朝，饬战状，获赏头品秩，花翎黄马褂。事急，官军战车站，败绩，裕禄退保北仓，阅三日城陷，德成、福田挟赀走，卒系而罪之。裕禄飞章自劾，诏革职留任。逾月，北仓失，裕禄又退杨村，遂自杀。（《清史稿·列传》二五二《裕禄传》）

七月十二日，夜雨，东方未明，洋兵乘舟易装，潜袭韩家树营，我军辨认未清，猝不及防，死伤大半。此处不支，大队亦遂摇动，以致北仓失守。（《津西毖记》上册）

七月壬子，十三日。各国联军据我蔡村。……癸丑，十四日。李秉衡率夏辛酉、陈泽霖、张春发，合攻蔡村，不克，各国联军进据河西坞。……丙辰，十七日。……李秉衡督师，规取河西坞，至武清县马头地方，遇敌败绩，死之，丁巳，十八日。各国联军进据通州。（《光

八国联军攻打义和团的天津之战

绪东华录》卷一六〇）

李秉衡，字鉴堂，奉天海城人。初入赀为县丞，迁知县。……光绪二十年，1894年。东事棘，召为山东巡抚。……其时大刀会起，主仇教，势渐张。二十三年，会众戕德国教士，德使海靖要褫秉衡职，编修王廷相力争之，徙督四川，海靖请益坚，乃罢免。……保东南约，秉衡与焉。无何又请募师入卫，至京入觐太后，力主战，遂命统张春发、陈泽霖、夏辛西、万本华四军，出屯杨村、河西坞。战才合，张、万二军先溃，泽霖自武清移壁，闻炮声，军皆走。秉衡不得已，退通州，疾书致将领，述诸军畏葸状，饮金死。（《清史稿·列传》二五四《李秉衡传》）

七月丁巳，十八日。各国联军进据通州。（《光绪东华录》卷一六〇）

七月，联军进逼京师。敌军既获胜于河西务，迅速进兵，与我军在通州一带者接仗三次，守将先锋后营帮带杨长清，后哨哨官马占元，各受伤死。是月十九日，敌军至京城外，遂以巨木为架，升炮其上，向城开放，毁坏房屋人民，不可胜计。……旋经某提督传令，分地扎营，互相会议，定于翌晨，各认地段进攻。（沈桐生《光绪政要》卷二六）

庚申，廿一日。上奉慈禧……皇太后启銮出德胜门驻跸。壬戌，廿三日。上奉慈禧……皇太后至怀来县驻跸。（《光绪东华录》卷一六〇）

董福祥，字星五，甘肃固原人。同治初，回乱作，……福祥亦起安化。……嗣为刘松山所败，其父世猷降，福祥亦率众乞归款，乃简其精锐者，编为董字三营。……光绪二十三年，1897年。入觐命领武卫后军，召对，福祥曰："臣无他能，唯能杀外人耳。"荣禄颇信仗之。拳乱起，……董军围东交民巷，攻月余不下，敌自广渠门入，福祥走彰仪门，纵兵大掠而西。两宫西幸，充随扈大臣。和议成，外人坚欲诛福祥，李鸿章曰："彼绾西陲军寄久，虑激回变，当缓图之。"乃褫职锢于家。荣禄在西安综大政，福祥移书让之。（《清史稿·列传》二四二《董福祥传》）

王懿荣字正儒，山东福山人。……二十六年，联军入寇，与侍郎李端遇同拜命，充团练大臣。懿荣面陈拳民不可恃，当联商民，备守御，

然事已不可为。七月，联军攻东便门，犹率勇拒之。俄众溃，不可复成军，乃归语家人曰："吾义不可苟生。"家人环跽泣劝，厉斥之。仰药未即死，题绝命词壁上，曰："主忧臣辱，主辱臣死，于止知其所止，此为近之。"掷笔赴井死。(《清史稿·列传》二五五《王懿荣传》)

丙、京津之沦陷

【天津之外人管理】

联军陷天津，城垣及大沽炮台等，凡被认为可以妨碍外国军队经过者，咸拆除之，又拆民房以建马路。联军往来四乡，皆由人民供应，自庚子至壬寅，始交还中国，二年之中，民力竭矣。

闻津城未陷之前，各国联军会议，有主张得城后即屠戮无遗者，有主张严行杀法者，独日本兵官主张剿捕乱匪，保护商民，英兵官及俄提督均赞成，议遂定。及城破后，各国议定，分据地方，无分城内外，以鼓楼为中心，共分四隅，西南隅属英，西北隅属法，东南隅属美，东北隅及河北属日本，河东及铁路并北土墙内外属俄，后铁路又改归英国管理。德国兵到津最晚，故后始分一地以属之。(刘孟扬《天津拳匪变乱纪事》卷下)

七月初间，洋人就督署内设立衙署，办理地方事务，其官由英、德、美、日、法、俄六国，各派一人，名为暂行管理津郡城厢内外地方事务都统。发出安民告示数张，凡一切抢劫犯法之事，一经告发，拿获该犯，立用洋枪击死，并谕令逃走人民，仍回本籍，照常安处。(刘孟扬《天津拳匪变乱纪事》卷下)

七月十八日，天津城厢内外已设立华巡捕，共划各地方为八段，每段公举绅商六名，相助为理。其华巡捕仍由洋巡捕作为领袖，统为都统衙门巡捕官管辖。(刘孟扬《天津拳匪变乱纪事》卷下)

八月，……都统衙门已开办各捐，在锅店街庆善银号内设立官银号，为收捐处所。(刘孟扬《天津拳匪变乱纪事》卷下)

九月，驻津日本军于某日谕，令自闸口至南门外，桥子迤东，所有居民铺户，速行迁徙，其房间令各房主自为拆毁，即以其地修筑马路一条，以宽六丈为度。十月某日，日本人又谕，令自闸口至铁桥，所有房屋，皆须自行拆毁，沿河堤开筑马路一条，其宽亦以六丈为度。十一月某日，都统衙门出示，谕令北门外至河滨，所有被焚之房

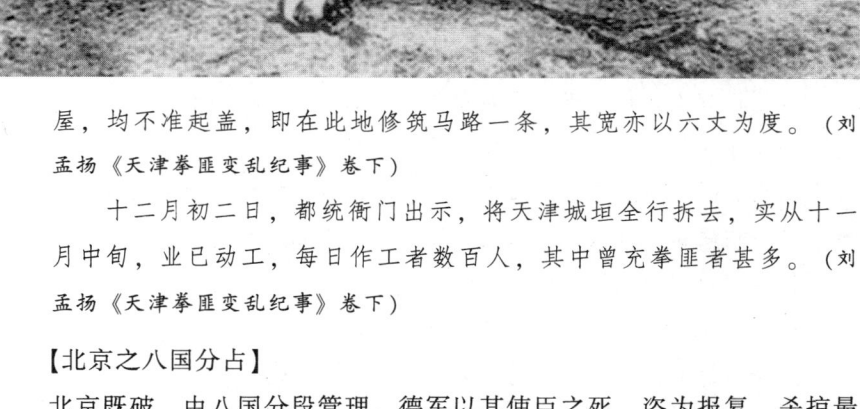

八国联军捕杀义和团团民

屋,均不准起盖,即在此地修筑马路一条,其宽亦以六丈为度。(刘孟扬《天津拳匪变乱纪事》卷下)

十二月初二日,都统衙门出示,将天津城垣全行拆去,实从十一月中旬,业已动工,每日作工者数百人,其中曾充拳匪者甚多。(刘孟扬《天津拳匪变乱纪事》卷下)

【北京之八国分占】

北京既破,由八国分段管理。德军以其使臣之死,恣为报复,杀掠最惨,余亦纪律不严,惟日本极力示好。德军官占中海,法军官占南海,美占先农坛,日则赁屋而居。日人多谒孔庙者,惩于庚申英法联军劫掠圆明园古物,以致世人讥笑,守护清宫惟谨。而公私财物,则尽取之,荡然一空,巨室多半倾家。部院大臣每被驱役,殴辱妇女,死者甚众。

各国以前门为界,外城前门东为俄、法,西为英、美,内城东为德国,西为日本。英、美政宽,俄、法政暴,故西城尚有完善之区,东城已寂无人迹。(叶昌炽《缘督庐日记钞》卷八)

日本初入城,即分兵防守宫禁,宫中死亡逃逸外,食指尚千人,皆日军供给之。(胡思敬《驴背集》卷三)

日本、义、俄、法、美、德、英七国而分列都城也,由朝阳门

内，以大街分中，大街之北，西至地安门，东北皆至城根，皆属日本管辖也；朝阳门内，大街之南，西至东四牌楼，仍以大街分中，大街之东，南至崇文门城根，皆属俄国管辖也；东四牌楼南大街之西，西至西大街之东，南至南城根，皆属德国管辖也；马市之南，大街之西，西至东皇城根，南至东长安街，皆属义国管辖也。此东城之分界也。西直门内，以大街分中，大街之北至城根，东至新街口之南，至毛家湾北，庄王府为界，大街东西，皆属日本，东北亦至地安门，亦日本管辖也；西直门大街之南，阜城门内大街之北，当街庙之南，至西四牌楼，北大街之西至西城根，皆属义国管辖也；当街庙大街之东，南至西单牌楼北，东至西皇城根，皆属法国管辖也；西四牌楼大街，西至阜城门城根踊路之南，西四牌楼大街，南至宣武门城根踊路之西，皆属英国管辖也；西单牌楼之南，踊路之东，南至宣武门城根，东至前门，内至西长安街，西交民巷，皆属美国管辖也。此西城之分界也。东安门内以大街分中，南者乃英国占领也；北者至东三座门，乃日本占领也；东三座门之北，至地安门内之东，乃德国占领也；西华门外之南，乃美国占领也；西华门外之北，至西板桥，乃义国占领也；西安门内之南，乃法国占领也；西安门内之北，至地安门内之西，乃俄国占领也。此皇城内之分界也。正阳门外，以大街分中，由珠市口至广安门，亦以大街分中，其路南者属美也，其路北者德国也；正阳门外大街之东，东至崇文门外之西，南北皆至城根，属法国也；崇文门外大街之东，至东城根，南北亦至城根，属英国也。此外城之分界也。朝阳门外大关之北，西直门外关厢之北，及德胜、安定、东直各城外，皆属日本所管也。其余各城外，余不知属何国管辖也。……其后亦有日本相让，德与俄改换者矣。（洪寿山《时事志略》）

七月二十五日，……日本出示晓谕，而抢掠渐息，……仍有不遵新法者，照前抢夺，……被日本捉拿，审问确实，立刻明正典刑而诛之。由光绪二十六年七月下旬，至今二十七年二月中旬，出安定门而诛之者，已六百二十余人矣。其亦有出东直、西直、德胜者，余不知其数也。（洪寿山《时事志略》）

日本出示晓谕，尔等商贾知悉：自出示之后，尔等运贩货物，务须先至安民公所，领取保险执照，然后运货入城，则洋兵不能阻当耳，

八国联军在乾清宫内

惟军器不许运贩也，亦不收国课、厘金、税务等费。其华洋交易，务要公平，勿许欺压强买强卖。如有交易不公者，禀报安民公所，即行拿问，从严治罪，绝不宽贷。为此特示。（洪寿山《时事志略》）

各国出示晓谕，尔等知悉：自出示之后，大小街巷皆宜扫除干净，不许门前堆积脏土。各处须择空闲处，公议砌垒厕所，以免街市巷口之小解出恭耳。如再有门前堆积粪土者，罚做一天苦工；如仍在路途巷口小解出恭者，罚钱四百，或罚做两天苦工。禁止斗殴、强争、词讼、烟馆、赌局，如有前项情弊，即行严拿治罪，绝不宽贷。如实有冤屈者，呈报顺天府，或安民公所，或附近分厅，从公审问。为此特示。（洪寿山《时事志略》）

日本、美、英、俄、德各国占领之处，皆设土筐所，为住户铺户之脏土，倒于筐内，另设官车，各国约有三五百辆，及五七百辆不等，以车载脏土而运于城之外也。……大小街巷泼水，以免扬尘矣。各处夜内点灯者，所为照看夜内贼盗之行迹也。……美国之处，小儿脸要洗净。……日本占领之处，添设牌头、街长者，所为稽查附近户口人名，恐有容留不明之人也；如有不法之人，以街长、牌头是问。

设立巡捕处及步营，协尉官厅改为日本分厅也，所为缉捕匪徒，以清贼源而息盗风也。（洪寿山《时事志略》）

美提督戴丽生，用副都御史曾广銮、侍读学士黄思永、侍讲学士恽毓鼎、道员王瑾为理事官，四人惟毓鼎最专，夷酋亦倾心倚任。（胡思敬《驴背集》卷三）

抗战各军简表

军号	统领	战迹	备注
武卫后军	董福祥	光绪二十六年，杀日本书记杉山彬，围东交民巷，攻月余未下。敌军至京，福祥大败于广渠门外。敌入广渠门，福祥走彰仪门。两宫西狩，八月初四日至阳高，福祥至，充随扈大臣。	《清史稿》卷四五五，《庚子国变记》
武卫前军	聂士成	庚子五月，裕禄调士成至津，连夺陈家沟、跑马厂、八里台，径攻紫竹林，喋血八昼夜，卒殉于阵，肠胃洞流。	《清史稿》卷四六七，《天津拳匪变乱纪事》卷上
武卫左军	宋 庆	六月十四日，援天津，大败，退北仓、杨村。杨村陷，退蔡村，走通州之于家圩。通州失，召守京师，驻南苑。	《天津拳匪变乱纪事》卷上，《庚子国变记》
武卫左军	马玉昆	庚子联军入侵，六月初三日，玉昆至津应援，败于紫竹林，继战北仓，相持月余，卒以无援败退，两宫西狩，七月二十二日，至延庆州，玉昆至，命随扈。	《清史稿》卷四六一，《天津拳匪变乱纪事》卷上，《庚子国变记》
天津镇兵	罗荣光	庚子八国兵舰入寇，总兵罗荣光守大沽炮台，炮台失，他日得其尸台下。	《清史稿》卷四六七
练勇	王懿荣	七月联军攻东便门，团练大臣王懿荣，率勇拒之，众溃，赴井死。	《清史稿》卷四六八
勤王军	夏辛酉	袁世凯闻天津失，乃遣夏辛酉以嵩武军六营勤王。	《驴背集》卷四
勤王军	李秉衡	庚子事起，长江水师大臣李秉衡，请募师入卫，太后命统张春发、陈泽霖、夏辛酉、万本华四军，出屯杨村河西坞，溃败，走通州，饮金死。	《清史稿》卷四六七
勤王军	程文炳	诏福建提督程文炳，节度福建（二营）、江南浙江（四营）、安徽（五营）、江西（四营）勤王军，赴彰（德）卫（辉）怀（庆）备守御。	《清史稿》卷四五七，《拳匪纪事》卷二
勤王军	岑春煊	甘肃藩司岑春煊，统甘军五营入卫，自陈新募之兵，不能当前敌，诏令驻张家口防俄。两宫过南口，率所部二千人赴之，寻简为陕西巡抚。	《驴背集》卷四
勤王军	鹿传霖	江苏巡抚鹿传霖，募三营入卫，至山东境，逡巡不前。闻京师陷，奔山西。八月十五日，两宫至忻州，传霖至，伏奏痛哭，自言赴援不力，即日迁两广总督。	《清史稿》卷四三八，《驴背集》卷四，《庚子国变记》

续表

军号	统领	战迹	备注
勤王军	锡良	庚子京师危急，湖广总督、湖北湖南巡抚，会委湖南布政使锡良，统率鄂湘军队入卫，迎驾山西，立授巡抚，通令晋境各军，严行防守。	《清史稿》卷四四九

入侵联军简表

国名	兵数	统带	战事经过	备注
德国	二万二千五百人	瓦德西	四百余人参加西摩尔由津去京救使馆中途退回之战，倚而的炮舰及上岸兵五百人参加夺大沽炮台之战，二百五十人参加解天津洋兵之围，一千三百余人参加天津附近之攻守，两中队兵参加攻夺天津城，二百人参加进攻北仓杨村，攻下即回津，约三四千人参加夺保定战。	法人佛甫爱加、来施米侬同撰，刘翘翰、程瞻洛同译，《庚子中外战纪》第四、五、六章；《八国联军志》；瓦德西《拳乱笔记》。
英国	二万人	盖斯里	九百余人随其提督西摩尔去京师救使馆，中途退回，灰丁、发霉、亚尔舍林三舰及上岸兵二百五十人参加夺大沽炮台之战，约二百余人参加解天津驻军之围，一千九百余人参加天津附近之攻守，七百人及车轮炮、大炮各四尊参加攻夺天津城，二千五百人、大炮十二尊进攻北仓、杨村至京师之战，约三千人参加侵夺保定之战。	《庚子中外战纪》第四、五、六章；《八国联军志》；瓦德西《拳乱笔记》。
日本	二万二千人	山口素臣	五十二人参加西摩尔救使队，亚打告炮舰及上岸兵三百人参加夺大沽炮台，三千八百余人参加津城附近攻守，二千四百人夺下天津城，九千人、大炮二十四尊进攻北仓至京师。	《庚子中外战纪》第四、五、六章；瓦德西《拳乱笔记》。
俄国	一万八千人		三百余人参加西摩尔救使队，日爱立亚克、保布二炮船、稿烈巡洋舰参加夺大沽炮台之战，二千二百人解津驻兵之围，五千八百余人参加津城附近攻守，二千六百人攻夺天津城，三千五百人、大炮十六尊参加进攻北仓、杨村至京师。	《庚子中外战纪》第四、五、六章。
法国	一万五千六百人	福里	一百五十余人参加西摩尔救使队，力勇炮舰参加夺大沽炮台战，四百余人参加津城附近攻守，炮兵一中队参加攻天津城，兵一千、大炮十二尊参加进攻北仓、杨村，即暂驻杨村，约三四千人参加侵夺保定。	《庚子中外战纪》第四、五、六章；瓦德西《拳乱笔记》。

续表

国名	兵数	统带	战事经过	备注
美国	五千八百人	沙飞	一百余人参加西摩尔救使队,毛拿加西船参加夺大沽炮台,二百余人参加解津驻军之围,三百五十人参加津城附近攻守,六百人参加攻夺津城,二千人、大炮六尊参加进攻北仓、杨村至京师。	《庚子中外战纪》第四、五、六章;瓦德西《拳乱笔记》。
意国	二千数百人		四十人参加西摩尔救使队,一百三十八人参加津城附近攻守,数十人参加进攻北仓、杨村,克即回津,约千人参加。	
奥国	四五百人		二十五人参加西摩尔救使队,一百三十九人参加天津附近攻守,数十人(意、奥共百人)参加进攻北仓、杨村,攻下即回津。	
总计八国	十万五千余人	总司令瓦德西	战事所及之地,南至青县、河间、肃宁、蠡县、祁州、新乐、行唐,西至阜平及西山一带,东至海口、永平、山海关,北至赤峰、长城、张家口,凡此数百里内,多为洋兵所蹂躏。	《拳匪纪事》卷四;《八国联军志》。

丁、东南自保

京津抗战,而东南乃成自保之局。英视上海商务为性命,甲申、甲午两次战役,英与法日两国要约,不使战事波及上海。庚子肇衅,由英美领事示意华官,自保东南,勿使战事波及长江,于是刘坤一与上海外国领事,签订东南自保之约。同时,东南督抚由李秉衡领衔,电达京师,不奉矫诏。世多以此归功刘坤一、张之洞,文人若张謇辈,各以首倡奇谋自诩,其实听外人颐使,辱则有之,何功之有!

东南互保之议,……予既为发议之人,更从事其间,……应撮其大要记之。自五月初良乡车站拳匪发难,……上海远隔海洋,忽传城内已有拳匪千人,飞渡而至。……其时南北消息顿阻,……各国兵舰连樯浦江,……英水师提督西摩拟入长江,倘外舰到后,与各地方一有冲突,大局瓦解。……忧思至再,即访何梅生老友商之云:……予意欲与西摩商,各国兵舰勿入长江内地,在各省各埠之侨商教士,由各省督抚联合立约,负责保护。上海租界保护,外人任之;华界保护,华人任之。总以租界内无一华兵,租界外无一外兵,力杜冲突,虽各担责任,而仍互相保护。东南各省,一律合订中外互保之约。梅

生极许可，惟须有任枢纽之人，盛杏生地位最宜。……旋杏生约予往晤，尚虑端、刚用事，已无中枢，今特与外人订此约，何以为继。予谓……可由各省督抚，派候补道员来沪，随沪道经与各国驻沪领事订约签字，公不过暂为枢纽，非负责之人，……后来自免关系。即定议由其分电沿江海各督抚，最要在刘、张两督。……旋得各省复电，派员来沪，盛即拟约八条，予为酌改，并为加汉口租界及各口岸两条，共成十条，并迅定中外会议签约之日，其会议之所，即在新建会审公廨。盛既不在签约之列，对外即不便发言，又虑沪道余联沅向拙于应对，即定为中外会议座次，外人以总领事在前，以次各领事；中则以沪道在前，盛以太常寺卿为绅士居次，与余道坐近，再次各省派来道员。先与余约，倘领事有问，难于置答者，即自与盛商后再答之。……议时，领袖系美国古纳总领事，果因五月二十五日上谕饬全国与外人启衅，开口即云：今日各督抚派员与各国订互保之约，倘贵国大皇帝又有旨来杀洋人，遵办否？此语颇难答，遵办则此约不须订，不遵办即系逆命，逆命即无外交，焉能订约？余道即转向盛踟躇，盛告余即答以今日订约，系"奏明办理"，此四字本公牍恒言，古领向亦解之，意谓已荷俞允，即诺诺诺，而两方签约散会。……自此互保签约后，西摩及各外舰停止入江。（惜阴《东南互保之纪实》）

札江汉关照会各领事，力任保护洋人，光绪二十六年五月二十二日。……合亟札饬该关道，即便遵照，照会英国领事，告以两湖地方，本部堂力任保护，当不致痞匪滋生事端；即使偶有生事，猝防不及者，乌合之众，官兵威力亦可立时弹压扑灭，断断不能任其滋蔓。长江下游一带，有两江总督部堂刘，昨与电商，亦已严密布置防范，意见相同，力任保护下游。请英领事转达英政府，此时长江一带弹压痞匪，尚不须外人相助，若英水师遽进长江相助，不惟无益，且内恐百姓惊扰，外恐他国效尤，更致不可收拾。至若恐他国先进干预，吴淞有英国水师，尽可拦阻，英不先入，他国断不敢入，可请放心。一面嘱其

张謇像

将凡有该教士之教堂，及有洋人在内地地方，迅速开单前来，以便分饬加意保护。如有洋人携眷入内地者，务须劝令暂行带回汉口。洋人如无要事，戒饬暂勿外出游玩打鸟，免为小事致生枝节。（《张文襄公全集》卷一〇三）

盛京堂来电，并致江、鄂督，苏、皖抚，光绪二十六年六月一日。卅会议章程呈核，一、上海道台余，现奉南洋大臣刘，两湖督宪张电示，与各国驻沪领事官会商办法，上海租界归各国公同保护，长江及苏杭内地，均归各督抚保护，两不相扰，以保全中外商民人命产业为主。二、上海租界公同保护章程，已另立条款。三、长江及苏杭内地，各国商民教士产业，均归南洋大臣刘、两湖督宪张允认切实保护，并移知各省督抚，及严饬各文武官员，一体认真保护。现已出示，禁止谣言，严拿匪徒。四、长江内地中国兵力，已足使地方安静，各口岸已有各国兵轮者，仍照常停泊，惟须约束水手人等，不可登岸。五、各国以后如不待中国督抚商允，竟至多派兵轮，驶入长江等处，以致百姓怀疑，借端启衅，毁坏洋商教士人命产业，事后中国不认赔偿。六、吴淞及长江各炮台，各国兵轮，切不可近台停泊，及

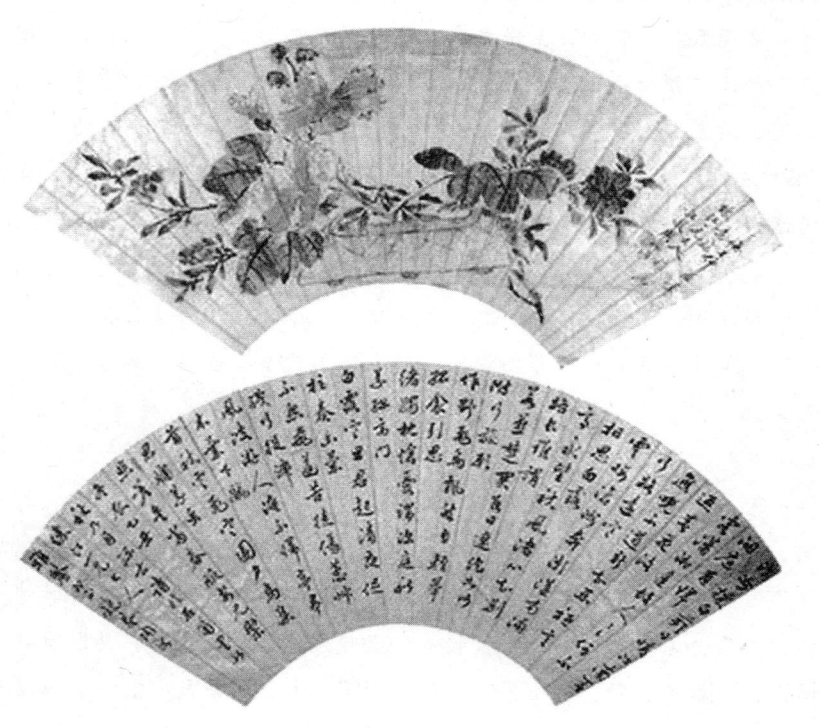

紧对炮台之处，兵轮水手，亦不可在炮台附近地方操练，彼此免致误犯。七、上海制造局、火药局一带，各国允兵轮勿往游弋驻泊，及派洋兵巡捕前往，以期各不相扰。此局军火专为防剿长江内地土匪、保护中外商民之用，设有督抚提用，各国毋庸惊疑。八、内地如有各国洋教士，及游历各洋人，遇偏僻未经设防地方，切勿冒险前往。九、凡租界内一切设法防护之事，均须安静办理，切勿张皇，以摇人心云。（《李文忠公全书·电稿》卷二三）

寄直藩转递军机处译署，光绪二十六年六月九日。顷吕使电外部覆云，……各督抚既认保护西人为己任，本部已立案，务望践言，并请奏明中朝，速离危机。惟华兵勾结匪党，合攻西人，德国在华应办事宜，归统将主裁，本部不愿分其权，致掣其肘，故江鄂两督，拟订各章，碍难径允，两督美意倘能实践，我国亦不忘情。当即转达统将，于军事无碍者，皆可照行，并请转覆酌办云。（《李文忠全书·电稿》卷二三）

光绪二十六年1900年。六月戊戌，廿八日。刘坤一等奏：……臣等于战事初起之时，即行出示晓谕，务各相安，不必妄生疑虑，并接出洋华人电禀，请保护各国洋人，以免报复，情词极为迫切。臣等遂乘各领事等来商保护商教之时，会饬江海关道余联沅，与之订定章程，长江一带及苏杭内地，各国如不侵犯，我当照常保护。经各领事电商外部，臣等亦电致各使臣，向各国切实声明。德因戕杀使臣，颇持异议，嗣因各国牵制，亦帖然就范。……上谕：……朝廷本意，原不欲轻开边衅，曾致书各国，并电谕各疆臣，复屡次明降谕旨，以保护使臣及各口岸商民，为尽其在我之实，与该督等意见，正复相同。（《光绪东华录》卷一六〇）

（三）辛丑议和

甲、辛丑和约

联军既破北京，急欲谋和，首由总税务司赫德示意总理衙门旧人，商由留京大员，具奏大同，请派讲和全权大臣。清廷乃令李鸿章、庆王为全权大臣。日本军遂往怀来，迎庆王回京。鸿章先已受命北来，旋调补直隶总督北洋大臣，而迟疑未启行，久之始至上海，七月杪，由俄船迓之北来。世皆以鸿章有声望，擅长外交，能收拾时局，实则联军急欲结束军

事。英在出兵时，即已宣布速和之意，而和约条款苛酷，只有承认，并无磋商。唯清廷命荣禄参预和议，为外人所拒，鸿章令之速赴西安，促成和局，两人皆自以为功。自今观之，如苟且图成为非，则端、刚诸人坚主迁蜀之议，未尝不是；惜西后与端、刚，皆非真能抗战到底之人，纵使言战，亦不过空谈而已。

庚子七月廿一日，两宫西行，各国军队入京，庆邸随扈，因病留滞怀来县。适奉全权之命，八月初十入京。合肥李文忠，早经奉命来京议约，甫卸粤督任，权寓沪上，直至闰八月十八日始到京。先行传见总税务司赫德，遍拜各国公使，各国统兵大臣尚未能接见也。此为议和之始步。各公使与各军官先行商酌条款，有此国以为是、他国以为非者，有各公使以为然而各军官否认者，类如驻兵及防护使馆，拓充守卫使馆汛地，并营建炮台兵房等事，均由军官主议者，各使不得干预，纷纷扰扰，三月有余。迨议款粗有成局，各使遣员来告，并出示草案，谓向各军官苦口商酌，竭力争执，始允如此定议，明知条款之酷虐，但中国铸此大错，亦实无可如何。现有一言奉告，将来条款送到中国政府，万不可一字驳复。须知我等公使责任，在重修旧好，各军官则穷兵黩武，意在直捣西安，中国政府若允照款议，自奉旨之日起，战事即为结束，各军官但办交地退兵等事，军费大宗即于此日截止，随时再由中政府与各使妥商节目，徐图补救大纲之所不及，岂

北洋大臣李鸿章（右）

非轻而易举。若一时嫌条款酷烈，不允照办，各军官闻之群相起哄，诚恐兵事一起，动员令一发，为害胡可胜言？彼时各公使竭尽能力，重订议款，原有各条款，自难删去，不知又增出几许条件，试问中国尚能领受乎？即幸而仍照原款定议，但经此波折，不知又费几许时日，即以兵费一项而论，恐又加增数百万以上。两全权以各使所论各节，意在关切而非恫喝，爰即密电行在备案。（陈夔龙《梦蕉亭杂记》卷一）

开议之日，先期由领袖日斯巴尼亚公使来照，谓该使馆廨宇狭隘，坐位无多，来宾请以十人为限，意极骄蹇。维时李文忠公病卧贤良寺寓所，不能莅会，庆邸约余及那琴轩相国，时官户部侍郎。并法、英、俄、德、日五翻译，偕赴日馆，各公使与参随各员咸集。首由领衔日使，将约文节略朗诵一过，面交庆邸，邸答以今日承各公使面交和约一件，容即电奏西安行在，俟奉有电旨，即行恭录知照，随将来件交余收存，辞各公使出。……庆邸谓余曰："……尔速将各使交来条约，送请中堂阅看，即日会衔电奏行在，冀邀俞允。此事今日必须办竣，电奏稿不必送我酌定，但于发电后，抄稿送阅可耳。"……余只身往贤良寺，始知文忠病迄未愈，不能见客，当以此事紧要，讵能延误，商之杨莲府同年，先将条件呈文忠一阅，再行请示方略。莲府笑谓余曰："……不如由老宪台代拟电奏稿，呈中堂阅定，即行电发，较为便捷。"……余正踌躇如何下笔始能动两宫之听，文忠之四公子季高世兄出，谓余曰："家君昨日曾经说过，此次奏件，须用重笔。"余笑答曰："如用重笔，只好请出宗庙社稷，方可压倒一切。"爰即本此意拟一电奏稿，交季高送入卧内，请文忠阅定，即刻电发。（陈夔龙《梦蕉亭杂记》卷一）

当和约电奏寄到西安，两宫逐一阅视，以偿款数目太巨，惩办罪魁太重，德使克林德建碑京师，有关体制，防护使馆，将六部翰林院划入界内，堂子祀天重地，亦须迁移，其他各款，种种苛求，坚不允行。荣文忠公婉言力陈，以事机迫切，非俯允不能弭患，慈禧愠甚，谓"请皇上斟酌，我不能管"。次日北京全权电催，以各使专俟准驳确信，以定师行进止。文忠复据以上陈，慈禧谓"两全权但知责难于君父，不肯向各使据情据理力与争辩，我既不管，皇上亦不管，由你们管去罢"，言毕将电稿掷地。文忠皇恐万状，不敢再陈，惟有伏地

碰头。皇上徐曰："尔等勿庸着急，明日再说。"文忠回邸私议，视此情状，明日上去，亦无结果。惟时全权电信又到，情形迫切，文忠喟然叹曰："此事责任在我，惟有淡中着笔，从权办理，庶几有济。默视慈禧之意，未尝不知非允不可，不过允之一字，难以当面说出。"越日入见，此事暂不提及，先将他事请旨讫，继云："前日两全权电奏之件，已阅数日，刻间又有电来催，前已面请圣旨，可否由奴才等下去，酌拟一稿，呈请改定，再行电发？"慈禧默然，继而曰："如此亦好。"文忠退出，即与枢府诸公，查照来电之意，大致以宗庙社稷为言，姑为允准。拟具电旨，不敢再请起面呈，即交内奏事处总监，呈请睿鉴，旋传旨"知道了"。文忠得旨后，即行电发，京中即日接到，知照各国公使，和议遂由此定局。此系庚子十二月杪之事。……文忠为余缕述之。（陈夔龙《梦蕉亭杂记》卷一）

【惩办罪魁】

和约将成，唯罪魁一项，西后意尚踌躇，令鸿章商免。鸿章密电荣禄，微示只有其上、更无其次之意，西后大惧，乃一一照办。后来下"母子一心维新"之诏，即在表明并非顽固，废大阿哥亦是为己洗刷，庚子以后，对外事事退让，皆由惧之一念而起。

和约第二次开议，惩办祸首，各公使订期在英馆齐集。……维时李文忠公病愈，与庆邸同入坐，随往者仍那相与余，及翻译各员，与上次相埒。全权中坐，各使环坐，余与那相坐于全权之后。……英使首先发言，谓今日特议严办祸首一条，有名单一纸在此，但某意，此案罪魁，确系端王一人，若能将端王从严处置，其余均可不论，不知全权之意如何？庆邸谓端王系皇室懿亲，万难重办，各国亦有议亲议贵之条，此事断不能行。我前日于私邸曾对诸君说过，诸君亦无他议，何以今日又复申此说？英使笑曰："我亦知其办不到也。"言次，将单开各员名，及所拟罪名，逐一朗诵，请中国照办。单内人多，难以备录，中如庄王载勋、右翼总兵英年、刑部尚书赵舒翘、山西巡抚毓贤，均请从重论，余以次递减。全权告以庄王、毓贤诚有罪，总兵英年当时并无仇洋实权，不过联衔出有告示，原难辞咎，但讵能正法，至重不过斩监候罪名；至赵尚书舒翘，仅随刚相往近畿调查情形一次，所居地位，亦无仇洋之举，更无罪之可科，即谓其不应附和刚

相，革其任亦足蔽辜，讵可重论。各公使亦唯唯。文忠复谓前数日诸位所言罪魁，并无启尚书秀、徐侍郎承煜在内，今日忽将二人加入，此是何意？词未毕，义公使起而言曰："某前日谒中堂于贤良寺，曾问徐侍郎为人如何，中堂告余曰：此人不好，七月初三，监斩许侍郎景澄、袁太常昶，即是他；十七，监斩徐尚书用仪等，也是他；二十一日，两宫西狩，逼令其父徐相国桐自尽者，又是他。此种人中国不办，各国只好代办。至启秀之罪，日公使亦获有凭据。文忠愕然曰："我不过随便一句话，尔竟据为实录。"庆邸以他语乱之，义使始无词。时已傍夕，各使谓……请先散会，明日再具照会。……越日，各使联衔照会送到，坚执如故，不能丝毫未减，而德使复怂恿其统帅瓦德西，以急下动员令相恫喝，厥后均如来照办理。

(陈夔龙《梦蕉亭杂记》卷一)

十二月壬戌，廿五日。谕：京师自五月以来，拳匪倡乱，开衅友邦，现经奕劻、李鸿章与各国使臣在京议和，大纲草约业已画押。追思肇祸之始，实由诸王大臣等昏谬无知，嚣张跋扈，深信邪术，挟制朝廷，于剿办拳匪之谕，抗不遵行，反纵信拳匪，妄行攻战，以致邪焰大张，聚数万匪徒于肘腋之下，势不可遏；复主令卤莽将卒围攻使馆，竟至数月之间，酿成奇祸，社稷贴危，陵庙震惊，地方蹂躏，生民涂炭。朕与皇太后危险情形，不堪言状，至今痛心疾首，悲愤交深。是诸王大臣等信邪纵匪，上危宗社，下祸黎元，自问当得何罪？前经两降谕旨，尚觉法轻情重，不足蔽辜，应再分别等差，加以惩处。已革庄亲王载勋，纵容拳匪，围攻使馆，擅出违约告示，又轻信匪言，枉杀多命，实属愚暴冥顽，著赐令自尽，派署左都御史葛宝华前往监视。已革端郡王载漪，倡率诸王贝勒，轻信拳匪，妄言主战，致肇衅端，罪实难辞；降调辅国公载澜，

慈禧太后朝服像

卷五 明清

随同载勋，妄出违约告示，咎亦应得，著革去爵职，惟念俱属懿亲，特予加恩，均著发往新疆，永远监禁，先行派员看管。已革巡抚毓贤，前在山东巡抚任内，妄信拳匪邪术，至京为之揄扬，以致诸王大臣受其煽惑，及在山西巡抚任，复戕害教士教民多命，尤属昏谬凶残，罪魁祸首，前已遣发新疆，计行抵甘肃，著传旨即行正法，并派按察使何福堃监视行刑。前协办大学士吏部尚书刚毅，袒庇拳匪，酿成巨祸，并会出违约告示，本应置之重典，惟现已病故，著追夺原官，即行革职。革职留任甘肃提督董福祥，统兵入卫，纪律不严，又不谙交涉，率意卤莽，虽围攻使馆，系由该革王等指使，究难辞咎，本应重惩，姑念在甘肃素著劳绩，回汉悦服，格外从宽，著即行革职。降调都察院左都御史英年，于载勋擅出违约告示，曾经阻止，情尚可原，惟未能力争，究难辞咎，著加恩革职，定为斩监候罪名。革职留任刑部尚书赵舒翘，平日尚无嫉视外交之意，前查办拳匪，亦无庇纵之词，惟究属草率贻误，著加恩定为斩监候罪名。英年、赵舒翘两人，均著先行在陕西省监禁。大学士徐桐，降调前四川总督李秉衡，均已殉难身故，惟贻人口实，均著革职，并将恤典撤销。经此次降旨以后，凡我友邦，当共谅拳匪肇祸，实由祸首激迫而成，决非朝廷本意。朕惩办祸首诸人，并无轻纵，即天下臣民，亦晓然于此案之关系重大也。（《光绪东华录》卷一六四）

光绪二十七年辛丑1901年。正月庚午，初三日。谕：此案首祸诸臣，昨已降旨，分别严行惩办。兹据奕劻、李鸿章电奏，"按照各国全权大臣照会，尚须加重恳请酌夺"等语，除载勋已赐令自尽，毓贤已饬即行正法，均各派员前往监视外，载漪、载澜均定为斩监候罪名，惟念谊属懿亲，特予加恩，发往极边新疆，永远监禁，即日派员押解起程。刚毅罪情较重，应定为斩立决，业经病故，免其置议。英年、赵舒翘，昨已定为斩监候，著即赐令自尽，派陕西巡抚岑春煊前往监视。启秀、徐承煜，各国指称力庇拳匪，专与洋人为难，昨已革职，著奕劻、李鸿章照会各国交回，即行正法，派刑部堂官监视。徐桐轻信拳匪，贻误大局，李秉衡好为高论，固执酿祸，均应定为斩监候，惟念临难自尽，业经革职，撤销恤典，应免再议。（《光绪东华录》卷一六五）

【赔款】

庚子赔款四亿五千万两，俄得一亿三千万，德九千万，英七千万，法、美、日、意、奥、荷、比，以次递减，分三十九年还清，本利共九亿八千余万两。庚子以前，岁计不敷六百万两，至是由各省摊派，百计罗掘，正杂各款之外，始有附加捐，而民困极矣。

光绪二十七年辛丑1901年。三月辛巳，十五日。奕劻、李鸿章电致行在军机处：……月朔，法、英、德、日本四使，约那桐、徐寿朋、周馥，赴德馆讨论赔偿抵款，称赔款须四万五千万两，答以太多，则称各国只索实用之数，并无虚开。旋问中国究有何款可以作抵，答以赔款数目太巨，甚难筹画，海关税因镑价今昔悬殊，拟按镑价加收，以作抵款，于洋商无损，于中国有益。各使称伊等亦有此意，但骤难商定，须另筹切实抵款。随遍问盐课、常税、折漕、土药，并开办印花税、房捐等项，答以旧有之款，均有要用，新筹之款，骤难办成，惟赔款总不可不筹，竭力腾挪，连海关加收，每年至多能筹起千五百万两。各使称，如此则须六十年方能摊完，伊等拟请每年筹付三千万两，三十年可完，按借债周息五厘，二十年本利相平，四百五十兆，三十年成九百兆，计周息三厘三毫有零，利息尚不为重。答以分三十年摊毕，款实难筹。各使又称，内中尚有一二国愿

庚子之变后的北京

卷五　明清

得现银者，可否商借现银付给，答以中国情愿摊还，不愿借债。是日各使相约，因赫德前曾分送节略，胪列京外各进款，及改章办法，该使等愿借面谈考证，并非与那桐等议事。及告以累年入不敷出，暨一切改章为难情形，各使称俟再商而散。……臣奕劻面询赫德，据称各使意见不一，有愿听摊还者，有愿索现银者，如付现银，必须借债，付四百五十兆之款，必须借六百兆，方能敷用，以周息四厘计之，三十年须加息七百二十兆，大不合算。又称断不可以抵款难筹推托，恐各国借口，占地自筹，为害尤大，各使约须至四月底方与全权会议，莫如及此闲暇，先与政府户部各督抚通盘筹画，速定大计，总期能指有的款作抵，先办撤兵，是为要著。……若俟会议时，再行往覆筹商，各督抚意见不同，多烦商酌，恐议论未定，而赔款又增数千万矣。（《光绪东华录》卷一六六）

四月乙巳，初十日。奕劻、李鸿章电致行在军机处：赔款一事，……顷闻各使会议，已有照会，适德穆使过晤，与谈减数，彼云，……必以四万五千万为定数，若迟则兵费须加。我们可先密商，倘贵国允定赔四万五千万，加息四厘，但有谕旨为凭，德国必撤兵，各国亦必随撤。……现议撤兵，节令正好，若交炎暑，便不能撤，须迟至九、十月以后，又须多添兵费，为中国计，实不合算。……鸿等昨晤瓦帅，亦盼赔款速定，可速撤兵。……今两宫急盼撤兵，方议回銮，若不速定见，瓦帅暨德兵不肯先撤，各国必更观望，迟一日则多费百万，至秋后须多赔一百余兆。……上谕军机大臣等，阳电悉，偿款四万五千万，各国既不允减，尚可照准。惟前奏闻索息一倍，计合三厘三毫零，仍照此商减为要，……并请展宽年限，方能勉筹。（《光绪东华录》卷一六七）

四月丙午，十一日。奕劻、李鸿章电致行在军机处：……今午派徐寿朋往见德穆使，遵旨与商减息，穆称按现在各国借债四厘，已减让到家，万难再减。……又称瓦帅已奉本国政府训条，料理撤兵，专候中国认利准信，以定行止，伊亦奉到训条，四厘息一毫不能减。……刻下撤兵之事，最关紧要，一言可决，在四厘允与不允而已。……上谕：……电悉，各国偿款四百五十兆，四厘息，应准照办。（《光绪东华录》卷一六七）

【驻兵】

北京之东交民巷，划为使馆专用区域，华人不得居住，且驻重兵以守之。自北京经天津至山海关，设专站十二，分驻外兵，共约万人。海口及沿途皆不得设防，以碍畅行。此世界所无之苛例，屈辱极矣。

光绪二十七年辛丑1901年。四月丁巳，廿二日。电谕：……现已定期回銮，京师各使馆酌留兵队。前据奏各国统计不过数百名，究竟确留若干，使馆租界逼近禁城，闻有筑城设炮台之说，拟饬电询，并令设法商阻。……津京沿途，洋卡洋兵，酌留数目，以少为妥。（《光绪东华录》卷一六七）

寄西安行在军机处：光绪二十七年六月十日。语电旨谨悉，京城地面，各国已陆续交出，俄、美兵除留护使馆外，余早撤净，英、德、日本亦撤过半，保定仅有法兵未撤。闻各国现存在京兵队，望后可再撤三分之一；俟西安启跸，再撤二分之一；俟由河南回銮，即全数撤退。彼等撤兵，向不知照撤去若干，即问亦不以实告，总称看运船多寡，陆续撤去。其各使馆留兵，现无确数，闻统计约在二千内外。天津及沿途洋卡，亦无确数，闻天津约留六千或八千，沿途洋卡，每卡约三百，共计不逾二千。屡经访询，均称回銮早则撤兵速，迟则更多观望，请代奏。勋、鸿。（《李文忠公全书·电稿》卷三九）

黄村、郎坊、杨村、天津、军粮城、唐沽、芦台、唐山、滦州、昌黎、秦皇岛、山海关皆驻兵，兵八千人，而京师守使馆兵二千余人不与焉。（李希圣《庚子国变记》）

【谢罪】

因德使及日书记被害之故，分派使节谢罪德、日。使德者醇亲王，为光绪帝胞弟，德衔旧隙，必欲副使跪拜，交涉数四，乃得免。使日者那桐，如礼而已。

寄西安行在军机处：光绪二十七年一月十五日。……先是德使派参赞来询，专使赴德，拟派何人，答以未定；伊询醇亲王何如，答尚谨

慎；何不往来晤谈，醇遂与穆使、瓦帅相见。该使电知国王，均以为然。旋又照称"本国皇帝提明，俟中国照各国公索各款，全行照允，方愿接待专使"等语。查醇王年岁虽轻，志趣尚好，上年拳匪内讧，莫赞一词，尚守家教，惟交涉向未阅历，伊已约定张翼偕往赞助。记名副都统荫昌，前驻德年久，熟悉情形，拟请派该员等并充参赞，庶无陨越。……此事应俟公约画押时，再行降旨，请先代奏。勋、鸿。
(《李文忠公全书·电稿》卷三二)

光绪二十七年1901年。四月癸丑，十八日。奕劻、李鸿章电致行在军机处：醇亲王赴德一事，正月咸电已详陈，昨德穆使因赔款息银议定，欲催早去。顷接吕使覃电，德君以专使现可举行，届时当优礼接待，应请降旨，特派醇亲王为头等出使大臣，并令前内阁侍读学士张翼、副都统荫昌随往，赞助一切。臣等犹虑该员等情形未熟，与瓦帅商酌，添派德员随行，德君性急，醇去恐难迟缓，可否令其不必远赴行在请训，致需时日，国书礼物即代预备。……上谕：醇亲王载沣著授为头等专使大臣，前赴大德国敬谨将命，前内阁侍读学士张翼、副都统荫昌均著随同前往，参赞一切。(《光绪东华录》卷一六七)

四月丙辰，廿一日。奕劻、李鸿章电致行在军机处：巧电旨到，遵拟国书一通，请代呈御览酌定，候覆即缮。恭拟国书全文如下：大清国大皇帝敬致书于大德国大皇帝陛下：朕维中国与贵国订约以来，信使往还，辑睦无间。前岁贵国亲王来京，朕叠次接见，情谊尤为款洽。乃上年五月，义和拳匪阑入京师，兵民交哄，贵国使臣克林德，竟至被戕殒命。该使臣衔命来华，办理交涉事件，悉臻妥协，朕甚嘉许，不意变生仓猝，遽尔

慈禧、光绪逃往西安的车驾

捐躯。朕自维薄德，未能先事预防，保护多疏，疚心曷极，已于该使臣死事地方，敕建铭志之坊，用以旌善瘅恶，昭示后来。兹派醇亲王载沣为钦差头等专使大臣，亲赍国书，前往贵国呈递。该亲王分属近支，谊同休戚，特令竭诚将命，以表朕惭悔之意。又此次贵国劳师远涉，戡匪安民，和议早成，生灵无恙，尤征大皇帝顾全大局，并令该亲王代朕道达谢忱。惟望大皇帝尽弃前嫌，益敦凤好，从此我两国共享升平之福，永联玉帛之欢。惟大皇帝鉴察焉。军机大臣奉旨：所拟国书，准其照办。（《光绪东华录》卷一六七）

五月丁卯，初三日。奕劻、李鸿章电致行在军机处：昨据德穆使照称，奉本国电谕，德皇拟乘本年华历七月二十日，大阅驻扎德国京师御林军之便，堪以接待醇亲王，并谕达知妥为预备，俾得趱程及时到柏林不误等因，现商令醇王整装预备一切，国书礼物均赶办。穆使面称，六月初五日，有德公司船自沪开行，可搭坐，约五月廿六七由京起程，请代奏。军机大臣奉旨：奕劻等电悉，醇亲王载沣初次出洋，一切言动，诸宜谨慎，饮食起居，随时调护，并著张翼等悉心照料，妥慎赞襄。礼毕即行回国，仍将外洋风土人情，随地留心体察而资阅历。（《光绪东华录》卷一六七）

五月甲申，十九日。谕军机大臣等：奕劻、李鸿章效电悉，日使函称"醇亲王使德回路，经美暨日本，政府望旌节抵日，借伸同洲和好之谊"等语，著照所请，以重邦交。英、比如有此意，函请亦可准行，即由该王大臣随时知照办理，仍一面电闻。（《光绪东华录》卷一六七）

柏林吕使来电，光绪二十七年七月八日。……醇邸递书礼节，……于礼官处得悉，廿七，德皇在白厅坐见，王爷行三鞠躬礼，递书致颂，其参赞该同入见者，均照中国臣下觐君礼叩首。据云此次系赔礼，非寻常聘使可比，不知曾与穆使商及否，惟大局攸关，时甚迫促，海现力争，能否挽回，未敢预必。（《李文忠公全书·电稿》卷四〇）

《李文忠公全集》书影

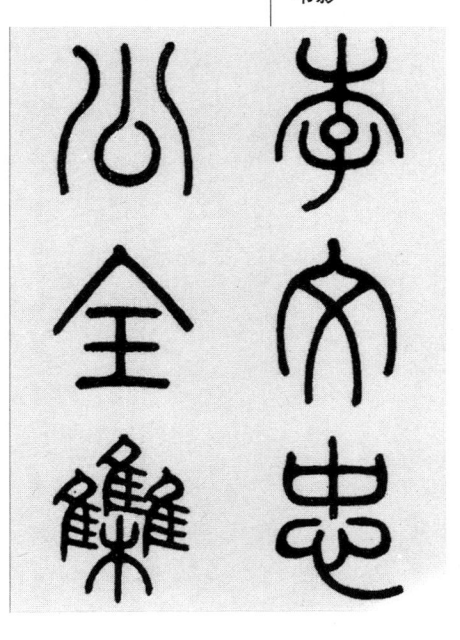

接赓参赞来电云：跪叩一节，迄无更改，阴昌仍以参赞看待，亦不能免。顷德皇遣内务官来，并交所定礼节单图，十四午刻在柏林宫内接见，坐受专使三鞠躬礼，参随三跪礼，并跪听宣读颂词。此为西国向无之礼，大体攸关，万难迁就。（《李文忠公全书·电稿》卷四〇）

坐受国书一节，鸿章丙申使俄，德皇派员邀请赴德，即系坐受国书，其傲慢性生，不足计较。惟参赞跪拜，有伤国体，兹拟折中定断：递书时，只带金楷理、赓音泰等传译，张翼、阴昌等，仍照前电，或托病，或暂避他处，以免跪拜受辱。已电醇王酌办，吕使拟交各使持平订定礼节，各使皆助德抑华，断乎无益。（《李文忠公全书·电稿》卷四〇）

据艾领事来称，"顷得外部电，命询王爷何时起身，以速为宜，我皇必见，跪礼已免，递书只带阴昌一人，余在别殿伺候"等语。……廿一三点，到坡思丹，德皇又遣朝车并头等提督接澧等，均至旧皇宫居住，供应优渥。随商订次日进见，并送故德后花圈礼节，廿二巳刻，亲至故德后墓如礼。十二点，复遣朝车提督迎至新行官，澧随带阴昌进见内殿，递书，宣读颂词，张翼六人在外殿侍立，礼成，德皇遣马队送归旧行官，两点。德皇亲来答拜，意极殷勤，坐谈良久，并命备舟车，游览哈芳湖孔雀岛。廿三早看操，午后仍至新行官进见德皇，并留多在柏林居住，看各厂院。又面属前赴丹西，会晤亨利亲王，看其水师。澧未便拂却，现拟见德后后，即赴柏林另住客寓。（《李文忠公全书·电稿》卷四〇）

八月己亥。（初六）……醇王柏林江电：澧奉命本为德国专使，自递书后，虽德皇款接优渥，但因前节，未免犹有介怀，屡晤外部。据称除美、日与彼无涉，若往欧洲英、意、比，有违专诚之悃，该皇深不谓然，收礼至今尚在游移未定。澧今日前往丹溪阅大操，五日可回柏林，仍须看各厂院，约计八月廿，在德即可竣事。……澧此番远涉风涛，到德后历观各厂，精神劳顿，饮食减少，兼有水土不服之证，务恳与驻京英、意、比公使，设法托辞婉商，万勿宣示该外部阻行之意。现拟德事毕后，即行前赴美、日，顺道回国。……伏乞代奏请旨不遵云。上谕：……载澧……在德使事既毕，著即启程回华。……美、日、意、比各国使事，暂从缓议。（《光绪东华录》卷一六九）

波茨坦无忧宫

澧于初三随带翼、昌赴丹溪，次与德皇、亨利亲王晤面，礼接甚优，颇为笃念邦交，阅操三日，并邀澧同翼、昌在兵船与宴，赠澧红鹰宝星，宴毕辞行，于初八回柏林，礼物已收。接懿旨告知该外部，极为钦悦，现在克虏伯各厂看视制造毕，遵即于本月十九日，仍由折奴阿乘轮回华，九月内抵沪。（《李文忠公全书·电稿》卷四〇）

西安来电：光绪二十七年五月三日。奉旨户部右侍郎那桐，著赏给头品顶戴，授为专使大臣，前往大日本国敬谨将命。（《李文忠公全书·电稿》卷三八）

光绪二十七年1901年。五月癸酉，初九日。奕劻、李鸿章电致行在军机处：那桐出使日本，应有国书，该国向例索观敕谕，兹谨拟就国书敕谕，照录于下。国书文曰："大清国大皇帝敬致书于大日本国大皇帝陛下：朕维中国与贵国同在亚洲，海程密迩，彼此遣使驻扎以来，诚信相孚，情谊弥挚。乃上年五月，京师猝遭拳匪之乱，兵民交讧，贵国使馆书记生杉山彬，竟致被戕殒命。该书记生随使来华，应获保护之益，不意变生仓猝，遽尔捐躯。朕自维薄德，未能先事预防，致令友邦官员惨遭不测，有伤睦谊，弥切疚心。业派大臣致祭，并颁发内帑，以示优恤。兹派头品顶戴户部右侍郎那桐为钦差专使大臣，亲赍国书，前往贵国呈递。该大臣忠诚素著，朕所深信，特令敬

卷五 明清

谨将事，表明惋惜之怀，借达优荣之典。此次大皇帝遣师远涉，到京之日，首先安民，又于和议要端，尽力维持，特伸公论，东方大局，赖以保全，义闻仁声，昭布遐迩，朕心尤为欣感，并令该大臣代达谢忱。惟望大皇帝尽弃前嫌，益敦凤好，唇齿辅车之谊，历久弥亲，从此海宇乂安，升平同享，惟大皇帝察焉。"敕谕文曰："皇帝敕谕头品顶戴户部右侍郎那桐，朕维交邻之道，详于古经，遣使之文，著为令典，矧在同洲之国，尤切辅车之依。兹因大日本国使馆书记生杉山彬，在京被戕，朕心惋惜，宜示优荣。特授尔为钦差专使大臣，亲赍国书，前往呈递，务宜殚竭忠诚，敬谨将事，于一切交际仪文，悉心经理，勉副皇华之选，益联与国之欢。尔其钦承朕命，无负委任。特谕。请代奏。军机大臣奉旨：所有国书，敕谕，著准其照办。（《光绪东华录》卷一六七）

那侍郎自日本来电：光绪二十七年七月二十四日。桐等今午安抵东京，俟定有递书日期再电达。（《李文忠公全书·电稿》卷四〇）

日本李使来电：光绪二十七年七月三十。外部定初一日那使呈递国书，接待仪注，与驻使相同。谨闻。（《李文忠公全书·电稿》卷四〇）

寄西安行在军机处：光绪二十七年八月二日。顷接那使朔电，桐已于本日觐见，呈递国书，一切礼仪，均照接待专使向章，请转枢垣代奏云。庆、李。（《李文忠公全书·电稿》卷四〇）

【和约】

七月戊子，廿五日。全权大臣奕劻、李鸿章与十一国驻京公使议订和约十二款成，其文曰：

大德钦差驻扎中华便宜行事大臣穆默，大奥钦差驻扎中华便宜行事全权大臣齐干，大比钦差驻扎中华便宜行事全权大臣姚士登，大日钦差驻扎中华全权大臣葛络干，大美国钦差特办议和事宜全权大臣柔克义，大法钦差全权大臣驻扎中国京都总理本国事务便宜行事鲍渥，大英钦差便宜行事全权大臣萨道义，大义钦差驻扎中华大臣世袭侯爵萨尔瓦葛，大日本国钦差全权大臣小村寿太郎，大和钦差驻扎中华便宜行事全权大臣克罗伯，大俄钦命全权大臣内廷大夫格尔思，大清钦命全权大臣便宜行事总理外务部事务和硕庆亲王，大清钦差全权大臣便宜行事太子太傅文华殿大学士北洋大臣直隶总督部堂一等肃毅伯李

《北京条约》签字仪式

鸿章，今日会同声明，核定大清国按西历一千九百年十二月二十二日，即中历光绪二十六年十一月初一日，文内各款，当经大清国大皇帝于西历一千九百年十二月二十七日，即中历光绪二十六年十一月初六日，降旨全行照允，足适诸国之意，妥办。

第一款，一、大德国钦差男爵克大臣被戕害一事，前于西历本年六月初九日即中历四月二十三日，奉谕旨，钦派醇亲王载沣为头等专使大臣，赴大德国大皇帝前，代表大清国大皇帝暨国家惋惜之意，醇亲王已遵旨于西历本年七月十二日，即中历五月二十七日，自北京起程。二、大清国国家业已声明，在遇害处所，树立铭志之碑，与克大臣品位相配，列叙大清国大皇帝惋惜凶事之旨，书以**辣丁**、德、汉各文。前于西历本年七月二十二日，即中历六月初七日，经大清国钦差全权大臣，文致大德国钦差全权大臣，现于遇害处所建立牌坊一座，足满街衢，已由西历本年六月二十五日，即中历五月初十日兴工。

第二款，一、惩办伤害诸国国家及人民之首祸诸臣，将西历本年二月十三、二十一等日，即中历上年十二月二十五、本年正月初三等日，先后降旨，所定罪名，开列于后，端郡王载漪、辅国公载澜，均定斩监候罪名，又约定如皇上以为应加恩贷其一死，即发往新疆永远监禁，永不减免；庄亲王载勋、都察院左都御史英年、刑部尚书赵舒翘，均定为赐令自尽；山西巡抚毓贤、礼部尚书启秀、刑部左侍郎徐

辣丁，今通作拉丁。

卷五 明清

承煜，定为即行正法；协办大学士吏部尚书刚毅、大学士徐桐、前四川总督李秉衡，均已身故，追夺原官，即行革职。又兵部尚书徐用仪、户部尚书立山、吏部左郎许景澄、内阁学士兼吏部侍郎衔联元、太常寺卿袁昶，因上年力驳殊悖诸国义法极恶之罪，被害于西历本年二月十三日，即中历上年十二月二十五日，奉上谕开复原官，以示昭雪。……又西历本年二月十三日，即中历上年十二月二十五日，上谕将甘肃提督董福祥革职，俟应得罪名定谳惩办。西历本年四月二十九、六月初三、八月十九等日，即中历三月十一、四月十七、七月初六等日，先后降旨，将上年夏间凶惨案内，所有承认获咎之各外省官员，分别惩办。二、西历本年八月十九日，即中历二十七年七月初六日，上谕，将诸人民遇害被虐之城镇，停止文武各等考试五年。

第三款，因大日本国使馆书记生杉山彬被害，大清国大皇帝从优荣之典，已于西历本年六月十八日，即中历五月初三日，降旨简派户部侍郎那桐为专使大臣，赴大日本国大皇帝前，代表大清国大皇帝及国家惋惜之意。

第四款，大清国国家允定，在于诸国被污渎及挖掘各坟茔，建立涤垢雪侮之碑，已与诸国全权大臣会同商定，其碑由各该国使馆督建，并由中国国家付给估算各费银两，京师一带每处一万两，外省每处五千两，此项银两业已付清。……

第五款，大清国国家允定，不准将军火暨专为制造军火各种器料运入中国境内，已于西历本年八月二十五日，即中历二十七年七月十二日，降旨禁止进口二年。嗣后诸国以为有仍应续禁之处，亦可降旨将二年之限续展。

第六款，按照西历本年五月二十九日，即中历四月十二日上谕，大清国大皇帝允定付诸国偿款海关银四百五十兆两，此款系西历一千九百年十二月二十二日，即中历光绪二十六年十一月初一日，条款内第二款所载之各国各会各人及中国人民之赔偿总数。……

第七款，大清国国家允定，各使馆境界以为专与住用之处，并独由使馆管理，中国人民概不准在界内居住，亦可自行防守。……中国国家应允诸国分应自主，常留兵队分保使馆。

第八款，大清国国家应允，将大沽炮台及有碍京师至海通道之各

炮台，一律削平，现已设法照办。

第九款，按照西历一千九百零一年正月十六日，即中历上年十一月二十六日，文内后附之条款，中国国家应允由诸国分应主办，会同酌定数处，留兵驻守，以保京师至海通道无断绝之虞。今诸国驻守之处，系黄村、郎坊、杨村、天津、军粮城、塘沽、芦台、唐山、滦州、昌黎、秦皇岛、山海关。

第十款，大清国国家允定，两年之久，在各府厅州县，将以后所述之上谕颁行布告，一、西历本年二月初一日，即中历上年十二月十三日，上谕以永禁或设或入与诸国仇敌之会，违者皆斩。二、西历本年二月十三、二十一、四月二十九、八月十九等日，即中历上年十二月二十五、本年正月初三、三月十一、七月初六等日，上谕一道，犯罪之人，如何惩办之处，均一一载明。三、西历本年八月十九日，即中历七月初六日，上谕以诸国人民遇害被虐各城镇，停止文武各等考试。四、西历本年二月初一日，即中历上年十二月十三日，上谕以各省督抚文武大吏暨有司各官，于所属境内，均有保平安之责，如复滋伤害诸国人民之事，或再有违约之行，必须立时弹压惩办，否则该管之员，即行革职，永不叙用，亦不得开脱，别给奖叙。以上谕旨，现于中国全境渐次张贴。

第十一款，大清国国家允定，将通商行船各条约内，诸国现为应行商改之处，及有关通商各项事宜，均行议商，以期妥善简易。现按照第六款赔偿事宜，约定中国国家应允襄办，改善北河、黄浦两水路。……

第十二款，西历本年七月二十四日，即中历六月初九日，降旨将总理各国事务衙门，按照诸国酌定，改为外务部，班列六部之前。此

大清龙旗图案

卷五 明清

上谕内，已简派外务部各王大臣矣，且变通诸国钦差大臣觐见礼节，均已商定，由中国全权大臣屡次照会在案，……兹特为说明。

以上所述各语，及后附诸国全权大臣所发之文牍，均系以法文为凭。大清国国家既如此按以上所述……足适诸国之意妥办，则中国愿将一千九百年夏间变乱所生之局势完结，中国亦照允随行，自以诸国全权大臣，现奉各本国政府之命，代为声明，除第七款所述之防守使馆兵队外，诸国兵队即于西历一千九百零一年九月十七日，即中历光绪二十七年八月初五日，全由京城撤退，并除第九款所述各处外，亦由西历一千九百零一年九月二十二日，即中历光绪二十七年八月初十日，由直隶省撤退。今将以上条款缮定同文十二份，由诸中国全权大臣画押，诸国全权大臣各存一份，中国全权大臣收存一份。（《光绪东华录》卷一六八）

乙、东北俄约

各国撤兵，俄独不撤东三省之兵，且诱将军增祺订约，以东三省权利让俄。约成，各国大哗，清廷乃命杨儒与俄再议，俄卒因各国干涉，勉允退还东三省，分期撤兵。既而延宕不行，遂启日俄战争。

光绪二十六年庚子1900年。六月，初海兰泡有俄兵数千，欲假道于齐齐哈尔，至哈尔滨保铁路，俄将固毕乃脱尔，先以公文告黑龙江将军寿山，寿山不允，因之开衅。十五日，寿将军电致爱珲副都统凤翔令戒备。十七日晨，有俄兵舰五艘及拖带驳船载兵下驶，寿山著爱珲所练靖边各军，开沿江各沟驻防。次日，俄将装载军火至江，我统兵官发炮攻之，俄兵官二人殒焉。二十一日，俄派马队至爱珲恣焚掠，凤翔派统领王仲良率马队三百渡江，驱逐俄兵，叠获小胜。二十六日，有俄马步兵六千名，从黑河上游五道河偷渡，登岸后，始知为俄兵，仓皇退至爱珲。次日，俄兵即由西山陆路直扑攻城，凤翔率军退至兜沟子，是日，俄军遂入爱珲城。……七月初四日，率兵进攻，用开花炸弹遥击我军，凤翔以兜沟子地势平衍，难资扼守，军士忍饥露宿，咸有怨言，遂以情形电禀军帅，结阵退守北大岭，徐图后计。
（沈桐生《光绪政要》卷二六）

北大岭为爱珲之后路，齐齐哈尔之门户，最为险要。……俄兵见我兵退守，即亦跟踪而入，十六日，全军进逼北大岭。……十七日

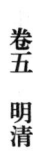

日俄战争中的士兵

晨，俄军在山下架开花炮，向我军猛攻，凤翔传令全军出队迎敌，徇师而誓曰："有退后者斩！"……我军勇气百倍，大败俄军，……而凤副都统……左腿右臂受枪子两伤，……回营，至晚呕血数升而死，士气熸焉。……寿（山）闻信，……欲即将将军印信交副都统萨保护理，而自赴前敌督战，萨不允，乃派程雪楼太守为总统，饬令前赴北大岭迎战。程至军，即照会俄国统兵官，停战议和，……于是程率队先行，为俄军前驱。……八月初二日，程太守先至卜奎，即齐齐哈尔城。即入见寿将军，面陈与俄军停战议和事宜，且言俄统兵官已率师前来，必欲亲见将军。寿将军闻之，自度终不能亲见俄将与议和事，又不欲使城中居民无端罹祸，又自念世受国恩，宜阖门殉节，遂决计誓死报国，……乃先令其妻及妇子速自裁。……初四日晨，……俄将必欲入城见将军，将军闻之，即作遗书，致俄将，请勿杀居民，书毕，……朝衣朝冠从容卧柩中，……命其子开枪击之。其子手战不忍发，误中左胁不死，又命其家将继之，一枪中小腹犹不死，……再开一枪洞胸而亡。……是日，俄军遂入卜奎城。（王彦威《西巡大事记》卷首）

九月初三日，盛京将军增祺奏：自本年拳匪肇祸，中外失和，吉江两省，相继沦陷。奉省自六月上旬，拳匪猝起，焚掠洋局，杀害教

民,崔符遍地,洋人护路平匪来兵几千,……营口、复州、盖平、熊岳、金州、海城、辽阳等处,以次失陷。闰八月初六日,谨护圣容出省,晋昌、寿长均先后逃出。初九日,俄兵四百入省城,十一日,日本兵三百继至,把守各门,并有日兵分守福陵、昭陵。(王彦威《西巡大事记》卷三)

十月二十九日,盛京将军增祺片:……南路日逼日近,鸭绿江东岸亦有倭兵数千分布。……自江省失,吉林又约定,俄兵所至,我兵手执白旗,各不开枪,而彼北路之兵随由伯都讷、长春南下,……统将只晋昌、讷钦、寿张三人,现饷仅剩两月有余。……战则兵已溃散,和则彼不肯听,守则人心不固,到处以白旗相迓。现在吉林通省及奉天、牛庄、辽阳、田庄、台、怀德、奉化等县,莫不皆然。如黑龙江,……进城时,即将粮饷三十余万两,以及军火等项,全行运走,……要马三百匹,……并令将库存及各营兵丁现用军械,全行缴出。……吉林将军长顺,……与俄总监工茹格维志,商议停战,俄兵到处,我兵手执白旗,……令兵团呈缴军械,并将银库军械派人看守,即电局亦把守,不令与各处通电。……(王彦威《西巡大事记》卷三)

十月二十九日,奉旨寄增祺:览奏均悉,东三省俄国已许交还,……与俄员晤商接收。……(王彦威《西巡大事记》卷三)

十一月十二日,……旨电:出使俄国大臣杨儒,著充全权大臣,与俄外部商议东三省接收事宜。……(王彦威《西巡大事记》卷四)

十一月二十六日电,杨儒电所称,"增祺……与俄擅立奉天交地暂行约章九条,画押"之语,……增祺并未奏知,……著交部严加议处。(王彦威《西巡大事记》卷四)

李盛铎电奏:顷日外部言,此次议款,中国万不可割地,如允割地与一国,或虽未明割,而允其设官置兵,亦是暗让,一经允定,他国群起效尤,大局当不可问,财政各种利权亦然。设有一国要挟太重,中国似可答以此项事变,关系各国,宜归入各国公约并议,庶免受亏。……(王彦威《西巡大事记》卷四)

光绪二十七年1901年。正月初七日,张之洞电:……杨使电,约稿十二款,……大致仍与(增祺约)相仿。去腊英领事面言,力陈此约万不可允,近日日本外部屡次来电云,日本力劝各国,阻止此约。

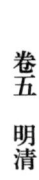

日俄战争遗址：东鸡冠山

英、德、美政府，意见皆同。各国之意，皆暗助中国，拒绝俄国要求。……（王彦威《西巡大事记》卷五）

美国分致英、法、俄、德、义、奥、日本诸国：满洲约议，……当各国之派兵赴华也，均曾明认愿保中国土地不使有伤，……倘中国并不预商各国，遽立专约，让人财土，则既缺于理，而复无所益。……美廷向主辟门共利之说，满洲亦在其例，……兹者美廷拟尽良言，……以阻此约之成。……（吕海寰《庚子海外纪事》卷四）

二月辛丑初五电谕：……俄约关系太重，……不遽画押，仅只激怒于俄，画则群起效尤分据，其祸尤速。……著杨儒婉告俄外部，……格外见谅。（《光绪东华录》卷一六六）

光绪二十八年 1902 年。三月辛酉朔，庆亲王奕劻、大学士王文韶，与俄国驻京公使雷萨尔，议订交收东三省条约四款成，其文曰：

大清国大皇帝与大俄国大皇帝，愿将于华历光绪二十六年，即俄历一千九百年，在中国生出之变乱，所伤邻交，复行敦固。兹为商议东三省各事，大清国大皇帝将派总理外务部事务和硕庆亲王、军机大臣文渊阁大学士外务部会办大臣王文韶为全权大臣，便宜行事，大俄国大皇帝特派驻华全权大臣正参政大臣雷萨尔为全权大臣，便宜行事，……会同议订各条款，开列于左。

卷五 明清

第一款，大俄国大皇帝愿彰明与大清国大皇帝和睦及交谊之新证据，而不顾由东三省与俄国交界各处开仗攻打俄国安分乡民各情，允在东三省各地归复中国权势，并将该地方一如俄军未经占据以前，仍归中国版图及中国官治理。

第二款，大清国国家，今自接收东三省自行治理之际，申明与华俄银行，于华历光绪二十二年八月初二日，即俄历一千八百九十六年八月二十七日，所立合同年限，及各条款，实力遵守，并按照该合同第五款，承认极力保护铁路，暨在该铁路职事各人，并分应保护在东三省所有俄国所属各人，及该人各事业。大俄国国家因有大清国国家所认以上各情，允认如果再无变乱，并他国之举动亦无牵制，即将东三省俄国所驻各军，陆续撤退。其如何撤退，开列于后：由签字画押后，限六个月，撤退盛京省西南段至辽河所驻俄国各官军，并将各铁路交还中国；再六个月，撤退盛京其余各段之官军，暨吉林省内官军；再六个月，撤退其余之黑龙江省所驻俄国各官军。

第三款，大清国国家暨大俄国国家，为免华历光绪二十六年即俄历一千九百年变乱，后来再行复炽，且此变乱，皆属中国驻扎于俄国交界各省之官兵所为，今令各将军与俄国兵官会同筹定，俄兵未退之际，驻剳东三省中国兵队之数目，及驻扎处所，中国允认除将军与俄国兵官筹定必须敷剿办贼匪弹压地方之用兵数，中国不另添练兵，惟在俄国各军全行撤退后，仍由中国酌核。东三省所驻兵数，应添应减，随时知照俄国国家，盖因中国如在各该省多养兵队，俄国在交界各处亦自不免加添兵队，以致两国无益，而加增养兵各费也。至于东三省安设巡捕，及绥靖地方等事，除指给中国东省铁路公司各地段外，各省将军教练专用中国马步捕队，以充巡捕之职。

第四款，大俄国国家允准，将自俄历一千九百年九月底，即华历光绪二十六年闰八月间起，被俄兵所占据并保护之山海关、营口、新民厅各铁路，交还本主，大清国国家允许：一、设有应行保护该铁路情节，则专责成中国保护，毋庸请他国保护修养，并不可准他国占据俄国所退各地段。二、修完并养各该铁路各节，必确照俄国与英国一千八百九十九年四月十六日，即华历光绪二十五年三月十九日，所定和约，及按照一千八百九十八年九月二十八日，即华历光绪二十四年

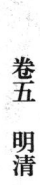

中俄界河——额尔古纳河

八月二十五日，与公司所立修该铁路借款合同办理，且该公司应遵照所出各结，不得占据，或借端经理山海关、营口、新民厅铁路。三、至日后在东三省南段续修铁路或修枝路，并在营口建造桥梁，迁移铁路尽头等事，应彼此商办。四、应将大俄国国家交还山海关、营口、新民厅各铁路，所有重修及其养路各费，由中国国家与俄国国家商酌赔偿，俄国因此项未入大赔款内，两国从前所定条约，未经此约更改之款，应仍旧照行。

此约自两国全权大臣彼此签押盖印之日起施行，并御笔批准之本，限三个月内，在森彼得堡互换。兹两国全权大臣，将此约备汉、俄、法三国文字，各二份，画押盖印，以昭信守。三国文字校对相符，惟辩解之时，以法文为本。订于北京，缮就二份。（《光绪东华录》卷一七二）

十五　清末之时局

（一）庚子以后之维新
甲、维新诏书

庚子十二月下诏维新，称母子一心，以示悔祸决意。因集众议，于是

有江督刘坤一、楚督张之洞变法会奏，其第一折兴学四端，曰设文武学堂，曰酌改文科，曰停罢武科，曰奖励游学；第二折整顿中法十二端，曰崇节俭，曰破常格，曰停捐纳，曰重官禄，曰去书吏，曰去差役，曰恤刑狱，曰改选法，曰筹八旗生计，曰裁屯卫，曰裁绿营，曰简文法；第三折采用西法十一端，曰广派游历，曰练外国操，曰广军实，曰修农政，曰劝工艺，曰定矿律、路律、商律、交涉、刑律，曰用银元，曰行印花税，曰推行邮政，曰官收洋药，曰多译东西各国书。以后改革，多依此次第，而以练兵兴学为要政，京师先后设政务处、财政处、练兵处、学务处，以重臣司其事。

光绪二十六年庚子1900年。十二月丁未，谕：……自播迁以来，皇太后宵旰焦劳，朕尤痛自刻责，深念近数十年积敝相仍，因循粉饰，以致酿成大衅。现正议和，一切政事尤须切实整顿，以期渐致富强。懿训以为取外国之长乃可去中国之短，惩前事之失乃可作后事之师。自丁、戊以还，伪辩纵横，妄分新旧，康逆之祸，殆更甚于红巾，迄今海外逋逃，尚以富有贵为等票诱人谋逆，更借保皇保种之奸谋，为离间宫廷之计。殊不知康逆之讲新法，乃乱法也，非变法也。该逆等乘朕躬不豫，潜谋不轨，朕吁恳皇太后训政，乃得救朕于濒危，而锄奸于一旦。实则剪除叛逆，皇太后何尝不许更新？损益科条，朕何尝概行除旧？酌中以御，择善而从，母子一心，臣民共睹。今者恭承慈命，一意振兴，严祛新旧之名，浑融中外之迹。……

宣传西学与变法的书刊

晚近之学西法者，语言文字制造器械而已，此西艺之皮毛，而非西学之本源也。……法令不更，锢习不破，欲求振作，须议更张。著军机大臣、大学士、六部、九卿、出使各国大臣、各省督抚，各就现在情弊，参酌中西政治，举凡朝章、国政、吏治、民生、学校、科举、军制、财政，当因、当革、当省、当并，如何而国势始兴，如何而人才始盛，如何而度支始裕，如何而武备始精，各举所知，各抒所见，通限两个月内，悉条议以闻，再行上禀慈谟，斟酌尽善，切实施行。……朕与皇太后久蓄于中，物穷则变，转弱为强，全系于斯。……（《光绪东华录》卷一六四）

二十七年辛丑1901年。三月己巳，谕：……设立督办政务处，派庆亲王奕劻，大学士李鸿章、荣禄、昆冈、王文韶，户部尚书鹿传霖，为督办政务大臣，刘坤一、张之洞亦著遥为参预。各该王大臣等，于一切因革事宜，务当和衷商榷，悉心评议，次第奏闻，俟朕上禀慈谟，随时择定，俟回銮后，切实颁行，示天下以必信必果、无党无偏之意。其政务处提调各官，该王大臣等务择心术纯正、通达时务之员，奏请简派，勿稍率忽。此事予限两个月，现已过期，其未经陈奏者著迅速汇议具奏，勿稍迟延观望。将此通谕知之。（《光绪东华录》卷一六）

丙午，谕：……六部则例本极详明，行之既久，书吏窟穴其中，渔财舞文，往往舍例引案，上下其手。当今变通政治之初，亟应首先整顿部务，为正本清源之道，非尽去蠹吏，扫除案卷，专用司员办公不可。兹值京师兵燹之后，各部署案卷不过十存四五，著即一并销毁。（《光绪东华录》卷一六七）

七月壬辰，谕：……嗣后无论何项事例，均著不准报捐实官。（《光绪东华录》卷一六八）

十二月乙卯，谕：……满汉臣民，朝廷从无歧视，惟旧例不通婚姻，原因入关之初，风俗语言或多未喻，是以著为禁令。今则风同道一，已历二百余年，自应俯顺人情，开除此禁，所有满汉官民人等，著准其彼此结婚。……至汉人妇女率多缠足，……嗣后搢绅之家，务当婉切劝道，使之家喻户晓，以期渐除积习。……（《光绪东华录》卷一七一）

乙、练兵

清代经制之兵，曰八旗，曰绿营。嘉庆时川楚教军起，始有募勇。太平天国兴，清所倚者湘淮军也，后皆改用洋式枪炮。甲午之役，命胡燏棻用德国操法，练定武军五千，后归袁世凯，称为新建陆军。庚子后设练军处，命袁世凯专任其事，由各省摊解经费，先后成立六镇。各省亦相继编练，预计全国成立新军三十六镇，期尽裁绿营巡防营，因之新旧军意见极深。而新军下级军官多学生出身，入伍者亦多士人，皆倡言革命，辛亥革命振臂而起者，皆新军也。

二十七年1901年。辛丑七月丙子，谕：……所有各省原有之绿营防勇，均限于本年内，裁去十之二三，及上年有事时添募之勇营，亦一并酌量裁撤，以免虚縻。（《光绪东华录》卷一六八）

壬辰谕：现在整顿兵制，停止武科，亟应于各直省会建立武备学堂，以期培养将才，练成劲旅。查北洋、湖北所设武备学堂，及山东所设随营学堂，均已办有规模，应即责成李鸿章、刘坤一、张之洞、袁世凯等，酌量扩充，认真训练。……其余各省，即著该督抚设法筹建，一体仿照办理。……（《光绪东华录》卷一六八）

癸巳，谕：……著各省将军督抚，将原有各营严行裁汰，精选若干营，分为常备、续备、巡警等军，一律操习新式枪炮，认真训练，以成劲旅。（《光绪东华录》卷一六八）

二十九年癸卯1903年。十一月己丑，谕：……商部左丞徐世昌，著开缺，以内阁学士候补，充练兵处提调；直隶即补道刘永庆，著充军政司正使；直隶补用道段祺瑞，著充军令司正使；候选道王士珍，著充军学司正使，均著赏给副都统衔。（《光绪东华录》卷一八四）

……庚子乱后，各省皆起练新军，或就防军改编，或用新式招练。至光诸三十年，画定军制，京师设练兵处，各省设督练公所，改定新军区为三十六镇，新军制始画一。三十三年，京外新练陆军，除禁卫军外，统计近畿第一镇驻京北仰山

袁世凯像

洼，……第六镇驻南苑，……直隶第二镇驻保定、永平等府，……第四镇驻马厂，……山东第五镇驻省城、潍县、昌邑等处，……江苏第二十三混成协驻苏州等处，……江北第十三混成协驻清江浦，……安徽步队二标、马队一营、炮队一队驻省城，……江南第九镇步队一营、马队二队驻省城等处，……江西步队一协、马队二队驻省城，……河南第二十九混成协驻省城，……步队一协、马炮队各一营调驻京城，……湖南步队一协、炮队一营驻省城，……湖北第八镇驻省城，……第二十一混成协驻武昌、汉阳及京汉铁路，……浙江步队一协驻省城，……福建第十镇驻省城及福宁、延平等处，……云南步队一协、炮队一营驻省城及临安，……贵州步队一标、炮队一队驻省城，……四川步队一协驻省城，……山西步队二标、马炮队各一营驻省城，……陕西步队一协、炮队一队驻省城，……甘肃步队二标、炮队一营驻省城、河州、固原、西宁，……新疆步队一协、马队一标、炮队一营驻省城，……东三省第三镇驻吉林省城、长春、宁安、延吉及奉天、锦州等处，……第一混成协驻奉天省城，……第二混成协驻奉天、新民等处，……步队一协一标、炮队一营驻吉林，……宣统三年，统计除前列外，……云南成第十九镇，……奉天成第二十镇，……而三十六镇卒未全立云。（《清史稿·兵志》九）

袁世凯北洋新军仪仗队

卷五 明清

丙、兴学

京师初设管学大臣，后改学部，各省设提学使。扩充京师大学堂，拟建七科，而以仕学馆、译学馆隶之，又设农、工、医、法政、师范各高等专科，复设女学。各直省遍设高等学堂、两级师范学堂及中小学。广聘日本教习，增筑校舍。天津有北洋大学，各国教会皆办学堂，亦有大学。科举既废，乃以进士举人名目，移为学堂出身，且授实官，出洋学生考试后有授翰林院编修者，奖励极优，而学生则多谈革命。

二十七年1901年。七月己卯，谕：……著自明年为始，嗣后乡会试，头场试中国政治史事论五篇，二场试各国政治艺学策五道，三场试四书义二篇、五经义一篇。考官评卷，合校三场以定去取，不得全重一场。生童岁科两考，仍先试经古一场，专试中国政治史事，及各国政治艺学策论，正场试四书义、五经义各一篇，考试、试差、庶吉士、散馆，均用论一篇、策一道，进士朝考、论疏、殿试策问，均以中国政治史事及各国政治艺学命题。以上一切考试，凡四书五经义均不准用八股文程式，策论均应切实敷陈，不得仍前空衍剽窃。……
（《光绪东华录》卷一六八）

谕：……嗣后武生童考试及武科乡会试，著即一律永远停止，所有武举人、进士，均令投标学习，其精壮之幼生及向来所学之童生，均准其应试入伍，俟各省设立武备学堂后，再行酌定挑选。……
（《光绪东华录》卷一六八）

八月乙未，谕：……除京师已设大学堂应行切实整顿外，著各省所有书院，于省城均改设大学堂，各府及直隶州均改设中学堂，各州县均改设小学堂，并多设蒙养学堂。其教法当以四书五经、纲常大义为主，以历代史鉴及中外政治艺学为辅，务使心术纯正，文行交修，博通时务，讲求实学。……著各该督抚学政切实通饬认真兴办。……
（《光绪东华录》一六九）

戊戌，谕：……前据江南、湖北、四川等省，选派学生出洋肄业，著各省督抚一律仿照办理，务择心术端正、文理明通之士，遣往学习，将一切专门艺学认真肄业，竭力讲求。学成领有凭照回华，即由该督抚学政按其所学，分门考验，如果学有成效，即行出具切实考语，咨送外务部覆加考验，据实奏请奖励。其游学经费，著各直省妥

清末的教会学校

筹发给，准其作正开销。如有自备旅资出洋游学者，著各该省督抚咨明该出使大臣，随时照料，如果学成得有优等凭照回华，准照派出学生一体考验奖励，候旨分别赏给进士、举人各项出身，以备任用而资鼓舞。……（《光绪东华录》卷一六九）

三十一年乙巳 1905 年。八月甲辰，……上谕：……自丙午科为始，所有乡会试一律停止，各省岁科考试亦即停止，其以前之举贡生员，分别量予出路。……严饬府厅州县赶紧于城乡各处，遍设蒙小学堂，慎择师资，广开民智。……（《光绪东华录》卷一九五）

丁、改官制

首改总理衙门为外务部，巍然为各部之首，增设农工商部、邮传部、巡警部、学部，裁中外冗官，五大臣出洋后，复有更改。唯军机处仍旧，至宣统三年四月始设内阁。地方官制，唯增设交涉、提学二使，劝业、巡警二道，其余终无定议。

二十七年 1901 年。六月癸卯，谕：……总理各国事务衙门著改为外务部，班列六部之前，简派和硕庆亲王奕劻总理外务部事务，体仁阁大学士王文韶著授为会办外务大臣，工部尚书瞿鸿禨著调补外务部

尚书，授为会办大臣，太仆寺卿徐寿朋，候补三四品京堂联芳，著补授外务部左右侍郎。……（《光绪东华录》卷一六七）

二十九年1903年。七月戊戌，谕：……设立商部衙门，商部尚书著载振补授，伍廷芳著补授商部左侍郎，陈璧著补授商部右侍郎。……（《光绪东华录》卷一八一）

三十一年1905年。九月庚辰，谕：……设立巡警部，署兵部左侍郎徐世昌，著补授该部尚书；内阁学士毓朗，著补授该部左侍郎；直隶候补道赵秉钧，著赏给三品京堂，署理该部右侍郎。所有京城内外工巡事务，均归管理，以专责成。其各省巡警，并著该部督饬办理。……（《光绪东华录》卷一九六）

十一月己卯，……上谕：……设立学部，荣庆著调补学部尚书，学部左侍郎著熙瑛补授，翰林院编修严修著以三品京堂候补，署理学部右侍郎。国子监即古之成均，本系大学，所有该监事务，著即归并学部。……（《光绪东华录》卷一九七）

伍廷芳像

三十二年1906年。九月乙卯，……上谕：……内阁军机处一切规制，著照旧行，其各部尚书，均著充参预政务大臣，轮班值日，听候召对。外务部、吏部均著照旧。巡警为民政之一端，著改为民政部。户部著改为度支部，以财政处、税务处并入。礼部著以太常、光禄、鸿胪三寺并入，学部仍旧。兵部著改为陆军部，以练兵处、太仆寺并入，应行设立之海军部及军咨府，未设以前，均暂归陆军部办理。刑部著改为法部，责任司法。大理寺著改为大理院，专掌审判。工部著改并入商部，改为农工商部。轮船、铁路、电线、邮政，应设专司，著改为邮传部。理藩院著改为理藩部，除外务部堂官员缺照旧外，各部堂官均改设尚书一员、侍郎二员，不分满汉。都察院本纠察行政之官，职在指陈阙失，伸理冤滞，著改为都御史一员，副

都御史二员，六科给事中著改为给事中，与御史各员缺仍暂如旧。其应行增设者，资政院为博采群言，审计院为核查经费，均著以次设立，其余宗人府、内阁、翰林院、钦天监、銮仪卫、内务府、太医院、各旗营侍卫处、步军统领衙门、顺天府、仓场衙门，均毋庸更改。……此次斟酌损益，原为立宪始基，实行预备，如有未尽合宜之处，仍著……随时修改。（《光绪东华录》卷二〇二）

谕：此次改定官制，除民政部、学部、农工商部尚书侍郎均毋庸更换外，吏部尚书仍著鹿传霖补授，左侍郎著陈邦瑞、右侍郎著唐景崇调补；度支部尚书著溥颋补授，左侍郎著绍英补授，右侍郎仍著陈璧补授；礼部尚书仍著溥良补授，左侍郎著张嘉亨调补，右侍郎仍著景厚补授；陆军部尚书著铁良补授，左侍郎仍著寿勋补授，右侍郎仍著荫昌补授；法部尚书著戴鸿慈补授，左侍郎仍著绍昌补授，右侍郎著张仁黼补授；邮传部尚书著张百熙补授，左侍郎著唐绍仪补授，右侍郎著胡燏棻补授；理藩院尚书著寿耆补授，右侍郎著恩顺补授；都察院都御史仍著陆宝忠补授，副都御史仍著伊克坦、陈名侃补授。（《光绪东华录》卷二〇二）

丁巳，……改政务处为会议政务处。（《光绪东华录》卷二〇二）

光绪三十三年归并会议政务处于内阁。

戊、改革币制

自对日赔款规定，付款时应以银两折合当时镑价，庚子赔款因之，每至付款时，外国银行高抬汇价，每年多耗七百万两，谓之镑亏。以金银比价不定，乃倡为改革币制之说，设货币制度调查所，聘美国货币专家精琦来华，计议主买外汇。时论以为丧权，多主张用金本位，而黄金储备非易。久之，始定议改两为圆，铸大清银币，辅币各以十进，然各省竞铸银圆、铜圆，以图余利，迄未统一。自使用铜圆后，制钱不行，物价骤涨，清廷但欲假改革之名，以借外款，本意不在改革也。

宣统二年1910年。四月己丑，谕：……中国国币单位，著即定名曰圆，暂就银为本位，以一圆为主币，重库平七钱二分，另以五角、二角五分、一角三种银币，及五分镍币，二分、一分、五厘、一厘四种铜币为辅币，圆、角、分、厘各以十进，永为定价，不得任意低昂。著度支部一面责成造币厂迅即按照所拟各项重量、成色、花纹铸

光绪通宝

造新币，积有成数，次第施行，所有赋税课厘，必用制币交纳，放款亦然，并责成大清银行，会同造币厂，将新旧交换机关，筹备完密；一面通行各省，将现铸之大小银铜圆一律停铸，并知照京外各衙门，按照单开折合标准，及改换计数名称各条，依限妥办。将来新币发行，地方所有生银，及从前铸造各项银铜圆，准其暂照市价行用，由部饬币厂银行逐渐收换，并酌定限期，停止行用。迨新币通行以后，无论官私各款，均以大清银币收发交易，不得拒不收受，亦不准强行折扣。（《宣统政纪》卷三五）

己、预备立宪

立宪之名，始于戊戌，梁启超往日本，渐知宪法，鼓吹君宪，流传内地。结社者甚众，其著者，郑孝胥、汤寿潜、张謇，结预备立宪公会，梁启超徒党结政闻社，专主民权，较维新又进一步，以与革命为敌。

郑孝胥同议设预备立宪公会，会成，主急主缓，议论极分驳。余谓立宪大本在政府，人民则宜各任实业、教育，为自治基础，与其多言，不如人人实行，得尺则尺，得寸则寸。公推孝胥为会长，（汤）寿潜与余副之。……（张謇《啬翁自订年谱》卷下）

光绪三十四年1908年。七月庚子，谕：近闻沿江沿海暨南北各省，设有政闻社名目，内多悖逆要犯，广敛资财，纠结党类，托名研究时务，阴图煽乱，扰害治安，若不严行查禁，恐将败坏大局。著民政部、各省督抚、步军统领、顺天府，严密查访，认真禁止，遇有此项社伙，即行严拿惩办，勿稍疏纵，致酿巨患。（《光绪东华录》卷二一八）

若夫政闻社所持之主义,欲以求同情于天下者,则有四纲焉,一曰实行国会制度,建设责任政府,……二曰厘订法律,巩固司法权之独立,……三曰确立地方自治,正中央地方之权限,……四曰慎重外交,保持对等权利,……以上所举,虽寥寥四纲,窃谓中国前途之安危存亡,盖系于是矣。(梁启超《饮冰室文集》卷四四《政闻社宣言书》)

清室为万世一系之说所动,方苦于革命排满者之多,欲姑借立宪以缓之,乃派五大臣出洋考察。回国后,倡议先改官制,借口国民程度不足,久之始定为九年预备立宪。先设资政院,而其议员则宗室王公世爵占十四名,满汉世爵十二名,外藩王公世爵十四名,宗室觉罗六名,各衙门官三十二名,所谓硕学通儒者占十名,概由钦派,其余议员亦非真正民选。

光绪三十一年六月丙辰,谕:……兹特简载泽、戴鸿慈、徐世昌、端方等,随带人员,分赴东西洋各国,考求一切政治,以期择善而从。……(《光绪东华录》卷一九四)

七月乙酉,续派商部右丞绍英,为出洋考察政治大臣。(《光绪东华录》卷一九五)

……中国讲自强者,谓必须立宪,并成立责任内阁,故朝廷派镇国公载泽、户部侍郎戴鸿慈、军机大臣徐世昌、湖南巡抚端方、前山东布政使尚其亨、商部右丞绍英,并奏调京外知名之士,随同出洋,考查欧美及日本宪政。在前门登车时,为吴樾混入五大臣车内,吴惊惶无措,致触及所怀之炸弹,遂炸破自身,血染泽公褂袖,飞片伤及车外在站送行之外务部侍郎伍廷芳,及随员萨荫图之家眷,并车内之

五大臣出使比利时的国书

卷五 明清

绍英，当由军事随员丁士源，抢护泽、徐、端、尚四人，至站长室，并用陆军担架送绍英至交民巷法国医院。越两日，京师设巡警部，……并由政府赏格万金，购缉吴之同党，徐世昌遂停止出洋。……吴为保定师范学生，犯案綦重，然并不彻底追求。（丁士源《梅楞章京笔记》）

八月戊辰，谕：载泽等奏，"二十六日乘坐火车出京，正拟开行，陡闻轰震之声，查系炸弹猝发，载泽、绍英均受微伤，除车旁伤毙三人外，其余随员仆从亦有被伤者，车内轰毙一人，验有炸弹毁裂痕迹"等语，……责成步军统领衙门、顺天府工巡局、督办铁路大臣等，严切查拿。……（《光绪东华录》卷一九五）

九月戊戌，命尚其亨、李盛铎会同载泽、戴鸿慈、端方，前往各国考察政治。（《光绪东华录》卷一九六）

十月戊辰，谕：……派政务处王大臣设立考察政治馆，延揽通才，悉心研究，择各国政法之与中国体治相宜者，斟酌损益，纂订成书，随时进呈，候旨裁定。……（《光绪东华录》卷一九七）

光绪三十二年1906年。七月戊申，谕：……前简派大臣分赴各国考查政治，现载泽等回国陈奏，深以国势不振，实由于上下相睽，内外隔阂，……而各国之所以富强者，实由于实行宪法，取决公论。……时处今日，惟有及时详晰甄核，仿行宪政，大权统于朝廷，庶政公诸舆论，以立国家万年有道之基。但目前规制未备，民智未开，若操切从事，徒饰空文，何以对国民而昭大信。……亟应先将官制分别议定，次第更张，并将各项法律详慎厘订，而又广兴教育，清厘财政，整顿武备，普设巡警，使绅民明悉国政，以预备立宪基础。著内外臣工，切实振兴，力求成效，俟数年后，规模粗具，查看情形，参用各国成法，妥议立宪实行期限，再行宣布天下，视进步之迟速，定期限之远近。（《光绪东华录》卷二〇二）

三十三年1907年。七月甲午，奕劻等奏：……预备立宪……入手办法，总以研究为主，研究之要，不外编译东西洋各国宪法，以为借镜之资；调查中国各行省政治，以为更张之渐。……拟请旨将考察政治馆改为宪政编查馆。……上谕：……从前设立考察政治馆，原为办理宪政，……著即改为宪政编查馆。……（《光绪东华录》卷二〇八）

八月壬申，谕：……立宪政体，取决公论，上下议院实为行政之本。中国上下议院一时未能成立，亟宜设资政院，以立议院基础，著派溥伦孙家鼐充该院总裁。……（《光绪东华录》卷二〇九）

元年1909年。七月乙卯，谕：……资政院奏续拟院章并将前奏各章改订开单呈览一折，朕详加披览，该院自"职掌"以下八章，与现订咨议局章程，实相表里，即为将来上下议院法之始基，所拟尚属周妥。著京外各衙门一体遵行，其各项细则章程，仍著迅速筹拟，奏请宣布。（《宣统政纪》卷一七）

九月辛丑，谕：……今当开院会集之初，朕特命军机大臣暨参预政务大臣，将各项案件妥慎筹拟，照章交议。（《宣统政纪》卷二一）

又设地方咨议局，选用议员，由督抚监督。

三十三年1907年。八月壬午，谕：……上年降旨，宣布宪政，业经明白申谕，视进步之迟速，定期限之远近。朝廷廑怀宪政，盼望至殷，近已降旨先设资政院，以立议院基础。顾议院言论之得失，全视议员程度之高下，非教育普及，则民智何由启发；非地方自治，则人才无从历练。至教育宗旨，必以忠君爱国、屏除邪说为归；自治法规，必以选举贤能、力谋公益为主。著学部通筹普及善法，编辑精要课本，以便通行，并著民政部妥拟自治章程，请旨饬下各省督抚，择地依次试办，……务使议员资格日进高明，庶议院早日成立，宪政可期实行。……（《光绪东华录》卷二〇九）

九月辛丑，谕：……著各省督抚均在省会速设咨议局，慎选公正明达官绅，创办其事，……公举贤能作为该局议员。……凡地方应兴应革事宜，议员共同集议，候本省大吏裁夺施行。……将来资政院选举议员，可由该局公推递升。……其各府州县议事会一并预为筹画，

上谕朕钦奉

慈禧端佑康颐昭豫庄诚寿恭钦献崇熙皇太后懿旨

庆亲王奕劻等奏请改考察政治馆专办宪政编议政务事宜归并内阁办理一摺从前设立考察政治馆原为办理宪政一切编制法规统计政要各事项自应派员专司其事以重责成著即改为宪政编查馆资政院未设以前暂由军机处王大臣督饬原派该管提调详细调查编定以期次第施行所有军机大臣大学士参预政务大臣会议事宜著由内阁办理徐议钦此

光绪三十三年七月初五日内阁奉

清政府设立宪政编查馆谕旨

卷五 明清

广东咨议局旧址

务期……庶政公诸舆论，与实相符。(《光绪东华录》卷二一〇)

宣统元年1909年。正月戊申，谕：……本年各省均应举行咨议局选举，及筹办各州县地方自治，设立自治研究所，并颁布资政院章程等事。……著各省督抚及管理地方之将军都统等，督率所属，选用公正明慎之员绅，一律依限成立。(《宣统政纪》卷七)

八月丙午，谕：……兹届九月初一日，各省招集议员开议之期，用特重申诰诫，各该咨议局议员，于地方利弊情形，均当切实陈指，……勿挟私心，以妨公益；勿逞意气，以紊成规；勿见事太易，而议论稍涉嚣张；勿权限不明，而定法致滋侵越。各该督抚亦当虚公采纳，裁度施行。……至开局以后，各该督抚尤应钦遵定章，实行监督，务使议决事件不得逾越权限，违背法律。……著将此谕敬谨缮录，悬挂各省咨议局议场，一体钦遵。……(《宣统政纪》卷二〇)

以立宪须从办自治始，多以劣绅充任自治局员，著手地方应行兴办事业者少，而干预词讼争公款者多。

光绪三十四年1908年。十二月戊寅，谕：……地方自治为立宪之根本，城镇乡又为自治之初基，诚非首先开办不可。著民政部及各省督抚督饬所属地方官，选择正绅，按照此次所定章程，将城乡镇自治

各事宜，迅即筹办，实力奉行，不准稍有延误。(《宣统政纪》卷五)

十二月壬寅，谕：……本日宪政编查馆奏，覆核府厅州县地方自治章程并府厅州县议事会议员选举章程缮单呈览一折，朕详加披览，尚属周妥。……即著民政部会同各督抚，按照定章，督饬各该地方官切实施行。(《宣统政纪》卷二八)

光绪三十四年八月，始奏颁立宪大纲，及议院法、选举法要领，并预备立宪九年期间逐年应行筹备事宜，限六个月呈报一次。国人见其过度尊崇君权，又逐年应办之事，无一实行，故请愿缩短年限、速开国会者，接踵而起。

光绪三十四年1908年。八月甲寅，宪政编查馆资政院会奏：……夫宪法者国家之根本法也，……其最精之大义不外数端，一曰君主神圣不可侵犯；二曰君主总揽统治权，按照宪法行之；三曰臣民按照法律，有应得应尽之权利义务而已。……故一言以蔽之，宪法者所以巩固君权兼以保护臣民者也。……臣等公同商酌，拟自本年光绪三十四年起，至光绪四十二年止，限定九年，将预备各事一律办齐。……谨将遵拟宪法大纲，暨议院法、选举法要领，缮具清单，恭呈御览，……谨按君主立宪政体，君上有统治国家之大权，凡立法、行政、司法，皆归总揽，而以议院协赞立法，以政府辅弼行政，以法院遵律司法，上自朝廷，下至臣庶，均守钦定宪法，以期永远率循，罔有逾越。谨本斯义，恭拟如左。

君上大权，一，大清皇帝统治大清帝国，万世一系，永永尊戴。一，君上神圣尊严，不可侵犯。一，钦定颁行法律及发交议案之权，凡法律虽经议院议决，而未奉诏命批准颁布者，不能见诸施行。一，召集、开闭、停展及解散议院之权。解散之时，即令国民重行选举新议员，其被解散之旧议员，即与齐民无异，倘有抗违，量其情节，以相当之法律处治。一，设官制禄及黜陟百司之权。用人之权，操之君上，而大臣辅弼之，议院不得干预。一，统率陆海军及编定军制之权。君上调遣全国军队，制定常备兵额，得以全权执行，凡一切军，事皆非议院所得干预。一，宣战讲和订立条约及派遣使臣与认受使臣之权。国交之事，由君上亲裁，不付议院议决。一，宣告戒严之权。当紧急时，得以诏令限制臣民之自由。一，爵赏及恩赦之权。恩出自

君，上非臣下所得擅专。一，总揽司法权，委任审判衙门，遵钦定法律行之，不以诏令随时更改。司法之权，操诸君上，审判官本由君上委任，代行司法。不以诏令随时更改者，案件关系至重，故必以已经钦定法律为准，免涉纷歧。一，发命令及使发命令之权。惟已定之法律，非交议院协赞奏经钦定时，不以命令更改废止。法律为君上实行司法权之用，命令为君上实行行政权之用，两权分立，故不以命令改废法律。一，在议院闭会时，遇有紧急之事，得发代法律之诏令，并得以诏令筹借必需之财用，惟至次年会期，须交议院协议。一，皇室经费，应由君上制定常额，自国库提支，议院不得置议。一，皇室大典，应由君上督率皇族及特派大臣议定，议院不得干预。

附，臣民权利义务，其细目当于宪法起草时酌定。一，臣民中有合于法律命令所定资格者，得为文武官吏及议员。一，臣民于法律范围以内，所有言论著作出版及集会结社等事，均准其自由。一，臣民非按照法律所定，不加以逮捕监禁处罚。一，臣民可以请法官审判其呈诉之案件。一，臣民应遵守法律所定审判衙门之审判。一，臣民之财产及居住，无故不加侵扰。一，臣民按照法律所定，有纳税当兵之义务。一，臣民现完之赋税，非经新定法律更改，悉仍照旧输纳。一，臣民有遵守国家法律之义务。

附，议院法要领，其细目当于厘定议院法时酌定。一，议院只有

故宫太和殿

建议之权，并无行政之责，所有决议事件，应恭候钦定后，政府方得奉行。一，议院提议事件，须关乎全国公同利害者，不得以一省寻常地方之事提议。一，君上大权所定及法律上必需之一切岁出，非与政府协议，议院不得废除删削，其细目另于会计法内定之。一，国家之岁入岁出每年预算，应由议院之协赞。一，行政大臣如有违法情事，议院只可指实弹劾，其用舍之权，仍操之君上，不得干预朝廷黜陟之权。一，议院所议事件，必须上下议院彼此决议后，方可奏请钦定施行。一，议院有上奏事件，由议长出名具奏。一，议员言论，不得对朝廷有不敬之语，及诬蔑毁辱他人情事，违者分别惩罚。一，议院开会之际，议长有指挥警察整饬议场之权，如有违议院法律规则者，议长得禁止其发言，或令退出议场。一，议员如有不合选举资格者，由议长审查得实，随时立予除名。一，各省士绅所设研究议会之会社，须遵照政治结会集社律办理，不准借此敛派银钱，扰累地方，违者由地方官封禁惩治。

附，选举法要领，其细目当于厘定选举法时酌定。一，议院举行选举事宜，俱由府厅州县各官实行监督。一，不合于选举资格者，不得有选举权及被选举权。如品行悖谬、营私武断者，曾处监禁以上之刑者，营业不正者，失财产上之信用被人控实尚未清结者，吸食鸦片者，有心疾者，身家不清白者，不识文义者等项，违者立即撤销。一，举行选举之期，应设管理员监察员，于投票开票时，严加省视，以防舞弊。一，违背选举章程者，如以诈术获登选举人名册者等项，另定罚则，分别科以监禁罚金。一，选举用投票之法，以得票多数而合例者，方准当选。向来地方公举绅董之事，名为公举，或由官长授意，或由三数有力之绅推荐，不免有瞻徇情面、不孚众望之处。今用投票法层层节制，期于力矫前项情弊。一，凡人民于选举之前，非在原籍地方住居满一年以上者，暂停其选举及被选举权。（《光绪东华录》卷二一九）

宣统三年四月，颁布内阁官制，成立内阁，世称皇族内阁。自载沣为监国摄政王，倚溥伦、载泽为腹心，参预密勿，皆妻党也；其弟载洵、载涛，又各用事；奕劻老而务得，善耆、毓朗，房分较远。皇族之中，派别各异，庸碌则同。

谕内阁：上年降旨，饬将官制厘订提前颁布试办，并即组织内阁，……经朕定为宣统三年颁布内阁官制，设立内阁，所以统一政治，确定方针，用符立宪政体。……所拟内阁官制十九条，采取各国君主立宪之制，参酌现在时势之宜，审慎规定，尚属周妥。……著将内阁官制颁布，遵照此项钦定阁制，设立内阁。……

附录内阁官制。第一条，内阁以国务大臣组织之。第二条，国务大臣以内阁总理及左列各部大臣为之，外务部大臣，民政大臣，度支大臣，学务大臣，陆军大臣，海军大臣，司法大臣，农工商大臣，邮传大臣，理藩大臣。第三条，国务大臣辅弼皇帝，担负责任。第四条，内阁总理大臣一人，为国务大臣之领袖，秉承宸谟，定政治之方针，保持行政之统一。第五条，内阁总理大臣于各部大臣之命令或其处分，视为实有妨碍者，得暂令停止，奏请圣裁。第六条，内阁总理大臣就所管事务，对于各省长官及各藩属长官，得发训示。第七条，内阁总理大臣就所管事务监督指挥各省长官及各藩属长官，于其命令或处分，如有认为违背法令或逾越权限，得暂令停止，奏请圣裁。第八条，内阁总理大臣依其职掌或特别之委任，得奏请颁发阁令。第九条，内阁总理大臣得随时入对，各部大臣就所管事件，得随时会同内阁总理大臣入对，或请旨自行入对。除国务大臣外，凡例应召见人员，于国务有所陈述者，由国务大臣带领入对；其蒙特旨召见，及法令有特别规定者，不在此限。第十条，关于国务之具奏事件，其涉及各部全体者，由国务大臣会同具奏；专涉一部或数部者，由内阁总理大臣会同该部大臣具奏。除国务大臣外，凡例应奏事人员，于国务有所陈奏者，由国务大臣代递；其法令有特别规定者，不在此限。第十一条，法律敕令及其他关于国务之谕旨，其涉各部全体者，由国务大臣会同署名，专涉一部或数部者，由内阁总理大臣会同该部大臣署名。第十二条，左列事件应经内阁会议：一，法律案及敕令案，并官制；二，豫算案及决算案；三，豫算外之支

清摄政王载沣

出；四，条约及重要交涉；五，奏任以上各官之进退；六，各部权限之争议；七，特旨发交及议院移送之人民陈请事件；八，各部重要行政事件；九，按照法令应经阁议事件；十，内阁总理大臣或各部大臣认为经阁议事件。第十三条，内阁会议以国务大臣之同意议定之，会议以内阁总理大臣为议长。第十四条，关系军机军令事件，除特旨交阁议外，由陆军大臣、海军大臣自行具奏，承旨办理后，报告于内阁总理大臣。第十五条，内阁总理大臣临时遇有事故，得奏请于国务大臣内特派一人代理。第十六条，各部大臣临时遇有事故，得奏明以他部大臣代理。第十七条，本官制第二条所列国务大臣外，有因临时重要事件，奉特旨列入内阁者，为特任国务大臣，但不在常设之例。第十八条，特任国务大臣所有入对具奏署名，均以临时事件为限，仍依本官制第九条、第十条、第十一条之例，会同内阁总理大臣办理。附则，第十九条，本官制奉旨颁布之后，如有应行变通之处，随时恭候特旨裁夺，或经内阁奏明，仍恭候特旨裁夺。（《宣统政纪》卷五二）

宣统三年1911年。四月……戊寅，……又谕：庆亲王奕劻皇族著授为内阁总理大臣；大学士那桐八旗、徐世昌均著授为内阁协理大臣。……内阁总协理大臣，业经简授，其各部行政长官，……应即同时简授，梁敦彦著授为外务大臣，善耆皇族著授为民政大臣，载泽皇族著授为度支大臣，唐景崇著授为学务大臣，阴昌八旗著授为陆军大臣，载洵皇族著仍授为海军大臣，绍昌八旗著授为司法大臣，溥伦皇族著授为农工商大臣，盛宣怀著授为邮传大臣，寿耆八旗著授为理藩大臣。所有内阁总协理大臣，及各该大臣，均为

载沣同溥仪及溥仪的弟弟

国务大臣。……内阁总理大臣庆亲王奕劻，著仍管理外务部。……内阁总理大臣、协理大臣，均著兼充宪政编查馆大臣。……又谕：郡王衔贝勒载焘皇族、贝勒毓朗皇族，均著授为军咨大臣。(《宣统政纪》卷五二)

国人鉴于皇族专政，贿赂公行，故欲速开国会，督抚苦于中央集权，亦多和之。于是各省人民数次请愿速开国会者，悉遭严斥，而人心尽失。

光绪三十四年1908年。六月辛卯谕：政闻社法部主事陈景仁等电奏，"请定三年内开国会，革于式枚谢天下"等语，朝廷预备立宪，将来开设议院，自为必办之事，……该主事何得臆度率请？于式枚为卿贰大员，又岂该主事等所得擅行请革？闻政闻社内诸人，良莠不齐，且多曾犯重案之人，陈景仁身为职官，竟敢附和，……著即行革职，由所在地方官查传管束，以示薄惩。(《光绪东华录》卷二一七)

宣统元年1909年。二月乙丑，谕：……国家豫备宪政，变法维新，叠奉先朝明谕，分年豫备，切实施行，朕登极后，复行申谕，依限筹办，毋得延缓。今特将朝廷一定实行豫备立宪、维新图治之宗旨，再行明白宣示。总之国是已定，期在必成，嗣后大小臣工，皆当共体此意，翊赞新猷。(《宣统政纪》卷八)

十二月乙未，谕：……据都察院奏，代递直隶各省咨议局议员孙洪伊等呈请速开国会一折，披览均悉，具见爱国悃忱，朝廷深为嘉悦。朕仰承先朝付托之重，于豫备立宪之要政，当御极之初，即布告内外，仍以宣统八年为限。……我国幅员辽阔，筹备既未完全，国民智识程度又未画一，如一时遽开议院，恐反致纷扰不安，适足为宪政前程之累。……朕开诚布公，无所隐饰。总之宪政必立，议院必开。……俟将来九年豫备业已完全，国民教育普及，届时朕必毅然降旨，定期召集议院。(《宣统政纪》卷二八)

《宣统政纪》书影

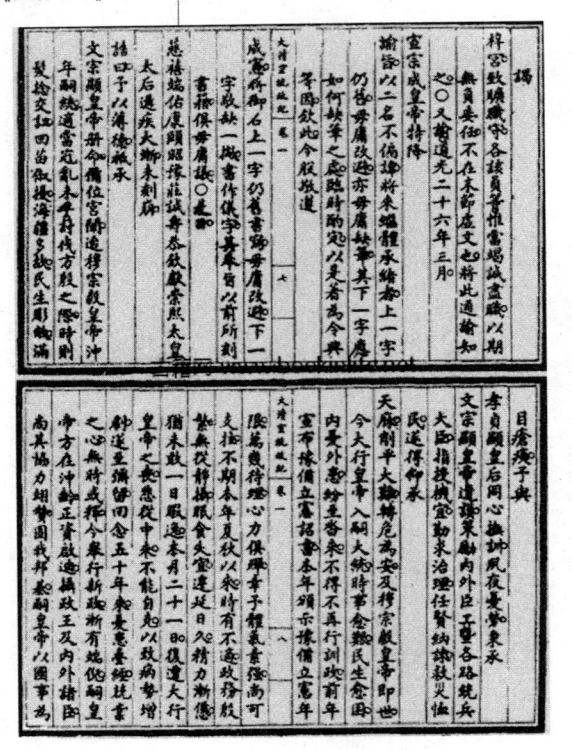

二年1910年。五月癸亥，谕：……咨议局议员孙洪伊等并直省旗籍各代表等呈请速开国会，……俟九年豫备完全，国民程度普及，必毅然降旨定期召集，……毋得再行渎请。(《宣统政纪》卷三六)

十一月庚申，谕：……电寄直隶总督陈夔龙，据电奏"顺直咨议局议长等呈请于明年即开国会"等语，开设议院缩改于宣统五年，期限不为不近，所有提前应行豫备事宜，至为繁赜，已虑赶办不及，各督抚陈奏，亦多见于此，岂能再议更张。著该督懔遵上次谕旨，剀切宣示，不准再行联名要求渎奏。(《宣统政纪》卷四五)

壬戌，……谕：电寄……陈夔龙，据电奏"二十日谕旨遵即恭录出示晓谕，饬巡警道侦查，不准聚众集议，请愿同志会亦饬解散"等语，办理尚属认真，著陈夔龙严饬各员，开导弹压。如有不服劝谕，纠众违抗，著仍即懔遵十月初三日谕旨，查拿严办，以保治安。(《宣统政纪》卷四五)

癸亥，谕内阁：前据锡良代奏，奉天绅民呈请明年即开国会，当经批示，……开设议院，缩改于宣统五年，乃系廷臣协议，……万不能再议更张。……今又有以东三省代表名词来京递呈，一再渎扰，实属不成事体。著民政部、步军统领衙门立即派员，将此项人等，迅速送回原籍，各安生业，不准在京逗留，……各省如再有聚众滋闹情事，即非安分良民。该督抚等均有地方之责，著即懔遵十月初三日谕旨，查拿严办，毋稍纵容，以安民生而防隐患。(《宣统政纪》卷四五)

十二月壬申，谕：……不安本分之徒，借速开国会为名，仍复到处鼓惑，各学堂学生多系年幼无知，血气未定，往往被其愚弄，轻发传单，纷纷停课，聚众要求，闻奉天、直隶、四川等省，均有此项情事，恐他省亦在所不免。……前已面谕学部尚书唐景崇，通饬各省，严行禁止，著各省督抚再行剀切晓谕，随时弹压，……从严惩办。(《宣统政纪》卷四六)

己卯，谕内阁：陈夔龙电奏，"查拿著名无赖出身微贱之温世霖，即温子英，原名温昱，曾充长随多年，声名恶劣，久为衣冠不齿。此次在津，竟敢假请愿国会为名，结众敛钱，已属有害地方，又复擅捏通国学界同志会名义，妄称会长，遍电各省，广肆要结，同时罢课，意图煽惑，居心实不可问，请严行惩儆"等语，温世霖著即发往新疆，

交地方官严加管束，以遏乱萌而弭隐患。(《宣统政纪》卷四六)

宣统三年辛亥1921年。五月……乙卯，……谕：本日朕览山东巡抚孙宝琦折一件，所陈宗支不宜豫政，……不知朝廷因时制宜之苦衷，且折中颇有措词失当之处，著传旨申饬，原折留中。(《宣统政纪》卷五四)

六月丙子，……都察院代奏，直省咨议局议员呈称，皇族内阁不合君主立宪公例，失臣民立宪之希望，仍请另行组织，以重宪政而固国本。得旨：黜陟百司系君上大权，载在先朝钦定宪法大纲，并注明议员不得干预。……乃该议员等一再陈请，议论渐近嚣张，若不亟为伸明，日久恐滋流弊。朝廷用人审时度势，一秉大公，尔臣民等均当懔遵钦定宪法大纲，不得率行干请，以符君主立宪之本旨。(《宣统政纪》卷五五)

袁世凯戎装像

盖袁世凯谋起废，请愿之事袁实与闻。俟国会召集，即推袁为内阁总理，清廷知之，愈靳不予。世本疑清廷非真欲立宪，自此清虽指天誓日，人愈以为欺诳，及不得已而缩短立宪期限为五年，人亦以为五年之期决难实践。武昌兵起、滦州兵谏后，始有太庙宣誓十九条信约之事，人竟漠然视之。

宣统二年1910年。九月丙寅，谕：……本日资政院具奏，据顺直各省咨议局及各省人民代表等陈请速开国会一折，又据锡良等及陈夔龙、恩寿电奏，"组织内阁、钦颁宪法、开设议院"等语，著将原折电交会议政务处王大臣公同阅看，豫备召见。(《宣统政纪》卷四二)

十月癸酉，谕内阁：前据各省督抚等先后电奏，以钦颁宪法、组织内阁、开设议院为请，又据资政院奏称，"据顺直各省咨议局及各省人民代表等陈请速开国会"等语，……著缩改于宣统五年，实行开设议院，先将官制厘订，提前颁布试办，预即组织内阁，迅速遵照钦定宪法大纲，编定宪法条款，并将议院法，上下议院议员选举法，及有关于宪法范围以内必须提前赶办事项，均著同时并举，于召集议院之前，一律完备，奏请钦定颁行，不得少有延误。(《宣统政纪》卷四三)

又谕：现经降旨，以宣统五年为开设议院之期，所有各省代表人等，著民政部及各省督抚，剀切晓谕，令其即日散归，各安职业，静候朝廷详定一切，次第施行。(《宣统政纪》卷四三)

十二月丁亥，宪政编查馆奏：遵拟修正逐年筹备事宜，缮单呈览，……原单列在第六年以后者，兹均拟酌改年限，一律提前，以期无误。(《宣统政纪》卷四七)

三年1911年。九月癸酉，谕：……兹特布告天下，誓与我国军民维新更始，实行宪政，凡法制之损益，利病之兴革，皆博采舆论，定其从违，以前旧制旧法，有不合于宪法者，悉皆除罢。(《宣统政纪》卷六二)

丙子，谕：……第二十镇统制张绍曾等电奏，"奉初九日上谕，仰见朝廷实行立宪，以与天下更始，三军感泣，惟内阁一日不成立，即内乱一日不平息，并宪法由议院制定"等语，系为维皇室靖乱源起见，览奏具见爱国之诚，实深嘉许。内阁总协理大臣及各国务大臣，昨已具奏辞职，均经降旨允准，并另简袁世凯为内阁总理大臣，组织完全内阁。所有大清帝国宪法，均著交资政院起草，奏请裁夺施行，用示朝廷好恶同民、大公无私之至意。(《宣统政纪》卷六三)

丁丑，又谕：资政院奏，采用君主立宪主义，并先拟具重大信条十九条，缮单呈览，恳请宣誓太庙，布告臣民，以固邦本而维皇室一折，……著即照准，一面择期宣誓太庙，将重要信条立即颁布，刊刻誊黄，宣示天下，将来该院草拟宪法，即以此为标准。(《宣统政纪》卷六三)

十月庚子，告祭太庙宣誓宪法信条，监国摄政王代诣行礼，誓词曰：

……兹由资政院诸臣，博采列邦君主最良之宪法，上体亲贵不与政事之成规，先撰重大信条十九条，其余未尽事宜，一并归入宪法，迅速编纂，并速开国会，以符立宪政体，……所有重大信条，开列于后，谨誓。

第一条，大清帝国皇统万世不易。第二条，皇帝神圣不可侵犯。

北京太庙

第三条，皇帝之权，以宪法所规定者为限。第四条，皇位继承顺序，于宪法规定之。第五条，宪法由资政院起草议决，由皇帝颁布之。第六条，宪法改正提案权，属于国会。第七条，上院议员，由国民于有法定特别资格者公选之。第八条，总理大臣，由国会公举，皇帝任命；其他国务大臣，由总理大臣推举，皇帝任命。皇族不得为总理大臣及其他国务大臣并各省行政长官。第九条，总理大臣受国会弹劾时，非国会解散即内阁辞职，但一次内阁不得为两次国会之解散。第十条，陆海军直接皇帝统率，但对内使用时，应依国会议决之特别条件，此外不得调遣。第十一条，不得以命令代法律，除紧急命令应特定条件外，以执行法律及法律所委任者为限。第十二条，国际条约，非经国会议决不得缔结，但媾和宣战，不在国会开会期中者，由国会追认。第十三条，官制官规，以法律定之。第十四条，本年度预算未经国会议决者，不得照前年度预算开支。又预算案内，不得有既定之岁出；预算案外，不得为非常财政之处分。第十五条，皇室经费之制定及增减，由国会议决。第十六条，皇室大典，不得与宪法相抵触。第十七条，国务裁判机关，由两院组织之。第十八条，国会议决事项，由皇帝颁布之。第十九条，以上第八、第九、第十二、第十三、第十四、第十五、第十八各条，国会未开以前，资政院适用之。（《宣统政纪》卷六五）

（二）庚子以后之外交

是时外交情势，日俄角逐于东三省，英法争长于云南，情势危急，国人惧亡，亟谋收回权利。清廷虽顾忌民意，不敢明目张胆以卖国，然十年之间，始则仇俄以亲日，继则仇日以亲美，决策无定，听人播弄，人民知其无能为，失望乃愈甚矣。

甲、争路矿

海通以后，侵略者夺我利权，有索自战胜者，有索自居间调停者，有索自借款者，及各国规定势力范围，更予取予求，以索路矿。庚子之役，创深痛巨，人始呼号收回利权，学生倡之，国人和之，民意高张，势不可侮。外人知难而退，多半废约，收回京汉铁路与自办京张铁路两事，尤足令人张目。

【京汉路】

京汉路由比国借款修筑，而有外国股款羼杂其间。中国先已向美国赎回粤汉铁路，至是，国人复倡议收回京汉路权，由邮传部自办赎路公债，并向汇丰、汇理两银行借款五百万镑，始将全路赎回，鼓励人心，为益不小。

> 邮传部奏：为注销京汉铁路借款行车各合同并接收该路情形，……窃京汉铁路前议及时收回，当将筹办情形历次分别奏陈，并函照比公司声明，俟全款还清，迭次所订借款行车各合同，悉行作废，各在案，嗣比公司商定一切应还款项，统在法京交付，准本年十二月初六日，即西历一千九百零八年十二月二十八号，全数付清，当由出使比国大臣李盛铎专办此项交款事宜，随时将所筹各款，督饬交通银行分起陆续筹汇等情。兹据李盛铎电称，所有应交本息经手费各项，共法金二万二千七百四十万零一千零四十一佛郎三十三生丁，业已如数交清。又照合同应交回比公司芦保三年官息二成，共银圆二十四万零一百二十九圆九角，亦已由臣部付讫。当于十二月初十日，即西历一千九百零九年正月一号，派令铁路局长梁士诒、京汉铁路监督郑清濂，将比公司经手各项文卷、账目、款项、材料一并点收，将抵押卷据悉数收回，迭次合同全行作废，即于是日为臣部收回京汉全路管理权之始。惟比公司于京汉一路，久据利权，一旦拱手授

粤汉铁路旧照

人，中情似难允愿，故于收款交路各事，要求挟制，迭发难端。经臣部加派委员叶恭绰、袁长坤、李大受、卢学孟等，随时随事，峻拒婉商，始克就范。迨本年十月间，比公司尚借口比政府从前垫交该路赔款之担保，另归外务部与比国驻京使臣公断，各事均未了结，声言西明年正月一号，不能交回该路管理权。复经臣等援据合同辩驳，至于再三，直至十二月初九日，比国驻京使臣始照会外务部，定于初十日先将管理权交出，注销各项合同，其余争执诸节，随时再行议结。窃思此路借债逾四千万两，比人干涉已越十年，……得以完全收赎，此后工程行车各项应行布置之事方多，容臣等随时妥筹，悉心办理，总期路务日臻完善，借副朝廷慎重交通之至意。……光绪三十四年十二月十五日，奉旨，知道了。（王彦威《清季外交史料》卷二一八）

【苏杭甬铁路】

英人强修苏杭甬铁路，浙绅及浙路总理汤寿潜，一再力争，以外部侍郎汪大燮与银公司商借一百五十万镑为卖乡，至欲掘其祖墓。后虽由外部与英人订造路借款章程，浙人终不承认，路竟未修。寿潜力攻盛宣怀不已，奉严旨革职，不准干预路事。宣怀起任邮传部尚书，以干路国有遭全国反对，实由浙路之争，人人不满宣怀始。

苏杭甬路草议，并未具奏，是为私法人之关系，不足为据，此不

能承认者一。凡办何省地方之事，……如由地方绅民公同允许，方可议办，此一定之公理，草议立时，全浙……人无一预闻，此不能承认者二。且原议第三款载明，当从速测勘，……事隔四年零八个月，并未议立正约兴办，是与原议"从速"之说，该商显自违背。既经违背原议，……原议人亦已不承认此议，何况浙人，此不能承认者三。且银公司代表人璧利南，亲受盛侍郎二十九年四月二十八日之函，函内载明，自函订之日起，如六个月内，再不勘办，苏杭甬一路，均作罢论，以前合同作废。……二十九年九月二十八日，已满六个月（有闰五月）之限期，……是已承认……"均作罢论"之确证。故自二十九年九月二十九日之后，此苏杭甬线，即为浙江人完全自办之路线，……英商既默许作废，此不能承认者四。英商无与浙江当道接议之权，所以重申前说者，借口草议耳。及盛侍郎谓逾限作废，该商便置原议人于不理，此议从何接起，此不能承认者五。既有此不能承认之五种原因，在浙人固万无承认此草议之理，……倘英商必欲以强迫浙人为事，仍催换约勘路时，难保无愚民从而生衅，固非浙人之利，恐亦非英商之利也。（《苏杭甬铁路始末记》）

光绪二十四年，1898年。英使窦纳乐函请总理衙门准英商承修中国铁路五条，一由天津至镇江，二由河南、山西两省至长江，三由九龙至广州，四由浦口至信阳，五由苏州至杭州或展至宁波。经总理衙门分别行知督办铁路大臣盛宣怀，与英商怡和洋行议办，于是年九月间，议定苏杭甬铁路草合同四条，一，订立草约章程与沪宁铁路章程一样。二，将来订正约仍与嗣后商定核准之沪宁正约一样。三，从速测勘。四，如有地方窒碍之处，即行更正，俟订正约，即会同入奏钞录咨覆在案。三十一年1905年。七月，商部具奏，浙江绅士筹办全省铁路，并请派员总理，先行立案，奉旨允准。又是年八月，御史朱锡恩奏请，将苏杭甬草合同速与撤废，奉上谕，著责成盛宣怀赶紧磋商，务期收回自办，并著聂缉椝会同妥速筹办。……是年九月，奉旨，苏杭甬铁路收回自办，业经谕令聂缉椝会同盛宣怀妥速等备，著即移交张曾敭遵照办理，钦此。三十二年1906年。正月，准张曾敭电称，银公司拟派工程司续勘苏杭甬路，且偕英领事来杭争辩，拒不与议。是年二月，盛宣怀以英公司不允作废，据实覆奏。……嗣后英使迭次照

会臣部，或谓浙抚纵令绅商抵制，故作难题；或谓浙省绅民无理之举动，颇有险碍。……虽经臣部照覆，由浙抚接议，而彼总谓浙抚无照办之意，不如在京议商。迨八月间，英使朱迩典接任后，复屡来臣部，面询办法，……再三商榷，始允俟九广路约订定，再为接议。迨九广路约议成，催商更为迫切，……惟有仍本自办主义，与英公司开议，力争主权。本年七月间，臣部右侍郎汪大燮与银公司商议，稍有端倪，……复由署侍郎臣敦彦与该公司接议，拟分办路借款为两事，路由中国自造，除华商原有股本尽数备用，不使稍有亏损外，约仍需款英金一百五十万镑，即向英公司筹借，另指的款为抵押，使公司不能借口干预路务。……光绪三十三年1907年。九月十四日，奉上谕：……苏杭甬一路，……现经……汪大燮等，与英议明，将借款暨造路分为两事，权自我操，……著外部即派员按此妥为议定详细章程，……兼商令英公司，仍许江浙绅商分购股票，用示体恤。其原有办路人员，由邮传部查明，分别奏派差务，以资熟手。(《苏杭甬铁路始末记》)

　　今十四日……之谕旨，与两公司所奉之谕旨相左，且与外部之原奏亦不符。……汪大燮等……背一二年新奉之谕旨，以徇英使之要求，破商办之成局，上欺朝廷，中欺部案，下欺商民，……而外交不可问，商办不可为矣。……如此已办已成之路，……今外务部迫令借款，……合苏浙现有之款，视外务部之饬借之一百五十万镑，过无不及。……夫借款之害，……昔盛大臣有言，今日路属何国，即他日地属何国，明知故犯，引虎进狼，……不谓复有汪大燮等踵其后也。……外务部谓商令英公司，许江浙商民入股，倒客为主，止"许令附股"四字，足使热诚爱国之商民解体矣。外务部又谓，原有办路人员，查明分别奏派，……岂前此商部所奏奉谕旨特派者，为不足据，直俟外款输入，始汲汲焉为此郑重分明之举，是以借款为未足，并用人之权，亦阴授以执持之柄也。……苏浙多不逞之徒，……汪大燮等若犹虑此曹之无所借口，而必别予以可摇之柄，窃为大局危之。(王彦威《清季外交史料》卷二〇六)

　　所订合同二十四条，名为中国国家沪杭甬铁路五厘利息借款，数目系英金一百五十万镑，"按九三折扣交纳，常年五厘利息，以三十年为期，若所收此路进项不足，则由关内外铁路余利项下拨付"，

……"此铁路建造工程,以及管理一切之权,全归中国国家,该公司代购外洋材料机器,以三万五千镑为酬劳,一切用银均包在内,选用英总工程司一人,该总工程司须听命于总办"各等语,名为铁路借款,而凡属铁路内之事,实与该公司均毫无干涉,尚无流弊之可虞。……路线起点亦改定系由上海或附近上海,俾与沪宁铁路一气衔接。凡系两省人民所注意之处,罔不审慎推求,期于就范。谨缮具合同清单,恭呈御览,俟奉旨允准,再行签押盖印。……光绪三十四年1908年。二月初四日,奉朱批:依议。(王彦威《清季外交史料》卷二一一)

【福公司】

英商福公司非法攫得山西孟县、平定、泽州、潞安、平阳等处矿权,并由河南建筑铁路,直达浦口。经国人力争,久之,竟由山西出资二百七十五万两,赎回已失权利。

为照会事,本年光绪三十三年。十二月十八日,据山西商务局总办湖南试用道刘笃敬等呈称,晋省矿务由晋商与福公司商人罗沙第订立合同;旋于光绪二十四年,1898年。复由商务局绅商与福公司改订借款章程二十条;嗣于三十一年,1905年。经盛大臣续立合同四条,至今轇轕多年,案悬不结。现经丁臬司会同商务局员绅,并全省代表各员,在京开议多次,彼此退让,订定赎回自办合同十二条,缮具正合同两分,请批准施行,并援案盖用关防等因前来。查山西矿务,既经该省商务局员绅与福公司订定赎回自办合同,所有光绪二十四年议定,山西开矿制铁以及转运各色矿产章程二十条,暨三十一年续定山西熔化厂并合办山西铁矿合同四条,自应一律注销作废,除由本部将此项赎回自办合同批准,盖用本部印信以资信守外,相应钞录原汉文合同,照送贵大臣查照存案,并见覆可也。须至照会者,十二月十八日。山西商务局与福公司议定赎回开矿制铁转运合同,……

一,现在山西商务局与福公司商议,商务局愿晋省备款,将所有与福公司所定开矿制铁转运正续各章程合同,议定赎回作废。既经会议之后,福公司因体谅晋省甚愿自办本省矿务之至意,按其详细情形,应允……晋省赎回自办,以敦友谊而维和平。

一,赎款计行平化宝银二百七十五万两,由山西商务局担任,按期交清。

一，此项赎款数目系晋省所担任，交与福公司收纳，认为赔偿福公司原订合同内应索之款，并各项所损失之利益。至福公司在他省另有经营，与晋省毫无干涉。

一，此项赎款准于光绪三十四年1908年。正月二十日先交一半，计行平化宝银一百三十七万五千两，其余之款分三期摊还，光绪三十五年1909年。四月初一日为第一批，计行平化宝银四十五万八千三百三十三两；三十六年1910年。四月初一日为第二批，计行平化宝银四十五万八千三百三十三两；三十七年1911年。四月初一日为第三批，计行平化宝银四十五万八千三百三十四两。

一，赎款按行平化宝银核算不折不扣，其由晋至京汇费等项，并先行借垫款项利息，均归晋省承认。

一，此案原由商务局禀奉山西巡抚批准，复经前总理衙门奏准。现既由晋省备款赎回，此项合同作废，应请外务部咨照山西巡抚，督饬商务局按期交款，不准稍有拖欠。

一，晋省矿务既系收回自办，福公司将所有开矿制铁转运正续各章程合同之权，一概退回。晋省决无借洋款之意，惟此次福公司既将所有利益退回，将来晋省矿务制铁转运等事，万一有筹借外款之事，由晋省通告福公司，果其处处较廉，再行筹议，否则另借，各无异言。

一，从此合同签字日起，三月之内，福公司应将平定州所有厂房一切交出，与所有机器等物，一并交与山西商务局，其开列于原定合同所定之五处福公司，将其已购之产，一概退还，不得再执为业。

一，福公司所聘用之人，无论工程师或他项员役，因此而失其事业，以致不得营生，向福公司要求赔款者，福公司自行担任。

一，此项赎款，由商务局先行筹借，由晋省亩捐的款项下，每年尽数拨用。……在未将此项赎款还清以前，不得将此亩捐稍为更改，或减免其数。如亩捐不敷此用，则晋省之大吏，须随时提用他款，以补不足。

一，原合同议定之章程二十条，既为前总理衙门批准，今了结此事之合同，亦为外务部所批准，并为大英国使臣应允，以俾彼此保其本国之人遵守一切。

一，现将此合同以华英文缮具两份，各执一份为凭，山西商务局

押，福公司梁押，大清光绪三十三年1907年。十二月十七日。（王彦威《清季外交史料》卷二〇九）

【隆兴公司】

英法合资设立隆兴公司，非法攫得云南、澄江、临安、开化、楚雄、元江、永北七府矿山，滇学生力争，举国响应，终由云南出资一百五十万两，取销原订合同。

外务部、度支部、农工商部奏，为议结滇省隆兴公司矿案，取销原订合同，……光绪二十八年1902年。五月初十日，臣部具奏遵议滇省矿务章程一折，奉朱批依议，……由臣部派员，与法员弥乐石，将议定云南府等七处矿务章程二十四款，于是年五月十六日，在臣部画押，并照会法英两国使臣在案。该章程内载，"法英两国设立隆兴公司，纠集资本，开采云南、澄江、临安、开化、楚雄、元江、永北七处矿产，云南大吏允奏，请国家给该公司承办，以六十年为期限，开矿之股本不过关平银五千万两，公司事业亏累，自行担任，与中国国家、云南大吏毫不干涉。倘照办时或有争执，应由云南大吏、法国公使、英国公使各派一员，会议剖断"各等语，嗣该公司履勘矿产，时启争端，滇省绅民数次集会，建议呈请废约，经云贵总督李经羲与该公司商议，承办大宗借款，兴修滇路，即将前项矿约作废，意在筹边弭患，两益交资。……该公司代表高林士忽置借款修路于不议，专就赎约一层，要求酬款四百万两，滇省仅允给一百万两，遂致所议中辍。高林士旋即来京，经法英两国使臣，出而争论，坚请速定矿案办法，即行议结。臣等公同商酌，……若仍将路款并提，彼必不肯续议，不如就矿约一节，先与解决。……经臣部电商云贵总督，亦以路矿分办为然，当由新任云南布政使高而谦，秉承臣部、度支部筹拟应付方法，与该使臣等晤商多次，竭力磋磨，议定由中国以库平银一百五十万两，给与隆兴公司，取销原订合同。其款分作六期归付，每期付银二十五万两，第一期一月内归款，余五期，每六个月交一次。所有该公司暨分公司一切产业物件，均交还中国，永与该公司无涉。款项由度支部垫给，滇省分十年陆续归还。业经臣部照会法英两国使臣，声明作据，该使臣等，均先后照覆，允认备案。……宣统三年1911年。七月十四日，奉朱批：依议，钦此。（王彦威《清宣统朝外交史料》卷二二）

乙、争界

【西藏界】

西藏与哲孟雄接壤，自英人攫哲为保护国，藏哲界务，时启纠纷。光绪二十九年，复有争持，英兵入藏，达赖避至库伦。翌年由班禅与英人结拉萨条约，不只正界，举西藏一切权利，悉归英人。中国屡向英抗议，至光绪三十一年，乃派唐绍仪为议约全权大臣，赴印度开议，卒因上国主国之争，不得要领而归。翌年外部与英使萨道义续订藏印条约，以拉萨条约作为附款，而特立明文承认西藏为中国领土，不准他外国干涉，然英人窥伺西藏之心，犹未已也。

英国自吞并印度后，时思窥藏，先收哲孟雄为保护国。藏人渐觉英之逼己，并憾哲部私结英人，于是遣兵入哲，并于印哲境上建炮台，断英人贸易路。印度政府愤，出师败藏军，而置统监于哲，自是哲虽名为英之保护国，而实无异英之领土。光绪十六年，中英藏印条约成，更明认哲部为英属地。十九年，缔结藏印续约，开亚东为通商市，规定交涉游牧办法，由是游牧事藏人大受限制，通商事英人独得其利，藏人坚执不允遵约，清廷亦置不问，藏人仇英久，隙愈深。二十九年，藏印复以争界故，英政府命边务专员荣赫鹏率兵入藏，藏兵屡败。本年六月，英军直逼拉萨，达赖喇嘛走库伦，于是班禅喇嘛出

入侵西藏的英军抵达拉萨

任和局，与英缔结拉萨条约，允开江孜、噶大克、亚东为商市，承认除将来规定税则外，概不征收租税，并允将所有自印度边界至江孜、拉萨之炮台山塞等一律削平；又西藏土地之让卖租典，铁路电线矿产，或别项利权，货物金银钱币等抵押拨兑，非得英政府许可，不能举办。此约结果，实将西藏土地完全划归英国势力范围之内。外务部向英国抗议，英政府不顾，几经交涉，始允派员会议。（《梁燕孙先生年谱》上）

中英续订藏印条约正约，……第一款，光绪三十年七月二十八日，英藏所立之约暨其英文汉文约本，附入现立之约，作为附约，彼此允认，切实遵守，并将更订批准之文据亦附入此约。如遇有应行设法之时，彼此随时设法，将该约内各节切实办理。第二款，英国国家允不占并藏境，及不干涉西藏一切政治；中国国家亦应允不准他外国干涉藏境，及其一切内治。第三款，光绪三十年七月二十八日，英藏所立之约第九款内之第四节，所声明各项权利，除中国独能享受外，不许他国国家及他国人民享受。惟经与中国商定，在该约第二款指明之各商埠，英国应得设电线，通报印度境内之利益。第四款，所有光绪十六十九年中国与英国所定两次藏印条约，其所载各款，如与本约及附约无违背者，概应切实施行。……（《清季外交史料》卷一九六）

【片马】

滇缅界务，久未划定。宣统二年十二月十六日，英人突以兵侵据片马，举世大哗。开会力争，乃由滇督李经羲电达外部，向英国严辞抗议，英始退兵，而地终不反。

宣统二年，1910年。英人以兵力据片马，设炮台于高黎贡山，侵踞小江以北茶山土司地。滇人大愤，各省人亦起应之，遂电政府请力争。滇督李经羲亦请外务部与英使交涉，英卒不退兵，三年，1911年。复派员与英划境。（《清史稿·邦交志》二）

宣统二年1910年。十二月二十六日，英人犯片马，奉委办片马防务，并会同迤西道筹办交涉事宜，步兵第七十六标西防巡防各营，均准电呈调遣。片马者旧茶山长官司地，今保山县属等埂土司辖境，距永昌府城六日程，腾越厅城五日程，居高黎贡山西麓。从行者辛丞贵、潘万成、刘礼权、王秉钧、聂绅文、何文麟、杨锡绶、蔡朝礼、

片马人民抗英胜利纪念碑

任宗熙、景绍武等。二十八日出省,除夕日宿禄丰。……三年1911年。元旦,……行经楚雄下关、漾濞,抵永昌,走董达渡潞江,经蛮因、练地、六库,抵等埂,上至鲁掌、卯照、秤戛各地,知英兵大营驻他戛、小江、片马诸地,均驻重兵。英人先后自密只那侵入我茶山地者,数逾万人,然皆古尔廓兵,带兵官虽为英人,战斗力至薄弱。乃逾高黎贡山,由灰坡过天近山、腾云寺、马面关、界头渡、龙川江,至明光住茶山河,尤悉英兵情况,乃改装栗粟,入大小了口,经稗地、派赖、茨竹,涉滚马河至他戛、英人大营驻此。望扒拉大山,再西为整冬温冬,我里麻长官司旧地,又名江心坡,蒲蛮浪栗人所居。杂土人小贩中,露宿英营外者二日,自独末溜渡小江,……经乾坤、痴戛、宿官寨,次日过鱼洞,至上下片马,北至古浪、冈房、板厂山一带。视察毕,归途沿楚余河南,出火草地,……次日,过分水岭、大竹坝,至大塘,复回茶山河。英人知余行动,下令缉捕,已无及矣。电总督李公,详报敌情,并陈办法,上策进兵驱逐;中策推翻五色线图,索还侵地,提请世界各国公断;下策由外部要求先退兵,后勘界,我总持定外部原定恩梅开江蓝色界线为据,不能退让一步。李公卒用余下策,惟李电军机处、外务部及各省督抚文,皆本余所呈报,

使国人知片马为中土，群起力争。……入腾越，会同迤西道与英领见面，英领谓未定界务，由北京解决，彼之进兵，为巡视边界，无他意，余曰："恩梅开迈立开两江流域，为未定界，本我里麻、孟养两司旧疆，从未属缅甸。非缅甸之地，英人不能过问。小江流域，乃我等埂、明光、大塘、茨竹诸土司，累世管地，英兵更不能侵入，勒收我人民门户钱。"英领答曰"此为界务问题，有条约及历年两国往来公文可据，英国极愿速行勘划"云云。未一月，英兵退去，乃测勘腾属七土司，及各关隘要地。（李根源《雪生年录》卷一）

【间岛】

图们江北岸，绾毂俄、韩要地。光绪二十八年，即其地设延吉厅，旧有越垦韩民五万余户。日、韩合并后，日觊觎其地，妄造间岛之名，执为韩地，希图占据。清派陈昭常为边务大臣，吴禄贞为会办边务大臣，据理力争。禄贞始终其事，据光绪十三年韩王咨文为证，确凿不移，日人俯首无辞，始得保全。禄贞欲尽力经营，俾成重镇，而清廷不省，禄贞亦卸去。

图们江北为国朝根本重地，悉行封禁，流民入境，禁例綦严。……迨光绪初元，删除旧禁，设局招垦，山东直隶移民之来此者，皆远在数千里外，……而韩民则仅隔一江之水，携家挈眷，朝发夕至，其故一。朝鲜沿江六镇，地瘠民稠，生计维艰，……图们江北，则荒原沃甸，绵亘千里，平隰高原，悉宜农业，较彼故国，判若霄壤，其故二。甲午以前，……韩民之越垦者，在朝廷存一视同仁之心，在疆吏行招携怀远之策，不施禁阻，反事招徕，其故三。朝鲜横征苛敛，民不聊生，而越垦之地，定例不交荒价，不纳杂项租税，每垧地纳吉钱六百六十文，此外各种租税，一律豁免，今尚仍此旧制。以示优待……之意，宽大之政，为环球各国所无，遂皆适我乐郊，去其故土，其故四。有此四故，……不三十年，而韩民之生聚繁衍于此者，竟至五万余户。（徐世昌《东三省政略》卷一《韩民越垦之始末》）

至光绪二十八年，1902年。始以延吉为管辖俄韩重地，废国朝军政旧规，建延吉厅，以民官统治之。……中韩界务，图门国界虽已订明，而红土、石乙二水，数十里间，断断未定。自日俄战后，朝鲜夷为保护国，日人遂欲袭其争界故智，诡造间岛谬说，以谋侵占我领土。（徐世昌《东三省政略》卷一《边务·延吉篇》）

间岛和片马旧地图

顷接吉林巡抚朱电称,顷晤岛川,探询延吉厅事,据云,"已由伊藤侯派斋藤中佐,约带兵二十,于光绪三十三年七月十二日到彼处保护韩民。渠初拟与东省督抚商允,再行派员,伊藤不听,渠现亦不管,……特此电闻"等语,……应请钧部诘问阿代使,嘱令将兵远行撤回,并告其已由我派员带队前往查看,如有应行保护之处,必当相机妥办也。(王彦威《清季外交史料》卷二○四《东督徐世昌致外部电》)

徐世昌奉命督东,诇知情势,乃派吴禄贞驰往调查。到延之次日,日人适派员率兵入境,仓猝相遇,在日人固不料我之有备也,而我幸得竭力筹谋,以为应付抵制之策。于是日谋稍阻,乃可从容谈判,以折其方张之势。夫图们江北,确系我领土,为环球所公认,即谓江源国界,间有不明,亦应由两国政府派员会勘。若韩民越垦,愿归我国治理,则我自当力任保护之责,乃日人不顾公法,擅率宪兵越境,以保护韩民为词,窃欲据延吉为己有。……日人越境后,为捍卫边陲计,奏派边务督、帮办至延,专任一切交涉经营之责,凡可固吾围伐敌谋者,无不力筹抵制。两年以来,日人内制于我国之防维,外迫于世界之公论,始有解决界务之提议。今虽抗论未终,彼终不能以游移无据之词,夺我图们有定之界。领土所归,即主权所属,则其进取野心,未始不因之稍戢。(徐世昌《东三省政略》卷一《边务·延吉篇》)

日人自起界务交涉,所致外部照会十余次,……屡经外部驳复,日人终借词强辩。光绪三十四年十月,日外部小村,曾向唐(绍仪)大使有解决界务之说,十二月,日使忽又照会外部,……以光绪二十八年许大臣公文及二十九年陈作彦等与韩边吏会订善后章程为据。外部以顾问官吴禄贞、周维桢于界务情形较悉,因令议覆日使来照,

……引证确凿，日人无可置辩，遂不得不承认延吉为我国完全领土。
(徐世昌《东三省政略》卷一《边务·吉韩界务》)

丙、抵制外货

【抵制美货】

美政府虐待华工之事，自光绪十年后，日渐加酷，如夭李架埠、洛市丙冷埠、舍路埠、倒路粉坑喊罢埠、尾矢近地各惨案，杀戮华侨，焚毁财产，时时有之，几经交涉，始有华工之约。光绪三十一年，复有华工入口之禁，甚且虐及华侨。国人大愤，倡议抵制美货，美人在无锡所设面粉厂、纱厂，一律倒闭，美商多半回国。抵制之名，盖始于此。

光绪三十一年八月壬寅，……谕：御史王步瀛奏，各省工商抵制美约，风潮过激，请饬加意防范以维大局一折，前据外务部王大臣面奏美国工约一事，迭经出使大臣梁诚及外务部先后与美政府商议，美政府已允优待华商及教习学生游历人等，并允于议院开时，尽力公平妥办各在案。昨据该御史奏称，"公愤既兴，人众言厉，难保无宵小生心，乘机窃发，恐误大局"等语，亟应明白宣示，以免误会而释群疑，中美两国睦谊素敦，从无彼此牴牾之事，所有从前工约，业经美国政府允为和平商议，自应静候外务部切实商改，持平办理，不应以

等待出洋的华工

禁用美货辄思抵制，既属有碍邦交，且于华民商务亦大有损失。迭经外务部电行该省督抚，晓谕商民，剀切开导，务令照常贸易，共保安全。……倘有无知之徒，从中煽惑，滋生事端，即行从严查究。（《光绪东华录》卷一九五）

美见国人愤不可遏，乃变计减收庚子赔款半数，以设清华留美预备学堂，每年派遣留美学生一百人，并扩充教会学堂，创设各地青年会，阳示友好以结欢心，然后倡中美联盟。

光绪三十四年1908年。六月丙子，谕：外务部奏，美国减收赔款，请遣使致谢一折。美国与中国立约以来，邦交素笃，此次减收赔款，尤征友谊敦睦，允宜遣使致谢，用酬嘉意。奉天巡抚唐绍仪，著赏加尚书衔，派充专使大臣，前往美国致谢。（《光绪东华录》卷二一七）

宣统元年1909年。五月，定留学生赴美名额，因美退还庚子赔款，为中国学生赴美游学费，议自退还之年起，初四年每年遣一百名，以后每年至少须遣五十名，遂订办法大纲。（《清史稿·邦交志》四）

【抵制日货】

光绪三十四年正月，日本船二辰丸私运军火至九洲洋中国海面卸货，为广督张人骏按约扣留船货，日领强硬交涉，人骏不理，而外务部反徇日使之请，由中国购买军火，赔偿轮船损失，并道歉了结。粤人大愤，商业自治会号召抵制日货，全国响应，波及海外。初，庚子以后，中国维新，取法日本，中日国交甚固。日俄战后，日本在东三省事事横强，抵制日货，盖由此而来也。以前留日学生多至万人，自是留美学生骤增至二三千人。

顷据水师巡弁李炎山等由澳门电禀，日商船第二辰丸装有枪二千余枝码四万，光绪三十四年正月初四日巳刻到九洲洋中国海面卸货，经会商拱北关员见证上船查验，并无中国军火护照，该船主无可置辩，已将船械暂扣，请示办理前来。查洋商私载军火及一切违禁货物，业经拿获，按约应将船货入官，系照通商条约第三款，并统共章程办理，历经总署咨行有案，自应按照遵办，迭饬将船货一并带回黄埔，以凭照章充公按办，谨先电闻，并请照知日使。（《清季外交史料》卷二一〇《张人骏致外部电》）

光绪三十四年二月十一日，准贵大臣面交节略，本部已经阅悉。

二辰丸一案，贵国政府愿和平办结，与本部意见相同，并允此案办结后，嗣后中国严禁私运军火办法，贵国政府亦当设法相助等因，足征贵国政府顾念邦交，实深感纫。……中国政府允将二辰丸即行释放。……粤省此次扣留，原为防止军火运入内地起见，日本政府既知此事为中国官宪所挂念，允将该项军火不再运往澳门，欲以日金二万一千四百元，由中国自行收买，自当电知粤督，先将军火起卸，按照此价购买。……第二辰丸损失之处，亦可允给实数，不得逾多。惟贵国政府既未查明，应由粤督酌核情形，与驻粤日本领事另行商定。……（《清季外交史料》卷二一二《外部致日使节略》）

> 顷据粤中绅商士民万有余人来辕，恳求电陈钧部，设法将二辰丸一案伸明公理，措词甚为激烈，有罢市暴动之说，于赔偿损失一层，尤为鼓噪。（王芸生《六十年来中国与日本》第五卷《张人骏致外务部电》）

> 顷据粤省官接到该省正绅公函，称商业自治会陈基建即陈惠甫、陈漳浦、李戒欺、罗少翱等，……二月十六日，……纠集千余人，内多易服剪辫者，手持大旗三面，大书"挽回国权"等字样，并在督署演说，愈聚愈众，道途为塞。十七日，又在自治会招白，复沿街遍贴不买日货等条，且动言罢市。……（王芸生《六十年来中国与日本》第五卷《外务部致张人骏函》）

丁、东三省之设立

日俄之战，中国名为中立，其实阴助日本，事后为应付日俄交侵之局，乃设立东三省总督、巡抚。而日人肆意，先欲清廷以东省分封亲藩，为日俄缓冲，未得如愿；伊藤来游，意欲与俄人分据三省，幸遭朝鲜人安重根刺杀而止。

【日俄战后之东北】

光绪三十一年八月，日俄和约成，日本取得旅顺大连租借权，并得南满铁路及桦太南半。十一月，中日订结满洲条约，承认日俄和约中之满洲问题。翌年四月，日本遂有南满洲铁道株式会社之设，其条文：

> 第一条，政府准设南满洲铁道株式会社而经营铁路运输业于满洲地方。……第九条，社长副社长经敕裁由政府任命之，其任期为五年。……第十二条，政府置南满洲铁道株式会社监理官，使监视会社

之业务。……第十三条，政府关于会社之事业，得发监督上必要之命令。关东军司令官对于会社之业务，有关军事者，得为必要之指示。……上项敕令公布后，……任命参谋总长儿玉源太郎为设立委员长，……儿玉逝世，……以陆军大臣寺内正毅继任。（王芸生《六十年来中国与日本》第五卷）

是年六月，日本置关东都督府。所谓关东者，即金、复、海、盖也，其官制法规如下，第一条，关东州置关东都督府。第二条，关东都督府置关东都督，都督管辖关东州，兼掌保护监督南满洲铁道线路，并监督南满洲铁道株式会社之业务。第三条，都督为现任职，以陆军大将或陆军中将充之。……第六条，都督关于军政及属于陆军军人及与陆军相关之事，承陆军大臣之命令；关于作战及动员之计划，承参谋总长之命令。……第十条，都督为保持所辖区域内安宁秩序，及警卫铁道线路必要时，得使用兵力。……敕令公布后，以陆军大将大岛义昌为关东都督，乃实行为殖民地之统治。（王芸生《六十年来中国与日本》第五卷）

光绪三十三年三月，签订新奉吉长铁路协约及借款合同。是年夏，日本于安奉铁路沿线侵占民房，擅自动工，并搭架鸭绿江铁桥；三十四年，复于各处勘查测量。几经清廷交涉，乃于宣统元年议订安奉铁路节略，又订立东三省五案条款。

所谓五案，一，如筑新法铁路（新民屯至法库门）允与日先行商议。二，认大石桥至营口支路为南满铁路支路，期满交还中国。三，认日本有开采抚顺、烟台煤矿之权。四，安奉铁路及满洲铁路沿线矿物，由中日合办。五，日允京奉铁路展造至奉天城根。（《梁燕孙先生

年谱》上)

宣统元年九月，伊藤博文至奉天，晤东三省总督锡良，闭目仰面而言，谓日本死数十万人，费军费亿万元，始夺回东三省，而中国不知振作，日本当自为计。锡良电奏云：

> 其语气直隐以朝鲜视中国，而急图进取之野心，尤流露于言表，阴谋密计，祸至无时，思之可为悚栗。……伊藤云，……若说到日本人民意思，则凡事只问能力若何，如彼此能力不相当，即无所谓持平办法。(《清宣统朝外交史料》卷一〇)

【东三省之措施】

东三省初设，位次在各省之前，袁世凯欲为三省总督。西后不允，以与徐世昌，谓可共世凯商酌办理，世凯大沮。世昌务为铺张，糜费无算，而实无根本至计。

> 光绪三十三年1907年。三月己亥，谕：东三省吏治因循，民生困苦，亟应认真整顿，以除积弊而专责成。盛京将军著改为东三省总督，兼管三省将军事务，随时分驻三省行台。奉天、吉林、黑龙江，各设巡抚一缺，以资治理。徐世昌著补授东三省总督，兼管三省将军事务，并授为钦差大臣。奉天巡抚著唐绍仪补授，朱家宝著署理吉林巡抚，段芝贵著赏给布政使衔，署理黑龙江巡抚。……其应如何分设职司之处，即著该督等妥议具奏。(《光绪东华录》卷二〇五)

> 钦奉三月初八日谕旨，东三省应如何分设职司之处，著该督等妥议具奏。……臣等遵即详细筹商，……拟于奉天、吉林、黑龙江三省，每省各设行省公署，以总督为长官，巡抚为次官，皆如各部堂官。于行省公署内，分设二厅，一曰承宣厅，禀承督抚掌一省机要总汇，考核用人各事；一曰咨议厅，掌议定法令章制各事。就现有局署，酌量归并，分设七司，一曰交涉，二曰旗务，三曰民政，四曰提学，五曰度支，六曰劝业，七曰蒙务。仿国初将军设参赞及出使大臣参赞之例，设左右参赞各一员，分领承宣、咨议两厅事务。交涉等七司，各设司使一员，总办司事。承宣厅及各司，均设分科，每科设佥事及一二三等科员佐之。咨议厅不设官缺，酌派议员、副议员、顾问员、额外议员，皆选明达政治者充之，以资研究。此外陆军关系綦

徐世昌（中）与同僚在一起

重，应另设督练处，以扩军政。司法分权，宜预拟专设提法使，以理刑法，其官制另由臣等详议具奏。他如划分权限，酌拟补署，建立衙署，筹支廉费，皆属更张之要务，……谨遵议章程，缮具清单，恭呈御览。……其道府以下官制，亦拟酌定阶级，以期简捷，容俟到任后，体察三省情形，酌筹办法，再行具奏。……再三省旗务，本归将军管理，今改设督抚，现总督奉特恩兼管三省将军事务，则三省巡抚，亦有分理旗务之责，相应吁恳天恩，俯准将奉天、吉林、黑龙江三省巡抚，皆兼副都统衔，以便措置而资坐镇。……光绪三十三年1907年。四月十一日具奏，本日奉旨，依议。（徐世昌《东三省政略》卷五《官制》）

锡良继徐世昌为东三省总督，密谋办理乡团，以清乡为名，由人民出资购械，官为训练，备缓急之用；又以办理实业，须有资金，请款一千万两，先设立银行，而清廷无以应之。

为沥陈东三省外患交侵，生机日蹙，恳恩饬部拨款，开设银行，以资挽救。……查东三省从前原有官银号、官帖局，惟资本薄弱，难资推广，仅官银号分设三省，略有基础。拟赶将款目清理，先就奉省设立东三省总银行，并于各处推广，多设分行，以期活泼流通。惟市

面周转甚宽,即本金需用甚巨,综计广通汇兑,统一币权,兼营各项实业,至少非请款一千万两不敷布置。……此系专办银行生利事件,嗣后无论何项行政费,皆不得挪用丝毫,以防虚蚀。……宣统元年1909年。四月二十一日。(锡良《东三省奏稿》)

又欲借美款兴建锦瑷铁路,以破日俄均衡之局,事为日所阻,锡良乃谢病去。继之者赵尔巽,习承平吏事,不能望其挽回危局也。

  遵旨密筹东省大计,筹借外债,议筑铁路,以保危局。……宣统元年1909年。七月初四日,奉上谕:东省介居两强,势成逼处,积薪厝火,隐患日滋。该督等各密陈危急情形,所虑甚是,自宜预为筹备。迭据臣工陈奏,莫如广辟商埠,俾外人麇至,隐杜垄断之谋,厚集洋债,俾外款内输,阴作牵制之计,既使各国互均势力,兼使内地借以振兴,似尚不为无见。即著该督等,斟酌事理,体察情形,按照以上所指各节,详审熟筹,奏明办理等因。……窃维东三省大势,自日俄罢战以来,权力竞争,久成南北分据之局,……东三省命脉,已悬日俄两国之手。……我议自修,不见阻于日,即见阻于俄,无论何路,终无让修之日,束手待毙,可为痛心!臣等焦虑熟筹,非借外人之财,不足以经营东省;尤非借外人之力,不足以抵制日俄。谕旨"厚集洋债、互均势力"两言,实足拯东省今日之危,而破日俄相持之局。现美国银行代表司戴德来奉,臣等公同接见,以筹修锦洮至瑷珲铁路,商议借款约三四百万金镑,司戴德业已允签字,立草合同。……将来该路勘修已定,或再议修由奉天至延吉一路,以为交通之筋络,商垦之机关,并为将来用军之惟一命脉。……宣统元年八月十九日。(锡良《东三省奏稿》)

戊、中美德联盟之说

光绪末,即盛传中美德三国联盟,实无其事。然美舰来华游历,毓朗迓之于厦门,唐绍仪、溥伦先后使美,载洵、载涛出洋考察海陆军,同时皆

至柏林。一时亲德亲美之声，甚嚣尘上，英日侧目，清之亡于此亦有关焉。

时唐绍仪奉命赴美，致谢美政府退还庚子赔款。绍仪此行，有两大目的，一在缔结中美德三国同盟，一即接洽借款。（王芸生《六十年来中国与日本》第五卷）

光绪二十八年十二月癸巳，外务部奏：美国将……在散鲁伊斯城开设美国博览会，……系美国立国以来极为重大之事。六月间，其总理会务大臣巴礼德前来中国，敦请赴会，……内可维持商务，外可联络邦交，虽当库藏奇绌之时，不得不勉为其难，力顾大局。……得旨著派溥伦为正监督。（《光绪东华录》卷一七七）

光绪三十四年1908年。九月乙酉，军机大臣举旨，美国海军将于十月初间游抵厦门，著派贝勒毓朗、外务部右侍郎梁敦彦前往劳问。（《光绪东华录》卷二二〇）

是冬，美国陆军总长迭更生来游华北，……取道西伯利亚赴欧，……路经奉天时，并下车瞻谒宫殿，长春、哈尔滨亦下车游览。是事颇为英法注意，故并在欧美各报宣传中德美将有同盟。（丁士源《梅楞章京笔记》）

宣统二年1910年。六月，又命载洵、萨镇冰前往美国及日本，考查海军。（丁士源《梅楞章京笔记》）

宣统二年1910年。二月，陆军部尚书铁良因病开缺，阴昌继任，以陆军官兵服装无半礼装，遂制定军官常服，将日本之狭肩章改为德国式之宽肩章，即为半礼服，因此中德美联盟之风说更甚。（丁士源《梅楞章京笔记》）

（三）宣统间之中央集权

咸同军兴以后，督抚权力骤增，维新以后各省自专兵、财，除督抚更易尚凭廷旨外，中央与地方几于不相闻问。宣统改元，凡度支、外交、学务、司法、军事、盐课皆直属中央，谓之中央集权，以减削地方权力，未为非是；而中央则政治昏浊，贿赂公行，欲谋振作，反以速亡。

甲、军权之集中

谕：……前经宪政编查馆奏定宪法大纲，内载"统率陆海军之权，操之自上"等语，……兹特明白宣示，即依宪法大纲内所载，朕

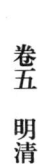

宣统帝坐在太和宝殿上

为大清帝国统率陆海军大元帅，……并著先行专设军咨处，赞佐朕躬，通筹全国陆海军各事宜，即著贝勒毓朗管理军咨处事务。……（《宣统政纪》卷一四）

谕：……筹办海军处，著改为海军部，设立海军大臣一员，副大臣一员，……至应设之海军司令部事宜，著暂归海军部兼办。……（《宣统政纪》卷四四）

以贝勒载洵为海军大臣，海军处参赞谭学衡为副大臣。（《宣统政纪》卷四四）

改陆军部尚书为陆军大臣，侍郎为副大臣，以尚书阴昌为陆军大臣，左侍郎寿勋为副大臣。（《宣统政纪》卷四四）

宣统三年四月戊寅谕：自宣统元年五月，设立军咨处，以为军咨府之基础，时阅两年，筹办已有端绪。参谋军事最关重要，著即设立军咨府，秉承诏命，襄赞军谋。……（《宣统政纪》卷五二）

又谕：郡王衔贝勒载涛、贝勒毓朗均著授为军咨大臣。（《宣统政纪》卷五二）

当时督抚多不满中央集权，张人骏一奏，足以概之。

宣统三年八月丙午，……两江总督张人骏奏：……窃谓今日厘订外官制所应申明者约有数端，一曰督抚权限。我国疆域广远，疆臣奏

卷五　明清

事不能直达，必致贻误事机，今应申明，一切具奏事件，悉仍旧制通则，所拟军政，仍责在督抚。然有中央集权之说者，欲将外省军政直隶内部，将领不归督抚任用节制，一旦有事，缓不济急，今应申明，督抚有调遣兵队节制进退将领之权。至外交虽统属于外部，然通商游历传教皆在外省，遇有事端，若在外了结，可免国际交涉，今应申明，督抚有办理本省外交之权。……(《宣统政纪》卷六〇)

乙、财权之集中

光绪甲午以降，中央财用益窘，岁亏六百万两，刚毅往江苏广东搜括，仅得岁亏之半。庚子后赔款而外，兴学练兵，需款更巨，清理财政之说以起。二十九年三月，遂命奕劻、瞿鸿禨会同户部整顿财政，是即财政集中之始。

二十九年1903年。三月庚辰，谕：从来立国之道，端在理财用人。方今时局艰难，财用匮乏，国与民俱受其病，自非通盘筹画，因时制宜，安望财政日有起色？著派庆亲王奕劻、瞿鸿禨会同户部认真整顿，将一切应办事宜，悉心经理。……(《光绪东华录》卷一七九)

九月丁酉，命外务部尚书那桐，会同庆亲王奕劻、瞿鸿禨，办理户部财政处事务。(《光绪东华录》卷一八三)

三十年1904年。七月，复命铁良往江苏等省查各省进出款项，三十一年1905年。三月，派柯逢时管理八省土膏捐税事宜，搜括可谓至矣。

三月丙子，谕：铁良奏，"湖北湖南于宜昌设立总局抽收土膏税捐，继又并江西、安徽两省合办，较各省分办之时，溢收甚巨。两广苏闽亦系云贵川土行销之地，若合八省为一，收数必更可观"等语，著财政处户部即行切实举办，其统捐收数，除按各省定额拨给外，溢收之数另储候解，专作练兵经费的款，不得挪移。……合办统捐省分为两湖、两广、江苏、江西、安徽、福建八省，凡云贵川土行销该八省者，经由总局分局，均即照收土税，无论轮船民船载运，一律预征膏捐，……既纳统捐后，运往各处。如非落地销售，概不重征，……所有经征款目及支销等项，由总局按季册报户部查核，……派柯逢时管理八省土膏统捐事宜。(《光绪东华录》卷一九二)

光绪三十四年1908年。十一月庚戌，……度支部奏，……清理财政要义有二，曰统一，曰分明。本此二义，于分年筹办之初，而为臣部职权所应及与现在急当整理者，有六，外债之借还，宜归臣部经理；在京各衙门所筹款项，宜统归臣部管理；各省官银号，宜由臣部随时稽核；各省关涉财政之事宜，随时咨部，以便考核；直省官制未改以前，各省藩司宜由部直接考核；造报逾限，宜实行惩处。综此六端，虽不足尽财政奥蕴，实为九年中分年筹办初基所托，明知办理之难，不敢不竭力图维，期以必行。……（《宣统政纪》卷三）

是年十二月颁布清理财政章程，宣统元年二月命设财政监理官，各省就地筹款，自筹自用之风始止。

谕：……清理财政为豫备立宪第一要政，各省监理官又为清理财政第一关键，所有正监理官著该部自丞参以下开单请简，俾昭慎重，其副监理官即由该部奏派。（《宣统政纪》卷八）

中央款无可筹，始注意及盐。宣统改元，载泽遂以度支部尚书兼督办盐政大臣，而以督抚为会办，盖欲以盐税抵借外债。

谕：……著派贝子衔镇国公载泽为督办盐政大臣，凡盐务一切事宜，统归该督办大臣管理，以专责成。其产盐省分，各督抚本有兼管盐政之责，均著授为会办盐政大臣。……（《宣统政纪》卷二六）

盐务既归中央，督抚不平，借口章程窒碍难行，以争权限，实则各省不得擅加盐价，以归省用，乃起争执。宣统二年四月，均传旨申饬，命仍照章办理。

谕内阁：督办盐政大臣载泽奏，遵旨会商一折，朝廷慎重盐政，特派大臣督办，原令直接管理，以一事权而资整顿，惟因疏销缉私，关涉地方，故命各督抚会同办理。前据锡良等电奏，盐政章程诸多窒碍，当经谕

故宫乾清门铜狮

令该大臣会商各督抚详议具奏。兹据覆陈会商各节，朕详加披览，该督等拟将用人行政悉归会办之督抚，是与从前督抚兼管盐政无异，朝廷何贵有此特举耶？且于前两次谕旨，毫未仰体。至该督办大臣受国重寄，应如何力任其难，认真筹办，乃此次仅据该督等覆电具奏，意存诿卸，殊负委任，均著传旨申饬。所有盐务用人行政一切事宜，仍著照奏定章程办理。……盐务关系重要，自此次严切申谕后，务各懔遵前两次谕旨，和衷共济，相与有成。若各怀挟成见，因循积习，斷斷权限，贻误要政，惟该大臣与各督抚等是问。（《宣统政纪》卷三四）

盐务归中央二年有余，税收未见起色，而各省争执不已，乃改设盐政院，尽罢督抚会办之名，以一事权。其争甚苦，足以见其时财政之窘。

……今日盐务难于整理者，其故有二，一在各省自为风气，不能袪官与商弊蠹；一由各省自保藩篱，不能谋国与民公益。是以销数则彼此悬殊，引地则动成争执，自非改定盐政官制、设立专员不可。……窃思国家岁征盐税，同治以前，不过一千一二百万两；光绪季年，增至二千八九百万两；及试办宣统三年豫算，各省盐务收入，乃增至四千余万两，与地丁钱粮相埒。夫丁粮则有二十余藩司督征于上，千数百州县经征于下，而盐务官乃散漫至此，自非酌定官制、特设京外盐务专官、统一事权、明定责任不为功。臣等共同酌议，拟请将督办盐政处改为盐政院，设盐政大臣一员，管理全国盐政，统辖盐务各官，设盐政丞以襄理醝纲，厅长以承宣政令，参议参事以佐拟法制，佥事录事以执行事务。其在外省则于产盐区域设正监督，于行盐区域设副监督，各置属官分司榷政。……凡关于盐务用人行政，均属盐政大臣专责，各省督抚毋庸再兼会办盐政大臣，及会办盐政大臣衔，惟盐务与地方关系事件，仍由各省督抚饬属办理。……得旨：前因各省盐务疲敝，特派大臣督办，以资整顿。惟事体重大，头绪纷繁，非设立专官无以收挈领提纲之效。著即将盐政院官制颁布，以盐政处改为盐政院，全国盐务均归管理，以一事权而重责成。（《宣统政纪》卷六一）

命度支大臣载泽，兼任盐政院盐政大臣。（《宣统政纪》卷六一）

十六　辛亥革命

（一）孙中山之倡导
甲、十次之失败

孙中山决意覆清，始于乙酉，自后乙未有广州之役，庚子有惠州之役，皆由外患激成。在伦敦为龚照瑗所执，得英国政治保护而免。游日本识宫崎寅藏、平山周，深与犬养毅、大隈重信相结纳，始为世界注目。革命之名，始于邹容《革命军》一书，章炳麟所定也，共和为容闳主张。自同盟会成立，而内地学堂与新军，悉为革命策源地，其势骤张。十次起兵，虽曰失败，而颠覆清室成功之速，实基于此。

予自乙酉中法战败之年，始决倾覆清廷、创建民国之志。由是以学堂为鼓吹之地，借医术为入世之媒，十年如一日。当予肄业于广州博济医学校也，于同学中物识有郑士良号弼臣者，……与之谈革命，士良一闻而悦服，并告以彼曾投入会党，如他日有事，彼可为我罗致会党以听指挥云。……一年，闻香港有英文医校开设，可以鼓吹革命，故投香港学校肄业，数年之间，……常往来于香港澳门之间。……闻而附和者，在香港只陈少白、尤少纨、杨鹤龄三人，而上海归客则陆皓东而已。……此为予革命言论之时代也。及予卒业之后，悬壶于澳门、羊城两地以问世，而实则为革命运动之开始也。

……至甲午中东战起，以为时机可乘，乃赴檀岛美洲创立兴中会，欲纠合海外华侨以收臂助。……数月，应者寥寥，仅得邓荫南与胞兄德彰二人，愿倾家相助，及其他亲友数十人之赞同而已。时

孙中山像

适清兵屡败,……遂与邓荫南及三五同志返国,……开乾亨行于香港为干部,设农学会于羊城为机关。当时赞襄干部事务者,有邓荫南、杨衢云、黄咏商、陈少白等,而助运筹于羊城机关者,则陆皓东、郑士良,并欧美技师及将校数人也。予则常往来广州、香港之间,……乃以运械不慎,致海关搜获手枪六百余杆,事机乃泄,而吾党健将陆皓东殉焉。……同时被株连而死者,则有丘四、朱贵全二人,被捕者七十余人,而广东水师统带程奎光与焉,后竟病死狱中。……此乙未九月九日,为予第一次革命之失败也。

败后,……乃得由间道脱险出,至香港,随与郑士良、陈少白同渡日本,略住横滨,……断发改装,重游檀岛,……复集合同志以推广兴中会。……由太平洋东岸之三藩市登陆,横过美洲大陆,至大西洋西岸之纽约市。……于甫抵伦敦之时,即遭使馆之陷,几致不测,幸得吾师康德黎竭力营救,始能脱险。……暂留欧洲,以实行考察其政治风俗,并结交其朝野贤豪。两年之中,所见所闻,殊多心得。……予欲为一劳永逸之计,乃采取民生主义,以与民族、民权问题同时解决,此三民主义之主张所由完成也。……遂往日本,……其民党领袖犬养毅,遣宫崎寅藏、平山周二人,来横滨欢迎,乃引至东京相会,一见如旧识,抵掌谈天下事。……此为予与日本政界人物交际之

始也。……各志士之对于中国革命事业，先后多有资助。……日本有华侨万余人，……吾党同人有往返于横滨、神户之间，鼓吹革命主义者，数年之中，而慕义来归者，不过百数十人而已。……由乙未初败，以至于庚子，此五年之间，实为革命进行最艰难困苦之时代也。……予乃命陈少白回香港，创办《中国报》，以鼓吹革命；命史坚如入长江，以联络会党；命郑士良在香港设立机关，招待会党，于是乃有长江会党及两广、福建会党并合于兴中会之事也。

旋遇清廷有排外之举，……因而八国联军之祸起矣。予以为时机不可失，乃命郑士良入惠州招集同志，以谋发动，而命史坚如入羊城，招集同志，以谋响应。……予乃与外国军官数人，绕道至香港，……不期中途为奸人告密，船一抵港，即被香港政府监视，不得登岸。……乃将惠州发动之责，委之郑士良，而命杨衢云、李纪堂、陈少白等在香港为之接济，予则折回日本，转渡台湾。……时台湾总督儿玉，颇赞中国之革命，……许以起事之后，可以相助，予于是一面扩充原有计画，就地加聘军官，……而一面令士良即日发动，并改原定计画，不直逼省城，而先占领沿海一带地点，多集党众，以候予来。……士良得令，即日入内地，亲率已集合于三洲田之众，出而攻扑新安、深圳之清兵，尽夺其械，随而转战于龙冈、淡水、永湖、梁化、白芒花、三多祝等处，所向皆捷，清兵无敢当其锋者，遂占领新安、大鹏至惠州、平海一带沿海之地，以待予与干部人员之入，及武器之接济。不图惠州义师发动旬日，而日本政府忽而更换新内阁，总理伊藤氏对中国方针，与前内阁大异，乃禁制台湾总督，不许与中国革命党接洽，又禁武器出口，及禁日本军官投效革命军者，而予潜渡之计画乃为破坏，遂遣山田良政与同志数人，往郑营报告一切情形，并令之相机便宜行事。……士良连战月余，弹药已尽，而集合之众已有万余人，渴望干部军官及武器之至甚切，而忽得山田所报消息，遂立令解散，而率其原有之数百人，间道出香港。……当郑士良之在惠州苦战也，史坚如在广州屡谋响应，皆不得当，遂决意自行用炸药，攻毁两广总督德寿之署而歼之，炸发不中，而史坚如被擒遇害。……庚子之役，为予第二次革命之失败也。

……时适各省派留学生至日本之初，……东京留学界之思想言

邹容像

比京，指比利时首都布鲁塞尔。

中华二千年史

论，皆集中于革命问题，刘成禺在学生新年会大演说革命排满，被清公使逐出学校，而戢元成、沈虬斋、张溥泉等，则发起《国民报》，以鼓吹革命。……在上海则有章太炎、吴稚晖、邹容等，借《苏报》以鼓吹革命。……邹容著有《革命军》一书，为排满最激烈之言论，华侨极为欢迎，其开导华侨风气，为力甚大。此则革命风潮初盛时代也。壬寅、癸卯之交，……河内开博览会，因往一行。……在河内时，识有华商黄龙生、甄吉亭、甄璧、杨寿彭、曾齐等，后结为同志，于钦廉、河口等役，尽力甚多。河内博览会告终之后，予再作环球漫游，取道日本、檀岛而赴欧美。过日本时，有廖仲恺夫妇、马君武、胡毅生、黎仲实等多人来会，表示赞成革命，予乃托以在东物色有志学生，结为团体，以任国事，后同盟会之成立，多有力焉。自惠州失败以至同盟会成立之间，其受革命风潮所感，兴起而图举义者，在粤则有李纪堂、洪全福之事，在湘则有黄克强、马福益之事，其事虽不成，人多壮之。……

乙巳春间，予重至欧洲，则其地之留学生已多数赞成革命。……予于是乃揭橥吾生平所怀抱之三民主义、五权宪法以号召之，而组织革命团体焉。于是开第一会于**比京**，加盟者三十余人；开第二会于柏林，加盟者二十余人；开第三会于巴黎，加盟者亦十余人；开第四会于东京，加盟者数百人。中国十七省之人皆与焉，惟甘肃尚无留学生到日本，故阙之也。此为革命同盟会成立之始。因当时尚多讳言"革命"二字，故只以同盟会见称，后亦以此名著焉。自革命同盟会成立之后，……吾始信革命大业可及身而成矣，于是乃敢定立中华民国之名称，而公布于党员，使之各回本省，鼓吹革命主义，而传布中华民国之思想焉。不期年而加盟者已逾万人，支部则亦先后成立于各省，从此革命风潮，一日千丈。……同盟会成立未久，发刊《民报》，鼓吹三民主义，遂使革命思潮弥漫全国，自有杂志以来，可谓成功最著者。其时慕义之士，闻风兴起，……其最著者，如徐锡麟、熊成基、秋瑾等是也。丙午，萍醴之役，则同盟会会员自动之义师也，……本部于事前一无所知，故临时无所备，然而会员之纷纷回国从军者，已相望于道矣。寻而萍醴之师败，而禹之谟、刘道一、宁调元、胡瑛等，竟被清吏拿获，或囚或杀者多人。此为革命同盟会会员第一次之流血也。……时清廷亦大起恐慌，屡向日本政府交涉，将予逐出日本境外。予乃离日本而与汉民、精卫二人同行，而之安南，设机关部于河内，以筹画进行。旋发动潮州、黄冈之师，不得利，此为予第三次之失败也。继又命邓子瑜发难于惠州，亦不利，此为予第四次之失败也。

时适钦廉两府有抗捐之事发生，清吏派郭人漳、赵伯先二人，各带新军三四千人往平之。予乃命黄克强随郭人漳营，命胡毅生随赵伯先营，而游说之以赞成革命，二人皆首肯，许以若有堂堂正正之革命军起，彼等必反戈相应。于是一面派人往约钦廉各属绅士乡团，为一致行动，一面派萱野长知带款回日本购械，并在安南招集同志，并聘就法国退伍军官多人，拟器械一到，则占据防城至东兴一带沿海之地，为组织军队之用。东兴与法属之芒街，仅隔一河，有桥可达。……吾党可成正式军队二千余人，然后集合钦州各乡团勇六七千人，而后要约郭人漳、赵伯先二人所带之新军，约六千余人，……则两广可收入掌握之中，而后出长江以合南京、武昌之新军，则破竹之势可成，而革命可收完全之效果矣。乃不期东京本部之党员忽起风潮，而武器购买运输之计画为之破坏。……攻防城之同志，至时不见武器之来，乃

《民报》发刊词

卷五 明清

转而逼钦州，冀郭军之响应。郭见我军之薄弱，加以他军为之制，故不敢来。我军遂进围灵山，冀赵军之响应，赵见郭尚未来，彼亦不敢来，我军以力薄难进，遂退入十万大山。此为予第五次之失败也。

钦廉计画不成之后，予乃亲率黄克强、胡汉民，并法国军官，与安南同志百数十人，袭取镇南关，占领三要塞，收其降卒，拟由此集合十万大山之众，而会攻龙州。不图十万大山之众以道远不能至，遂以百余众握据三炮台，而与龙济光、陆荣廷等数千之众，连战七昼夜，乃退入安南。予过谅山时，为清侦探所察悉，报告清吏，后清廷与法国政府交涉，将予放逐出安南。此为予第六次之失败也。予于离河内之际，一面令黄克强筹备再入钦廉，以图集合该地同志；一面令黄明堂窥取河口，以图进取云南，以为吾党根据之地。后克强乃以二百余人出安南，横行于钦、廉、上思一带，转战数月，……克强之威名因以大著。后以弹尽援绝而退出。此为予第七次之失败也。

予抵星州数月之后，黄明堂乃以百数十人袭得河口，诛边防督办，收其降众千有余人，守之以待干部人员前往指挥。时予远在南洋，又不能再过法境，故难以亲临前敌以指挥之，乃电令黄克强前往指挥。不期克强行至半途，被法官疑为日本人，遂截留之而送之回河内，为清吏所悉，与法政府交涉，乃解之出境。而河口之众以指挥无人，失机进取。……黄明堂守候月余，人自为战，散漫无纪，而虏四集，其数约十倍于我新集之众，河口遂不守，而明堂率众六百余人退入安南。此为予第八次之失败也。……由黄冈至河口等役，乃同盟会干部由予直接发动，先后六次失败。经此六次之失败，精卫颇为失望，遂约合同志数人入北京，与虏酋拼命，一击不中，与黄复生同时被执系狱，至武昌起义后，乃释之。……

予自连遭失败之后，安南、日本、香港等地，与中国密迩者，皆不能自由居处，则予对于中国之活动地盘，已完全失却矣。于是将国内一切计画，委托于黄克强、胡汉民二人，而予乃再作漫游，专任筹款，以接济革命之进行。后克强、汉民回香港，设南方统筹机关，与赵伯先、倪映典、朱执信、陈炯明、姚雨平等，谋以广州新军举事，运动既熟，拟于庚戌年正月某日发难。乃新军中有热度过甚之士，先一日因小事生起风潮，于是倪映典仓卒入营，亲率一部分，从沙河进

攻省城，至横枝冈，为敌截击，映典中弹被擒死，军中无主，遂以溃散。此吾党第九次之失败也。

时予适从美东行，至三藩市，闻败而后，则取道檀岛、日本而回东方。过日本时，曾潜行登陆，随为警察探悉，不准留居，遂由横滨渡槟榔屿，约伯先、克强、汉民等来会，以商卷土重来之计画。……时各人亲见槟城同志之穷，……予乃招集当地华侨同志会议，勖以大义，一夕之间，则酿资八千有奇；再令各同志担任到各埠分头劝募，数日之内，已达五六万元。……既有头批的款，已可分头进行。计画既定，予本拟遍游南洋英荷各属，乃荷属则拒绝不许予往，而英属及暹罗亦先后逐予出境，……予遂不得不远赴欧美矣。到美之日，遍游各地，劝华侨捐资，以助革命，则多有乐从者矣。于是乃有辛亥三月二十九广州之举，是役也，集各省革命党之精英，与彼虏为最后之一搏，事虽不成，而黄花冈七十二烈士轰轰烈烈之概，已震动全球，而国内革命之时势，实以之造成矣。此为吾党第十次之失败也。(《孙文学说》第八章《有志竟成》)

乙、同盟会

光绪三十一年七月成立同盟会，推孙中山为总理，黄兴为总务，实主持革命事。留日学生多入会，士官学生加盟者尤众。后来新军起义，即由于此，同盟支会遂遍设于内地各省，海外亦多有之。

同盟会会议
(左二为孙中山)

是年光绪三十一年。六月，孙总理自南洋抵日本，邀集全国各省留日有志者，于是月二十八日开会于东京麴町区桧町内田良平寓所。到会者有总理、黄兴、陈天华、宋教仁、冯自由、张继、梁慕光、吴春阳、程家柽、黎勇锡、胡毅生、朱少穆、但焘、时功玖、田桐、曹亚伯、马君武、董修武、邓家彦、张我华、何天炯、康宝忠、谢良牧、刘道一、蒋尊簋、张伯乔、汪兆铭、朱大符、古应芬、金章、杜之杕、姚粟若、鲁鱼、柳聘侬、孙元、李四光、宫崎寅藏、内田良平等六十余人，除甘肃一省外，余十七省人皆有到者。首由总理说明开会理由，并提议定名为中国革命同盟会。众以本会为秘密组织，恐为实行之阻碍，卒以讨论结果，简称中国同盟会。时有主张对满同盟会者，总理谓革命党宗旨，不专在排满，当与废除专制、创造共和，并行不悖，众赞成。次提议以"驱除鞑虏、恢复中华、创立民国、平均地权"，十六字为誓辞，某某数人于平均地权有疑义，要求取消，总理乃起而详细解释，卒以大多数通过。次由黄兴提议，请赞成者书立誓约，于是会众由总理执行举手宣誓式，宣誓之外，总理并授以秘密口号汉人、中国物、天下事三事，随与各会员一一行新握手礼。继复由众公议各会员盟书，于干事部未成立前，暂付托总理保管，而总理盟书，则众推黄兴保管。……众复推举马君武、汪兆铭、陈天华等，为会章起草员。十日后，复假赤阪区霞关子爵阪本金弥邸，开第二次成立会。……是日通过会章后，投票选举孙公为总理，黄兴为庶务，陈天华为书记，宋教仁、程家柽等为交际，谢良牧为会计，邓家彦为执法部长，冯自由、汪兆铭等为评议员。（冯自由《中国革命运动二十六年组织史》）

同盟会为兴中会、光复会、华兴会合组而成。兴中由孙中山主之，多粤人及海外华侨；光复由蔡元培、章炳麟主之，多江浙文士，徐锡麟发难于安庆，最足振动人心；华兴由黄兴主之，多两湖人士，屡起兵湖湘间。

民国纪元前二十年壬辰，1892年。总理创设兴中会于澳门。（邹鲁《中国国民党史稿》）

甲午，中山在檀岛已极力筹饷，为革命进行之需。及归香港，即与郑士良、陆皓东、黄咏襄、陈少白、杨鹤龄、尤烈诸人，拟联络全省革命同志，扩大兴中会之组织，以利进行。因闻杨衢云、谢赞泰等

兴中会会议
（左二为孙中山）

所设辅仁文社，宗旨相同，于是孙杨两派，遂于乙未正月廿七日合并为一，仍定名曰兴中会，设总机关于士丹顿街十三号，榜其名曰乾亨行，凡入会者须一律宣誓，其誓词曰："驱除鞑虏，恢复中国，创立合众政府，倘有贰心，神明鉴察"。（冯自由《中华民国开国前革命史》）

兴中会自乙未败后数年，会长一职，仍由杨衢云肩任，并未改选，惟在杨南游期间，与各省会党及日本志士之交际，概由中山任之，故中山已不啻为事实上之会长。及己亥冬，毕永年与哥老会龙头李云彪、杨鸿钧、张尧卿、辜天祐等，有联合各秘密会党，奉中山为首领之议，遂有人讽杨辞职让孙，期免党内纠纷。适杨于是年十二月廿四日乘日轮镰仓丸至香港，遂以此征求谢赞泰同意，谢亦赞同，杨于是提出辞职，并荐中山自代。未几，兴中、三合、哥老三会代表，在香港开会，同举中山为总会长，并特制总会长印章，由日人宫崎寅藏赍往横滨，上诸中山。其所以特称总会长，即明示中山之被举，由于三会之公意，与普通会长不同也。（冯自由《中华民国开国前革命史》）

余年十三四，始读蒋氏《东华录》，见吕留良、曾静事，怅然不怡，辄言有清代明，宁与张李也。弱冠睹全祖望文所述南田、台湾诸事甚详，益奋然欲为浙父老雪耻；次又得王夫之《黄书》，志行益定。而光复会初立，实余与蔡元培为之魁，陶成章、李燮和继之，总之不

卷五 明清

离吕、全、王、曾之旧域也。（章炳麟《光复军志序》）

癸卯年光绪二十九年。秋，军国民教育会实行员龚宝铨自日归国，是冬，与同志组织光复会，为进行机关，群推蔡元培为会长，会址暂设爱国女学堂，徐锡麟、吕熊祥、赵卓、蔡元康、秋瑾、陈伯平、马宗汉、刘光汉、吴春阳等先后订盟，入会者以皖湘两省志士为多。（冯自由《中国革命运动二十六年组织史》）

甲辰光绪三十年。年春，湘人黄轸（后改名兴，）刘揆一、陈天华、杨守仁等，在日本发起华兴会。……夏秋间，自日返长沙，由刘揆一介绍哥老龙头马福益合作，更由同志陈天华、章行严、谭人凤、刘道一、萧堃、柳继贞、邹永成、宋教仁、胡瑛、柳聘侬诸人，各分途进行，杨守仁则驻上海，策应一切。会员先后加盟者四五百人，多属学界分子。因联络秘密会党，颇不便利，黄、刘等乃于华兴会外，另设同仇会，专为联络会党机关。……黄、刘、马等之大计划，预定于甲辰九月，清太后万寿节日，在长沙、岳州、衡州、宝庆、常德等处，分五路起事。……有会党何少卿、郭鹤卿二人，以机事不密，在湘潭县城被县吏逮捕，其大体计划，亦被探悉。……未几，湘抚派兵查缉各党人寓所，全城骚扰，黄乃避居吉祥巷耶教圣公会，由牧师黄吉廷、同志曹亚伯保护出险，刘亦绕道赴汉口，得免于难。马福益由湘潭逃桂，次年返湘，欲图再举，为湘抚端方擒杀。（冯自由《中华革命运动二十六年组织史》）

同盟会既成立，首发布三民主义。

予维欧美之进化，凡以三大主义，曰民族，曰民权，曰民生。罗马之亡，民族主义兴，而欧美各国以独立。专制仆而立宪政体殖焉，世界开化，人智益蒸，物质发舒，百年锐于千载。经济问题，继政治问题之后，则民生主义，跃跃然动，二十世纪，不得不为民生主义之擅场时代也。是三大主义，皆基本于民，递嬗变易，而欧美之人种，胥冶

兴中会宣言

檀香山兴中会成立宣言

孙文

中国积弱，非一日矣。上则因循苟且，下则蒙昧无知，鲜能远虑。近之辱国丧师，剪藩压境，堂堂华夏不齿于邻邦，文物冠裳被轻于异族。有志之士，能无抚膺？夫以四百兆苍生之众，数万里土地之饶，固可发奋为雄，无敌于天下。乃以庸奴误国，涂炭苍生，一蹶不兴，如斯之极。方今强邻环列，虎视鹰瞵，久垂涎于中华五金之富，物产之饶。蚕食鲸吞，已效尤于踵接，瓜分豆剖，实堪虑于目前。有心人不禁大声疾呼，亟拯斯民于水火，切扶大厦之将倾。设会以振之，立会以维持之，使祖国转危为安，化弱为强，不难。有志之士，盍自奋诸。兹特集同志，创立兴中会，以申民志，而扶国宗。

一、是会之设，专为振兴中华、维持国体起见，联络中外华人，创兴大业，振兴中华。
一、凡入会之人，务须遵守会中规条，互相劝勉，不得始勤终怠，有名无实，以坠初心。
一、本会公举正副主席各一位、正副文案各一位，管库一位，值理八位，差委二位，一切办理，均有章程。
一、凡捐银款助本会者，入会宜先。
一、凡捐款助本会之款，设银会生息，必候本部有所发给为准，存庄银行，以期有事可靠。
一、本会会议之时，每月会日议五元。另有议事，上下午相通，或夜晚齐集，临时酌订。
一、本会公举各职，正副主席每州各一位，正副文案各一位，管库一位，值理八位，差委二位，一切办理，均依照例。
一、凡新入会者，须各具保人一位引证担保，方得准他入会。
一、凡会内所议各事，当黑拎少数，多者作定例而行，以昭公允。
一、凡会中捐助各事，皆按照国家之用，并资助国家之用，必要由管席行的之赏，以防银行，以省浮费。
一、惟管库须有股胀三名组保，方可付款应用。
一、会中基本，可由会友集股共允，然受支给。
一、凡以上所订规条，会友须要恪守，倘有善法，亦可随时当众议订加增，以臻完美。

化焉。其他施维于小己大群之间，而成为故说者，皆此三者之充满发挥而旁及者耳。今者中国，以千年专制之毒而不解，异种残之，外邦逼之，民族主义、民权主义殆不可以须臾缓；而民生主义，欧美所虑积重难返者，中国独受病未深而去之易。是故或于人为既往之陈迹，或于我为方来之大患，要为缮吾群所有事，则不可不并时而弛张之。嗟夫！所陟卑者，其所视不远。游五都之市，见美服而求之，忘其身之未称也，又但以当前者为至美。近时志士，舌敝唇枯，惟企强中国以比欧美，然而欧美强矣，其民实困，观大同罢工，与无政府党、社会党之日炽，社会革命，其将不远，吾国纵能媲迹于欧美，犹不能免于第二次之革命，而况追逐于人已然之末轨者之终无成耶。夫欧美社会之祸，伏之数十年，及今而后发见之，又不能使之遽去。吾国治民生主义者，发达最先，睹其祸害之未萌，诚举政治革命、社会革命毕其功于一役，还视欧美，彼且瞠乎后也。（孙文《民报发刊词》）

《民报》撰著人曰章炳麟、汪兆铭、胡衍鸿、陈天华、朱大符、刘师培、汤增璧、宁调元、宋教仁、黄侃、汪东，而自外投稿，则有马君武、吕占东、白逾桓、景定成、雷昭性、田桐、仇式匡等若干人，经理始为董修五，继为黄树中，陶成章则出名向日政府立案。
（李根源《雪生年录》卷一）

丙、黄花冈

黄花冈死事者百余人，皆一时俊彦。当时有以为革命无法进展，乃为最后之一击者；又有以为此种类似暴动之举，绝无成功之希望者。后来武昌起义，其始亦不过一二百人，所不同者，武昌能得内应，而黄花冈则否。然黄花冈之事，激动全国人心，影响至巨，人人皆以为清廷旦夕将亡，宣传上之成功，视攻城得地者，相去不可以道里计。清之亡，虽由英与袁世凯交构于其间，若人心未去，交构者亦无所施其伎俩也。

原议三月十五日为发难期，继而不能不缓者，一则美属款未到齐；二则温生才事件发生，省会戒严，欲待防稍弛；三则日本之械，其大数尚未到。……然早知四月初有二标退伍之确耗，则时期亦只能尽三月底。……省中已预定二十九举事，……讵二十七张鸣岐、李准调巡防二营回省，以三哨助守龙王庙高地，毅生即提议改缓时期，陈炯明和之，宋健侯（宋伯先在省之代表也）亦以为然，姚雨平则反

对。……后林时爽、喻云纪到克处言，不特不能改期，且须速发，方可自救，以巡警早四五日已有搜索户口之札，旦夕必发也。克以二兄之决心，则欲集三四十人攻督署，以杀张鸣岐，议亦决。……二十八日，陈炯明、姚雨平偕到报告云，调来顺德三营，内多同志，其哨官十人中，八为同志。……克仍攻督署，姚雨平任攻小北门，占飞来庙，并迎巡防营及新军，炯明攻巡警教练所，毅生以二十余人守大南门，约定二十九午后五点半钟同发。

……临时克与所部由小东营出，枪杀巡警于道，疾行而前，……入督署。……克与林时爽、朱蛰伸、李文甫、严骥君等，亲行遍搜，无一要人。……（二十六七，毅生已疑陈镜波为侦探。）……初入督署时，仅死三人，已出，则林时爽于东辕门招抚李准之先锋队，（以伯先部常言，李准部下已运动多人。）突攻脑中枪而死，克中伤右手，断两指，他同志亦有数人死于卫队门首者。时就所余部，分为三路，克与十人出大南门，欲与巡防营接应；徐维扬以花县四十人，欲出小北门，与新军接应；余则川、闽同志及安南、南洋同志，往攻督练公所。福建方声洞与克出，行最先，遇巡防营于双门底，见其并无相应之号，且举枪相向，方乃发手枪杀其哨弁一人，敌枪环攻方，死之，克且战且前，……以肩撞破一小店门，入之，从内发枪，中七八人。……克乃易衣而出，入河南女同志家，初二始返港。（后乃知同时朱执信、郑坤、何克夫三人得生还，余则死矣。）喻云纪兄与众攻督练公所，途遇防勇，绕路攻龙王庙，一人当先，抛掷炸弹，防勇为之披靡，后失手遇害。李文甫攻督署时，非常猛烈，已出，伤其右足，后为虏获，从容谈笑而死。其余殉国而死者，粤同志则有罗则军、李子奎、李群、周华、王鹤明、杜君、马昌、罗坤、韦云卿，四川同志则有饶国梁、秦柄，闽同志则有林觉民、陈可钦、陈与新、刘六湖、刘元栋、陈更新、吴任之、冯郁庄、林尹民、郭炎利、郭钿官、郭天财、翁长祥、陈孝文、陈大发、林茂增、王文达、曾显、刘藩、虞全鼎、周团生、吴顺利、吴炎妹、吴七妹，尚有不知姓名一人，徐维扬（花县人）部下之众，死者二十四人，被捉在监者六八，负伤生还者十六人。朱执信攻督署，奋勇争先，迥非平日文弱之态，在二门为后列误伤肩际，仍与克偕行至双门底，遇敌相失，后入其门生家，易服

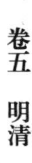

黄花冈七十二烈士墓

出险。何克夫与防营亦力战，负伤出大南门，过至戚家，匿三日而后出。郑坤负伤出大南门，入一店。……四川熊克武、福建王以通、严骥，皆负重伤而出。克同攻督署者百三十人，内徐维扬四十人，刘古香十四人，此二部稍弱，余则虽以朱执信、李文甫、陈与新之温文，均敢先当敌，无丝毫怯懦之态，盖义理之勇为之也。林时爽本同林觉民、陈与新在东筹有的款，将归闽举事，已来港则同死于广东。闽同志者多毕业高等专门学生，年少才美，伤心俱烬。……喻云纪药学毕业，能制炸弹炸药，精卫北京事件，喻同谋，炸药发见，再归日本合药。……罗则军本有十八人，任毁电信局，……李文甫任五十人，攻石马槽，……而二人再知定期二十九，则只身赴难，殉战而死。……王鹤明、杜某某、李文楷，事事勤慎，……仓猝战死。……战之翌日，海防同志李德山等数人，走入米店，据米为垒，抛掷炸弹，营勇不敢近。张鸣岐下令焚烧，惟罗稳一人走免。伯先之代表宋健侯，亦轻裘缓带之士，既已遣散其部下，独与数人合克部攻督署，后不知如何被捉，各报登有宋玉琳，供词慷慨，可以见其平生矣。庞越为高州吴川人，素运动广州湾方面，此次亦遇害。石经武留宋健侯机关遇害。其余江、皖、湘、粤之士，虽未与战，而陷在城内，因无辨被害者不少。（曹亚伯《武昌革命真史》前编《黄兴胡汉民海外报告书》）

卷五　明清

是役党人死者，莫知其确数，检收遗骸则得七十二人，潘达微丛葬于广州之红花冈，改红花为黄花，曰黄花冈七十二烈士墓。

方声洞福建闽侯，林盛初广西平南，徐佩旒广东花县，韦树模广西平南，徐礼明广东花县，徐日培广东花县，李炳辉广东肇庆，李晚广东东安，郭继枚广东增城，徐广滔广东花县，游寿广东南海，徐临端广东花县，李文楷广东清远，周华广东南海，陈春广东南海，徐茂燎广东花县，徐松根广东花县，徐满凌广东花县，庞雄广东吴川，冯超骧福建南平，韦荣初广西平南，江继复广东花县，徐昭良广东花县，徐培添广东花县，陈更新福建闽侯，秦炳四川广安，徐应安广东花县，劳培广东开平，曾日全广东花县，徐熠成广东花县，杜凤书广东南海，陈与燊福建闽侯，余东雄广东南海，徐保生广东花县，徐廉辉广东花县，陈文褒广东大埔，韦统铃广西平南，李文甫广东东莞，韦统淮广西平南，徐容九广东花县，徐进炲广东花县，程良安徽怀远，林觉民福建闽侯，宋玉琳安徽怀远，马侣广东番禺，陈潮广东海丰，陈清畴福建连江，罗乃琳福建连江，李德山广西罗城，喻培伦四川内江，罗仲霍广东惠州，卓秋元福建连江，胡应升福建连江，罗坤广东南海，饶国梁四川大足，林尹民福建闽侯，黄鹤鸣广东南海，黄忠炳福建连江，王灿登福建连江，林西惠福建连江，饶辅廷广东梅县，李雁南广东开平，陈可钧福建闽侯，石德宽安徽寿县，陈发炎福建连江，周增广东梅县，林文福建闽侯，刘六符福建连江，刘元栋福建闽侯，林修明广东蕉岭，魏金龙福建连江，张学龄广东兴宁。（黄花冈七十二烈士碑）

（二）川路风潮

自收回权利之风盛行于时，而后收回京汉铁路，且定粤汉、川汉为商办，随粮征股，久未兴工。郑孝胥独创干路国有之议，介陈宝琛以投盛宣怀，宣怀复由瑞澂以达于载泽，为三人起用之基。清廷遂定议以盛宣怀为邮传部尚书，收回粤汉、川汉两路为国有，命端方为督办，借外款兴修。实则度支告匮，在借日本及四国银行团外款外，尚欲大借外款，苦无抵押，意在觅抵押品，而不在修路，故人心大愤。

宣统三年二月壬辰，……邮传部会奏，京汉路铁路赎回时，借用

辛亥以前革命军起义简表

地点	时间	起义经过	附注
羊城（广州）	光绪二十一年九月九日	海关搜获手枪，事泄，陆皓东等三人被害。	第一次革命失败
惠州	光绪二十六年	郑士良率众占领新安、大鹏至惠州、平海一带之地，以无械接济，解散。	第二次革命失败
湘潭	光绪三十年	未及起义，因何少卿、郭鹤卿被捕而事泄。	
萍浏醴	光绪三十二年	会党首领李经其，被追溺毙，萧克昌被诱杀，龚春台、姜守旦、王胜、蔡绍南举义，众至数万，萍乡以矿工为中坚，醴陵以防营为中坚，浏阳以会党为中坚，清军围攻，败退。	被杀万余人，同盟会会员亦有回国参加者。
黄冈	光绪三十三年四月十一日	许雪秋、陈涌波、陈宏生，众千余占黄冈、石林等地，退散时，遗下党籍，被捕杀二百余人。	第三次失败
惠州	光绪三十三年四月二十二日	邓子瑜举兵，所向无敌，西江震动，以无接济退散。	第四次失败
钦、廉	光绪三十三年七月二十四日	举义于钦州王光山，占防城县，又破南宁府属之横州、永淳，退入十万大山。	第五次失败
镇南关	光绪三十三年十月廿六日	黄明堂率乡团百余人，攻占炮台，孙中山、黄兴、胡汉民皆参加，以无接济，退。	第六次失败
钦、廉、上思	光绪三十三年十月后	黄兴以二百余人转战数月，无援而退。	第七次失败
安庆	光绪三十三年五月二十六日	徐锡麟杀巡抚恩铭，攻据军械局，陈伯平战死，锡麟被害。	
云南河口	光绪三十四年三月二十九日	黄明堂袭得河口，杀边防督办王玉藩，进攻蒙自月余，因无人指挥，率六万余人退入安南。	第八次失败
安庆	光绪三十四年十月二十六日	熊成基夺菱湖嘴子弹库，还攻北门，不入，乃散。	宣统元年，熊至哈尔滨欲暗杀载洵，事泄被害。
广州	宣统二年正月初三日	倪映典率兵三千余攻教会山，败，被害。	第九次失败
北京	宣统二年二月二十一日	汪兆铭谋刺摄政王，被捕。	革命军起，始出狱。
广州	宣统三年三月十日	温生才刺杀将军孚琦，生才亦被害。	
广州	宣统三年三月廿九日	黄兴率众攻督署失败，死者甚多，遗骸七十二人葬于黄花冈。	即黄花冈之役，革命第十次失败。

度支部官款银五百万两，今借日本正金银行一千万元，订立合同，以二十五年归还。此项借款除还清度支部外，作为各路还本还利之用。

……得旨：著邮传部尚书签字。(《宣统政纪》卷四九)

宣统三年三月乙卯，度支部会奏，拟定英、美、德、法四国银行借款合同二十一款，……为画一币制及兴办扩充东三省实业事务之用，总数一千万镑，利息五厘，折扣九五，还本以四十五年为期。……指定以东三省烟酒税、出产税、销场税、各省盐斤新加价四项，每年共库平银五百万两，为头次抵押，……扣支七万五千镑，以作酬费。……得旨：著度支部堂官签字。(《宣统政纪》卷五一)

四月甲戌，谕：……饬部特借英、美、德、法四国银行一千万镑，日本横滨银行一千万元，专备改定币制、振兴实业以及推广铁路之用，该管衙门自应竭力慎节，不得移作别用。……(《宣统政纪》卷五二)

盛宣怀为邮传部尚书，宣怀外授意四品京堂郑孝胥，条议铁路国有利益，揭之报纸，以回视听；内与度支部尚书载泽相结，极言铁路商办有百害无一利，且恐终不成，应仿外国制，收归国有，一事权。时载泽方用事，阴助之，更风给事中石长信奏言，铁路有干路，有支路，支路可许商修，干路必归国有。(尚秉和《辛壬春秋》第二《四川》)

己卯，谕：……中国幅员广阔，……全国路政，错乱纷歧，不分枝干，不量民力，一纸呈请，辄行批准商办，乃数年以来，粤则收股及半，造路无多；川则倒帐甚巨，参追无着；湘鄂则开局多年，徒资坐耗。竭万民之膏脂，或以虚糜，或以侵蚀，恐旷时愈久，民累愈深，上下交受其害，贻误何堪设想。用特明白晓谕，昭示天下，干路均归国有，定为政策，……各省分设公司集股商办之干路，……应即由国家收回，赶紧兴筑。除枝路仍准商民量力酌行外，其从前批准干路各案，一律取销。……(《宣统政纪》卷五二)

邮传部奏，粤汉铁路鄂境川汉铁路借款正合同签字，势难久延，请将该部批准前案，先行取销。从之。(《宣统政纪》卷五二)

戊子，谕内阁：端方著以侍郎候补，充督办粤汉、川汉铁路大臣，迅速前往。(《宣统政纪》卷五三)

庚寅，邮传部会奏，粤汉、川汉铁路接议英、德、美、法各银行借款合同，计二十五款，缮单呈进，并请旨签字盖印。得旨：著邮传大臣签字。(《宣统政纪》卷五三)

七月甲申，御史陈善同奏，……今盛宣怀事前毫无预备，徒仰仗借款，突然将批准各案，奏请一律取销，各该路以十余年之经营，千数百万之筹集，一旦尽取诸其怀而夺之，而所订借款合同，利率之高，虚折之多，抵押之巨，债权之重，又着着失败，予人口实，各该省人民痛念前劳，怵心后祸，宜其奔走骇告，岌岌若不终日也，查给事中石长信之请定干路枝路办法，在四月初七日，邮传部之覆奏宣布国有政策，在十一日，而借款合同之签押，在二十二日，一似政策之改定，实缘借款而发生也。……（《宣统政纪》卷五九）

川鄂湘粤同持异议，鄂湘粤先已由邮部收股，出立借据，并付息二厘了结，而川股二千万两内，由川路公司窃用至四百万两，政府不肯承认，以至由争论而请愿，请愿而设立争路同志会，罢市罢学。

　　五月辛丑，谕：……杨文鼎奏，湖南咨议局呈奏，湘路力能自办，不甘借债，据情代奏一折。铁路干路收归国有，业经定为政策，杨文鼎身任地方，……竟率行代为渎奏，殊属不合，著传旨严行申饬。（《宣统政纪》卷五四）

　　癸卯，又谕：王人文电奏，据四川咨议局呈称，"川省绅民自奉铁路改为国有之命，纷纷函电，请饬暂缓接收，并请缓刊誊黄"等语，览奏殊堪诧异。铁道改归国有，乃以商民集款艰难，路工无告成之望，川省较湘省为尤甚，且有亏倒巨款情事，朘削脂膏徒归中饱，殃民误国，人所共知。朝廷是以毅然收为国有，并停收租股以恤民艰，既经定为政策，决无反汗之理。该省咨议局不明此意，辄肆要求，并有缓刊誊黄之请，是必所收路款侵蚀已多，有不可告人之处，一经宣布，此中底蕴恐不能始终掩饰，难保该局非受经手劣绅之请托，希图蒙混，为延宕时期接续抽收之计。……王人文著传旨严行申饬。（《宣统政纪》卷五四）

　　丙辰，……谕：……此次粤省因收回路事，突然倡议不用官发纸币，纷纷持票取银。……著张鸣歧严饬地方文武，随时防范，认真弹压，或有不法行为，立予拿办。倘敢纠众作乱，准如该督所请，格杀勿论。（《宣统政纪》卷五四）

　　戊午，谕：……度支部会奏，……"请将川、粤、湘、鄂四省所抽所招之公司股票，尽数验明收回，由度支部、邮传部特出国家铁路

股票，常年六厘给息，嗣后如有余利，按股分给。倘愿抽本，五年后亦可分十五年抽本，未到期者，并准将此次股票向大清交通银行照行规随时抵押，其不愿换国家铁路股票者，均准分别办理，以昭平允。粤路全系商股，因路工迟滞，糜费太甚，票价不及五成，现每股从优先发还六成，其余亏耗之四成，并准格外体恤，发给国家无利股票，路成获利之日，准在本路余利项下分十年摊给。湘路商股照本发还，其余米捐租股等款，准其发给国家保利股票。鄂路商股并准一律照本发还，其因路动用赈粜捐款，准照湖南米捐办理。川路宜昌实用工料之款四百数十万两，准给国家保利股票，其现存七百余万两，愿否入股，或归本省兴办实业，仍听其便"等语，筹画尚属妥协，著督办粤汉、川汉铁路大臣迅速前往，会同各该省督抚，遵照所拟办法，……实力奉行。……（《宣统政纪》卷五四）

六月壬辰，……护理四川总督王人文代奏，四川绅民罗纶等二千四百余人呈称，叠读收路国有谕旨，并盛端两大臣会同度支部酌定办法，不敢从命。查盛端两大臣电称，"川股由部筹还，必借洋债，必照湖北以川省部有之财政作抵"等语，是意在挟持川人，不还股款可知。又度支部会议细则，谓"公司股票如愿领保息股票，除倒帐准不扣折"等语，是倒款固永不归还，路本亦必扣折又可知。又度支部会

赵尔丰下令镇压保路运动图

奏，谓"湘粤商股一律照本发还，川路用款准给保路股票，其存款或令入股，或归本省举办实业"等语，是川路虽有商股，不得如湘鄂商股照本发还又可知。部臣对待川民，种种均以威力从事，毫不持平，敢同声吁于我皇上之前，惟裁察焉。得旨：铁路国有政策，早经宣示，借款合同，系有旨谕令签押，决无反汗之理。该护督一再渎奏，殊为不合。……（《宣统政纪》卷五六）

川路总理李稷勋，效忠于清廷，于是川事乃益亟。李稷勋者，川汉铁路驻宜总理，自铁道国有政策颁布，李曾具呈邮部，谓该路即收归国有，应俟从前支出各款，妥定归结办法。始由官局订期接收，恐非仓卒所能完竣，嗣后关于工程材料，及工程司去留各事项，应如何办理，统候裁夺。旋又进京面呈，宜、夔工程照常办理，所有工项仍由川款开支。邮部因以宜夔路工，责成李稷勋悉心主持，即由邮部咨行川督，转饬川路总公司。川人以李稷勋并无总公司之知会，股东之议决，四川总督之命令，擅自达部，邮部亦不问股东愿否，辄定宜、夔工程，仍由川款开支，因具呈请川督代奏，严劾邮部，一面发传单通告全川，罢市罢课，一切厘税杂捐，概行不纳，扣抵股息。时七月初一日事也。（郭孝成《中国革命纪事本末》第二编）

宣统三年七月丁卯，……又谕：电寄赵尔丰，据电奏，"四川股东会议论激昂，正在传集劝诫，街市忽有匿名传单，鼓动罢市罢课情形"等语，此次该省激动情形，有无匪徒从中煽惑，著赵尔丰确切查明，严行弹压。……（《宣统政纪》卷五八）

省中各街衢皆搭盖席棚，供设德宗景皇帝万岁牌，舆马皆不得过，……更有头顶万岁牌为护符。（《文献丛编》第二十三辑《清宣统朝四川铁路案》）

时袁世凯虽退居彰德，而与内阁徐世昌日由电报通消息。四川争路事起，世凯授意世昌，力主严办，欲使时局败坏，己得以乘机出山。

七月丁丑，……又谕：……赵尔丰、玉昆等，……仍以交院议决暂归商办为请，……著传旨申饬。……（《宣统政纪》卷五八）

川人争路之焰，至于极点，皆由郭孝可、罗纶、颜楷、张澜等鼓吹而成，而蒲殿俊复暗中为之主谋，以为后援。……借口保路，……不纳厘税，实行抗粮抗捐。至七月。十三，而逆书见，十六日，而起

彰德别墅养寿园

袁世凯罢官后寓居于此。

事之说已确。因于十五日，将该逆绅等诱入署中，一并拘留。在蒲殿俊家，搜得该逆党寄罗纶信，有"倡举大义、资助枪弹"等语，更属凭证确凿。当日午间，同志会党聚集万人，闯入督署，禁之不可，将及堂，不得已饬令开枪，毙数人，始行退去。（《文献丛编》第二十三辑《清宣统朝四川铁路案·赵尔丰电》）

七月十五日，……九钟，铁路公司开股东会。先时督院开列名单，来传股东会会长及同志会各部长共十九人到院，称北京来电，有好消息，立待磋商。登时往者有张表坊、罗子卿、江绪伦、邓慕鲁、叶炳成等五人，于是公司一时不能开会，专候回音。交午后一钟，突有兵到公司，将大门封闭，众人于是惊惶不知所以，问之队官，称由督院派来，保护公司。……于是人心生疑，请伊将门打开，当即派人出街探听，果见各街口均驻巡兵，南院及各司道衙门尤多，巡兵围守，四城门已闭，出入杜绝。又见赵督告示，严厉异常，其一示中云，"此次所拿首要，均系煽乱之人"；又一示云，"只拿首要，不问平民，首要诸人，业已就擒，议会解散，谣言勿听，兵队保护，匪徒难侵，拥挤上院，格杀勿论"，等字样，于是人心大愤，鬼哭神号。各街坊传告各铺家坐户，无论老幼男女，各出一人，均头顶先皇神位纸条，奔往南院请罪，被各处巡兵阻止，不听，巡兵竟放枪击毙商民

数人。而人心犹不畏死,直投南院,又被赵督及军官田征夔,立命亲兵队同巡兵,击毙数十余人,受伤者较多。(渤海寿臣《辛亥革命始末记》)

七月辛巳,谕:……赵尔丰……前奏川人抗粮抗捐等情,已属目无法纪,兹复倡言自保,意在独立,尤属罪无可逭。著赵尔丰迅速查拿,如得有狂悖不法确据,实系形同叛逆,无论是否职官,即将首要人犯先行正法,并妥速解散胁从,毋任蔓延为患。(《宣统政纪》卷五九)

壬午,……又谕:电寄赵尔丰,电奏悉,川省逆党借争路为名,鼓动愚民,意图独立,竟于十五日凶扑督署,肆行烧杀,并砍伤哨弁等数人,实属凶恶已极。该署督力饬兵队,将该逆党分头击退,并先将首要蒲殿俊等,设法诱擒,办理尚属迅速。该署督以该省兵分力弱,请拨得力兵队数千人来川一节,著瑞澂就近遴派得力统将,酌带营队,迅即开拔赴川。……(《宣统政纪》卷五九)

代表刘声元、阮岜等既入都,上书邮传部、都察院请代奏,并哭诉于庆王府,均不得要领。摄政王入朝,声元等复拦舆哀诉,王大怒,命递解声元等回籍。(四川咨议局副议长)萧湘亦惧祸南归,载泽恐湘归煽乱,电瑞澂捕之,囚于武昌。(尚秉和《辛壬春秋》第二《四川》)

七月甲申,……又谕:……四川……旅京绅商学界屡次开会,聚集多人,投递呈词。……著学部严饬各学堂管理各员,认真约束学生,照常上课,不准随意出堂,干预外事。并著民政部、步军统领衙门,严行禁止聚众开会,多派兵警加意弹压,……劝阻解散,倘或不遵,即行分别拿办。并将自称四川代表刘声元,严密查拿,押解回籍,交地方官严加管束。……(《宣统政纪》卷五九)

清廷命岑春煊赴川查办,复命端方率兵入川,春煊负气返沪,川人争路愈烈。川路事起仅三月,而武汉起义,又三月而清以亡。

七月乙酉,谕:……自铁路干路收归国有,凡从前商股民股,均经饬部妥定办法,明白宣示。……乃川人未明此意,开会演

岑春煊像

说，借端争执。……本月十五日，竟有数千人凶扑督署，肆行烧杀，并毙弁兵。似此目无法纪，显系逆党勾结为乱，于路事已不相涉，万难再予姑容。已电饬赵尔丰相机分别剿办，……勿任蔓延。……至该省商民一切路股，仍著邮传部、督办会办铁路大臣，遵旨妥速办理。(《宣统政纪》卷五九)

癸巳，谕：……赵尔丰电奏，"自十五日乱民围攻督署之后，是夜即有大面铺牛市口民团数千人，麇集城下。连日又到有温江、郫县、崇庆州、灌县、成都、华阳、双流、新津、郫州、蒲江、大邑十余州县民团，每县数起，每起数千人或至万人，所到之处，抢掠烧劫，无所不为，附近居民纷纷逃徙。当经调派陆军及巡防军卫队迎剿，乃各该团恃其势众，分四路围城，并放枪炮，伤亡军士，迫经回击，犹敢抵死抗拒，及势难支，始行败退。嗣有大股匪团数千人，盘踞距省城五十里之龙泉驿山顶，扼守险要，密列炮械，扬言进攻省城。迫官军驰往剿击，匪即开炮轰打，经军队于黑夜猛扑山上，占据山顶，夺获大炮数十具，枪弹刀矛无算，匪遂下山纷窜。而西路犀浦中和场等处匪徒，亦经击退。匪复分股围攻双流县城，焚烧关厢街寺，官军与之相持一昼夜，城围始稍松解。窜扰犀浦中和场，并续窜唐家寺之匪，亦先后败退。自十六日至今，连战七日，擒斩甚多，夺获刀矛旗帜约二千余件。各路电线悉被砍断，驿递文件皆被截阻搜杀。现在各处仍复警报频闻，拟俟城守稍固，即抽队迎剿。先后阵擒被胁愚民，均开导宽免"等语，办理尚合机宜，该匪等先期散有调兵木签，足见谋逆已非一日，及至逆谋败露，立时四处响应，……亟宜早图廓清。现在鄂军已经行抵川境，黔省援军亦经开拔，仍著赵尔丰严饬各军分路剿办。……(《宣统政纪》卷五九)

八月戊戌，……又谕：电寄赵尔丰，电奏双流防军已将彭家场攻开，毙匪甚众，温江、崇庆之匪占踞要隘，新津、彭山两县已为匪踞，地方官皆被幽禁，成属各县，几于无地不匪，各州县亦纷纷告警。……著赵尔丰饬知田振邦，严饬军队节节进行，迅速扑灭，毋任蔓延。(《宣统政纪》卷六〇)

壬子，……又谕：电寄赵尔丰，端方电奏，嘉定失守。……著该署督严饬各军，迅将失守地方克复，不得少有延缓。……(《宣统政

纪》卷六一）

　　七月二十七日奉旨，沈秉堃电奏"川省变乱，请饬邮传部分备银两，散还零星民股，其川路亏倒股本，并饬部垫认，按股散还，追缴归款"等语，……二十九日又奉旨，岑春煊电……陈川省路股办法，……著邮传部速议具奏，……凡持有商办股票者，准赴各省路局清理股票处挂号，……到局支取现银，并换领国路股票。……本（八）月初八日，奉谕……依议。（盛宣怀《愚斋存稿》卷一八《遵旨议覆川省路股办法折》）

　　川省风潮极急时，党人龙鸣剑劝蒲殿俊以举大事，蒲不可，龙鸣剑遂归荣县。蒲等于罢市后，犹复刊布光绪牌位，令人遍贴门首，焚香致敬，以明非反抗清廷意也，党人固差之。亦有少数党人，不惜贬损个人名誉，借以鼓动民心，如龙鸣剑、李朝甫、陈孔伯、方朝桢、陈子玉、王世杰诸人，皆外以同志会之名，内行革命之事，极言国有巨弊，政府恶劣，使人人知清之不可恃，非改革不可。故八月鄂省革命事起，四川省城未克，而各属州县已恢复数十处矣。（郭孝成《中国革命纪事本末》第二编）

　　九月己巳，又谕：资政院奏……称，"祸乱之源，皆邮传大臣盛宣怀欺蒙朝廷，违法敛怨，有以致之。……此次川乱之起，大半原因，即以该部奏定仅给实用工料之款，以国家保利股票，不能与鄂路商股一律照本发还，又将施典章等所亏倒数百万，弃置不顾，怨苦郁结，上下争持。川乱既作，人心浮动，革党叛军乘机窃发，该大臣实为误国首恶"等语，……盛宣怀著即行革职，永不叙用。（《宣统政纪》卷六二）

　　又谕：……查得川中罢市罢课，不戕官吏，不劫仓库，绝非逆党勾结为乱，其七月十五日民居失火，仅系南打金街民人自行失慎。人民因蒲殿俊、罗纶等被拘，赴辕请释，统领田征葵擅行枪毙街正商民数十人。附近居民闻知，遂首裹白巾，奔赴城下求情，又为枪毙数十人，以致众情愤激。其所传告之自保商榷书，并无独立字样，亦无保

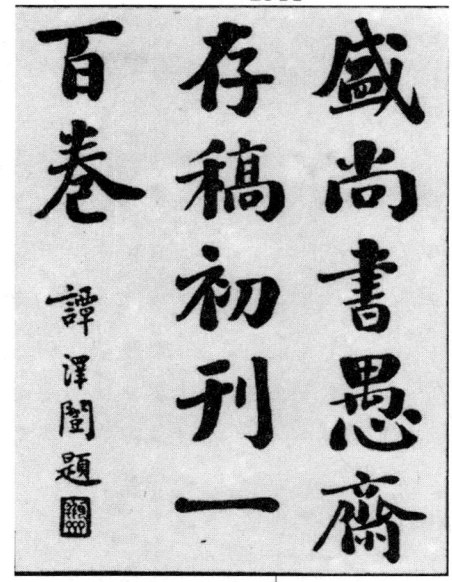

盛尚书愚斋存稿初刊一百卷　譚澤闓題

盛宣怀《愚斋存稿》书影

卷五　明清

路同志会及股东会图记,其中且有"皇基万世"等语,并非出自蒲、罗等之手。又有搜获之木牌血书,皆匪徒假托,非士人所为,川中官吏周善培、王揆、饶凤璪等,复挟咨议局纠举之嫌,构成冤狱,不纳捐粮一说,"系官绅联合会内提倡,有缓办捐输以请息扣粮之议,并非股东实行征收国家租税"等语。此次川事糜烂,既据端方查明,实由官民交哄而成,所有办理不善之地方官,自应分别惩治。……王人文、赵尔丰均著交内阁议处,署松潘镇总兵营务处总办候补道田征葵,贪功妄举,擅毙平民,著即行革职,发往巴藏,责令戴罪图功。署提法使劝业道周善培,轻躁喜事,变诈无常;候补道王揆、王梓,结怨绅商,声名素劣,均著即行革职。候补道饶凤璪,资轻望浅,舆论不孚,著以同知候补,以昭炯戒。四川咨议局议长法部主事蒲殿俊,副议长举人罗纶,度支部主事邓孝可,翰林院编修颜楷,贡生张澜,民政部主事胡嶸,举人江三乘、叶秉诚、王铭新,对于匪事绝无干涉,均著即行释放。法部主事萧湘,前被拘留,著一并免其置议。

(《宣统政纪》卷六二)

(三)革命之成功

甲、武昌起义

武汉居全国之中,唐才常亟欲据之,以号召四方,惜其事败。自后谋革命者,无不以汉口租界为策源地。张之洞时,得告密之书,立即焚之,亦幸无事。瑞澂恃妻舅载泽用事,数年之间,由九江道而总督两湖。时总督多加宫保,瑞澂亦欲得之,商于载泽,载泽告以惟捕革命党,可以论功升赏,故瑞澂侦察革命党最严,欲借以立功。时谋革命者多立会名,一二人倡之,数人和之,会名无定,人之数亦无定,会与会之间,亦不甚关照,知有孙中山、黄兴而已,未尝有约。然各省学堂、军队中,此类结合,多至不可纪极。

光绪甲辰1904年。春,武汉志士刘静庵、吕槐廷、朱元成、时功璧、刘熙卿、时功玖、何季达、胡瑛、欧阳瑞骅等,常会集于武昌多宝寺街时宅,讨论革命进行方略。夏五月,6月。……组科学补习所于武昌多宝寺街。……十月,11月。……张之洞派军警围搜,……科学补习所遭受破坏。未几,党人曹亚伯归自日本,商之刘静庵,图再

举，……以圣公会之日知会为革命机关，借避耳目，而从事鼓吹革命，湖北军学界参加者甚众。……日知会自乙巳春组成以来，两易寒暑，成绩昭著。至丙午，……有沔阳郭瑶阶者，因留日识胡瑛，侦知秘密，勒款不遂，乃报巡警道冯启钧。冯与外人交涉，封日知会，捕党人胡瑛、……张难先、……刘静庵，均下武昌狱中。……戊申冬十月，……杨王鹏邀唐羲友、郭抚宸、邹毓琳、钟畸、章裕昆，讨论团体名义，磋商至再，始定名为群治学社，外避目标，内策自治。……金台茶馆……在武昌小东门外三里许，……地较僻静，行人稀少，……十一月二十日，12月13日。于此开成立大会。……各发起人即尽力联络，未几四十一标姚钧、廖湘芸、王守愚、蔡大辅、陆国其，三十一标李鑫、谢鹄臣诸同志，均先后加入。……嗣后派邹润猷往安徽，邓刚往奉天，杨王巽往上海，社内同志渐分布他处矣。四十二标祝制六……与黄景贤等，秘密联络同志，鼓动革命，……章裕昆亦以群治学社组织情形相告。祝闻之喜，章即白众意，拟以四十二标事相属，祝诺。……先后加入者踵相接，群治学社势力日见雄厚。……

庚戌，1910年。湘饥。四月，5月。党人鼓动饥民，以闭粜事，纵火焚抚署。……黄绅芗在鄂，联合群治学社，发动响应，……风声所播，群治学社之名于焉益著。鄂督瑞澂遂饬军中严密搜检，……工作进行，大感困难，……不能沿用群治学社名义，……决议易名为振武

武昌湖广总督署

学社，扩大组织，各营标均设代表。……八月秋节，9月18日。在黄土坡开一天酒馆，举行成立大会，……由杨王鹏主席，宣读简章。共推杨为社长，李六如任庶务兼文书。……施化龙到差，……即将杨王鹏撤差，李六如……开除。……杨王鹏、李六如出营后，……将社务交蒋翊武主持。……振武学社经施化龙破坏，停顿两月余，风潮略静，各标同志力促恢复。时已季冬，蒋翊武约詹大悲、刘复基、章裕昆等，开会于阅马厂集贤酒馆，讨论名称及进行策略，詹主改为文学社，从之。……

辛亥年元旦，1911年1月30日。开文学社成立大会于黄鹤楼之风度楼，……遂推蒋翊武为文学社正社长，詹大悲为文书部长，刘复基为评议部长，蔡大辅、王守愚为文书员，邹毓琳为会计兼庶务。……均以扩大范围为要，号召同志，尽力介绍新同志入社。……时胡瑛在狱，蒋翊武辄往问策，故文学社之成功，胡赞勷之力实多。文学社成立仅月余，而声势几达湖北全军。……决议在小朝街八十五号设立机关，推刘复基住社办公，并增设总务部，推张廷辅任部长。时辛亥四月十二日1911年5月10日。也。（章裕昆《文学社武昌首义纪实》）

共进会发起于日本东京。先是，中国同盟会于丁未新设十部，中有联络部，专以联络各省秘密会党为职志。……一部分同盟会会员，组织共进会，专司此项联络任务。……此事进行异常秘密，其编制三等九级，一如同盟会，……鄂人居正、孙武、杨时杰、彭汉遗、刘英、刘铁、向寿荫等皆与焉。……己酉三月，乃设总机关于汉口法租界长清里。……辛亥正月，……会务进展极速，……而武昌军学界同志，接谈集会非常便利，愈见活跃。……文学社更和衷共济，等于仲昆，乃于八月初三日，在胭脂巷机关，开联合大会，出席者有孙武、刘尧澂、胡祖舜、蔡大辅、邓玉麟、李济臣、蔡汉卿、彭楚藩、熊秉坤、马荣、杨宏胜、蔡济民、杜武库、林翼友等。时蒋翊武赴岳未返，公推孙武主席。主席报告共进会、文学社联合经过后，即讨论首义方略及日期，决议乘八月十五中秋节日起事。（张难先《湖北革命知之录·共进会始末》）

各营既先后出发（入川），文学社与共进会，……拟定辛亥八月二十日1911年10月11日。举事。……辛亥八月三日，9月24日。炮队

盛发城等为入川同志饯行，至晚酒酣，忽拖炮出，谋举事，管带江明经制止，开除数人。外间风声益紧，清吏虑中秋有变，特令各标营于十四日10月5日。提前举行中秋节，在营休息，不准外出，不准过量饮酒。十五日，10月6日。特别戒严，派军队逡巡，如临大敌。（章裕昆《文学社武昌首义纪实》）

八月十九日，武昌起义之初，军队参与者不过一二百人，而喧传张彪所部第九镇全军皆变，故瑞澂仓皇逃于兵轮。张彪所部一二千人尚与义师相持一二日，始退归汉口。

八月甲寅，谕：……电寄瑞澂，据电奏，探知革党潜匿武昌，定期十九日夜间起事，正饬防拿。旋据齐耀珊电称，于汉口拿获要匪刘耀璋一名，起获伪印伪示伪照会等多件，遂与统制张彪等督派弁兵，在省城内先后拿获匪目匪党三十二名，并起获军火炸弹多件。内有"刘汝夔开枪拒捕，杨宏胜私藏军械，彭楚藩语尤狂悖，当将该三犯讯明正法"等语。该革匪在鄂创乱，意图大举，实属目无法纪，……即著严行研鞫，尽法惩治。……（《宣统政纪》卷六一）

是晚8月19日。七时，工程营后队排长陶启胜，查有该排兵士程正瀛，枪内装有子弹，又查有该排副目金兆龙，亦擦枪装弹，遂传谕金兆龙，为何如此。……程正瀛……即用枪柄向陶启胜头脑猛力一击，……立时倒地。同时该营左队兵士方兴潜在营外，向营房掷一炸弹，响声大震。……后队正目熊炳坤借此一轰，群起哗变。该营督队官阮荣发及右队队官黄坤荣、司务长张文涛拔刀阻止，均为兵士所杀。……众兵士即将营内子弹，搬取一空，……左队司书生周定原谓，"尔辈……当速到楚王台集合"，众兵士闻之，……一哄而出，……少顷即至，他营尚无动静，……共计工程第八营不到三百人。又虑瑞澂来袭，危险万状，……于是众兵士举左队队官吴兆麟为总指挥。（曹亚伯《武昌革命真史》正编《辛亥八月十九日武昌起义》）

《武昌革命真史》书影

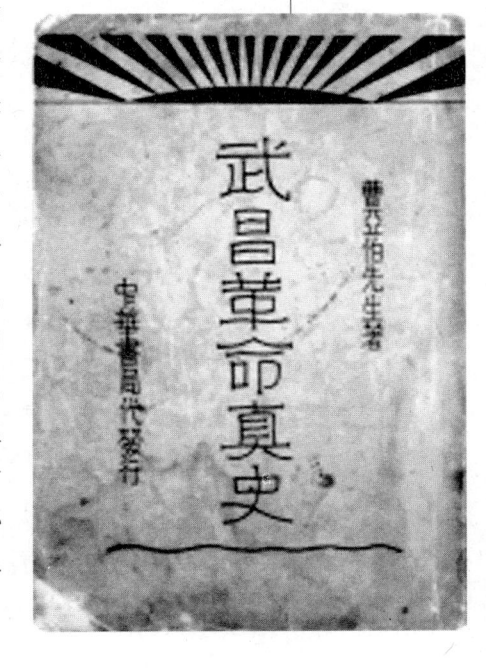

当是时，驻扎武胜门外之第二十一混成协工程辎重等队士兵李鹏升等，于自动发难后，……率领七十余人，绕道通湘门，以集中楚望台；中和门内步队第二十九标二营排长蔡济民，亦于发难后率领士兵二十余人，与方兴所领测绘学生八十人，先后向楚望台集合。（胡鄂公《辛亥革命·北方实录》）

　　城内工程第八营起义后，响应者仅炮队第八标，城外辎重工程两队，测绘学堂学生及步队二十九标约一排，共约二千余人。（曹亚伯《武昌革命真史》正编《辛亥八月十九日武昌起义》）

　　是晚8月19日。十二时，天微雨，各处电线均已割断。……革命军之炮队迷于方向，碍难描准，各路进攻督署之队伍，亦因督署教练队在墙内凿有枪眼，防御极严，甚难前进。……吴兆麟……传令，各队伍均在原地准备进攻，……将在楚王台之预备队，挑选勇敢者百人，派周定原、曹飞龙、黄楚楠各带兵一排，亲自督率前进，楚王台之军械局，暂令方兴、李鹏升严守。吴兆麟行至工程营后街，……经王府口，到督署后侧，即命众兵士纵火，……猛烈射击，……令炮队向火光附近射击。……吴兆麟因巷战伤人太多，……专令炮队猛烈向督署火光施放，又命炮队分班向未响应之各营射击。少顷风益猛，火益烈，革命军士气愈久愈振，……捕获督署折差马某，……据称，瑞制台一闻炮队全体变了，即由督署后墙穿洞逃走，……出文昌门，到兵船上躲避。……吴兆麟……即将瑞澂潜逃出城之事，传知各队，……前进将督署占领。（曹亚伯《武昌革命真史》正编《辛亥八月十九日武昌起义》）

　　八月二十日拂晓，革命军遂将督署占领。革命军占领督署之后，中和门外陆军中学堂陆军学生约千名，遂自动整队荷枪进城，到楚望台集合；城内外各协标营留守士兵，亦先后齐集楚望台，步队二十九标一二两营亦同时来归。但所来队伍均无长官，咸由其目兵率领，集合楚望台，听候指挥者。兆麟乃将全城各门划定区域，命各部队分区防守。（《辛亥革命·北方实录》）

　　先是，各省咨议局屡请开国会，湖北咨议局议长汤化龙为众人所注目，至是群推化龙为都督。化龙以不习兵事，推协统黎元洪，成立湖北都督府。各省先后独立者，皆称都督，无所统一，久乃议先统一外交。

马荣、程正瀛等，带队至黄土坡刘吉文家，……请黎协统，……直至卧室搜查。斯时黎元洪……问何事，马荣曰："特请统领到楚王台，奉总指挥吴兆麟命令，即有要事相商。"黎无可如何，随带其执事官王安澜，同马荣等向楚王台。……与吴兆麟晤面时，即谓兆麟曰："你为甚么要革命？这是要全家诛戮的事。你学问很好，资格很深，你万不该与革命党共同革命。你若不革命，你在军队进级很易。请你快叫大众各回各营，事情太闹大了，更不得了。"马荣……即拔刀向黎元洪来斫，吴兆麟喝止之。……吴当向……黎云："……今闻瑞澂与张统制等均已出走，仅统领一人在武昌城内。统领素爱军人，甚得军心。事已至此，实属天意，只好请统领出来维持大计。"……黎亦无语。……少顷，吴兆麟即请黎元洪到咨议局会议，……派人敦请之同志父老，……有汤化龙、胡瑞霖、张振武、李作栋、陈磊、陈宏诰、邢伯谦、李翊东、赵学魁、杨玉如、苏成章、毕钟、向讦谟、刘公、蔡济民、徐达明、王文锦、吴醒汉、邓玉麟、高尚志、周定原、高振霄、方定国、李国镛等，齐到咨议局会议厅，公推汤化龙主席。……于是大众在咨议局商议进行各事宜，……一，以咨议局为军政府；二，称中国为中华民国；三，改政体为五族共和；四，规定国旗为五色，以红、黄、蓝、白、黑代表汉、满、蒙、回、藏为一家；五，称中华年号为黄帝纪元四千六百零九年；六，当以黎元洪为都督，布告地方；七，移檄各省，并照会各国领事，宣布满清罪状；八，布告全国国民并军民长官；九，布告湖北各府州县；十，军政府紧要谕令；十一，致书满清政府；十二，布告汉族同胞之为满洲将士者，促其觉悟；十三，军政府暂设四部：甲、参谋部，乙、军务部，丙、政务部，丁、外交部；十四，设立招贤馆。（曹亚伯《武昌革命真史》正编《辛亥八月十九日武昌起义》）

黎元洪像

卷五 明清

乙、汉阳战事

八月十九起义之事，为清廷所知。时军机大臣载涛方在滦州，举办秋操，闻报仓卒停操，遽命陆军大臣阴昌率冯国璋之师，编为第一军，南下平乱。而将士不甚用命，乃起用袁世凯为湖广总督督师，命海军提督萨镇冰率海军助之，镇冰遂举义。

八月乙卯，谕：……瑞澂电奏，十八夜革匪创乱，……正在提讯核办。革匪余党勾结工程营、辎重营，突于十九夜八钟响应，……瑞澂退登楚豫兵轮，移往汉口。……瑞澂……著即行革职，带罪图功。……并著军咨府陆军部迅派陆军两镇，陆续开拨，赴鄂剿办；一面由海军部加派兵轮，饬萨镇冰督率前进，并饬程允和率长江水师即日赴援。陆军大臣阴昌著督兵迅速前往，所有湖北各军及赴援军队，均归节制调遣，并著瑞澂会同妥速筹办。（《宣统政纪》卷六一）

丁巳，……谕：湖广总督著袁世凯补授，并督办剿抚事宜。……又谕：袁世凯现简授湖广总督，所有该省军队暨各路援军，均归该督节制调遣，阴昌、萨镇冰所带水陆各军，并著袁世凯会同调遣，迅赴事机，以期早日戡定。（《宣统政纪》卷六一）

九月庚午，谕：湖广总督袁世凯著授为钦差大臣，……凡关于该省剿抚事宜，由袁世凯相机因应，妥速办理。军情瞬息万变，此次湖北军务，军咨府陆军部不为遥制，以一事权而期迅奏成功。（《宣统政纪》卷六二）

黄兴自日本驰归，被推为总司令，与清军相持，冯国璋亦一战而克汉阳。幸江苏第八镇举义，会联军攻克南京，得失相抵。黄兴被推为大元帅，往上海组织北伐军。

冯国璋像

八月二十一日正午，汉口光复，……命何锡藩继任防御汉口，……张彪、张锡元……在刘家庙以南占领阵地防御民军。……二十五日，……我军步炮队齐向敌还击，……齐喊杀敌，声震如雷。清军溃退，我军追杀益猛，……敌军大败。我军追蹑至三道桥停止，清军退至滠口。……二十七日，张景良奉命为汉口指挥官，所有军队悉归节制，……司令部设刘家庙车站。……二十九日拂晓，第二协令谢元恺之一标，潜由三道桥，陆续赴滠口，满军步哨已发觉，鸣枪，谢标队伍猛进，……敌用机枪扫射，……死伤甚重，……仍退回原地，两军在三道桥两端，各用炮射击。……九月初五日，阳逻海军乘拂晓天黑，偷入谌家矶，径抵造纸厂江岸，向我军防御阵地侧面猛击，将我散兵壕内及附近之兵击死五百余名。刘家庙亦无端起火，弹械粮秣尽遭焚如，军心由是摇动退却。而滠口敌军……复用机枪扫射，水陆夹攻，我军无力抵御，造纸厂遂为敌军占领。……我军不得已退至大智门，始占领阵地，刘家庙亦为敌有。……是日正午，我军誓图报复，……于午后一时开始进攻，……齐向刘家庙攻击，士气极盛。清军在刘家庙，用机关枪及步炮队顽强抵抗，弹如雨注，我军冒弹猛进，……与敌肉搏，……夺回刘家庙，复向造纸厂追击。……初六日拂晓，清军乘我军未前进时，一由造纸厂，一由姑嫂树，分两路……攻击我军。……两军相持一日，……战至天晚，我军终向大智门新停车场附近退却，清军复占领刘家庙一带。

时军政分府得同志报告，谓指挥张景良已通敌，……旋奉命将张景良、刘锡祺、罗家炎三人正法。景良诛后，都督即委派姜明经为汉口指挥官。……初七日，……我军在大智门新停车场一带防御清军，……敌军进，……我军猛扑追杀。……其时黄兴……自沪抵汉，……乃公推黄兴为总司令，……至汉则以歆生路满春茶园为总司令部。……正部署间，敌酋王占元、陈光远、鲍贵卿等，已带队侵至六渡桥。……初十日，……两军仍在歆生路附近，以炮火战斗，皆未前进。……十一日午前十时，敌借歆生路附近房屋掩护，用机关枪猛射。……敌乘机放火，烧歆生路房屋，使我军失所依托，复用重炮猛击。……午后二时，……下令各部队退防玉带门，敌即节节纵火烧市街商店，烧一段即占据一段。……十二日，……汉口被敌军纵火延

烧，市民迁徙净尽，粮秣给养极其困难，我军因陆续向汉阳退却。（张难先《湖北革命知之录·汉口战事始末》）

九月十三日下午，总司令黄兴赴汉阳，组织总司令部，……李书城……为参谋长。……二十四日午前九时，总司令集合各部队长官，在司令部开军事会议，规定攻击计划。……二十六日，……我炮队及兵工厂附近一带之步兵，并武昌凤凰山炮队，俱开始射击汉口，满军炮队亦向我炮队还击。五时，桥梁架设完竣。……午后十时，部队陆续前进，……渡河。……满军闻我军渡河，射击甚烈，……我军各部队死伤甚众，仍勇往直前。我军死伤颇众，……是日决定固守汉阳。……（十月）初二日午前七时，满军在三眼桥附近，与我军战斗甚烈。……午后六时，……满军则进据仙女山，……山地势高，一可瞰制汉阳，一能侧击大别山。汉阳极形危险，非速驱逐，汉阳难保。……初三日午前五时，我步队第七标由花园开始进攻。……午后二时，满军逐渐增加，火力益猛。……我军因火力不支，退占大吴湾西北高地及扁担山汤家山之线，……于是敌军将出全力以攻汉阳。……初四日……午前六时三十分，满军机关枪向我军开始射击，……是夜，……满军已进扁担山花园之线。……初五日，……我军在十里铺一带防御，……同时，满军在汉口炮队亦向十里铺注射，我军伤亡甚重。……目下军无斗志，……汉阳更形危迫，……是日两军在十里铺相持，彼此无进展。……初六日午前六时，满军在汉阳兵力逐渐增加，由花园以北向我十里铺绕攻，……弹下如雨，……（我）军心涣散。午前十一时，满军渐渐前进，火力益猛。……初七日晨，总司令亦退回昭忠祠，十里铺遂失。……午前十时，总司令已渡江，满军节节搜索前进，汉阳城被敌军占领。（张难先《湖北革命知之录·汉阳战事始末》）

丙、各省独立

自武昌起义后，浃月之间，各省先后起义，惟山东起义旋复取消，东三省改称保安。吴禄贞举义于石家庄，张绍曾举义于滦州，皆不成。清廷所拥为直隶、东三省、山东、山西、河南之地而已，南方则湖南、贵州、四川都督皆有更易，江浙两省，府县亦有称都督者，而上海一隅则有吴淞、上海两都督焉。

各省独立表

省名（地名）	独立年月	都督（主持人）	独立经过
湖南　长沙	九月初一日	焦达峰	焦达峰、陈作新于九月初一日拂晓起事，占领长沙，清巡抚余诚格逸。翌日，各界集咨议局，推焦为都督，陈副之。九月初十日，焦、陈为乱兵所杀，谭延闿继为都督。
陕西　西安	九月初一日	张凤翔	张凤翔、张益谦、钱鼎，各率所部，于九月初一日起事，推张凤翔为都督，钱鼎副之，清将军文瑞投井死。
江西　九江	九月初二日	马毓宝	九月初二日夜十时，马率所部起事。初三日，成立九江军政府，举马为都督，蒋群为参谋长。
南昌	九月初十日	吴介璋	初十日夜，起事。十二日，成立江西军政府，举吴介璋为都督，清巡抚冯汝骙逸。吴旋辞职，由彭程万继任。十月初一日，彭辞职，由九江都督马毓宝继任，将九江军政府取消，改为都督行辕。次年三月廿一日，李烈钧由皖归赣，代马毓宝为都督。
云南　腾越	九月初六日	张文光	九月初六日，张文光纠合成腾越之陆军起事。初八日，称滇西军都督，省城光复后，乃归之。
昆明	九月初九日	蔡锷	九月初九日，光复军起事。十一日，公推蔡锷为都督。
山西　太原	九月初八日	阎锡山	九月初七日夜，姚以价等起事，攻陷抚署，枪杀巡抚陆钟琦。初八日，推阎锡山为都督，温静安副之，姚以价为行军总司令。清廷复以吴禄贞为山西巡抚，吴被刺杀后，又以张锡銮代抚，并命曹锟、卢永祥率军入晋，阎锡山退守河津。追议和告成后，始设都督府于太原，以阎锡山任之。
上海	九月十四日	陈其美	九月十三日，陈其美等进攻制造局。十四日，众推陈为都督，海军亦宣布独立，同日，吴淞亦光复。
浙江　杭州	九月十四日	汤寿潜	九月十四日，清晨，杭州起事，以周承菼为总司令，童伯吹为临时都督。十五日，清军均降。时汤寿潜由沪达杭，十七日，众推汤为都督，十八日，就任，继而浙东各地亦皆光复。
贵州　贵阳	九月十四日	杨荩诚	九月十四日，清晨，张百麟、黄泽霖率新军起事。巡抚沈瑜庆派兵镇压，杨荩诚等率新军往救，沈瑜庆乃请和。十五日，推杨荩诚为都督，赵纯诚副之。次年二月，杨辞职，赵继任。后刘显世杀赵，自为都督。
江苏　苏州	九月十五日	程德全	九月十四日，上海都督陈其美派章梓等至苏州，筹划举事。十五日，各新军皆独立，清巡抚程德全亦允独立，成立江苏军政府，推程为都督。
松江	九月十六日	钮永建	松江闻苏州独立，乃于九月十六日，举钮永建为军政长，宣布独立。

续表

省名（地名）	独立年月	都督（主持人）	独立经过
镇江	九月十八日	林述庆	镇江新军于九月十七日夜起事，十八日，克镇江城，推林述庆为都督。扬州亦独立，受镇江管辖。
清江浦	九月十五日	蒋雁行	清江浦新军于九月十四日夜起事，蒋雁行率军响应。十五日，占领清江浦，举蒋雁行为都督。
安徽 寿州	九月十五日	王庆云	王庆云等率乡团，于九月十五日攻寿州，不战而克，乃公推王为总司令。再克颍州，与清军倪嗣冲战，又克凤阳，平定淮南。
安庆	九月二十一日	孙毓筠	九月初九日，安庆各军举事，未成。清巡抚朱家宝阳示反正，以待事变，各军遂于九月二十一日，推王天培为都督，宣布独立。后黄焕章之浔军入皖，与皖军不合，由李烈钧调停，浔军去皖，而王天培亦他往，遂推孙毓筠为都督。十一月下旬，皖军北伐，安徽统一。
广西 桂林	九月十六日	陆荣廷	武昌起义后，刘古香等于广西各地起事。清巡抚沈秉堃与王芝祥、陆荣廷，于九月十六日，联名通电独立。二十日，陆荣廷制造兵变，沈秉堃走湖南，陆荣廷遂为都督。
广东 广州	九月十九日	胡汉民	九月十一日，陈炯明起义于东江，继而黄明堂等亦皆起事。十八日，绅商各界集议独立，举清督张鸣岐为都督，而张已遁，龙济光亦拒副都督之职。十九日，乃举胡汉民为都督，宣布独立。
福建 福州	九月二十一日	孙道仁	九月十八日，许崇智任革命军总司令，向旗籍官兵攻击。十九日晨，双方激战，清总督松寿自杀，将军朴寿阵亡，福州光复。二十一日，各军推孙道仁为都督，许崇智为海陆军总司令。
东三省 奉天	九月二十二日	赵尔巽	武昌起义后，蓝天蔚、吴景濂拟于奉天成立保安会，逐清督赵尔巽。九月二十二日，召开保安大会，赵尔巽利用张作霖、袁金铠等，以武力威胁会场，重组保安会，自任保安会长。各地党人乃陆续发难，顾振邦、杨大宝起庄河与复县，刘雍等起凤凰城，商霈等起辽阳，赵中鹄等起海城，孙祥英等起铁岭，段右军等起开原，先后皆败，蓝天蔚走烟台，自任关外都督。
四川 蜀北	十月初一日	曾省斋	九月初六日，曾省斋等起事垫江县，日夜练军，于九月二十一日出征，连克大竹、渠县、邻水、广安、岳池、蓬溪、射洪、营山诸县。十月初一日，开全民代表大会，举曾省斋为蜀北都督。
重庆	十月初二日	张培爵	九月十五日，夏之时等于龙泉驿起事，率兵抵重庆，趣之独立，于是张培爵等于十月初二日起事，执知府钮传善，宣布独立，众推张为都督，夏副之。

续表

省名（地名）	独立年月	都督（主持人）	独立经过
成都	十月初七日	尹昌衡	十月初七日，四川宣布地方自治，蒲殿俊为都督，庆澜副之，仍以川督赵尔丰主边务。十八日，兵变，蒲、庆逸走，乃公推尹昌衡为都督，罗纶副之。赵尔丰密召边兵至川，乃诛尔丰，川局始定。次年二月，并成渝两军政府为四川军政府，尹昌衡为正都督，张培爵副之。
滦州	十月初三日	王金铭	十月初三日，王金铭、张建功、施从云、孙谏声、白玉昆等起事于滦州，成立北伐军政府，王金铭为都督。十月十七日，清军王怀庆来攻滦州，二十日，张建功等内叛，北伐军乃退走昌黎，王金铭、孙谏声、施从云等，皆战殁，起义失败。
张家口	十月初		张雨岑、南琴轩、李飞迁等谋起事于张家口，为清吏所捕，李飞迁等死之，遂失败。
南京	十月初十日	程德全	九月底，苏浙两省联军组成，以徐绍桢为总司令，浙军司令朱瑞、沪军司令洪承点、镇军司令林述庆、济军司令黎天才，合攻南京。十月初十日攻入南京城，清将张人骏、将军铁良、统领张勋败走，林述庆乃称宁军都督，联军不服，后迎程德全入南京为都督。
山东 济南	九月二十一日	孙宝琦	九月二十一日，山东宣布独立，举清巡抚孙宝琦为都督。十月初四日，因袁世凯之破坏，复取消独立。
烟台	十月二十二日	胡瑛	十月二十二日，王耀东等起事于烟台，道员徐世光逸，公举王传炯为司令。王暗通孙宝琦，王耀东等至上海求援，陈其美乃派胡瑛为鲁军都督，率军三千，由海道抵烟台，杜潜暂代胡瑛，王传炯逃，烟台光复。
河南 开封	十一月初三日	张钟瑞	张钟瑞等定十一月初三日起事于开封，自任革命军总司令，谋泄，张等二十一人被捕死，起义失败。
新疆 伊犁	十一月十九日	广福	冯特民、李辅黄等十一月十九日起事于伊犁，攻陷将军署，推将军广福为都督，杨缵绪为总司令，杀将军志锐，与巡抚袁大化相持于精河、西湖之间。
甘肃 秦州	壬子年正月十一日	黄钺	黄钺等起事于秦州，辰刻入城，众推黄为都督，向燊副之。

丁、各国中立

八月二十一日民军光复汉口后，即通告各领事，承认中外条约及外债赔款。旋各领事覆文，认民军为交战团体，各国保守中立。

布告严守中立事。现值中国政府与中国民国军互起战争，查国际公法，无论何国政府与其国民开战，该国之内治管辖之事，其驻在该

国之外国人，无干涉权，并应严守中立，不得藏匿两有关系之职守者，亦不得有辅助何方面之状态。据此，本领事等自应严守中立，并照租界规则，不准携带军械之武装人在租界发现，及在租界内储匿各式军械及炸药等事。此系本领事遵守公法、敦结交谊上应尽之天职，为此剀切布告，希望中国无论何项官民，辅助本领事等遵守达其目的，则本领事等幸甚，中国幸甚。谨此布告。（郭孝成《中国革命纪事本末》第一编《汉口领事团布告中立文》）

项准贵各领事布告，严守中立，一遵国际公法办理，具见贵领事深明法理，笃爱友邦，本军政府不胜感戴。本军政府此次起义之由，全系民族奋兴，改革立宪假面，建立中华民国，维持世界和平。凡有欲限制本军政府之意思不能独立自由者，本军政府纵恣意如何损坏之手段，亦是我民族应有之天职。贵各领事既经严守中立，本军政府凡有能尽保护之责，本军政府必竭尽义务，以表敬爱友邦之微忱。（郭孝成《中国革命纪事本末》第一编《鄂军政府致汉口领事团照会》）

为照会事。我军政府自广州之役团体溃后，乃转而向西，遂得志于四川。在昔各友邦未遽认我为与国者，以惟有人民主权而无土地故耳，今既取得四川属之土地，国家之三要于是乎备矣。军政府复祖国之情切，愤满奴之无状，复命本都督起兵武昌，共图讨贼，推倒满洲政府，建立民国；同时对于各友邦益敦睦谊，以期维持世界之和平，增进人类之幸福。所有国民军对外之行动，特先知照，免致误会。一，所有清国前此与各国缔结之条约，皆继续有效；一，赔款外债照旧担任，仍由各省按期如数摊还；一，居留军政府占领地域内之各国人民财产，均一律保护；一，所有各国之既得权利，亦一体保护；一，清政府与各国所立条约所许之权利所供之国债，其事件成立于此次知照后者，军政府概不承认。一，各国如有助清政府以妨害军政府者，概以敌人视之。一，各国如有接济清政府以可为战事用之物品者，搜获一概收没。以上七条，特行通告各友邦，俾知师以义动，并无丝毫排外之性质参杂于其间也。相应照会贵领事转呈贵国政府查照，须至照会者。（郭孝成《中国革命纪事本末》第一编《鄂军政府照会各领事文》）

（四）清之亡

甲、南北议和

武昌革命之始，首先承认对外条约，保护外人权利，是为革命不彻底之原因。不数日，汉口英美诸国领事即承认革命军为交战团体，是为南北议和之张本。自是以后，英人一手操纵时局，袁世凯之督师至为内阁总理大臣，南北之议和，南京政府之成立，皆由英人直接间接参预其事。

> 九月乙亥，谕：……袁世凯著授为内阁总理大臣。该大臣现已前赴湖北督师，著将应办各事略为布置，即行来京，组织完全内阁，迅即筹画改良政治一切事宜。……又谕：……所有派赴湖北陆海各军及长江水师，仍归袁世凯节制调遣。（《宣统政纪》卷六三）

> 辛亥，江苏独立时，作者正从程都督于南京。一日，某国领事来谒程，屏左右言。是夕，都督密语余，明日将往沪，请黄大元帅，余曰："何也？"答曰："今日某国领事以某公使密电示余，谓南方非另立政府，不能推倒满清。故余必自往，促克强来沪。"次日，都督即行，以刘君之洁为参谋长。刘君语余，近日北方军官某来言北军要求以项城为大总统，南方先立政府而后让与项城，暨余次年入京，闻某使以清廷亲贵不足与谋，故劝项城自为之。合前后所闻，则民国成立，由南京政府让与项城为元首，则某国全权公使某为之也。（张一麐《心太平室集》卷一《五十年来国事丛谈》）

南北议和谈判会

袁世凯遣蔡廷干，先与黎元洪通音讯，元洪等利于革命速成，只要求清廷退位而已。蔡即奔走朱尔典之门者也。

二十日，袁世凯复派蔡廷干、刘承恩，因汉口英国领事葛福来武昌，奉书都督，开列四条。（一）下罪己之诏。（二）实行立宪。（三）赦开党禁。（四）皇族不问国政。与我军议和，据称如能承认君主立宪，两军即息战。都督召集居正、汤化龙、胡瑛、胡瑞霖等商议，一面招待蔡、刘二使，一面通知各机关高级职员，齐集都督府，开欢迎会，并请宣布来意。……两人演说毕，群推汤化龙致答词，……胡瑛、胡瑞霖等亦相继演说，大意俱劝蔡、刘二使，转达项城，牺牲君主立宪，赞助共和。蔡等当答以诸君之意，二人已领教矣，一俟返汉，即当转达。能否收效，则不敢必，因我们所受意旨，是君主立宪。如项城能牺牲己见，免除战祸，亦属幸事。演说毕，都督在府欢宴二使，并为书交二使返汉，转达袁氏。（张难先《湖北革命知之录·汉阳战事始末》）

南北和议开于上海，清廷代表唐绍仪，革命军代表伍廷芳，建议停战，余尚未决，世凯遽撤绍仪，自与南军以电报商议。

十月初十日，驻汉英领事葛福出为介绍，两方商议停战。（张难先《湖北革命知之录·中华民国政府成立》）

十月辛亥，又谕：现在南北停战，应派员讨论大局。著袁世凯为全权大臣，由该大臣委托代表人驰赴南方，切实讨论，以定大局。（《宣统政纪》卷六六）

英公使续议停战事宜，三日停战期满，续停十五日，北军不遣兵向南，南军亦不遣兵向北。总理大臣派北方居留各省代表人前往，与南军各代表讨论大局，唐绍怡（仪）充总理大臣之代表，与黎元洪或其代表人讨论大局。（《宣统政纪》卷六五《附录》）

至十五日，清内阁电开停战条件至汉口，有"停战三日期满，续停战十五日，及唐绍仪充袁代表，与黎都督或其代表讨论大局"等语。是日代表会讨论议和纲要，一，推倒满清政府；二，主张共和政体；三，礼遇旧皇室；四，以人道主义待满人。并决议，以汉口为议和地点，黎大都督代表为伍廷芳，与唐绍仪对待。十月二十一日，唐

绍仪抵汉口,伍廷芳在沪任外交,不能遽之汉,唐允赴沪就伍,于是改以上海为议和地点。唐于十月二十七至上海,伍之参赞为温宗尧、王宠惠、钮永建、胡瑛、王正廷,唐之参赞为杨士琦。(张难先《湖北革命知之录·中华民国政府成立》)

十一月壬申,谕内阁:……代递唐绍怡(仪)电奏,民军代表伍廷芳,坚称"人民志愿以改建共和政体为目的"等语。此次武昌变起,朝廷俯从资政院之请,颁布宪法信条十九条,告庙宣誓,原冀早息干戈,与国民同享和平之福,徒以大信未孚,政争叠起。予惟我国今日,于君主立宪、共和立宪二者以何为宜,此为对内对外实际利害问题,固非一部分人民所得而私,亦非朝廷一方面所能专决,自应召集临时国会,付之公决。兹据国务大臣等奏,请召集近支王公会议,面加询问,皆无异词,著内阁即以此意电令唐绍怡(仪)转告民军代表,豫为宣示,一面由内阁迅将选举法妥拟协定施行,克期召集国会,并妥商伍廷芳,彼此先行罢兵,以莫群生而弭大难。……(《宣统政纪》卷六七)

一九一二年一月一日,革命军成立政府于南京,十七省代表推孙文为大总统,于南京组织政府,黄兴为陆军参谋两总长,事多决于兴。定议南北成和,清室退位,推袁世凯为临时大总统,赴南京就职。当孙中山就任之初,采美国总统制,及和议之成,乃草定约法,改行内阁制。二月十二日,隆裕逊位诏下,故以是日为南北统一纪念日。

中华民国元年1912年。正月一日,总理就临时大总统职,行宣誓礼,词曰:"倾覆满清专制政府,巩固中华民国,图谋民生幸福,国民之公意,文实遵之,以忠于国,为众服务。至专制政府既倒,国内无变乱,民国卓立于世界,为列邦公认,文当解临时大总统之职。谨以此誓于国民。(张难先《湖北革命知之录·中华民国

孙中山就任大总统誓词

大總統誓詞

傾覆滿洲專制政府鞏固中華民國圖謀民生幸福此國民之公意文實遵之以忠於國為眾服務至專制政府既倒國內無變亂民國卓立於世界為列邦公認斯時文當解臨時大總統之職謹以此誓於國民

中華民國元年元旦 孫文

政府成立》)

此次变乱，各省扰攘，本政府不忍生灵涂炭，特备文委托唐代表赴沪，作为总理大臣全权代表，专为讨论大局之利害，其权限所在，只以切实讨论为范围，乃迭接唐代表电开与贵代表会议各条，均未先与本大臣商明，遽行签定。本大臣以其中有必须声明及碍难实行各节，电请唐代表转致，嗣据唐代表一再来电，请辞代表之任，未可强留。现经请旨准其辞任，至另委代表接议，一时尚难其人，且南行需时，嗣后应商事件，先由本大臣与贵代表直接往返电商，以期简捷，冀可早日和平解决。特此电达，谨闻，内阁盐一。（郭孝成《中国革命纪事本末》第三编《袁世凯致伍廷芳电》）

北京袁总理鉴：文前日抵沪，诸同志皆以组织临时政府之责任相属，问其理由，盖以东南诸省久缺统一之机关，行动非常困难，故以组织临时政府为生存之必要条件。文既审艰虞，义不容辞，只得暂时担任。公方以旋转乾坤自任，即知亿兆属望，而目前之地位，尚不能不引嫌自避，故文虽暂时承乏，而虚位以待之心，终可大白于将来。望早定大计，以慰四万万人之渴望。孙文，蒸。（郭孝成《中国革命纪事本末》第三编）

孙逸仙君鉴：蒸电悉，君主共和问题，现方付之国民公决，所决如何，无从预拟。临时政府之说，未敢与闻，谬承奖诱，惭悚至不敢当，惟希谅鉴为幸。凯，盐。（郭孝成《中国革命纪事本末》第三编）

袁世凯就任临时大总统后与北洋将领合影

袁慰亭君鉴：盐电悉，文不忍南北战争，生灵涂炭，故于议和之举，并不反对。虽民主君主，不待再计，而君之苦心，自有人谅之。倘由君之力，不劳战争，达国民之志愿，保民族之调和，清室亦得安乐，一举数善，推功让能，自是公论。文承各省推举，誓词具在，区区此心，天日鉴之。若以文为有诱致之意，则误会矣。孙文叩。（郭孝成《中国革命纪事本末》第三编）

乙、清室退位

袁世凯既为内阁总理大臣，废除监国摄政王，先收回禁卫军，以保护为名，遍布守军于邸第。然后遣胡惟德、赵秉钧、梁士诒入宫，力说隆裕退位。订优待条件，清室王公及蒙古王公仍保旧时爵位，与清室岁费四百万元，而爱新觉罗入主中国二百六十八年之局遂以逊位告终。

九月庚寅，二十一日。谕：……袁世凯而奏组织内阁，推举国务大臣，著命梁敦彦为外务大臣，赵秉钧为民政大臣，严修为度支大臣，唐景崇为学务大臣，王士珍为陆军大臣，萨镇冰为海军大臣，沈家本为司法大臣，张謇为农工商大臣，杨士琦署邮传大臣，达寿为理藩大臣，梁敦彦、严修、王士珍、萨镇冰、张謇未到任以前，外务大臣著胡惟德暂行署理，度支大臣著绍英暂时署理，陆军大臣著寿勋暂行署理，海军大臣著谭学衡暂行兼署，农工商大臣著熙彦暂行署理。（《宣统政纪》卷六四）

1912年1月16日。上午十一时三刻顷，（袁）世凯乘双马车，拥

大队骑兵于前后，出东华门，以过东华门大街。（张）先培自三义茶叶店楼上，掷下一弹，……弹发车覆，……世凯出覆车后，……遂于马上下令还击搜捕，适先培追袭至，世凯卫弁枪击先培头，先培踣地，……被捕。(《辛亥革命·北方实录》)

一月二十二日，辛亥十二月初四日。我大总统始提出最后协议五条，交由民国政府伍廷芳转告清内阁总理大臣袁世凯，一，清帝退位，由袁同时知照驻京各国公使，请转知民国政府，现在清帝已经退位，或转饬旅沪领事转达亦可。二，同时，袁须布政见，绝对赞成共和主义。三，文接到外交团或领事团通知清帝退位布告后，即行辞职。四，由参议院举袁为临时总统。五，袁被举为临时总统后，誓守参议院所定之宪法，乃能授受事权。(《辛亥革命·北方实录》)

一月二十六日。彭家珍假得崇恭名刺，谒良弼于北京红萝厂，适良弼由外归，甫下车，家珍投以弹，弹发，爆下马石，良弼应声腾空而起，断一足，家珍当被碎石裂脑以殉，良弼亦以重伤继家珍而死。(《辛亥革命·北方实录》)

十二月己酉，谕：……前据岑春煊、袁树勋等，暨出使大臣陆征祥等，统兵大员段祺瑞等，电请"速定共和国体，以免生灵涂炭"等语，现在时局阽危，四民失业，朝廷亦何忍因一姓之尊荣，贻万民以实祸，惟是宗庙陵寝，关系重要，以及皇室之优礼，皇族之安全，八旗之生计，蒙古回藏之待遇，均应豫为筹画。著授袁世凯以全权，研究一切办法，先行迅速与民军商酌条件，奏明请旨。(《宣

袁世凯就任大总统誓词

誓词 民国建设造端百凡待治，世凯深愿竭其能力发扬共和之精神涤荡专制之瑕秽谨守宪法依国民之愿望达国家于安全强固之域俾五大民族同臻乐利凡兹志愿率履弗渝俟召集国会选定第一期大总统世凯即行解职谨掬诚悃誓告同胞

大中华民国元年三月初十日 袁世凯

统政纪》卷七〇)

乙巳,太后复召集王公,特开御前会议,各王公仍唯诺无决词,太后曰:"尔等反复推求,迁延不定,疑义繁生,将来必演出同室操戈、涂炭生灵之惨剧,此后兹事由我一人担承耳。"辞色甚厉,罢会,召袁内阁,撰拟宣布共和诏旨。(尚秉和《辛壬春秋》第二六《清室禅政记》)

参议院乃于二月十二日辛亥年十二月二十五日。议决,如三日内不依约退位,即收回优待条件。(张难先《湖北革命知之录·中华民国政府成立》)

戊午,二月十二日。……谕：……钦奉隆裕皇太后懿旨,前因民军起事,各省响应,九夏沸腾,生灵涂炭,特命袁世凯遣员与民军代表讨论大局,议开国会,公决政体。两月以来,尚无确当办法,南北暌隔,彼此相持,商辍于涂,士露于野,徒以国体一日不决,故民生一日不安。今全国人民心理,多倾向共和,南中各省既倡议于前,北方诸将亦主张于后,人心所向,天命可知,予亦何忍因一姓之尊荣,拂兆民之好恶。是用外观大势,内审舆情,特率皇帝将统治权公诸全国,定为立宪共和国体,近慰海内厌乱望治之心,远协古圣天下为公之义。袁世凯前经资政院选为总理大臣,当兹新旧代谢之际,宜有南北统一之方,即由袁世凯以全权组织临时共和政府,与民军协商统一办法,总期人民安堵,海宇乂安,仍合满、蒙、汉、回、藏五族完全领土,为一大中华民国。予与皇帝得以退处宽闲,优游岁月,长受国民之优礼,亲见郅治之告成,岂不懿欤。(《宣统政纪》卷七〇)

又奉懿旨：前以大局阽危,兆民困苦,特饬内阁与民军商酌优待皇室各条件,以期和平解决。兹据覆奏,民军所开优礼条件,于宗庙陵寝永远奉祀,先皇陵制如旧妥修各节,均已一律担承,皇帝但卸政权,不废尊号,并议定优待皇室八条,待遇皇族四条,待遇满、蒙、回、藏七条。览奏尚为周至,特行宣示皇族暨满、蒙、回、藏人等,此后务当化除畛域,共保治安,重睹世界之升平,胥享共和之幸福,予有厚望焉。附录优待条件。

甲,关于大清皇帝宣布赞成共和国体,中华民国于大清皇帝辞位之后,优待条件如左：第一款,大清皇帝辞位之后,尊号仍存不废,

袁世凯就任大总统后接见外国使臣

中华二千年史

中华民国以待各外国君主之礼相待。第二款，大清皇帝辞位之后，岁用四百万两，俟改铸新币后，改为四百万圆，此款由中华民国拨用。第三款，大清皇帝辞位之后，暂居宫禁，日后移居颐和园，侍卫人等照常留用。第四款，大清皇帝辞位之后，其宗庙陵寝永远奉祀，由中华民国酌设卫兵，妥慎保护。第五款，德宗崇陵未完工程，如制妥修，其奉安典礼，仍如旧制，所有实用经费，均由中华民国支出。第六款，以前宫内所用各项执事人员，可照常留用，惟以后不得再招阉人。第七款，大清皇帝辞位之后，原有之私产，由中华民国特别保护。第八款，原有之禁卫军归中华民国陆军部编制，额数俸饷仍如其旧。

乙，关于清族待遇之条件：一，清王公世爵概仍其旧。二，清皇族对于中华民国国家之公权及私权，与国民同等。三，清皇族私产一体保护。四，清皇族免当兵之义务。

丙，关于满、蒙、回、藏各族待遇之条件。今因满、蒙、回、藏各民族赞同共和，中华民国所以待遇者如左：一，与汉人平等。二，保护其原有之私产。三，王公世爵概仍其旧。四，王公中有生计过艰者，设法代筹生计。五，先筹八旗生计，于未筹定之前，八旗兵弁俸饷仍旧支放。六，从前营业居住等限制，一律蠲除，各州县听其自由入籍。七，满、蒙、回、藏原有之宗教，听其自由信仰。

以上条件，列于正式公文，由两方代表照会各国驻北京公使，转达各该政府。(《宣统政纪》卷七〇)

清廷因即日退位，袁世凯亦电临时政府，宣布政见，绝对赞成共和主义，总理乃按各省代表会之原议，于二月十三日，提出辞职书于参议院。十四日，可决。十五日，参议院开临时大总统选举会，袁世凯当选为中华民国临时大总统。二十日，参议院开临时副总统选举会，黎元洪当选为临时副总统。

自袁世凯当选临时大总统后，临时政府即派教育总长蔡元培，外交次长魏宸组，海军顾问刘冠雄，参谋次长钮永建，法制局总裁宋教仁，及汪精卫、戴传贤、万廷献等为专使，迎袁世凯来南京就职。二月二十六日，抵北京，袁从之不愿，拒之不可，乃嗾第三镇统制曹锟所部兵变。二十九日晚八时，东安门外及前门外一带，火光烛天，土匪乘之，抢掠达旦，商民被害者数千家。蔡等住政法学堂，乱兵持枪闯入，魏宸组越墙走，蔡元培、汪精卫匿于隐室，扃户息灯，仅免于难。袁复故作谣言，谓系反对于彼，等等风说，以淆视听。蔡等为所欺，三月二日，电临时政府及参议院，略谓北京兵变，外人极为激昂，日本已派兵入京，设使再有此等事发生，外人自由行动，恐不可免，培等睹此情形，集议以为速建统一政府，为今日最要问题，余尽

南京临时参议院成立大会

可迁就，以定大局。于是三月初六日，参议院议决办法六条，允袁世凯在北京就职，惟须电参议院宣誓。袁世凯乃在北京就临时大总统职，并电传誓词于参议院。……

袁世凯就职后，拟派唐绍仪为国务总理，经参议院通过任命。三月二十五日，唐来宁组织新内阁，增为十一部，提出参议院通过，陆军总长段祺瑞，海军总长刘冠雄，外交总长陆征祥，司法总长王宠惠，财政总长熊希龄，内务总长赵秉钧，教育总长蔡元培，实业总长张謇，交通总长施肇基，农林总长宋教仁，工商总长陈其美。大总统就职，国务员议定临时约法，参议院于二月初六日起，开至三月初八日，全案告终，即日宣布，三月十一日，临时大总统公布之，中华民国之雏形，可谓完全告成矣。（张难先《湖北革命知之录·中华民国政府成立》）

明清两代社会生活

一　制度

（一）田制
甲、田之种类

明

明初，严核田数，设鱼鳞册以尽田形，设黄册以稽户役，豪猾无所隐其奸。又召民开垦荒地，天下田数达八百余万顷。

> 国初两浙富民，畏避徭役，往往以田产诡托亲邻佃仆，谓之铁脚诡寄。久之相沿成风，乡里欺州县，州县欺府，奸弊百出，谓之通天诡寄。上素知其弊，及即位乃遣国子生武淳等，往各处集里甲耆民，躬历田亩以量度之，图其田之方圆，次其字号，书其主名，及田丈尺四至，类编为册。以所绘若鱼鳞然，故号鱼鳞图册。（徐学聚《国朝典汇》卷九〇）

> 明太祖即帝位，遣周铸等百六十四人，核浙西田亩，定其赋税，复命户部核实天下土田。……先是诏天下编黄册，以户为主，详具旧管、新收、开除、实在之数为四柱，而鱼鳞图册以土田为主，诸原坂、坟衍、下隰、沃瘠、沙卤之别毕具，鱼鳞册为经，土田之讼质焉；黄册为纬，赋役之法定焉。（《明史》卷七七《食货志》）

> 又以中原田多芜，命省臣议，计民授田。设司农司，开治河南掌其事，临濠之田，验其丁力，计亩给之，毋许兼并。北方近城地多不

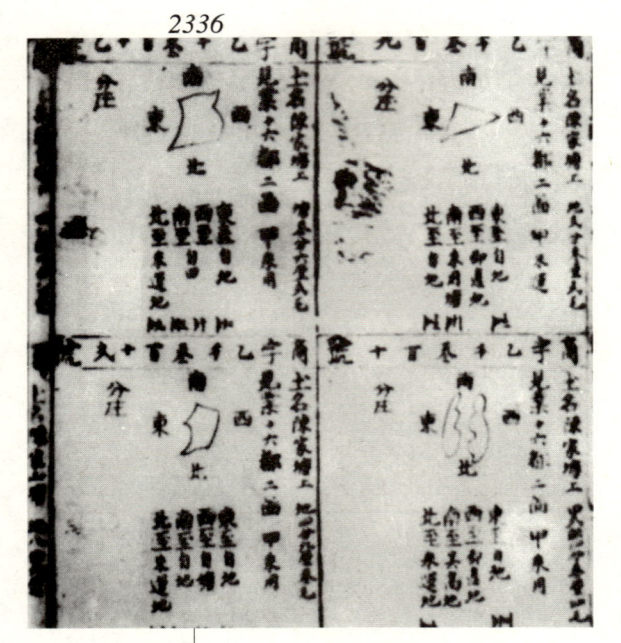

明代的鱼鳞图册

治，召民耕，人给十五亩，蔬地二亩，免租三年。每岁中书省奏天下垦田数，少者亩以千计，多者至二十余万，官给牛及农具者，乃收其税；额外垦荒者，永不起科。二十六年，核天下土田，总八百五十万七千六百二十三顷。盖骎骎无弃土矣。（《明史》卷七七《食货志》）

【民田】

田有官田、有民田。中叶以后，民田多夺于官，图册混乱，田数仅及明初之半。万历时，通丈全国之田，七百万顷，终不能复原数。

明时土田二等，曰官田，曰民田。民所自占得买卖之田，曰民田。官田为皇庄、还官田、没官田、断入官田、牧马草场、城壖、苜蓿地、牲地、园陵、坟地、公占隙地、学田、诸王公主勋戚大臣内监寺观赐乞庄田、职田、边臣养廉田、军民商屯田。国初，官田未广，率皆前代公田及无主者，厥后上贫下攒，渐占夺民业。若没官田全户抄割，有一没、二没、三没者，断入官田，因讼争律应入官者，固皆民业也；若所屯之田，半属逃亡绝户之遗，亦民业也。降自中叶，官庄军屯多而民田日寡矣。（王原深《明食货志》卷三）

凡田以近郭为上地，迤远为中地、下地，五尺为步，步二百四十为亩，亩百为顷。太祖仍元里社制，河北诸州县土著者，以社分里甲；迁民分屯之地，以屯分里甲。社民先占亩广，屯民新占亩狭，故屯地谓之小亩，社地谓之广亩。至宣德间，垦荒田永不起科，及洿下斥卤无粮者，皆核入赋额。数溢于旧，有司乃以大亩当小亩，以符旧额。有数亩当一亩者，步尺参差不一，人得以意赢缩。土地不均，未有如北方者。贵州田无顷亩尺籍，悉征之土官。而诸处土田，日久颇淆乱，与黄册不符。弘治十五年，天下土田，止四百二十二万八千五十八顷，官田视民田得七之一。……其后福建诸州县为经纬二册，其法颇详，然率以地为主，田多者犹得上下其手。神宗初，建昌知府许

孚远,为归户册,则以田从人,法简而密矣。万历六年,帝用大学士张居正议,天下田亩,通行丈量,限三载竣事,用开方法,以径围乘除,畸零截补,于是豪猾不得欺隐,里甲免赔累而小民无虚粮。总计田数七百一万三千九百七十六顷,视弘治时赢三百万顷。(《明史》卷七七《食货志》)

【军屯】

屯田有军屯,有民屯,有商屯。边军自耕以给饷,曰军屯。边地祁寒,军屯渐废。万历时辽东宽甸等六堡,农田甚盛,然民所自垦,非军屯也。

太祖初,立民兵万户府,寓兵于农,其法最善,又令诸将屯兵龙江诸处,惟康茂才绩最,乃下令褒之,因以申饬将士。洪武三年,中书省请税太原、朔州屯卒,命勿征。明年,中书省言:河南、山东、北平、陕西、山西及直隶、淮安诸府屯田,凡官给牛种者十税五,自备者十税三。诏且勿征,三年后亩收租一斗。……而军屯则领之卫所,边地三分守城,七分屯种;内地二分守城,八分屯种,每军受田五十亩,……初亩税一斗。三十五年定科则,军田一分,正粮十二石,贮屯仓,听本军自支,余粮为本卫所官军俸粮。永乐初,定屯田官军赏罚例,岁食米十二石外,余六石为率,多者赏钞,缺者罚俸。又以田肥瘠不同,法宜有别,命军官各种样田,以其岁收之数相考较。……又更定屯守之数,临边险要,守多于屯;地僻处及输粮艰者,屯多于守。屯兵百名委百户,三百名委千户,五百名以上,指挥提督之。屯设红牌,列则例于上,年六十与残疾及幼者,耕以自食,不限于例。屯军以公事妨农务者,免征子粒,且禁卫所差拨。(《明史》卷七七《食货志》)

惟我太祖,加意于此,视古最详,考其迹,则往所有闲地即分军以立屯;考其制,则三分守城,七分屯种。以言其数,则外而辽东一万一千三百八十六顷,内而极安如浙江者,亦有二千二百七十四顷一十九亩六分六丝六忽,推之于南北二京卫所、陕西、山西诸省,尤极备焉。(徐学聚《国朝典汇》卷二五六《屯田》)

【民屯】

荒地召民开垦,其编入什伍,设长以督者,曰民屯。官予牛种,收所

入以给军。日久，民或逃亡，其留者多起科。

四年，洪武。命工部遣官往广西买耕牛，以给中原屯种之民。五年正月，诏今后犯罪当戍两广者，发临濠屯田。（徐学聚《国朝典汇》卷二五六《屯田》）

六年，洪武。太仆丞梁埜仙帖木尔，言宁夏境内，及四川西南至船城东北至塔滩，相去八百里，土膏沃，宜招集流亡屯田。从之，是时遣邓愈、汤和诸将屯陕西、彰德、汝宁、北平、永平，徙山西、真定民屯凤阳。又因海运饷辽，有溺死者，遂益讲屯政，天下卫所州县军民，皆事垦辟矣。其制移民就宽乡、或召募、或罪徒者为民屯，皆领之有司。（《明史》卷七七《食货志》）

嘉靖十年五月，陕西巡按御史陈世辅，言本镇沿边一带，宜行镇巡官，同守巡官，遍历边地，逐一阅视城堑墩堡宜修设者，以时兴举。堡塞修，始议耕种，量其土宜，设立大小屯堡。大者百人，立屯长副；小者五十人，立屯长，令督责耕种。缺种者官给秋还。旧纳粮者收税，不纳粮者三年后起科。近墩设小教场，暇则习射其间……（徐学聚《国朝典汇》卷二五六《屯田》）

【商屯】

明仿宋制，使商纳粮于边而偿以池盐，曰商屯，亦曰开中。及盐法坏，商纳粮而盐不时得，商屯遂废。

明初，募盐商于各边开中，谓之商屯。迨弘治中，叶淇变法，而开中始坏，诸淮商悉撤业归，西北商亦多徙家于淮，边地为墟，米石直银五两，而边储枵然矣。世宗时，杨一清复请召商开中，又谓仿古募民实塞下之意，招徕陇右、关西民以屯边，其后周泽、王崇古、林富、陈世辅、王畿、王朝用、唐顺之、吴桂芳等，争言屯政，而庞尚鹏总理江北盐屯，寻移九边，与总督王崇古先后区画屯政甚详。然是时因循

明万历年间的清丈归户单

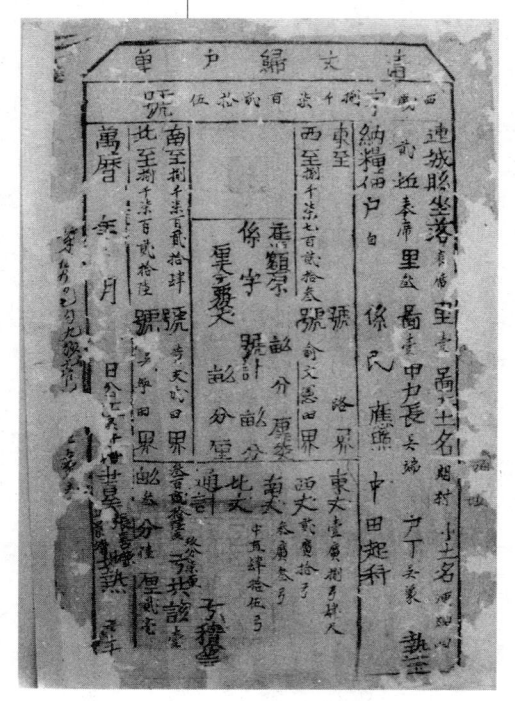

日久，卒鲜实效。(《明史》卷七七《食货志》)

【庄田】

自官田没入者曰皇庄。

天顺八年十月，宪宗初立宫中庄田，顺义县安乐里板桥村原额地一十顷十三亩，初太监曹吉祥占军地二十四顷八十四亩，共三十五顷没入官，至是拨为宫中庄田。皇庄之名始此。(徐学聚《国朝典汇》卷一九)

弘治二年，户部尚书李敏等，以灾异上言，畿内皇庄有五，共地万二千八百余顷。……武宗即位，逾月即建皇庄七，其后增至三百余处。……世宗初，……户部尚书孙交造皇庄新册，额减于旧，帝命核先年顷亩数以闻，改称官地，不复名皇庄。诏所司征银解部，然多为宦寺中饱，积逋至数十万以为常。(《明史》卷七七《食货志》)

正德八年八月，立皇庄五处，一昌平州楼子村，一静海卫河两岸，一青县孙儿庄，一安州骑马庙，一清苑阎社。……嘉靖元年十月，敕核畿内皇庄。……已而言夏言等，会同顺天、保定各巡按孟春、周季凤，巡抚王琳、宋越等，勘出各项田庄，共计二十万九百一十九顷二十八亩，其侵占民田二万二百二十九顷二十八亩，俱令还民。言等又以原敕系皇庄者，解部类进，犹非国体，复疏详述皇庄创立之始，及庄甲揸克之害，因及皇店、皇盐罔利之非，乞并扫除，以洗累朝之弊，垂百代之休。从之，改皇庄为官地云。(徐学聚《国朝典汇》卷一九)

赐田，王曰王府庄，勋戚曰勋戚庄，皆不纳国赋，多者至数万顷。

太祖赐勋臣公侯丞相以下庄田，多者百顷，亲王庄田千顷，又赐

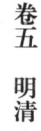

明代耕织图

公侯暨武臣公田，又赐百官公田，以其租入充禄，指挥没于阵者，皆赐公田。勋臣庄佃，多倚威扞禁，帝召诸臣戒谕之。其后公侯复岁禄，归赐田于官。……初洪熙时，有仁寿官庄，其后又有清宁、未央官庄。天顺三年，以诸王未出阁，供用浩繁，立东宫、德王、秀王庄田，二王之藩，地仍归官。……神宗赉予过侈，求无不获，潞王、寿阳公主恩最渥，而福王分封，括河南、山东、湖广田为王庄，至四万顷，群臣力争，乃减其半。（《明史》卷七七《食货志》）

……正德二年十月，赐皇亲沈傅、吴让静海县庄田六千五百余顷，让妻厉氏奏河间静海庄田一处，系河淤退滩田土，乞照皇亲夏儒事例给与管业，盖奸民李良等捏称投献也。事下户部，查河间庄田册，并无静海河淤退滩地，及差官勘前地顷亩数，多见有军民管业，难便定拟，覆奏。上不从，卒赐二家为庄田永业。（徐学聚《国朝典汇》卷一九）

弘治二年，户部尚书李敏等，以灾异上言：畿内……勋戚中官庄田三百三十有二，共地三万三千余顷。（《明史》卷七七《食货志》）

徽、兴、岐、衡四王，田多至七千余顷。会昌、建昌、庆云三侯争田，帝辄赐之。（《明史》卷七七《食货志》）

奏乞者多，庄田日滥。

……嘉靖四年，玉田伯蒋轮请故宜兴大长公主田千顷，言官部臣，皆执不可。上特许割其半畀之，诏至今但系先朝给赐戚畹田土，不许妄争，以伤朝廷大义。（徐学聚《国朝典汇》卷一九）

成化三年，庆云伯周寿受奸民李政等投献，奏乞庆都、清苑、清河地，共五千四百余顷；长宁伯周彧受奸民魏忠等投献，奏乞景州、东光地一千九百余顷作庄田。（徐学聚《国朝典汇》卷一九）

嘉靖。又革王府所请山场湖陂，德王请齐、汉二庶人所遗东昌、衮州闲田，又请白云等湖。山东巡抚邵锡按新令却之，语甚切，德王争之数四。帝乃从部议，但存藩封初请庄田，其后有奏请者，不听……（《明史》卷七七《食货志》）

占夺民田者尤众。

永乐七年，隆平侯张信强占练湖八十余里，又占江阴县官田七十

清代缂丝耕织图

余顷，为都御史陈瑛所劾，……命法司杂治之。(徐学聚《国朝典汇》卷一九)

至英宗时，诸王、外戚、中官所在占官私田，或反诬民占，请案治。比案问得实，帝命还之民者非一，乃下诏禁夺民田，及奏请畿内地。然权贵宗室庄田坟茔，或赐或请，不可胜计。(《明史》卷七七《食货志》)

正德十六年七月，户部覆巡按御史范永銮奏言：静海县濒海地多闲旷，小民自行垦辟纳税，百有余年。近皇亲沈傅、吴让，受奸民投献冒夺之，因蚕食延袤百里，履亩而税，贫民采捕鱼蛤者，皆令输租，不堪其扰。又天津诸卫，逆瑾受献为庄田者，不下千顷，瑾败入官，而诸内臣又一切传奏，号为皇庄。虽屡奉诏查核，而不令主者得还，故产日流移。宜令抚按查勘，二皇亲系冒占者，即以予民。诸勋戚庄田皆宜如例，禁勿多取，遇灾则蠲之，不奉诏者罪如律。上曰可。(徐学聚《国朝典汇》卷一九)

嘉靖三十九年，遣御史沈阳清夺隐冒庄田万六千余顷。(《明史》卷七七《食货志》)

后乃议限以顷数，然卒不能行。

先是户部奉旨酌议裁革勋戚冒滥庄田，勋臣传派五世者，限田百

顷，戚畹限田七百顷；宗支已绝及失爵者，夺之；奸民影射者，征租。至是……上曰：传派五世勋臣，及公主见在驸马各庄田，仍会同屯田御史议定应留顷数规则以闻。部又更议元勋世裔，限以百顷，勋戚半者限田五十顷，驸马李和于原议七百顷外，益以三百顷，以足千顷之数。诏如议。（徐学聚《国朝典汇》卷一九）

穆宗从御史王廷瞻言，复定世次递减之限，勋臣五世限田二百顷，戚畹七百顷至七十顷有差。……熹宗时，桂、惠、瑞三王，及遂平、宁国二公主，庄田动以万计，而魏忠贤一门，横赐尤甚。（《明史》卷七七《食货志》）

清

【民田】

清初经明季之乱，逃亡未复，土地荒芜，田数仅五百余万顷。至乾隆之末，遂达七百万顷，几与明季相埒。百余年间，日以劝农为事，至以实官奖励垦荒，并以此为官吏考成。熟荒固易恢复，而生荒若关外奉、吉、黑之地。亦得以开发。

顺治元年，1644年。定开垦荒地之例，州县卫所荒地，分给流民及官兵屯种。有主者令原主开垦，官给牛种，三年起科。……六年，1651年。始定州县以上官以劝垦为考成，凡地方官招徕各处逃民，不论原籍、别籍，编入保甲，开垦荒田，给以印信执照，永准为业。三年后有司亲察成熟亩数，抚按勘实，奏请征粮，不得预征私派。州县以劝垦之多寡为优劣，道府以督催之勤惰为殿最，每岁终载入考成。至十五年，1658年。定督抚一年内开垦荒地二千顷至八千顷以上，道府开垦千顷至六千顷以上，州县开垦百顷至六百顷以上，卫所开垦五十顷至二百顷以上，分别议叙，不准以二三年垦数合算。（《皇朝文献通考》卷一《田赋考》）

康熙二年，1663年。申明地方官开垦劝惩之例，凡督抚、道府、州县劝垦多者，照顺治十五年议叙之例，州县、卫所荒地一年内全无开垦者，令督抚提参。其已垦而复荒者，削去各官开垦时所得加级纪录，仍限一年督令开垦，限内不完者分别降罚；前任官垦过熟地，后任官复荒者，亦照此例议处。又以各省开垦甚多，自康熙二年为始，

限五年垦完，如六年之后，察出荒芜尚多，将督抚以下分别议处。至三年，1664年。以布政使亦有督垦之责，照督抚例议叙；府同知、通判不与知府同城，自劝民开垦者，照州县例议叙。四年，1665年。以限年垦荒，恐州县捏报摊派，令停止，六年，1667年。定劝垦各官，俟三年起科，钱粮如数全完，取具里老无包赔荒地甘结到部，始准议叙。（《皇朝文献通考》卷二《田赋考》）

康熙十年，1671年。准贡监生员民人垦地二十顷以上，试其文义通者，以县丞用；不能通晓者，以百总用。一百顷以上，文义通顺者，以知县用；不能通晓者，以守备用。凡招民垦荒，督抚具题，户部核明起科果实，送吏、兵二部照例分叙。其招民不足额，垦地钱粮未经起解，假捏出结具题者，捏报州县官革职，转报司道府降四级调用，题报督抚降二级调用。（《皇朝文献通考》卷二《田赋考》）

乾隆五年，1740年。有零星土地永免升科之谕。初犹限以亩数，至十一年，1746年。以广东高、雷、廉等府，所垦荒地，本非沃壤，十八年，1753年。以琼州海外瘠区，三十一年，1766年。以滇省山头地角尚有旷土，皆听民耕种，不限亩数，概免升科。（王庆云《熙朝纪政》卷四《纪劝垦》）

《授时通考》之颁行，亦足见其重视劝农。

乾隆二年，1737年。谕：……朕思为耒耜、教树艺，皆始于上古圣人；其播种之方，耕耨之节，与夫备旱驱蝗之术，散见经籍，至详且备；后世农家者流，其说亦各有可取。所当荟萃成书，颁布中外，庶三农九谷，各得其宜，望杏瞻蒲，无失其候。著南书房翰林，同武英殿翰林编纂。至六年1741年。书成，凡七十五卷，名曰《授时通考》。（《皇朝文献通考》卷四《田赋考》）

《授时通考》书影

其次则为清丈，所以杜隐匿也。

顺治十一年，1654年。定丈量规制，州县地用步弓，各旗庄屯地用绳。如有民地缺额，督抚详查开除。至十二年，1655年。颁部铸步弓尺于天下，

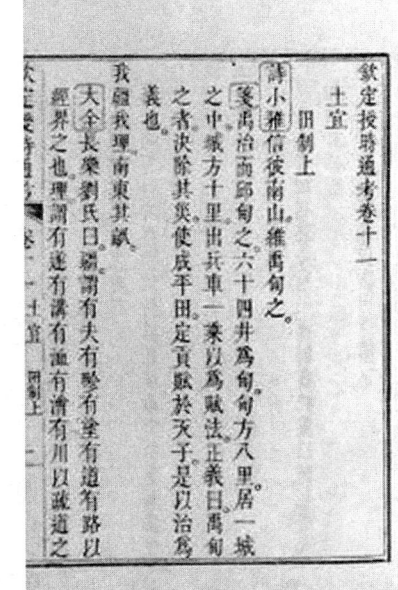

广一步、纵二百四十步为亩。方广十五步,纵十六步。有司于农隙时,亲率里甲,履亩丈勘,以定疆界,杜占争,均亩赋。凡丈量之制,州县册籍,原载圻段四至不清者丈,欺隐牵累、有地无粮者、有粮无地者丈,亩步不符、赋则或浮者丈,熟荒相间、旗民盐灶以及边地民番相错者丈,壤界相接、畛域不分者丈,荒芜召垦、寄粮分隶者丈,水冲沙压、公占应抵应豁者丈。濒江濒海之区,五年一丈,视其或涨或坍,分别升免。(《皇朝文献通考》卷一《田赋考》)

康熙二十九年,1690年。清丈芦洲田亩。……三十三年,1694年。清丈福建沿海地。……三十四年,1695年。定云南清浪卫业经清丈田地,每十亩科粮一石。(《皇朝文献通考》卷二《田赋考》)

雍正元年,1723年。又以濒江近海之区,定制十年清丈一次。恐未至十年,有坍涨者,令各州县卫所官,不时清查,坍者即行豁免,涨者即行升科。……六年,1728年。定沿江滨海地亩五年一丈,新垦者升科,坍塌者除赋。(《皇朝文献通考》卷三《田赋考》)

明清两代垦田数比较表

朝	年　号	垦　田　数
明	洪武二十六年	八百五十万七千六百二十三顷
明	弘治十五年	四百二十二万八千五十八顷
明	万历六年	七百一万三千九百七十六顷
清	顺治十八年	五百四十九万三千五百七十六顷四十亩
清	康熙二十四年	六百七万八千四百三十顷一亩有奇
清	雍正二年	六百八十三万七千九百十四顷二十七亩有奇
清	乾隆十八年	七百八万一千一百四十二顷八十八亩
清	乾隆三十一年	七百四十一万四千四百九十五顷五十亩有奇
清	嘉庆十七年	七百九十一万五千二百五十一顷有奇

【屯田】

清初,以黔、蜀人少,大兴屯田,渐及甘、新乾隆时,各省屯田合计达三十九万余顷。

前明卫所之设,以屯养军,以军隶卫,唐府兵遗法也。自军政废弛,始募民为兵,于是屯军专职漕运,无漕之军,受役不得休息,屯户始大困矣。国初因明之旧，卫所屯田，给军分佃，罢其杂徭。寻裁指挥，设守备，改卫军为屯丁，令无运，屯田同民田一体起科。顺治十三年，令浙江各卫，有屯无运与无屯有运者，均征拨帖，而屯困稍苏。雍正二年，从廷臣请，以内地屯卫，悉归并州县管辖，裁都司以下官；惟带运之屯，与边卫无州县可归者仍旧。初屯丁卖产，有司利其税入，给契令得卖买。既而禁之，屯丁贫不能赎，民间执业已久，于是有加津贴运之令。自国初以来，屡减免各省重额屯粮与其耗羡，而屯田之利病，实与漕运相终始云。

若夫垦荒兴屯之令，定于世祖入关之始。康熙五年，御史萧震疏请黔蜀屯田，略曰：国用不敷之故，由于养兵。以岁费言之，兵饷居其八；以兵饷言之，绿旗又居其八。今黔、蜀地多人少，诚行屯田之制，驻一郡之兵，即耕其郡之地；驻一县之兵，即耕其县之地，养兵之费既省，荒田亦可渐辟。下部议行。雍正初，令安西兵丁试行屯垦，后又招民于渊泉县之柳沟、玉门县之赤金等处，承种屯田。又设甘肃柳林湖屯田。属凉州镇番县。乾隆初，黔苗底定，以绝产给兵屯粮种，又于直隶口外、八沟、塔子沟及甘肃瓜州等处兴屯。今案乾隆三十一年，各省屯田三十九万余顷，屯赋银七十八万五千两，屯粮九百万七千石有奇。新疆屯田，自准夷四部，悉隶版图，边防与屯政相为表里。东自巴里坤，西至伊犁，北至科布多，南至哈喇沙尔，天山左右，水土沃饶，前后垦辟十数万亩，边民永无馈饷之劳。其各城回民，纳粮以帕特玛，每一帕特玛合官石五石三斗。纳普尔钱以腾格。每五十普尔为一腾格，每二腾格为一两。疆里及于戎索，而计册待夫重译，尤古所未闻。暨金川既平，留兵屯戍，攒拉美诺之降番亦给地，俾安耕凿焉。（王庆云《熙朝纪政》卷四《纪屯田》）

清因明旧卫屯，给军分佃，罢其杂徭。顺治元年，遣御史巡视屯

田。三年，定屯田官制，卫设守备一，兼管屯田，又千总、百总分理卫事，改卫军为屯丁。六年，定直隶屯地输租例。其时裁屯田御史，继裁巡按，由巡抚主之。十三年，定屯军贴运例。……康熙十五年，以各卫荒田，在州县辖境，军地、民田多影射，令橄所司清厘。雍正二年，从廷臣请，并内地屯卫于州县，裁都司以下官，惟带运之屯与边卫无州县可归者如故。九年，令屯卫田亩，可典于军户，不得私典与民。乾隆元年，豁免广东屯田羡余，因除各省军田额外加增例。……五十四年，毕沅等奏各省屯丁，四年一编审，止稽户口之数，其田产或有漏匿，以时核之。百余年来，屯田利病与漕运终始。……光绪二十四年，太常卿袁昶奏理屯田，因有改卫为屯之谕，令天下核卫田亩数，详定租章，而江西以租充饷，与他省赡运者不同，额仍旧贯……明年，二十八年。谕各省勘实屯地，橄屯户税契执业，改屯饷为丁粮，归州征解，除屯丁运军名目，裁卫官。是时综计各省屯田，约二十五万余顷。……宣统元年，浙抚增韫更请令承田者，但刻期报明，统不纳价，部议即允占业，屯价不妨量收。盖屯卫嬗变，时势然也。（《清史稿·食货志》一《田制》）

【旗田】

清代官田，有旗田、官田之分。旗田之属于内务府者，曰内务府官庄，所辖有粮庄，有庄头。清初，随入关者，圈地以耕，或近畿人民带田来投者，皆曰庄头。

初设官庄，以近畿民来归者为庄头，给绳地，一绳四十二亩。其后编第各庄头田土分四等，十年一编定。（《清史稿·食货志》一《田制》）

顺治元年，设立官庄。是时近畿百姓带地来投，设为纳银庄头，愿领入官地亩者，亦为纳银庄头，各给绳地。……康熙八年，编各庄头等第，以其田土编为四等。至二十三年，题准每十年编定一次。（《皇朝文献通考》卷五《田赋考·八旗田制》）

乾隆十年十一月，奏准本司所属大粮庄头，共五百名。定例整分庄头，各给地十八顷；半分庄头，各给地九顷。内有自盛京随从来京圈地充当庄头者，原圈地亩自二三十顷至四五十顷不等，嗣后凡原圈地亩，庄头之缺，如伊子孙兄弟近族承替，仍照旧充当，无庸撤减。

(《总管内务府现行则例·会计司》卷一《安设粮庄》)

其圈地百余顷、设壮丁十人以耕者,曰粮庄。

国初设近畿官庄百三十二所,每庄给田三百垧。每六亩为一垧。庄头各给绳地,每四十二亩为一绳。隶内务府而征其赋。(王庆云《熙朝纪政》卷六)

设粮庄,庄给地三百垧,垧约地六亩。庄地坐落顺、保、永、宣各属,奉天、山海关、古北口、喜峰口亦立之,皆领于内务府。此外有部、寺官庄,分隶礼部、光禄寺。又设园地,植瓜果蔬菜,选壮丁为园头。世宗初,设总理专官,司口外报粮编审。(《清史稿·食货志》一《田制》)

康熙二十四年,设立粮庄,每庄各给地千八百亩。旧例每庄壮丁十名,选一人为庄头,给田一百三十晌;场园马馆,另给田四晌。庄丁蕃衍则留于本庄,缺则补足,给牛八头,量给房屋、田种、口粮、器皿,免第一年钱粮。至是设粮庄,每庄地三百晌,其头等、二等庄头,不准给牛。又山海关内、古北口、喜峰口外,粮庄每一所纳粮百石;合仓石三百六十石。山海关外,粮庄每一所纳粮百二十石。合仓石四百三十二石。至二十六年,题准于交纳银二百两之庄头内,改为粮庄,增壮丁为十五名。(《皇朝文献通考》卷五《田赋考·八旗田制》)

宗室官员及兵丁,圈地为庄田,不属内务府。圈地惟入关之初有之,虽以他处之地偿还人民,然以斥卤而纳膏腴之赋,受害无穷。

山海关护城河

顺治元年，谕户部曰：我朝定都燕京，期于久远。凡近京各州县无主荒田，尔部清厘，分给东来诸王勋臣兵丁人等，盖非利其土地，以无处安置，故不得已而取之。可令满汉分居，各理疆界，以杜争端。于是巡按御史柳寅东条上满汉分居五便。二年，令民地为旗人指圈者，速以他处补给，美恶务令均平。十年，停止圈拨。然旗下退出荒地，与游牧投来人丁，皆复行圈补，又有因圈补而并圈接壤民地者。康熙初，鳌拜当国，欲以正白旗屯庄给镶黄旗，而另圈民地给正白旗。户部尚书苏纳海，以拨地迟延罪死；总督朱昌祚、巡抚王登联，以拨换地亩旗民困苦上闻，亦逮死。及圣主亲政，乃昭雪之。八年谕：比年以来，复将民间房地，圈给旗下，以致民生失业，流离困苦，以后著停。今年所圈房地，俱著退还。并饬部将张家口、山海关等处旷土，换拨各旗耕种，并令新满洲以官庄余地拨给，其指圈之地归民。是为旗区地亩，旗人不习耕作，又以生齿日繁，始稍稍典卖矣。雍正初，清查旗地，动内帑赎回，凡不自首与定例后复私卖买者，皆入官为公产旗地。嘉庆十七年额征入官旗地三万七千三百余顷。……凡赎入官地，并抵帑、籍没等田，皆征其租，谓之旗租。嘉庆十一年征收旗租银四十万三千余两。自旗人生计，日以不足，旗租岁充饫赐。谨按会典，近畿之地，各旗王公宗室庄田，以顷计者一万三千三百有奇，各旗官兵分拨庄田，以顷计者十四万九百有奇。（王庆云《熙朝纪政》卷四《纪圈地》）

旗地典卖与民人者，乾隆时，由公家出价代为取赎，谓之二次地。

乾隆四年，谕：……其时旗人所得地亩，原足以资养赡。嗣因生齿日繁，恒产渐少，或因事急需，将地亩渐次典与民家为业，阅久辗转相授，已成民产。今欲典出旗地，陆续赎回。……可将此旨，行文直隶总督详悉妥议。五年，议定取赎民典旗地及旗人下乡种地之例。……九年，定民典旗地减价取赎之令，凡民典旗地，不论契载年限，总以十年为率，在十年之内者，照原价；十年以外者，减原价十分之一，二十年以外减十之二，三十年以外减十之三，四十年以外减十之四，五十年以外者，半价取赎。至十一年，复定取赎旗地，自十年以外，每年递减，至五十年以外，仍以半价取赎。又令八旗官兵承买公产地者，亦照官赎减价。……十八年，令嗣后旗下奴仆及开户人典买

旗地，定限一年内自首，官为回赎，照民典旗地例，分年限价取赎。如系其主之地，十年以内，即减原价十分之一，十年以外，减十之二，以次递减。若原主不能赎，即交八旗内务府作为公产，官为收租，岁终将收过租息数目奏闻，请旨赏给贫乏旗人，以资养赡。……二十一年，谕：八旗另记档案及养子开户人等，俱准其出旗为民。……伊本身田产，应遵旨准其带往为业。至于老圈并典买八旗地亩，不便将旗地带入民籍，应查明动官帑赎回。……二十二年，准民奴典卖旗地，分别减价，先行发帑赎回，照旗地旗租之例收租。……二十八年，谕：上年因八旗回赎旗地，积至一万余顷之多，降旨令户部会同内务府八旗大臣定议，以三千顷安设庄头，俱赏给八旗作为恒产。（《皇朝文献通考》卷五《田赋考·八旗田制》）

鳌拜像

乾隆五年，部议准直隶督臣奏，一取赎民典旗地，百姓不苦于得价还地，实惧其夺田别佃，应令地方官于赎地之时，将见在佃户及见出之租数，造册备案，嗣后无论何人承买，仍令原佃承种，其租银照旧。如庄头土豪无故增租夺佃者，罪之。……二十三年，谕：出旗为民之汉军内，所有向日承种井田、屯田者，俱久赖地亩为生，一旦将此项地亩撤出，未免失其生业。著将伊等现在承种地亩，加恩即行赏给耕种。至四月，直隶总督方观承言，汉军出旗为民人等，内有原领井田并屯种官地，蒙恩赏给耕种，带入民籍，请将此项地亩，勘明村庄段落，填给印照注明。（《皇朝文献通考》卷五《田赋考·八旗田制》）

盛京庄田设于铁岭、承德、渐及喜峰口、黑龙江、呼兰等地，每丁分地数十至百余亩，给口粮籽种，科租以充兵饷。

顺治五年，定八旗庄屯地界。国初按旗分处，各有定界。继因边内地瘠，粮不足支，展边开垦，移两黄旗于铁岭，两白旗于安平，两红旗于石城，两蓝旗所分张义站、靖远堡地瘠，以城地与之。至是复定官员庄屯，两黄旗设于承德县沙河所，两白旗设于宁远，两红旗设于承德县塔山，两蓝旗设于锦州。又准沙河以外，锦州以内，八旗官

卷五 明清

员家丁，每名给地三十六亩。……康熙十八年，……更定两便之法，奉天所属，东自抚顺起，西至宁远州老天屯，南至盖平县拦石起，北至开原县，除马厂羊草地外，实丈出三十二万九千四十九顷三十亩，定旗地二十七万六千三百二十二顷八十亩。新满洲迁来，若拨种豆地，每六亩给地种一半；拨种谷米、黏米、高粱地，每六亩给各种六升。二十五年，以锦州、凤城等八处荒地，分给旗民开垦，给以耕牛及口粮农器。……雍正十一年，喜峰口驻防兵丁一百名，以铁门关外大屯地分给，每名给地一顷十有五亩七分，菜园四分有奇，令其耕种，照民例分别科则租银，留充兵饷。乾隆二年，设立黑龙江屯庄，黑龙江湖兰地方，设庄四十所，每十丁编为一庄，令盛京将军等，选八旗开户壮丁四百名，各给地六十亩，房二间，并给口粮、籽种。六年，增设呼兰庄屯，又择闲丁五十名，增设庄五所。七年，设庄屯于温得亨山及都尔图地方，……选壮丁五十名，增设庄五所，各给牛种、器具、口粮。（《皇朝文献通考》卷五《田赋考·八旗田制》）

驻防庄田，则给各省驻防旗丁，自三十亩至二百余亩不等。

顺治四年，给江宁、西安驻防旗员圈地，江宁六十亩至一百八十

亩不等，西安二百四十亩或二百十有五亩不等；惟浙江驻防官兵，不给田，俸饷照经制支领。……七年，驻防官员等给园地，兵及壮丁，每名给地三十亩，临清、太原，以无主地并官地拨给；保定、河间、沧州，以八旗退出地拨给。康熙三十一年，以山西阳曲、太原二县屯地，给与驻防满洲官兵。三十二年，令八旗驻防各省官兵，俱于所住之处，给与地亩。（《皇朝文献通考》卷五《田赋考·八旗田制》）

八旗庄田数简表

旗别	庄园数	亩数	坐落地点
正黄旗	整庄五所，半庄十二所，庄四所，园三所。	共地百有六顷五十六亩。	大兴、宛平、三河、宝坻、顺义、涿州、房山、雄县、易州、任丘各州县。
镶黄旗	整庄四所，半庄一所，园一所。	共地三十六顷六十亩	大兴、通州、武清、平谷、河间各州县。
正白旗	整庄四所，半庄一所，园二所。	共地三十六顷。	顺天、香河、通州、宝坻、房山及沙河所等处。
镶白旗	整庄一百七十六所，半庄五所，庄八所，整园八所，园二十所，果地、靛地、网户、猎户等地七十六处。	共地千七百一十七顷十有四亩有奇。	大兴、宛平、良乡、固安、永清、东安、香河、通州、三河、武清、宝坻、昌平、密云、怀柔、房山、霸州、蓟州、玉田、平谷、遵化、丰润、迁安、滦州、乐亭、保定、易州、河间、任丘、沧州、保安及辽阳、海城、盖平、铁岭、山海关外等处。
正红旗	整庄一百四十五所。半庄三所，整园五十所，半园十一所。	共地一千二百四十四顷十六亩。	顺天、宛平、昌平、涿州、文安、保定、定兴、涞水及辽阳、海城、盖平各州县。
镶红旗	整庄二百九十八所。半庄二十三所，庄五所，整园一百十一所，半园二所。	共地二千六百三十顷一亩。	大兴、宛平、永清、香河、通州、宝坻、昌平、涿州、房山、霸州、滦州、新城、河间、肃宁、沧州、延庆及张家口外等处。
正蓝旗	整庄五百四十四所，半庄一百五十一所，庄二十二所，整园一百三所，半园十九所，园七十三所，果菜牧地五处。	共地五千三百十有三顷二十四亩有奇。	大兴、宛平、良乡、永清、东安、香河、通州、武清、昌平、顺义、怀柔、涿州、房山、霸州、玉田、平谷、遵化、丰润、永平、昌黎、滦州、乐亭、新城、易州、青县、无极、保安及承德、辽阳、开原、锦州、宁远、广宁、开平、冷口外等处。
镶蓝旗	整庄二百三十一所，半庄六十三所，庄九所，整园一百二所，半园二所，园三所。	共地二千二百五十四顷七十亩。	大兴、宛平、固安、永清、东安、昌平、怀柔、滦州、蠡县、安州、高阳及辽阳、海城、盖平、锦州、开平等处。

耤田图

【官田】

清初，承旧制，有耤田千余亩。康熙时，命各省皆设耤田。

顺治十一年，耕耤于南郊。耤田在正阳门外之西，中为先农坛。坛内地一千七百亩，其二百亩，给坛户种五谷蔬菜，以给祭祀之需；余千五百亩，收租银三百两，以备修理坛墙。凡耤田岁收黍一石二斗二升一合八勺，谷一石五斗五升七合八勺，大麦五斗七升九合七勺，小麦一石三斗五升三合，藏之神仓。康熙四年，谕曰：天子为耤千亩，诸侯百亩。……朕意欲令地方守土之官，行耕耤之礼，……著九卿详议具奏。九卿会议请通行奉天、直隶各省，于该地方择地为耤田，每岁仲春，行九推之礼。明年，颁耕耤仪于直省，令择东郊官地洁净丰腴者，立为耤田；如无官地，则置买民田，以四亩九分为耤田。后立先农坛，令守坛之农夫，灌溉耤田，所收谷数，造册报部。（《皇朝文献通考》卷一二《田赋考·官田》）

耤田行于首都先农坛，坛地凡千七百亩。雍正间，令疆吏饬所属置耤田。（《清史稿·食货志》一《田制》）

又有陵地、

东西陵地，红桩以内，例绝耕樵。东陵白桩界外，初听民耕，道光朝，乃严其禁。青桩以外，遵、蓟、密、承诸界内，兵民私垦，至地万余区，久益增廓。光绪末，定为计区勘丈，将熟地分则升科，储学堂之用焉。（《清史稿·食货志》一《田制》）

学田、

凡京师坛壝官地，及天下社稷、山川、厉坛、文庙、祠墓、寺观、祭田、公地，一切免征。国初赐圣贤裔祭田，其孔林地、四氏学学田、墓田地、坟地，咸除租赋。学田专资建学，及赡恤贫士。佃耕租而租率不齐，旧无常额。乾隆中，都天下学田，万一千五百八十余顷。光绪变法，直省遍兴学堂，需费无艺，则又拨所在荒地，划留学田，以补剂之。(《清史稿·食货志》一《田制》)

井田。

先是以新城、固安官地二百四十顷，制井田，选旗民百户，户授百亩，公百亩，共力养公田。嗣更于霸州、永清仿行。然成效卒鲜。乾隆初，屯庄择勤敏者充屯户，按亩科粮，是为井田改屯地。(《清史稿·食货志》一《田制》)

雍正二年，以新城、固安官地三百四十一顷，制为井田，令无业旗民往耕，自十六岁以上，六十岁以下，各授田百亩，外八分为私田，中百亩为公田，造庐舍，给口粮、牛种、农具咸备。又设管理劝教以董之，而愿往者卒少。五年，识将欠粮及犯法官兵，发往井田效力，则视为徒作之地，操耒耜者，皆非安分食力之人。乾隆元年，遂改屯田为屯庄，乾隆《会典》：井田每户原给田百二十五亩，以十二亩五分为公田，十二亩五分为室庐场圃，以百亩为私田。(王庆云《熙朝纪政》卷四《纪屯田·附记井田》)

凡牧地，皆为官田，无所科征。

牧马草厂在畿辅者，顺治二年，以近畿垦荒余地，斥为牧场，于顺天、津、保各处，分旗置之。自御马厂以下，各按其旗地牧养，亲王方二里，郡王一里，亦圈地也，曰屯垦。康熙中，招垦天津两翼牧地，计亩二万一千五百余。乾隆时，丈直隶马厂地，振业贫民，命曰恩赏地。在盛京者，奉天屯卫各地，八旗分作牧厂，……大凌河东厂、西厂荒地，三十一万八百余亩，养息牧余地，万四千六百晌，乾、嘉中，陆续放垦。后又综各城旗马厂可垦地，三十八万九千余亩，悉归城旗承种。……同治三年，变通锦州、广宁、义州厂荒，西厂留牧，东厂招佃，其东北隅之高山子地数万亩，义州教场闲地万余亩，并行租佃，以为城兵伍地。……彰武本官牧，旋亦劝垦议科，于是养息牧生熟地，共放六十一万八千八百余亩，其余荒八万九千六百余亩，余地三万五千三百余亩，即以为蒙汉杂居牧佃，兼拊畜穷黎。

雍正先农坛亲耕

吉林之乌拉，康熙时，于五屯分庄丁地，遂为五官牧场，颇富零荒，宣统时，拨充学田，放垦二千三百余晌。……至荆防马厂……光绪末，厘出厂地二万余亩，俱令招垦，以租息济警政小学。宣统初，宁夏满营牧地余界，开渠垦地亩可二十一万，旗民各半之。……安徽万顷湖牧场，改垦放田八万二千七百余亩。其流民占耕及民间认荒者，皆名曰佃民，其留旗丁田二万亩，亦招民佃岁输谷麦，是为官佃。……口外牧场隶独石者，为御马厂，此外礼部、太仆寺左右翼及八旗，均有牧场，在张家口外，……其后密云、热河，同时放荒，热河宽旷，于留牧外，得地千四五百顷，更以三一留牧，余咸招垦。（《清史稿·食货志》一《田制》）

乙、赋役

明

【正赋】

明时，田分上中下三等九则曰等则，租分夏税、秋粮二等，纳米麦曰本色，折银绢杂物者曰折色。官田既多，赋独在民，自正统折收金花银两后，民间纳赋，除南漕外，多以银不以米麦矣。

十四年，洪武。创编赋役黄册，以一百为里，推丁粮多者十人为

里长，余百户分为十甲，岁役里长一人，管摄一里之事。城中曰坊，近城曰厢，乡都曰里，十年一周。每里编为一册，册首总为一图，鳏寡孤独不任役者，则带管于一百一十户之外，而列于图后，名曰畸零。册成，一本进户部，各布政司及府州县各存一本。十年攒造一次，遂为定制。（徐学聚《国朝典汇》卷九〇）

太祖为吴王，赋税十取一，役法计田出夫，县上中下三等，以赋十万、六万、三万石下为差；府三等，以赋二十万上、下、十万石下为差。即位之初，定赋役法，一以黄册为准，册有丁有田。丁有役，田有租。租曰夏税，曰秋粮，凡二等，夏税无过八月，秋粮无过明年二月。（《明史》卷七八《食货志》）

洪武初，令官田起科，每亩五升三合五勺，民田每亩三升三合五勺，重租田每亩八升五合五勺，芦地每亩五合三勺四抄，草场地每亩三合一勺，没官田每亩一斗二升。……二十六年，定凡各州县田土，必须开豁各户若干，及条段四至，系官田者照依官田则例起科，系民田者照依民田则例征敛，务要编入黄册，以凭征收税粮。如有出卖，其买者听令增收，卖者即当过割，不许洒派诡寄。（王圻《续文献通考》卷三）

洪武九年，天下税粮，令民以银钱绢代输，银一两，钱千文，钞十贯，皆折输米一石，小麦则减值十之二，棉苎一匹，折米六斗、麦七斗，麻布一匹，折米四斗、麦五斗，丝绢等各以轻重为损益，愿入粟者听。十七年，云南以金、银、贝布、漆丹砂、水银代秋租，于是谓米麦为本色，而诸折纳税粮者谓之折色。（《明史》卷七八《食货志》）

国初天下田土，总计八百四十九万六千五百二十三顷，令征科之数，制为两次，夏税则纳米麦四百七十一万二千九百石，外此复输钱三万九千八百锭，绢三十八万八千七百；秋粮则纳米二千四百七十三万四百石，外此复输钱五千七百三十锭，绢五千九百。（徐学聚《国朝典汇》卷九〇）

《国朝典汇》书影

虽岁贡银三十万两有奇，而民间交易用银，仍有厉禁。至正统元年，副都御史周铨言：行在各官俸支米，南京道远费多，辄以米易货，贵买贱售，十不及一。朝廷虚糜廪禄，各官不得实惠。请于南畿、浙江、江西、湖广不通舟楫地，折收布绢、白金，解京充俸。江西巡抚赵新亦以为言，户部尚书黄福复条以请。帝以问行在尚书胡濙，濙对以太祖尝折纳税粮于陕西、浙江，民以为便。遂仿其制，米麦一石，折银二钱五分，南畿、浙江、江西、湖广、福建、广东、广西米麦共四百余万石，折银百万余两入内承运库，谓之金花银。其后概行于天下，自起运兑运外，粮四石折银一两，解京以为永例。……诸方赋入折银，……而仓廪之积渐少矣。（《明史》卷七八《食货志》二）

东南之赋特重。

初，太祖定天下官民田赋，凡官田亩税五升三合，民田减二升，重租田八升五合五勺，没官田一斗二升，惟苏、松、嘉、湖，怒其为张士诚守，乃籍诸豪族及富民田，以为官田，按私租为税额，而司农卿杨宪又以浙西地膏腴，增其赋，亩加二倍。故浙西官民田，视他方倍蓰，亩税有二三石者。大抵苏最重，嘉、湖次之，杭又次之。……建文二年，诏曰：江浙赋独重，而苏、松准私租起科，特以惩一时顽民，岂可为定则，以重困一方。宜悉与减免，亩不得过一斗。成祖尽革建文之政，浙西之赋复重。宣宗即位，广西布政使周干，巡视苏、常、嘉、湖诸府，还言诸府民多逃亡，询之耆老，皆云赋重所致。……嘉靖，……越数年，乃从应天巡抚侯位奏，免苏州坝海田粮九万余石。然挪移飞洒之弊，相沿不改。至十八年，顾鼎臣为大学士，复言苏、松、常、镇、嘉、湖、杭七府，供输甲天下，而里胥豪右蠹弊特甚，宜将欺隐及坍荒田土，一一检核改正。（《明史》卷七八《食货志》）

【加饷】

嘉靖时始加饷。

三十年始加派，自武宗正德九年，建乾清宫，加赋百万。初，天下财赋，岁入太仓库者二百万两有奇，旧制以七分经费，而存积三分备兵燹以为常。世宗中年，边供费繁，加以土木祷祀，月无虚日，帑

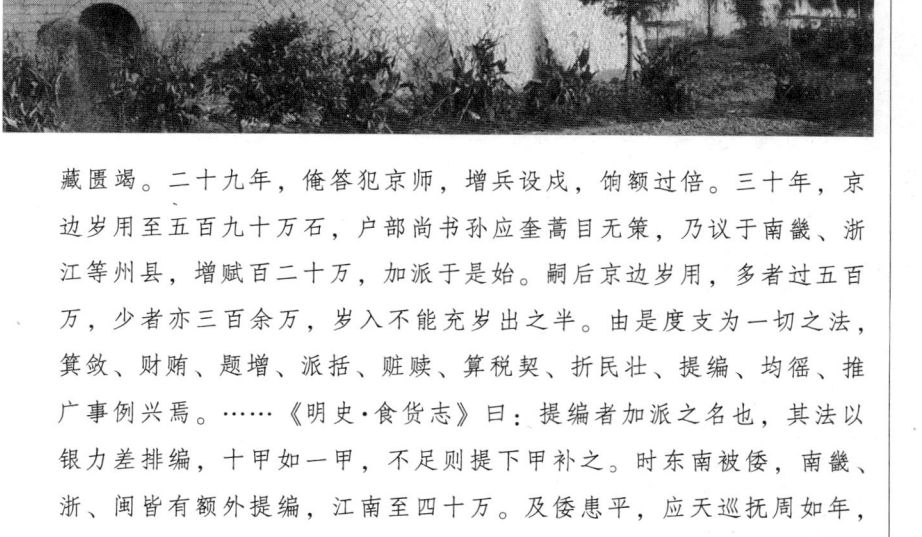

嘉靖时用于抵御倭寇的永昌堡

藏匮竭。二十九年，俺答犯京师，增兵设戍，饷额过倍。三十年，京边岁用至五百九十万石，户部尚书孙应奎蒿目无策，乃议于南畿、浙江等州县，增赋百二十万，加派于是始。嗣后京边岁用，多者过五百万，少者亦三百余万，岁入不能充岁出之半。由是度支为一切之法，箕敛、财贿、题增、派括、赃赎、算税契、折民壮、提编、均徭、推广事例兴焉。……《明史·食货志》曰：提编者加派之名也，其法以银力差排编，十甲如一甲，不足则提下甲补之。时东南被倭，南畿、浙、闽皆有额外提编，江南至四十万。及倭患平，应天巡抚周如年，乞减加派，给事中何烓亦具陈南畿困敝，言军门养兵，工部料价，操江募兵，兵备道壮丁，府州县乡兵，率为民累，甚者指一科十，请禁革之。命如烓议，而提编之额，仍不能减。（《续文献通考》卷二《田赋考》）

万历时加辽饷。

其后接踵三大征，颇有加派，事毕旋已。至四十六年，骤增辽饷三百万。时内帑充积，帝靳不肯发，户部尚书李汝华乃援征倭播例，亩加三厘五毫，天下之赋增二百万有奇。明年复加三厘五毫。明年以兵、工二部请，复加二厘。通前后九厘，增赋五百二十万，遂为岁额。所不加者，畿内八府及贵州而已。（《明史》卷七八《食货志》）

崇祯时，复加辽饷三厘，

> 崇祯三年军兴，兵部尚书梁廷栋请增田赋，户部尚书毕自严不能止，乃于九厘外，复加三厘。（《明史》卷七八《食货志》）

> 至是军兴，兵部尚书梁廷栋又请增田赋，户部尚书毕自严不能止，乃于九厘外，复征三厘。惟顺天、永平以新被兵，无所加，余六府亩征六厘，得他省之半，共增赋百六十五万有奇，合旧所增，凡六百八十余万。海内咨怨。……八年，征助饷银，总督卢象升请加宦户田赋十之一，民粮十两以上同之。既而概征每两一钱，谓助饷。（《续文献通考》卷二《田赋考》）

曰剿饷、

> 王家桢故庸材不足任，嗣昌乃荐熊文灿代之，因议增兵十二万，增饷二百八十万。其措饷之策有四，曰因粮，曰溢地，曰事例，曰驿递。因粮者，因旧额之粮量为加派，亩输粮六合，石折银八钱，场地不与，岁得银百九十二万九千有奇。溢地者，民间土田溢原额者核实输赋，岁得银四十万六千有奇。事例者，富民输资为监生，一岁而止。驿递者，前此邮驿裁省之银，以二十万充饷。议上，帝乃传谕：流寇延蔓，生民涂炭，不集兵无以平寇，不增赋无以饷兵。勉从廷议，暂累吾民一年，除此心腹大患。（《明史》卷二五二《杨嗣昌传》）

曰练饷，及杂饷，共一千六百余万两，而民困极矣。

> 崇祯十二年六月，加征练饷。廷臣多请练边兵，帝命杨嗣昌定议，边镇及畿辅、山东、河北，凡四总督、十七总兵官，各抽练额兵总七十三万有奇，又汰郡县佐贰，设练备、练总，专练民兵，于是有练饷之议。初嗣昌增剿饷，期一年而止，后饷尽而贼未平，诏征其半。……于是剿饷外，复亩加练饷银一分，共增七百三十万。（《续文献通考》卷二《田赋考》）

> 盖自神宗末，增赋五百二十万，崇祯初，再增百四十万，总名辽饷。至是复增剿饷、练饷，先后增赋千六百七十万，民不聊生，益起为盗矣。于是御史卫周嗣言：嗣昌流毒天下，剿练之饷多至七百万，民怨何极。御史郝晋亦言：万历末，合九边饷止二百八十万，今加派辽饷至九百，剿饷三百三十万业已停罢，旋加练饷七百三十余万。自

明代钱币

古有一年而括二千万以输京师,又括京二千万以输边者乎?疏语虽切直,而时事危急,不能从也。(《续文献通考》卷二《田赋考》)

【岁计】

明代赋入之米皆有常支,曰漕粮,曰宗禄,曰地方存留,曰改折,国用则取给于改折及商税之银。嘉靖以前,岁入银二百余万两,岁出不过百余万两,少仅七八十万。万历之初,出入恒四百万,末年加辽饷皆征银,共需千万。至崇祯季年,遂达二千余万,入不敷出者五百余万,虽苛敛不足以给矣。

世宗嘉靖初,内府供应视弘治时,其后乃倍之。初太仓中库积银八百余万两,续收者贮之两庑,以便支发,而中库不动,遂以中库为老库,两庑为外库。及是时,老库所存者,仅百二十万两。二十二年,特令金花子粒银应解内库者,并送太仓备边用,然其后复入内库。(《续文献通考》卷三〇《国用考》)

王圻曰:正统时,天下岁征入数,共二百四十三万两,出数共一百余万两,自正德后,出多入少,国用益不支矣。……臣等谨按……嘉靖二十八年以前,岁支多不过二百万,少仅七八十万。及二十九年,备御边警,饷额倍增。三十四五年间,宣大被寇,募军赈恤,诸费取给内帑,岁无纪极,所入二百万之额,不能充所出之半。(《续文献通考》卷三〇《国用考》)

穆宗隆庆元年,……帝初即位,……至是问户部京帑贮金以赡军国,足备几年。奏言所存仅足三月,计今岁尚亏九月有奇,边军百万,悉无所需。帝大骇。……十二月,谕户部查内库太仓银出入数。尚书马森奏:太仓见存银一百三十五万四千六百五十二两,岁支官军

俸银一百三十五万有奇，边储二百三十六万有奇，补发年例一百八十二万有奇，通计所出五百五十三万有奇，以今数抵算，仅足三月。京仓见存粮六百七十八万三千一百五十一石，岁支官库月粮二百六十二万一千五百余石，遇闰又加二十二万余石，以今数抵算，仅足二年。……四年，……是岁七月，户部尚书张守直又疏曰：国家贡赋在量入为出。尝计天下钱谷，一岁所入，仅二百三十万有奇，而中多积逋灾免奏留者；一岁所出京师百万余，而边饷至二百八十余万，其额外请乞者不与焉。二年用四百四十余万，三年则三百七十九万。此其最少者，而出已倍于入矣。（《续文献通考》卷三〇《国用考》）

初世宗时，太仓所入二百万两有奇，至万历六年，太仓岁入凡四百五十余万两，而内府岁供金花银外，又增买办银二十万两以为常，后又加操马刍料银七万余两之多。久之，太仓、光禄、太仆银括取几尽，边赏首功向发内库者，亦取之太仆矣。……二十三年二月，户部以公私兼窘，陈时政之要。从之，略云：……顾各边镇且额外加添，以示宽容，自四十余万增至二百八十余万，……二十八年八月，给事中王德完奏，国家岁入仅四百万，而岁出至四百五十余万，……臣等谨按《食货志》，万历后每事溢经制数倍，且征调开采，阉人攒侵，由是二百年财力，殚竭靡遗矣。（《续文献通考》卷三〇《国用考》）

庄烈帝崇祯……八年四月，……时户部奏报两饷出入数，旧饷岁入四百二十三万九千两有奇，岁出四百二十九万三千两有奇；新饷岁入八百五十七万三千两有奇，岁出七百八十六万两有奇。合而计之，该存剩银六十五万九千两有奇。而频年征调，转输络绎，以及留者、蠲者、逋者、缓者，在在见告，是岁缺额，遂至二百三十余万两。……祖宗朝，岁入京师者未满四百万，今且一千二百余万，尚可以用度不足，更责输将于百姓乎？（《续文献通考》卷三〇《国用考》）

【丁役】

民年十六曰成丁，服役，六十而免。凡田一顷，出夫一人，每岁服役三十日，编黄册载之，十年一造册。既而徭繁，吏得上下其手，赋役不均，人民苦之。

丁曰成丁、曰未成丁，凡二等。民始生，籍其名曰不成丁，年十六曰成丁。成丁而役，六十而免。又有职役优免者，役曰里甲、曰均

崇祯十六年三饷合一出入简表

兵饷左司	每年出银一千零六十一万零七百四十三两	出款内包括蓟州镇月饷一百七十二万余两，密云镇七十五万余两，昌平镇三十七万余两，柳沟镇二十八万余两，宣府镇四十八万余两，易州镇一百三十余万两，阳和镇五十六万余两，大同镇六十九万余两，延绥镇三十三万余两，甘肃镇十三万余两，固原镇四十万余两，京支各项七十九万余两，京营勇卫等营料草四十七万余两，勇卫京营官军廪粮米折四十八万余两，剩饷银一百四十万余两，选练官舍银二十一万余两，其他监菜工食日犒杂项等。
	每年入银九百八十七万一千七百两零，除蠲免外实征七百七十五万七千七百十五两零	入款内包括浙江额银一百五十万余两，广东额银八十三万余两，四川六十三万余两，陕西七十三万余两，广西二十七万余两，贵州四万余两，河南、河北等府五十万余两，苏州府五十六万余两，庐州府十六万余两，淮安府二十四万余两，安庆府八万余两。顺天府十万余两，河间府十三万余两，大名府十四万余两，河南五府一州一百七十万余两，监课银一百十八万余两，关税额银四十四万余两，镇江府十万余两，徽州府九万余两，其他池州府、广德州、徐州、广平府，各数万两，淮安等五仓新旧税并仓助银八万余两，屯牧加科三万余两，各卫升科万余两，延庆州额银四千余两。
兵饷右司	每年出银一千六十一万七百四十三两零	出款内包括宁远镇月饷一百五十三万余两，山海镇七十万余两，永平镇八十七万余两，天津镇二百三十三万余两，通镇三十九万余两，山西镇三十六万余两，宁夏镇二十三万余两。登镇二十七万余两，临镇二十三万余两，凤阳护陵兵饷四万余两，京勇等营草料四十万余两，京营勇卫各仓场料豆草束二十九万余两，援兵行监银一百二十万两，该剩饷一百五十九万余两，其他、勇卫监菜、京营月米、京营练兵日犒等。
	每年入银一千二十二万九千八百三十二两零，除蠲免外实征银八百零八万七千三百一十一两零	入款内包括江西额银一百二十八万余两，福建六十六万余两，山西一百一万六百五十三两零，山东二百一十五万余两，云南十二万余两，湖广江南八二州八十九万余两，湖广江北七十六十四万余两，常州府二十五万余两，松江府二十三万余两，宁国府十一万余两，太平府七万余两，应天府二十三万余，凤阳府二十一万余，扬州府二十万余两，保定十三万余两，真定府二十万余两，顺德府四万余两，监课银一百十八万余两，关税银四十四万余两，其他和州、永平府各二万余两，滁州、南京屯派银、工部卢课、宣课司税各一万余两，保安州、五城典税各一二千两。
总计		二司每年共该出银二千一百二十二万一千四百八十七两零，共该入银二千一十万一千五百三十三两零，除蠲免去银四百二十五万六千五百零六两，实征银一千五百八十四万五千零二十七两，共计缺额银五百三十七万六千四百五十九两。
附注		本表根据《倪文贞公奏疏》卷八"覆奏"并"饷疏"而作。

徭、曰杂泛，凡三等。以户计曰甲役，以丁计曰徭役，上命非时曰杂役，皆有力役。有雇役，府州县验册丁口多寡，事产厚薄，以均适其力。（《明史》卷七八《食货志》）

洪武元年二月，命中书定赋法役法。上以立国之初，经营兴作，必资民力，恐役及平民，乃命中书省验田出夫，于是省臣奏议，田一

顷出丁夫一人；不及顷者，以别田足之，名曰均工夫。直隶、应天等十八府州，及江西饶州、九江、南康三府，计田三十五万七千二百六十九顷，出夫如田之数，遇有兴作，于农隙用之。（徐学聚《国朝典汇》卷九〇）

役法定于洪武元年，田一顷出丁夫一人，不及顷者，以他田足之，名曰均工夫。寻编应天十八府州、江西九江、饶州、南康三府均工夫图册，每岁农隙赴京供役，三十日遣归。田多丁少者，以佃人充夫，而田主出米一石资其用，非佃人而计亩出夫者，亩资米二升五合。迨造黄册成，以一百十户为一里，里分十甲曰里甲，以上中下户为三等，五岁均役，十岁一更造，一岁中诸色杂目应役者，编第均之，银力从所便。（《明史》卷七八《食货志》）

二十六年，定凡各处有司十年一造黄册，分豁上中下三等人户，仍开军、民、灶、匠等籍，除排年里甲依之充当外，其大小杂泛差役，各照所分上中下三等人户点差。……景泰元年，令里长户下空闲人丁，典甲首户下人丁，一体当差，若隐占者，许里甲首告。……嘉靖九年，令各该司府州县审编徭役，先查岁额各项差役若干，该用银若干，黄册实在丁粮，除应免品官、监生、生员、吏典、贫难下户

明万历年间绘制的长城图

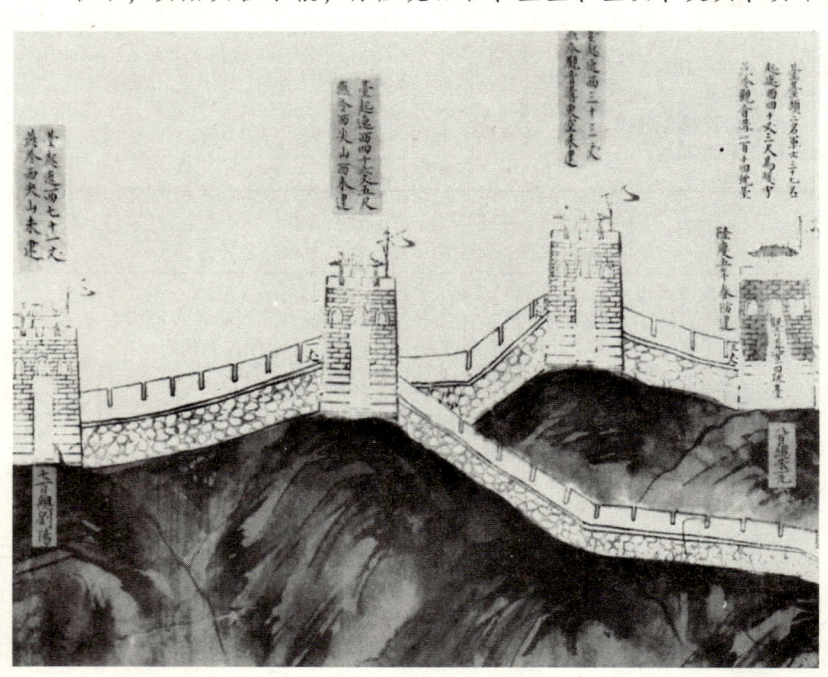

外，其应役丁粮若干，以所用役银酌量，每人一丁田几亩，该出银若干，尽数分派。如有侵欺余剩听差银两入己者，事发，查照律例从重问拟。（陈仁锡《皇明世法录》卷三九）

英宗正统初，行均徭鼠尾册法，先是编徭役里甲者，以户为断，放大户而勾单小。于是议者言：均徭之法，按册籍丁粮，以资产为宗，核人户上下以蓄藏得实也。……乃令以旧编力差，银差之数，难易轻重酌其中，役以应差里甲除当复者，论丁粮多少，编次先后，曰鼠尾册，按而征之。市民商贾家殷足而无田产者，听自占，以佐银差。正统初，佥事夏时创行于江西，他省仿行之，役以稍平。（《续文献通考》卷一六《职役考》）

弘治元年，令各处编审均徭，查照岁额差供，于该年均徭人户丁粮有力之家，止编本等差役，不许分外加增余剩银两。贫难下户，并逃亡之数，听其空闲，不许征银，及额外滥设听差等项科目。违者听抚按等官纠察问罪，奏请改调；不举者坐罪，镇守衙门不许干预均徭。（陈仁锡《皇朝世法录》卷三九）

武宗正德元年十一月，均畿内差役，巡抚都御史柳应宸言顺天、永平二府并各卫所差役不均，审户虽有三等九则之名，而上户则巧于规免；论差虽有三等出力之异，而下户不免于银差，且有司均徭当出于人丁。近年兼征地亩，军卫均徭当出于余丁。近年兼派正军，奸弊难稽，民穷财尽，必须总括府卫所当用之役，而均派于所见有之丁，仍省冗差，革妄费，重必加于富势，轻则及于贫穷，而后畿民始得其所，帝如其言行之。（《续文献通考》卷一六《职役考》）

嘉靖……十五年，题准今后凡遇编审均徭，务要查照律例申明禁约，如某州县银力二差，原额各该若干，实该费银若干，从公查审，刊刻成册，颁布各府州县。候审编之时，就将实费之数编作差银，分为三等九则，随其丁产，量差重轻，务使贫富适均，毋致偏累，违者纠察问罪。（陈仁锡《皇明世法录》卷三九）

万历时行一条鞭法，苦累稍减，而役法犹未尽公。故明末言地方利病者，每主均田，以役自田生，均田者均其田之役而已。

嘉靖四十四年二月，议准江南行十段锦册法。其法，算该年银力差各若干，总计十甲之田，派为定则。如一甲有余，则留以为二甲之

用；不足，则提二甲补之。乡宦免田，十年之内止免一年，一年之内止于本户。寄庄田亩不拘同府、别府，但已经原籍优免者，不许再免。臣等谨案《世宗实录》，十段锦之议，出于巡按御史温如璋，行之未几，里下骚然，莫必其命，浙江为尤甚。庞尚鹏巡抚浙江时，奏行一条鞭法。（《续文献通考》卷一六《职役考》）

条鞭法者，合均徭、里甲、土贡与两税为一，剂量均适，以一县丁粮充一年之役，事业易集；又一年之役均之十年，稍出不至困也。（王原深《明食货志》卷四）

嘉隆后，行一条鞭法，通计一省丁粮均派一省徭役，于是均徭、里甲与两税为一。小民得无扰，而事亦易集。然粮长、里长名罢实存，储役卒至复金农氓。鞭法行十余年，规制顿紊，不能尽遵也。（《明史》卷七八《食货志》）

【免粮】

耆民、节妇、官绅、生员皆得免役。嘉靖十年，定优免事例，一品官得免粮二十石，人丁二十丁，二品以下递减。

洪武元年八月，诏民年七十以上者，许令一子侍养，免其役。二年，令凡民年八十以上，止有一子，若系有田产应当差役者，许出丁

旧时的贞节牌坊

钱雇令人代；无田产者，许存侍。十九年六月，诏有司存问高年，凡八十以上者，皆复其家。……三年，定民妇三十以前守志至五十以后不改节者，除免本家差役。四年，令免阙里孔氏子孙三十六户徭役。……十二年八月，诏凡致仕官，复其家，终身无所与。十三年十二月，免朝官及功臣家杂役。……十六年三月，复凤阳、临淮二县民徭赋，世世无所与。……二十年七月，迁南方学官教士于北，复其家以北方学校无名师，生徒废学，命迁南方学官之有学行者教之，增广生员，不拘额数，复其家。至英宗正统十年，令监生家免差役二丁。世宗嘉靖九年，题准各灶户内有举人、监生、生员，省、祭、吏役，照有司例，一体优免。(《续文献通考》卷一七《职役考》)

孝宗弘治元年，定诸王等亲属免丁之例，亲王王亲杂役免二丁，郡王王亲一丁，镇国等将军夫人亲父一丁。(《续文献通考》卷一七《职役考》)

万历九年，定一品免粮三十石，人丁三十丁，余递减，视嘉靖所免更多。生员无田者，官给免粮银一岁二两。

嘉靖……二十四年，议定优免则例，京官一品免粮三十石，人丁三十丁；二品免粮二十四石，人丁二十四丁；三品免粮二十石，人丁二十丁；四品免粮十六石，人丁十六丁；五品免粮十四石，人丁十四丁；六品免粮十二石，人丁十二丁；七品免粮十石，人丁十丁；八品免粮八石，人丁八丁；九品免粮六石，人丁六丁。内官内使亦如之，外官各减一半。教官、监生、举人、生员，各免粮二石，人丁二丁；杂职省、祭、官、承、差、知、印、吏、典，各免粮一石，人丁一丁。以礼致仕者，免十分之七，闲住者免一半，其犯赃革职者不在优免之例。如户内丁粮不及数者，止免实在之数，丁多粮少不许以丁准粮，丁少粮多不许以粮准丁，俱以本官自己丁粮照数优免，但有分门各户疏远房族，不得一概混免。(《续文献通考》卷一七《职役考》)

清

【正赋】

清初正赋承明之旧，首除三饷，旋以万历为准，只免崇祯时三饷。

清初入关，首除明季加派三饷。时赋税图籍多为流寇所毁，顺治

三年，谕户部稽核钱粮原额，汇为《赋役全书》，悉复明万历间之旧。计天下财赋，惟江南、浙江、江西为重，三省中犹以苏、松、嘉、湖诸府为最。……十一年，命右侍郎王宏祚订正《赋役全书》，先列地丁原额，次荒亡，次实征，次起运存留。起运分别部寺仓口，存留详列款项细数。其新垦地亩，招徕人丁，续入册尾，每州县发二本，一存有司，一存学官。赋税册籍，有丈量册，又称鱼鳞册，详载上中下田则；有黄册，岁记户口登耗，与《赋役全书》相表里。……复采用明万历一条鞭法。……圣祖即位，……直省征收钱粮，夏税于五六月，秋粮于九十月，其报部之数，责成各有司于奏销时，详加磨勘，按年送京畿道刷卷。自世祖定赋税之制，正杂款繁多，咨题违错，驳令查覆，印官即借部驳之名，擅行私派，其正赋钱粮，本有定额，地方官吏如有别项需用，辄令设法，实与加派无二，至是下令严禁。……三十年，……时征收钱粮官吏，往往私行科派其名不一，阖邑通里，共摊同出者，名曰软抬；各里各甲，轮流独当者，名曰硬驼。于是设滚单以杜其弊，其法于每里之中，或五户或十户一单，于某名下注明田地若干，银米若干，春秋应各完若干，分为十限，发与甲首，依次滚催，自封投柜，一限既定，二限又依次滚催，其有停搁不完不交者严惩，民以为便。……乾隆初，州县征收钱粮，尚少浮收之弊，其后诸弊丛生，初犹不过就斛面浮收，未几遂有折扣之法，每石折耗数升，渐增至五折六折，余米竟收至二斗五升，小民病之。……德宗即位之初，复新疆，筹海防，国用日增。户部条陈整顿钱粮之策，略云：溯自发逆之平，垂二十年，正杂钱粮，期可渐复原额，乃考核正杂赋税额征总数，岁计三千四百余万两，实征仅百四十五万两，赋税亏额如此，财既不在国，又不在民，大率为贪官墨吏所侵蚀。……请饬各督抚藩司，认真厘剔，以裕度支。诏从其请。然终清之世，诸弊卒未能尽革也。……总计全国赋额，其可稽者，顺治季年，岁征银二千一百五十余万两，粮六百四十余万石；康熙中，岁征银二千四百四十余万两，粮四百三十余万石；雍正初，岁征银二千六百三十余万两，粮四百七十余万石；高宗末年，岁征银二千九百九十余万两，粮八百三十余万石。(《清史稿·食货志》二《赋役》)

【火耗】

民间以银纳粮，其数零星，成色不一，经火熔销，必有耗蚀，故官吏须加火耗。浸久有每两加至四五钱者，不啻公然贿赂，最为民害。雍正时提以归公，作为文官养廉，岁二百余万两，然火耗之弊仍在。

雍正二年，以山西巡抚诺敏，布政使高成龄，请提解火耗归公，分给官吏养廉，及其他公用火耗者，加于钱粮正额之外。盖因本色折银，熔销不无折耗，而解送往返，在在需费，州县征收，不得不稍取盈以补折耗之数，重者数钱，轻者钱余。行之既久，州县重敛于民，上司苛索州县，一遇公事，加派私征，名色繁多，又不止于重耗而已。……自山西提解火耗后，各直省次第举行，其后又酌定分数，各省文职养廉，二百八十余万两，及各项公费，悉取诸此。及帝乾隆即位，廷臣多言其不便，帝亦虑多取累民，临轩试士，即以此发问，复令廷臣及督抚各抒所见。大学士鄂尔泰，刑部侍郎钱陈群，湖广总督孙家淦，皆言耗羡之制，行之已久，征收有定，官吏不敢多取，计已定之数，与未定以前相较，尚不逮其半，是迹近加赋而实减征也。且火耗归公，一切陋习皆革除。……诏从鄂尔泰诸臣议。(《清史稿·食货志》二《赋役》)

谨案，火耗起于前明，国初屡有厉禁。顺治元年，令曰：官吏征收钱粮，私加火耗者以赃论。康熙初，有额外科敛许民控告之律，四年。有克取火耗上司徇隐之律，十七年。禁令非不严也。禁之而不能，则微示其意而为之限；限之而不能，乃明定其额而归之公，其变法也以渐。……圣祖尝谕河南巡抚鹿祐曰：所谓廉吏者，亦非一文不取之谓，若纤毫无所资给，则居常日用，及家人胥役何以为生？如州县官止取一分火耗，此外不取，便称好官。若一概纠摘，则属吏不胜参矣。四十八年九月谕旨。时各省耗羡，每两多不过一钱，独湖南加至二三钱。……六十一年，陕西亏空事闻，总督年羹尧，巡抚噶什图奏：

明代银锭

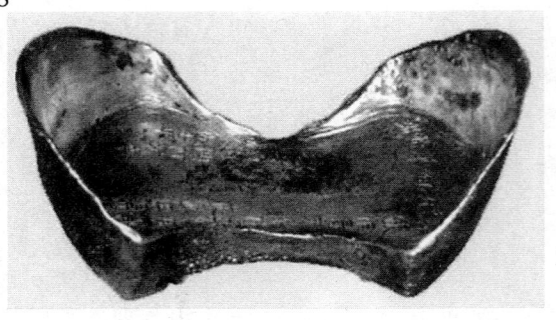

秦省火耗，每两有加至二三钱四五钱者，请酌留各官用度，其余俱捐出弥补。上谕断不可行。……提解归公之议，倡于雍正二年山西巡抚诺岷、布政使高成龄，世宗令廷臣集议，议上，谕曰：州县火耗，原非应有，因地方公费，各官养廉，不得不取给于此。且州县征收火耗，分送上司，以致有所借口，肆其贪婪，上司瞻徇容隐，此从来积弊也。与其州县存火耗以养上司，何如上司拨火耗以养州县乎？尔等请将分数酌定。朕思州县有大小，钱粮有多寡，地广粮多州县，火耗已足养廉；若行之地少粮少州县，则不能矣。惟不定分数，遇差多事繁，酌计可以济用；或是年差少事简，即可等减。又或偶遇不肖有司，一时加增，而清廉者，自可减除。若……竟为成额，必至有增无减。又奏提解火耗，非经常可久之道，凡立法行政，孰可历久无弊？提解原一时权宜之计，将来亏空清楚，府库充裕，有司皆知自好，则提解自可不行，火耗亦可渐省。盖年羹尧之议，至是始行。后乃酌定分数，而各省文职养廉二百八十余万两，及各项公费，实取诸此。先是江南每两加耗五分，雍正六年以后，递增至一钱。十三年，高宗即位，谕曰：向来耗羡，州县任意征求，经巡抚诺岷、田文镜倡为提解归公之法，各就本省情形，酌定分数，以外不许丝毫滥征。然未提解以前，尚为私项，既提解以后，恐不肖官员，视同正课，又于耗羡之外，巧取殃民。著各督抚严饬有司，耗羡一项，可减而决不可增，倘多取丝毫，即题参重治。乾隆四年，从孙嘉淦、陈世倌奏，免直隶、江南蠲赋耗羡，仍以河南耗余拨补。五年，以地方无关紧要之事，辄动耗羡，令督抚将各省必需公费，分晰款项，报部核奏。自是以后，各省耗羡，掌于户部湖广司者，取之有定数，用之有定款，于世庙谕旨所云，将来府库充裕，提解不行、火耗渐省者，卒无有议及者矣。他如关税之有盈余，盐课之有杂费，昔归私橐，后充公帑，亦耗羡之类也。（王庆云《熙朝纪政》卷三《纪耗羡归公》）

【普免】

清代普免钱粮简表

朝代	年代	普免种类	普免数目
康熙	五十年	分三年轮免钱粮一周	共计免天下粮赋新旧三千八百余万
雍正	元年	普免天下康熙五十年以前宿逋	江苏一省至八百八十万（据会典则一千一百六十五万有奇）
乾隆	十年	将十一年直省钱粮通行蠲免，廷议三年之内轮免一周	计为数二千八百二十四万有奇
乾隆	三十年	遵康熙三十年庆典次第免各省漕粮，五年而遍。又以漕粮内有例征折色者一律蠲免	
乾隆	三十五年	令各省钱粮通行蠲免一次	是年蠲免计二千七百九十四万有奇
乾隆	四十二年	令自戊戌年（四十三年）为始普蠲天下钱粮，仍分三年轮免	计二千七百五十九万有奇
乾隆	四十三年	普免天下漕粮一次，七年而遍	
乾隆	五十五年	按年轮免各省钱粮	计二千七百七十万有奇
乾隆	五十九年	普免八省漕粮，五年而遍	
乾隆	六十年	以明年将归政，免嘉庆元年各省应征地丁钱粮	
嘉庆	二十四年	免天下正耗民欠及缓带银谷	计银二千一百二十九万两有奇，米谷四百余万石
附注	本表根据《清史稿·食货志》及王庆云《熙朝纪政》而作。		

【江浙减赋】

江浙田赋，自明特重，清屡减之。同治时，犹重于他地。

雍正元年，……苏、松浮粮，多于他省，诏蠲免苏州额征银三十万，松江十五万，永著为例。……各省中赋税繁重，苏、松而外，以浙江嘉、湖二府为最，五年诏减十之一，共银八万余两。……七年，蠲浙江额赋十之三，共十万两。……乾隆元年，……谕改江南、浙江白粮十二万石，免苏、松浮粮额银二十万石。（《清史稿·食货志》二）

同治元年，……两江总督曾国藩、江苏巡抚李鸿章疏言：苏、松、太浮赋，上溯则比元多三倍，此宋多七倍，旁证之，则比毗连之常州多三倍，比同省之镇江等府多四五倍，比他省多一二十倍不等。……自粤逆窜陷苏、常，焚烧杀掠，惨不可言。臣亲历新复州县，市镇丘墟，人烟寥落，已复如此，未复可知。而欲责以数倍他处之重

清代粮仓遗址

赋，向来暴征之吏，亦无骨可敲、无髓可吸矣。细核历年粮数，咸丰十年中，百万以上者仅一年，八十万以上者六年，皆以官垫民欠十余万在其中，是最多之年，民完实数不过九十万也。成案如是，民力如是。惟吁请准减苏、松、太三属粮额，以咸丰中较多之七年为准，折衷定数，总期于旧额本经之常、镇二属通融核计，著为定额。即以开征之年为始，永远遵行，不准再有垫完民欠名目，嗣后非水旱亦不准捏灾。俾去无益之空借，求有著之实征。至苏、松漕粮，核减后，必以革除大小户名，为清厘浮收之原，以裁减陋规，为禁止浮收之委。制可。……三年，从闽浙总督左宗棠请，谕绍兴属八县六场，正杂钱粮，统照银数征解，革除一切摊捐及陋规，计减浮收钱二十二万有奇，米三百六十余石；宁波属一厅五县六场，减浮收钱十四万四千有奇，米八百余石。四年，浙江巡抚马新贻，请豁减金华浮收钱十五万余串，米五百余石；衢州钱十万余串，米六十余石；严州钱六万余串，米六千余石，洋银八十余元，米百余石。从之。是年，宗棠克湖州，疏言漕南浮收过多，请通加裁汰。事下部议，覆奏杭、嘉、湖漕粮，请仿江苏例，减原额三十分之八，并确查赋则，按轻重量为核减，所有浮收漏规，悉予裁汰，其南匠米石无庸议减。计三府原额漕白行月等米，百万余石，按三十分之八，共减米二十六万六千余石。

(《清史稿·食货志》二)

【加赋】

光绪时，以赔款分摊各省，大都就地加征，名目繁多。

　　光绪二十年，中日之战，赔兵费二万万。二十六年，拳匪肇祸，复赔各国兵费四万五千万。其后练新军，兴教育，创巡警，需款尤多，大都就地自筹。四川因解赔款而按粮津贴，捐输之外，又有赔款新捐。两江、闽浙、湖北、河南、陕西、新疆，于丁漕例征外，曰赔款捐，曰规复钱价，曰规复差徭，曰加收耗羡，名称虽殊，实与加赋无大异也。(《清史稿·食货志》二)

　　辛丑约成，遂有四万五千万之巨，派之各省者一千八百万两有奇。二十九年，以练新军，复摊各省练兵经费，而各省以创练新军，办巡警教育，又有就地自筹之款。奉天一省，警费至三百余万两；湖北一省，拨提地丁钱价充学费者六十万两。捐例停于二十七年，以练兵复开，至三十二年复停。庚子以后，新增之征收者，大端为粮捐，如按粮加捐、规复征收、丁漕钱价、规复差徭、加收耗羡之类。(《清史稿·食货志》六)

　　光绪三十年，两江总督魏光焘奏：本年正月，奉谕外务部代递总税务司赫德条陈一折，据称练兵筹饷，以地丁钱粮为大宗，若竭力整顿，并可举办各项要务，按里计亩，按亩计赋，令每亩完钱二百文，百姓亦不受丝毫扰累等语。……该督等按照所陈，悉心会商，逐条议覆具奏，……不如就已办到之成规，加之厘剔。查光绪二十五年，苏省清厘田赋委朱道之榛定章督办，综计苏州、镇江二府属长洲等十三县，熟田银米两项，每年共增出银五十余万两。若由二府推之他府，更由江苏一省推之他省，得人而理，不难照行。……果能认真整顿，数年后，每年似可增一二千万，以济要需。(《皇朝续文献通考》卷四《田赋考·田赋之制》)

　　宣统元年，……又两江总督端方等奏：银价益涨，州县赔累更深，仍请将上下两忙，宁苏两属，地芦各款，改为征银、解银，每银一两，随收公费钱六百文，苏属并代收规复钱二百文，以期官民两无所伤。下度支部议奏。嗣奏以苏属征忙，每两暂加二百文，试办尚未经年，遽尔更张，非惟无以取信于民，应令先将该省地芦等项，及经

费各款，详拟办法，送部核明。……又都察院代递度支部小京官李秀卿奏陈征收积弊，略称，其弊有四，……一、生于新政者，自新政繁兴，州县之诛求愈急，然使取之百姓者，仍为百姓用之，亦何至怨言四起？无如锱积铢累，半归中饱。……又江西巡抚冯汝骙沥陈江西州县征收丁漕困难情形，略称，……每征地丁一两，应解正耗银一两一钱，提补捐款银一钱，知府公费银五分，钱价平余银七分，学堂经费银四分，练兵经费银五分，共银一两七钱六分，出入相抵，地丁每两已不敷银五分九厘，漕米每石已不敷银五分，而粮书、纸张、饭食、倾熔火耗、水脚等项，尚不在内。至捐摊教案各款，及本署一切办公费用，更属无著。……又安徽巡抚朱家宝奏请将丁漕加捐一项变通办理，略称，查新约赔款案内，安徽省每年奏派银一百万两，前抚臣聂缉椝，当因数巨期迫，设措为难，奏请按照江浙成案，于各属所征地丁漕粮，每银一两、米一石各加收钱三百文，饬令民间照章呈缴，由州县汇解筹议公所，兑银转汇，历经遵照在案。兹查前项加捐钱文，综计光绪三十年以前，每年收数约得钱四十万串上下，以钱一千二百文合银一两，可得银三十三四万两。现在银价奇贵，每银一两，需钱一千九百及二千文不等，虽收钱仍如前数，而合银仅止二十一二万两，实已骤减十成之三。且筹议公所常年解拨之项，均系银数，辗转

天津小站练兵园遗址

受此暗耗，势实难支。若不设法变通，则进款日亏，深恐贻误大局。……拟将各属加捐，自宣统二年冬漕起每银一两，每米一石，向来捐钱三百文者，改收库平银一钱八分，以钱百文合银六分。每年就四十万串之数计之，每串得银六钱，岁可收二十四万余两。……其余一切办法，悉照原奏办理。……又四川总督赵尔巽奏，川省京饷，需用甚巨，援案再办。宣统二年，按粮银一两，加津贴银一两，以资接济。……又新疆巡抚联魁奏，新疆南路征收粮草，拟定新章，请饬立案，略称，……光绪二十八年，前抚臣饶应祺，因认征赔款，协饷日绌，设法弥补，曾奏请加收耗羡，无论本折；亦无论粮色，每石随征耗羡银一钱五分。……经潘司王树枏，与奴才悉心酌核，……定自光绪三十四年起，每本色粮一石，除应收耗羡银一钱五分，酌中准加耗粮二斗五升，……折色则准各属每年市价为定，除一五公耗外，亦照本色每石加耗二斗五升折收银两，为地方官办公之用。其正粮一石，按市价折收之银，较例价仍有盈余，则悉数归公。……二年，……又奏，遵议御史石长信奏，丁漕加捐，改钱为银，民情实多未便，略称，查原奏内称，安徽赔款加捐，系于地丁漕米折征定价外，每银一两，米一石，各加收制钱三百文，乃因银价昂贵，奏请每钱三百文，改收库平足银一钱八分。……饬下安徽巡抚，即将赔款加收丁漕钱文，仍照旧每两每石加收制钱三百文，毋庸改为征银。……又江苏巡抚宝棻奏准加捐地方自治经费，每地丁银一两，带征钱二十文；漕米一石，带征钱四十文。冬漕自宣统元年起，两忙自二年起。（《皇朝续文献通考》卷五《田赋考·田赋之制》）

【岁计】

清代岁计出入，顺治时二千万两，道光前约银三四千万两。咸同军兴，岁出自倍，及末年达三万万余，十倍于嘉道时。

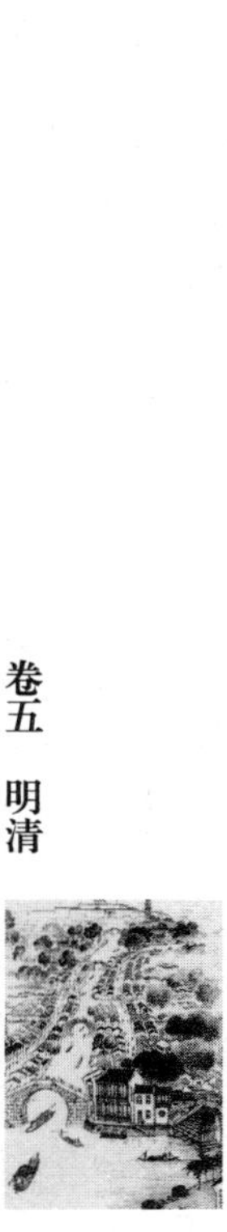

清代铜钱

清代岁计简表

朝代	年代	岁入	岁出	备考
顺治	十八年	二千一百五十七万六千六两有奇		不足者岁五百万两
康熙	二十四年	二千四百四十四万九千七百二十四两		库存常二千万两
乾隆	五十六年	四千三百五十九万两有奇	三千一百七十七万两有奇	库存七千万两
嘉庆	十七年	四千十三万两有奇	三千五百十万两有奇	
道光	二十二年	三千七百十四万两有奇	三千一百五十万两有奇	咸丰初年，太平军骤起，捻回诸军继之，国用大绌。迄于同治，岁入之项，转以厘金洋税为大宗，岁出之项，又以善后筹防为巨款。
光绪	七年	八千二百三十四万九千一百九十八两	七千八百十七万一千四百五十一两	
	十七年	八千九百六十八万四千八百五十四两零	七千九百三十五万五千二百四十一两八钱二分四厘零	
	二十年	八千一百三十万三千五百四十四两三钱三分五厘又金二十三两九钱	八千二十七万五千七百两七钱八分	额外之费，岁不足者六百万两。
宣统	三年	二万九千六百九十六万二千七百两有奇	三万三千八百六十五万两有奇	宣统二年，度支部奏试办宣统三年预算。
附注	本表根据《清史稿·食货志》及刘岳云《光绪会计表》而作。			

【丁赋】

康熙时，均丁赋于田，计田派丁，不问丁数。嗣后盐钞银、匠班银亦陆续派入地丁。五十年，定丁额，永不加赋。雍正元年，遂以丁赋摊入地亩，一并起征，名为地丁银两，或曰条银。

丁口之输赋也，其来旧矣。至我朝雍正间，因各疆吏奏请，以次摊入地亩，于是输纳征解，通谓之地丁，或曰丁随地起。……我朝丁徭素薄，自康熙五十年定丁额之后，滋生者皆无赋之丁，凡旧时额丁之开除既难，必本户适有新添可补，则转移除补，易至不公。惟均之于田，可以无额外之多取，而催科易集。其派丁多者，必其田多者也；其派丁少者，亦必有田者也。……所不便者，独家止数丁而田连阡陌者耳。然使丁地分征，则富户又将贿脱而委之贫民，欲编审之均平，顾可得乎？故自康熙末年，四川、广东等省，先已行之，田载丁而输纳，丁随田而卖买，公私称便。至雍正初，畿辅踵而行之，次及

各省，惟奉天、贵州以户籍无定，仍旧分征，山西亦于乾隆元年以后陆续摊派。……我朝定制百余年矣，地丁之外，分毫无取焉。……仅以各省丁随地起者，次第著于篇。

康熙十一年，以浙江盐钞银均入地丁。三十六年，以浙江匠班银七千余两派入地丁。后湖北于三十九年，山东于四十一年，均照浙江例匠班归入地丁。五十五年，户部议编审人丁，除向例照地派丁外，其按人派丁者，一户之内，开除兴新添互抵，不足以亲族丁多者抵补，又不足以同甲粮多者顶补，有余归入滋生册内造报。是年定卖买地亩，共丁银有从地起者，随地征丁。倘有地卖丁留，与受同罪。是年准广东所属丁银，就各州县地亩摊征，每地银一两，摊丁银一钱六厘四毫不等。按：丁随地起，见于明文者，自广东始。

雍正元年，直隶巡抚李维钧请丁银随地起征，部议允之，每地赋一两，摊入丁银二钱七厘，二年。定福建地赋一两，摊丁银五分二厘七毫至三钱一分二厘不等，屯地自八厘三毫至一钱四分四厘八毫不等。是年，定山东地赋一两摊丁银一钱一分五厘。……四年，定河南地赋一两摊丁银一分一厘七毫至二钱七厘不等。……甘肃分河东、河西，河东一两摊一钱五分九厘三毫，遇闰加；河西一两摊一分六毫，遇闰不加。四川每粮五升二合至一石九斗六升不等，算一丁征收，云南亦于是年摊征，其屯军丁银一万五千余两。俟查出欺隐屯田抵额，

平遥古钱庄

卷五 明清

五年，定江苏、安徽丁摊地亩，屯丁亦摊入，屯卫田每亩摊一厘一毫至六分九毫不等。又定江西地赋，一两征丁银一钱五厘六毫，屯地二分九厘一毫。六年，定湖南地粮一石征丁银一毫至八钱六分一厘不等，又定广西地赋一两征丁银一钱三分六厘不等。七年，定湖北地赋，一两征丁银一钱二分九厘六毫。……

乾隆元年，山西省临汾……凡十六属丁徭，全数归入地粮；又祁县……八属丁徭，酌归地粮，余仍随丁征纳；又平遥县原额丁银八千一百五十五两有奇，是年归入地粮二千六百六十一两有奇，余仍随丁征纳。十年，户部议准山西丁粮分办，贫民偏累尚多，丁随地征，有势所难行者，今将太原等十八县丁银，全摊地亩，每粮一石，合摊丁银一分八厘至二钱二分二厘，赋银一两，合摊丁银一钱四分七厘九毫至三钱三分八厘不等；交城等十五州县，丁银半摊地亩；宁乡二县，以丁则征丁，余银归地；浑源等二州县，摊三分之一；河曲县摊十分之一，吉州惟摊无业苦丁。余阳曲等二十州县，或贸易民多，输丁为易，或民贫地瘠，难于摊征，或田多沙碱，或多征本色，仍地丁分办。中有屯丁徭银之处，别摊入屯地征收。二十三年，定山西太谷、临县、石楼、五台、崞县等五县丁徭，全摊地粮，永宁州每丁征三钱，沁州一钱，代州一钱三分三厘，余者摊入地粮；榆次县摊三之一，沁源、武乡二县摊十之五，静乐县摊十之三，余者仍归丁纳；保德州以下下则征丁，余归地粮；朔州丁粮，均照中下、下下二则，按现在实丁，与寄庄已久之户，按地多、地少分纳，其卫丁按下上、下中、下下三则，分别贫富均纳；隰州、永和二州县，将寄居年久有产之户，按丁输纳下下则徭银，原额重徭，均匀减除。三十一年，定山西交城县之现征民一半徭银，及屯丁徭银，文水县之丁银徭税，河津县之丁银，稷山县之优免丁与屯丁徭银，俱摊入地粮屯租完纳；隰州丁余以十分之五归地，大宁县再减丁银一千两，摊入地粮；蒲县丁银，均匀摊派，改为下下则征收，其余仍令丁粮分办。三十八年，湖北巡抚陈辉祖奏请将民屯新垦丁银，随年摊征，经部覆准，并行各省。……是年，山西省浑源州已摊下剩丁银，全归地粮毕。三十九年，山西省榆次县丁银全归地粮。四十二年，定贵州平越等三十六厅州县，应征丁银九千三百余两，历年随粮完纳，应仍其旧；贵阳等二

十九府厅州县，应征丁银四千四百余两，按亩摊征。计各属田地八十一万二千有余亩，每亩摊丁银五厘四毫有奇。五十六年，部覆山西省丁徭，向未摊归之阳曲二十六州县，原属分征，今将曲沃县丁屯徭银，全归地粮；天镇县丁银，亦全数摊征，尖丁耗银，随正输纳，其应征本色米石，照旧征收；朔州丁银，州卫一体摊征，其科则每地一亩自一分八厘至四分不等。再大同、左云等十四团操丁银，在丰镇同知地亩均摊，每两九厘。其石楼、蒲县、永和三县缺额丁银，于乾隆四十年升补一百四两，至五十七年豁未补虚额银，一千五百三十七两有奇。五十八年，定大同县折色银，全归地粮，每粮银一两摊一钱一分七厘；怀仁县则额丁银归地粮，每粮银一两摊二钱一分六厘，尖丁银归屯粮，每一两摊一钱七分六厘。前卫丁银，归入屯地，每一两摊二钱二分六厘。至各属尖丁耗羡，照地随征。

嘉庆元年，山西省襄垣、陵川、静乐、阳城、沁水五县，已摊下剩丁徭，并山阴县丁徭，全数归入地粮摊征，十八年，山西蒲县丁徭，全归地粮。二十四年，山西巡抚成格奏，岢岚、保德二州丁银缺额，请于通省养廉内摊捐。奉上谕：……所有岢岚州缺额银一千五百八两零，保德州缺额银七百十七两零，著即加恩按年豁免。……

道光二年，山西孟县及平定州下胜丁徭，全归地粮。三年，山西稷山、岚县、绛县、霍邱四县、绛州一州丁徭，并黎城、广灵二县已摊下剩丁徭，全归地粮。四年，山西祁县、长治、潞城、沁源、繁峙、长子、宁乡、武乡八县，代州一州，已摊下剩丁徭，并阳曲、阳高二县丁徭，全归地粮；惟吉州原额丁徭银二千八百七十七两，门差银五百五十五两各有奇，经乾隆十年及是年两次归入地粮银一千四百九十两有奇，仍随丁办纳银一千九百二两有奇。五年，山西兴县、应州二属丁银，并和顺、翼城二县、隰州一州已摊剩丁银，又大宁一县两次摊胜丁银，均全归地粮征纳。是年七月，……上谕：……自道光六年为始，将右玉、平鲁二县无著丁银正耗，共一千二百七十三两零，全行豁免。……六年，山西沁州已摊下剩丁银，全归地粮。八年，山西永宁州已摊下剩丁银，全归地粮。十二年，山西寿阳县丁银，全归地粮。十七年，山西平鲁县丁银，归入地粮，二百二十六两有奇。

(王庆云《熙朝纪政》卷三《纪丁随地起》)

明初，因赋定役，丁夫出于田亩。迨黄册成而役出于丁，凡役三等，曰里甲，曰均徭，曰杂派。其间累经更制，有银差、力差、十段锦、一条鞭诸法。厥后工役繁兴，加派无艺，编审轻重无法，里甲之弊，遂与有明一代相终始。国初革里正加派诸弊，赋役之法，载在《全书》，悉沿万历条鞭旧制，初定三年一编审，后改五年。顺治三十年。凡里百有十户，推丁多者十人为长，余百户为十甲，届期坊厢里长造册送州县，由是而府而司，达于部，皆有册。凡载籍之丁，六十以上开除，十六以上添注，丁增而赋随之，有市民、乡民、富民、佃民、客民之分；民丁之外，有军、匠、灶、屯、站、土丁名。凡丁赋，均合徭、里、甲言之，曰徭里银。凡征丁赋，有分三等九则者，有一条编征者，有丁随丁起者，有丁随地派者，率因其地之旧，不必尽同。都直省徭里银三百余万两，间征米豆，其科则，轻自每丁一分数厘，重则山西之丁有四两者，巩昌有八九两者。自康熙五十年定丁额，于是户部议缺额人丁，以本户新添者抵补；不足，以亲戚多者抵补；又不足，以同甲粮多者顶补。编审时，所谓擦除擦补者，大略如此。顾有司于民，非能家至而日见，科则既不可强齐，除补且易滋流弊，于是雍正间以次摊入地粮，为均徭银。自丁归地粮，乾隆五年，遂并停编审，以保甲丁额造册；而十一年，诏停江西编审妇女之数。盖监钞征派，尚未尽除，故各省犹有照常册报者。三十七年，上谕：李瀚奏请停编审造册，所见甚是。旧例原恐漏户避差，是以五年编造。今丁既摊入地粮，滋生人丁又不加赋，则编审不过虚文。况各省民谷数，俱经督抚年终奏报，更无借五年查造。嗣后停止，自是惟有漕卫所军丁四年一编审而已。（王庆云《熙朝纪政》卷三《纪停编审》）

丙、漕粮

明

【额运】

永乐时沿元之旧，以东南之漕济京师，而增其额，曰漕粮，岁恒四百万石，以供军饷；曰白粮，岁恒四十万石，以供上用及百官廪禄。每石运

费，率三倍于粮价。在民完漕，量斛则有淋尖之苦，水次则有加耗之苦；在运官运丁，则苦于飘流水湿，及收兑需索，公私俱敝。万历以后，尝议兴近畿水利，而漕终不能废。然漕船准带土宜免税，南北货物，赖以流通，其利又别有在焉。

岁运正粮凡四百万石，内兑运二十四万赴蓟州仓，改兑六万赴天津，余三百七十万赴京通二仓。旧例民运淮安、徐州、临清、德州水次四仓交收，漕运官分派官军余内支运于通州、天津二仓。成化十年，议四仓所收，令官军径赴州县水次四仓交兑，名为改兑。弘治十六年，又以派不足额，每年于水次四仓支运九万六百石，以足前数。正德间，全派改兑，支运遂绝。（黄训《皇明名臣经济录》卷二二王鏊《论食货》）

初运粮京师，未有定额，成化八年始定四百万石，自后以为常，北粮七十五万五千六百石，南粮三百二十四万四千四百石。其内兑运者三百三十万石，由支运改兑者七十万石。兑运之中，湖广、山东、河南折色十七万七千七百石。通计兑运改兑加以耗米入京通两仓者，凡五百十八万九千七百石。（《明史》卷七九《食货志》三）

漕粮之外，苏、松、常、嘉、湖五府，输运内府白熟粳糯米十七万四十余石，内折色八千余石；各府部糙粳米四万四千余石，内折色八千八百余石。令民运谓之白粮船，自长运法行，粮皆军运，而白粮民运如故。（《明史》卷七九《食货志》三）

【交兑】

明初漕运变迁先后凡五。

一曰海运。洪武末及永乐初，苏、松、浙江等处岁粮，俱输纳太仓，蓟州地方。由海道以达直沽。二曰海陆兼运。永乐初，肇建北京，江南粮一由海运，一由淮河入黄河至阳武，陆运至卫辉，由卫河入白河至通州。三曰支运。先是永乐五年，……至九年，以济宁州同知潘叔正言，命工部尚书宋礼、都督周长等，发山东丁夫十六万五千浚原会通河，自济宁至临清，三百八十五里，于是漕再始达通州。十年，礼以海船造办太迫，议造浅船五百艘，由会通河运淮、扬、徐、兖等处岁粮一百万石，以补海运一年之数。十二年，平江伯陈瑄等，始议

繁忙的汴河码头

原坐太仓岁粮苏、松、浙江改送淮安仓,镇江、庐凤、淮、扬送徐州仓,徐州并山东兖州送济宁仓,河南、山东送临清仓各交收,浙江并直隶卫分官军于淮安运至徐州,京卫官军于徐州运至德州,各立仓厂收囤,山东、河南官军于德州接运至通州交收,名为支运,一年四次。十三年,增造浅船千艘,海运始罢遮洋船,每岁河南、山东小滩等水次兑运粮三十万石于天津等卫仓收二十四万,内十四万石连耗折银六钱俱从直沽入海转运蓟州仓收。四曰兑运。先是里河民运,多失农月,永乐末,始令民运于淮安瓜州补给脚价,兑运军船领运,军民两益,卫所出给通关付缴。……宣德八年,参将吴亮,言江西、浙江、湖广、江南船,各回附近水次领兑;南京、江北船,于瓜、淮领兑,其淮、徐、临、德诸仓,仍支运十分之四;浙江、苏、松等船,各本司府地方领兑,不尽者仍于瓜、淮交兑。其北边一带,如河南彰德等府于小滩,山东济南州县于济宁,其余水次仿此。五曰改兑,成化七年,都御史滕昭议罢瓜淮兑运,里河官军雇江船于江南水次交兑,民加过江之费,视远近为差。十年,议淮、徐、临、德四仓支运粮七十万石,改就水次兑与军船,名为改兑,每年议派,多准其数,然不为常例。
(黄训《皇明名臣经济录》卷二二邵宝《国朝运法五变议》)

运船之数,永乐至景泰,大小无定,为数至多。天顺以后,定船

万一千七百七十，官军十二万人，许令附载土宜，免征税钞，孝宗时限十石，神宗时至六十石。（《明史》卷七九《食货志》三）

正统三年，户部覆议，运粮官军，令遵敕谕，顺带土货以为盘费，不许沿河巡司官兵人等生事阻当。（黄训《皇明名臣经济录》卷二二臧凤《正德十四年漕例奏》）

【河运】

永乐初，尚河海并运，以河运补海运之所不及。四年，始命陈瑄专理河漕事。九年，命工部尚书宋谦等浚会通河，以南旺水浅，舟不能重载，纳汶上老人白英建议，筑坝于汶上县之戴村，横亘五里，不使汶水入洸，而遏之使入南旺湖，再分南北流以济运，称为奇工，南北运道始通。又经陈瑄开河置闸，转输益便，遂停海运，专行河运。然河流时需修治，嘉隆间尚有人主张开胶莱新河，海、河并运者，以工巨而止。

自永乐年间开设里河漕运以来，定拨湖广、江西、浙江、南京、江南、江北并中都留守司卫所官兵，一十二万七千八百余员，分为十二总，岁运粮储四百万石于京、通、天津、蓟州等仓交纳，其江西、湖广、浙江、南直隶都司卫所官军运粮，由扬子大江至江北里河，由仪真、扬州、淮安、邳、徐、济宁、东昌、临清、德州、天津直抵通州等九卫。（黄训《皇明名臣经济录》卷二二王琼《正德三年漕例奏》一）

成祖择天下形胜，建都北平，……命平江伯陈瑄专理河漕事。瑄乃疏清江浦，引水由管家湖入鸭陈口达淮，以避淮河风涛之险；浚瓜州仪真二坝，祛潮港之埋；凿徐、吕二洪之巨石，以平水怒；行沛县招阳、济宁南旺、高邮甓社诸湖，筑长堤以蓄巨潴；开泰州白塔河，以通大江；凿高邮渠四十里，以便舟楫；自淮抵临清，增闸四十有七，以便蓄泄；自淮至通州，滨河置庐舍五百六十八所，居卒以治浅，缘河堤种树置井，以待暍者；置仓于淮安、徐州、临清、通州，以便转运。亘四千里，数十年，漕河事宜，皆瑄所经综，周虑而力图之，至于今是赖。（朱健《古今治平略》卷八《国朝漕运》）

凡京仓五十有六，通仓十有六。（《明史》卷七九《食货志》三）

【海运】

洪武之行海运，盖为兼济北平、辽东。后来之废，盖畏风涛砂线不

常，海船多致飘失。嘉隆时渐有议复者，崇祯十三年，虑河运有阻，始命沈廷扬以户部郎中督理海运。行之数年，事捷费省，盖以补河运之不足。

洪武元年北伐，……已而大将军徐达令忻、崞、代、坚、台五州运粮大同，中书符下山东行省，募水工发莱州洋海仓饷永平卫，其后海运饷北平辽东，为定制。（《明史》卷七九《食货志》三）

洪武三十年，海运粮七十万石，给辽东军饷。永乐初，海运七十万石，至北京。至十三年会通河通利，始罢海运。（黄训《皇明名臣经济录》卷二二邱濬《漕运议》）

国初去胜国未远，沙民犹能习海。余生长海壖，尝闻父老言，骗民转输海粟，父别子，夫别妻，生受其祭，死招其魂，浮没如萍，生死如梦。其幸而脱鲸鲵之口，则以为再世更生，来岁复运，如蟪蛄之不知有春秋。（朱健《古今治平略》卷八《国朝漕运》）

隆庆辛未，海运初雇海雕舡五只，分载米二千石，每驾舩十二人，自淮安至天津，试运无碍。（谈迁《北游录·纪闻》上《海运新考》）

公姓沈氏讳廷扬，……公抗疏仿元世海运曰：安常不必计及海，有变不宜全恃河。并陈辽饷捷径事宜，上海程图册，辑海运书五卷，言行之有八利。……愿自买船载粮，先试以为榜样，……时崇祯十二年十月也，疏八上而克行，十三年授户部尚书郎，督理海运，忘家捐赀，与一二童仆，出死力奔波于海陆四五千里之间。（沈寓白《华庄藏稿钞》卷十一《五梅公事记略》）

清

【额征】

清代漕粮，一仍明旧。康熙治河，岁费三百万，俱以济运为辞，特设漕运总督，专理其事。然运途辽远，费五得一，论者每以为言，漕终不罢。暨海运畅行，兴贩者众，东南督抚犹坚持南粮不能改折，徒为胥吏蠹蚀之资。庚子以后，始尽罢之。

顺治二年，户部奏定每岁额征漕粮四百万石，其运京仓者为正兑米，原额三百三十万石，江南百五十万，浙江六十万，江西四十万，湖广二十五万，山东二十万，河南二十七万。其运通漕者为改兑米，原额七十万石，江南二十九万四千四百，浙江三万，江西十七万，山东九万五千六百，河南十一万。其后颇有折改，至乾隆十八年，实征正兑米二百七十五万余石，改兑米五十万石有奇；其随时截留蠲缓者，不在其例。……漕粮之外江苏苏、松、常三府、太仓一州，浙江嘉、湖两府，岁输糯米于内务府，以供上用及百官廪禄之需，谓之白粮，原额正米二十一万七千四百七十二石有奇。……康熙初，定白粮概征本色，惟光禄寺改折三万石，石征银一两五钱。(《清史稿·食货志》三《漕运》)

额征糟粮，正兑漕粮，各省原额三百三十万石，内除永折米改征黑豆米并节年荒缺开垦报升不足原额外，以光绪十三年计之，共米二百四十七万八千六百九十四石九斗四升有奇，内山东十六万一千五百四十八石六斗有奇，河南二万四千三百三十六石五斗有奇，江苏八十五万八百五十七石四升有奇，安徽十六万五千五百六十九石有奇，江西奏销册，正改兑不分，共米五十万一千七百一十五石有奇，浙江五十八万四千九百九十八石四斗有奇，湖北九万四千一百八十七石八斗有奇，湖南九万五千四百八十二石六斗有奇。改兑漕粮，各省原额七十万石，内除永折米改征黑豆米并节年荒缺开垦报升不足原额外，以光绪十三年计之，共米二十七万二千六百五十石有奇，内山东七万八千二百三十三石二斗有奇，河南一万五千五十石一斗有奇，江苏十三万一千八百四十九石四斗有奇，安徽

清代漕运

一万八千一百五十二石有奇，浙江二万九千三百六十五石五斗有奇。白粮，江苏苏州、松江、常州三府、太仓一州，原额十有五万四百三十八石四斗七升，除改征漕粮外，实征六万九千二十五石；浙江嘉兴、湖州二府，原额六万六千二百石，除改征漕粮外，实征二万九千九百七十五石，共实征白粮九万九千石，小麦……共实徵正兑改兑正耗麦六万九千五百六十一石八斗四升有奇，黑豆共实征正兑改兑正耗豆二十万八千一百九十石三斗一升有奇。(《大清会典事例》卷一九四《户部漕运》)

【河运】

清代河运，仍用屯丁长运，唯签一雇九，又以额粮渐减，漕粮仅二百七八十万石，白粮仅十万石，粮船亦因之减半。咸丰中，河运全停，水手失业，乃多加入捻军，运河亦淤塞，行旅者遂舍舟而遵陆矣。

清初漕政仍明制，用屯丁长运。长运者，令瓜淮兑运军船，往各州县水次领兑，民加过江脚耗，视远近为差，而淮、徐、临、德四仓，仍系民运交仓者，并兑运军船，所谓改兑者也。逮至中叶，会通河塞，而胶莱故道又难猝复，借黄转般诸法，行之又不能无弊，于是宣宗采英和、陶澍、贺长龄诸议复海运，遴员集粟，由上海雇商船转漕京师，民咸称便，河运自此遂废。(《清史稿·食货志》三《漕运》)

各省漕船原数万四百五十五号，内除漕粮折银征解及灰石改折，并分载带运及坍荒田地应蠲漕粮裁减船数外，以嘉庆十七年货运船数计之，共六千二百四十二支，直隶三十七号，山东八百八十七号，江南江安粮道所属二千六百九十六号，苏、松粮道所属五百二十二号，浙江八百四十五号，江西六百三十八号，湖北一百八十号，湖南一百七十八号，河南无出运卫所，系拨直隶、山东、江南帮船就近协运，江南运白船一百三十八号，浙江百二十一号。(《大清会典事例》卷二〇二《户部漕运》)

【海运】

道光中始行海运，初犹自雇沙船装载剥运。咸丰以后，天津、上海间外商海轮畅通，由其代运，仓场仅备剥船，自天津运往通州入仓而已。

嘉庆中，洪泽湖泄水过多，运河浅涸，令江浙大吏兼筹海运。两

江总督勒保等，会奏不可行者十二事，……自是终仁宗之世，无敢言海运者。道光四年，南河黄水骤涨，……挟沙日久，淤垫为患滋深，上亦知借黄济运非计，于是海运之议复兴。……时琦善督两江，陶澍抚安徽，咸请以苏、松、常、镇、太仓四府一州之粟，全由海运，乃使布政使贺长龄亲赴海口，督同地方官吏，招徕商船，并筹识剥运兑装等事。嗣澍言见雇沙船千艘，三不像船数十，分两次装载，计可运米百五六十万石，其安徽、江西、湖广离海口较远，浙江乍浦、宁波海口，或不能停泊，或盘剥费巨，仍由河运。上乃命设海运总局于上海，并设局天津，复命理藩院尚书穆彰阿，会同仓场侍郎驻津验收监兑，以杜经纪人需索留难诸弊。六年正月，各州县剥运之米，以次抵上海受兑，分批开行，计海运水程四千余里，逾旬而至，米石抵通后，转运京仓。(《清史稿·食货志》三《漕运》)

道光五年，……兹据奏现雇有沙船一千余只，三不像船数十只，计春夏两次，可以运米一百五十余万石。著照所请，将苏、松、常、镇、太四府一州新漕，并缓带漕粮，由海运抵津。……咸丰元年，覆准上届海运漕白各粮，上海沙船不敷运送，间雇外省疍船，及三不像

清代黄河筑堤图

卷五 明清

等船，一并装载。……三年，议准本届浙江漕粮，海运所需船只，除宁波船、三不像船，由浙省自行封雇外，其上海之沙船，及直隶之卫船，山东之登由子船，由浙省派员赴沪设立总局，会同苏省委员，不分畛域，一律封雇，以资装运。又谕：著直隶、山东各督抚速派干员封备卫船，并著奉天府府尹及各督抚确查各处海口，如有宁波商船停泊，押令迅速回浙，听候封雇，装运漕粮。不准胥役人等需索滋扰，致生事端。……同治五年，谕浙江本届新漕米数较增，尤须多备船只，俾敷装运。著直隶总督、山东巡抚，即饬产船各地方官，尽数挑选东卫等船，赶紧驶赴上海协运，俾免贻误。……十一年，奏准嗣后海运白粮抵津，由各该粮道雇民船剥运赴通，毋庸在津候验。（《大清会典事例》卷二一〇《户部海运》）

剥船直隶旧设二千五百艘，二百艘分拨故城等处，八百艘留杨村，余千五百艘集天津备用。后雇觅堪装漕粮二百五十石民船五百艘，以备装载。商船首次抵津，先仅府县仓廒庙宇拨卸三十万石，余令剥船径运通仓，随将天津仓廒庙宇所储漕米运通，无庸转卸北仓。（《清史稿·食货志》三《漕运》）

【搭载货物】

漕船本许载运土宜免税，为鼓励海轮运漕，因有搭载货物二成免税之例。久之遂成走私之薮，虽有海关查验，不能禁绝。

道光五年，奏准商运米船八成载米，酌留二成载货，并由海关查明免税放行。……二十八年，奏准商船二成载货，由海关查明免税。计数请豁税额，系装米千石，准带货二百石，论石而不论价。……咸丰六年，咨准本届海运漕粮各口岸，遇有商船到口，速即验明护照，将二成货物免税；如二成以外，及贩豆回南者，仍照例纳税，毋任偷漏。九年，议准现奏定洋药厘税章程，凡各关海口，每洋药一百斤，纳税三十两，与寻常货物不同。嗣后海运沙船进口，携带洋药者，令照新章纳税，并于货单注明，以免牵混。其余货物，仍照章免税。同治五年，议准商船两旁跨带竹木，系因远涉重洋、防御风涛之用，且系粗笨之物，例定税则无多，亦应与二成货物，一律免交关税。所有沿海各关，俟海运商船到口，均行查照办理。……又议准漕船到津，米石交清后，即由津局、苏、浙粮道，分别填给该船米数某日交清，

准在天津、奉天各口自运四货全行免税印照，持赴天津、牛庄各关呈验放行，交米未清之船，概不给照。六年，议准如所带二成货物，在津未能销完者，即照案转至奉天销售，由津给予免税照单，以凭查验。……十二年，咨准商局轮船运米，由上海道填给免税执照，如带有洋药，及二成之外另带余货，均照沙宁各船例纳税。(《大清会典事例》卷二一二《户部海运》)

【京通仓】

清制，以户部侍郎一人为仓场总督，专理仓务。其属有坐粮厅掌收漕，大通桥监督掌抽查。京仓十三，为廒九百五十六；通仓二，为廒二百五十，每廒贮米万石。例以御史一人稽查之，各仓有监督，有看仓旗员、吏典、皂隶、守兵、花户，其事甚繁，其制甚密。

京师十有三仓，禄米仓五十七廒，南新仓七十六廒，旧太仓八十三廒，富新仓六十四廒，兴平仓八十一廒，均在朝阳门内；海运仓百廒，北新仓八十五廒，均在东直门内；太平仓八十六廒，在朝阳门外；本裕仓三十廒，在德胜门外清河；万安仓九十三廒，在朝阳门外；储济仓百有八廒，裕丰仓六十三廒，均在东便门外；丰益仓三十廒，在德胜门外；安河桥、大通桥号房四十八间，朝阳门号房五十八间；通州二仓，西仓一百四十二廒在新城，中仓一百有八廒在旧城，南门内通州石坝号房二十五间，旧城南门外号房十间，新城南门外号房二十五间。(《大清会典事例》卷一八四《户部仓庚》)

仓场职掌，总督仓场户部右侍郎。顺治十五年，定满汉各一人，驻扎通州新城，总理京通各仓粮务。其漕运总督、各该督抚及沿河文武衙门，凡漕运文册应报仓场

北京禄米仓胡同

者,均照报部体式,应举劾者,照例举劾。各项应行事宜,仓场报部查核,又覆准每年春间出巡阅看腷河,点验石土两坝,经纪车户剥船,督令坐粮厅催置布袋,以备新粮到坝起运。又覆准漕白粮船抵天津,督率沿河文武官弁往来催运,并查验北河浅阻,合坐粮厅督夫疏浚深通,毋致粮艘阻滞。……康熙二年,题准仓场督收各省漕粮,除带运米不算外,其扣收余米,抵欠算入正运数内,总作十分考核,未完五厘以上至一分者罚俸,一年三年运欠五厘以上至一分者降一级督催。雍正三年,覆准漕白粮船,抵通日期,及超过粮数,回空船数,并石坝外河水势深浅,五日一次具奏。……乾隆四十四年,奏准通漕办理粮务,向设漕运通制一员,驻扎张家湾,专管内河修防、外河挑浚各事宜。其关涉漕务事件,经行呈报仓场及坐粮厅办理。至北河雇备剥船,委杨村通判稽查;漕船剥货,委务关同知会同严查,悉照张家湾通判之例,经行申报仓场。嘉庆十五年,奏准各省漕船行至北运河一带,由务关营通州协催赶,每致仓场呼应不灵,嗣后归仓场衙门兼辖,以重漕运。(《大清会典事例》卷一八四《户部仓庚》)

　　大抵京通两仓,所放米曰官俸,曰官粮,亦名甲米,二者去全漕十之六。其一,养工匠名匠米;其一,定鼎时,宗臣封亲王者六,封郡王者二,世宗之弟封亲王者一,此九王子系,自嫡裔外,并有封爵,以世降而随之,统名恩米,二者去京仓百之一。(《清史稿·食货》二《仓库》)

(二) 征榷
甲、明之征榷
【钞关】

明代钞关设于水次,以需纳船钞,故名钞关,一代皆以宝钞上纳。或须改银钱,故钞及银钱并用,关皆属于户部,命主事主征榷之事,收入颇巨,为国计之一大宗。

　　国初有商税,未尝有船钞,至宣德间始设钞关,凡七所,……兼榷南税。其所榷本色钱钞则归内库,以备赏赐;折色银两则归太仓,以备边储。每岁或本折输收,或折色居七分之二,其收钞有轻重,差官有专摄。……设关处所,河西务、临清、九江、浒墅,俱户部差;

淮安、扬州、杭州，俱南京户部差。(《大明会典》卷三五)

宣德四年，1429年。以钞法不通，由商居货不税，由是于京省商贾凑集地，市镇店肆门摊税课增旧凡五倍，两京蔬果园，不论官私，种而鬻者，塌房库房店舍居商货者，骡驴车受雇装载者，悉令纳钞，委御史、户部、锦衣卫、兵马司官各一，于城门察收，舟船受雇装载者，计所载料多寡路近远纳钞，钞关之设自此始。其倚势隐匿不报者，物尽没官，仍罪之。于是有漷系、潍宁、徐州、淮安、扬州、上新河、浒墅、九江、金沙洲、临清、北新诸钞关，量舟大小修广而差其额，请之船料，不税其货，惟临清、北新则兼收货税。各差御史及户部主事监收，自南京至通州，经淮安、济宁、徐州、临清，每船百料，纳钞百贯。(《明史》卷八一《食货志》五)

正统十一年，1446年。移漷县钞关于河西务。……嘉靖四年，凤阳府设正阳钞关，前后凡十有二处，皆止税船料，惟临清、杭州兼收货税。至万历时，止存河西务、临清、淮安、扬州、苏州、杭州、九江共七处。此明一代钞关之大略也。凡船料始时估料定税，后以占料难核。乃度梁头广狭为率，自五尺至三丈六尺有差。嘉靖时，又命以成尺为限，勿科畸零焉。(《续文献通考》卷一八《征榷考》一)

崇祯二年，1629年。命关税每两增一钱。……按《春明梦馀录》

临清运河钞关旧址

载户部议榷额疏,南北榷关有旧额、有新增,北新关原额四万,天启元年增二万,五年增二万,共八万两;浒墅关原额四万五千,天启二年增二万二千五百,五年增二万,共八万七千五百两;九江关原额二万五千有奇,天启元年增一万二千五百有奇,五年增二万,共五万七千五百余两;两淮钞关原额二万二千,天启元年增七千六百有奇,五年增一万五千,共四万四千六百两;扬州关原额一万三千,天启元年增二千六百,五年增一万,共二万五千六百两。惟临清关原额银八万三千八百,河西务原额四万六千,并无加增,因解不足额,临清减二万两,河西务减一万四千两。崇文门原额六万八千九百二十九两,天启五年增二万,共八万八千九百二十九两。此旧额与新增之数也。天启六年,以助工税差,照正额每两加羡余银一钱;大工竣,改为助饷,每两止增羡余五分,至是量增五分,为一钱。合计八关,共增银五万余两。明季关钞之数,大略备矣。(《续文献通考》卷一八《征榷考》一)

　　崇祯三年,1630年。复增二钱,惟临清仅半,而崇文门、河西务俱如旧。……九年,复议增税课款项。十三年,增关税二十万两,而商民益困矣。凡诸课程始收钞,间折米,已而收钱钞半,后乃折收银。(《明史》卷八一《食货志》五)

【商税】

商税三十而税一,唯书籍、农具不征。

　　太祖初征酒醋之税,收官店钱。即吴王位,减收官店钱,改在京官店为宣课司,府县官店为通课司,凡商税三十而取一。过者以违令谕。(《明史》卷八一《食货志》五)

　　国初洪武中,……令天下税课司局,诸客商货贿俱三十而税一。……其金、银、铅、朱砂、胆矾、雄黄、丹青绿、毛缨、碧甸子、钟乳粉、棕毛、水银,俱起解本色;其余盐、茶、酒、醋、硝、铅、黑锡、石膏,商税窑课俱折收金银钱钞,输京师。惟五谷、农器、书籍、纸劄不税。酒课不设务,不定额。如异时已榜谕各税课司局巡拦所办,令计额课逐日旬办贮,司局官按季攒收,而官攒侵欺,致巡拦赔纳者罪。(傅维鳞《明书》卷八三《食货志》三)

　　凡一应收税衙门,有都税,有宣课,有司,有局,有分司。其收税有本色,有折钞。其起解收贮,有入内府,有留各处,亦有添设除

免。其差官有巡视、监收。……各司局衙门，历朝建革不一，其已革衙门，课程仍于该府州县及附近司局带管，或于均徭内编补，或将革过巡拦工食银抵补，岁办不缺。(《大明会典》卷三五)

税课司局，京城诸门及府州县市集多有之，凡四百余所，其后以次裁并十之七。(《明史》卷八一《食货志》五)

初南京军民居室皆官所给，此舍无隙地，商货至或止于舟，或贮城外，驵侩上下其价，商人病之。太祖乃命于三山诸门外，濒水为屋，名塌房，以贮商货。其货物以三十分为率，内除一分官收税钱，再出免牙钱一分，房钱一分，与看守者收用。货物听客商自卖，其小民鬻贩者，不入塌房投税。(《续文献通考》卷一八《征榷考》一)

永乐七年，1409年。……舍京城官店塌房照三山门外塌房例，宣课分司收税钱一分，免牙塌房钱二分。(《续文献通考》卷一八《征榷考》一)

永乐七年，1409年。遣御史、监生于收课处榷办课程。二十一年，1423年。山东巡按陈济言，淮安、济宁、东昌、临清、德州、直沽，商贩所聚，今都北平，百货倍往时，其商税宜遣人监榷一年，以为定

旧时的崇文门税关

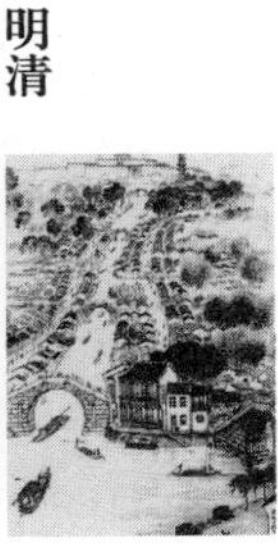

卷五　明清

额。帝从之。(《明史》卷八一《食货志》五)

洪熙元年1425年。正月,增市肆门摊课钞。时欲通钞法,户部尚书夏原吉等,请于市肆各色门摊内,量度轻重增纳课钞,官取其昏软者悉毁之。帝是其言。(《续文献通考》卷一八《征榷考》一)

正统七年1442年。正月,定在京宣课、都税二司税钞则例。初二司收课则例不一,奸弊蝟生。户部主事汪澍以为言,事下顺天府议定,每季缎铺纳钞一百二十贯,油磨、糖机、粉、茶食、木植、剪裁、绣作等铺三十六贯,余悉量货物取息,及工艺受直多寡取税。(《续文献通考》卷一八《征榷考》一)

正统九年,1444年。王佐掌户部,置彰义门官房,收商税课钞,复设直省税课司官,征榷渐繁矣。(《明史》卷八一《食货志》五)

弘治间,课钞四千六百一十八万九十贯。嘉靖二十三年,课钞五千二百六万八千一百九贯。(《大明会典》卷三五)

商税总额简表

收税处所	税	额
京都九门	钞六十六万五千一百八十贯	钱二百四十三万二千八百五十文
顺天府岁征都税司 正阳门宣课司 安定门税课司 德胜门税课分司	共钞十三万七千九百五十贯	钱二十七万五千九百文
崇文门宣课分司 商税猪口牙税 条税船税	共银四万三百余两	钱一千八百八十七万七千七百文
通州张家湾宣课司 抽分曲并条税船税 通州盐牙税 居庸关商税	共银一万六百除两	钱二百八十八万七千余文
永平、保定、河间、真定、顺德、广平、大名等府商税	共钞六十八万四千六百余贯	
南京兵马司房税龙江关船料 石灰山关大胜关应天府都税司商税 聚宝门宣课司及分司朝阳门分司 江东、龙江、两宣课司商税门摊 太平门、龙江、龙潭三税课司商税门摊 上元、江宁等县商税并酒醋房屋 江东、瓜埠两巡检司	共钞一千四百八十九万一千一百余贯	以上俱每贯折银六毫,闰月加钞在外

续表

收税处所	税 额	
安庆府商税并鱼酒醋课 徽州、宁国二府商税并茶课 池州、太平、苏州三府商税 松江、庐州、扬州三府商税并鱼课 常州府商税门摊并鱼酒醋课 镇江、凤阳两府和州商税 淮安商税门摊并酒醋课 广德州商税	共钞一百五十七万九千四十三锭四十五万二千五百余贯	钱五十六万七千余文
浙江布政司商税门摊并酒醋鱼课	钞二百二十八万三千四百四十三锭五余贯	
江西布政司商税	银三千五百五十两二钱	
湖广布政司商税	钞二百六十九万八千六百四十一贯余	
福建布政司商税门摊并鱼课	钞二十六万七千三百三十六锭五贯余	
山东布政司商税	钞三百五十万一千一百十锭一贯	
山西布政司商税门摊并酒醋	本色钞三十六万一千四百八十八锭三贯余	折色钞九百二十锭三贯
河南布政司商税	钞四十万六千八百二十锭二贯余	
陕西布政司商税并酒醋	钞一百七十四万五千三百二十一贯余	
四川布政司商税	钞五十四万四千七百一十八贯余	
广东布政司额征南雄府太平桥南北抽盘商税并铁课	银约四万三千余两	
广西布政司商税门摊	钞二万四千五百六十六锭三贯余	
云南布政司商税门摊并酒醋铅铁铜税鱼课	银约一万五千一百三十五两二钱余	海𧴩约五千四百九十八索二十手
贵州布政司商税	钞一十四万八千三百六十三贯余	
附注	本表为万历六年商税总额,据《续文献通考·征榷考》而作。	

【抽分】

商税收纳实物,谓之抽分,亦有折银者。

明太祖洪武初,设抽分竹木局,……凡龙江、大胜港,俱设立抽分竹木局,客商兴贩芦柴茅草等,三分取一,杉木棕毛等三十分取

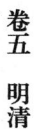

二，松木杉板柴炭等十分取二。又令军卫设场收贮柴薪，按给禁军孤老等。竹木堆积在场，奏申知数，以凭度量关支。如营造数多，抽分不敷，或给价收买，差人研办。(《续文献通考》卷二四《征榷考》七)

永乐六年，1408年。设通州、白河、芦沟、通积、广积五抽分局。至十三年，1415年。命以三十分为率，凡竹木柴炭砖瓦等，取一至取十五各有差。(《续文献通考》卷二四《征榷考》七)

正统元年，1436年。设真定抽分竹木局，令真定府税课司带管，凡木植抽三十分之四。……至天顺时，又设保定抽分，令唐县委官至倒马关，抽分木植二十分之六。(《续文献通考》卷二四《征榷考》七)

成化七年，1471年。又设杭州、荆州、太平三处抽分，……凡竹木等物抽十分之一。……十七年，1481年。设兰州抽分，本州卫掌印官会同将河桥上岸捉获木植，每十分抽其二；过河桥捉获者，尽数入官。至嘉靖元年，1522年。定通州抽分竹木局，凡商贩竹木曾经真定九一抽分取有印信执照者，止用九一抽分，通前合为二八；其未经抽分者，仍用二八抽取。六年，1527年。裁革白河抽分竹木局官吏军人，其例应抽分竹木柴炭砖瓦等，令广积局带管，仍听巡按御史督察。十年，1531年。芦沟抽分竹木局，堆积木植朽坏，每年终工部委官盘查，变卖银两，解部作正支销。(《续文献通考》卷二四《征榷考》七)

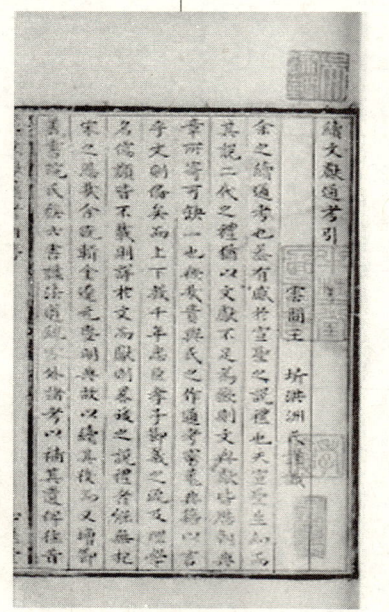

成化九年，1473年。更定芦柴木柴折银例。景泰间，应天等处岁办芦柴，以十分为率，减免四分，三分折钞，三分本色。折钞每束二贯五百文，每一万贯又折收银二十二两五钱，至是令于芦柴三分本色内以一分折银，每束二分，俱送应天府收贮支用，其折纳木柴者，每百斤折银四分；至抽分竹木原钞者，至是亦折银，渐益至数万两。(《续文献通考》卷二四《征榷考》七)

【河泊所】

河泊所以税船舶，兼管鱼课。

洪武初，设河泊所。……十五年，1382年。……定河泊所官制。吏部奏，凡天下河泊所二百五十二，岁课米五千石以上至万石者设官三人，千石

以上者二人，三百石以上者一人。制可。(《续文献通考》卷二四《征榷考》七)

凡鱼课每岁南京户科编印勘合，通计四川等布政司，并直隶河间等府州县河泊所等衙门，该勘合六百八十九道，皆以河字为号，南京户部领回，发各该衙门收掌，各记所收鱼课米钞若干，年终进缴，其勘合底薄仍送户部。如各衙门缴到勘合，务比对朱墨字号相同，于上明白填写，以凭查考。河泊所累朝建革不一，其已革衙门，鱼课仍于各该府州县带管，或归并附近河泊所，岁办不缺。(《大明会典》卷三六)

洪武十八年，1385年。令各处鱼课皆折收金银钱钞。……宣德七年，1432年。令湖广、广西、浙江鱼课办纳银者，每银一两折钞一百贯。(《大明会典》卷三六)

鱼课数，弘治十五年，1502年。课钞三百一十七万五千三百七十贯。嘉靖二十三年，1544年。课钞三百一十七万七千一百一十贯。(《大明会典》卷三六)

万历时鱼课简表

地域	税额	地域	税额
直隶永平府	钞一万七十三贯六百文	河间府	钞一万五千七百一十七贯七百六十文
保定府	钞四千七百七十一贯七十文	大名府	钞七千七百一十贯五十一文
应天府	钞九万九千四十九贯一百三十文	直隶苏州府	钞二千一百七十四贯四百文
松江府	银五百五十七两四钱六分三厘	常州府	钞三万四千九百八十一贯九百五十五文钱六万九千九百六十四文
镇江府	钞五千一百六十四贯	庐州府	钞二万六千三百八十二贯五百文
扬江府	钞一十二万一千五百一贯三百三十二文	太平府	银一百一十七两二钱四分八厘
浙江	钞一十八万二千九百六十九贯六百二	江西	银一千四百八十两五钱三分
湖广	钞一百二十六万五千四百二十四贯	福建	银七千一百两
山东	钞三百四十四贯	河南	钞七千二百六十八贯七百四十二文
陕西	钞二万二千九百一十二贯九百文	广西	钞二千七十九贯五百三十文
四川	银三百三十七两五钱七分九厘	云南	银一千三百五十三两七钱八厘，米麦三百五十石五斗

【市舶司】

明初设市舶司于上海黄渡，有提举司司其事，后改设于宁波、泉州、广州。成化以后，广州对外贸易最盛，独以太监领之。嘉靖时有海禁，然独不及广州。市舶皆行抽分之制，故广州有十三行之设，以销行外货，直至道光海通时为止。

明初东有马市，西有茶市，皆以驭边，省戍守费。海外诸国入贡，许附载方物，与中国贸易，因设市舶司，置提举官以领之，所以通夷情、抑奸商，俾法禁有所施，因以消其衅隙也。（《明史》卷八一《食货志》五）

太祖祖训曰：日本限山隔海，得其地不足以供给，得其民不足以使令，不许兴兵致伐。然夷中百货，皆中国不可缺，夷必欲售，中国必欲得之，故立三市舶司，设提举官。（傅维鳞《明书》卷八三《食货志》三）

洪武初，设市舶司于太仓黄渡，寻改于浙江、福建、广东设三市舶司。三年1370年。二月，罢太仓黄渡市舶司，凡番舶至太仓者，命军卫有司封籍其数，送赴京师。……寻复设市舶司于宁波、泉州、广州。宁波通日本，泉州通琉球，广州通占城、暹罗、西洋诸国。（《续文献通考》卷二六《市籴考》二）

初以太仓为六国马头，旋以近京师，恐生他变，远徙之宁波诸处，而以按察司主其事，旋改提举。（傅维鳞《明书》卷八三《食货志》三）

琉球、占城诸国，……任其时至入贡，惟日本……独限其期为十

明朝时期张家口蒙汉马市完竣行稿局部

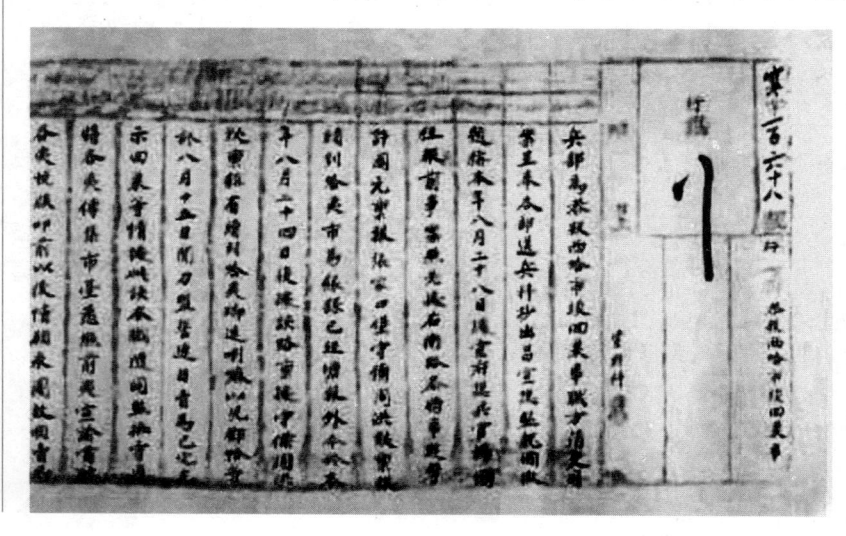

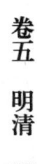

英人绘黄埔古港

年，人数为二百，舟为二艘，以金叶勘合表文为验，以防诈伪侵轶。(《明史》卷八一《食货志》五)

洪武二年，1369年。九月，定朝贡附至番货，欲与中国贸易者，官抽六分，给价偿之，仍免其税。……明律曰：凡泛海客商舶船到岸，将货物尽实报官抽分，不得停拓沿港土商牙侩之家，违者有罪。(《续文献通考》卷二六《市籴考》二)

永乐三年，1405年。以诸番贡使益多，乃置驿于福建、浙江、广东三市舶司以馆之，福建曰来远，浙江曰安远，广东曰怀远。(《明史》卷八一《食货志》五)

永乐六年1408年。正月，设交阯云南市舶司。(《续文献通考》卷二六《市籴考》二)

王圻曰：……贡舶与市舶一事也。凡外夷贡者皆设市舶司领之，许带他物，官设牙行与民贸易，谓之互市。是有贡舶即有互市，非入贡即不许其互市矣。(《续文献通考》卷二六《市籴考》二)

【牙税】

明代牙钱，税及罗段、纸张、铁锅、颜色等行货，与清代不同。

景泰二年，1451年。令顺天府及大兴、宛平二县，俱集各行，依时估计物货价值，照旧折收钞贯。……其收税则例，上等罗段每匹税钞牙钱钞、塌房钞各二十五贯，中等罗段每匹税钞牙钱钞、塌房钞各一十五

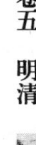

贯,下等罗段每匹税钞牙钱钞、塌房钞各一十贯。上等纱绫锦每匹,青红纸每一千张,箆子每一千个,税钞牙钱钞、塌房钞各六贯七百文;中等纱绫锦每匹,细羊羔皮袄每领,黄牛真皮每张,扇骨每一千把,税钞牙钱钞、塌房钞各五贯;青三梭布每匹,红油纸每八千张,冥衣纸每四千张,铁锅每套四口,藤黄每斤,税钞牙钱钞、塌房钞各四贯。……其余估计未尽物货,俱照价值相等则例收纳,其进塌房钞并抽分布匹及按月该纳房钞,俱为免除。(《大明会典》卷三五)

【税监】

万历中有税监之设,旋复停止,然崇文门之税,始终为太监管之,收入皆归皇室。

万历二十四年1596年。十月,始命中官榷税通州,是后各省皆设税使,群臣谏不听。(《续文献通考》卷一八《征榷考》一)

榷税之使,自二十六年,1598年。千户赵承勋奏请始,高寀于京口,暨禄于仪真,刘成于浙,李凤于广州,陈奉于荆州,马堂于临清,陈增于东昌,孙隆于苏杭,鲁坤于河南,孙朝于山西,邱乘云于四川,梁永于陕西,李道于湖口,王忠于密云,张晔于卢沟桥,沈永寿于广西,或征市舶,或征店税,或专领税务,或兼领开采。奸民纳贿于中官,辄给指挥千户劄,用为爪牙。水陆行数十里,即树旗建厂,视商贾懦者,肆为攘夺,没其全资,负戴行李亦被搜索。又立土商名目,穷乡僻坞米监鸡豕,皆令输税。所至数激民变,帝率庇不问。(《明史》卷八一《食货志》五)

万历三十三年,1605年。……户部侍书赵世卿……言,崇文门、河西务、临清、九江、浒墅、扬州、北新、淮安各钞关,征本折约三十二万五千余两,万历二十五年增银八万二千两,此定额也。乃二十七年以后,历岁减缩,至二十九年,总解二十六万六千余两。究厥所由,则以税使苛敛,商至者少,连年税使所供,即此各关不足之数也。疏入不省。……九门税尤苛,举子皆不免,甚至击杀观吏。(《明史》卷八一《食货志》五)

乙、清之征榷

清代商税，多沿明制而屡增其额。海关厘金为新制，蔚为国课大宗。

> 清兴，首除烦苛，设关处所，多依明制。自海禁开，常关外始建洋关，而厘局之设，洋药之征，亦相继而起，三者皆前代所无。……至印花税、烟酒加征，均试行旋罢。（《清史稿·食货志》六）

【常关】

常关有属于户部者，为崇文门左翼、右翼、坐粮厅、淮安、浒墅、扬州、芜湖、西新、凤阳、江海、天津、临清、九江、赣关、北新、浙海、闽海、太平、粤海、山海、张家口、杀虎口、归化城等二十四处；属于工部者为龙江、芜湖、宿迁、临清砖版闸、南新等五处。海通以前，海关亦在常关之列。

> 康熙元年，1662年。移设河西务于天津，更名天津关，更定各关兼差满汉官笔帖式各一，由六部咨送轮掣，停蒙古汉军差，其张家、杀虎二口，专差满蒙官。（《清史稿·食货志》六）

> 康熙五年，1666年。命各关税均交地方官管理，……惟两翼、张家口、杀虎口如故，只差户部司员。（《清史稿·食货志》六）

> 康熙二十三年，1684年。始开江、浙、闽、广海禁，于云山、宁波、漳州、澳门设四海关。关设监督，满汉各一笔帖式，期年而代。

广州粤海关大楼

定海税则例，免海口内桥津地方抽税。（《清史稿·食货志》六）

乾隆二十二年，1757年。增定浙闽二海关税则，寻又申禁洋船不准收泊浙海，有驶至者，仍令回粤贸易纳税。（《清史稿·食货志》六）

乾隆二十九年，1764年。定外番商货至回部贸易者三十抽一，皮货二十抽一；回商往外番贸易二十抽一，皮货十之一。其牲畜货物不及抽分之数，视所值折算。（《清史稿·食货志》六）

嘉庆四年各关赢余额简表

关名	赢余额	关名	赢余额	关名	赢余额
户关坐粮厅	六千两	天津	二万两	临清	一万一千两
江海	四万二千两	浒墅	二十三万五千两	淮安	十一万一千两
海关庙湾口	二千二百两	扬州	六万八千两	西新	二万九千两
九江	三十四万七千八百两	赣关	三万八千两	闽海	十一万三千两
浙海	三万九千两	北新	六万五千两	武昌	一万二千两
夔关	十一万两	粤海	八十五万五千五百两	太平	七万五千五百两
梧州	七千五百两	浔州	五千二百两	归化城	一千六百两
山海关	四万九千四百八十七两	杀虎口	一万五千四百十四两	张家口	四万五百六十一两
打箭炉	尽收尽解	工关辰关	三万八百两	宿迁	七千八百两
芜湖	四万七千两	龙江	五万五千两	荆关	一万三千两
通永道	三千九百两	闸南、新、渝三关，潘桃、古北、杀虎三口，竹木税无赢余。			

嘉庆九年，1804年。复增定各关赢余额数，浙海四万四千，西新三万三千，九江三十六万七千，浒墅二十五万，淮安十三万一千。……道光十年，1830年。定各关盈余银以六成为额内，四成为额外，核其溢额、绌额，分别功过例。（《清史稿·食货志》六）

光绪十七年1891年。岁入，……常税二百五十五万八千四百一十两。（《清史稿·食货志》六）

【洋关】

商埠初只五口后侵略者随时增索，亦有自行开埠者，商埠之设，几遍

内地。各关监督多由实缺道员兼任，唯闽海由福州将军兼之，粤海由内务府派充。关税出入口税，初俱定值百抽五，子口则纳半税。数十年间，物价屡涨，而税则如故。关税征收，由外籍税务司司之，英人赫德为总税务司，自后唯英人得当此任，以担保借款赔款之故。税款支拨，皆由总税司掌管，中央所设税务处，竟不能过问。

　　洋关之设，自五口通商始，前此虽有洋商来粤贸易，惟遵章向常关纳税而已。道光……二十二年1842年。秋，英人要求通商口岸，允于沿海广州、福建、厦门、宁波、上海五口开埠通商。明年，1843年。定洋货税则值百征五。……洋货进口，按则输纳后，由华商运入内地，所过税关，只照估价若干，每两加税不过某分。（《清史稿·食货志》六）

赫德像

　　咸丰八年，1828年。复定英约，……一，子口税按值百抽二五，如愿一次输纳，洋货在进口土货在经过第一关纳税给票后，他口不再征。（《清史稿·食货志》六）

　　咸丰十一年，1861年。……定长江及各口通商章程，洋货入江于上海纳正税及子口税，土货出口纳出口税，复进口时完一正税准扣二成，若完半税不扣二成，再入内地仍照纳税厘。（《清史稿·食货志》六）

　　光绪二十八年，1902年。……先是商约大臣盛宣怀、聂缉椝等言，税务司赫德筹拟洋货进口税，援照洋药税并征之法，核估时值，按正税、子口税七二五统加厘金一倍，为值百抽十五，由海关并征，以免各处厘局留难纷杂，货可畅销，洋商或可允从。并拟出口土货向完半税者，改完厘金，以抵洋货厘捐，改归海关并征之数，于各省厘金亦无所损。……至是始与英定裁厘加税之约：一，约款照行时，中国允除现有各常关外，向设各厘卡及抽类似厘捐之关概行裁撤。一，英允于进口洋货增至切实值百抽五，加一额外倍半之税，以抵撤厘金子口税及各项税捐。至土货出口税总数，不得逾值百抽七五之数。……寻

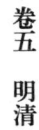

卷五　明清

与美、日、大西洋各国均定此约。卒以事费调查,迄未能实行也。(《清史稿·食货志》六)

自光绪二十二年,1896年。裁撤台南、淡水、汉城各关外,为关二十七。宣统三年,1991年。续增南宁、梧州、三水、岳州、福海、吴淞、金陵、胶海、腾越、江门、安东、大东沟、大连、滨江、满洲里、绥芬河、爱芬、三姓、珲春、延吉等,为关四十七。(《清史稿·食货志》六)

凡华洋轮船货税经征之关二十有七。常关兼收者,直隶津海关、山海关,山东东海关,江苏江海关、镇江关,安徽芜湖关,江西九江关,福建闽海关,浙江浙海关,广东粤海关及所属潮州、琼州、北海等关。设关专收者,江苏苏州关,浙江瓯海关、杭州关,湖北江汉关、宜昌关、沙市关,四川重庆关,广西镇南关、梧州关,云南蒙自关、思茅关,甘肃嘉峪关,广东九龙关、拱北关。(《大清会典》卷二三)

先是土药各税列入进口,同治十二年,1873年。始列专款,合计洋关岁征各税咸丰末年只四百九十余万,同治末年增至千一百四十余万。光绪十三年,1887年。兼征洋药厘金,增为二千五十余万。三十四年,1980年。增至三千二百九十余万。宣统末年,都三千六百十七万有奇,为岁入大宗云。(《清史稿·食货志》六)

清总税务司官邸

宣统四年预算岁入关税简表

关 名	银 额	关 名	银 额
崇文门*	八十七万七千三百十一两	张家口*	十万五千五百九十八两
杀虎口*	十一万三千三百三十八两	扬州关*	十万五千两
淮安关*	二十四万五千二百九十七两	凤阳关*	二十万三千八百七十二两
赣关*	三万三千六百十二两	临清关*	十七万四千一百八十九两
长州关*	二万一千四百四十两	宝庆关*	一万二千二百九十三两
武昌府关*	四万五千八百八十八两	汉阳关*	二十万四百八十两
荆州府关*	三万七千一百八十二两	荆州钞关*	七万八千六百九十一两
太平关*	十一万五千九百六十三两	浔州厂*	八万九千二百二两
归化城*	十一万一千七百五两	四川各常关*	二十一万三千九百九十九两
潼关*	六千三百三十三两	津海关	四百四十四万九千七十九两
山海关	一百四十三万二千三百二两	大连关	一百一十六万一千五百两
安东关	十七万八千九十四两	滨江关	九十万三千五百七十九两
珲春关	一万三千五百三十六两		
江海关	一千一百五十六万八千八百二十七两	苏州关	十一万六千四百九十四两
镇江关	一百二十三万八千九百七十四两	金陵关	十六万七千四百二十分六两
芜湖关	九十三万四千六十七两	九江关	一百零六万五百五十二两
胶海关	一百十九万零六百两	东海关	九十二万千八百六十六两
长沙关*	二十五万七千一百二两	岳州关	六万七千九百三两
江汉关	三百十万六千六百七十六两	沙市关	一万五千九百四十六两
宜昌关	六万八千三百四两	闽海关	二百十七万一千六百三十一两
杭州关	六十四万二千八百四十五两	浙海关	七十四万六千八百六十二两
瓯海关	九万七千九百二十七两	粤海关	七百九十七万三千五百九十二两
梧州关	七十二万四千二十七两	南宁关	七万八千六百七十五两
镇南关	七千九百五十九两	嘉峪关	一千六百九十两
重庆关	三十八万八千八百六十五两	蒙自关	二十二万七百十一两
思茅关	六千十一两	腾越关	四万六千一百四十两
共　计	四千四百七十四万七千七百五十五两		

附注：

本表据宣统四年全国岁入岁出总预算表而作。

凡洋关皆有税务司，分海关、常关两种。此表所列非洋关者以*别之。凡《史稿》所列洋关为此表所无者，为潮州、琼州、北海、九龙、拱北、梧州、三水、福海、吴淞、江门、大东沟、滨汇、满洲里、绥芬河、爱芬、三姓、延吉十七关。

卷五　明清

【厘金】

厘金，咸丰初雷以诚纳钱江之议，行之扬州，商货每百钱抽一钱，故谓之厘金。郭嵩焘行之湖南，为曾军的饷。本定军事告终，即行停止，后各省通设厘金，至清亡不改。且有盐厘、肉厘、米谷厘、棉布税厘等，虽只抽一厘甚轻，然遇卡即须上纳，一厘成为数分矣。清季议加关税，外人坚持必须裁厘，致关税无从增加也。

　　咸丰初年，江宁布政使雷以诚，主江南饷事，遂擢副都御史开府邵伯埭，采归安诸生钱江之议，行厘捐，每百文抽一文，此为厘金作俑之始。所取廉，所入巨，是以商贾不病，兵气遂扬。曾、胡踵之，事平不去，且增至每百抽三文，江浙二省，岁抽各约三四百万，可不谓之巨款耶？其后卡若栉比，法若凝脂，一局多卡，一卡多人，只鸡尺布并计起捐。……商民以什输，公家所入三四而已，其六七皆官私所耗费而鱼肉之。(《皇朝续文献通考》卷四九《征榷考》)

　　厘金抽捐，创始扬州一隅，后遂推行全国。咸丰三年，1853年。刑部右侍郎雷以诚治军扬州，始于仙女庙等镇创办厘捐。是年苏常叠陷，丁漕无收，乃设厘局于上海，借资接济；又设江北厘捐，归大营粮台经理。五年，1855年。江西设六十五局卡，湖北设四百八十余局卡，湖南亦设城内外总分各局，江苏扬、常、镇各府属添设小河口、普安、新港、三江营、荷花池五局。……六年，1856年。盛京抽收商

清代厘金局旧址

货及粮石捐，值百抽一，吉林亦如之，乌鲁木齐之吐番亦抽收棉花厘金。七年，1857年。设湖北厘金总局。八年，1858年。定豫省厘捐。……是年福建、广西均设局卡，抽收货厘。九年，1859年。登、莱、青三府属海口设局抽厘，山西设筹饷局，收行商药税及百货厘捐于各隘口，设七总卡及各分卡。十年，1860年。以张家口办理厘金不善，激成事变。……两江总督曾国藩以湘军援鄂，请于长沙设东征局，……凡货物皆于本省厘金外，加抽半厘；允之。……十一年，1861年。……安徽抽收厘金，设立正卡，……并设分卡分巡五十九，贵州亦设货厘局于川楚邻近之区。（《清史稿·食货志》六）

同治三年，1864年。……浙江定百货厘捐值百抽九，浙东两起两验，间卡抽收，货值千文，起卡抽三十，验卡减半，捐足两起两验，不重征。浙西则一起一验，由第一卡并征，余皆验放。（《清史稿·食货志》六）

光绪二十五年，1899年。……我国厘金不能知其确数，惟西人皆以为多于关税，然考历年报告，则所入不过千三百余万两，当关税三分之一。（《皇朝续文献通考》卷五〇《征榷考》二三）

宣统四年预算岁入厘金简表

地域	银　额	地域	银　额
吉林	八十六万七千七百三十二两	直隶	四十五万八千七百一十二两
江宁	一百三十六万六千五百四十三两	江苏	二百四十四万五千七百九十二两
江北	十八万三千六百四十一两	安徽	九十二万三千六百七十五两
山东	十二万八千六百四十八两	山西	四十万四千五百二十八两
河南	三十六万七千五百四十一两	陕西	六十万五千四百六十一两
甘肃	六十五万一百八十两	新疆	十三万二千一百一十九两
福建	一百九万二千五百六十七两	浙江	二百七十九万二千八百九十三两
江西	一百八十九万二千五百二十四两	湖北	二百三十三万四千五百六十一两
湖南	一百四十九万八千八百四十六两	四川	一百九万五百一十七两
广东	二百八十二万三千二百一十两	广西	八十九万九千一十七两
云南	三十八万一千三百三十两	贵州	一十六万七千五百九十八两
察哈尔	一千二百两	归化城	八千三百八十二两
川滇边务	一千两	伊犁	一万九百二十两
库伦	五万两		
共计	二千四百三十八万九千三百三十七两		
附注	本表据宣统四年预算表而作。		

【洋药厘税并征】

讳鸦片之名而称洋药，行销内地，例收厘金。外人屡以责难，乃与议定厘税并征，每百斤由海关收银一百十两，本为海军经费，竟为海关扣抵他债。后又增为二百五十两，以后洋药输入渐少矣。

> 鸦片输入中国，其初概称药材。……乾隆中海关则例仍附药材入口，每担税银三两，又每包加税二两四分五厘，顾其时输额岁不过二百箱，都以葡人主贩。（《皇朝续文献通考》卷五一《征榷考》二三）

> 咸丰七年，1857年。闽浙总督王懿德等，始有军需紧要、暂时从权、量予抽捐之请。朝旨允行。八年，1858年。与法定约，向来洋药不准通商，现稍宽其禁，听商贸易，每百斤纳税银三十两，只在口销售，离口即属中国货物，准华商运往内地，法商不得护送，嗣与各国定约皆如之。（《清史稿·食货志》六）

> 咸丰九年，1859年。……云贵总督张亮基言，滇省向无洋药，上命先将所产土药分别征收税厘，不得以洋药混土药。（《清史稿·食货志》六）

> 光绪七年，1881年。直隶总督李鸿章言，洋药既难骤禁，只可先加税厘，烟价增则吸者渐减，未始非徐禁示罚之意。……查洋药由印度先到香港，然后分运各口，奸商即于该港私相授受。……加捐易办，偷漏难防，拟于洋药每百斤正税三十两外，加征八十两，统计厘税百一十两；土药不论价之高下，每百斤征四十两。帝用其议，又以洋药来自英商，命出使大臣曾纪泽与英确商。至九年，1883年。始如前议定约，并在进口时输纳。……十三年，1887年。与葡定议在澳门协助中国征收运往各口之洋药税厘，一如英香港办法。（《清史稿·食货志》六）

> 宣统三年，1911年。度支部奏言，……洋药进口已与英定约，税厘并征，每百斤增收二百五十两，土药亦须同时比例加税。查土药价值不及洋药三分之二，以征为禁，税则无妨略重，即照

曾纪泽手迹

卷舒委随敷咏其德

骐乐寿考还归怡婴

勋刚曾纪泽

洋药税推算，定土药百斤加征二百三十两，凡未禁运本产本销地方，即按新章征收，从之。（《清史稿·食货志》六）

【牙税】

清代牙行有牙帖，由布政司颁行，例有定额，不得擅增。于是有帖者得长子孙，或以转租同行，瓜果菜蔬例禁牙行而京师有之。

凡官牙定之以额，择其人输税领帖，以充牙行，民间懋迁有无，评物价以助市政。若瓜果菜蔬日用之物，私立牙行名色者，禁之。屡禁州县于定额之外私添牙帖，及胥役冒充为民害。（王庆云《熙朝纪政》卷六《纪杂税》）

雍正十一年，1733年。饬令各省额设牙帖，……俱由藩司衙门颁发，不许州县滥给。……近闻各省牙帖岁有增添，……嗣后止将额内退帖顶补之处，查明换给，再有新开集场应设牙行者，酌定名数给发，亦报部存案。（《皇朝文献通考》卷三一《征榷考》六）

乾隆五年，1740年。议定清厘牙行之例。向例每行认充经纪，取具同行互保一人，出具殷实良民甘结，该管官加结送司，给帖充应，互结虽有殷实字样，而互保之责成，未经议及。今定铺家拖累商人者，将本牙行帖追缴，勒限清还，仍行给与，倘逾限不完，将互保之人一并更换。牙行惟圆用钱，任铺户坑骗客商者，除逾限不完，将牙行革退外，仍将铺户责限追比，其不足之项，令牙行赔补。牙行侵吞客账者，除逾期不完，将本行互保一体斥革外，仍将本牙责限追比，其不足之项，令互保摊赔。其追比之限期，案欠数之多寡酌定。至于以后客之货，挪补前客之欠，移弱客之货，代偿强客之欠，该互保先举首，免其治罪，容隐者责令分赔。牙行伙计人等，侵吞客账，总照牙行侵吞之例，追帖赔补。又……议，各省衙门胥役，现在更名捏姓兼充牙行者，令地方官严查确实，即行追帖，勒令歇业，并将胥役充补牙行之处，永行严禁。倘不法胥役，仍敢更名捏姓兼充牙行，应照更名重役例治罪。侵食客货贻累商人者，发附近充军。该

清代牙行执照

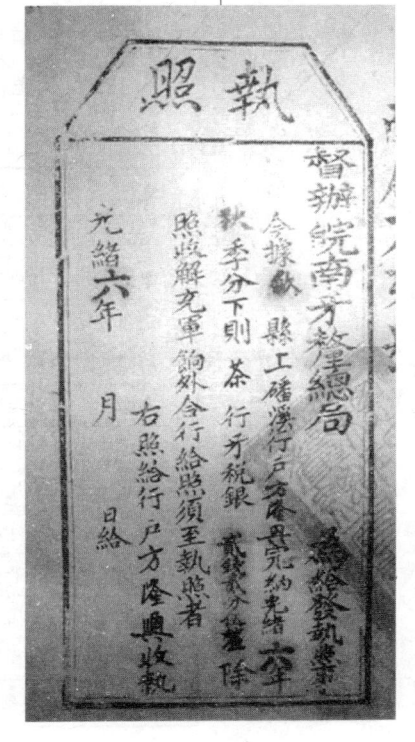

管官照例议处，载入则例遵行。从之。(《皇朝文献通考》卷三一《征榷考》六)

乾隆六年，1741年。革除牙行积弊，户部覆淮河南巡抚雅尔圆奏称：……各省贸易集场及零星口岸，于额设牙行之外，竟复有集主包头揽头名色，朋比攘据，任意勒索，实为商民之累。……应行令各省督抚，转饬各该地方官，严查禁革。……从之。(《皇朝文献通考》卷三一《征榷考》六)

乾隆二十五年，1760年。定湖广汉口等镇牙行税额，湖广总督苏昌议覆湖北布政使公泰条奏，牙行所完牙税，皆有上中下三等之殊，江西牙税上则纳银三两，中则纳银二两，下则纳银一两，湖北四通八达，汉口一镇更为九省通衢，商贾辐辏，不减江浙等省。……请将汉口草市、沙市、樊城、岳家口等处牙行，按照上中下则，上行完税银二两，中行完税银一两，下行完税银五钱；其余僻邑村镇，上行完税银一两，中行完税银五钱，下行完税银三钱。……从之。(《皇朝文献通考》卷三一《征榷考》六)

乾隆二十八年，1763年。……在京各项经纪，多寡不齐，一牙一帖，统计额缺八百九十一名，征输税银一千五百三十一两，例由顺天府通判管理。(《皇朝文献通考》卷三一《征榷考》六)

牙税额简表

地域	银　额	地域	银　额
京城	千五百三十一两	直隶	万二千三百四十八两
奉天	千九百二十八两	盛京	三百九十二两二分
山东	万八千四百二十二两一钱五分	山西	九千一百十两五钱八分
河南	六万四百十三两一钱一分	江苏	万一千五百五十八两六钱三分
安徽	八千四百四十四两一钱	江西	五千二百六两
福建	二千七百二十两五钱五分	浙江	四千五百十七两九钱
湖北	五千九百三十六两八钱	湖南	千四十四两八钱九分
陕西	千七百六十四两七钱九分	甘肃	七百五十二两六分
广东	万七千八百四十六两七钱七分	广西	五十两
云南	三百八十五两五钱	贵州	五百七十一两五分
吉林牙当税	四百五十六两五钱	四川牙当税	千四百八十五两八钱

本表据《光绪会典事例》而作。

【牲税】

牲税多归知府兼管，所入甚丰，而报解则甚少。

顺治二年，1645年。定凡贸易牲畜，按价值每两纳银三分。(《大清会典事例》卷二四五)

乾隆六十年，1795年。覆准吉林伯都讷所属孤榆树地方，设税务售卖牲畜等税，每年征收银三十二两，作为定额。……又议准，孤榆树地方，收征马畜税银，以一百三十二两作为定额。(《皇朝续文献通考》卷四六《征榷考》一八)

嘉庆十一年，1806年。议准山西额征畜税银每年四千六百两七钱有奇，大同县加征畜税银四十九两九钱有奇。(《皇朝续文献通考》卷四六《征榷考》一八)

光绪二年，1876年。伊犁牲畜税无定额，约岁征银四千六七百两。(《皇朝续文献通考》卷四七《征榷考》一九)

牲畜税额简表

地域	银 额	地域	银 额
直隶	五千九百九十八两三钱	吉林	三千八百三两五钱三分
山东	二千五百三十八两四钱六分	山西	四千七百三十二两六钱
江苏	二千一百八十七两二钱一分	安徽	二千一百六十八两八钱二分
江西	三百九两六钱	福建	六百九十八两四钱七分
浙江	七百五十九两四钱三分	湖北	一百四十两九钱四分
湖南	一百三十八两七钱四分	陕西	九千三百八十五两六钱六分
甘肃	四千五两四钱七分	本表据《光绪会典事例》而作。	

（三）币制

甲、银

明初用钞而禁金银，惟定金、银、钱、钞、粮米五者比价，未几钞渐不行。中叶以后，对外贸易骤兴，白银大量输入，而民间始普遍使银，金银比价，由四增而为十。万历之世，所收田赋全部折银，遂为银钱并用之制。

国初所收天下田赋，未尝用银，惟坑冶之课有银。……洪武二十四年，但有银二万四千七百四十两。至宣德五年，则三十二万二百九十七两，岁办视此为率，当日国家固不恃银以为用也。至正统三年，

以采办扰民,始罢银课,封闭坑穴,而岁入之数不过五千有余。九年闰七月戊寅朔,复开福建、浙江银场,原注:是年采纳已六万七千一百八十两。乃仓粮折输变卖无不以银,后遂以为常货。(顾炎武《日知录》卷十一"银")

正统元年八月庚辰,命江南租税折收金帛。先是都察院右副都御史周铨奏,……请令该部会议,……于浙江、江西、湖广、南直隶不通舟楫之处,各随土产折收布、绢、白金,赴京充俸。……上曰:祖宗尝行之否?尚书胡濙等对曰:太祖皇帝尝行于陕西,每钞二贯五百文折米一石,黄金一两折二十石,白金一两折四石,绢一匹折一石二斗,布一匹折一石,各随所产,民以为便。后又行于浙江,民亦便之。上遂从所请,原注:每米麦一石折银二钱五分。远近称便。(顾炎武《日知录》卷十一"银")

每钞一贯准钱千文、银一两,四贯准黄金一两。(《明史》卷八一《食货志》五)

银钱,大者七钱五分,夷名黄币峙;次三钱六分,夷名突唇;又次一钱八分,名罗料厘;小者九分,名黄料厘。俱自佛郎机携来。(张燮《东西洋考》卷五)

东洋吕宋,地无他产,夷人悉用银钱易货,故归船自银钱外,无他携来,即有货亦无几。(《东西洋考》卷七)

钱用银铸造,字用番文,九六成色,漳人今多用之。(顾炎武《天下郡国利病书》卷九三)

其曰番钱者则银也,来自海舶,上有文如城堞,或有若鸟兽人物形者,泉漳通用之。闻往时闽中巨室,皆擅海舶之利,……每一舶

《天下郡国利病书》书影

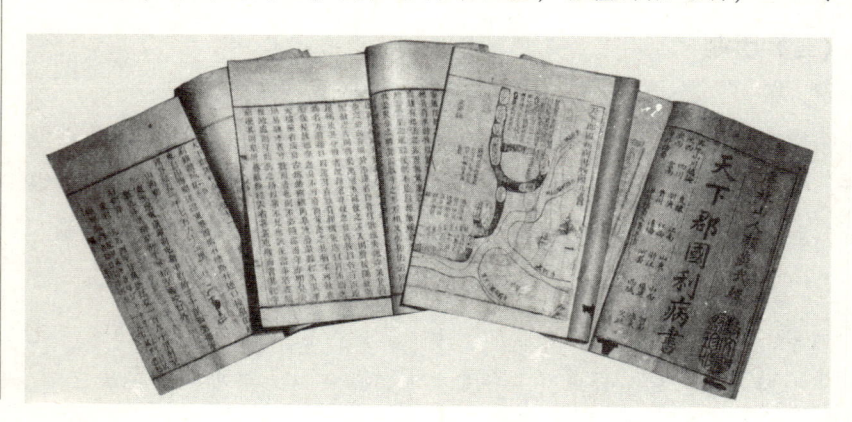

至，则钱货充牣。（王沄《漫游纪略》卷一《闽游纪物产》）

清代沿明之旧，仍银钱并行。

我朝银钱兼权，实为上下通行之币。……顺治三年。又更定钱直，户部议定，制钱行使。原系每七文准一分，钱价既重，小民交易不便，应改为每十文准银一分，永著为令。（《皇朝文献通考》卷十三《钱币考》一）

雍正二年，……又禁直省收纳钱粮银匠估色之弊。刑部尚书励廷仪奏言，……臣等谨按直省解银，由布政使起解者曰地丁银，由运使起解者曰盐课银，由粮道起解者曰漕项银，由关监督起解者曰关税银，皆必倾熔成锭，然后起解。其解银之具曰鞘，每银一千两为一鞘。……《金史·食货志》载，旧例，银每锭五十两，……一两至十两分五等，此今日以重五十两者为元宝、重十两或五两、三两者为中锭所由始也。元至元三年，以银五十两铸为锭，文以元宝，……又有扬州元宝、辽阳元宝等名色，此元宝命名之始。盖古者多以元宝之名铸于钱面，自元以后，银始蒙钱文"元宝"之称，于是钱面始专铸"通宝"矣。（《皇朝文献通考》卷）十五《钱币考》三）

乾隆十三年，……以京师钱价昂，银一两仅易八百文，……上谕廷臣曰：……物之定直，以银不以钱，而官民乃皆便钱不便银，趋利之徒，以使低昂为得计。……嗣是宜重银，凡直省官修工程、民间总置货物皆以银。（《清史稿·食货志》五）

清代洋钱输入愈多，乾隆时，已遍行于东南沿江沿海之地，粤中无论矣。

道光间，……华洋互市，以货易银，番船冒禁，岁漏出以千万计。……而大髻、小髻、蓬头、蝙蝠、双柱、马剑各种番银，亦潜输内地以规利，自闽广通行至黄河以南，而洋商复挟至各省海口，阳置货而阴市银，至洋银日多，而纹银日少而贵。上患之，命粤督申严禁约，然所禁不及洋银，仿铸之广板、福板、杭板、吴庄、行庄，耗华银如故。……十七年，诏沿江沿海督抚、海关监督，饬属严稽偷漏，……而海内银卒耗竭，每两易钱常至二千。（《清史稿·食货志》五）

洋钱，粤中所用之银，不一种，曰连，曰双鹰，曰十字，曰双

柱,此四种来自外洋;曰北流锭,曰镪,此二种出自近省,皆乾隆初年以前所用。其后外洋钱有花边之名,来自米时哥;又有鬼头之名,来自红毛,亦谓之公头。夷国法,嗣王立,则肖其像于银面,史记所谓安息国以银为钱,钱如其王面,王死,转效嗣王面是也。福公康安,节制两粤,爵嘉勇公,有司以公头之名,犯公爵,禁之,令民间呼为番面钱;以画像如佛,故又号佛番。南、韶、连、肇多用番面,潮、雷、嘉、琼多用花边。粤中用钱,千敲百凿,率皆烂板。其发江浙者,曰出舱光板,无一鏭痕,每圆以广平称之,足重七钱二分,以寻常通用烂钱易之,每圆加二三分、四五分不等。仁和周南卿茂才咏洋钱句云"一种假情留半面,十分难事仗圆光",写得不黏不脱。(梁绍壬《两般秋雨庵随笔》卷三"洋钱")

光绪十四年张之洞始于广东铸造银币,后各省仿造,竞以余利为筹款之法,成色亦参差不一。

初,洋商麇集粤东,西班牙、英吉利银钱大输入,总督林则徐谋自铸,图抵制,以不适用而罢。嗣是墨西哥、日本以国币相灌输。光绪十四年,张之洞督粤,始用机器如式试铸。李瀚章继任,续成之,文曰"光绪元宝",库平七钱二分。广东省造,幕纹龙,并铸三钱六分、一钱四分四厘、七分二厘、三分六厘四种小银圆。中国自行银钱自此始。湖北、江西、直隶、浙江、安徽、奉天、吉林以次开铸。寻以广东、湖北、江西所铸最称便用,许以应解京饷,拨充铸本,直省未开铸者,饬从附铸。……七省所铸,规模成色苦参差,不利通行。会造币总厂成,拟撤其三,而留江南、直隶、广东为分厂。初铸准重

墨圆，议者颇非之，之洞始于湖北试行一两银币。户部亦以中国立算，夙准两钱分厘，因定主币为库平一两，而以五钱、一钱小银币暨铜圆、制钱辅助之，令总分厂如式造行。（《清史稿·食货志》五）

光绪末，以币制不一，议改用金本位，以抵制镑亏，议久不定。宣统初，乃改两为元，铸大清银币，自圆迄角，以十递进。

宣统二年，1910年。上谕：……中国国币单位，著即定名曰圆，暂就银为本位，以一圆为主币，重库平七钱二分，另以五角、二角五分及一角三种银币，又五分镍币，二分、一分、五厘、一厘四种铜币，为辅币。圆、角、分、厘，各以十进，永为定价，不得任意低昂。著度支部一面责成造币厂，迅即按照所拟各项重量、成色、花纹，铸造新币，积有成数，次第施行。所有赋税课厘，必用制币交纳，放款亦然。（《皇朝续文献通考》卷二十四《钱币考》六）

乙、钱

明初，使用大钱，民间不便，乃铸小钱。自嘉靖以后，铸钱始多而精，谓之黄钱，每银一两，通常易黄钱七百文。

《太祖实录》，岁辛丑1361年。二月，置宝源局于应天府，铸大中通宝钱，与历代之钱相兼行使。至嘉靖，所铸之钱最为精工。隆庆、万历，加重半铢，而前代之钱，通行不废。予幼时见市钱多南宋年号，后至北方，见多汴宋年号，真、行、草字体皆备，间有一、二唐钱。自天启、崇祯，广置钱局，括古钱以充废铜，于是市人皆摈古钱不用，而新铸之钱，弥多弥恶，旋铸旋销，宝源、宝泉二局，只为奸蠹之窟。（顾炎武《日知录》卷十一"钱法之变"）

太祖初，置宝源局于应天，铸大中通宝钱，与历代钱兼行，以四百文为一贯，四十文为一两，四文为一钱。及平陈友谅，命江西行省置货泉局，颁大中通宝钱，大小五等钱式。即位，颁洪武通宝钱，其制凡五等，曰当十、当五、当三、当二、当一，当十钱重一两，余递降至重一钱止。各行省皆设宝泉局，与宝源局并铸，而严私铸之禁。洪武四年，改铸大中、洪武大钱为小钱。初，宝源局钱铸京字于背，后多不铸，民间无京字者不行，故改铸小钱以便之。（《明史》卷八一《食货志》五）

洪武二十六年，1393年。定在京外铸钱制。……各处炉座钱数，北平二十一座，每岁铸钱一千二百八十三万四百文；广西十五座半，每岁铸九百三万九千六百文；陕西三十九座半，每岁铸钱二千三百三万六千四百文；广东一十九座半，每岁铸钱一千一百三十七万二千四百文；四川一十座，每岁铸钱五百八十三万二千文；山东二十二座半，每岁铸钱一千二百一十二万二千文；山西四十座，每岁铸钱二千三百三十二万八千文；河南二十二座半，每岁铸钱一千三百一十二万二千文；浙江二十一座，每岁铸钱一千一百六十六万四千文；江西一百一十五座，每岁铸钱六千七百六万八千文……惟不开云、贵、湖广、福建四处，至弘治十六年，始照浙江等处定例，俱行开铸。（《续文献通考》卷十一《钱币考》）

　　明初，铸洪武钱；成祖九年，铸永乐钱；宣德九年，铸宣德钱；弘治十六年以后，铸弘治钱。至世宗嘉靖六年，大铸嘉靖钱，每文重一钱三分，且补铸累朝未铸者。三十二年，铸洪武至正德九号钱，每号百万锭，嘉靖钱千万锭，一锭五千文。（《明史》卷八一《食货志》五）

　　孙承泽《春明梦馀录》曰：明初钱法专属工部宝源局，虞衡司员外郎监督其事。至天启二年，始增设户部宝泉局，以右侍郎督理之，名钱法堂，加炉铸造，以济军兴。其政属于户部，而工部之所铸微矣。（《续文献通考》卷十一《钱币考》）

崇祯中，私铸之禁不严，且许各镇自铸。钱式不一，滥恶已甚，每银至易五六千文，物价不定，生计维艰，亦当时致乱之一端。

　　傅维鳞《明书·食货志》曰：崇祯中，内帑大竭，命各镇有兵马处皆开铸，以资军饷，而钱式不一，盗铸孔繁。末年，每银一两，易钱五六千文。钱有煞儿、大眼贼、短命官诸号。……臣等谨按，启、祯时滥恶伪钱，尚有宽边、大版、金灯、胖头、歪脖、尖脚等号。（《续文献通考》卷十一《钱币考》）

清初入关，惩于明季钱式滥恶，改铸新朝之钱，务极厚重。民间尊贵明代旧钱，而新铸者反贬折以行，乃禁明钱，新钱始得通行。

　　太祖初，铸天命通宝钱，别以满汉文为二品，满文为一品，钱质较汉文一品为大，天聪因之。世祖定鼎燕京，大开铸局，始定一品，

清乾隆通宝

于户部置宝泉局，工部置宝源局。顺治通宝钱定制，以红铜七成、白铜三成，搭配鼓铸，钱千为串，万二千串为一卯，年铸三十卯。每钱重一钱，二年，增重二分。定钱七枚准银一分，旧钱倍之。民间颇病钱贵，已更定十枚准一分，各省镇遵式开铸。(《清史稿·食货志》五)

乾隆中，始铸青铜钱，谓之青钱，与黄钱并行。道光以后，钱制始粗，银价骤贵。

乾隆五年，1740年。定改铸青钱。浙江布政使张若震奏言，钱价之贵，实由私毁。……访之旧时炉匠，咸云，配合铜铅，加入点锡，即成青钱，设有销毁，但可改造乐器，难作小件，民间无利可图。随令户部试铸，每红铜五十斤，配合白铅四十一斤八两，黑铅六斤八两，再加点锡二斤，共为百斤，即铸成青钱，以所铸钱复投炉内熔成铜勋，锤击即碎，不能打造器皿。犹恐不肖奸民将铅锡提出，取铜获利，复用接红铜炉座熔试，每大钱四串，加火耗银一两有奇，分得红铜五斤八两，止值铜价银一两六钱，较之原用工本，亏折甚多。……嗣后工二局，应照式铸造青钱，与见在黄钱相兼行使……(《皇朝文献通考》卷二六《钱币考》)

乾隆时，于新疆、西藏，铸造小银币通行，永用乾隆年号。

乾隆二十四年，1759年。回部平，颁式于叶尔羌，铸乾隆通宝，枚重二钱，幕铸叶尔羌名，左满文，右回文，用红铜并毁旧普尔钱充铸。越二年，阿克苏请铸如叶尔羌例。复允西藏开铸银钱，重一钱与五分二种，文曰乾隆宝藏，幕用唐古忒字，边郭识年份。以上二类钱，第行之回藏，内地不用。(《清史稿·食货志》五)

卷五 明清

乾隆二十九年，1764年。令回部铸钱，永用乾隆年号。（《清史稿·食货志》五）

咸丰中，以财政困竭，钱不敷用，铸用大钱，流弊无穷。至光绪中，始尽废。

> 文宗即位，四川学政何绍基力请行大钱，以复古救时。……大钱当千至当十凡五等，重自二两递减至四钱四分。当千、当五百，净铜铸造，色紫；当百、当五十、当十，铜铅配铸，色黄。百以上文曰咸丰元宝，以下曰重宝，幕满文局名。四年，以乏铜兼铸当五铁钱及制钱，已而更铸铅制钱。……大钱当千、当五百，以折当过重，最先废，当百、当五十继废，铁钱以私票梗之而亦废，乃专行当十钱。盗铸丛起，死罪日报而不为止，钱亦渐恶，杂私铸中不复辨。（《清史稿·食货志》五）

清季，始仿外洋铸造当十铜币，物价因之提高。而制钱尽由洋商收买销毁，后以铜输入，获倍利。

> 光绪二十四年，1898年。……京师以制钱少，行当十钱如故。三十二年，1906年。铸铜币。当十钱民不乐用，于是创铸银铜圆。……铜圆铸始闽广，江苏继之。……总厂拟铸之币凡三品，曰金、曰银、曰铜。最先铸铜币，自当制钱二十降至当二，自重四钱降而四分，凡四种，文视祖直省小异大同。直省曰光丝元宝，总厂初同直省，嗣定曰大清铜币，皆识某所造，幕皆龙文。紫铜铸，直省间亦用黄铜。（《清史稿·食货志》五）

丙、钞

有明一代，皆用洪武宝钞，钞多钱少，值不相侔。洪武季年，钞即不行，虽许纳商税，仍须贬值，一贯只值三厘。刑律论赃，犹以钞计不改，最为可笑。崇祯中，复议行钞，且欲用铜钞，终不能行。

> 钞法之兴，因于前代未以银为币，而患钱之重，乃立此法。……今日上下皆银，轻装易致，而楮币自无所用。故洪武初，欲行钞法，至禁民间行使金银，以奸恶论，而卒不能行。及乎后代，银日盛而钞日微，势不两行，灼然易见。乃崇祯之末，倪公元璐掌户部，必欲行之，其亦未察乎古今之变矣。议者但言洪武间钞法通行，考之实录，

二十七年1394年。八月丙戌，禁用铜钱矣；三十年1397年。三月甲子，禁用金银矣；三十五年1402年。十二月甲寅，命俸米折支钞者每石增五贯为十贯。是国初造钞之后，不过数年，而其法已渐坏不行，于是有奸恶之条、充赏之格，而卒亦不能行。盖昏烂倒换出入之币，必至于此。乃以钞之不利，而并钱禁之。废坚刚可久之货，而行软熟易败之物，宜其弗顺于人情，而卒至于滞阁。（顾炎武《日知录》卷十一"钞"）

洪武四年，1371年。……有司责民出铜，民毁器皿输官，颇以为苦。而商贾沿元之旧，习用钞，多不便用钱。七年，1374年。帝乃设宝钞提举司，明年始诏中书造大明宝钞，命民间通行。以桑穰为料，其制方高一尺广六寸，质青色，外为横文花栏，横题其额，曰"大明通行宝钞"，其上两旁复为篆文八字，曰"大明宝钞天下通行"，中图钱贯，十串为一贯，其下云中书省奏准印造，大明宝钞与铜钱通行使用，伪造者斩，告捕者赏银二十五两，仍给犯人财产。若五百文则画钱文为五串，余如其制而递减之。其等凡六，曰一贯，曰五百文、四百文、三百文、二百文、一百文，每钞一贯准钱千文、银一两，四贯准黄金一两，禁民间不得以金银物货交易，运者罪之，以金银易钞者听，……商税兼收钱钞，钱三钞七。（《明史》卷八一《食货志》五）

惠帝建文四年十一月，时成祖已即位，称洪武三十五年。……户部尚书夏原吉言，钞板岁久，篆文销乏，且皆洪武年号，明年改元永乐，宜并更之。帝曰："板当易则易，不必改为永乐，朕遵太祖成宪，虽永用洪武可也。"自后终明世，皆用洪武年号。（《续文献通考》卷十《钱币考》）

民卒轻钞。至宣德初，米一石用钞五十贯。……嘉靖四年，1525年。令宣课分司收税，钞一贯折银三厘，钱七文折银一分。是时钞久不行，钱亦大壅，益专用银矣。（《明史》卷八一《食货志》五）

大明通行宝钞

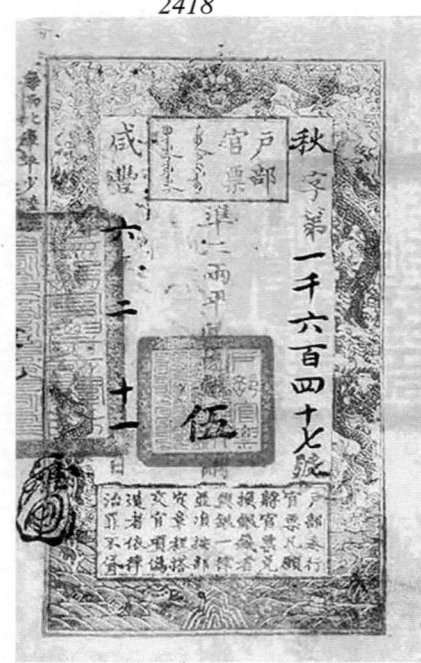

清初，军费不支，又行钞贯之制，未几即停。

顺治八年，1651年。行钞贯之制，是年始造钞一十二万八千一百七十二贯有奇，自后岁以为额，至十八年，即行停止。(《皇朝文献通考》卷十三《钱币考》)

咸丰军兴，钞与大钱并行，钞尤沮滞。

咸丰二年，1852年。……是时银亏钱匮，重而军需、河饷，糜帑二千数百万，筹国计者率以行官票请。次年，命户部集议，惠亲王等请饬部制造钱钞，与银票相辅并行。票钞制以皮纸，额题"户部官票"，左满右汉皆双行，中标二两平足色银若干两，下曰户部奏行官票，凡愿将官票兑换银钱者，与银一律，并准按部定章程，搭交官项，伪造者依律治罪。边文龙，钞额题"大清宝钞"，汉字平列，中标准足制钱若干文，旁八字为"天下通宝平准出入"，下曰，此钞即代制钱行用，并准按成交纳地丁钱粮一切税课捐项，京外各库一概收解，边文如票，……伪造钞票斩监侯。(《清史稿·食货志》五)

钞法初行，始而军饷，继而河工，搭放皆称不便，民情疑阻。直省搭放五成，以款多抵拨，既艰搭放，遂不复肯搭收。民间得钞积为无用，京师持钞入市，非故增直即匿货，持向官号商铺，所得皆四项大钱，不便用。故钞行而中外兵民病之。其后京师以官号七折钱发钞，直益低落，至减发亦穷应付，钞遂不能行矣。(《清史稿·食货志》五)

清季，外国银行自由发行纸币，自设大清银行，始仿制银券，民间终信银不信券，故券之发行不多。

(四) 茶法
甲、明代茶法

明代茶法有引，茶与引离者为私茶，其禁至严，官吏贩茶者尤严，出境者死罪。

初，太祖令商人于产茶地买茶，纳钱请引，引茶百斤，输钱二百；不及引曰畸零，别置由帖给之。……后又定，茶引一道输钱千，

照茶百斤；茶由一道输钱六百，照茶六十斤。既又令纳钞，每引、由一道，纳钞一贯。(《明史》卷八〇《食货志》四)

无由引及茶引相离者，人得告捕。置茶局批验所较称，茶引不相当，即为私茶。凡犯私茶者与私盐同罪，私茶出境，与关隘不讥者，并论死。(《明史》卷八〇《食货志》四)

洪武初定令，凡卖茶之地，令宣课司三十取一。(《明史》卷八〇《食货志》四)

明有官茶，以易青海、西藏之马，名曰茶马。

洪武四年，1371年。户部言，陕西汉中、金州、石泉、汉阴、平利、西乡诸县，茶园四十五顷，茶八十六万余株，四川巴茶三百十五顷，茶二百三十八万余株，宜定令，每十株官取其一；无主茶园，令军士薅采，十取其一，以易番马。从之。于是诸产茶地设茶课司，定税额，陕西二万六千斤有奇，四川一百万斤。设茶马司于秦、洮、河、雅诸州，自碉门、黎雅抵朵甘、乌思藏，行茶之地，五千余里，山后归德诸州，西方诸部落，无不以马售者。碉门、永宁、筠连所产茶，名曰剪刀、箆叶，惟西番用之。……四川茶盐都转运使言，宜别立茶局，征其税，易红缨、毡衫、米、布、椒、蜡，以资国用，……于是永宁、成都、筠连皆设茶局矣。(《明史》卷八〇《食货志》四)

洪武十六年1383年。八月，定永宁以茶易马之价。先是河州茶马司定例，凡上马一匹，给茶四十斤，中三十斤，下二十斤，至是命永宁如河州之例。至十七年五月，又定乌撒、乌蒙、东川、芒部马一匹给茶一百斤。(《续文献通考》卷二二《征榷考》五)

茶马古道

初制，长河西等番商，以马入雅州易茶，由四川岩州卫入黎州，始达茶马司，定价马一匹茶千八百斤，于碉门茶课司给之。番商往返迂远，而给茶太多，岩州卫以为言，请置茶马司于岩州，而改贝贮碉门茶于其地，且验马高下以为茶数。诏茶马司仍旧，而定上马一匹给茶百二十斤，中七十斤，驹五十斤。（《明史》卷八〇《食货志》四）

制金牌信符，命曹国公李景隆赍入番，与诸番要约，……运茶五十余万斤，获马万三千八百匹。（《明史》卷八〇《食货志》四）

乙、清代茶法

清沿明制，仍用茶引，四川之茶，有腹引、边引、土引之分。

我国产茶之地惟江苏、安徽、江西、浙江、福建、四川、两湖、云贵为最。明时茶法有三，曰官茶，储边易马；曰商茶，给引征课；曰贡茶，则上用也。清因之，于陕甘易番马，他省则召商发引纳课，间有商人赴部领销者，亦有小贩领于本籍州县者，又有州县承引，无商可给，发种茶园户经纪者。户部宝泉局铸刷引由，备书例款，直省预期请领，年办年销。茶百斤为一引，不及百斤谓之畸零，另给护帖，行过残引皆缴部。（《清史稿·食货志》五）

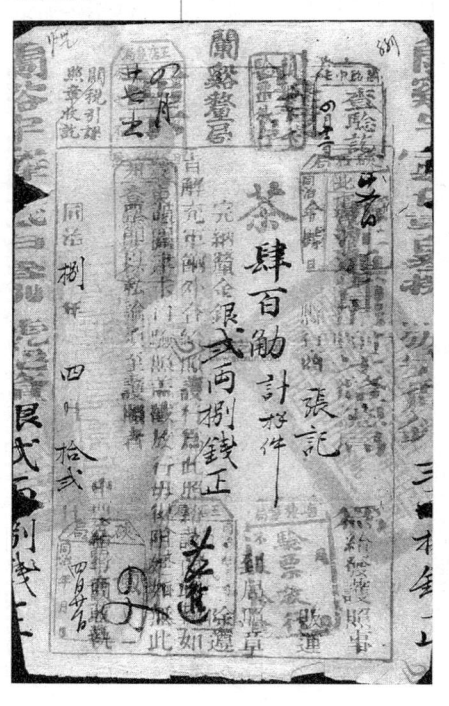

凡伪造茶引，或作假茶与贩，及私与外国人买卖者，皆按律罪。（《清史稿·食货志》五）

顺治……元年，定与西番易马，每茶一篦重十斤，上马给茶篦十二，中马给九，下马给七。（《皇朝文献通考》卷三〇《征榷考》）

司茶之官，初沿明制，陕西设巡视茶马御史五。……寻改差部员，又令甘肃巡抚兼辖，后归总督管理。四川设盐茶道，江西设茶引批验大使，隶江宁府。（《清史稿·食货志》五）

陕甘发西宁、甘州、庄浪三茶司，……每引纳官茶五十斤，余五十斤由商运售作本。每百斤为十篦，每篦为二封，共征本色茶十六万六千四百八十篦。改折之年，每封征折银三钱，其原不交茶者，则征价银共五千七百三十两有奇。亦有不设引、止于本地行销者，由各园户纳课，共征银五百三十两有奇。

清代茶引

四川有腹引、边引、土引之分，腹引行内地，边引行边地，土引行土司。而边引又分三道，其行销打箭炉者曰南路边引，行销松潘厅者曰西路边引，行销邛州者曰邛州边引。皆纳课税，共课银万四千三百四十两，税银四万九千一百七十两各有奇。(《清史稿·食货志》五)

(五) 盐法
甲、明代盐法

明代盐有专官，两淮两浙且以御史巡盐，盐之行销，有引有岸，盐商由此而兴，盖由商认税也。

> 太祖初起，即立盐法，置局设官，令商贩鬻，二十取一，以资军饷。……丙午岁，始置两淮盐官。吴元年，置两浙。洪武初，诸产盐地次第设官，都转运盐使六，曰两淮，曰两浙，曰长芦，曰山东，曰福建，曰河东；盐课提举司七，曰广东，曰海北，曰四川，曰云南。云南提举司凡四，曰黑盐井、白盐井、安宁盐井、五井，又陕西灵州盐课司一。(《明史》卷八〇《食货志》四)

> 两淮所辖分司三，曰泰州、淮安、通州，通州批验所二，曰仪真，淮安；盐场三十，……各盐课司一。……洪武时，两淮岁办大引盐三十五万三千余引，孝宗弘治时，改办小引盐倍之。每引四百斤为大引，二百斤为小引。神宗万历时同，其盐行直隶之应天、宁国、太平、扬州、凤阳、庐州、安庆、池州、淮安九府，滁、和二州，江西、湖广二布政司，河南之河南、汝宁、南阳三府及陈州。至英宗正统二年，贵州亦食淮盐。宪宗成化十八年，湖广、衡州、永州改行海北盐。武宗正德二年，江西赣州、南安、吉安改行广东盐。……两浙所辖分司四，曰嘉兴、松江、宁绍、温台；批验所四，曰杭州、绍兴、嘉兴、温州；盐场三十五，……各盐课司一。……洪武时，两浙岁办大引盐二十二万四百余引，弘治时，改办小引盐倍之，万历时同，其盐行浙江及直隶之松江、苏州、常州、镇江、徽州五府及广德州，江西之广信府。……长芦所辖分司二，曰沧州、青州；批验所二，曰长芦、小直沽；盐场二十三，各盐课司一。洪武时，岁办大引盐六万三千一百五十三引有奇，弘治时，改办小引盐一十八万八百余引，万历时同。其盐行北直隶及河南之彰德、卫辉二府。……河东所辖解盐，

初设东场分司于安邑，永乐时，增设西场于解州，……弘治二年，增置中场分司。……洪武时，岁办小引盐三十万四千斤，弘治时，增八万引，万历中，又增二十万引。其盐行陕西之西安、汉中、延安、凤翔四府，河南之归德、怀庆、河南、汝宁、南阳五府及汝州，山西之平阳、潞安二府，泽、沁、辽三州。……穆宗隆庆中，延安改食灵州池盐；愍帝崇祯中，凤翔、汉中二府亦改食灵州盐。……广东所辖盐场十四，……海北所辖盐场十五，……各盐课司一。洪武时，广东岁办大引盐四万六千八百余引，海北二万七千余引；弘治时，广东如旧，海北一万九千四百余引；万历时，广东小引生盐三万二百余引，熟盐三万四千六百余引，海北小引正耗盐一万二千四百余引。盐行广州、肇庆、惠州、韶州、南雄、潮州六府，海北盐行广东之高、雷、廉、琼四府，湖广之桂阳、郴二州，广西之桂林、柳州、梧州、浔州、庆远、南宁、平乐、太平、思明、镇安十府，田、龙、泗城、奉议、利五州。……山东所辖分司二，曰胶莱、滨乐；批验司一，曰泺口；盐场十九，……各盐课司一。洪武时，岁办大引盐一十四万三千三百余引，弘治时，改办小引盐倍之，万历时，为九万六千一百余引。其盐行山东、直隶徐、邳、宿三州，河南开封府，后开封改食河东盐。……福建所辖盐场七，……各盐课司一。洪武时，岁办大引盐一十万四千五百余引，弘治时，增七百余引，万历时，减一千引。

明清盐场场景复原图

……其盐行境内。……陕西灵州有大小盐池，又有漳县及西和盐井，洪武时，灵州岁办盐二百八十六万七千四百余斤，漳县五十一万五千六百余斤，西和一十三万一千五百余斤，弘治时同，万历时，三处共办一千二百五十三万七千六百余斤。其盐行陕西之巩昌、临洮二府及河州。（《续文献通考》卷二〇《征榷考》三）

四川盐井辖盐课司十七，洪武时，岁办盐一千一十二万七千余斤；弘治时，办二千一十七万六千余斤；万历中，九百八十六万一千余斤。盐行四川之成都、叙州、顺庆、保宁、夔州五府，潼川、嘉定、广安、雅、广元五州县。……云南黑盐井辖盐课司三，白盐井、安宁盐井各辖盐课司一，五井辖盐课司七。洪武时，岁办大引盐万七千八百余引；弘治时，各井多寡不一；万历时，与洪武同，盐行境内。（《明史》卷八〇《食货志》四）

松江李雯论，盐之产于场，犹五谷之生于地，宜就场定额，一税之后不问其所之，则国与民两利。又曰，天下皆私盐，则天下皆官盐也。此论凿凿可行。……余于盐法，……引杜子美诗云"蜀麻吴盐自古通"，又曰"风烟渺吴蜀，舟楫通盐麻"，又曰"蜀麻久不来，吴盐拥荆门"，若如今日之法，各有行盐地界，吴盐安得至蜀哉。（顾炎武《日知录》卷一〇"行盐"）

行盐地分有远近之不同，远于官而近于私，则民不得不买私盐，既买私盐，则兴贩之徒必兴，于是乎盗贼多而刑狱滋矣。……余少居昆山、常熟之间，为两浙行盐地，而民间多贩淮盐，自通州渡江，其色青黑，视官盐为善。及游大同，所食皆番盐，坚致精好。此地利之便，非国法之所能禁也。明知其不能禁，而设为巡捕之格，课以私盐之获，每季若干，为一定之额，此掩耳盗铃之政也。（顾炎武《日知录》卷十"行盐"）

明有开中之制，商人纳粮或马以易盐引，所以济军粮转运之艰。中叶以后，此制遂废。

洪武三年1370年。六月辛巳，山西行省言，大同粮储，自陵县长芦运至太和岭，路远费重。若令商人于大同仓入米一石、太原仓入米一石三斗者，俱准盐一引，引二百斤，商人鬻毕，即以原给引自赴所在官司缴之，如此则转输之费省，而军储充矣。从之。此中盐之法所

自始。（顾炎武《日知录》卷十"行盐"）

有明盐法，莫善于开中。……召商输粮而与之盐，谓之开中。其后各行省边境，多召商中盐，以为军储，盐法、边计相辅而行。洪武四年，1371年。定中盐例，输米……诸仓，计道里近远自五石至一石有差，先后增减则例不一，率视时缓急，米直高下，中纳者利否。……编置勘合及底簿，发各布政司及都司卫所；……书所纳粮及应支盐数，赍赴各转运提举司；……转运诸司亦有底簿，比照勘合相符，则如数给与。鬻盐有定所，刊诸铜版。（《明史》卷八十《食货志》四）

开中解盐与海盐异。海盐非一所，此不足则取之彼，可以通融辏补。解盐惟一池，不幸而岁多霖雨，风不自南，则岁不及额矣。窃闻近年以来，商贾中纳解盐之数，已逾十岁额，守支待次至十数年。一遇兵荒，官府有所措置，召商中纳，患其折阅，多不肯应。（邱濬《大学衍义》补卷二八）

宣德元年，1426年。……户部尚书郭敦言，……洪武中，中盐客商年久物故，代支者多虚冒。请按引给钞十锭。帝从之，而命倍给其钞。（《明史》卷八十《食货志》四）

正统三年，1438年。宁夏总兵官史昭……奏请纳马中盐，上马一

表现四川井盐生产过程的画像砖

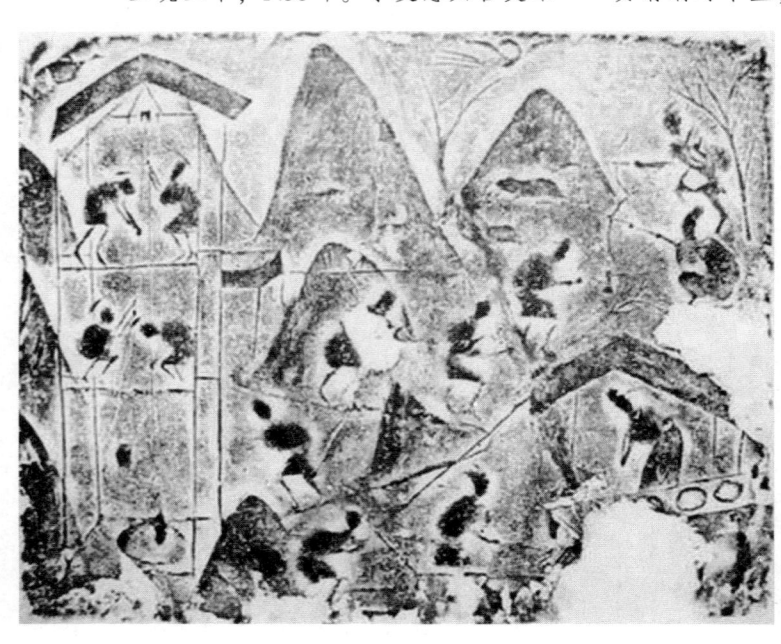

匹与盐百引，次马八十引。……中马之始，验马乃掣盐。既而纳银于官以市马，银入布政司，宗禄、屯粮、修边、振济，展转支销，银尽而马不至，而边储亦自此告匮矣。(《明史》卷八十《食货志》四)

明代盐之产销，其数略可寻求，岁课四百余万，两淮占其半额，扬州盐商之盛，他处不能比。自嘉靖迄乾隆之末，扬州繁华，亘二百余年，与世风日趋奢侈，至有关系。

两淮……所输边，甘肃、延绥、宁夏、宣府、大同、辽东、固原、山西、神池诸堡，上供光禄寺神官盐、内官盐，岁入太仓余盐银六十万两；两浙……所输边，甘肃、延绥、宁夏、固原、山西、神池诸堡，岁入太仓余盐银十四万两；……河间长芦……所输边，宣府、大同、苏州，上供郊庙百神祭祀、内府羞膳及给百官有司，岁入太仓余盐银十二万两；山东……所输边，辽东及山西、神池诸堡，岁入太仓余盐银五万两；福建……岁入太仓银二万二千余两；河东……岁入太仓银四千余两，给宣府镇及大同代府禄粮，抵补山西民粮银共十九万两有奇；陕西灵州……岁解宁夏、延绥、固原饷银三万六千余两；广东……海北……岁入太仓盐课银万一千余两；四川……岁解陕西镇盐课银七万一千余两；云南……岁入太仓盐课银三万五千余两。(《明史》卷八十《食货志》四)

两淮盐课几二百万，可当漕运米直全数。天下各盐运，两淮课居其半，两浙次之，长芦次之。福建无巡御，以行无远地；河东场无运官，以出有专所，广场兼之，故巡运俱无。清理盐法都台止一员，统治长芦、淮、浙。两淮引盐开中七十万五千二百引，又折色银一千八百三十两；长芦开中八万八百引，折布一万一千二百六十四；河东开中四十二万引，山东开中八万三千一百引，折色银九百两，折布四万六千六十四；两浙卖银六万四千三百四十二两，福建卖银一万二千二百余两，折米五千八百石；四川开中一十万六千八百引，盐井卫、龙州司、雅州所，折米二千四百石，每百二十斤折米麦一石；云南开中五万三千引，折银五千两；广东折银二万五千二百两，海北折银三千二百两；灵州开中五万九千四百引，西和漳县折银一千六百二十两。(徐学聚《国朝典汇》卷九六《户部》十《盐法》)

乙、清代盐法

清沿明制，盐岸分划，尤不近理。

清之盐法，大率因明制而损益之。蒙古、新疆多产盐地，而内地十一区尤有裨国计。十一区者，曰长芦，曰奉天，曰山东，曰两淮，曰浙江，曰福建，曰广东，曰四川，曰云南，曰河东，曰陕甘。长芦旧有二十场，后裁为八，行销直隶、河南两省。奉天旧有二十场，后分为九，及日本据金川滩地，乃存八场，行销奉天、吉林、黑龙江三省。山东旧有十九场，后裁为八，行销山东、河南、江苏、安徽四省。两淮旧有三十场，后裁为二十三，行销江苏、安徽、江西、湖北、湖南、河南六省。浙江三十二场，其地分隶浙江、江苏，行销浙江、江苏、安徽、江西四省。福建十六场，行销福建、浙江两省；其在台湾者尚有五场，行销本府。……广东二十七场，行销广东、广西、福建、江西、湖南、云南、贵州七省。四川盐井，产旺者凡州县二十四，行销西藏及四川、湖南、湖北、贵州、云南、甘肃六省。云南盐井，最著者二十六，行销本省。河东盐池分东、中、西三场，行销山西、河南、陕西三省。陕、甘盐池，最著者曰花马大池，在甘肃灵州，行销陕西、甘肃两省。（《清史稿·食货志》四）

长芦、奉天、山东、两淮、浙江、福建、广东之盐，出于海，四川、云南出于井，河东、陕、甘出于池。其制法，海盐有煎有晒，池盐皆晒，井盐皆煎，论质味则海盐为佳，池盐、井盐次之。海盐之中，滩晒为佳，板晒次之，煎又次之。论成本，则晒为轻，煎之用荡草者次之，煤火又次之，木则工本愈重。此其大较也。（《清史稿·食货志》四）

初，盐政属户部山东司。宣统二年，乃命户部尚书兼任督办盐政大臣外，遣御史巡视，后裁归总督巡抚管理，其专司曰都转运使司，无运司各省，或以盐法道、盐粮道、驿盐道、茶盐道兼理。（《清史稿·食货志》四）

行盐法有七，曰官督商销，曰官运商销，曰商运商销，曰商运民销，曰民运民销，曰官督民销，惟官督商销行之为广且久。（《清史稿·食货志》四）

凡商有二，曰场商，主收盐；曰运商，主行盐。其总揽之者曰总

商，主散商讷课，后多剥削侵蚀之弊，康熙、乾隆间，革之而未能去。(《清史稿·食货志》四)

两淮盐课最多，盐商最盛。乾隆以后，包垫挪借，赔累不堪。陶澍始创为引票兼行，为淮盐一大变革，而淮商始衰。咸、同军兴以后，擅其利者湘军，继以湘人，至清末亦衰败矣。

商人之购盐也，必请运司支单，亦曰照单，曰限单，曰皮票，持此购于场。得盐则贮之官地，奉天谓之仓，长芦谓之坨。未检查者曰生盐，已检查者为熟盐，熟盐乃可发售。(《清史稿·食货志》四)

凡引有大引，沿于明，多者二千数百斤；小引者，就明行引，剖一为二，或至十。有正引、改引、余引、纲引、食引、陆引、水引。浙江于纲引外，又有肩引、住引。其引与票之分，引商有专卖域，谓之引地。当始认时，费不赀，故承为世业，谓之引窝。后或售与承运者，买单谓之窝单，价谓之窝价。道光十年，陶澍在两淮，以其抬价，奏请每引限给一钱二分，旋禁止，票无定域而亦有价。当道光、咸丰间，两淮每张仅银五百两，后官商竞买，逮光绪间，至万金以上，又引因引地广狭大小而定售额，禁则同一行盐地，售额亦同。(《清史稿·食货志》四)

淮南商力虽疲，然自开纲以来，尚捆运至五十余万引，淮北则止

清代盐商故居（扬州个园）

卷五 明清

捆二万余引，较定额不及十分之一，实属疲惫已久。臣前与尚书王鼎等会议时，即经声请另行筹办，本年奏准借动带运残盐课银二十万两，将官收灶盐，督商办运，均系择其畅销之岸，先行运往，以冀早将库项收回，而滞岸仍无盐济售。民间即无官盐，不得不买向民贩，灶丁积有余盐，亦不能不卖与民贩。臣体察情形，拟将畅岸仍归商运，其余滞岸即仿照山东、浙江票引兼行之法，于海州所属之中正、板浦、临兴三场，分设行店，听小民投行购买，运往售卖。择各场要隘之地，设立税局，给以照票，注明斤数及运往何处售卖字样，凡无票及越境者，仍以私论。如此通融办理，俾灶丁民贩皆获有生计，而所收税银，又可补正课之不足。臣……即札行运司妥议条款，酌量试行，如果行之有裨，再当渐次推广；设使行之不便，亦不难于停止。（《陶文毅公全集》卷一三）

道光十二年1832年。五月，盐政陶澍奏：……所有淮北纲盐，共行安徽、河南两省四十一州县，内除安徽江运八州县，暨安徽、河南湖运畅岸十一州县，……尚非极敝之区，……一切照旧办理外，惟安徽之凤阳、怀远、凤台、灵璧、阜阳、颍上、亳州、太和、蒙城、英山、泗州、盱眙、天长、玉河，河南之汝阳、正阳、上蔡、新蔡、西平、辽平、息县、确山二十二州县，……称为极滞，久已商逋课欠，配运不前。……又江苏之山阳、清河、桃源、邳州、睢宁、宿迁、赣榆、沭阳八州县，系淮北食盐口岸，向因私充官滞，……食商配运亦复寥寥。计滞岸二十二州县内，除天长一县……与淮南引地错杂，应仍归商运以固藩篱外，其余二十一州县，应与食岸八州县，一律变通，改行票盐，以资补救。又安东、海州两州县，……亦应……改行票盐，以归划一。……谨将设局收税章程，……恭呈御览。（王定安《两淮盐法志》卷五二）

淮南每引六百斤，外加卤耗六十斤，包索三斤半，每引分装八包，每包连耗索八十六斤，鄂、湘、西三岸为大票，每票五百引，皖岸为小票，每票一百二十引。通计现额五十六万三千七百六十引，大小共一千六百九十六票，鄂岸十五万引，共三百票；湘岸十五万四千引，共三百八票；西岸十七万引，共三百四十票；皖岸八万九千七百六十引，共七百四十八票。淮南食岸，通计现额三万三千八百四十八

引。淮北每引四百斤，外卤耗包索四十斤，每引分装四包，每包连索耗一百十斤，海赣用一百斤小票，其余皆十引大票，以十引为号，通计现额二万九千六百九十八号八百斤，正额二十九万六千九百八十二引。（陈庆年《两淮盐法撰要》上"票引总数"）

清代盐税，至四千余万，十倍于明。虽由生齿日繁之故，而盐斤加价，实为主要原因。

  若夫岁入，道光以前惟有盐课，及咸丰军兴，复创盐厘。盐课分二类，曰场课，曰引课。场课有滩课、灶课、锅课、井课之分，长芦有边布，福建有坵折。边布者，明时灶户按丁征盐，商人纳粟于边，给盐报支，是谓边盐。其有场远，盐无商支，令八百斤折交布三丈二尺，后改征银三钱，是谓布盐。灶课分地丁为二，但丁不尽有地，雍正间，……将丁银摊入于地征收。……坵折者，盐田所纳钱粮谓之折价，程漏所纳钱粮谓之盐坵。……引课有正课、包课、杂课，盐厘分出境税、入境税、落地税。逮乎末造，加价之法兴，于是盐税所入，与田赋国税相埒。是以顺治初，行盐百七十万引，征课银五十六万两有奇，其后统一区夏，引日加而课亦日盛，乾隆十八年，计七百一万四千九百四十一两有奇；嘉庆五年，六百八万一千五百一十七两有奇；道光二十七年，七百五十万二千五百七十九两有奇；光绪末，合课厘计，共二千四百万有奇；宣统三年，度支部预算，盐课岁入约四千五百万有奇。（《清史稿·食货志》四）

（六）科举

科举制度，始于隋，确定于唐。至明制度愈备，清代因之。今合述如下。

甲、考试

【院试】

明制，两京浙江设学院，余设学道，清初因之。后各省尽改学院，凡

童生无论已冠未冠，试于县再试于府，及格者得试于学院，及格者为附生，分府县学肄业，谓之入学。乡试以前有岁考与科考，明之岁考，以六等试诸生优劣，三科不与考者，褫革衣衿，请假游学则否。廪、增、附通称生员，俗则称为秀才。县府院试之榜曰红案，故有案首之称。

士子未入学者，通谓之童生。当大比之年，间收一二异敏，三场并通者，俾与诸生一体入场，谓之充场儒士，中式即为举人，不中式仍候提学官岁试，合格乃准入学。提学官在任三岁，两试诸生。先以六等试诸生优劣，谓之岁考，一等前列者视廪膳生，有缺依次充补，其次补增广生，一、二等皆给赏，三等如常，四等挞责，五等则廪增递降一等，附生降为青衣，六等黜革。（《明史》卷六九《选举志》一）

清之六等黜陟法，视明为繁密。中叶以后，考校极疏阔，三等以下不常有也。

考列一等，增附青社俱补廪，无廪缺，附青社补增，无增缺，青社复附，各候廪，原廪增停降者收复。二等增补廪，附青社补增，无增缺，青社复附，停廪降增者复廪，增降附者复增，不许补廪。三等，停廪者收复，候廪丁忧起复，病痊考复，缘事辨复，增降附者许收复，青衣发社者复附，廪降增者不许复。四等，廪免责，停饩，不

清代考院

作缺，限为期读书六月送考，停降者不许限考，增附青社俱扑责。五等，廪停作缺，原停廪者降增，增降附，附降青衣，青衣发社，原发社者黜为民。六等，廪膳十年以上发社，六年以上与增十年以上者发本处充吏，余黜为民，入学未及六年者发社。（《清史稿·选举志》一）

明代科考，在岁考之后、大比之前一年，试诸生优劣，以决其应否乡试，故又名决科。清一切从宽，生员录取遗才谓之录遗，几无有不能入试者矣。

继取一、二等为科举生员，俾应乡试，谓之科考，其充补廪增给赏，悉如岁试。其等第仍分为六，而大抵多置三等，三等不得应乡试，挞黜者仅百一，亦可谓绝无也。（《明史》卷六九《选举志》一）

清制稍详，而八旗生员独优异。

科试一、二等送乡试，帮补廪增，如岁试，大率只列三等。八旗生员给钱粮，考列四等以下停给，次届列一、二、三等给还，优等补廪增，劣等降青社，如汉生员。（《清史稿·选举志》一）

清屡增学额，举额所以优异士子，然一代文风较明为稍逊矣。明代生员，岁久出学挨次补贡者，曰岁贡生；由登极及庆典得贡者，曰恩贡生，皆入太学，以试得官。崇祯八年有选贡，廷试之。清增乡试副榜为副贡生，以选贡为拔贡生，六年由学试之，后改十二年；又有优贡生，三年一试，由督抚会同学政试之，得举者赴廷试。拔贡可得小京官、知县教职，优贡可得知县教职。合岁贡、恩贡称为五贡，谓之正途。

【乡试】

乡试始于洪武三年，自后每三年逢子午卯酉年之八月举行一次，五年两试，试之于省城，钦命典试者曰主考，分房者曰房考。登第者曰举人，谓之乙榜，或曰乙科；以门生礼称主考曰座主，房考曰房师。

科目者沿唐宋之旧，而稍变其试士之法，专取《四子书》，及《易》、《书》、《诗》、《春秋》、《礼记》五经，命题试士，盖太祖与刘基所定。其文略仿宋经义，然代古人语气为之，体用排偶，谓之八股，通谓之制义。三年大比，以诸生试之直省曰乡试，中式者为举人。（《明史》卷七〇《选举志》二）

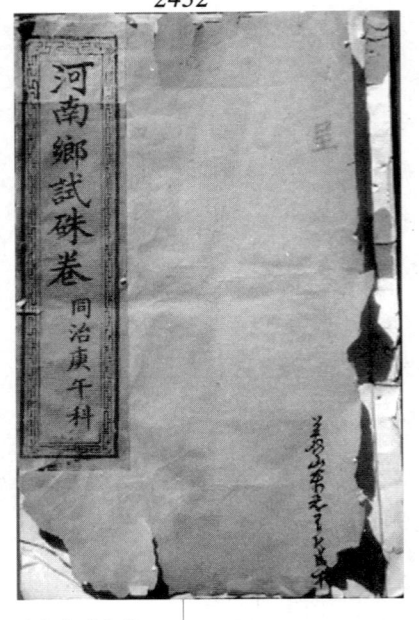

清仍明制，而额数屡增，几致倍许，时有恩科，进取之途益广。

有清科目取士，承明制，用八股文，取《四子书》及《易》、《书》、《诗》、《春秋》、《礼记》五经命题，谓之制义。三年大比，试诸生于直省曰乡试，中式者为举人。(《清史稿·选举志》三)

乡试解额，顺治初定额从宽，顺天、江南皆百六十余名；浙江、江西、湖广、福建皆逾百名；河南、山东、广东、四川、山西、陕西、广西、云南，自九十余名递杀，至贵州四十名为最少。(《清史稿·选举志》三)

【会试】

三年一次，试期在二月，清改三月，于乡试之次年，逢辰戌丑未年试于京师礼部，中式者为贡士，谓之甲榜，或曰甲科。贡士名额，递有增加，明分南北中卷，清则按与试者人数，临时定额，大约一榜三百人为常。

乡试……次年，以举人试之京师，曰会试。(《明史》卷七〇《选举志》二)

乡试中式举人，出给公据，官为应付廪给脚力，赴礼部印卷会试，将就乡试文字，咨缴本部照验。以乡试之次年二月初九日、十二日、十五日为三场。(《大明会典》卷七七)

会试则太祖洪武三年定额百名，英宗正统五年奏准增额为百五十人，宪宗成化以后进士以三百名为率。其由恩请而广额者，不为定制。(《续通志》卷一四一《选举略》二)

清制会试，亦与明同，所不同者，明会试有副榜，清则无之。

会试有副榜，大抵署教官，故令入监者，亦食其禄也。……三月一考其文，与庶吉士同，颇示优异。后不复另试，则取副榜年二十五以上者授教职，年未及者或依亲或入监读书，即而不拘年齿，依亲入监者皆听。(《明史》卷六九《选举志》一)

惟清自雍正殿试后添朝考，乾隆又添五言八韵诗。嘉庆初年定令，各

省举人到京，必先覆试，方能会试；若道路远阻，则会试之后，仍须覆试。此又与明特异者。

> 康熙五十一年壬辰，顺天解元查为仁以传递事觉而逸，帝疑新进士有代倩中式者，亲覆试畅春园，黜五人。会试覆试自是始。乾隆……五十四年，贡士单可虹覆试诗失调，讹舛不符，中卷除名，诏旨严切，谓礼闱非严行覆试，不足拔真才，惩幸进。至嘉庆初，遂著为令。道光二十三年定制，各省举人一体至京覆试，非经覆试，不许会试，以事延误，于下三科补行。除丁忧展限外，托故不到，以规避论，永停会试与赴部铨选。（《清史稿·选举志》三）

【殿试】

会试之后，复有殿试，分一、二、三甲，一甲三名授修撰、编修，称为状元、榜眼、探花。自唐以来世俗极重之。余选庶吉士，属于翰林院，论资论俸。盖明代以翰林院为本衙门，大学士就任在此，故史官为储材之选，可以不出衙门而登政地，最为清贵。余授部属中、行评、博，三甲多授推官、知县。有明极重科举，而党援亦由之而起。

> 以举人试之京师曰会试，中式者，天子亲策于廷，曰廷试，亦曰殿试。分一、二、三甲，以为名第之次，一甲止三人，曰状元、榜眼、探花，赐进士及第；二甲若干人，赐进士出身；三甲若干人，赐同进士出身。状元、榜眼、探花之名，制所定也，而士大夫又通以……二、三甲第一为传胪。（《明史》卷七〇《选举志》二）

> 状元授修撰，榜眼、探花授编修，二、三甲考选庶吉士者，皆为翰林官，其他或授给事、御史、主事、中书、行人、评事、太常国子博士，或授府推官、知州、知县等官。（《明史》卷七〇《选举志》二）

> 永乐二年，1404年。既授一甲三人……官，复命于第二甲择文学优等……五十人，及善书者……十人，俱为翰林院庶吉士。庶吉士遂专属翰林矣。……其后每科所选多寡无定额。……弘治四年，给事中涂旦，以累科不选庶吉士，请循祖制行之。大学士徐溥言，……请自今以后，立为定制，一次开科，一次选用，……每科所选不过二十人，每选所留不过三、五辈。……孝宗从其请，命内阁同吏、礼二部考选，以为常。……其与选者谓之馆选，以翰詹官高资深者一人课

之，谓之教习。三年学成，优者留翰林为编修、检讨，次者出为给事、御史，谓之散馆，与常调官待选者，体格殊异。(《明史》卷七〇《选举志》二)

清代殿试，分甲授职，一如明制，唯试以四月，分甲后，复有廷试分等。殿试所试为对策，廷试试论及诗，皆不重文而重字。字贵停匀整齐，忌别体字，忌错落，违式者多后列。两试等第，可以相互平均。选庶吉士名额较多，有至百余人者。乾隆以前，须习清书，后只课诗文而已。

庶吉士之选无定额，……顺治九年，1652年。以给事中高辛允言，按直省大小选庶吉士，直隶、江南、浙江各五人，江西、福建、湖广、山东、河南各四人，山西、陕西各二人，广东一人，汉军四人，另榜授满洲、蒙古修撰、编修、庶吉士九人。自是考选如例，惟满、蒙、汉军，选否无常。……雍正五年，1727年。诏内阁会议简选庶常之法，寻议照雍正癸卯科例，殿试后，集诸进士保和殿考试，仍令九卿确行保举，考试用论、诏、奏议、诗四题，是为朝考之始。……乾隆三年，1738年。……依省分甲第引见，临时甄别录用。……嘉庆以来，每科庶常，率倍旧额，各省无不入选者矣。凡用庶古士曰馆选，初制分习清汉书，隶内院，以学士或侍读教习之。自康熙九年1670年。专设翰林院，历科皆以掌院学士领其事，内阁学士间亦参用。三十三年，1694年。命选讲读以下官，资深学优者数人，分司训课，曰小教习。六十年，1721年。以礼部尚书陈元龙领教习事。厥后尚书、侍郎、阁学之不兼掌院事者，并得为教习大臣，满汉各一。雍正十一年，1733年。特设教习，馆颁内府经史诗文，户部月给廪饩，工部供张什物。……三年考试散馆，优者留翰林为编修、检讨，次者改给事中、御史、主事、中书、推官、知县、教职。……间

公布殿试结果的大金榜

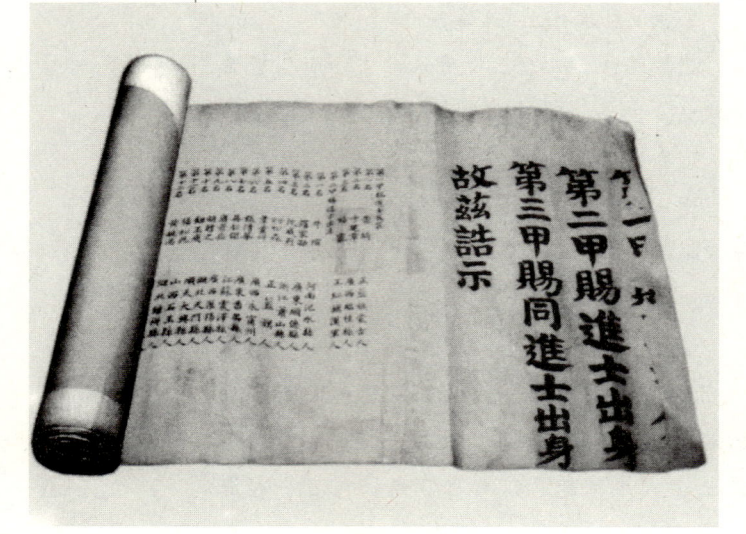

有未散馆而授职编检者，或供奉内廷，或宣谕外省，或校书议叙，或召试词科，皆得免其考试。凡留馆者，迁调异他官。有清一代宰辅，多由此选。（《清史稿·选举志》三）

乙、试艺

乡、会试试艺规程，明沿唐宋之旧而稍加变，通谓之八股文。名为代圣立言，实则束缚人心。康熙初，诏发八股，改试策论，言者称其不便，未几复旧。

子午卯酉年乡试，辰戌丑未年会试，乡试以八月，会试以二月，皆初九日为第一场，又三日为第二场，又三日为第三场。初设科举时，初场试经义二道，四书义一道，二场论一道，三场策一道，中式后十日，复以骑、射、书、算、律五事试之。后颁科举定式，初场试四书义三道，经义四道。《四书》主朱子《集注》，《易》主《程传》、《朱子本义》，《书》主蔡氏传及古注疏，《诗》主朱子《集传》，《春秋》主左氏、公羊、穀梁三传及胡安国、张洽传，《礼记》主古注疏。永乐间，颁《四书五经大全》，废注疏不用。其后《春秋》亦不用张洽传，《礼记》止用陈澔《集说》。二场试论一道，判五道，诏诰表内科一道，三场试经史时务策五道。（《明史》卷七〇《选举志》二）

京师及各行省乡试，八月初九日试初场，又三日试第二场，又三日试第三场。第一场试四书义三道，每道二百字以上，经义四道，每道三百字以上；……第二场论一道，三百字以上，判语五条，诏诰表内科一道；第三场试经史时务策五道。未能者许减二道，俱三百字以上。（《大明会典》卷七七）

清制，乡、会试三场试题，仍如明例。

顺治二年，……定乡、会试三场试题之制，礼部议覆给事中龚鼎孳疏言，故明旧制，考取举人，第一场时文七篇，二场论一篇，表一篇，判五条，三场策五道，今应如科，臣请减时文二篇，用时文五篇，于论表判外，增用诗，去策，改用奏疏。上不准所请，命考试仍照旧例。初场四书三题，五经各四题，士子各占一经，《四书》主朱子《集注》，《易》主《程传》，《诗》主《朱子本义》，《书》主

清代的小金榜

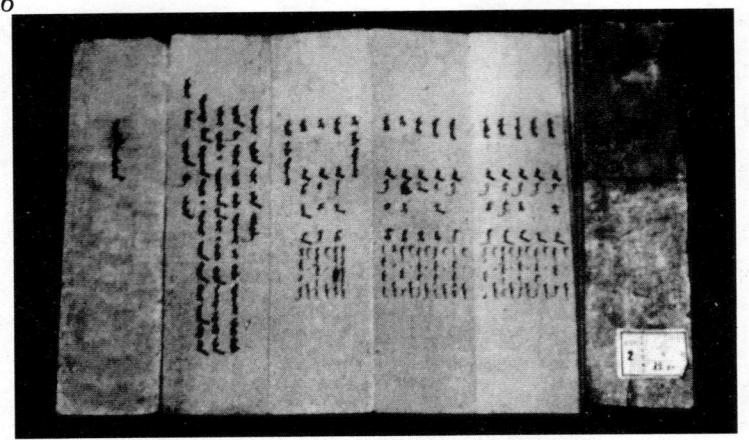

《蔡传》，《春秋》主《胡安国传》，《礼记》主陈澔《集说》。二场论一道，判五道，诏诰表内科一道。三场经史时务策五道。乡会试同。（《皇朝文献通考》卷四七《选举考》一）

其论科场文字格式之弊，以顾炎武之言为最切。

明初三场之制，虽有先后而无重轻，乃士子之精力多专于一经，略于考古，主司阅卷，复护初场所中之卷，而不深求其二、三场。夫昔之所谓三场，非下帷十年，读书千卷，不能有此三场也。今则务于捷得，不过于《四书》一经之中，拟题一二百道，窃取他人之文记之，入场之日抄誊一过，便可侥幸中式，而本经之全文有不读者矣，率天下而为欲速成之童子，学问由此而衰，心术由此而坏。（顾炎武《日知录》卷十六"三场"条）

清末庚子之难，改行新政，始废八股、用策论。后专意办学，以进士、举人名目，奖励毕业生，而科举遂废。

光绪二十四年，1898年。上谕：我朝承宋明旧制，以《四书》文取士，康熙年间，曾经停止八股，改试策论，未久旋复旧制。……乃近来风气日漓，文体日散，若不因时变通，何以见实学而拔真才。著自下科为始，乡会试及生童岁科各试，向用《四书》文者，一律改试策论。（《皇朝续文献通考》卷八七《选举考》四）

（七）官制

明清两代官制，似若相沿，细一按之，多名同实异。

明官制沿汉唐之旧而损益之，自洪武十三年罢丞相不设，析中书省之政归六部，以尚书任天下事，侍郎贰之，而殿阁大学士只备顾问，帝方自操威柄，学士鲜所参决。其纠核则责之都察院，章奏则达之通政司，平反则参之大理寺。……分大都督府为五，而征调隶于兵部。外设都、布、按三司，分隶兵、刑、钱、谷，其考核则听于府部。（《明史》卷七二《职官志序》）

太祖肇基东土，国俗淳壹，事简职专。……世祖入关，因明遗制，内自阁部，以迄庶司，损益有物。藩部创建，名并七卿，外台督抚，杜其纷更，著为令甲；绿营提镇以下，悉易差遣为官，旗营御前领卫，年宿位重，意任隆密，都统旗长，军民合治，职视专圻，驻防分翰外畿，规抚京制；西北边陲，守以重臣，绥靖蒙番，方轨都护，斯皆因俗而治得其宜已。……自改内三院为内阁，台辅拱袂。迨军机设，题本废，内阁益类闲曹。六部长官数四，各无专事，甚或朝握铨衡，夕兼支计，甫主戎政，复领容台，一职数官，一官数职，曲存禀仰，建树宁论。时军机之权，独峙于其上。国家兴大兵役，特简经略大臣、参赞大臣，亲寄军要，吏部助之用人，户部协以巨饷，用能借此雄职，奏厥肤功。自是权复移于经略，督抚仪品，虽与相垺，然不过承号令、备策应而已。……初制内外群寮，满汉参用，蒙古汉军，次第分布，康、雍两朝，西北督抚，权定满阙，领队办事大臣，专任满员，累朝膺闽外重寄者，满臣为多；迨文宗兼用汉人，勋业遂著。大抵中叶以前，开疆拓宇，功多成于满人；中叶以后，拨剧整乱，功多成于汉人。（《清史稿·职官志序》）

明代的官服补子

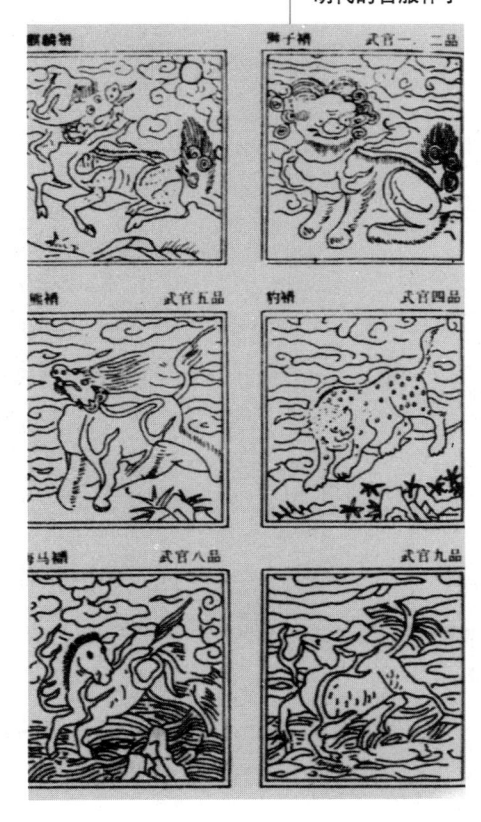

兹将其改革上之重要者，分述如下。

甲、中央官

明自洪武十三午罢丞相不设，永乐后大学士以五品官入阁办事，遂为定制。

先是太祖承前制，设中书省，置左右丞

相、平章政事、左右丞、参知政事，以统领众职。……洪武……十三年，……诛丞相胡惟庸，遂罢中书省。九月，置四辅官，……寻亦罢。十五年仿宋制，置华盖殿、武英殿、文渊阁、东阁诸大学士，又置文华殿大学士，以辅导太子，秩皆正五品。二十八年，敕谕群臣：……以后嗣君，其毋得议置丞相，臣下有奏请设立者，论以极刑。(《明史》卷七二《职官志》一)

　　成祖即位，特简解缙、胡广、杨荣等直文渊阁，参预机务，阁臣之预务自此始。然其时入内阁者，皆编、检、讲、读之官，不置官属，不得专制诸司，诸司奏事亦不得相关白。仁宗以杨士奇、杨荣东宫旧臣，升士奇为礼部侍郎兼华盖殿大学士，荣为太常卿兼谨身殿大学士，阁职渐崇，其后士奇、荣等皆迁尚书，职虽居内阁，官必以尚书为尊。景泰中，王文始以左都御史进吏部尚书入内阁，自后诰敕房、制敕房俱设中书舍人，六部承奉意旨，靡所不领，而阁权益重。世宗时三殿成，改华盖为中极，谨身为建极，阁衔因之。嘉靖以后，朝位班次，俱列六部之上。(《明史》卷七二《职官志》一)

大学士虽无相名，实有相职，中叶以后，乃有首、次、群辅之分。

　　中极殿大学士、建极殿大学士、文华殿大学士、武英殿大学士、文渊阁大学士、东阁大学士，掌献替可否，奉陈规诲，点检题奏，票拟批答，以平允庶政。凡上之达下，曰诏，曰诰，曰制，曰册文，曰谕，曰书，曰符，曰令，曰檄，皆起草进画。以下之诸司，下之达上，曰题，曰奏，曰表，曰讲章，曰书状，曰文册，曰揭帖，曰制对，曰露布，曰译，皆审署申覆而修画焉，平允乃行之。……大典礼、大政事，九卿科道官会议已定，则按典制，相机宜，裁量其可否，斟酌入告。……以其授餐大内，常侍天子殿阁之下，避宰相之名，又名内阁。(《明史》卷七二《职官志》一)

清大学士满汉各二人，初制满员一品，汉员五品，迨后始并定正一品，而以三殿三阁为定制。

　　初，天聪二年，建文馆，命儒臣分直。十年，更名内三院，始亦沿承政名，后各置大学士一人。顺治元年，置满汉大学士，不备官，兼各部尚书衔，学士满洲汉军各三人，汉学士无员限。……十年，置

北京故宫武英殿

三院汉大学士各二人。十五年，更名内阁，别置翰林院官，以大学士分兼殿阁，曰中和殿、保和殿、文华殿、武英殿、文渊阁、东阁诸大学士，仍兼尚书，学士亦如之。十八年，复三院旧制。康熙九年，仍别置翰林院，改三院为内阁，置满汉大学士四人。雍正九年，礼部尚书陈元龙、左都御史尹泰特授额外大学士，置协办自此始；厥后多至六人，少或一二人。乾隆十三年，始定大学士、协办大学士员限，省中和殿，增体仁阁，以三殿三阁为定制，唯保和殿不常置。（《清史稿·职官志》一）

雍正七年，青海告警，始设军机处，一代不改，大学士不复预闻机务矣。

军机大臣，掌军国大政，以赞机务，常日侍直，应对献替，巡幸亦如之。其属曰章京，满洲十有六人，汉二十人，分掌清文汉字。（《清史稿·职官志》一）

有明大政寄于六部。

洪武元年，始置吏、户、礼、兵、刑、工六部，设尚书、侍郎、郎中、员外郎、主事，仍隶中书省。……十三年，罢中书省，仿《周官》六卿之制，升六部秩，各设尚书、侍郎一人，每部分四属部。

……二十九年，定为文选、验封、稽勋、考功四司，并五部属，皆称清吏司。(《明史》卷七二《职官志》一)

吏部为百官之首，视五部为特重。

吏部尚书一人，正二品。左右侍郎各一人，正三品。其属司务厅司务二人，文选、验封、稽勋、考功四清吏司各郎中一人，员外郎一人，主事一人。尚书掌天下官吏选授封勋考课之政令，以甄别人才，赞天子治，盖古冢宰之职，视五部为特重；侍郎为之贰。(《明史》卷七二《职官志》一)

吏、礼、兵、工四部所属皆四司，独户、刑两部十三司掌分省之事。各司有郎中、员外郎、主事等官，而户部甚重。

户部尚书一人，左右侍郎各一人，其属司务厅司务二人，浙江、江西、湖广、陕西、广东、山东、福建、河南、山西、四川、广西、贵州、云南十三清吏司。……尚书掌天下户口田赋之政令，侍郎贰之。……十三司各掌其分省之事，兼领所分两京直隶贡赋及诸司卫所禄俸边镇粮饷，并各仓场盐课钞关。(《明史》卷七二《职官志》一)

清与明同，所不同者，部、院、寺、监皆有满缺，且满之位次在汉之前。

吏部尚书、原注：初制，满州一品，汉人二品，顺治十六年，改满尚书二品，康熙六年，复故，九年，仍改正二品，雍正八年，俱定从一品，各

清代吏部衙门

中华二千年史

部同。左右侍郎，原注：初制，满洲汉军二品，汉员三品，顺治十六年，改满侍郎三品，康熙六年，复故，九年仍改正三品，雍正八年，俱定从二品，各部同。俱满汉一人。其属堂主事，清档房满洲二人，汉本房满洲二人，汉军一人。司务厅司务，满汉各一人，缮本笔帖式十有二人。（《清史稿·职官志》一）

明偶有大学士管部者，清则吏、户、兵三部各以大学士一人领之，合满汉尚侍共为七堂。初满人专政，汉尚书唯唯而已，及汉人亦得预政，而苦于一国三公，甚难调处也。

初天聪五年，诏群寮议定官制，建六部，各以贝勒一人领之。……雍正元年，以大学士领部事。嘉庆四年，更命亲王综之，寻罢。……六年，复以大学士管部，自是为定制。（《清史稿·职官志》一）

九卿有大小九卿之别，都察院、通政司、大理寺合六部为大九卿，詹事府、太常寺、光禄寺、太仆寺、顺天府、鸿胪寺、国子监、翰林院、尚宝司为小九卿，此明清二代所同者也。自隋唐行六部之制，九卿已同虚设，迄于明清，遂成冗署。

唐之时，固有六部矣，户部无版图，兵部无戎帐，虞水不管山川，金仓不司钱谷，而职名虚设。宋之时，亦有六部矣，然既有吏部，又有审官院；既有刑部，又有审刑院；既有兵部，又有枢密院；既有工部，又有三司使，而分散不一。凡若此者，皆戾于古而不宜于今。我朝之六部则不然，天下之官，悉归吏部，天下之财，悉归户部，兵部则掌兵籍，工部则籍工课，而无所谓刑省计省；礼部主礼仪，刑部主刑狱，而无所谓礼院刑院，其通于今而不烦者可知矣。（黄道周《博物典汇》卷九）

官吏进用，有明一代，长官多由会推，次则由铨选。

凡文官之品九，品有正从，为级一十八；不及九品，曰未入流。凡选，每岁有大选，有急选，有远方选，有岁贡就教选，间有拣选，有举人乞恩选。选人咸登资簿，厘其流品，平其铨注而序迁之。凡升必考满，若员缺当补，不待考满，曰推升，类推上一人，单推上二人。三品以上九卿及金都御史、祭酒，廷推上二人或三人，内阁吏兵二部尚书，廷推上二人。凡王官不外调，王姻不内除，大臣之族，不

北京国子监辟雍

得任科道、僚属，同族则以下避上，外官才地不相宜，则酌其繁简互换之有传升乞升者，并得执奏。以署职、试职、实授莫年资，以开设、裁并、兼摄适繁简，以荐举、起废、征召振幽滞，以带俸、添注寄恩冗，以降调、除名驭罪过，以官程督吏治，以宁假悉人情。
（《明史》卷七二《职官志》一）

清代三品以上多由简任，咸同以后，府道或由简放，或由外补，余官亦补多选少，铨法遂不行。

三载考绩，文武大臣，具疏自陈，袭前明旧制也。顺治间，京官三品以上及各省督抚，康熙间，增盛京侍郎，雍正间，增奉天府尹，皆自陈。乾隆八年，命自陈乞罢者，举贤自代，继命宗室王公兼阁部事者，不必自陈。十五年，命御前大臣、领侍卫内大臣、御前侍卫、乾清门侍卫，兼阁部及八旗事者，不必自陈。十七年，停止内外大臣自陈之例。二十四年，敕部于京察年分，将尚书至三品京堂以上及直省督抚，军政年分，将都统、副都统、驻防之将军、都统、副都统及提督总兵官，分别缮本进呈，听候鉴察，有以衰庸解退者，皆出自圣裁。（吴振棫《养吉斋丛录》卷三）

直省知县正途出身者，三年行取一次，大省三人，中省二人，小省一人，吏部按期奏请，沿前明旧制也。康熙四十四年，从部议，行取知县以主事用，遇考选科道时，方准考选。然康熙、雍正间，行取之例，少举多停，乾隆初，亦间行之。其实前明专重资格，按俸迁转，不得不以部用一途疏通壅滞。本朝州县之贤能者，得奏题擢用，且繁剧之任，参罚必多，凡无事故，合行取例者，大约居中简之缺，寻常供职，幸免处分者耳。故事相沿，于吏治无益，乾隆十六年，命永远停止。（吴振棫《养吉斋丛录》卷三）

乙、地方官

地方区划，明代南北两京外，有十三布政司，其长曰承宣布政使，专掌财赋民政，其刑名则归提刑按察使，与都指挥司称为三司。中叶以后，多设巡抚，习惯上仍存省之名称，省之首长遂为巡抚，与巡按合称两台，而三司为之属。

初，太祖下集庆，自领江南行小书省，……后每略定地方，即置行省，其官自平章政事以下，大略与中书省同。……洪武九年，改浙江、江西、福建、北平、广西、四川、山东、广东、河南、陕西、湖广、山西诸行省俱为承宣布政使司，罢行省平章政事、左右丞等官，改参知政事为布政使。……十五年，置云南布政司。……永乐元年，以北平布政司为北京。五年，置交阯布政司，十一年，置贵州布政使。宣德三年，罢交阯布政司，除两京外，定为十三布政司。（《明史》卷七五《职官志》四）

明初，置提刑按察司。吴元年，置各道按察司，设按察使。……洪武十三年寻罢，十四年复置，并置各道按察分司。十五年，又置天下府州县按察分司。……二十九年，改置按察分司为四十一道。（《明史》卷七五《职官志》四）

清代每省皆设巡抚，合两省设一总督，布、按两司隶之。

初沿明制，督抚系右都御史、右副都御史、右佥都御史衔，无定员。顺治十年，谕会推督抚，不拘品秩，择贤能者具题。康熙元年，停巡抚提督军务，加工部衔，十二年复故。……三十一年，定总督加衔例。……雍正元年，定巡抚加衔例。时西安有同署巡抚者，山东、

江苏巡抚衙门的后院

山西并有协办巡抚之目,非制也。(《清史稿·职官志》三)

明初本京外官并重,久而内重外轻。

初置藩司,与六部均重,布政使入为尚书侍郎,副都御史每出为布政使,宣德、正统间犹然,自后无之。(《明史》卷七五《职官志》四)

至清则变本加厉,内升外升殊不一致。

李柟疏言,……布政使内升寺卿,数转然后至副都御史,则布政使外升巡抚,乃超擢,非循序也。(《汉名臣传》卷一〇《李柟传》)

布、按之下有道,道之下有府、州、县。明之道为布、按二司兼管,州、县皆受约束于府。

明初改诸路为府,洪武六年,分天下府三等,粮二十万石以上为上府,知府秩从三品;二十万石以下为中府,知府正四品;十万石以下为下府,知府从四品,已并为正四品。……自宣德三年弃交阯布政司,计天下府凡一百五十有九,……州凡二百三十有四。(《明史》卷七五《职官志》四)

吴元年,定县三等,粮十万石以下为上县,知县从六品;六万石以下为中县,知县正七品;三万石以下为下县,知县从七品,已并为

正七品，……计天下县凡一千一百七十有一。(《明史》卷七五《职官志》四)

清代官制，大异于明者，有内廷行走，如御前大臣、军机大臣、内务府大臣、弘德殿、毓庆宫师傅、南书房翰林、上书房师傅，而内务府即明代内官二十四衙门之改称，又有领侍卫内大臣以掌宫禁之防。大九卿中之左都御史，与刑部大理寺尚合称三法司，然不似明代左都御史之参预计典，明代六科十三道为两衙门，而清则隶于都察院，司其黜陟，巡按御史裁于顺治之末。外官布政司参政参议道，谓之守道；按察司副使佥事道，谓之巡道；两京督学御史外，有学道，又有粮道、盐道、河道、海道。清康熙初元，以岁计不敷，裁守道而留兵备道、分巡道，自为实官，不借布按之衔，以学政代督学御史及学道，留粮盐而裁河海。明制知府之次曰同知管军、通判管粮、推官管刑，康熙中裁推官，以同通分防设治。府州县属官，经历、县丞、吏目、巡检，亦设分治。清代开疆设治，多设直属于道之直隶州知州，边远则设直隶厅同知，以施军治。有清一代，府州县之数，亦较明为多。

(八) 兵制

甲、明代兵制

卫所之制，略得汉唐寓兵于农之意。

> 明以武功定天下，革元旧制，自京师达于郡县，皆立卫所，外统之都司，内统于五军都督府，而上十二卫为天子亲军者不与焉。征伐则命将充总兵官，调卫所军领之，既旋则将上所佩印，官军各回卫所，盖得唐府兵遗意。(《明史》卷八九《兵志序》)

> 太祖下集庆路，为吴王，……革诸将袭元旧制枢密、平章、元帅、总管、万户诸官号，而核其所部兵五千人为指挥，千人为千户，百人为百户，五十人为总旗，十人为小旗。天下既定，度要害地系一郡者设所，连郡者设卫，大率五千六百人为卫，千一百二十人为千户所，百十有二人为百户所，所设总旗二，小旗十，大小联比以成军。其取兵有从征、有归附、有谪发，从征者诸将所部兵，既定其地，因以留戍，归附则胜国及僭伪诸降卒，谪发以罪迁为兵者，其军皆世籍。此其大略也。(《明史》卷九〇《兵志》二)

明武士骑马俑

初,洪武二十六年,定天下都司卫所,共计都司十有七,留守司一,内外卫三百二十九,守御千户所六十五。及成祖在位,二十余年,多所增改,其后措置不一。(《明史》卷九〇《兵志》二)

京军之制,一变而为三大营,

京军三大营,一曰五军,一曰三千,一曰神机,其制皆备于永乐时。初太祖建统军元帅府,统诸路武勇,寻改大都督府,以兄子文正为大都督,节制中外诸军。京城内外置大小二场,分教四十八卫卒,已又分前、后、中、左、右五军都督府。……成祖增京卫为七十二,又分步骑军为中军左右掖、左右哨,亦谓之五军。……已得边外降丁三千立营。……已征交阯,得火器法,立营肄习。……三大营之制如此。(《明史》卷八九《兵志》一)

再变而为十团营,

土木之难,京军没几尽,景帝用于谦为兵部尚书。谦以三大营各为教令,临期调拨,兵将不相习,乃请于诸营,选胜兵十万,分十营团练,……其余军归本营曰老家,京军之制一变。(《明史》卷八九《兵志》一)

继增而为十二团营,

英宗复辟,谦死,团营罢。宪宗立,复之,增为十二。成化二年

复罢，命分一等次等训练。寻选得一等军十四万有奇，帝以数多，令仍分十二营团练，而区其名，……名其军曰选锋，不任者仍为老家以供役，而团营之法又稍变。(《明史》卷八九《兵志》一)

再变而为两官厅矣。

武宗即位，十二营锐卒，仅六万五百余人，稍弱者二万五千而已。……及流寇起，边将江彬等得幸，请调边军入卫，于是集九边突骑家丁数成人于京师，名曰外四家。立两官厅，选团营及勇士四卫军于西官厅操练，正德元年所选官军操于东官厅，自是两官厅军为选锋，而十二团营且为老家矣。(《明史》卷八九《兵志》一)

又沿海之地，皆设兵戍守，曰防海卫。

沿海之地，自广东乐会接安南界，五千里抵闽，又二千里抵浙，又二千里抵南直隶，又千八百里抵山东，又千二百里逾宝坻、卢龙抵辽东，又千三百余里抵鸭绿江，岛寇倭夷，在在出没，故海防亦重。吴元年，用浙江行省平章李文忠言，嘉兴、海盐、海宁皆设兵戍守。洪武……十七年，命信国公汤和巡视海上，筑山东、江南、北浙东西沿海诸城。后三年，命江夏侯、周德兴抽福建福、兴、漳、泉四府三丁之一，为沿海戍兵，得万五千人，移置卫所于要害处，筑城十六。……二十一年，又命和行视闽粤，筑城增兵，置福建沿海指挥使司五，……领千户所十二。……(《明史》卷九一《兵志》三)

防海以防江为重。

洪武初，于都城南新江口，置水兵八千，已稍置万二千，造舟四百艘，又设陆兵于北岸浦子口相犄角，所辖沿江诸郡，上自九江、广济、黄梅，下抵苏、松、通、泰，中包安庆、池、和、太平，凡盗贼及贩私盐者，悉令巡捕，兼以防倭。永乐时，特命勋臣为帅，视江操。……成化四年，从锦衣卫金事冯瑶言，令江兵依地设防，于瓜、仪、太平置将领镇守。……弘治中，命新江口两班军，如京营例，首班歇，即以次班操。(《明史》卷九一《兵志》三)

至于边地，各为镇军。

元人北归，屡谋兴复，永乐迁都北平，三面近塞，正统以后，敌

患日多。故终明之世，边防甚重，东起鸭绿，西抵嘉峪，绵亘万里，分地守御。初设辽东、宣府、大同、延绥四镇，继设宁夏、甘肃、蓟州三镇，而太原总兵治偏头，三边制府驻固原，亦称二镇，是为九边。(《明史》卷九一《兵志》三)

洪武时，宣府屯守官军殆十万，正统景泰间，已不及额，弘治、正德以后，官军实有者仅六万六千九百有奇，而召募与土兵居其半，他镇率视此。(《明史》卷九一《兵志》三)

其制有总制后改总督、总兵、副总兵、参将、游击、守备、把总。

弘治十四年，设固原镇。先是固原为内地，所备惟靖房，及火筛入据河套，遂为敌冲，乃改平凉之开成县为固原州，隶以四卫，设总制府，总陕西三边军务。(《明史》卷九一《兵志》三)

总兵官、副总兵、参将、游击、将军、守备、把总，无品级，无定员。总镇一方者为镇守，独镇一路者为分守，各守一城一堡者为守备，与主将同守一城者为协守。(《明史》卷七六《职官志》五)

初边政严明，官军皆有定职，总兵官总镇军为正兵，副总兵分领三千为奇兵，游击分领三千往来防御为游兵，参将分守各路东西策应为援兵。营堡墩台，分极冲、次冲为设军多寡。平时走阵、哨探、守瞭、焚荒诸事无敢惰，稍违制，辄按军法，而其后皆废坏云。(《明史》卷九一《兵志》三)

明初文武并重，中叶尚然，末季始以文制武，文重武轻，而总兵官竟戎装伏地跪迎督抚矣。

宣德……时，都指挥使与布、按并称三司，为封疆大吏，而专阃重臣，文武并无定职，世犹以武为重，军政修饬。正德以来，军职冒滥，为世所轻，内之部科，外之监军督抚，叠相

明代的神火飞鸦

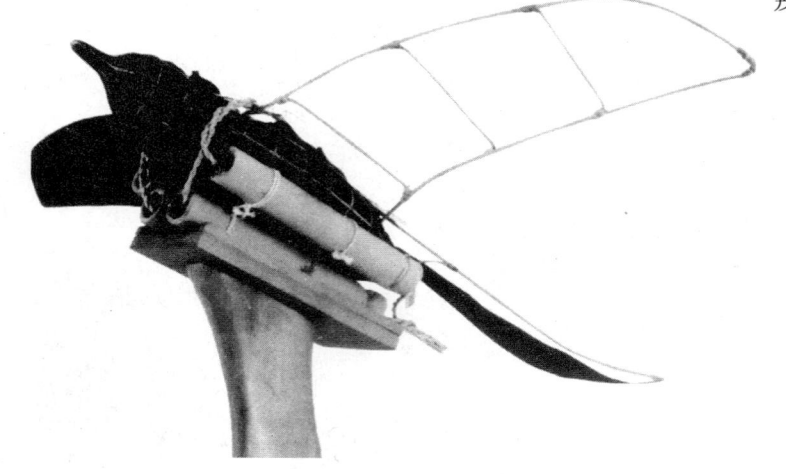

弹，压五军府如赘疣，弁帅如走卒，总兵官领敕于兵部，皆跽，间为长揖，即谓非体。至于末季，卫所军士，虽一诸生，可役使之，积轻积弱，重以隐占虚冒诸弊，至举天下之兵不足以任战守，而明遂亡矣。（《明史》卷九〇《兵志》二）

乙、清代兵制

清代内外相御，八旗居内，绿营居外，为经制兵。嘉庆时，始大募乡勇，后来有湘淮军，清季始用洋操，练新军。

有清以武功定天下，太祖高皇帝崛起东方，初定旗兵制，八旗子弟，人尽为兵，不啻举国皆兵焉。太宗征藩部，世祖定中原，八旗兵力最强。圣祖平南服，世宗征青海，高宗定西疆，以旗兵为主，而辅之以绿营。仁宗剿教匪，宣宗御外寇，兼用防军，而以乡兵助之。文宗、穆宗先后平粤捻，湘军初起，淮军继之，而练勇之功始著，至是兵制盖数变矣。道咸以后海禁大开，德宗复立海军，内江外海与水师并行，而练军陆军又相继以起。（《清史稿·兵志序》）

八旗以旗统人，即以旗统兵，合满洲、蒙古、汉军为一。

太祖高皇帝辛丑年，初设四旗。先是癸未年，太祖以遗甲十三副起事，征尼堪外兰，败之，益厉兵力，以次削平诸郡，归附日众。初定出兵校猎，不论人之多寡，各随族党屯寨而行，每人各取一矢，十人设一长领之，其长称为牛录额真。至是始分为四旗，曰黄旗，曰白旗，曰红旗，曰蓝旗，以纯色为辨，每旗下以三百人为一牛录，辖以牛录额真一人。（《皇朝文献通考》卷一七九《兵考》一）

甲寅年，定八旗之制，以初设四旗为正黄、正白、正红、正蓝，增设四旗为镶黄、镶白、镶红、镶蓝，黄、白、蓝均镶以红，红镶以白，合为八旗，统率满洲、蒙古、汉军之众。每三百人设牛录额真一人，五牛录设甲喇额真一人，五甲喇设固山额其一人，每固山设左右梅勒额真二人。时满洲牛录三百有八，蒙古牛录七十六，汉军牛录十六。行军时，地广则八旗并列，分八路，地狭则八旗合一路而行。（《皇朝文献通考》卷一七九《兵考》一）

其后户口日繁，又编蒙古八旗、汉军八旗，合二十四旗，为一代定制。

国初先编立四旗，以统人众，寻以归服益广，乃增建为八旗，然

清八旗军甲衣

八旗军甲衣　正黄旗　　正白旗　　正红旗　　正蓝旗

镶黄旗　　镶白旗　　镶红旗　　镶蓝旗

犹统满洲、蒙古、汉军之众而合于一也。迨其后户口日繁，又编蒙古八旗，设官与满洲等，继编汉军八旗，设官与满洲、蒙古等，合为二十四旗。其制以旗统人，即以旗统兵，盖凡隶于旗者，皆可以为兵，非如前代有佥派、召募、充补之烦而后收兵之用也。（《皇朝文献通考》卷一七九《兵考》一）

天聪九年，设蒙古八旗，……其旗色与满洲八旗同，每旗设固山额真一人，梅勒章京、甲喇章京各二人，分辖所编牛录。（《皇朝文献通考》卷一七九《兵考》一）

崇德七年，设汉军八旗，定旗色，与满洲八旗同，每旗设固山额真一人，梅勒章京二人，甲喇章京五人。（《皇朝文献通考》卷一七九《兵考》一）

兵额之可考者，乾隆时定为：

八旗满洲兵五万九千五百三十名，蒙古兵一万六千八百四十三名，汉军兵二万四千五十二名。(《皇朝文献通考》卷一七九《兵考》一)

据《光绪会典》所载佐领之数，满洲六百八十一，蒙古二百四，汉军二百六十八，凡千一百五十有三，每佐领以三百人为率，总数未过四十万也。

驻防八旗，畿辅曰稽查小九处大臣，盛京、吉林、黑龙江曰将军，热河曰都统，绥远城曰将军，宁夏曰将军，伊犁曰将军，内地各省西安、成都、荆州、江宁、杭州、福州、广州曰将军，山海关、密云、青州、凉州、京口、乍浦有副都统，太原有城守尉。

若夫驻防之兵，则无论骑步，皆合满洲、蒙古、汉军以为营。畿辅驻防二十有五，兵八千七百五十有八；东三省各城驻防四十有四，兵三万五千三百六十；新疆驻防八，兵万五千一百四十；各省驻防二十，兵四万五千五百四十；又守陵寝，守围场，盛京吉林守边门，二千九百七十人。共驻防兵十万七千七百有六十，皆统于将军、都统。城守尉，惟东三省及新疆驻防，则于满洲、蒙古八旗外，又别出索伦兵、锡伯兵、达瑚尔兵、巴尔虎兵、察哈尔兵、额鲁特兵，皆打牲游牧部落之臣服较后者，故别编佐领，不列于八旗焉。(《魏源《圣武记》卷一一《武事余记·兵制》)

八旗驻防之兵，大类有四，曰畿辅驻防兵，其藩部内附之众及在京内务府、理藩院所辖悉附焉；曰东三省驻防兵；曰各直省驻防兵，新疆驻防兵附焉；曰藩部兵。(《清史稿·兵志》一)

其为民累，清初已然。

顺治十二年二月戊午，谕兵部，前以湖南寇氛未靖，殃及生民，曾有旨增遣满兵，携家口，驻防武昌。今念大军所过，沿途水陆居民及驿递，必至骚扰，所驻之地，又须拨给房屋田土，其为民累，更有不可胜言者，……其停止携带家口驻防。(《清世祖实录》卷八九)

绿营沿明旧制，各省设实缺提督、总兵、副将、参将、游击、都司、守备、千总、百总、外委等武官。

绿营规制，始自前明。清顺治初，天下已定，始建各省营制。绿营之制，有马兵、守兵、战兵，战守皆步兵，额外外委皆马兵。综天

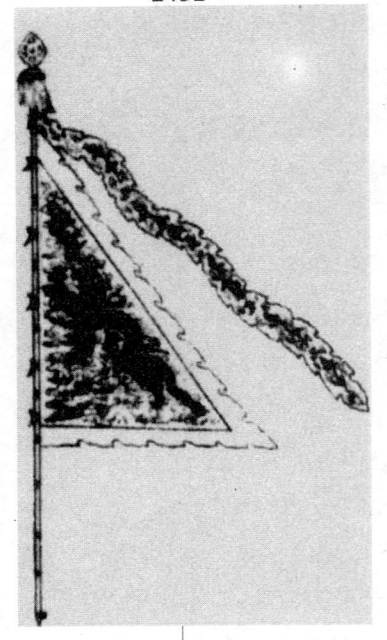

清绿营旗帜

下制兵，都六十六万人，安徽最少，闽广以有水师故最多，甘肃次之。……将军兼统绿营者惟四川，有屯兵者惟湖南、贵州。其新疆之绿营屯防，始乾隆二十五年，由陕甘陆续移往。驻防各省标兵规制，督抚得随时疏定。绿营战功，自康熙征三藩时，用旗绿兵至四十万，云南多山地，绿营步兵居前，旗兵继之，所向辄捷，其后平定准部、回疆、金川，咸有勋绩。乾隆四十六年增兵，而川楚教匪之役，英法通商之役，兵力反逊于前。迨粤寇起广西，绿营额二万三千，土兵一万四千，遇敌辄靡，承平日久，暮气乘之。自同治迄光绪，叠经裁汰，绿营之制，仅存而已。(《清史稿·兵志》二)

康熙十八年四月，……疏言：……八旗劲旅，冲锋破敌，所向无前，惟山涧陡绝之处，弓马难施。请多用绿旗步兵，俾之攀藤附葛，为大兵前驱，不难直捣贼穴。疏下兵部，如所请行。(《满洲名臣传》卷二二《杨茂勋传》)

康熙二十一年八月，上以进取台湾，有绿旗兵及驻防汉军足用，满洲兵可撤，命拉哈达率之还京。(《满洲名臣传》卷一五《扯哈达传》)

练勇即乡勇，起自台湾，推广于陕西、川、楚诸省。

德楞泰奏言：乡勇之设，起自台湾，嗣后平定苗疆，及此次剿办教匪，均有招募。嘉庆元年二月间，川省应募者，有三十七万之多，陕楚两省亦复不少。陕之汉江，川之嘉陵江，楚之郧西，并三省边界近山各属，其城守卡隘台站，有兵力不敷防范者，不得不借乡勇为协护，用以御贼，即使之自卫身家，又可制其从贼之心。其随征乡勇，借本地之人，为之哨探向导，故进剿抄袭，较为便捷。……(《国史列传》卷三五《德楞泰传》)

又陈川楚军务，略云：昨闻陕省团练乡勇，或一二村，或数村，联为一处，筑堡声援，尤合众志成城之道，川楚可推而行之。(《国史列传》卷六一《胡季堂传》)

嘉庆十年，……谕曰：……乃近年每遇征调，多有借资乡勇之力冲锋陷阵者，即如湖南近日攻打苗寨，同知傅鼐督率练勇千余人，陟

险先登，所向克捷，而总兵魁保转带兵丁在后，为之策应，岂非以官兵怯懦不若练勇之矫健乎？（《国史列传》卷五〇《魁保传》）

自太平军兴，八旗、绿营，久同虚设，而湘军、淮军以起。

道咸间，粤匪事起，各省多募勇自卫，张国梁募潮州勇丁最多。咸丰二年，命曾国藩治湖南练勇，定湘军营哨之制，为防军营制所昉。迨国藩奉命东征，湘勇外，益以淮勇，多至二百营。左宗棠平西陲，所部楚军，亦百数十营。军事甫定，各省险要，悉以勇营留防，旧日绿营，遂同虚设。（《清史稿·兵志》三）

及其末季，立练兵处，以练新军，命奕劻为管理大臣，而以袁世凯佐之。厘订军制，为后来陆军之滥觞，计分全国为三十六镇，仅成立十镇，而清社遂屋。

（九）刑法
甲、明代刑法

明初法外用刑，有榜文禁例，极为严厉。

太祖惩元纵弛之后，刑用重典，然特取决一时，非以为则，后屡诏厘正。至三十年，始申画一之制，所以斟酌损益之者，至纤至悉，令子孙守之，群臣有稍议更改，即坐以变乱祖制之罪。而后乃滋弊者，由于人不知律，妄意律举大纲，不足以尽情伪之变，于是因律起例，因例生例，例愈纷而弊愈无穷。（《明史》卷九三《刑法志序》）

后始定《大明律》，略遵唐旧，唯改十二篇为六部。

洪武元年，又命儒臣四人，同刑官讲唐律，日进二十条。……六年夏，刊律令宪纲，颁之诸司。其冬诏刑部尚书刘惟谦详定大明律，每奏一篇，命揭两庑，亲加裁酌。及成，翰林学士宋濂为表以进曰：臣以洪武六年冬十一月受诏，明年二月书成，篇目一准于唐，曰卫禁，曰职制，曰户婚，曰厩库，曰擅兴，曰贼盗，曰斗讼，曰诈伪，曰杂律，曰捕亡，曰断狱，曰名例，采用旧律二百八十八条，续律百二十八条，旧令改律三十六条，因事制律三十一条，掇唐律以补遗百二十三条，合六百有六条，分为三十卷，或损或益，或仍其旧，务合轻重之宜。（《明史》卷九三《刑法志》一）

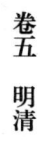

古代刑具

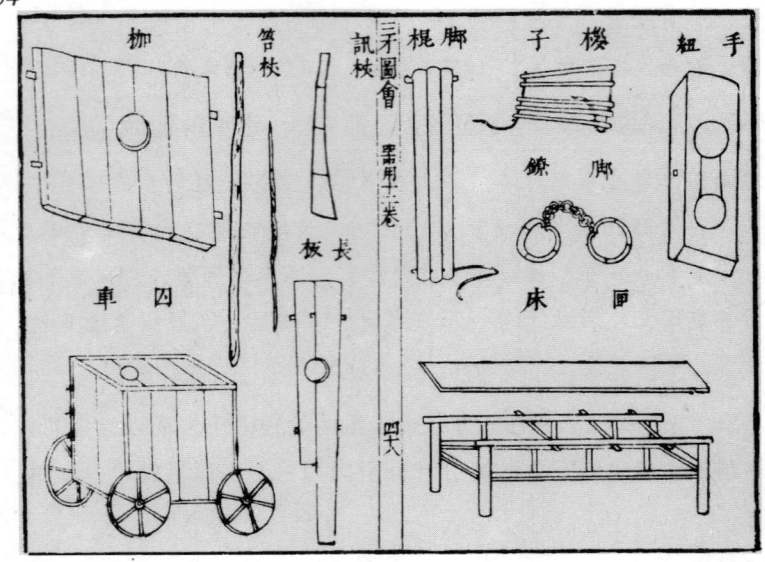

《大明律》外，复为大诰，凡三编，又有大诰武臣一编。大诰初编七十四条，《明史》只载十条，且有不属于初编者，盖由未见大诰之故。

大诰者，太祖患民狃元习，徇私灭公，戾日滋，洪武。十八年，采辑官民过犯，条为大诰。其目十条，曰揽纳户，曰安保过付，曰诡寄田粮，曰民人经该不解物，曰洒派抛荒田土，曰倚法为奸，曰空引偷军，曰黥刺在逃，曰官吏长解卖囚，曰寰中士夫不为君用，其罪至抄箚。次年，复为续编、三编，皆颁学官以课士，里置塾师教之，囚有大诰者，罪减等。于时天下有讲读大诰师生来朝者，十九万余人，并赐钞遣还。（《明史》卷九三《刑法志》一）

又有大明律诰。

洪武二十五年，刑部言，律条与条例不同者宜更定，太祖以条例特一时权宜，定律不可改，不从。三十年，作大明律诰成，御午门谕群臣曰：朕仿古为治，明礼以导民，定律以绳顽，刊著为令。行之既久，犯者犹众，故作大诰以示民，使知趋吉避凶之道。……然法在有司，民不周知，故命刑官取大诰条目，撮其要略，附载于律。凡榜文禁例悉除之，除谋逆及律诰该载外，其杂犯大小之罪，悉依赎罪例论断。编次成书，刊布中外，令天下知所遵守。（《明史》卷九三《刑法志》一）

自律诰出，而大诰所载诸峻令，未尝轻用，其后罪人率援大诰以减等，亦不复论其有无矣。

乙、清代刑法

清初刑法极简，大致为死、鞭、罚金三种，条文亦不备。

> 有清起自辽左，不三四十年，混一区宇。圣祖冲年践阼，与天下休养，六十余稔，宽恤之诏，岁不绝书。高宗运际昌明，一代法制，多所裁定。仁宗以降，事多因循，未遑改作。……德宗末叶，……朝野上下，争言变法，于是新律萌芽，迨宣统逊位，而中国数千年相传之刑典俱废。(《清史稿·刑法志序》)

顺治初元，暂用明律。

> 清太祖嗣服之初，姑定国政，禁悖乱，戢盗贼，法制以立。太宗继武，于天聪七年，遣国舅阿什达尔汉等，往外藩蒙古诸国，宣布钦定法令，时所谓盛京定例是也。嗣后陆续著有治罪条文，然皆因时立制，不尽垂诸久远。世祖顺治元年，摄政睿亲王入关，……六月，即令问刑衙门准依明律治罪；八月，……摄政王谕令法司会同廷臣详绎明律，参酌时宜，集议允当，以便裁定成书，颁行天下。十月，世祖入京，即皇帝位，刑部左侍郎党崇雅奏，在外官吏，乘兹新制未定，不无凭臆舞文之弊，并乞暂用明律，候国制画一，永垂令甲。得旨：在外仍照明律行，如有恣意轻重等弊，指参重处。(《清史稿·刑法志》一)

顺治三年，成《大清律集解附例》。

> 顺治二年，1863年。命修律官参稽满汉条例，分轻重等差，从刑科都给事中李士焜请也。三年五月，大清律成，世祖御制序文曰：朕惟太祖太宗创业东方，民淳法简，大辟之外，惟有鞭笞。朕仰荷天休，抚临中夏，人民既众，情伪多端，每遇奏谳，轻重出入，颇烦拟议，律例未定，有司无所禀承。爰敕法司官，广集廷议，详译明律，参以国制，增损剂量，期于平允。书成奏进，朕再三覆阅，仍命内院诸臣校订妥确，乃允刊布，名曰《大清律集解附例》。尔内外有司官吏，敬此成宪，勿得任意低昂，务使百官万民畏名义而重犯，冀几刑措之风，以昭我祖宗好生之德，子孙臣民，其世世守之。

(《清史稿·刑法志》一)

几于全录明律旧文,以为比附之资。

刑部等衙门尚书臣图纳等谨奏,……据广西道试监察御史盛符升条奏疏称,……《大清律》一书,所载诸事,有仍袭前代之旧文,而于本朝之法制,绝不相蒙者,如郡王、将军、中尉亲自赴京者治罪等项,其类尚多明载律中,实非遵行正法,所当删定改正,以成善本。……先经刑部议覆,律文乃系递沿成书,例乃因时酌定,凡见行则例或遇事而定,或遵旨而定,若将此等陆续定例事件附入律内,则律文难以告成,其律内所有郡王、将军、中尉亲自赴京治罪等项,虽非遵行正法,若将此等条例删去,恐以后比照定拟者,无凭查考。……康熙二十八年八月二十八日题。(《清律纂修奏疏辑录》)

自后虽屡经纂修,然仅续增附律之条例,而律文未之或改,一代多舍律用例,舍例用案。

例文自康熙初年,仅存三百二十一条,末年增一百一十五条。雍正三年分别订定,曰原例;累朝旧例凡三百二十一条,曰增例。康熙间现行例凡二百九十条,曰钦定例,上谕及臣工条奏凡二百有四条,总计八百十有五条。……乾隆一朝,纂修八九次,删原例、增例诸名目,而改变旧例及因案增设者为独多。嘉庆以降,按期开馆。沿道光、咸丰以迄同治,而条例乃增至一千八百九十有二。盖清代定例,一如宋时之编敕,有例不用律,律既多成虚文。而例遂

砍头——清代十大酷刑之一

中华二千年史

愈滋繁碎，其间前后抵触，或律外加重，或因例破律，或一事设一例，或一省一地方专一例，甚且因此例而生彼例，不惟与他部则例参差，即一例分载各门者，亦不无歧异，辗转纠纷，易滋高下。(《清史稿·刑法志》一)

清季欲图收回领事裁判权，为杜外人借口，故修订新刑律，删除重法，改善监狱，废除非刑；又以满汉科罪各别，亦欲加以修改，而有修订法律馆之设，以沈家本任其事。家本旧以刑名名家，后颁布现行刑律，多采自日本刑法，大清律例遂废。

光绪二十八年，1902年。直隶总督袁世凯、两江总督刘坤一、湖广总督张之洞，会保刑部左侍郎沈家本、出使美国大臣伍廷芳，修订法律，兼取中西。旨如所请。(《清史稿·刑法志》一)

光绪三十一年，1905年。修订法律大臣沈家本等奏请删除重法……三事，一曰凌迟、枭首、戮尸。凌迟之刑，……辽史《刑法志》始列入正刑之内，……至今相仍未改。枭首在秦汉时惟用诸夷族之诛，……今之枭首仍明制也。戮尸一事惟秦时成蟜军反，其军吏皆斩戮尸，……明自万历十六年定有戮尸条例，专指谋杀祖父母、父母而言，国朝因之，后更推及强盗。凡此酷重之刑，……实非圣世所宜遵，请将凌迟、枭首、戮尸三项，一概删除。死罪至斩决而止，凡律例内凌迟、斩枭各条，俱改斩决。斩决而下，依次递减。一曰缘坐。缘坐之制起于秦之参夷，……唐律惟反叛、恶逆、不道，律有缘坐，他无有也。今律则奸党、交结近侍诸项，俱缘坐矣，反狱、邪教诸项，亦缘坐矣。……今世各国，皆主持刑罚止及一身之义，与罪人不孥之古训，实相符合，请将律内缘坐各条，除知情者仍坐罪外，其不知情者，悉予宽免，余条有科及家属者，准此。一曰刺字。刺字乃古墨刑，汉之黥也，文帝废肉刑，而黥亦废，……至石晋天福间，始创刺配之制，相沿至今。其初不过窃盗、逃人，其后日加烦密。……拟请将刺字款目，概行删除。……奏上，谕令凌迟、枭首、戮尸三项永远删除，所有现行律例内，凌迟、斩枭各条，俱改为斩决。其斩决各条俱改为绞决，绞决各条俱改为绞监候，入于秋审情实；斩监候各条，俱改为绞监候，与绞候人犯，仍入于秋审，分别实缓。至缘坐各

清代酷刑：凌迟

条，除知情者仍治罪外，余悉宽免。其刺字等项，亦概行革除。……三十二年，1906年。法律馆奏准，将戏杀、误杀、擅杀、虚拟死罪各案，分别减为徒流。……法律馆……议准，妇女犯笞杖，照新章罚金，徒、流、军遣，除不孝及奸盗、诈伪，旧例应实废者，改留本地习艺所工作，以十年为限。余俱准其赎罪，徒一年，折银二十两，每五两为一等，五徒准此递加；由徒入流，每一等加十两，三流准递加；遣军照满流科断。如无力完缴，将应罚之数，照新章按银数折算时日，改习工艺。其犯该枷号，不论日数多寡，俱酌五两，以示区别。（《清史稿·刑法志》三）

自顺治迄乾隆间，……若宗室有犯，宗人府会刑部审理；觉罗，刑部会宗人府审理。所犯笞杖枷号，照例折罚责打；犯徒，宗人府拘禁，军流锁禁，俱照旗人折枷日期，满日开释；屡犯军流，发盛京、吉林、黑龙江等处圈禁；死刑，宗人府进黄册。（《清史稿·刑法志》三）

清律犯罪发遣条，凡旗人犯罪笞杖各照数鞭责，军流徒免发遣，分别枷号，徒一年，枷号二十日，每等递加五日；流二千里者，枷号五十日，每等亦递加五日；充军附近者枷号七十日，近边沿海边外者

八十日，极边烟瘴者九十日。(《清史稿·刑法志》二)

光绪三十三年，1907年。更命侍郎俞廉三与沈家本俱充修订法律大臣。沈家本等乃征集馆员，分科纂辑，并延聘东西各国之博士、律师，借备顾问。……十二月，遵旨议定满汉通行刑律。……宣统元年，1909年。全书纂成缮进，谕交宪政编查馆核议，二年，1910年。覆奏，订定名为《现行刑律》。……仅行之一年，而逊位之诏下矣。(《清史稿·刑法志》一)

《大清现行刑律》书影

宣统二年，1910年。颁布之《现行刑律》，……其五刑之目，首罚刑十，以代旧律之笞杖，一等罚罚银五钱，至十等罚为银十五两。……次徒刑五，年限仍旧律。次流刑三，道里仍旧律，然均不加杖。……次遣刑二，曰极边，足四千里及烟瘴地方安置；曰新疆当差，以闰刑加入正刑。……次死刑二，曰绞，曰斩。……徒流虽仍旧律，然为制不同。按照习艺章程，五徒依限收入本地习艺所习艺，流遣毋论发配与否，俱应工作。故于徒五等注明，按限工作，流二千里，注工作六年；二千五百里，注工作八年；三千里，注工作十年；遣刑，俱注工作十二年。收赎则根据妇女赎罪新章，酌减银数，改为通例。罚刑照应罚之数，折半收赎，徒一年，赎银十两，每等加银二两五钱，至徒三年，收赎银二十两；流刑每等加银五两，至三千里，赎银三十五两；遣刑与满流同科，绞斩则收赎银四十两，亦分注于各刑条下。然非例应收赎者，不得滥及也。捐赎据光绪二十九年1903年。刑部奏准，照运粮事例减半银数，另辑为例。其笞杖虽不入正刑，仍留竹板，以备刑讯之用。外此各刑具，尽行废除，枷号亦一概芟削，刑制较为径省矣。惟就地正法一项，始自咸丰三年，时各省军兴，地方大吏遇土匪窃发，往往先行正法，然后奏闻，……沿及国变，而就地正法之制，迄未之能革。(《清史稿·刑法志》二)

二 生业

(一) 农业

明太祖起自民间，习知贫富不均之弊，即位后务抑富民。

洪武二十四年秋七月戊戌，上谕工部臣曰：昔汉高祖徙天下豪富于关中，朕初不取，今思之，京师天下根本，乃知事有当然，不得不尔。朕今亦欲令富民入居京师，卿其令有司验丁产殷富者，分遣其来。于是工部徙天下富民至者凡五千三百户。(《明太祖实录》卷二一〇)

马道街，相传明富民沈万三居此，万三非名也。洪武初，分其民为哥、畸、郎、官、秀五等，秀最上，又各有等，巨富者为万户三秀。沈名富字仲荣，性豪华，其弟贵屡以诗讽之不听。未几，籍没其家，戍金齿。(陈作霖《东城志略志·街道》)

沈万三铜像

尤严兼并之禁，赋役不均、侵渔贫农者，皆重惩之，然卒不能禁。

洪武四年三月壬寅，……上以兵革之后，中原民多流亡，临濠地多闲弃，有力者遂得兼并焉。乃谕中书省曰：古者井田之法，计口而授，故民无不受田之家。今临濠之田，连疆接壤，耕者亦宜验其丁力，计亩给之，使贫有所资，富者不得兼并。若兼并之徒，多佔田以为己业，而转令贫民佃种者，罪之。(《明太祖实录》卷六二)

洪武五年五月戊辰，……谕：……曩者兵乱，人民流散，因而为人奴隶者即日放还。……或有冻馁不能自存者，令里中富室假贷钱谷以资养之，工商农

业皆听其故，俟有余赡，然后偿还。（《明太祖实录》卷七三）

洪武十六年五月庚申，免应天、太平、镇江、宁国、广德五府税粮，……谕：……敢有恃强暴以侵渔小民者，必置于法，朕不轻贷。（《明太祖实录》卷一五四）

洪武十七年秋七月乙卯，上谕：……民户以百一十户为里，里有长。……凡赋役，必验民之丁粮多寡、产业厚薄以均其力。……有不奉行役民，致贫富不均者，罪之。（《明太祖实录》卷一六三）

甲、农佃

规定佃人田者曰承佃户，见田主如少事长之礼。

洪武五年1372年。五月戊辰，……谕：……佃见田主，不论齿序，并如少事长之礼。若在亲属，不拘主佃，则以亲属之礼行之。（《明太祖实录》卷七三）

臣请立为通融之法，凡江右之民，寓于荆湖多历年所，置成产业者，则名以税户之目；其为人耕佃者，则曰承佃户；专于贩易佣作者，则曰营生户。（邱濬《大学衍义补》卷一三）

约中除乐户、家奴及佣工、佃户，各属房主地主挨查管束，不许收入乡甲。（吕坤《实政录》卷五《乡甲约·乡甲事宜》）

流来寄住皆贫苦无赖之人，未有不僦人房屋、佃人土田、依人窑场者。房主地主先查来历，更择保人，编入庄头，自行管理。（吕坤《实政录》卷六《风宪约·宪纲十要》）

谚云，"良田不如良佃"，此最确论。主人虽有气力心计，佃惰且劣，则田日坏。……良佃之益有三，一耕种及时，二培壅有力，三蓄泄有方。……且良佃所居则屋宇整齐，场圃茂盛，树木葱郁，此皆主人僮仆力之所不能及，而良佃自为之。（张英《恒产琐言》）

佃人田者，牛种皆田主给之，收而均分之，岁稔则余数年之畜矣，得比岁稔，无立锥者或致千金，称贷者其息恒一岁而子如其母，故多兼并之家。（《皇朝经世文编》卷三六李兆洛《凤台县志·

《实政录》书影

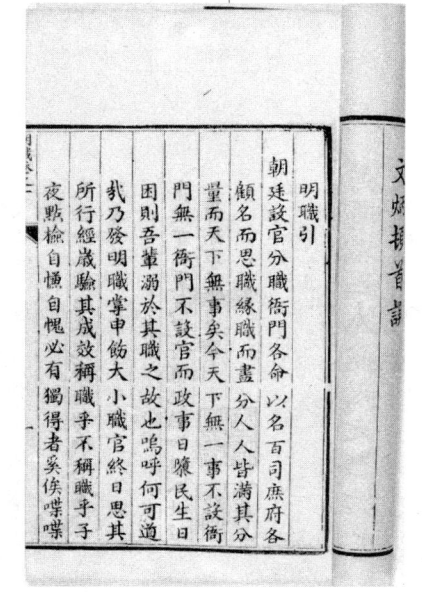

意以多种则多收，不知地多则粪土不能厚壅，而地力薄矣；工作不能遍及，而人事疏矣。是以小户自耕己地，种少而常得丰收；佃户受地承耕，种多而收成较薄。（《皇朝经世文编》卷三六尹会一《敬陈农桑四务疏》）

田主岁收私租亩互一、二石，佃人竭一岁之力不足温饱。

吴中之民，有田者什一，为人佃作者十九。其亩甚窄，而凡沟渠道路，皆并其税于田之中。岁仅秋禾一熟，一亩之收，不能至三石，原注：凡言石者，皆以官斛。少者不过一石有余，而私租之重者，至一石二三斗，少亦八九斗。佃人竭一岁之力，粪壅工作，一亩之费可一缗，而收成之日，所得不过数斗，至有今日完租而明日乞贷者。（顾炎武《日知录》卷一〇）

余闻南昌、新建佃田者，上则亩止租二石，中或一石五六斗，下则亩率一石。《新邑志》载，每十五亩五分六厘有奇，合科粮一石，以俗例三升粮额通较，每亩合租谷二石一斗余。俗但以石斗名田，田供租一石，税粮三升。视他处上则且溢。……新城田皆依山傍溪，其高下一因山水，故惟山深水沃、平畴涂泥之地，可为上则，去水稍远、待人力溉粪者为中则，下则沿山临谷，畸零小丘，大水旱不能任，中岁犹可为田。若夫童山恶水、岁受旱涝、疏薄不宜稻者，当别之为地，使种菽粟麻蔬，上田亩租二石，中一石六斗，下一石二斗，地或五六斗，赋税如之。（《皇朝经世文编》卷三一陈道《江西新城田租说》）

故春耕之际必贷谷，秋收辄倍偿。

一图之大者五六千亩，小者二三千亩。上农佃二十亩，口必多，中下以次而降。其数他人不知，田主未有不知者，由仓而核田主之真名，由田主而核佃户之真数，春颁则田主承领，秋敛则田主归偿。……夫农夫之常困于他途者，他途贫，谋口而止。一亩之田，未耜有费，籽种有费，罱斛有费，雇募有费，祈赛有费，牛力有费，约而计之，率需千钱。一亩而需千钱，上农耕田二十亩，耗于田者二十千，以中年约之，一亩得米二石，还田主租息一石，是所存者仅二十石。

明代田主与佃户的劳动生活

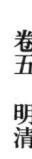

当其春耕急需之时，米价必贵，折中计之，每石贵一千有余。势不得不货之有力之家，而富人好利，挟其至急之情，以邀其加四加五之息，以八阅月计之，率以二石偿一石。所存之二十石，在秋必贱，富人乘贱而索之，其得以暖不号寒、丰不啼饥，而可以卒岁者，十室之中无二三焉。农民之所以困，反不在凶年而在乐岁。（《皇朝经世文编》卷三九章谦《备荒通论》上）

国初，地余于人，则地价贱；承平以后，地足养人，则地价平；承下既久，人余于地，则地价贵。向日每亩一二两者，今至七八两；向日七八两者，今至二十余两。贫而后卖，既卖无力复买。富而后买，已买可不复卖。近日田之归于富户者，大约十之五六。旧时有田之人，今俱为佃耕之户，每岁所入，难敷一年口食，必须买米接济，而富户登场之后，非得善价，不肯轻售，实操粮价低昂之权。（《皇朝经世文编》卷三九杨锡绂《陈明米贵之由疏》乾隆十三年）

窃查米价腾贵，皆由囤户居奇，往往捏作谣言，增长米价。或云风为旱兆，或云雨为水征，一日之间，频增价值，一店长价，诸店皆然，名曰齐行，莫敢异议。富民家有蓄积，乐其高抬，于己无损，惟手艺贫民，终日拮据，不供口食。即遇官府有平粜仓谷，不过一升半升，日籴日食而已，无力多买，又不能户户有碾米之具，且以终日鹿鹿，并无余暇，故宁贵价向米铺籴米，非不知官卖价贱，不得已也。若欲惠此贫民，无如官开米局。（《皇朝经世文编》卷四〇广东总督鄂弥达《请官开米局疏》雍正十一年）

而田主或更苛以额外之租，虐以非法之刑。

邓茂七与弟茂八皆编为总甲，偿佃人田，例于输租外，馈田主以新米鸡鸭，茂七始倡其民革之。（黄瑜《双槐岁钞》卷六《龚指挥气节》）

董邃老虽出于望族，为诸生时颇贫困，与弟葵初共尝茶苦。故策名以来，友爱备至，凡事不论公私，俱葵初为政，以故富厚十倍于乃兄。一日谓其家人曰：我家百事俱备，唯盐菜尚无出产。今思各佃户种我田者，其四围余地俱植蔬茹，何可独享，今后每米一石，须要瓜干一斤，随租并纳。此法一立，诸佃户无不唯唯。迨其子祐申通南事败，兵丁乘机肆抢，百物充牣，所不必言，而瓜干用蒲包盛贮者，亦盈仓焉。（曹家驹《说梦》）

秉谦字抑之，号克斋。己酉登贤书，以松人薄其家世之微，故厌孙姓，改从谢姓，曰家本浙籍，乃谢文正公之族也。壬戌科，中进士，筮仕县令，旋擢侍御。居乡横暴，……弟名秉谔，字节之，倚兄势，流毒桑梓，佃户有逋租者，破其阴囊，剔外肾。（曹家驹《说梦》）

复使奴仆课租，侵渔尤甚。大租之外，复有小租，或采取次年之租，而以佃户抗租捏控。

张勉学字益甫，嘉靖二十六年进士，……升湖广佥事，分巡长沙。长沙藩府庄田房租税特重，豪奴倍收，有不能偿，没人子女为奴婢。勉学悉平其额，岁听县官征解，民咸便之。（《元和县志》卷二三《人物》）

易王而黄，……曰元甫者，复归虞，家塘墅。元母为邑势官家乳妪，官田三千亩在吾乡，以妪故，委元课租。元恃主威，禾未登场，辄驾赈船，呼嚣乡里，鸡犬不宁，农人苦之。众议每亩出斗粟劳之，

名曰脚步钱。元于主人正犒外，复蚀其十之二。……营大宅于吾乡，……役佃民为佣作，经年落成，一乡苦之。(《过墟志感》上)

旗民往往因欠租夺地，互控结讼，其弊皆起于取租之旗奴，承租之庄头，搅租之地棍。小民欲治良田，必积二三年之苦工，深耕易耨，加以粪治，田甫就熟，而地棍生心，遂添租挖种矣。……庄头取租，多索而少交，田主受其侵盗，佃户受其侵渔，甚且今年索明年之租，若不预完，则夺地另佃矣，另佃必添租。……所收之租，随手花去，则又探次年之租矣。至于次年无租可索，而惧主责惩，则以佃户抗租为词矣。……小民以为租已预交，旗奴以为并未收取，遂至互讼不休矣。(《皇朝经世文编》卷三五孙家淦《八旗公产疏》)

吾里田地，上农夫一人，止能治十亩，故田多者辄佃人耕植，而收其租。又人稠地密，不易得田，故贫者赁田以耕，亦其势也。……佃户终岁勤动，祁寒暑雨，吾安坐而收其半，赋役之外，丰年所余，犹及三之二，不为薄矣。而俗每存不足之意，任仆者额外诛求，脚尖斛面之类，必欲取盈，此何理耶！……近见富家巨室，田主深居不出，足不及田畴，面不识佃户，任纪纲仆所为，至有盗卖其产、变易区亩而不知者。侵没租入，将熟作荒，退善良之佃任与刁黠，种种弊端，不一而足。坐使生计匮索，虚粮积累，以致破家亡身，无不由此。或乃恃目前之豪横，陵虐穷民，小者勒其酒食，大者通其钱财，妻子置之狱讼，出尔反尔，可畏哉。(《皇朝经世文编》卷三六张履祥《农书》)

光绪初，元和陶煦《租核》一书，本于顾炎武私租不得过八斗之说，力论佃农租重之苦，述租米随市价折收之事甚详。折租起源甚早，明万历四十二年，福王之国，湖广应办庄田四千八百五顷有零，由湖广巡抚董汉儒等，每年认折租银一万两，输解福府。见《定陵注略》卷六。清代内府庄田，皆折租银。见《内务府庆丰司则例》。是为不换佃之定额折租，民田则多按市价折租。不换佃之地，亦有同于民田者，不尽一律也。

《皇朝经世文编》书影

……又田中事，田主一切不问，皆佃农任之，粪壅工作之资，亩约钱逾一缗，谷贱时七八斗之值也。三春虽种菽麦，要其所得，不过如佣耕之自食其力而无余。一岁仅恃秋禾一熟耳，秋禾亩不过收三石，少者止一石有余，而私租竟有一石五斗之额。然此犹虚额，例以八折算之，小歉则再减。同治二年，朝廷从合肥李伯相之请下诏减赋，苏松减三之一，于是田主声言减租，以虚额之数，亩减其三斗，故向止一石二斗而无增者，今亦一石二斗。……最可异者，纳租收钱而不收米，而故昂其米之价，必以市价一石二三斗或一石四五斗之钱，作一石算，名曰折价。即有不得已而收米者，又别有所谓租斛，亦必以一石二三斗作一石。……更可异者，赋有九则，而租独一例，试以吴江之下下田而论，纳一升五合有奇之赋，而亦收一石有余之租，此尤事之不平者矣。（陶煦《租核重租论》）

折租之价，率视市价增一二分，如市价石钱一千八百，折租必二千，或二千一二百不等。佃之良懦者，必使之如其言而不敢较；若狡猾之佃，多方陈说，阅时延欠，庶几市价之更贱。新谷初粜时，价必稍贵，粜者渐多，乃亦日贱，是如限者受亏，而逾期者反利。此之谓无定价。或有折价既定，不随市价贵贱，亦非。余如司租之需索，绅

古代农民田野劳作图

富初得田，司租者必索佃者钱，亩约七八百，或千数百，曰汇租费；还租时，以钱者千索钱二三十，曰盘钱费；以洋钱者，索钱三五十，曰看洋钱费。（陶煦《租核·减租琐议》）

荒年田主或得免租，而佃户田租仍须全缴，至于卖妻子以偿。清代虽闻有佃户亦蠲之令，然奉行者寥寥。

今高淳县之西，有永丰乡者，宋时之湖田，所谓永丰圩者也，……今隶总所。王弼成化十一年进士，溧水知县。永丰谣曰："永丰圩接永宁乡，一亩官田八斗粮。人家种田无厚薄，了得官租身即乐。前年大水平斗门，圩底禾苗没半分。里胥告灾县官怒，至今追租如追魂。有田追租未足怪，尽将官田作民卖。富家得田贫纳租，年年旧租结新债。旧租了，新租促，更向城中卖黄犊。一犊千文任时估，债家算息不算母。呜呼！有犊可卖君莫悲，东邻卖犊兼卖儿。但愿有儿在我边，明年还得种官田。"读此诗，知当日官佃之苦即已如此，而以官作民，亦不始于近日矣。（顾炎武《日知录》卷一〇）

贫民方寄食于富民之田，值丰岁规其赢羡以给妻子，日给之外，已无余粒。设一遭旱潦，尽所有以供富民之租，犹不能足。（《皇朝经世文编》卷三〇盛枫《江北均田说》）

康熙四十二年1703年。八月甲申，刑部尚书王士正等，因山左被灾，奉旨截留漕米，并派八旗官员领帑往赈，奏谢得旨：朕四次经历山东，于民间生计，无不深知。东省与他省不同，田野小民，俱与有身家之人耕种，丰年则有身家之人所得者多，而穷民所得之分甚少；一遇凶年，自身并无田地产业，强壮者流离于四方，老弱者即死于沟壑。此等情由，尔东省大臣庶僚，及有产业之富人，亦当深加体念。似此荒歉之岁，虽不能大为拯济，若能轻减其田租等项，各赡养其佃户，不但深有益于穷民，尔等田地，日后亦不至荒芜，如果民受实惠，岂不胜谢恩千百倍耶！（《清圣祖实录》卷二一三）

康熙四十九年，1710年。兵科给事中高遐昌奏言：岁遇免租，佃户田租亦应酌免。下户部议定，业主蠲免七分，佃户蠲免三分，著为例。（《皇朝文献通考》卷四五《国用考》）

雍正十三年1735年。九月，今皇上登极，诏免天下田租，又谕免雍正十二年以前逋租。……随谕劝业户，各计所免之数，捐十分之

五，以惠佃农。(《皇朝文献通考》卷四四《国用考》)

乾隆三十二年，1766年。谕各省督抚，届输蠲漕米年，分谕各业户，亦令佃户免交一半。(《皇朝文献通考》卷四四《国用考》)

惟各属内有王、贝勒所受庄田，以系私租，为谕旨所不及，各府仍派人征收，不肖庄头恃势恫喝，迫令贫佃一律交足，否则押送地方官监比。以臣所闻，安州一带各佃，有因此逃匿无踪者，有变产完租者，甚至有卖鬻妻子者。……并闻各府员弁，下乡征租，自称管家大人，寓所服用极其豪侈攒妄，桀黠庄头为其羽翼，择肥而噬，婪索无厌。及归报私租数目，则虽丰稔之年，并不如额，其为侵吞中饱，不问可知。(《皇朝经世文续编》卷三八朱以增《请将顺直王庄遇灾酌减分数并佃租归官征解疏》)

濬与内黄，……其被灾与修略同。……有田姓买同村张姓田房都尽，其一儿出四百五十钱，契上写"世世为奴"字样。大户之无人心如此。(《皇朝经世文续编》卷三九熊其英《致南中书》)

甚至学租有逾额之征，亦取赢于佃。

今亦增学租以入公家，学役不能赔纳，势必取赢于佃户。佃户畏累则弃田不耕，田不耕则不特学租无办，而正供亦将缺额矣。(《皇朝经世文编》卷三二蔡方炳《书韩中丞请免省存余耗疏后》)

佃不堪其苛求，则起而反抗。

迩者康熙中。吴中水旱频仍，租户歃结以抗田主。(黄中坚《蓄斋集》卷五《恤农》)

嘉庆甲子年九年，公元1804年。五月，吴郡大雨者几二十日，田俱不能插莳，忽于六月初一日，乡民结党成群，抢夺富家仓粟及衣箱物件之类，九邑同日而起，抢至初六日，不知其故，共计一千七百五十七案，真异事也。其时抚军汪公稼门，仅杀余长春一人，草草完结。(钱泳《履园丛话》卷一四)

乡民买田承种，田入稍薄，仇视其主，抗持之风，漫衍浸渍，虽丰入者亦且效尤，争讼盈庭。主佃交困，皆田则不清所致也。(《皇朝经世文编》卷三一陈道《江西新城田租说》)

民皆不识字而仇恨官长，问官吏贪乎，枉法乎，曰不知；问何以

古代农家生活情景

恨之,则以收钱粮故;问长毛不收钱粮乎,曰吾交长毛钱粮,不复交田主粮矣。(汪士铎《汪悔翁乙丙日记》卷二)

与农夫谈,闻去岁舒家桥张氏殴毙佃户,致毁屋事。(《翁文恭公日记》光绪二十五年五月二十一日)

闻东乡乡民抗租,聚众拆催头并及业主屋,大约由任阳起,渐次将及支塘,深虑成道光。丙午年事。(《翁文恭公日记》光绪二十六年十一月一日)

东乡乡民拆至董浜,富户何姓为平地。(《翁文恭公日记》光绪二十六年十一月二日)

乙、授田

丧乱之后,田多荒芜,乃招民授田,或官给牛种农具,或永不起科,贫农多趋之。

洪武三年六月,谕:……北方近城地多不治,召民耕,人给十五亩,蔬地二亩,免租三年,有余力者,不限顷亩。……官给牛及农具者,乃收其税。额外垦荒者,永不起科。(《续文献通考》卷二《田赋考》)

四川经张献忠之乱,孑遗者百无一二,耕种皆三江湖广流寓之

卷五 明清

人。雍正五年，1727年。因逃荒而至者益众。谕令四川州县，将人户逐一稽查姓名籍贯，果系无力穷民，即量人力多寡，给荒地五六十亩或三四十亩，令其开垦。（《清史稿》卷一二〇《食货志》一）

东南兵火之余，农久失业，光禄少卿郑锡瀛言，国家岁入金约四千数百万，饷糈支耗半之，宜广屯田养兵以节费。寻御史汪朝棨称，各省新复土疆，宜急垦辟。徐景轼亦以修农利、安流徙为言。由是曾国藩于皖，杨昌濬于浙，皆分别土客，部署开荒；而马新贻于苏，刘典于陕，亦汲汲督劝；曾璧光、黎培敬前后于黔，兴屯田之政。（《清史稿·食货志》一）

然开垦甫熟，即课其税，或指为己业，控讦无已，转以升科为弭争唯一善法。

明初，承元末大乱之后，山东、河南多是无人之地。洪武中，诏有能开垦者，即为己业，永不起科。原注：是时方孝孺有因其旷土复古井田之议。至正统中，流民聚居，诏令占籍。景泰六年六月丙申，户部尚书张凤等奏，山东、河南、北直隶并顺天府无额田地，甲方开荒耕种，乙即告其不纳税粮，若不起科，争竞之途终难杜塞。今后但告争者，宜依本部所奏减轻起科则例，每亩科米三升三合，每粮一石科草二束。不惟永绝争竞之端，抑且少助仓廪之积。从之。（顾炎武《日知录》卷一〇"开垦荒地"）

明废藩庄地，自我朝定鼎，势豪侵占，叠告不休，屡行变价，难于清核。先考卢震题请画一，即令现在之人纳粮尽归条编，每亩四分起科，争端永息，至今直隶各省皆照湖南例行。（陈奕禧《春霭堂集》卷一三《卢中丞行状代》）

同治初元，……山东遭教匪之乱，邹、滕诸县田里为墟。三年，1864年。决用移民策，而东昌、临清、兖曹各属，逆产及绝户地，尽没入官。五年，1866年。乃有办理湖团之谕。湖团者，曹、济客民种苏、齐界铜、沛湖地，聚族立团。既而土著归乡，控阋无已。然客垦由官招集，不乏官荒，所占土田不甚广，且讼者非实田户也。于是曾国藩研烛其情，为之驱逐莠户，留其良团，各安所业。（《清史稿·食货志》一）

丙、豪强

豪强侵占田地，首推皇庄。

> 皇庄既立，则有管理之太监，有奏带之旗校，有跟随之名下，每处动至三四十人。其初，管庄人员出入，及装运租税，俱是自备车辆夫马，不干有司。正德元年以来，权奸用事，朝政大坏，于是有符验之请、关文之给，经过州县有廪饩之供，有车辆之取，有夫马之索，其分外生事、巧取财物，又有语言不能尽者。及抵所辖庄田处所，则不免擅作威福，肆行武断，其甚不靖者，则起盖房屋，则架搭桥梁，则擅立关隘，则出给票帖，则私刻关防。凡民间撑驾舟车，牧放牛马，采捕鱼虾螺蚌莞蒲之利，靡不括取，而邻近地土则展转移筑封堆，包打界至，见亩征银。本土豪猾之民，投为庄头，拨置生事，帮助为虐，多方掊克，获利不赀，输之官闱者曾无什之一二，而私囊橐者盖不啻什八九矣，是以小民脂膏吮剥无余。(《皇明经世文编》卷二〇二夏言《查勘报皇庄疏》)

> 查得正德十一年以前，皇庄已有三百八十余处，每处土地动计数千百顷，中间侵占混夺之弊，积袭已非一朝。为厉之阶，实起于奸人欲尽规地利，以媚朝廷；其末流之弊，则坏于势家尽夺产以肥私室。其在官闱者，则中官禁卒旁午肆出，而郡县恣其搔扰；其在勋戚者，则豪奴悍仆肆行威断，而官府莫敢谁何。节经委官查勘，终于患害不除，盖由私人贵戚凭借宠灵，猾少奸徒盘据窟穴，是以积垢宿蠹，莫可爬梳，合势朋计，动行阻挠，此实累朝弊政。(《皇明经世文编》卷八六林俊《查处皇庄田土疏》)

次则藩王宗族及势要奏讨之田，皆不纳钱粮，且侵占邻近之田，多倍原额。

> 照得臣所属五府地方，惟郧阳、汉中未有藩封，而荆襄、南阳皆系分藩之地。有等奸猾棍民，或因争竞不明，或以粮差负累，往往将下户田地，投郡王将军位下，希求厚值，倚借声威，苟图一人目前之利。而各该宗室将田到手，但知收租，不肯纳粮，有司莫敢谁何，里递只得赔赃，实贻通县无穷之害。(《皇明经世文编》卷三四二吴桂芳《条陈民瘼疏》)

六曰禁势要之夺田地。……近年以来，内外贵权之家，往往挟势，不思民间没官空闲田地，俱是起科之数；亦不思前项田地曾拨与民间，既以纳粮当差，辄以朦胧奏讨。该部不行查审明白，却乃依阿曲从，徇情拨予。其下民因见奉旨钦拨，莫敢谁何。其间奏讨五十顷而侵占一百顷者有之，奏讨一百顷而侵占二百顷者有之。况古者一夫，受田百亩，不过一顷，以养八口之家，而又纳赋于其上。今以一人而讨百顷之田，又不纳粮当差，是一人而坐享百顷之利，其可乎哉？自古开国勋臣，亦不过食邑五十户或一百户而已，今其奏讨者不可胜计。且如武清侯石亨，享禄千种，尚称喂马艰难，奏讨田地开种草料，及跟随指挥人等求地盖房。及都督同知王竑才，方升任前职，禄非不厚，却称日食不敷，又奏讨田地二处。又如百户唐兴，奏讨田地不下二三百顷，且唐兴一家，岂能尽种。询访其实，多系在京奸诈之徒，投充家人名色，倚恃势要，威逼侵占，害人肥己，所以怨则归于朝廷，利则归于奸诈。其他奏讨田地者，难以枚举。忍心逆理，莫此为甚！……（《皇明经世文编》卷四五林聪《修灾弭灾疏》）

势宦兼并者尤众，田既膏腴，且概邀优免，一县赋额尽取足于贫瘠之田，胥吏利贫农之无告，益为奸利无所惮。

今袁州一府四县之田，七在严嵩而三在民，在严者皆膏腴，在民者悉瘠薄；在严则概户优免，在民则独累不胜。臣闻百姓苦楚难

古代耕田拓片

支，避散流离者接踵矣。(《皇明经世文编》卷三二九《申逆罪正其刑以彰天讨疏》)

彼以为按地均摊，则地亩额数载在《赋役全书》，难以高下其手，不如门户牌甲牛驴村庄参差不齐，使上司无从考查之为得也。又以为绅民同办则耳目甚周，差费浮加难以强令输纳，不如乡曲小民无知无识，即使不甘，而势孤力薄、不能上控之为得也。于是胥吏得以分肥，豪强得以包揽，使自食其力之小民，仰不足以事父母，俯不足以畜妻子，沾体涂足，终岁勤动而拥挡差钱，有拆屏荡产者，有因此卖妻鬻子者，有因此弃家逃亡者。困苦流离，死而无告，因而盗贼窃发，民不聊生。此关心民瘼者所为痛哭流涕长太息者也。(《皇朝经世文编》卷三三张杰《均徭文》)

语曰，雀胫不如牛髀。近日奸顽里老，比欠止带贫民，不知钱粮逋负，不在荒地而在腴田，不在贫民而在奸富，不在小民而在势豪。(吕坤《实政录》卷四《民务·征收粮税》)

隆见天下士大夫，官无论久暂崇卑，必有华屋接阛阓，良田连阡陌，积货充市肆，僮奴溢街巷，大则兼数百家之产，小亦不下数十家。此货非从天降地出，悉小民之脂膏也。(屠隆《鸿苞节录》卷二《萑语惩贪竞》)

丁、投献

民或苦于科敛，则以田投献于势豪，虽纳私租，可免国税。其中奸徒，往往借势侵渔贫农，甚至己本无田，而诬指他人之田，带投以为利。

民之穷困，不特由于有司之侵渔，亦多迫于势豪之横暴。盖官豪势要之家，其堂宇连云，楼阁冲霄，多夺民之居以为居也；其田连阡陌，地尽膏腴，多夺民之田以为田也。至于子弟恃气陵人，受奸人之投献，山林湖泽，夺民利而不敢言。当此之时，天下财货皆聚于豪势之家，若不严为禁治，小民之害，何时而已也。(《皇明经世文编》卷二五一王邦直《陈愚衷以恤民穷、以隆圣治事》)

凡诡寄投献等禁例，洪武初令，凡民间赋税自有常额，诸人不得于诸王驸马功勋大臣及各衙门妄献田土山场窑冶，遗害于民，违者治罪。十五年令，各处奸顽之徒，将田地诡寄他人名下者，许受寄之家首告，就赏为业。十八年令，将自己田地移丘换段，诡寄他人，及洒

派等项，事发到官，全家抄没。……正统九年奏准，顺天府所属地土有限，今后公侯驸马伯等官在京年久及外夷人员，曾经拨地安插住坐者，不许奏讨田地。(《大明会典》卷一七《户部四·田土》)

　　投充名色，从古所无。……此事起于墨勒根王许各旗收投贫民，为役使之用。嗣则有身家、有土地者，一概投收。遂有积奸无赖，或恐圈地，而宁以地投；或本无地，而暗以他人之地投；甚且带投之地有限，而恃强霸占之弊端百出矣。借旗为恶，横行害人，所投之主原不尽知，但听投充之口护庇容纵，以致御状、鼓状、通状纷争，无不抗租。而豪户下以佃户抗租无米之田上供国家之赋，于是上户亦困；而诸无田不耕之人，又无虑十人而六七，荒形甫见，则徒手待哺之民遍郊野，是故苏松之荒，较甚他郡县。(《皇朝经世文编》卷四三张海珊《甲子救荒私议》)

戊、钱粮

富民则纳贿窜田及丁于势绅之籍，以避粮徭，谓之诡寄。

　　田之不均，生自二豪，贵官多赂，富室多财，颛肥饶之区，擅山泽之利。富民又以余田窜仕籍业，贫民仕者忧力役，贫者代输租，谚

清代冰嬉

中华二千年史

谓"富人家谷，贫者官粟"者也。富则曳丝被绮，侈以相竞，贫者衣食下同犬彘牛马，痛哉！近者有司立法均田，画丘计亩，三品征税。惜其负之胥吏，高下任心，众口称喧，尤为二豪扇摇，欲坏而罢之，旷代而举事，偶喧而废食，惜乎！(《皇明经世文编》卷一五三崔铣《政议》)

且此等人数，杂沓不齐，或市井逃食之辈，或丁多有力之家，以甲姓而影射乙名，以途人而诡充子侄，或一家三四人，或一人三四籍，躲避差徭，贪图粮赏，凭借内府，骄炫乡邻。身不闲艺业，而谓之高手上工；按月办苞苴，而谓应役不缺，弊端百出，难以悉陈。遂致司农乏计，而仓庾告空，有识寒心，而朝廷不觉。(《皇明经世文编》卷一九二郑自璧《裁滥役以节京储疏》)

稽诡诡寄。射射影。之术有二，曰慎优免，曰考寄庄。夫优免，免其本业耳，今则广收富人之财以射利；寄庄，其广布者耳，今则借豪贵之名以隐差。至于投献有例，强占有禁，其法具存也。(朱健《古今治平略》卷一《国朝田赋》)

查得按属各州县编审均徭，俱随各甲内原额丁田挨年编派，其法初未尝不善，但奸欲避重就轻，往往诡寄粮多甲下。而宦豪之家又花分子户，频年告免，更相影射，以致轻重愈失其平，法意盖荡然矣。(《皇明经世文编》卷三五七庞尚鹏《题为均徭役以杜偏累民困事》)

以粮言，豪绅即纳粮亦薄于常农。其买田也，必乘贫民急售之际，限以轻赋，于是贫农售田而留赋，田益狭，赋益重。

奸胥豪索，乘岁久，乱常赋之则，有司为名书，首尾莫之省。贫者敛日众，逃日众，而土日荒。(《皇明经世文编》卷三一三林燫《赠节斋刘公之江西左辖序》)

……盖今天下，田地不均，官民异则，狡猾之胥，豪悍之族，倍力为巧诈，飞走千形，秽诡万状。派于见在，谓之活洒；藏于逃绝，谓之死寄；分于子户，谓之带管；留于卖主，谓之包纳。有推无收，有总无彻，倏忽变幻，鬼不得而原也。至于富人，惮于征徭，割数亩之产，加数倍之赋，无直以免贫民。贫民逼于穷蹙，持难售之田，苟速售之利，减赋以邀富室。广狭轻重，杂乱混淆，富者田广而赋反轻，贫者田狭而赋反重；富者有公侯之资，贫者为狗彘之食。此所流

徒遍山林，而盗贼难禁也。(《皇明经世文编》卷三六六叶春及《较赋税因地定赋》)

山阴、会稽、萧山诸县完纳钱粮，向有绅民户之分，每正耗一两，绅户仅完一两六分至一两三四钱而，止民户则有完至二千八九百文或三四千文者。(《皇朝经世文续编》卷三○左宗棠《核减绍属浮收钱粮疏》)

以徭言，明初定制，每十年则里书造册，田多者为里长，任徭役，田少者为花户；又造鱼鳞册，以稽田额，法颇缜密。年久，田多易主，册遂漫漶，不可稽。富者贿里书，捏立户名，谓之鬼户；以己田分隶其下，谓之飞洒。又有活洒、死寄、畸零、带管、悬挂、掏回、包纳、寄庄诸名色，使田数锐减。贫民反以田多充里长，应重徭。

鱼鳞册岁久漫漶，至亡失不可问。而田得买卖，粮得过都图，赋役册独以田从户。其巨室置买田产，遇造册，贿里书，有飞洒见在人户者，名为活洒；有暗藏逃绝户纳者，名为死寄；有花分子户不落眼者，名为畸零、带管；有留在卖户全不过割者，有过割一二石为包纳者，有全过割不归本户者；有有推无收、有总无彻名为悬挂、掏回者；有暗袭京官方面进士举人脚色捏作寄庄者。(蔡方炳《广治平略》卷一七《田赋篇》)

至钱粮包揽飞洒，以致历年拖欠，亦由户名不清，村庄不顺。所以里长虽行禁革，而变为圩头、图总、甲首种种名色，甚且有袷监吏胥暗占为缺者。盖浙俗粮册并无的姓的名，或子孙分析，承用诡名，至辗转授受，又联合数姓报作一户，因而互相推诿，并不知为何人；或投托豪户名下代纳，任其侵蚀，无从稽考。又或一户之粮数人应交，而散居各处，别乡之人置产此地，而相隔窎远，于是滚单不能挨送，不得不用一熟悉根柢之人，令其查造传催。伊等既操其权，遂致从中舞弊。若按保甲之实户，问田产之坐落，以田产之的名，编行粮之图甲，挨庄顺序，户户可稽，则钱粮何从诡寄，抗欠何难追比乎？(《皇朝经世文编》卷二九徐鼎《请稽保甲以便征输疏》)

一曰清户、柱、至、到，有田在山乡而粮在湖乡者，有东乡之人买西乡之田，而粮仍拨入东乡者，有一粮户而数十花名者，有一两钱粮而分立数名者，其意欲混入积淹之册、希图蠲缓也，欲避大户之名

乘坐轿子的清代富家子弟

而巧卸差徭也，更欲避堤头圩头之举而深畏相累也。更有田已典当而未杜卖过户，及催收钱粮，问之田主，田主曰已典当与某；问之当主，曰并未杜卖，仍须田主完粮，彼此相推，几乎无可捉摸。种种诡弊，皆逃亡故绝之源也。(《皇朝经世文续编》卷三〇胡林翼《札各州县论钱漕吏胥》)

粮多者为富民，粮少者为贫民。今富者既多幸脱，承差者俱属穷黎，或逃或欠，下累里甲，上碍考成。(《皇朝经世文编》卷三〇曾王孙《勘明沔县丁银宜随粮行议》)

夫里甲十年一定，田多佥里长，田少为花户，固矣。浙省各属，有等奸顽富民，串通本里册书，每于编审之年，捏立鬼户，飞洒田数，少者四五亩、五六亩不等，多不及十亩而止。田数既已无多，重役便已漏脱，及至临审缺额，反将贫民瘠产串立应充。是田多者以花分而得卸担，田少者以愚实而应重差。是皆册书舞弊，以致苦乐不均。(《皇朝经世文编》卷三〇柯耸《编审厘弊疏》)

衙门吏书舞文坏法，或变乱丁粮，或洗改图册，或重轻罪名，或要索人犯；皂快下乡，或添帮挂搭，或拷掠良民，或骗诈货财，或凌辱妇女。(吕坤《实政录》卷三《民务·有司杂禁附》)

此其弊莫甚于丁，而丁之害莫甚江以北淮以南。何者？区方百里以为县，户不下万余，丁不下三万，其间农夫十之五，庶人在官与士夫之无田及逐末者十之四，其十之一则坐拥一县之田，役农夫尽地利，而安然食租衣税者也。举一县之丁课，征什一于富民，宽然则有

卷五 明清

余，其十之九，非在官则士夫也，否则逐末者也，其最下则农夫之无田者也。彼既以身役于官，焉能复办一丁；士夫既委身朝廷，亦当不附此例；逐末者贸迁无定，且骫于法外，以求幸免；势必以十九之丁，尽征之无田之贫民而止。贫民方寄贪于富民之田，值丰岁，规其赢羡以给妻子，日给之外，已无余粒；设一遭旱潦，尽所有以供富民之租，犹不能足，既无立锥以自存，又鬻妻子为乞丐，以偿丁负。为吏者上格于国课，下迫于考成，且为剜肉补疮之计，鞭棰囚系，忍见其转死流亡。故逋赋愈多，而贫民愈困。（《皇朝经世文编》卷三〇盛枫《江北均田说》）

粮赋之外，又有实物之赋，所取无方，惟吏所需。徭役之外，又有工徒之役，挑河供车，惟吏所使，又有坐派、加派、加耗种种名目。苏常田赋本重，民尤苦之。及新谷上场，又敛银为赋，非田所出，农民必贱售其谷以纳租。

今日之农，不苦于赋，而苦于赋外之赋；不苦于差，而苦于差外之差。何谓赋外之赋？即如江南扬州府属，国家正赋每亩二钱四分五厘零，田有高下，约数亩折一亩，每亩纳银不过四五分，其取之于民者，固有定则矣。今也不然，船厂炮厂须用铁，则赋；筑河堤须用夯木，则赋；决口卷扫须用稻草，则赋；下桩须用柳，则赋；扎扫须用白麻，则赋。夫民以其土之所有为上用，犹易办耳，若采铁于不出铁之乡，责麻于不产麻之地，旱暵草枯，水涝木坏，徒肆苛索，只费缗钱，或倍价以相鬻，或干折以幸免，岁凡数供，追呼不息。此苦于赋外之赋也。何谓差外之差？国家《赋役全书》，定为经制，是赋中已兼有役。今臣见扬州府江都县，每岁一里贴浅夫工食银二十四两，则田已役其二矣。顷河流溃决，复按亩起夫，则田已役其三矣；挑河夫之外，又有帮工夫，则田已役其四矣。四役之不已，而又有所谓庄差。庄差者，取之耕田之穷农也。农夫代人出力以耕田，其所耕之田，即里地已起差之田也。在里地起差者此田，今起庄差者亦此田，即令田系农夫所自有，而田已在里地起差之内，若更加以庄差，不一田而二差也哉。自庄差之名一设，则有供十船之害，有供十筹土基之害，有供车辆之害。卖妻鬻女，尚不足以应其求；敲骨擢筋，惟恐不获终其役。嗟此疲劳告瘁之民，即我皇上捐朌啜哺之民也。差一及身，进无

以邀廪饩，退不能就粥糜，有转死沟壑已耳。此苦于差外之差也。(《皇朝经世文编》卷二八许承宣《赋差关税四弊疏》康熙十九年)

方今山林川泽，悉入征输，夏税秋粮，各有岁额，舳舻千里，飞挽穷年，其所以充边储而供国用者，既有成规矣。频年以来，倭虏为患，此外复有坐派加派之名，养马养兵之费，而当事臣工，权宜议处，至于赃罚商税寺产事例度牒引钱，所以搜括之者亦既无不尽矣。(《皇明经世文编》卷三六七李邦义《足国裕民疏》)

自唐宋来，天下赋江南居十九，浙东西居江南十九，而苏、松、常、嘉、湖又居浙东西十九，实当江南州府县之半。盖由平吴之日，籍诸豪族田没入官，而按其家入私簿为税额征，意独以示惩。后三年，而苏逋税至三十余万。……于是创为平米法，官民田亩皆画一加耗。(朱健《古今治平略》卷一《国朝田赋》)

今来关中，自鄠以西，至于岐下，则岁甚登、谷甚多，而民且相率，卖其妻子，至征粮之日，则村民毕出，谓之人市。问其长吏，则曰：一县之鬻于军营而请印者，岁近千人，其逃亡或自尽者，又不知凡几。何以故？则有谷而无银也，所获非所输也，所求非所出也。(顾炎武《亭林文集》卷一《钱粮论》上)

收粮时，胥吏因缘为奸，开仓坐派，催科收解，无不丛弊。

地粮诡寄何以收归一人，欺隐何以查复原额，荒闲之地何以勘实，死逃之丁何以除补？(吕坤《实政录》卷三《民务·有司杂禁附》)

今也贵贱不均，升撮未确。豪猾通积书而增升减合，里老瞒官府而卖富差贫。数亩之田，差名种种，一人之税，赤历纷纷，官不得其要领，民不知其精详。甚者暗增千百，十诡二三，此坐派之奸也。里老赚收，花户重纳，花户逋慢，大户包赔。差催人众，则钱粮止足供贿赂之资；地户星居，则里排日疲于奔走之役。比限不分多寡，一体鞭扑；豪猾竟不到官，专责下户。或死丁荒地逼见在摊包，或诡隐田粮致甲中受累，则催科之混也。民间辗办粜卖为多，律法征收定于熟

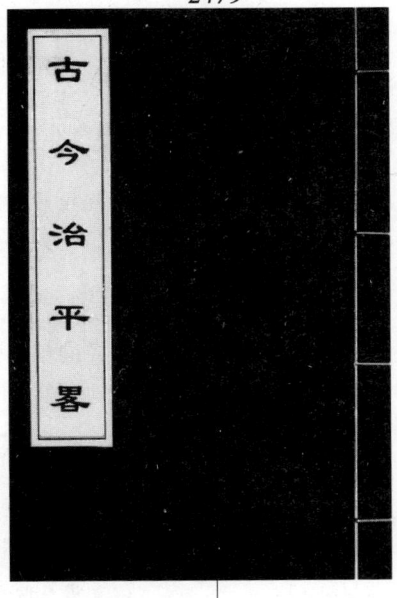

卷五 明清

月,今有司无有不催科矣。虽各项差粮日用刻期,而青黄不接势必称贷。又有司终年比较,里老终年催征,花户终年办纳,大户终年坐柜,则开仓之害也。及纳银到官,垂涎于大户之多收者,巧名取派;借口于有司之需索者,横肆增添,有暗加一明加二者。既重取于小民又轻给于解役,甚者无银而空文起解,或经岁而不问批收,此收解之弊也。其他编审头役或倾人之家,耗费里甲或逼人之命,累苦者独不见知,奸巧者公然得志。(吕坤《实政录》卷六《风宪约·宪纲十要》)

其径纳粮料者,多方刁揩,必餍其欲。

弘治以后,……各款粮料,……俱令小民运送内府。以故内官军校视彼为奇货,多方刁揩,百计需求,有白粮一石加至二三石,乃能上纳;各项物料倍出三四百两,始得批回。解粮之人,费逾常数,不得不称贷赔纳,轻则荡产,重则丧身,虽有禁例,谁敢与内臣抗辩。(《皇明经世文编》卷三六七王得春《撼明诏罄愚衷疏》)

己、逃户

农民不胜重敛,弃田而逃,吏则以逃者之赋,摊于留者,以足其额。留者赋愈重,逃者日愈多。

一里百户,一岁之中,一户惟出一户税可也。假令今年逃二十户,乃以二十户税,摊于八十户中,是四户而出五户税也;明年逃三十户,又以三十户税,摊于七十户中,是五户而出七户税也;又明年逃五十户,又以五十户税,摊于五十户中,是一户而出二户税也。逃而去者遗下之数日增,存而居者摊与之数日积,存者不堪,又相率以俱逃,一岁加于一岁,积压日甚,小民何以堪哉!非但民不可以为生,而国亦不可以为国矣。为今之计奈何?曰:李渤谓尽逃户之产税,不足者免之,是固然矣。然民虽去而产则存,宜斟酌具为常法,每岁十月以后,诏布政司委官一员,于所分守之地亲临州县,俾官吏里胥各具本县本里民数,逃去开除者若干,移来新收者若干,其民虽逃,其产安在,明白详悉开具,即所收以补所除,究其产以求其税。若人果散亡,产无踪迹,具以上闻,核实除免。如李渤所言,绝摊逃之弊。(邱濬《大学衍义补》卷二二)

凡逃户,洪武二十三年,令监生同各府州县官,拘集各里甲人

等，审知逃户，该县移文，差亲邻里甲于各处起取，其各里甲下或他郡流移者，即时送县，官给行粮，押赴原籍州县复业。永乐十九年，舍原籍有司覆审逃户，如户有税粮，无人办纳，及无人听从军役者，发回。其余准于所在官司收籍，拨地耕种，纳粮当差，其后仍发回原籍；有不回者，勒于北京为民种田。(《大明会典》卷一九《户部》六《户口一》)

臣见自今年以来，差繁赋重，财尽民穷。……丁户已绝，尚多额外之征；田土虽荒，犹有包摊之累。里甲浪费，而日不聊生；刑罚过严，而肌无完肤。民不能堪，往往流转他处，以全性命。(《皇明经世文编》卷二五一王邦直《陈愚衷以恤民穷、以隆圣治事》)

迨至宣德、正统、天顺、成化年间，民困财竭，一遇大荒，流移过半。上司不知行文，有司不行招抚，任彼居住，诡寄附籍，南方州县多增其里图，北方州县大减其人户，军匠消耗，率由于此。年远者卒难得回，近逃者尚可招抚。若不申明旧制，着实举行，诚恐数十年后，逃移税粮并于见在人户赔纳，日加困苦，无以聊生，诚非治道之所宜也。(《皇明经世文编》卷六二马文升《抚流移以正版籍疏》)

以今日言之，荆襄之地田多而人少，江右之地田少而人多，江右之人大半侨寓于荆湖。盖江右之地力所出，不足以给其人，必资荆湖之粟，以为养也。江右之人群聚于荆湖，既不供江右公家之役，而荆湖之官府亦不得以役之焉，是并失之也。臣请立为通融之法，凡江右之民寓于荆湖，多历年所、置成产业者，则名以税户之目；其为人耕佃者，则曰承佃户；专于贩易佣作者，则曰营生户。随其所在，拘之于官，询其所由，彼情愿不归其故乡也，则俾其供词，具其邑里，定为板册，见有某人主户，见当某处军匠，明白详悉，必实毋隐。然后遣官赍册，亲诣所居，供报既同，即与开豁所在郡邑，收为见户，俾与主户错居共役，有产者出财，无产者出力。如此通融，两得其便。(《皇明经世文编》卷七二邱濬《江右民迁荆湖议》)

万历时，通行一条鞭法，人民称便。

而征一法、一条鞭、纲银诸法，……异名而同实，民咸称便。征一法者，都御史欧阳铎抚南畿时督储法也。铎督十郡粮储，曰，吾不虞他七郡，独虞苏、松、常，而最甚者苏。夫苏漕饷天下半，即不裕

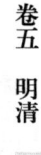

当如国计何？厥田虽有上下，然独伯季耳，季亩仅五升，而伯至十五倍之，如苏何？既而曰：版籍粮亩业不可擅变，而加耗岁会固巡抚之所职也。昔周文襄据田以行法，吾当因法以补田，令府州县各总其亩之额，而丈量田以正亩，括其征米征银之凡，而计亩均输之。乃请于帝，科则不易其旧，而比其最重者与其最轻者，稍以耗损益推移之，重而不能尽损者，为递减耗米派轻赉折除之，以阴见轻；轻而不能加益者，为征本色递增耗米加乘之，以阴见重。诸推收田者从圩不从户，田为母，人为子，奸巧无所容，而逃窜渐复。又舍民岁以田出缗钱雇役，毋得仍十年前之旧，裁省邮置滥费，定收约例，凡数十百条。与苏郡守王仪推行之，日征一法，于是诸郡粮虽不得减而得均，纲银举民间应役岁费，丁四粮六，总征之在官，法易知不繁，犹网有纲，一举而尽也。一条鞭法者，通州县一岁中，夏税秋粮存留起运额若干，均徭里甲土贡雇募加银额若干，通为一条，总征而均支之也。其征收不输甲，通一县丁粮均派之，而下帖于民，备载一岁中所应纳之数于帖，而岁分六限纳之官。其起运完输若给，皆官府自支拨，大都不杂出名色，吏无所措手。人知帖所载，每岁并输，可省粮长收头诸费，利固不可胜言矣。（蔡方炳《广治平略》卷一七《田赋篇》）

清康熙五十年，定丁额后，不复加丁赋。雍正时摊丁入亩，通谓地丁，民始免徭役之苦。

丁口之输赋也，其来旧矣。至我朝雍正间，因各疆吏奏请，以次摊入地亩，于是输纳征解，通谓之地丁，或曰丁随地起。……我朝丁徭素薄，自康熙五十年定丁额之后，滋生者皆无赋之丁。凡旧时额丁之开除既难，必本户适有新添可补，则转移除补，易至不公。惟均之于田，可以无额外之多取，而催科易集。其派丁多者，必其田多者也；其派丁少者，亦必有田者也。保甲无减匿，里户不逃亡，贫穷免敲扑，一举而

雍正帝像

数善备焉。(王庆云《熙朝纪政》卷三《纪丁随地起》)

然官吏之不肖者,仍有加粮之事,时酿巨案。清末四川东乡案,其著者也。

光绪初,四川有东乡县抗粮案。知县孙定扬每钱粮一两加收制钱三百文,乡民袁腾蛟纠众抗粮,定扬以叛案报省,护督文格命署川东镇总兵李有恒往剿,有恒滥杀无辜多命。腾蛟数次京控,后经总督丁宝桢结案,孙、李二人遣戍。张之洞前为四川学政时,按试绥定,生童皆不作文而诉冤状,故之洞知其事甚稔,至是乃出弹章谓滥杀由于报叛,报叛由于抗粮,抗粮由于加赋,一时传诵,之洞由此显名,以至大用。朝命恩承、童华往四川查办,改处孙、李皆斩。予童时曾见钞本《东乡案》一厚册,今不忆作何语矣。恩、童兼查御史指参宝桢官盐、都江堰机器等事,得贿十六万金,文格、宝桢处分皆轻。未几,阎敬铭特参恩、童沿途需索有据,亦遭严议,阎盖为宝桢报复也。(《松堪小记》)

(二)工业
甲、工人
【百工】

百工制器,自人常日用以至美术品,多自货卖,所谓百工居肆是也。或居家或负担以觅售,非兴贩而实兼商,其数远过于行商。

今天下财货聚于京师,而半产于东南,故百工技艺之人,亦多出于东南,江右为夥,浙、直次之,闽、粤又次之,西北多有之,然皆衣食于疆土,而奔走于四方者亦鲜矣。今辇毂之下,四方之人咸鳞集焉。其在官者,国初以工役抵罪,编成班次,有五年、四年一班者,有三年、二年、一年一班者,其造作若干,成器若干,廪饩若干,皆因其多寡大小而差等之,精粗美恶亦然,此其大率也。自后工少人多,渐加疏放,令其自为工作,至今隶于匠籍。若闾里之间,百工杂作,奔走衣食者尤众,以元勋、国戚、世胄、貂珰,极糜穷奢,非此无以遂其欲也。(张瀚《松窗梦语》卷四《百工纪》)

工艺之家,男女或尽弃耕织不务,而施奇技淫巧,为服用之物,以渔厚利,纵多费工力,而无益于实用,农夫竭一家之利者,或不足

以当其一夫之获；积一岁之收者，或不足偿其一旦之售。（《皇明经世文编》卷一二王叔英《资治策疏》）

竹与漆与铜与窑，贱工也。嘉兴腊竹王二之漆竹，苏州姜华雨之筝篆竹，嘉兴洪漆之漆、张铜之铜，徽州吴明官之窑，皆以竹与漆与铜与窑名家起家，而其人且与缙绅先生列坐抗礼焉。（张岱《陶庵梦忆》卷五《诸工》）

吴中绝技，陆子冈之治玉，鲍天成之治犀，周柱之治嵌镶，赵良璧之治梳，朱碧山之治金银，马勋、荷叶李之治扇，张寄修之治琴，范昆白之治三弦子，俱可上下百年，保无敌手，但其良工苦心，亦技艺之能事。（张岱《陶庵梦忆》卷一《吴中绝技》）

南京濮仲谦，……技艺之巧，夺天功焉。其竹器，一帚一刷，竹寸耳，勾勒数刀，价以两计。然其所以自喜者，又必用竹之盘根错节，以不事刀斧为奇，则是经其手略刮磨之，而遂得重价，真不可解也。仲谦名噪甚，得其款，物辄腾贵。（张岱《陶庵梦忆》卷一《濮仲谦雕刻》）

雍正元年1723年。五月戊戌，谕，……山西平定州等处，山多田少，粒食恒艰，小民向赖陶冶器具，输运直省易米，以供朝夕。（《清世宗实录》卷七）

湖南之邵阳、武冈、慈利、安化、永定等州县铁矿，俱系各该居民农隙自刨，以供农器，间有产铁旺盛之芷江县，挑往邻邑售卖。（《皇朝文献通考》卷三十《征榷考》）

一妇之手，岁可断百匹，……一亩之桑，获丝八斤，为绸二十四；夫妇并作，桑尽八亩，获丝六十四斤，为绸百六十四。严氏故有土一亩，易桑损十五，以食三口，岁余半资。（《皇朝经世文编》卷三七唐甄《惰贫》）

查江南苏、松两郡，最为繁庶，而贫乏之民，得以俯仰有资者，不在丝而在布。女子七八岁以上，即能纺絮，十二三岁即能织布，一日之经营，尽足以供一人之用度而有余。（《皇朝经世文编》卷三六尹会

一《敬陈农桑四务疏》)

常郡五邑，……棉布之利，独盛于吾邑。无锡……乡民食于田者，惟冬三月，……春月则阖户纺织，以布易米而食，家无余粒也。……及秋稍有雨泽，则机杼声又遍村落，抱布易米以食矣。故吾邑虽遇凶年，苟他处棉花成熟，则乡民不致大困。(黄印《锡金识小录》卷一《力作之利》)

江南膏腴之壤，植木棉，女红惟布为多，……而织妇最为勤苦，碾弹纺绩，工亦劳矣，而一布之值，不敌匹帛之什一，工多利少，不足以供口食，季女斯饥，良不免矣。(《皇朝经世文编》卷三七郭起元《布帛赢缩说》)

松有劳纴之利，……功归女子。……晓星芒芒，夜灯煌煌，人在睡乡，非官非商，万机齐张，哑哑似语，咿咿是诉，声苦心宽，明日卖布，……绚棕十尺，赢钱一百，积一机之勤，疲一女之力，月可取布三十丈焉。(《皇朝经世文编》卷二八《钦善松问》)

【官工匠】

隋唐工以番上，明谓之班匠。初以罪人为之，继则班选天下匠人，入都输作，编为匠籍，子孙亦得应试仕宦。后以人苦匠役，改为征银以代役。

凡输班人匠，洪武十九年，1386年。令籍诸工匠，验其丁力，定以三年为班，更番赴京，输作三月，如期交代，名曰输班匠。仍量地远近，以为班次，置勘合给付之，至期赍至部，听拨免其家他役。(《大明会典》一八九《工部》)

洪武二十六年，1393年。定凡天下各色人匠，编成班次，轮流将赍原编勘合为照上工，以一季为满，完日随即查原勘合及工程，明白，就便放回，周而复始。如是造作数多，轮班之数不敷，定夺奏闻，起取撮工。本户差役，定例与免二丁，余丁一体当差。设若单丁重役，及一年一轮者，开除一名，年老残疾户无丁者，相视揭籍，明白。疏放其在京各色人匠，例应一月上工一十日，歇工二十日，若工少人多，量加歇役，如是轮班各匠，无工可作，听令自行趁作。又奏准，照诸司役作繁简，更定班次，率三年或二年轮，当给与勘合，凡二十三万二千八十九名，计各色人匠一十二万九千九百八十三名。(《大明会典》卷一八九《工部》)

轮班人匠简表

班期	匠色	名数	备注
五年一班	木匠	三万三千九百二十八名	
	裁缝匠	四千六百五十二名	
四年一班	锯匠	九千六百七十九名	
	瓦匠	七千五百九十名	
	油漆匠	五千一百三十七名	
	竹匠	一万二千七百八名	
	五墨匠	二千七百五十三名	
	妆銮匠	五百七十三名	
	雕銮匠	五百二名	
	铁匠	四千五百四十一名	
	双线匠	一千八百九十九名	
三年一班	土工匠	一千三百七十六名	
	熟铜匠	一千二百四名	
	穿甲匠	二千五百七名	
	搭材匠	一千一百一十二名	
	笔匠	一百二十名	
	织匠	一千四十三名	
	络丝匠	二百四十名	
	挽花匠	二百九十一名	
	染匠	六百名	
二年一班	石匠	六千一十七名	
	舱匠	九千三百六十名	
	船木匠	一万五千六名	
	箬蓬匠	四百七十七名	
	橹匠	三十九名	
	芦蓬匠	二十二名	
	戗金匠	五十四名	
	绦匠	一百四十九名	
	刊字匠	一百五十名	
	熟皮匠	九百九十二名	
	扇匠	六十六名	
	毡灯匠	七十五名	
	氆匠	二百九十九名	
	毯匠	一百五十八名	
	卷胎匠	一百九名	
	鼓匠	一百二名	
	削藤匠	四十八名	
	木桶匠	九十四名	

续表

班期	匠色	名数	备注
二年一班	鞍匠	一十三名	
	银匠	九百一十四名	
	销金匠	五十九名	
	索匠	二百五十五名	
	穿珠匠	一百四名	
一年一班	表背匠	三百一十二名	
	黑窑匠	二千三百七十三名	
	铸匠	一千六十名	
	绣匠	一百五十名	
	蒸笼匠	二十三名	
	箭匠	四百二十一名	
	银硃匠	八十四名	
	刀匠	一十二名	
	琉璃匠	一千七百一十四名	
	锉磨匠	一千一百二十五名	
	弩匠	一百一十二名	
	黄丹匠	二十二名	
	藤枕匠	三十四名	
	刷印匠	五十八名	
	弓匠	一百六十二名	
	镞匠	四十六名	
	缸窑匠	一百九名	
	洗白匠	三十名	
	罗帛花匠	六十九名	

宣德元年1426年。诏，凡工匠户有二丁、三丁者留一丁，四丁、五丁者留二丁，六丁以上者留三丁，余皆放回。俟后更代，单丁量年久近，次第放回；残疾老幼及无本等工程者，皆放回。(《大明会典》卷一八九《工部》)

凡班匠征银，成化二十一年，1485年。奏准，轮班工匠，有愿出银价者，每名每月，南匠出银九钱，免赴京，所司赍勘合，赴部批工；北匠出银六钱，到部随即批放，不愿者仍旧当班。(《大明会典》卷一八九《工部》)

弘治十八年1505年奏准，南北二京班匠，自弘治十六年编填勘合为始，有力者每班征银一两八钱，遇闰征银二两四钱，止解勘合到

部，批工领回给散。无力者每季连人匠勘合解部，投当上工，满日批放。如无勘合者，虽纳匠价，仍解人赴部，查理勘合下落。其已征在官匠价，尽行解部，若有存留，那前补后，计赃论罪，年终通将征解过数目，造册奏缴。(《大明会典》卷一八九《工部》)

嘉靖四十一年，1562年。题准行各司府，自本年春季为始，将该年班匠，通行征价类解，不许私自赴部投当，仍备将各司府人匠总数查出，某州县额设若干名，以旧规四年一班，每班征银一两八钱，分为四年，每名每年征银四钱五分。算计某州县每年该银若干。抚按官督各州县官。各年征完类解，不许拖欠。年终造册类缴，分别已未完等第参究。计各省府班匠，共一十四万二千四百八十六名，每年征银六万四千一百一十七两八钱。(《大明会典》卷一八九《工部》)

各省府班匠征银简表

地域	班匠额	征银额
浙江	三万九千五百四十六名	一万七千八百两六钱五分
河南	一万八千四名	四千五百九十八两五钱
山东	二万二千三百六十二名	一万七十两五钱五分
山西	一万六千二百一名	七千二百七十九两二钱
陕西	一万六百八十五名	四千七百六十两六钱五分
应天府	二千五百九十五名	一千一百六十七两七钱五分
苏州府	八百八十四名	三千九百七十八两
松江府	四千二百八十六名	一千九百二十八两七钱
常州府	二千一百二十名	九百五十四两
镇江府	一千七百八十九名	八百五两五分
徽州府	三千六十六名	一千三百七十九两七钱
宁国府	一千二百二十八名	五百五十二两六钱
池州府	四百七十八名	二百一十五两一钱
太平府	一千六百八十一名	七百五十六两四钱五分
安庆府	二千七十五名	九百三十三两七钱五分
广德府	八百五十一名	三百八十六两一钱
庐州府	二千一百一名	九百四十五两四钱五分
凤阳府	一千六百四十一名	七百三十八两四钱五分
淮安府	一千九百五十九名	八百八十一两五钱五分
扬州府	二千四百二十名	一千八十九两
徐州	九百四名	四百六两八钱
滁州	五十六名	二十五两二钱

续表

地域	班匠额	征银额
和州	一百五十六名	七十两二钱
顺天府	一千六百一十四名	七百二十六两三钱
永平府	三百四十名	一百五十三两
保定府	九百七十一名	四百三十六两九钱五分
河间府	四百名	一百八十两
顺德府	二百三十四名	一百五两三钱
广平府	二百四十三名	一百九两三钱五分
真定府	八百二名	三百六十两九钱
大名府	七百一名	三百一十五两四钱五分
附记	湖广、四川、两广、云贵、福建、江西各省班匠，隶南京工部，凡南京工部各色班匠，江西布政司起送三万九千五百五十五名，湖广一万三千二百四十四名，福建六千八百九十六名。	

凡住坐人匠，永乐间，设有军民住坐匠役。(《大明会典》卷一八九《工部》)

洪武二十四年，1391年。令工匠役作内府者，量其劳力，日给钞贯。永乐十九年，1421年。令内府尚衣、司礼、司设等监，织染、针工、银作等局，南京带来人匠，每月支粮三斗，无工住支。(《大明会典》卷一八九《工部》)

宣德九年，1434年。令内官监工匠，月支粮五斗，上工之日，光禄寺仍给饭食。……景泰元年，1450年。令在京各监局及各厂上工军匠，光禄寺不关饭者，月支米一石，关饭者五斗。三年，1452年。令兵仗局攒造军器，军匠仍支米五斗，民匠四斗。天顺元年，1457年。令司设监各色军匠，月支米五斗。(《大明会典》卷一八九《工部》)

成化九年，1473年。令高手人匠，行锦农卫镇抚司带管，月支粮一石，岁给冬衣布花，送监上工，仍于光禄寺日支粳米八合。(《大明会典》卷一八九《工部》)

清初，首除匠籍，征银改入条编，需用官匠各给工资。

顺治二年，1645年。题准，除豁直省匠籍，免征京班匠价十五年，1658年。议准，京班匠价仍照旧额征解。康熙三年，1664年。定班匠价银，改入条编内征收。(《大清会典事例》卷九五二《工部》)

监匠役，内务府存留外，其余工匠仍隶工部。(《大清会典事例》

卷九五二《工部》)

雍正元年，1723年。题准实在存留各项食粮匠役定额，营缮司木匠、锯匠、石匠、瓦匠、土作匠、五墨匠、油匠、钉铰匠、雕銮匠、菱花匠、铜丝网匠、桶匠各二名，搭材匠四十二名，琉璃匠十有五名，裱匠、铸匠各一名，每名月支米七斗五升；铁匠一名，月支米三斗；木仓夫、马圈夫各二名，马馆夫一名，张家湾木厂夫八名，每名月支米三斗，每斗折银一钱三分；今增黄布城库丁四名。虞衡司军器火药局首领二名，每名月支米一石，折银一两三钱；安民厂库丁四名，濯灵厂库丁十名，盔甲厂库丁一名，每名月支米三斗；安定门左翼炮局库丁六名，德胜门右翼炮局库丁六名戊、丁二库库丁各二名，军需库库丁八名，每名月支银五钱，网匠六名，木匠三名，东珠匠二名，裁缝匠一名，每名月支米七斗五升；养马人役九名，每名月支银四钱五分，米九斗；都水司裱匠、丝网匠各三名，刻字匠、刷印匠、车子匠各二名，刻石匠、楠相木匠、灯匠、染纸界画匠各一名，采子匠八名，裁缝匠六名，每名月支米七斗五升；窖役四十名，每名月支米五斗；库役一名，渡船夫十有六名，每名月支米三斗；

清代百工图：修造轮舆

中华二千年史

轿夫二十名，每名月支米七斗五升；屯田司作管八名，每名月支米五斗，银一两；西厂巡役二名，南厂巡役六名，每名月支米三斗；宾源局皂隶三名，余丁二十名，每名月支米三斗；节慎库库丁二十名，月支银五钱。以上工匠夫役银米，皆咨户部按册给发。（《大清会典事例》卷九五二《工部》)

雍正元年，1723年。定各项匠役每工给银一钱八分，冬月给银一钱四分，夫役仍旧。又定各项食粮匠役，遇有工程，每日支银七分。三年，1725年。定食粮工役，遇有工程，日文银六分。以上匠役工价，每银一两折给制钱千文。（《大清会典事例》卷九五二《工部》）

乾隆元年，1736年。议准各匠工价，旧例长工每日给钱百八十文，短工给钱百四十文；今核定无论长短工，给钱百五十四文。搭材匠，长工每日给钱百七十文，短工给钱百四十文；今无论长短工，给钱百四十文。夯硪夫，旧例日给钱百三十文，今核定给钱百文。壮夫，长工日给钱八十文，短工日给钱六十文；今无论长短工，给钱七十五文。食粮匠，照旧日给钱六十文。（《大清会典事例》卷九五二《工部》）

乙、工之组织

【行】

明清记载行作者少，然宋明相去不远，吴自牧《梦粱录》所列团行名称，有至今未改者，知数百年间风俗变动甚少。约束同业者谓之行规，由行定价者谓之行市，聚众要求增加工资者谓之齐行。齐行之名，其来甚早，今尚有之。手艺人之会所则通称为行会。

工役之人或名为作分者，……又有异名行者，如……钻珠子者名曰散儿行，做靴鞋者名双线行。（吴自牧《梦粱录》卷一三"团行"）

凡顾倩人力及干当人，如解库、掌事、贴窗、铺席、主管、酒肆食店博士、铛头、行菜、过买、外出、醤儿、酒家人师公、大伯等人；又有府第宅舍，内诸司都知、太尉、直殿、御药、御带、内监寺厅分、顾觅大夫、书表司厅子、虞候、押番、门子、直头轿番、小厮儿、厨子、火头、直香灯道人、园丁等人；更有六房院府判提点，五房院承直太尉，诸内司殿管判司幕士、六部朝奉、顾倩私身轿番、安童等人，或药铺要当铺郎中、前后作药生作、下及门而铺席、要当铺

广州十三行铜版画

里主管后作,上门下番当直安童,俱各有行老引领。如有逃闪将带东西,有元地脚保识人前去跟寻。如府宅官员豪富人家,欲买宠妾、歌童、舞女、厨娘、针线供过、粗细婢妮,亦有官私牙嫂,及引置等人,……或官员士夫等人,欲山路、还乡、上官、赴任、游学,亦有出陆行老,顾倩脚夫、脚从,承揽在途服役,无有失节。(吴自牧《梦粱录》卷一九"顾觅人力")

甚矣工人之贫也,时钱贱物价贵,工人倡为齐行,所争者微,所聚者众。(周晖《琐事剩录》卷四"工人齐行")

当慈禧太后垂帘听政之时,网罗珠玉,多不胜计,是为玉器业务全盛时期,而行会创立即始于此。玉器行供有祖,师系一道士,称为邱祖,相传能捏玉如面,可作任何形状,故奉之为祖师。(《北平市工商业概况·玉器业》)

关于建筑各厂商之团体组织,在从前乾嘉年间曾有鲁班会。(《北平市工商业概况·建筑业》)

平市成衣铺,……凡挂"成衣"二字招牌者,皆承做中式衣服。……组有成衣行会,以三皇为祖师,往者每年开会时,……公议行规。(《北平市工商业概况·成衣业》)

北平操绦带业者,……于乾隆年间即已立有行会,每年旧历三月十五日,同行各家必集会一次,以为盛举。(《北平市工商业概况·

涤带业》）

当前清时，都中较大之香烛店，均自设有工厂，制造香烛，……此业向有行会。（《北平市工商业概况·香烛业》）

明嘉靖、万历间，苏州织工及浮梁陶工之变，皆佣工所首倡。

葛贤者，昆山人，以织缯赁工于郡城。辛丑万历二十九年。六月，有奸民具呈于孙税监曰：愿立新法，凡缯之出市者，每匹纳银三分，方许市，某等愿效力，司其事，列于富室，贷重资行贿于税监。计垂成，税监已出市，行有日矣，众织工及市缯家皆苦之，莫可为计。贤挺身曰：吾当为首，为吴民剿乱。相率数十人，入玄妙观，定约曰：若辈举动，皆视吾手中芭蕉扇所指。众曰诺。于是先往具呈，入汤某、徐某家殴杀之；继往丁少参元复家及富室归某家，皆火其居，为其出贷重资于市棍也，且禁不得掠一毫财物。又分投往阊胥二门外，凡税官之在地方者尽殴杀之。身往见府公曰：愿得孙税监。而甘心焉。府公但以好言慰止之，不敢问。及次日，众犹不散，曰：必欲得税监乃已。于是孙召集卫军及地方兵勇，扬兵示威以为备，贤等亦聚众趋税监门，幸与兵不相遇。日暮各散，税监得乘间护送逸去入杭。贤乃投狱，府公问所欲，曰：夜多蚊，只求蚊帐一顶足矣。狱中人及外人之好事者多义之，往往携酒脯劳之无虚日。贤亦自分必死，乃奏下竟得宽旨，至今在狱无恙，亦异数也。（沈瓉《近事丛残》）

嘉靖二十年六月辛酉，初，江西乐平县民尝佣工于浮梁，岁饥艰食，浮梁民负其佣直，尽遣逐之，遂行劫夺，二邑凶民，遂各结党千余，互相仇杀。（《明世宗实录》卷二五〇）

万历二十九年1601年。九月，江西浮梁县景德镇民变，冤民万余欲杀矿监潘相，烧焚厂房。通判陈奇可力行晓谕乃散，奇可反以诬参被逮。（《定陵注略》卷五《军民激变》）

【作坊】

或曰作，或曰作分，或曰作坊，至今犹沿此称。皆有工人，而以机房规模为较大。其事非外行所能，故主持者往往亦须劳作。

工役之人或名为作分者，如碾玉作、钻卷作、箅刀作、腰带作、金银打钑作、裹贴作、铺翠作、裱褙作、装銮作、油作、木作、砖瓦

清代百工图：
砖瓦窑

作、泥水作、石作、竹作、漆作、钉铰作、箍桶作、裁缝作、修香浇烛作、打纸作、冥器作等分，……花作所聚奇异，飞鸾走凤，……极其工巧。（吴自牧《梦粱录》卷一三"团行"）

杭东城，机杼之声，比户相闻。郎仁宝云，起于锗河南九世孙载善织作绫锦，……其中一二供尚衣之匠，花样有为两湖十景全图者。（厉鹗《东城杂记》卷下）

织作，在东城，比户习织，不啻万家。工匠各有专能，计日受值。匠或无主，黎明林立以候相呼，名曰唤找。（《元和县志》卷二六《物产》）

骁骑营一带，小街曲巷，……机户最多，三五成邻。（甘熙《白下琐言》卷四）

蚕桑盛于苏浙，……惟织工推吾乡为最。入贡之品，出自汉府，民间所产，皆在聚宝门内东西偏，业此者不下千数百家，故江绸贡缎之名甲天下。剪绒则在孝陵卫，其盛与绸缎埒。（甘熙《白下琐言》卷八）

道光庚子，甘静斋……雇觅织工来省，捐资备办棉纱，于孝陵卫一带，设机织布，令绒织失业男妇习之，价廉工省，日用必需，……洵百世之美利也。（甘熙《白下琐言》卷八）

县治东南城内，业杼织者数百家，谓之机房。前清盛时，供全省之用，并销陕、甘、云、贵。先后所制，有蜀锦、天孙锦、卍字锦、云龙锦、芙蓉锦诸目。（民国《华阳县志》卷三四《物产》三）

织绸机房多在治城外，今亦半不存焉。（民国《华阳县志》卷三四《绸》）

旧制一户所领之机，不得逾百张，以抑兼并，过则有罚。逮曹尚衣寅，奏免额税，其禁遂弛。乾嘉间，通城金陵。机以三万计，其后稍稍零落，然犹万七八千。……开机之家，谓之帐房。机户领织，谓之代料。织成送缎，主人校其良楛，谓之雠货。其织也，必先之以染经。经以湖丝为之，经既染，分散络工。络工贫女也，日络三四窠，丝曰片，经曰窠，百窠为一椿。得钱易米，可供一日食。……经籰交齐，则植二竿于前，两人对牵之，谓之牵经。牵毕即上机接头，新旧并

清代百工图：黄纸坊

系，两端相续。如新置之机，无旧头可接，则必先捞范子，然后从交竹中缕缕分出，一丝不乱，谓之通交，而织工乃有所藉手矣。（陈作霖《凤麓小志》卷三《记机业》）

染坊则在柳叶街船板巷左近，盖秦淮西流水以之漂丝，其色黝而明，尤于玄缎为宜，犹之镇江大红，常州果绿，苏州玉色，西湖杭色，皆迁地弗能为良也。（陈作霖《凤麓小志》卷三《记机业》）

按王宗沐《江西大志》，广信府纸槽，前不可考，自洪武年间，创于玉山一县，至嘉靖以来，始有永丰、铅山、上饶三县，续告官司，亦各起立槽房。（《江西通志》卷二七《土产·纸》）

评事街亦名皮作坊，……攻皮者比户而居，夏日污秽不可近。……转东一巷，名曰皮场，盖亦皮作坊之所。（甘熙《白下琐言》卷六）

丙、工艺品

【瓷】

自明以来，景德镇烧造瓷器，自饮食之具，以及文房雅玩，精者曰御窑，由官领之；粗者曰民窑，产品行销全国。宋元官、哥、定、汝、钧诸窑，皆失传。彭城窑但能制土碗，行于乡间。南瓷若建窑，若宜兴窑，制器无多。

唐武德二年，619年。里人陶玉献假玉器，由是置务设镇，历代相因。……洪武三十五年，1402年。始开窑烧造，解京供用，有厂一所，官窑二十座。（《江西通志》卷二七《土产·瓷器》）

明苏麻青花碗

器数则缸、瓮、砖、盘、碟、碗、罐、瓶、坛、盏、钟、炉、盒，而饰以乌兽草花，或描花，或堆花，或暗花，或锥花、玲珑，诸巧无不具备。自明万历时，回青少，民间多用纯白之器，如蛋壳钟杯，及人物仙佛之数，亦极精巧。颜料则铅粉、焰硝、青矾、黛、赭石、黑铅、松香、白炭、金箔、古铜，色则油紫、金翠色、金黄、金绿、金青、矾红、紫色、烧青、描金、五彩。（《浮梁县志》卷八《食货·陶政》）

陶器则有缸、盆、盂、盘、尊、炉、瓶、罐、碟、碗、钟、盏之类，而饰以夔云鸟兽鱼水花草，或描，或锥，或暗花，或玲珑，诸巧具备。(《江西通志》卷二七《土产·瓷器》)

【纸】

江西、福建纸业最盛，曰榜纸，曰毛边，曰毛苔，供公私文书及印行图籍之用；曰宣纸，供书画之用。川粤所造称为竹纸，贵州为皮纸，山陕为桑皮纸。

司礼监行造纸名二十八色，曰白榜纸、中夹纸、勘合纸、结实榜纸、小开花、纸呈文纸、结连三纸、绵连三纸、白连七纸、结连四纸、绵连四纸、毛边中夹纸、玉版纸、大白鹿纸、藤皮纸、大楮皮纸、大开花纸、大户油纸、大绵纸、小绵纸、广信青纸、青连七纸、铅山奏本纸、竹连七纸、小白鹿纸、小楮皮纸、小户油纸、方榜纸。……乙字库行造纸名一十一色，曰大白榜纸、大中夹纸、大开化纸、大玉版纸、大龙沥纸、铅山本纸、大青榜纸、红榜纸、黄榜纸、绿榜纸、皂榜纸。(《江西通志》卷二七《土产·纸》)

元有白箓纸、观音纸、清江纸，皆出江西。……皇明内用纸如前元，但江西西山纸最高。(曹昭《格古要论》卷二《古纸》)

从化有流溪纸，纸出流溪一堡。……其竹名曰纸竹，与他竹异，男女终岁营营，取给箪箸，绝无外务。其法，先斩竹投地窖中，渍以灰水，久之乃出而椎练，渍久则纸洁而细，速则粗而渗，粗者一名后纸。(李调元《南越笔记》卷五《纸》)

石塘人善作表纸，捣竹丝为之，竹笋三月发生，四月立夏后五日，剥其壳作篷纸，而竹丝置于池中，浸以石灰浆，上榍锅煮烂，经宿水漂净之，复将稿灰淋浧水，上榍锅煮烂，复水漂净之，始用黄豆引注一大桶，榍一层竹丝，则一层豆引，过三五日始取为之。白表纸止用藤纸药，黄表纸则用姜黄细春末，称定分两。每一槽四人，抹头一人，舂碓一人，检料一人，焙干一人，每日出纸八把。(《江西通志》卷二七《土产·纸》)

南昌府纸有粉笺、连七、观音疏纸等名。(《江西通志》卷二七《土产·纸》)

瑞州府竹纸，即古之陟厘，有老大中、大罗端晒纸、火纸等，名

出新昌。(《江西通志》卷二七《土产·纸》)

抚州府清江纸,金谿县出。牛舌纸,以稻草为之,崇仁出。(《江西通志》卷二七《土产·纸》)

【布匹】

自元以来,松江产布,行销北五省,谓之松江大布,或曰标布,故沿途护运者名曰标客,设有标行。与各地所织之布,俱能染成五色,且能印花。其颜料产自国内,虽经洗涤,永不变色。隆昌、浏阳以麻布名,称曰夏布。江西、广东于麻布外,精织葛布,价贵于纱。

宣德间,巡抚侍郎周忱奏,以布折税,匹准二石,……两端织红纱为识,谓之红纱官布。……其后三纱布,滋为象腹、绉纹、云朵、膝襕、胸背等样。成化间,乡人有以饷贵近者,流闻禁廷,下府司织造赭黄、大红、真紫等色,龙凤、斗牛、麒麟等纹,工作胥隶,并缘为奸,一匹有费至白金百两者。……《陈志》,后有苜墩布,阔三尺余,又有三梭放阔,新改标寸等布。……旧有云布,以丝作经,纬以棉

清代百工图:
染布坊

纱。而渐至滥恶，改为抹绒布，杂用蚕丝纬之。其花纹各种，如织锦法，素者更雅淡。又有捺布，促线为之，犹苏机之捺绸也。独紫花布，以紫花为之，不加染工；大红布，以花子红作染，鲜明倍于绫罗。（《松江府志》卷六《疆域志·物产》）

丁娘子布，《郭志》，东门外双庙桥有丁氏者，弹棉花极纯熟，花皆飞起，用以织布，尤为精软，号丁娘子，一名飞花布。……药斑布，《顾志》，出青龙魋魋，今城郭多有之。其法，以皮纸积褙如板，以布幅广狭为度，簇花样于其上。将染，以板覆布，用豆面等调和如糊，刷之，候干，入靛缸浸染成色，暴出药斑纹烂然，《郭志》，俗呼浇花布。（《松江府志》卷六《疆域志·物产》）

织工皆东莞人，与寻常织苎麻者不同。织葛者名为细工，织成弱如蝉翅，重仅数铢，皆纯葛无丝。其以蚕丝纬之者，浣之则葛自葛、丝自丝，两者不相联属，纯葛则否。葛产绥福都山中，以蔓生地上而稚者为贵，若缭绕树间，则葛多枝叶，不中为丝。采者日得勌，城中人买而绩之，分上中下三等为布，阳春亦然。其细葛不减增城，亦以纺缉精而葛真云。（李调元《南越笔记》卷五《葛布》）

【绸缎】

江浙盛产绫、罗、绸、缎、纱诸品。昔有织造，专供御用外，所制皆坚致细密，耐于久用。能织各种时新花样，染成深浅各色，行销全国。四川川绸，嘉定大绸，顺庆绫，巴缎，云南通海缎，滇缎，汴绸，潞绸，漳纱，祝绸，鲁、黔野蚕丝所织茧绸，亦著声称。

杭绸有一等极轻纤者，用湖水漂净，宜染色，大红尤佳，以杭丝多锤练故也。《浙江通志》。……绵绸，今纺绵而成者曰绵绸。嘉靖《余杭县志》。（《杭州府志》卷五三《物产·布帛之属》）

纻丝，染丝所织，有织金、闪褐、间道等类。工部奏，内府供用纻丝纱罗计九千四，请下苏杭等府织造。上曰：民力艰难，可减其半。《明仁宗实录》。按此即今所谓缎。旧志云，明时无缎者，特无其名耳。（《杭州府志》卷五三《物产·布帛之属》）

锦，惟蜀锦名天下，今吴中所织，海马、云鹤、宝相花、方胜之类，五色炫耀，工巧殊过，尤胜于古。明宣德间，尝织画锦堂记、滕王阁记，如画轴，或织词曲，联为帷障，又充装璜卷册之用。（《苏州

清后宫绿缎绣百蝶衣

府志》卷一八《物产·布帛之属》）

古锦帐，阔一丈有余，多织画锦堂记、滕王阁记，字方四寸，又有小幅者，皆王佐所目睹。亦有花竹翎毛者。……今泉州府、苏州府又有织者，大小幅皆有，然不及古远甚。（曹昭《格古要论》卷八《古锦帐》）

缎，自昔缯为帛之大名，而缎之称尤晚。《名义考》今言段者，纰缯之坚美者尔。其曰段者，犹言端匹也。俗妄从系作缎，非是。（《华阳县志》卷三四《物产》）

嘉靖中，陕西织羊绒，广东等处织葛布，至是隆庆元年。俱罢。（《大明会典》卷二〇一《工部》）

绸，出吴江，即缯，纹线织者曰线绸，捻绵成者曰绵绸，此丝攒而成者曰丝绸。（《苏州府志》卷一八《物产·帛之属》）

纻丝，出郡城，有素有花，纹有金缕彩妆，其制不一，皆极精巧。……上者曰清水，次曰兼生，以生丝杂织之；次帽料，又次丈八头，皆以粉浆涂饰，品最下。织造府所制，上供平花、云蟒诸缎，尤极精巧，几夺天工。（《苏州府志》卷一八《物产·帛之属》）

其人工所为，则机工为天下最。江宁本不出丝，皆买丝于吴越，而秦淮之水宜染，织工在江宁殆千余人。所织曰缎，曰绸，曰纱，曰绢，曰罗，曰剪绒。（《江宁府志》卷一一《物产》）

江宁人又买氆毛于陕西，而织为毯罽之属，类西洋所制之紧密。（《江宁府志》卷一一《物产》）

缎之类有头号、二号、三号、八丝冒头，而以靴素为至美，其经有万七千头者，玄缎为最上，天青者次之。（陈作霖《凤麓小志》卷三《记机业》）

【五金器具】

五金制器，是处有之，汉口、昆明以铜器，佛山以铁器著名。各地皆有针作，以手磨成，绣花针长不及寸，极其精细。

清代珐琅银器

洪武二十六年1393年。定，凡铸造铜锅、铜柜等器，及打造铜锅、铜灶、铁窗、铁猫等件，行下宝源局，定夺模范，及计算合用铜铁木炭等项，明白具数呈部，行下丁字库抽分竹木局放支，督工依式铸造。永乐间，设……南宝源局，专铸内外衙门铜铁器皿。(《大明会典》卷一九四《工部》)

针作，出郡城，银作，出木渎。元朱碧山，蟹盃甚奇，其法不传。铁作，自欧冶子铸剑，吴中铁工不绝。旧传灵严山下数家，能练铁成钢，制刀者资之。铜作，昔木渎王家所制，称精巧，常熟亦有之。锡作亦出木渎，旧传朱象鼻所制为佳。(《苏州府志》卷一八《物产·工作之属》)

银器，陶南村记银工精诣者，松江唐俊卿与嘉兴朱碧山、平江谢君羽、君和齐名。铜器，《娄志》，明万历中，胡文明作鎏金鼎炉瓶盒等物，极精雅，人效之多不及。(《松江府志》卷六《疆域志·物产》)

炉，《陈志》，……嘉靖初，海上有黄孍轩，依仿古式。万历间，华亭胡友思，别以镂金为之，一时盛贵。(《松江府志》卷六《疆域志·物产》)

铜作，……今郡中西城业铜作者，不下数千家，精粗巨细，日用之物，无不具。(《苏州府志》卷一八《物产》)

濮刀，上海志，国初濮元良善制钢，世居南城，人名其制厨刀曰濮刀。(《松江府续志》卷五《疆域志·物产》)

卷五 明清

【造船】

明初郑和出使西洋，所造海船长四十四丈，载数百人。明清两代战船漕船，俱有定制。闽粤近海，能造快艇。各省船式及名称至多，汪辉祖尝举所见，撰为《舟见录》一卷，惜不传。

洪武二十六年1393年。定，……如或新造海运船只，复要量度产木水便地方，差人打造。其风快小船、就京打造者，亦须依例计造木料等项，就于各场库支拨。(《大明会典》卷二〇〇《工部》)

一千料海船一只，合用杉木三百二根，杂木一百四十九根，株木二十根，榆木舵杆二根，栗木二根，橹坯三十八枝，丁线三万五千七百四十二个，杂作一百六十一条个，桐油三千一十二斤八两，石灰九千三十七斤八两，艌麻一千二百五十三斤三两二钱，船上什物络麻一千二百九十四斤，黄藤八百八十五斤，白麻二十斤，棕毛二千二百八十三斤一十二两。四百料钻风海船一只，合用杉木二百二十八根，桅心木二根，杂木六十七根，铁力木舵杆二根，橹坯二十枝，松木五根，丁线一万八千五百八十个，杂作九十四条个，桐鱼油一千一斤一十五两，石灰三千五斤一十三两，艌麻七百二十九斤八两八钱，船上什物络麻五百七十四斤一十四两四钱，黄藤三百八十三斤八两，棕毛七百三斤，白麻一十斤。(《大明会典》卷二〇〇《工部》)

万历元年1573年。议准，……损坏缺船六百余只，行督粮道，照依湖广、江西二省船式，就于瓜、仪设厂打造，约装载正耗米可五百石，务要底平仓阔，入水不深。(《大明会典》卷二〇〇《工部》)

粮船，顺治初年定，成造粮船九验之法，一曰验木，木取良材，毋杂恶质，毋间旧料，长短有规，大小有准。二曰验板，……廊板厚五寸，搪浪底板厚二寸，挖泥脚栈板厚一寸七分。……三曰验底，船之大小始基于底，船底长不过五丈二尺，中间阔不过九尺五寸。……四曰验梁，梁阔则船腹阔大，梁高则船腹容深，……浅船龙口梁、使风梁均阔不过一丈四尺，断水梁阔不过九尺，高不过五尺。……五曰验栈，浅船栈七丈一尺，深三尺六寸。……六曰验钉，用钉之法，以一尺四寸用一钉为度，未上两栈，钉眼在外，上栈之后，钉眼在内。……七曰验缝，匠人挪减大料，每多迁就，板边不净，是以缝口不合，虽竭力窒艌，隙终不止，全在合板之时，早为查验。八曰验艌，

清代战船模型

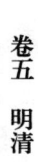

舱法以斧入凿，以凿入麻，然后固以油灰。……九日验梢，封头封梢，……铁叶扒锡，为头梢之攀护，……铺头铺梢裹料，为头梢之骨干，……用钉必处处周到，窒舱必处处完全，头梢坚实，船自经久。(《大清会典事例》卷九三五《工部》)

战船，雍正六年1728年。议准，浙江战船，船底艄木用松木，每艄长一丈，面梁阔三尺三寸，船身及正桅均长一丈二尺。头号艍船阔二丈二尺五寸，船身增长八丈九尺，舱深七尺九寸，板净厚三寸一分；二号赶缯船阔一丈九尺五寸，船身减长六丈六尺，舱深六尺一寸，板净厚二寸五分；四号快哨船阔一丈四尺，船身减长四丈八尺，舱深五尺，板净厚二寸，每板长一尺，均用钉三。又议准，奉天战船身长七丈四尺，阔一丈八尺七寸，二十一舱。(《大清会典事例》卷九三六《工部》)

(三) 商制

甲、商之类别

【行商】

商人兴贩逐利，大者设行栈以事囤积，小者列肆货谓之行商。明初犹袭重本抑末之说，商人不得衣丝，定例衿不充商，士大夫之家，每课其僮

卷五 明清

仆兴生负贩，故士流罕与商贾通婚，商贾尚不得与农为伍。然中叶以后，商利大兴，凡日常需用，若米、盐、缎、匹、标布、纸张、药材之类，无不由大贾居奇操纵。明季，黄宗羲诸人始发为贵商之论。清代官僚不讳营商，扬州盐商、广州洋商多兼科名仕宦，京师旗籍贵人亦恃市肆所入为挥霍之资，主肆者谓之领东。清季谈维新者竞设矿厂，称为实业，利孔日兴而商愈贵矣。

洪武十四年，1381年。令农民之家穿绸纱绢布，商贾之家止穿绢布。如农民之家，但有一人为商贾者，亦不得穿绸纱。（郭正域《皇明典礼志》卷一八《士庶冠服》）

楚宗错处市廛者，甚多经纪贸易，与市民无异，通衢诸绸帛店俱系宗室，间有三吴人携负至彼开铺者，亦必借王府名色。（包汝楫《南中纪闻》）

雍正二年1724年。二月甲子，谕各省督抚：朕惟四民以士为首，农次之，工商其下也。汉有孝弟力田之科，而市井子孙不得仕宦，重农抑末之意，庶为近古。（《清世宗实录》卷一六）

杭民半多商贾，耳目侈声色之好，口腹恣刍豢之味，峻宇雕墙，履丝曳缟，冠婚丧祭，宴饮酬酢，无不踵事增华，虽素封之家，不出数年，立见萧索。（《杭州府志》卷五二《风俗》）

自刘氏、毛氏创造利端，为鼓铸囤房，王氏债典，而大村名镇必开张百货之肆，以榷管其利，而村镇之负担者俱困，由是累金百万。至今吴中缙绅士夫，多以货殖为急。若京师官店，六郭开行债典，兴贩盐酤，其术倍刻于齐民。（《苏州府志》卷二《风俗》）

余族人有名煜者，住居无锡城北门外，以数百金开棉花庄，换布以为生理。（钱泳《履园丛话》卷二三）

明代杭州北关夜市

【牙商】

牙商有牙帖者谓之官牙，或称官店，否则曰私牙，皆为行货经纪，居间定价，收取用钱，并代征牙税。明初，严禁官私牙，恐其操纵赢奇也，后渐弛禁。清沿明制，牙商有额，不得擅增，生监之家不得充任。每行若干家，每家颁有帖一纸，大约粮食、布匹、骡马、柴炭、蔬菜之类，后始及于鱼虾鲜果。清季急于筹款，始得由捐输而增设，且许绅衿充任。凡牙商、盐商、洋商，皆为保障国税不亏而设者，故皆以裕国通商为名也。

洪武二年，1369年。令天下府州县镇店去处，不许有官牙私牙，一切客商应有货物，照例投税之后，听从发卖。敢有称系官牙私牙，许邻里坊厢擎获赴京，以凭迁徙化外，若系官牙，其该吏全家迁徙。敢有为官牙私牙，两邻不首罪同。（《大明会典》卷三五）

嘉靖二年，1523年。定市易诸法，凡城市乡村诸色牙行及船埠头，准选有抵业人户充应，官给印信文簿，附写客商、船户、住贯、姓名、路引、字号，物货数目，每月赴官查照，私充者杖。诸物行人，评估物价，或贵或贱令价不平者，计所增减之价论罪。买卖诸物，两不和同，而把持行市，专取其利，及贩鬻之徒，通同牙行共为奸诈者，杖。若见人有所买卖，在旁高下比价，以相惑乱而取利者，笞。凡私造斛斗秤尺，及作弊增减者，官降不如法者，提调官失勘者，其在市行使，不经官司较勘印烙者，……凡造器用之物不坚固其实，及绢布等纰薄短狭而货卖者，各定罪有差。（《续文献通考》卷二五《市籴考》）

今天下大马头，若荆州、樟树、芜湖、上新河、枫桥、南濠、湖州市、瓜州、正阳、临清等处，最为商货辏集之所。其牙行经纪主人，率赚客钱，架高拥美，乘肥衣轻，挥金如粪土，以炫耀人目，使之投。孤商拼性命，出数千里，远来发卖，主人但以酒贪饵之，甚至两家争扯，强要安落，货一入手，无不侵用，以之结交官府，令商无所控诉，致贫困不能归乡里。商是中有奸黠者，又为之引诱后至之人，使那前趱后，已得脱去，俗谓之做移夫，如此不数年主人亦以奢败。（叶权《贤博编》）

康熙四十三年，1704年。革除私设牙行。户部议，御史张连疏言，贸易货物，设立牙行，倒给官帖，使平准物价。乃地方棍徒，于

瓜果蔬菜等物，亦私立牙行名色，勒背商民。请令部查税课定例，一切私设牙行，尽行革除。应如所请。从之。（《皇朝文献通考》卷三二《市籴考》）

户部颁发江苏省牙帖，户部为颁发牙帖事，江南司案呈，准江苏巡抚咨，劝商捐输牙帖请由部颁发，本部援照湖北、江西章程，据咨奏明颁发该省加用印信，劝商捐输承令，并准生监职衔人等一体捐充以广招徕一折。同治二年六月二十七日奉旨：知道了，钦此钦遵到部，为此合行颁发给牙帖，并列条款，以免州县滥给牙帖之事，而地方光棍，亦无持帖任意勒索之弊。倘州县仍有私行滥给牙帖，着该督抚大臣即行指名参办。各宜恪遵，毋得违犯，致干查究，须至帖者。（根岸佶《清国商业综览》）

【盐商】

扬州盐商，至万历以后，日见兴盛，皆徽州人也。清初，业此有名者，曾为御史之季振宜，穷奢极侈，藏宋板书至精。安岐为宰相明珠之仆，精鉴别，喜交文士，收藏书画，自后程氏、马氏、黄氏、江氏，无不以富闻。且皆好事，接纳名士，为之刻书，全唐诗文亦由盐商出资所刻，服食、器用、园亭、燕乐，同于王者，传之京师及四方，成为风俗。奢风流行，以致世乱，扬州盐商与有责焉。

两淮盐运史司旧址

嘉靖五年后榷盐之利，较初制不啻倍蓰，商力惫于兼营，于是遂分为三，曰边商，曰内商，曰水商。边商多沿边土著，专输米豆草束中盐，所在出给仓照，填勘合，以赍投运司支引，听其受值于内商而卖之。内商多徽、歙、山、陕之寓籍扬州者，专买边引，输银运司，入场配盐，以达仪所，验掣捆售水商。其以内商而自作水商者，亦或有之。水商则江湖行贾，以内商不能自致，买其引盐代行，官为总盐数，给水程于各行盐地贩鬻焉。既而边商以卖引得利微，复自支盐出场，名曰河盐。（《扬州府志》卷一八《盐法》）

扬州盐务竞尚奢丽，一昏嫁、丧葬、饮食、衣服与马，动辄数十万。有某姓者，每食庖人备席十数类，临食时，夫妇并坐堂上，侍者抬席置于前，自荼面荤素等色，凡不食者，摇其颐，侍者审色，则更易其他类。或好马，蓄马数百，每马日费数十金，朝自内出城，暮自城外入，五花灿著，观者日炫。或好兰，自门以至于内室，置兰殆遍。……其先以安绿村为最盛，其后起之家更有足异者。有欲以万金一时费去者，门下客以金尽买金箔，载至金山塔上，向风飏之，顷刻而散，沿沿草树之间不可收复。又有三千金尽买苏州不倒翁，流于水中，波为之塞。有喜美者，自司阍以至灶婢，皆选十数龄清秀之辈。或反之而极，尽用奇丑者，自镜之以为不称，毁其面酱敷之，曝于日中。（《扬州画舫录》卷六）

扬州诗文之会，以马氏小玲珑山馆、程氏筱园及郑氏休园为最盛。……每会，酒觳俱极珍美。一日，共诗成矣，请听曲，邀至一厅，甚旧，有绿琉璃四，又选老乐工四人至，均没齿秃发，约八九十岁矣，各奏一曲而退。倏忽间，命启屏门，门启则后二进皆楼，红灯千盏，男女乐各一部，俱十五六岁妙年也。（《扬州画舫录》卷八）

朱彝尊字锡鬯，号竹垞，浙江秀水人，举博学鸿词，授检讨。归过扬州，安麓村赠以万金，著《经义考》，马秋玉为之刊于扬州。（《扬州画舫录》

朱彝尊手迹

卷一〇）

全祖望字谢山，浙江鄞县人，工诗文，举博学鸿词，官庶常。在扬州与主政马曰琯字秋玉。友善，寓小玲珑山馆，得恶疾，主政出千金，为之励医师。（《扬州画舫录》卷四）

黄氏本徽州歙县潭渡人，寓居扬州，兄弟四人，以盐筴起家，俗有四元宝之称。……履昊字昆华，行四，谓之四元宝，由刑部官至武汉黄德道。（《扬州画舫录》卷一二）

江方伯名春，字颖长，号鹤亭，歙县人。初为仪征诸生，工制艺，精于诗，与齐次风、马秋玉齐名。……以获逸犯张凤，钦赏布政使秩衔，复以两淮提引案，就逮京师，获免。曾奉旨借帑三十万，与千叟宴，其际遇如此。（《扬州画舫录》卷一二）

康、乾南巡，供张营建，所费不赀，以及平日贡献报效，一皆责之于商，而商则挪移国课，以博欢心。乾隆中叶，已渐雕敝。道光屡次清查积欠税课，抄没各大商资财，以备抵补，而扬州繁华扫地尽矣。盐商衰而洋商兴，其富其奢更甚。贫穷之人，谋生益困。

阮元《揅经室再续集》，癸卯八月十三日，迁居新城徐林门新第诗，"舅家尊五幅"，自注云，江鹤亭方伯未葺康山前老私宅，乾隆间，被赐五次福字，勒于堂中，名五福堂。……康山自陶澍清欠帑后，公私皆没入。旧时翠华临幸之地，今亭馆朽坏，荆棘满地，游人屐足不到。……陶澍追欠帑时，各大商皆有预垫钱粮，江、垫足抵欠数，不料陶不准抵，抄江方伯孙为首，将及其余，各商通城哗噪不服，令下能行，是以中止。然江已奏抄，又自迴护，江孤弱不能辩，遂成此局。官估定价，王姓领得，乃远宦粤西，十余年不交价。督抚查例，延不交价者另召变卖，乃癸卯二月十二日召变文到出示，三月初三日，我家被火，遂应召认买，此似有数存乎其中。按扬州盐商，自乾隆末，由盛极而衰，至道光中，改引为票前，已一败涂地。江春为阮元祖母从弟，元于其籍没，其词若有憾焉，琐琐姻娅，瞻徇一至于此，何也？（《松堪小记》）

【洋商】

洋商始于明季，其初皆粤人也。盖外商来华贸易，上纳抽分，购买华货，皆由洋商为之经理担保，故又称保商，为外商与官府接洽之居间者。洋商得抽行费，亦得出资与外商伙营对外贸易。康熙末，始设公行，外商来华者凡十三馆，或称十三行，保商一人专任一馆，故保商与外商资本猝难划分，怡和洋行，洋股只占四成，见《翁文恭公日记》丙申六月十四日。亦时有欠债之事。保商中以伍氏为最富，伍崇曜尝延谭莹为刻《岭南丛书》、《粤海堂丛书》、《粤十三家诗》，好事同于玲珑山馆。五埠通商以后，出入口货，多由粤人经营之。

广东军饷资番舶，开海市，华夷交易，夷利货物无他志，固不为害。乃今数千夷团聚一澳，雄然巨镇，役使华人，妻奴子女，守澳武职及抽分官，但以美言奖诱之，使不为异，非能以力钤束之也。盖海市当就船上交易，货完即行，明年又至，可也。舍船而屋居岸上，夷性变诈，叛贼亡人各相扇惑，知中国短长，一水竟达城下，其势何可久哉，此肉食者谋之。是年嘉靖四十四年，公元1565年。春，东莞兵变，楼船鼓行直抵省城下，城门昼闭。贼作乐饮酒天妃宫中，汤总兵克宽与战，连败衄，乃使诱濠镜澳夷人，约以免其抽分，令助攻之，然非出巡抚意。已夷平贼，汤剿为己功，海道抽分如故，夷遂不服，拥货不肯输税。省城官谋困之，遂阻道，下许运米面下澳，夷饥甚，乃听抽分，因谓中国人无信，不知实汤总兵为之也；中国亦谓夷难驭，不

上海怡和洋行大楼

卷五　明清

知汤固许之免也。天下事变,每生于两情不通。(叶权《贤博编》)

日余在番人家见六七岁小儿啼哭,余问通事,番人所生耶,曰非是,今年人从东莞拐来卖者,思父母哭耳。番人多者养五六人,女子多者十余人,俱此类也。男子衣服如其状,女子总发垂后,裹以白布,上衣西洋布单衫,下以布横围,无内衣,赤脚,时十二月甚寒,亦止衣此。岛中男女为夷仆妾何下千数,悉中国良家子,可恨可叹。(叶权《贤博编》)

从西边起,第一家是丹麦行,沿着整个的丹麦商馆,是一列中国房子,号称新中国街。再东为西班牙,馆再东为法国馆,沿着整个法国馆的,是行商中官的商行。再东为旧中国街,再东为美国馆、宝顺行、帝国行,再东为瑞典馆、旧英馆、诸洲馆。再东为一窄胡同,号称猪巷,可谓名符其实。再东新英馆,再东为荷兰馆、小溪馆,因近小溪而得名。此溪原为广州城西边的护城河。以上一共有十三所商馆。在这些商馆的北边是一条长而窄的街道,从东到西,号称十三行街。(《广州番鬼录》)

广属香山,为海舶出入嗓喉,每一舶至,常持万金,并海外珍异诸物,多有至数万者。先报本县,申达藩司,令舶提举同县官盘验,……其报官纳税者,不过十之二三而已。继而三十六行领银,提举悉十而取一,盖安坐而得无簿书刑杖之劳。(周玄暐《泾林续记》)

国朝设关之初,番舶入市者仅二十余柁,至则劳以牛酒,令牙行主之,沿明之习,命曰十三行。舶长曰大班,次曰二班,得居停十三行,余悉守舶,仍明代怀远驿旁建屋居番人制也。乾隆初年,洋行有二十家,而会城有海南行。至二十五年,1760年。洋商立公行,专办夷船货税,谓之外洋行;别设本港行,专管暹罗贡使及贸易纳饷之事;又改海南行为福潮行,输报本省潮州及福建民人诸货税。是为外洋行与本港、福潮分辨之始。其后,本港既分隶无常,总商章程亦屡易。……凡粤东洋商,承保税饷,责成管关监督,于各行商中择其身家殷实、居心诚笃者,选派二一人,令其总办洋行事务,并将所选总商名姓,报部备查。凡外洋夷船到粤海关,进口货物应纳税银,督令受货洋行商人于夷船回帆时输纳,至外洋夷船出口货物应纳税银,洋行保商为夷商代置货物时,随时扣清,先行完纳。(梁廷枏《粤海关

英国画家笔下繁华的广州

志》卷二五）

中国商人的垄断势力非常大，洋商根本就没有条件与之竞争，因为中国商人背后有总督，总督背后有皇帝的雄厚的政治势力来支持，所以在广州的贸易史中，从一七〇二年康熙四十一年。到一八四三年，道光二十三年。一向是中国商人操其垄断之权。开始时，有一个中间人是皇帝派的，其名称叫作皇商，一切买卖，都经过这个人。为什么这样作？因为一个人操纵一切物价，可以保持获得高度的利润，不仅足以肥己，更可以分润与其有关的一般官僚，这是对于作官人很有利的。……由经验来说，皇商也有他的短处，所以慢慢的就由一个人一直发展到十四个人，这就叫作公行。公行于一七二〇年康熙五十九年。正式组织起来，东印度公司反对未成，依然与之贸易，公行敲剥益紧，而东印度公司抗议日甚，但终无效。（古兰宁及艾斯库林《上海史》）

公行商人，……对洋商的利害关系甚大，因为中外贸易的一切事项，都要经过他们。……每一公行商人，当其入行时，须先纳出一笔款项，有多有少，多的达二十万两，等于五万五千金镑。……仍有很奢侈者，一个纪录里说，某公行商人，其家里每年用度，竟达二十万块，等于当时的英镑五万左右。这时候，平常中国人，养一个家，每月有四块到五块钱就够了。（古兰宁及艾斯库林《上海史》）

行用者，每价银一两，奏抽三分，以给洋行商人之辛工也。继而

卷五 明清

军费出其中，贡项出其中，各商摊还洋货亦出其中，遂分内用、外用名目。此外尚有官吏之需求，与闲游之款接，亦皆出于入口出口之长落货价，以故洋利渐薄。是年，嘉庆十五年。大班喇哗等诉于广东巡抚韩崶，略曰：……今行用日夥，致坏远人贸迁。如棉花一项，每石价银八两，行用二钱四分，连税银约四钱耳。兹棉花进口三倍于前，行用亦多至三倍，每石约银二两，即二十倍矣。他货称是。各洋行费用，皆由祖家贸易摊还，其何以堪。（王之春《国朝柔远记》卷七）

公行商人，……有一个最著名的领袖，叫作伍敦元，……继之者为浩官，洋人最重视的人。……当时1843年估计伍敦元的财产，值两千六百万块。（吉兰宁及艾斯库林《上海史》）

在很多的规定里面，都有不准中国商人欠洋商钱的条款。……一七七九年，乾隆四十四年。查出经济稍差一点的公行，欠洋商钱不在四百万块以下，利息十二分到十五分。……这个债务，总是继续下去。（吉兰宁及艾斯库林《上海史》）

嘉庆五年，1800年。监督佶山奏言：……查粤海关征输饷课，招接民夷商货，现有外洋行、本港行、福潮行三项名目。……乾隆三十五年，1770年。因各洋商……渐至推诿，……经前督臣李侍尧会同监督臣德魁示禁，裁撤公行名目，众商皆分行各办。……乾隆六十年，1795年。因拖欠夷帐，……将本港行三家概行革除，……其本港事务仍著外洋行兼办。……旋于嘉庆元年1796年。五月，外洋行商……呈请将本港行事务改归福潮行商人经理，……十二月，福潮众商公举福潮昌隆行陈衍之弟陈长绪，承开本港行一家。……嘉庆四年1799年。九月间，……追还商欠，咨明督臣，将该商陈长绪立行斥革。臣因与督臣再三筹议，……仰恳圣恩俯准，将本港一行裁革，仍归外洋行兼理，永著为例。……奉朱批：……汝斟酌既受，即照汝所办可也。（梁廷枏《粤海关志》卷二五）

道光九年，1829年。监督延隆奏言，窃照粤省外洋行，从前共有十三家，在西关外开张，料理各国夷商贸易，向称十三行街。……近年只存怡和等七家，……自应另招新商。……自嘉庆十八年1813年。前监督德庆奏请设立总商，经理行务，并嗣后选充新商，责令总散各商，联名保结，钦奉俞允准行在案。……从前开行，止凭一二商保

结,即准承充,今则必需总散各商出具联名保结,方准承充,……倘有一行不保,即不能承充。……数年以来,夷船日多,税课日旺,而行户反日少,……料理难于周到,……于是走私漏税,勾串分肥,其弊百出。……应请嗣后如有身家殷实,具呈情愿充商,经臣察访得实,准其暂行试办一二年。果其贸易公平,夷商信服,交纳税项不致亏短,即请仍照旧例,一二商取保著充。……奉上谕:……著照所请。(梁廷枏《粤海关志》卷二五)

道光十七年,1837年。总督邓廷桢,监督文祥会同奏言:……从前洋行共有十三家,……迨至道光九年,1829年。……仅存怡和等七行,不敷经理。……至今已复十三行旧观,照料无虞不足。……窃以洋商既已招补无缺,……即当明立限制。应请嗣后十三行洋商,遇有歇业或缘事黜退者,方准随时招补,此外不得无故添设一商。……其承商之时,仍请复归联保旧例,责令通关总散各商,公同慎选殷实正之人,联名保结,专案咨部著充。……奉上谕:……兹据该督等查明,现在招补缺商已复旧额,足敷办公,自应仍复旧例,以示限制。

(梁廷枏《粤海关志》卷二五)

浙人胡光墉设阜康银号,遍于内地,操纵上海出口丝茶,抬价拒售,值甲申中法之战,金融周转不灵,以致倒闭。自后外商任意航行内河,内地遍设洋行,自行收货,华商更难争衡矣。

陈代卿《慎斋文存·胡光墉传》云:浙江巡抚王壮愍公有龄,幼随父观察浙江,父卒于官,眷属淹滞不能归,僦居杭州。一日,有钱肆夥友胡光墉,见王子而异其相,谓之曰:"君非庸人,胡落拓至此?"王以先人官贫对,胡问有官乎,曰:"曾捐盐课大使,无力入都。"问需几何,曰五百金,胡约明日至

胡雪岩创办的庆馀堂遗址

某肆茗谈。翌日王至，胡已先在，谓王曰："吾尝读相人书，君骨法当大贵。吾为东君收某五百金在此，请以畀子，速入都图之。"王不可，曰："此非君金，而为我用，主者其能置君耶，吾不能以此相累。"胡曰："子毋然，吾自有说。吾无家，只一命，即索去，无益于彼，而坐失五百余无著，彼不为。请放心持去，得意速还，毋相忘也。"王持金北上，至天津，闻有星使何侍郎桂清，赴南省查办事件，乃当年同砚席者也。先是，王随父任，初就傅，何父为司阍署中，有子幼慧，视察喜之，命入塾与子伴读，既长，能文章，举本省贤书，入都赴礼部试，遂不复见，不意邂逅于此，即投刺谒之。何见王惊喜，握手道故，欢逾平生。问何往，王告之故，何公曰："此不足为。浙抚某公，吾故人也，今与一函，子持往谒，必重用，胜此万万矣。"王持书谒浙抚，抚军细询家世，即以粮台总办委之。王得檄，乃出语胡，取前假五百，加息偿之，命胡辞旧主，自设钱肆，号曰阜康。王在粮台积功保知府，旋补杭州府，升道员，陈臬开藩，不数载，简放浙江巡抚。时胡亦保牧令，即令接管粮台，胡益得大发舒，钱肆与粮台互相挹注。胡又善贾，列肆数十，无利不趋，兼与外洋互市，居奇致赢，动以千百万计。又知人善任，所用号友皆少年明干、精于会计者，每得一人，必询其家食指若干，需用几何，先以一岁度支畀之，仰无内顾忧，以是人莫不为尽力，而阜康字号几遍各行省焉。

咸丰五年，杭州不守，王公殉难，继者为左中丞宗棠。胡以前抚信任，为忌者所谮。左公闻之而未察，姑试以事，命筹米十万石，限十日，毋违军令。胡曰："大兵待饷十日，奈朽腹何？"左公曰："能更早乎？"胡曰："此事筹之已久，若待公言，已无及矣。现虽无款，某熟诸米商，公如急需，十万石三日可至。"左公大喜，知其能，命总办粮台如故，而益加委任。时浙闽次第肃清，而甘逆回起，肆扰关内外，朝命左公督师往剿。左公欲货洋款，洋人不可，计无所出，商之胡，胡曰："公第与借，某作保，合当允行。"果借得五百万金。洋人不听大帅言，而信胡一诺，左公愈信爱胡，倚之如左右手，屡奏称其顾全大局，积保至道员，加二品顶戴，赏穿黄马褂。胡又有慷慨名，每周兵荒祲岁，动捐数十万金，无所吝。富而好义，人尤称之，

以是京内外诸巨公囊中物，无不欲以阜康为外库，寄存无算，不资之富，虽西商百余年票号，无敢与抗衡者，可谓盛矣。

沪上大买与外洋贸易，蚕丝为最，胡每岁将出丝各路，于未缲时全定，洋人非与胡买，不得一丝，恨甚，乃相约一年不买丝。胡积丝如山，无售处，折耗至六百余万金。又各省号友多少年，喜声色，久而用侈，不免侵渔，渐成尾大。胡知大局将坏，不可收拾，乃潜遣亲信友人，分诣各肆，谨记号账。一日与妻密计，设具内燕，夫妇上座，姬妾二十四人分左右坐，酒池肉林，间以丝竹，欢燕竟日。妻小倦思息，胡命继烛，与诸姬洗盏更酌。夜方半，胡语诸姬曰："吾事浸不佳，诸姬随我久，行将别矣。汝等盛年，尚可自觅生路，各回房检点金珠细软，尽两箱满装携出，此外概不准带，自锁房门，勿复再入。各予银二千，或水或陆，舟车悉备，今夕即行，一任所之，吾不复问。"有数姬涕泣请留，胡亦不禁，余姬一时星散。胡即赴金陵见左公，备陈颠末，且曰："即今早计，除完公项外，私债尚可按折扣还。再迟，则公私两负矣。"左公许之，即日电发各省号，同时关闭。俟各密友赍各号帐回，分别公私，按折归款。事毕返杭，收合余烬，尚有二十四万金，赎回故宅三所，分居诸昆季。又十余年，夫妇皆以寿终。

君字雪崖，浙江钱塘人，其在粮台积功事迹见《左文襄奏议》。

广州农民加工和交易茶叶的情景

卷五 明清

之诚按：胡光墉大猾也，方其盛时，以财货奔走中外，及其败也，亏蚀人资财无算，文士咸鄙其人，不肯执笔为之记述。然马尾船政局创于左宗棠，实由光墉倡议，凡计划购器械，聘洋匠，雇华工，皆力任之，事以获集，识鉴尚高于当时士大夫，非尽便私图也。此传笔致拙劣，事复有舛。王有龄之殉，在咸丰十一年，非五年。阜康闭肆在光绪九年十一月初六日，以垄断丝茶抬价拒售，一年负子金巨万，中法战起，金融停滞，遂至倒闭。时督两江者曾国荃也，宗棠先为军机大臣，后以钦差大臣督办福建军务，不得云赴金陵见左公。宗棠同治元年正月抚浙，委光墉同办浙江粮台，时已保江西候补道。后宗棠为请奖，仅同治二年，以奉母命屡次捐资至五万两以上，奖其母以御赐扁额。光绪四年，以光墉捐资达二十万，请赏穿黄马褂，皆得允行，虚荣而已。光墉亦不欲居官，与盛宣怀渐窥台司者，行径又异。自同治五年西征事起，即奏派光墉督办上海采运局，购开花炮、七响后膛枪及借洋债，他书有言为西征粮台者，亦误。至借洋款，宗棠同治六年十二月十五日奏云，拟援上年三月间奏借洋款成案，再由江苏、浙江、福建、湖北、广东各藩司，于同治七年二月至十一月连闰十个月，应协甘饷项下，按月拨还，解与海关，发还洋商清款，一切查照上届成案办理。惟胡光墉上届筹借洋款极费经营，此以上海税务司不肯画押，几被阻挠，闻总税务司赫德到后，曾言"借饷于众商，外国常有之事，并不须多费息银"等语，可否敕下总理各国事务衙门，转敕赫德会办此事，督饬上海税务司画押，以期速成，而息银亦冀可稍省。光绪三年五月二十六日，陈明借定洋款折略云：胡光墉向汇丰银行借定五百万两，据每月一分二厘五毫起息，五年匀还，各议罚款十五万两，如三个月关票不到，则罚银归胡光墉承认；如三个月内洋银不交，则罚银归汇丰银行承认，作保之说，当即由此而讹。（《松堪小记》）

【外商】

五口通商，始由怡和、花旗、沙逊三洋行，垄断中外贸易。自后商埠增辟，各国洋行愈多，皆以贱价勒购原料，甚有非商埠亦设洋行者，怡和、太古等行兼营沿海及内河航运。甲午以后，且各在商埠设厂制造洋货，工费省，运费轻，只纳子口半税百分之二五，即可畅销内地，劫夺有甚于寇盗者矣。

一七八四年乾隆四十九年。至一八四四年，道光二十四年。中美第一次签订了商业条约，一八二四年道光四年。一月一日，美国旗昌洋

行掌握了一批既轻且快的船只，用来运输鸦片，很快的就完全控制了鸦片的买卖。他们作鸦片买卖，完全是代理性质的，直到一八三零年道光十年，只是罗素尔和飞利浦阿迷道合作的，以后阿古斯丁赫尔、娄、格林、格雷斯沃德、库利基筹等，先后都加入了这个洋行，资本雄厚，经营力强，成为外人在中国最大的洋行，其他洋商，难为其比。（吉兰宁及艾斯库林《上海史》）

沙逊一七九二年乾隆五十七年。生于巴格达，他同鸦片买卖有密切的关系。中英第一次战争时，沙逊迁到香港，成为香港最早几家大的公司之一，一八四五年道光二十五年。成立了上海分行。（吉兰宁及艾斯库林《上海史》）

在广州址最早的几家洋行中，一直到今天未变的，只有怡和洋行。创始人名维利安加尔定，原是外科医生，在东印度公司的商船上工作，因此结识了在广州作买卖的商人。东印度公司当时曾有一种规定，其高级工作人员，有时也可以为自己的利益而作点买卖，加尔定就利用这种机会，逐渐成立怡和洋行。当十九世纪开始时，即委托瑞士高人艾其马尼亚克住澳门，作代理人。该行另一个老板，是马迪生，先在印度加尔各答其舅父的商行中工作，一八二七年道光七年。到广州和加尔定合伙，到澳门又和马尼亚克洋行合伙了。同年，马迪生在广州创办了《广州纪录报》，这是远东第一家英文报。怡和洋行

清时的万国洋行

和中国公行的买卖关系最大，一八三四年，道光十四年。东印度公司的垄断权失掉后，怡和洋行的经营大见活跃，每年的招待费达四万镑，其厨师的薪金每月一百镑，其在上海的代理人，最早的是艾吉达拉斯和捷格浪特。（吉兰宁及艾斯库林《上海史》）

上海租界刚开始时，一家银行也没有，仅有几家银号。一八五三年咸丰三年。太平天国时期，银号的票据，等于流通的支票，这时银子还是大量进口，但另一方面，因为鸦片走私的关系，却也不断外流，从而减少了银子的存数。在上海的第一家银行，创始于何年，已不可考。一八五二年，咸丰二年。有一家名叫吉尔曼洋行的，和称作东方联合银行的，因事涉讼起来，据此可以证明，在一八五二年以前，上海已有银行了。一八五四年，咸丰四年。东方联合银行发现了他的对手，就是印度伦敦中国商业银行在上海成立了分行。同年，英国的阿格拉银行的分行，也在此开幕了。（吉兰宁及艾斯库林《上海史》）

【买办】

买办或称刚八度。外商初设洋行，其经理称为大班，华人得任买办，掌行内银库及会计出纳，以及一切杂事。买办多兼股东，其无股者须押巨金，作为担保。次于买办者曰式拉夫，即跑街之意。清季捐纳盛行，买办、式拉夫皆二品衔道员，名器之滥，自来所无也。维新之初，买办多集资本，或领外资，在内地经营矿厂实业者至多，姑举一二例以概之。

李沧桥者文耀丁丑回南，轮船江拔图也，今在热河挖矿，集资至四十万，自去年至今，往返七八次，商人之豪也。（《翁文恭公日记》光绪九年六月初四日）

李沧桥来，为伊热河开矿事，有所干请，余未见，令斌见之。其言大约投邸而来，至则闻邸遣人赴彼踹矿，将并其所承开之烟筒山者，不能保矣，情急呼援。此等事岂余所欲闻哉，谢之而已。（《翁文恭公日记》光绪十年十月二十七日）

游张氏园，未成园。主人张叔和，鸿称，道员。无锡贾人也。花木房室皆洋式也，器具亦洋式也，馔极精，谈商务极透，真市豪哉。（《翁文恭公日记》光绪十四年九月初十日）

过织布机器局，屋西式，机四百张，日织两匹。尚未开厂。此局前为商董所坏，今龚道寿图重集股十五万兴办。洋人乃科管理之。又过造纸机器局，几方池五六叠，最下皆布缕棉花杂物，递吐递白，便成浓汁，莹白化纸矣。其长无极，宽约三尺半，轴满则断之。（《翁文恭公日记》光绪十四年九月十四日）

乙、商之组织

【行】

行之称，由来甚古。宋有免行钱，吴自牧《梦粱录》所载，与今相去不远。手艺者有行，谓行业也；兴贩者亦有行，谓行货也。皆得蓄徒弟。学徒其满出师者，得为铺伙。铺中钱财字据，均须入柜，故有掌柜之称。如是者谓之内行，或曰在行，否则曰外行。铺有铺规，行有行规。行市涨落，以及同行争论须有公断，皆由行主之。此所谓行，与牙行之行异，与行栈、发行之行亦异。

> 市肆谓之团行者，盖因官府回买而立此名，不以物之大小，皆置为团行，虽医行工役，亦有差使，则与当行同也。……其中亦有不当行者，如酒行、食饭行，而借此名。有名为团者，如城西花团、泥路青果团、后市街柑子团、浑水甲鱼团；又有名为行者，如官巷方梳行、销金行、冠子行、城北鱼行、城东蟹行、姜行、菱行、北猪行、候潮门外南猪行、南上北土门菜行、坝子桥鲜鱼行、横河头布行、鸡鹅行。更有名为市者，如炭桥药市、官巷花市、融和市、南坊珠子市、修义坊肉市、城北米市。且如橘园亭书房，盐桥生帛，五间楼泉福糖蜜，及荔枝圆眼汤等物，……如买卖七宝者谓之古董行，……开浴堂者名香水行。（吴自牧《梦粱录》卷一三"团行"）

> 城内外诸铺户，每户专凭行头于米市做价，经发米到各铺出粜，铺家约定日子，支打米钱，其米市小牙亲到各铺支打发客。又有新开门外草桥下南街，亦开米市三四十家，接客打发分俵铺家及诸山乡客贩卖，与街市铺户大有径庭。……且叉袋自凭户，肩驼脚夫亦有甲头管领，船只各有受载舟户。（吴自牧《梦粱录》卷一六"米铺"）

> 大抵酒肆，除官库、子库、脚店之外，其余谓之拍户。（吴自牧《梦粱录》卷一六"酒肆"）

> 近日巡拦及集头老人抽税，将小民穷汉卖鸡鸭携笞帚匹布上街，

担筐入市，无不抽税。油行既税店又税油，屠行既税生又税死。……针头削铁，所余几何，树剥重皮，岂能堪命。（吕坤《实政录》卷一《明职·税课司之职》）

行户之赊欠为苦。（吕坤《实政录》卷三《民务·有司杂禁附》）

【帮】

大批贩货运销者谓之帮。帮之成当起于明代，至清尤盛。以货名者，如山货帮、药材帮、皮货帮之类；以省名者，如山陕帮、广帮、川帮之类；以一地名者，如宁绍帮、太湖帮、腾越帮、潮安帮之类。由帮之名，可以悉其地之所产及产地之分配。帮有公所之设，颇及公益事，亦足见其团结力量。

富室之称雄者，江南则推新安，江北则推山右。新安大贾，鱼盐为业，藏镪有至百万者，其它二三十万则中贾耳。山右或盐或丝，或转贩，或窖粟，其富甚于新安。（谢肇淛《五杂俎》卷四）

新都勤俭甲天下，故富亦甲天下。贾人娶妇数日则出外，或数十年，至有父子邂逅而下相认识者。大贾辄数十万，则有副手而助耳目者数人。其人皆铢两不私，故能以身得幸于贾而无疑。……至于商贾在外，遇乡里之讼，不啻身尝之，铸金出死力，则又以众帮众，无非亦为己身地也。近江右人出外亦多效之。（顾炎武《肇域志》第三册）

平阳泽潞豪商大贾甲天下，非数十万不称富，其居室之法善也。其人以行止相高，其合伙而商者名曰伙计，一人出本，众伙共而商之，虽不誓而不藏私。……估其产者，但数其大小伙计若干，则数十万产可屈指矣。（顾炎武《肇域志》第三十七册）

绍兴……多壮游在外，如山阴、会稽、余姚，……其儇巧敏捷者入都为胥办，自九卿至闲曹细局无非越人，次者兴贩为商贾，故都门西南一隅，三色人盖椊而此矣。（顾炎武《肇域志》第九册）

本城征收在关已完进口税之洋广货驼经费，致

《肇域志》书影

与临安帮、黄帮忽起讼端。(光绪十七年《通商各关华洋贸易总册·蒙自口华洋贸易情形论略》)

九月二十八日，本埠潮帮源美行倒闭，亏空八万余两之多。所亏太古、怡和、招商三公司水脚等银为数甚巨，故三公司特出新章，预防潮帮复蹈故辙，是以湖帮会馆禁限该帮遵照新章。然三公司新章既出，皆相约不装潮帮之货。……后经该帮复允照三公司所立新章办理，始行照常装运。(光绪十九年《通商各关华洋贸易总册·汉口华洋贸易情形论略》)

福州……有茶帮公所，茶栈九十余家，分为五帮，一京帮，多北京、天津、山东人，专销北方各省及蒙古一带；二天津帮，亦专销北方各省，惟其人多系福建籍；三茅茶帮，专向茶户收买毛茶或线茶，转售于北京、天津各帮，及琉球输出商，不自营输出事业；四广潮汕帮，专销南方各省及南洋一带，其营业与他帮不同，盖非自为买卖，仅代理他的商，为之购买囤积，……照章征收用钱。五洋茶帮，专于洋商交易，广东人最多，福州、泉州人不过数家而已。有严密之组合，曰公义堂，绝对不许本帮以外之茶栈于洋商交易。(陈重民《今世中国贸易通志》)

【会】

行必有会，主之者曰会董或曰董事。清季，改行会为商会，而有会长之称。会之建馆以祀神者则曰会馆，或以业分，或以区域分，而皆同行。以视仕宦叙乡谊之会馆，其成立或较早。华侨之在外洋者，且有中华会馆之设。

去秋所议抽收花纱火油金厘，骤未能定。后经地方官与各行会馆董事商订章程，无须照纳厘金，只自今年正月起，每年由各行会馆包缴洋银六千元，该银仍由各该铺厂摊派，众情于是悦服矣。(光绪十七年《通商各关华洋贸易总册·琼州口华洋贸易情形论略》)

本省各项行业，分别立有会馆堂名。其立堂名者，悉系包缴官场经费，殆与包揽无异。看其外面情形，以堂名颇多，每年认缴地方官经费，额数甚巨，似觉有益。然其实不但于贸易颇形窒碍，即如该商若非该堂业内之人，必致多方掣肘，殊难贸易。(光绪十八年《通内务关华洋贸易总册·广州口华洋贸易情形论略》)

(四) 矿厂业

甲、矿之采禁

【明代矿政】

明代矿冶不如前代之盛。洪武初亦设官督厂，以利官少损民多而止，其后屡采屡禁。民间所办，例有岁课，或课税，或课实物。然惑于风水之说，或虑聚众肇乱，每加封禁。福建惩于邓茂七之事，封禁其山，即以封禁为山名。山界江西上饶广丰、福建崇安浦城间，周围三百余里，略无人迹，至雍正时犹未开禁。沿海例禁铁冶，虑其下海也，寻常煤铁为民间必需者不禁。万历时，遣中官开金银矿，十余年间，先后所得矿金不及万两，矿银二三十万两而已。

凡各处炉冶，洪武二十六年，1393年。定各处炉冶，每岁煽炼钢铁，彼先行移各司岁办，后至十八年1385年。停止，今不复设。如果缺用，即须奏闻，复设炉冶采取生矿煅炼，著令有司差人陆续起解，照例送库收贮。如系临边用铁去处，就存听用。二十八年1395年。罢各布政司官冶，令民得采炼出卖，每岁输课三十分取二。正德元年1506年。奏准，浙江等布政司，课铁每一斤折解银二分五厘，待后铁科不足，仍解本色。(《大明会典》卷一九四《工部》)

国初置各处铁冶，每冶各大使一员，副使一员。江西南昌府进贤冶，临江府新喻冶，以上洪武七年1374年。置，十八年1385年。罢。袁州府分宜冶，洪武七年置，十八年罢，二十七年1394年。复置，二十八年1395年。罢。湖广兴国冶，蕲州黄梅冶，以上洪武七年置，十八年罢。山东济南府莱芜冶，广东广州府阳山冶，陕西巩昌冶，以上俱洪武七年置，十八年罢。山西平阳府吉州富国、丰国二冶，洪武七年置，十八年罢，二十七年复置，二十八年罢。太原府大通冶，潞州润国冶，泽州益国冶，以上

清代端石福寿万年砚

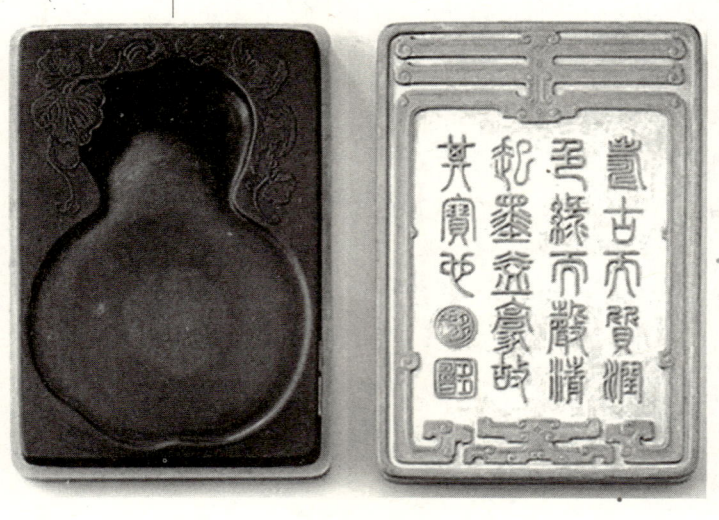

俱洪武七年置，十八年罢。四川龙州冶，永乐二十年1422年。置。顺天府遵化铁冶，永乐间初置厂于沙坡峪，后移至松棚峪，宣德十年1435年。置，正统三年1438年。复置于白冶庄，万历八年1580年。罢。……国初定各处炉冶该铁一千八百四十七万五千二十六斤。(《大明会典》卷一九四《工部》)

洪武二十年，1387年。增福建银课额。延平府尤溪县银屏山，尝设厂局煎炼银矿，置炉冶四十二座，岁办银二千一百两，至是增其额。(《续文献通考》卷二三《征榷考》)

永乐十二年，1414年。遣提督官采办湖广辰州、贵州铜仁等处余银场课。时又开陕西商县凤凰山银坑八所，福建浦城县马鞍等坑三所，设贵州太平溪、交趾宣光镇金场局，葛溪银踢局，云南大理银冶。其不产金银者，亦屡有革罢。(《续文献通考》卷二三《征榷考》)

宣德十年1435年。正月，时英宗已即位。诏各处金银朱砂铜铁等课悉停免，坑冶封闭，其闸办内外官员即赴京。……惟系洪武旧额岁办课银，并差发金不在停免之例。……明年正月，又罢贵州铜仁余银局。(《续文献通考》卷二三《征榷考》)

正统九年1444年。闰七月，命户部侍郎王质往浙江、福建重开银场。……帝初即位，下诏封坑冶，民大苏息。至是有盗矿脉相斗杀者，御史孙毓、福建参政宋彰、浙江参政俞士悦，各言复开银场，则利归于上，而盗无所容。事下二处三司议，浙江按察司轩輗等奏，复开银场虽一时之利，然凡百器具，皆出民间，恐有司横加科敛，人心摇动，其患甚深。为今之计，莫若择官典守，严加禁捕，则盗息矣。朝廷是其言。已而给事中陈传复请开场，中官与言利之臣相与附合，乃命质往经理。……厥后民困而盗益众，至十三年1448年。八月，遂有邓茂七之乱。(《续文献通考》卷二三《征榷考》)

景泰元年1450年。二月，复置采浙江、福建诸处银课。先是福建贼邓茂七，以开矿作乱。正统十四年1449年。正月，免浙江、福建银课。二月，御史丁瑄等斩茂七于延平。……至是从御史华燮等奏，取回闸办官，令都布按三司、巡矿官、提调各府县，护守坑场。(《续文献通考》卷二三《征榷考》)

天顺二年，1458年。仍开浙江、福建等处银矿。自景泰元年封闭

银场后，寻以盗矿者多，从兵尚书孙原贞请，开浙江银场，因并开福建，至是……照旧煎办。……至四年，1460年。命中官罗永之浙江，罗珪之云南，冯让之福建，何能之四川。(《续文献通考》卷二三《征榷考》)

天顺七年，1463年。复诏封闭各处坑场，停止煎办银课，取回内外官员。(《续文献通考》卷二三《征榷考》)

成化三年，1467年。仍遣内使提督浙江、福建银课，四川、云南令镇守中官提督采办。时又开湖广金场，武陵等十二县，凡二十一场，岁役民夫五十五万，……得金仅五十三两，于是复闭。(《续文献通考》卷二三《征榷考》)

弘治五年，1492年。诏豁减浙江、福建诸岁办银课，仍填塞矿穴，取回诸添设巡矿官。……四川、山东矿穴，亦先后封闭。十八年1550年。二月，又禁密云私开银场。(《续文献通考》卷二三《征榷考》)

天工开物：炼水银

我朝坑冶之利，此前代不及什之一二，间或有之，随取随竭，曩者固已。浙之温处，闽之建福，开厂置官，令内臣以守之，差宪臣以督之，然所得不偿所费。……虽然不徒不得其利，而往往又罹其害。盖以山泽之利，官取之则不足，民取之则有余。今处州等山场虽闭，而其间尤不能无渗漏之微利遗焉。此不逞之徒，犹囊橐其间，以竞利起乱也。为今之计，宜于山场遗利之处，严守捕法，可筑塞者筑塞之，可栅堑者栅堑之，俾其不至聚众争夺，以贻一方生灵之害可也。(《皇明经世文编》卷七二《丘濬山泽之利》)

正德六年，1511年。封闭云南银场九处。至九年，1514年。军士周达又请开云南诸银矿并铜锡青绿，诏可，遂次第开采。十五年，1520年。又令云南银矿新兴场及新开处所一并封闭，以后不许妄开。嘉靖初，又

命闭云南大理矿场。(《续文献通考》卷二三《征榷考》)

嘉靖十六年，1537年。命广开山东等处银矿。山东巡按李松言，沂州宝山开矿七十八所，得白金一万一千三百两。宜将龙爬山、石井山以次开采，帝……命抚按力任之。(《续文献通考》卷二三《征榷考》)

嘉靖四十三年1564年。三月，浙江、江西矿贼作乱，命设兵备官，禁闭山场。时开化、德兴矿贼，……其势日炽，……兵部议设兵备副使一员于浙江，驻劄衢州，以杜盗源；其云雾山矿洞，宜严加封闭。从之。(《续文献通考》卷二三《征榷考》)

万历二十四年，1569年。诏开各处矿冶。……二十五年1597年。二月，又命开采续报矿洞。……河南巡按姚思仁疏曰：中原八郡，实天下枢机。臣自入境以来，巡行郡邑，问民病苦，其开矿之大可虑者有八，矿盗啸聚召乱，可虑一也；矿头累极土崩，可虑二也；矿夫残害流亡，可虑三也；雇民粮缺噪呼，可虑四也；矿洞遍开浪费，可虑五也；矿砂银少逼买，可虑六也；民皆开矿失业，可虑七也；奏官强横激变，可虑八也。今矿头以赔累死，平民以逼买死，矿夫以倾压死，以争斗死。自初开至今已逾八月，而所解不过四千，及今不止，恐祸起萧墙，变生肘腋，虽倾府库之藏，竭天下之力，亦无济于存亡矣。(《续文献通考》卷二三《征榷考》)

万历三十三年，1605年。十二月，谕户工二部：凡矿差内外官并令回京，其矿洞悉令封闭。自二十五年1597年。至是年，诸珰所进矿银几三百余万，……至是以矿砂微细，不偿所费，始停免焉。(《续文献通考》卷二三《征榷考》)

【清代矿政】

顺、康时，军用浩繁，尝遣部员督办矿务，旋即停止，唯听民间开采，缴纳岁课，十取其二。道、咸时，军兴饷绌，广事开采，而得不偿失。

凡采取五金之处，古俱曰场，今音讹曰厂。按《周礼》司徒职，矿人掌金玉锡石之地，而为之厉禁以守之，若以时取之，则物其地图而授之，巡其禁令，此古冶场之所自始，而今矿厂之所由名。然今天下之厂，于云南为最多，五金而外，尚有铜、朱砂、水银、乌铅、底母、硝矿等厂，大小不止百余处也。今请言银厂。……云南之厂，肇自明时，管理者为镇守太监。……逮硐老山空，矿脉全断，……厂俱

封闭。……至康熙二十一年，1682年。滇省荡平，厂遂旺盛，嗜利之徒，游手之辈，具呈地方官，查明无碍，即准开采，由布政司给与印牌，谓之厂官，……择日出示，开炉试煎，每用矿砂不计多寡。……厂官、课长、峒领，各私投块银于内，以取原汁之名，……中文报旺。此名一传，挟资与分者远近纷来，是为米分厂客。……至上课之法，则品定矿觚，入炉煎罩成汁，较定三拍，以铁为之，如戥盘而有柄，上拍可两许，此为解上官课；中拍可五钱，是厂官养廉；下拍可二钱，系课长及诸役分支。商民所开之厂，大概如此。至于踹获大厂，非常人所能开者，则院司道提镇衙门，差委亲信人，拥资前去，招集峒丁，屏辞米分，独建其功，……与商民无与。（《皇朝经世文编》卷五二倪蜕《复当事论厂务书》）

康熙十四年，1675年。定开采铜铅之例。户部议准，凡各省产铜及黑白铅处，如有本地人民具呈愿采，该督抚即委官监管探取。（《皇朝文献通考》卷二〇《征榷考》）

康熙五十二年，1713年。四川总督奏报，一碗水地方，聚众万余人开矿，差官力行驱逐。谕以此等偷开矿厂，皆系贫民，若尽行禁止，何以为生！地方文武官作何设法，使穷民获有微利，但不得聚众生事。乃令廷臣集议，谕曰：有矿地方，初开时禁止乃可。若久经开采，贫民藉为衣食之计，忽然禁止，恐生事端。总之天地间自然之利，当与民共之，不当以无用弃之，要在地方官处置得宜耳。乃定未经开采者，仍行严禁。（王庆云《熙朝纪政》卷五《纪矿政》）

雍正二年，1724年。两广总督孔毓珣奏请，于广东开采，以济穷民。上谕廷臣会议，嗣奉谕旨：昔年省开矿，聚集多人，以致盗贼渐起，邻郡戒严，是以永行封闭。夫养民之道，惟在劝农务本。若皆舍本逐末，各省游手无赖之徒，望风而至，岂能辨其奸良？况矿砂乃天

地自然之利，非人力种植可得，焉保其生生不息？今日有利，聚之甚易；他日利绝，则散之甚难。尔等揆情度势，必不致聚众生事，庶几可行。若招商开厂，设官收税，传闻远近，以致聚众藏奸，则断不可行也。(《皇朝文献通考》卷三〇《征榷考》)

雍正三年，1725年。江西巡抚裴㦂度奏：广信府封禁山，相传产铜，旧名铜塘山，明代即经封禁，其中树石充塞，荒榛极目，无沃土可以资生。康熙五十九年，1720年。擒获匪类之后，搜查并无藏匿，请仍封禁为便。寻又封禁云南中甸铜厂。又湖南抚臣布兰泰疏奏开矿事宜，亦谕以逐末之民易聚难散。(王庆云《熙朝纪政》卷五《纪矿政》)

雍正六年，1728年。准广西地方开采矿砂。户部议覆，广西巡抚金铁疏言，桂林府属涝江等处各矿，请招募本地殷实商人自备资本开采。……其梧州府属之芊荚山产有金砂，请另委员办理，……均应如所请。从之。(《皇朝文献通考》卷三〇《征榷考》)

乾隆六年，1741年。准开滇省卑浙、块泽二铅厂，并试开东川者海地方铅厂。……七年，1742年。奏定川省铜铅开采事宜。(《皇朝文献通考》卷三〇《征榷考》)

乾隆八年，1743年。湖广总督孙嘉淦奏，会同宜昌金矿及各县矿厂，或属苗疆，或防田园庐墓，或产砂细微，应严加封禁。惟郴桂二州，既非苗疆，又无防碍，应听采抽税，于鼓铸有裨。(王庆云《熙朝纪政》卷五《纪矿政》)

乾隆九年，1744年。总督那苏图以粤东鼓铸难缓，见有矿厂可开，兼为抚养贫民之计，宜酌量试采，探砂旺即开，砂弱即止。至金银二矿，民多竞趋，恐转碍鼓铸，应照旧封闭。(王庆云《熙朝纪政》卷王《纪矿政》)

乾隆十五年，1750年。开浙省温处两郡采铁之禁，户部议覆，闽浙总督喀尔吉善疏言，……浙省处州府属之云和等县，前经抚臣常安奏请概行封禁。今据该督等奏称，处州府属之云和、松阳、遂昌、青田四县，并温州府属之永嘉、平阳二县，及附于平邑淘洗之泰顺一县，土瘠民贫，以采铁恒业，封禁以后，阳奉阴违，徒起吏胥需索之弊。况云和等七县，俱系内地，与近海产铁应行封禁之宁台等属不

汉阳铁厂腰牌

同，历来并无潜藏奸匪、透漏外洋等弊。应照该督所请，仍弛其禁，照旧开采，以济民生。……从之。(《皇朝文献通考》卷三〇《征榷考》)

乾隆二十六年，1761年。甘肃开骚狐泉磺矿。自后滇之通海、弥勒，黔之清平，广西融县，先后报开铅厂。(王庆云《熙朝纪政》卷八《纪矿政》)

乾隆五十一年，1786年。总督福康安奏，开甘肃沙州金砂。(王庆云《熙朝纪政》卷五《纪矿政》)

嘉庆四年，1799年。广东于黎地，试采碌铜斤。总督吉庆以地滨海洋，且额已短缺，奏准停止。(王庆云《熙朝纪政》卷五《纪矿政》)

嘉庆五年，1800年。谕：云南永昌府之茂隆银厂，近年以来，并无分厘报解，……著即封闭。(《皇朝续文献通考》卷四三《征榷考》)

嘉庆六年，1801年。谕：……前据明安等奏，"大兴县人张士恒呈称，平泉州属四道沟、云梯沟等处，有铜苗透出，请自备工本开采"等语，……该二处山场，久经封禁，见在详悉查勘，亦未见实有可以开采之处。……所有平泉州属四道沟、云梯沟等处，产铜山场，新旧洞口，俱著永远封禁，不准开采。(《皇朝续文献通考》卷四三《征榷考》)

嘉庆八年，1803年。封闭云南冷水箐、金龙箐二金厂。……十一年，1806年。又封闭云南魁甸厂金矿、永兴厂银矿。十三年1808年谕：……查禁达尔达木图金厂，酌定章程永杜私采。……十五年，1810年。封闭云南慢梭厂金矿、募乃银矿。……十六年，1811年。又封闭云南马腊底银矿。……十八年，1813年。封闭云南白沙地银矿。……二十年1815年。谕：据长龄等奏，"试采都兰哈拉铅厂，约计每年可得银四五万两，应交课银一万余两，于经费未能多为节省，应即遵旨封闭"等语，……即将该矿永远封闭，嗣后不准再请开采。……又封闭邦发银矿、北衙蒲草厂金矿。……道光元年，1821年。封闭甘肃大通县属札马图金厂。(《皇朝续文献通考》卷四三《征榷考》)

嘉庆十三年，1808年。开采云南太和银矿。……十五年，1810年。

开采邦发银矿。……二十年，1815年。又开采云南镇沅州青龙银矿。……二十四年，1819年。开采云南永北矿山厂银矿。(《皇朝续文献通考》卷四三《征榷考》)

道光二十四年，1844年。谕：……开矿一事，前朝屡行，而官吏因缘为奸，久之而国与民俱受其累。我朝云南、贵州、四川、广西等处，向有银厂，每岁抽收课银，历年以来，照常输纳，并无丝毫扰累于民。可见官为经理，不如任民自为开采。……因思云南等省，除见在开采外，尚多可采之处，著宝兴、桂良、吴其濬、贺长龄、周之琦体察地方情形，相度山场。民间情愿开采者，准照见开各厂，一律办理，不可假手吏胥，致有侵蚀滋扰阻挠诸弊。……二十八年，1848年。谕：开矿之举，……如果地方官办理得宜，何至借口于人众易聚难散，因噎而废食。著四川、云贵、广西、江西各督抚，于所属境内，确切查勘，广为晓谕。其余各省督抚亦著留心访查，如有苗旺之处，酌量开采，不准畏难苟安，托词观望。倘游移不办，朕不难派员前往履勘。如果不便于民，或开采之后，弊多利少，亦准奏明停止。于官办、商办、民办，其应如何统辖弹压稽查之处，朕亦不为遥制，惟在该督抚等各就地方情形，熟商妥议，定立章程具奏。(《皇朝续文献通考》卷四三《征榷考》)

道光二十三年，1843年。开采广西永宁州崇庆铁厂。……二十五年，1845年。开采广西恭城县铅矿。(《皇朝续文献通考》卷四三《征榷考》)

道光三十年，1850年。谕：王大臣等遵议给事中王东槐奏封禁矿厂一条，开采山矿，原期裕课便民，除贵州一省，仍令开采外，其余各省，著该督抚确切查明，如果于民未便，著即遵照前奉谕旨奏明停止。……又谕：前据程矞采等奏，滇省试办银厂，未臻成效情形，饬部议奏。兹据王大臣等会同户部称，该省试办无效，自未便必令开采。著程矞采等悉心查勘，如果弊多利少，即奏明停止。(《皇朝续文献通考》卷四三《征榷考》)

咸丰三年，1853年。谕：奕湘、恒奏遵查矿山情形一折，所有承德府属之遍山线，及平泉州属之锡蜡片地方，据该尚书等查勘，银苗透旺。……业据该处商人承认，予限一月，酌定升课。即著该督会同

王东槐家祠

新任热河都统毓书，妥为办理。(《皇朝续文献通考》卷四三《征榷考》)

咸丰三年，1853年。谕：朕闻四川等省向产有金银矿，自雍正以后，百余年来，未尝开采。……道光二十八年，1848年。王大臣会议开矿一条，曾通行各省督抚履勘查办，间有一二省分奏请开采，旋复借口于硐老苗稀，辄请停止；或以聚众生事为辞，畏难苟安，因循不办。……地方官经理得宜，自不致别滋流弊。即如见在各省旧有矿厂，按年开采抽课，官民日久相安，岂非明证？当此军需浩繁，库藏支绌，各省督抚，务……于矿苗丰旺之区，……奏明试办，毋得……一奏塞责。(《皇朝续文献通考》卷四三《征榷考》)

咸丰六年，1856年。谕：业布冲额奏煎练铅矿、设局鼓铸一折，甘肃迪化州福寿山地方，经访获铅矿，煎练得银，著即准其设筹裕局，运铅分铸。(《皇朝续文献通考》卷四三《征榷考》)

同治十一年，1872年。题准广西桂平县吉一里界田水边地方，山场产有铁矿，设铁炉一座，每年纳炉税银二十两。……十二年，1873年。议准桂平县属千子岭接壤大润岭一带，山场铁矿，招商开采，设铁炉一座，每年输纳税银二十两。(《皇朝续文献通考》卷三《征榷考》)

同治十三年，1874年。开采喀拉沁王旗地方罗圈沟银矿。(《皇朝续文献通考》卷四三《征榷考》)

光绪元年，1875年。奏准广西永宁州属安宁里响水岽山场铁矿，招商开采，设铁炉二座，每年共输税银二十两。……三年，1877年。议准广西永宁州属安宁里上团，土名矿山岽山场铁矿，招商开采，设铁矿二座，每年共纳税银二十两。（《皇朝续文献通考》卷四四《征榷考》）

光绪二年，1876年。开采热河窑沟银矿。五年，1879年。封闭。（《皇朝致文献通考》卷四四《征榷考》）

光绪七年，1881年。封闭喀拉沁王旗地方罗圈沟银矿。（《皇朝续文献通考》卷四四《征榷考》）

乙、矿工之生活

【明代矿工】

明代多以罪人充役，其苦累可知。嘉靖时，曾取砂丁为兵，以御倭寇，私矿之盛可知。

洪武十五年1382年。五月，……帝曰：……各冶铁数尚多，军需不乏，而民生业已定。若复设此，磁州铁冶。必重扰之，是又欲驱万五千户于铁冶中也。（《续文献通考》卷二三《征榷考》）

洪武十五年1382年。十二月，……三府济南、青、莱奏，岁役民二千六百六十户，采铅三十二万三千四百余斤。（《续文献通考》卷二三《征榷考》）

宣德三年1428年。九月，免江西德兴铅山浸铜丁夫杂役。二县铜场，岁浸铜得五十余万斤，所用铁炭，丁夫自备，其差徭科征皆不免，岁额累亏。因诏有司悉免杂役，税粮附近输纳。（《续文献通考》卷二三《征榷考》）

宣德五年，1430年。……浙江布政司王泽言，平阳、丽水等七县银冶，自永乐间遣官闸办，共岁额八万七千八百两。至今十年，各场所产，有仅足额者，有不足者，有矿尽绝者。闸办官督令坑首冶夫纳课，不敢稍失岁额。赔累之民，富者困敝，贫者逃亡。他处坑冶，其害亦然。（《续文献通考》卷二三《征榷考》）

天顺四年，1460年。命云南杂犯死罪以下无力者，俱发新兴等场充矿夫，采办银课。（《续文献通考》卷二三《征榷考》）

成化九年，1473年。巡按御史胡泾等奏，云南所属楚雄、大理、

洱海、临安等卫军，全充矿夫，岁给粮布。采办之初，洞浅矿多，课额易完，军获衣粮之利，未见其病。近日洞深利少，军士多以瘴毒死，煎办不足，或典妻鬻子，赔补其数，甚至流徙逃生，哨聚为盗。(《续文献通考》卷二三《征榷考》)

弘治十三年1505年。十一月，巡抚都御史李士实奏，云南银场凡九，近者矿脉甚微，各卫俱以矿夫口粮赔纳，岁折银三万四百三十四两，名曰矿夫口粮；余丁或三五人朋当一名，岁办银二万一千九百四十五两，名曰夫丁干认。今判山、窝村、广运、宝泉四场，矿脉久绝，赔纳无已。(《续文献通考》卷二三《征榷考》)

遵化铁厂夫匠，永乐间，起蓟州、遵化等州县民夫二千三百六十六名，匠二百名，遵化等六卫军夫九百二十四名，匠七十名，采办柴炭，炼生熟铁。……正统三年，1439年。凡烧炭人匠七十一户，……淘沙人匠六十三户，……铸铁等匠六十户，附近州县民夫六百八十三名，军夫四百六十二名，每年十月上工，至次年四月放工，凡民夫民匠月支口粮三斗，放工住支；军夫、军匠月粮六斗，行粮三斗，俱岁办柴炭铁沙；看厂军月粮同行粮减半。各军俱给冬夏衣布二匹，绵花二斤八两帮贴。余丁不支粮，该卫免其差役，岁办半于正军。此外又有顺天、永平输班人匠，原额六百三十名，岁分为四班，按季办柴炭

天工开物：铸铁

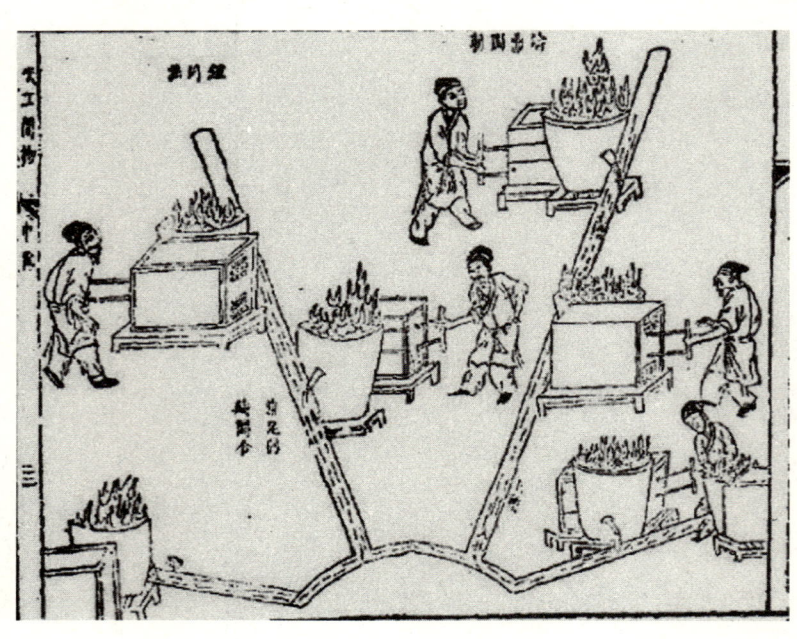

铁沙。又有法司送到炒炼囚人，每名日给粟米一升。弘治十三年，1500年。奏准，本厂民夫每名每年给均徭银十二两，买办柴炭其口粮罢支。……万历元年，1573年。议定，……今额征顺、永二府民夫银三千八百九十五两，班匠银二百九十二两零五分。(《大明会典》卷一九四《工部》)

当时铁冶十三处，俱以从罪人犯充炒铁，不轻役民耳。(孙承泽《春明梦馀录》卷四六《工部铁厂》)

【清代矿工】

营矿业者，得利至厚，集众至多，故约束至严。零星自采，则备受剥削。入厂为工，则所付工资至微，有被诱卖为工者，有触怒豪强、立丧其生者。天下极苦之人，盖莫如矿工矣。

康熙十八年，1679年。定各省采得铜铅以十分内二分纳官，八分听民发卖。……大抵官税其十分之二，其四分则价官收，其四分则听其流通贩运。或以一成抽课，其余尽数官卖；或以三成抽课，其余听商自卖。或有官发工本，招商承办，又有竟归官办者。(《皇朝文献通考》卷三〇《征榷考》)

雍正五年，1727年。谕旨：……从来矿徒，率皆五方匪类，乌合于深山穷谷之中，逐此末利。(《皇朝文献通考》卷三〇《征榷考》)

米分厂客，或独一人，或合数人，认定硐口，日需硐丁若干进探，每日应用油米盐菜若干，按数供支。得获银两，除上课外，分作十分，镶头硐领共得一分；硐丁无定数，共得三分，厂客则得六分。若遇大矿，则厂客之获利甚丰。然亦有矿薄而仅足抵油米者，亦有全无矿砂，竟至家破人亡者。(《皇朝经世文编》卷五二倪蜕《复当事论厂务书》)

山西布政使永北刘慥奏免金课疏，……云南永北府，地界金沙江。旧传明季本有淘金人户，每户金床一架，额征金一钱五分，递年约征金十四两五钱零，添平二两，知府规礼三两，通共征金一十九两五钱零。迩来金渐不产，从前淘金人户，久已散亡。今闻淘金之人，俱系四方穷民，借此胡口，去来无常，或一日得一二分，或三四日竟无分厘，是以额征之数，不能依例上纳。倘课头抽紧，淘金者即潜散他方。有司以正课不敢虚悬，督责课头，以淘金人尽散，无可着落，

只得将江东西两岸之夷猓，按户催征，以完国课。间有逃亡一户，又将一户之课摊入一村，相仍积弊，苦累无穷。况二村夷猓，并不淘金，及至卖妻鬻子赔纳金课，嗟此夷民，情何以堪！(《云南通志》卷七三《食货志》)

乾隆五十一年，1786年。奏准甘肃敦煌县沙州南北两山出产金砂，采金人夫以三千名为率，如有多带，照例治罪。每五十名设夫头一名，夫头给与照票，散夫给与腰牌。照票由安西州填号钤印，送厂员给发；腰牌即由厂员制造。逐日课金，责成夫头收缴，按夫抽取，每夫交纳课金三分，于正课之外，另抽撒散金三厘；即风云雪不能探挖之日，亦不准扣除。(《皇朝续文献通考》卷四三《征榷考》)

乾隆五十五年，1790年。题准直隶延庆府属黄土梁地方银铅矿，准其开采，照黔省银铅矿厂抽课之例办理，余银全行给商，余铅照川省之例，一半官为收买。(《皇朝续文献通考》卷四三《征榷考》)

宋应星《天工开物》，……商民凿穴得砂，先呈官府验办，然后定税出土，以斗量付与冶工，高者六七两一斗，中者三四两，最下一二两。其礁碎放光甚者，精华泄漏，得银偏少。(《云南通志》卷七三《食货志》)

王崧《矿采炼篇》，……凡厂皆在山林旷邈之地，……厂民穴山而入，曰𥕢、曰硐，即古之坑；取矿而出，火炼为金，即古之冶。……四方之民入厂谋生，谓之走厂。……大府……专令一官主之，称为厂主，听其治，平其讼，税其所采炼者，入于金府。府以一人掌其出纳，吏一人掌官文书，胥二人供偫伺之役，游徼其不法，巡察其漏逸，举其货，罚其人。厂主……以七长治厂事，一曰客长，掌宾客之事；二曰课长，掌税课之事；三曰炉头，掌炉火之事；四曰锅头，掌役食之事；五曰镶头，掌镶架之事；六曰硐长，掌𥕢硐之事；七曰炭长，掌薪炭之事。……其管事又各置司事之人，工头以督力作，监班以比较背荒之多寡。其刑有笞有缚，其笞以荆，其缚以藤，两拇悬之梁栋，其法严，其体肃。(《云南通志》卷七三《食货志》)

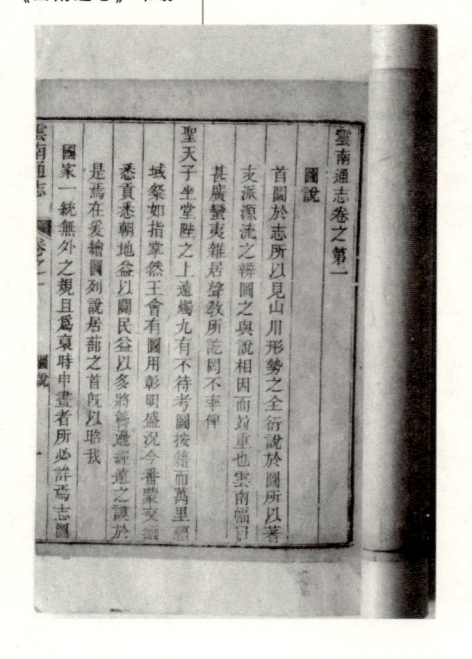

滇边外则有缅属之大山厂，粤西边外则有安南之宋星厂，银矿皆极旺，……听中国人往采。……大山……江楚人所居，采银者岁常有四万人，人岁获利三四十金，则岁常有一百余万赍回内地。……广东嘉应州人在厂滋事，由安南国王牒解广府。余讯以得几何而在外国滋事如此，渠对云：利实不赀，矿旺处，画山仅六尺，只许直进，不许旁及，先索儊直六百金，始听采。即有人立以六百金儊之，则其利可知也。（赵翼《簷曝杂记》卷四）

矿民入山采铜，官必每百斤预发价银四两五钱，至铜砂煎出时，抽去国课二十斤，秤头加长三十斤，共交一百五十斤，此无本之矿民所由困也。其有不愿官价，自备工本、入山开采者，至铜砂煎出时，令矿民自备脚力，驼至省店领银，每百五十斤给银五两，又旷日持久，不能支领，于是有本之矿民亦困。其有私相买卖者谓之私铜，将铜入官，复坐以罚。夫矿民开采铜斤，其费甚大，有油米之费，有锤凿之费，有炉火之费；其运至省店也，有脚价之费。所费甚大，而官仪不足偿之，所以矿民每有硐老山空之请，盖托之以逃耳。（《皇朝经世文编》卷五二李绂《与云南李参政论铜务书》）

今之厂内各设课长、客长、硐长、炉头、爐头、锅头，皆所以约束礶户及炉丁、砂丁之类，又须多派书差巡练，以杜偷匿漏课，并禁夺底争尖。……查云南各属，无论五金之厂，皆有厂规。其头人分为七长，每开一厂，则七长商议立规，名目愈多，剥削愈甚。查历办章程，迤东各厂硐户卖矿，按所得矿价，每百两官抽银十五两，谓之生课；迤西各厂硐户卖矿，不纳课，惟按煎成银数每百两抽银十二三两不等，谓之熟课，皆批解造报之正款，必不可少。此外有所谓撒散者，则头人、书役、巡查之工食薪水出焉；有所谓火耗、马脚、硐主、硐分、水分以及西岳庙功德、合厂公费等名目，皆头人所逐渐增添者。……查向来厂上之人，殷实良善者什之一，而犷悍诡谲者什之九，又厂中极兴烧香结盟之习，故滇谚有云"无香不成厂"，其分也争相雄长，其合也并力把持，恃众欺民，渐而抗官藐法。是以有矿之地，不独官惧考成，并绅士居民，亦皆懔然防范。（《皇朝经世文续编》卷二六林则徐《查勘矿情形试行开采疏》）

光绪九年，1883年。谕：……湖南耒阳县奸民，充当采煤窿户，

诱买穷民，关禁土室，逼令作工，并设立各种名目，肆行陵虐，每岁致毙人命甚多，……奸徒渔利，戕害生命，实属犷悍残忍，目无无法纪。现卞宝第查明惩办，著即饬令地方官，勒石永禁，毋得视为具文。至此项人犯，如何明定治罪专条，著刑部议奏。(《皇朝续文献通考》卷四四《征榷考》)

丙、矿之生产

【明代矿产】

明代产额，见于官书者，以供官用而已，民间开采，必足供其所需。唯金银之产，一代独少，大臣受赐多至百金为止。万历以后，始通用银，岂来自海舶耶。

国初，定各处炉冶，该铁一千八百四十七万五千二十六斤，湖广六百七十五万二千九百二十七斤，广东一百八十九万六千八百四十一斤，北平三十五万九一千二百四十一斤，江西三百二十六万斤，陕西一万二千六百六十六斤，山东三百一十五万二千一百八十七斤，四川四十六万八千八十九斤，河南七十一万八千三百三十六斤，浙江五十九万一千六百八十六斤，山西一百一十四万六千九百一十七斤，福建一十二万四千三百三十六斤。(《大明会典》卷一九四《工部》)

洪武二十年，1387年。延平府尤溪县银屏山，尝设场局煎炼银矿，置炉冶四十二座，岁办银二千一百两，至是增其额。(《续文献通考》卷二三《征榷考》)

宣德三年，1428年。……江西德兴、铅山二县铜场，岁浸铜得五十余万斤。(《续文献通考》卷二三《征榷考》)

宣德五年，1430年。……江浙布政司王泽言，平阳、丽水等七县银冶，自永乐间遣官闸办，共岁额八万七千八百两。(《续文献通考》卷二三《征榷考》)

嘉靖十六年，1537年。山东巡按李松言，沂州宝山开矿七十八所，得白金一万一千三百两。(《续文献通考》卷二三《征榷考》)

皇店采矿，据一岁所进，为数不多，而官民赔贻之繁，有什佰于此者，加以原奏棍徒假公济私，侵渔国课，剥削民膏，朝廷但见其进解之来，而不见贻害之大矣。(《皇明经世文编》卷四〇八《张洪阳文集·回奏御扎揭》)

蜀之民苦极矣，……采矿则有供给之苦，赔累之苦，……皇上以为不忍加派于民也。……矿砂不足，不得不求足于民。故岁进之矿银，什七皆小民之脂膏，而差官之私橐不与焉。（《皇明经世文编》卷四三五余文恪《四川矿税》）

皇上以为今矿尚采之山与？……自开采不止，地无余骨，而处处包矿，则苍黎之骨髓也。（《皇明经世文编》卷四三六《朱文懿公文集·请停止胎税疏》）

【清代矿产】

清代矿产，较明为盛，尤盛于云南。乾隆以后，全国之铜约百厂，而滇有四十八厂；全国之金二十五厂，而滇有其七。银厂凡三十六，永善、巧家、鲁甸，即汉代朱提之地，川、黔、湘、粤、赣五省之人，麇集其地从事开采者，恒数万人。窑硐深达数十里，或掘银苗，或就黑铅提炼，得银无算。后以银盛铜衰，不给京运，又虑炉丁众多为患，尽予封闭。光绪中，以制钱缺乏，命唐炯督办云南矿务，所重者铜斤，仅出资购砂丁之铜，岁得百余万斤，不及全盛时十分之一。

乾隆十六年，1751年。……京局岁需铅七十万余斤，前于黔省黑铅短少不能办解案内，臣部酌议题交湖南接办。（《皇朝文献通考》卷三〇《征榷考》）

乾隆二十九年，1764年。四川总督阿尔泰奏，屏山县之李村、石堰、凤村及利店、茨藜、荣丁等处产铁，……每岁计得生铁三万八个八百八十斤。（《皇朝文献通考》卷三〇《征榷考》）

乾隆三十年，1765年。四川总督阿尔泰奏，江油县木通溪和合硐等处产铁，……每岁得生铁二万九十一百六十斤。（《皇朝文献通考》卷三〇《征榷考》）

乾隆三十年，1765年。华阴县之华阳川地方产黑铅，自乾隆十三年1748年。题准开采，每年得铅五六万斤至十万斤不等。自二十三年

天工开物：淘洗铁矿砂

卷五 明清

1758年。以后，得铅日以减少，至二十八年1763年。分，仅得四百斤。（《皇朝文献通考》卷三〇《征榷考》）

乾隆三十一年，1766年。四川总督阿尔泰奏，宜宾县滥坝等处产铁，……每岁计得生铁九千七百二十斤。（《皇朝文献通考》卷三〇《征榷考》）

乾隆三十一年，1766年。贵州巡抚方世俊奏，清平县之永兴寨产黑铅，……照例拙课，每年可收课铅一万二三千斤。（《皇朝文献通考》卷三〇《征榷考》）

夫滇铜之始归官卖也，岁供本路铸钱九万余千，及运湖广、江西钱四万串，计才需用一百一万斤耳。至雍正五年，1727年。滇厂获铜三百数十万斤，始议发运镇江、汉口各一百余万，听江南、湖南、湖北受买。至雍正十年，1732年。发运广西钱六万二千余串，亦仅需铜四十余万。其明年，钦奉世宗宪皇帝谕旨，议于广西府设局开铸，岁运京钱三十四万四千六十二串，计亦止需铜一百六十人万三千余斤。乾隆二年，1737年。总督尹文端公继善，……请敕江浙赴滇买铜二百万斤，云南依准部文解运京钱之外，仍解京钱三十余万，以足二百万之数。而直隶总督李卫，又以他处远买滇铜转解，孰与云南径运京局，由是各省供京之正铜及加耗，悉扫云南办解，然尚止于四百四十万也。未几，而以停运京钱之正耗铜，改为加运京铜一百八十九万余斤矣。又未几，而福建采买二十余万斤矣，湖北采买五十余万斤矣，浙江采买二十余万斤矣，贵州采买四十八万余斤矣。既而陕西罢买川铜，改买滇铜三十五万，寻又增为四十万斤矣。于是云南岁需备铜九百余万，而后足供京外之取，而滇局鼓铸尚不与焉。……尝稽滇铜之产，其初之一二百万斤者不论矣，自乾隆四、五年1739、1740年。以来，大抵岁产六七百万耳，多者八九百万耳，其最多者千有余万，至一千二三百万止矣，今乾隆三十八年、1773年。三十九年1774年。皆以一千二百数十万告。（《皇朝经世文编》卷五二王太岳《铜政议上》）

清代仿古铜器

光绪十年，1884年。户部奏，略称滇省产铜，自乾隆以来，每年部拨铜本银一百万两，岁运京铜六百三十余万斤，而本省之鼓铸，各省之采买资焉。……自光绪元年1875年。起，已历十载，运办京铜只五百万斤，尚不及常年一年之额。(《皇朝续文献通考》卷四四《征榷考》)

光绪十五年，1889年。唐炯奏，……东川、昭通两府，开办各厂，……大约本年可得铜一百数十万报解。(《皇朝续文献通考》卷四四《征榷考》)

丁、厂

【铁厂】

铁木之厂，其来久矣，用地广，需人众，非室庐所容，必在高敞之地，故曰厂（廠），或曰场，山居之人多事于此。铁厂必兼炉冶，其在城市村镇间者，则为昔之官冶，遵化铁炉，五代时物也。

遵化铁厂铁课，成化十九年，1483年。令岁运京铁三十万斤。……正德四年，1509年。开大鑑炉十座，共炼生铁四十八万六千斤，白作炉二十座，炼熟铁二十万八千斤，钢铁一万二千斤。六年，1515年。开大鑑炉五座，白作炉八座，炼生熟钢铁如前。八年，1513年。令生铁免炒。嘉靖八年1529年。以后，每岁大鑑炉三座，炼生板铁十八万八千八百斤，生碎铁六万四千斤，发白作炉炼熟挂铁二十万八千斤解京。(《大明会典》卷一九四《工部》)

京东北遵化境有铁炉，深一丈二尺，广前二尺五寸，后二尺七寸，左右各一尺六寸，前辟数丈为出铁之所，俱石砌，以筒干石为门，牛头石为心，黑砂为本，石子为佐，时时旋下，用炭灰，置二鞴扇之，得炼日可四次。石子产于水门口，色间红白，略似桃花，大者如斛，小者如拳，捣而碎之以投于火，则化而为水。石心若燥，砂不能下，以此救之，则其砂始销成铁。……生铁之炼，凡三时而成，熟铁由生铁五六炼而成，钢铁由熟铁九炼而成，其炉由微而盛而衰，最多至九十日则败矣。(孙承泽《春明梦馀录》卷四六《工部铁厂》)

【木厂】

凡厂，皆有税，由官稽之，否则为私厂。若神木厂，则国家贮木材之厂也。各省交界崇山峻岭间，多散居之人，垦地外即从事于厂，自唐宋以

来即有之。其地有以厂名者，亦有逐渐成为繁盛之区，改设府县治者。

崇文门外有神木厂，旧额发虎贲等十七京卫，通州等二十五外卫军余一千名，在厂工办。逃故佥补后，止存八百二十一名，内上工二百名，杂差管事四十一名，大木厂借工一百二十名，其余皆办椿木，每名月办二根，以备苫盖。朝阳门外有大木厂，与神木厂同，凡各省采到木植，俱于二厂堆放。永乐中，营建北京宫殿，令四川、湖广、江西、浙江、山西采木。嘉靖三十六年，1557年。营建朝门午楼，议准材木先尽神木厂，次差御史、郎中各一员，挨查先年沿途遗有大木解用，又令川、贵、湖广三省采木，山西、真定采松木，浙江、徽州采鹰架木。(《大明会典》卷一九〇《工部》)

初，交山之民，虽耕获地少，然茂林深涧，便刍牧。顺治五年，1648年。禁民间养马，山民始困。山中又产木，岁采伐，贮山口之南堡村厂场交易，岁纳布政司税六两，邻近府县贩卖者四集，连山数百里藉以给。而山口贫民，遇贮卖，役力拖撑，无冻馁者，以故南堡村落，烟火颇盛。康熙二年，1663年。文水民争利构讼，前巡抚杨熙不许立厂，听山民沿河变卖。商贩不至，而文水民遂私厂于文水之峪口，去南堡村十有五里，交山木不到峪口即不得卖，力费利薄，山民愈困。八年1669年。正月初七日，……翼日，村民数十人，连名呈恩申详重立厂场救民命，赵吉士交城县知县。复一一而讯，委曲既悉，为文详布政司。……吉士曰：山木之出，必乘水涨，水涨不时，若无厂场，即不能随到随贮。山木贮积，岂无偷盗，必须人守。无厂场则无地主，即不能自往自来。且沿河非一定之地，沿河变卖又无一定之时，是卖者买者尝两不可必也。卖木之民，撑木出山，尝数百十里；贩木之民，挈资入境，亦尝数百十里，而皆待交易于不可必得之中，此所以厂场一废，交易两绝也。……三月，布政司如议，遂出示，于西山谷口之水泉滩，

北京神木厂的金丝楠木

复立场交易，山民欢呼，商贩日至。（夏馿《交山平寇本末》卷中）

乾隆二十四年，1759年。定山西穆纳山征收木植税课。……今酌议召募殷实谙练者为商总，其散商或三四人或五六人，不得过六名之数，每商一名，其名下砍运工丁，不得过一百名。给与该商人印照，指定山沟，分编字号，在山伐运。……至开采数年之后，大木无有，所有商丁，自应概行查逐出山，以免逗留滋事。从之。（《皇朝文献通考》卷三一《征榷考》）

山内营生之计，开荒之外，有铁厂、木厂、耳厂各项，一厂多者恒数百人，少者亦数十人。……凡开厂之商，必有赀本，足以养活厂内之人；必有力量，足以驱使厂内之人。工作本利其赀值，帖然为用。……丛竹生山中，遍岭漫谷，最为茂密，取以作纸，工本无多，获利颇易，故处处皆有纸厂。山内险阻，老林之虬干螺枝，固为一端，而挂衣刺眼，令人不能展布，则丛竹之为患更烈。竹筠常青，春烧不然，多有竹厂砍伐，非惟利民，亦可除害。（严如煜《三省山内风土杂识》）

所谓耳厂者，即银耳、木耳之培植者。

山内有耳扒者，将青枫木砍伐作架，至次年渐生耳，其利可以三年。耳尽而新蓄之青枫木，又可作扒。再有作蕈扒者，另是一种木。间有取松树为之。洵阳则出构橀，状如麻，苏广为纱罗者参用之。此数种皆山货之贵重者。（严如煜《三省山内风土杂识》）

三　学术

（一）理学

甲、紫阳之学

明代表章朱子，尊崇理学。

英宗之世，河东薛瑄以醇儒预机政，虽弗究于用，其清修笃学，海内宗焉。吴与弼以名儒被荐，天子修币聘之殊礼，前席延见。……

白沙而后，旷典缺如。原夫明初诸儒，皆朱子门人之支流余裔，师承有自，矩矱秩然。曹端、胡居仁笃践履，谨绳墨，守先儒之正传，无敢改错。学术之分，则自陈献章、王守仁始。宗献章者曰江门之学，孤行独诣，其传不远；宗守仁者曰姚江之学，别立宗旨，显与朱子背驰，门徒遍天下，流传逾百年，其教大行，其弊滋甚。嘉隆而后，笃信程朱、不迁异说者，无复几人矣。（《明史》卷二八二《儒林传序》）

薛瑄字德温，河津人。……高密魏希文，海宁范汝舟，深于理学，……为瑄师。……究心洛闽渊源，至忘寝食。…举河南乡乡试第一，时永乐十有八年，明年，成进士。……居父丧，悉遵古礼。……为山东提学佥事，首揭白鹿洞学规，开示学者，延见诸生，亲为讲授。……为大理左少卿。……御史文承王振旨诬瑄，……下狱论瑄死。……瑄读《易》自如，……免。……英宗复辟，拜礼部右侍郎，兼翰林院学士，入阁预机务。……疏乞骸骨……许之归。瑄学一本程朱，其修己教人，以复性为主，充养邃密，言动咸可法。尝曰：自考亭以还，斯道已大明，无烦著作，直须躬行耳。有《读书录》二十卷，平易简切，皆自言其所得，学者宗之。……卒年七十有二，……谥文清。（《明史》卷二八二《薛瑄传》）

薛瑄家庙

吴与弼字子传，崇仁人。……年十九，见伊洛渊源图，慨然向慕，遂罢举子业，尽读四子五经、洛闽诸录，不下楼者数年。……天顺元年，……征与弼赴阙，……留京师二月，以疾笃请，……放还。……成化五年卒，年七十九。……所著《日录》，悉自言生平所得。其门人最著者曰胡居仁、陈献章、娄谅，次曰胡九韶、谢复、郑伉。
（《明史》卷二八二《吴与弼传》）

　　陈献章字公甫，新会人。……从吴与弼讲学，居半载，归。读书穷日夜不辍，筑阳春台，静坐其中，数年，无户外迹。……献章之学，以静为主，其教学者，但令端坐澄心，于静中养出端倪。或劝之著述，不答。尝自言曰：吾年二十七始从吴聘君学，于古贤之书，无所不讲，然未知入处；此归白沙，专求用力之方，亦卒未有得。于是舍繁求约，静坐久之，然后见吾心之体，隐然呈露，日用应酬，随吾所欲，如马之卸勒也。其学洒然独得，论者谓有鸢飞鱼跃之乐，而兰溪姜麟至以为活孟子云。……卒年七十三。（《明史》卷二八二《陈献章传》）

乙、阳明之学

　　王学近于陆象山，其要在致良知与行合一二者。阳明以事功显，故其学最为切实有用，学说具《传习录》中。

　　王守仁字伯安，学者称为阳明先生，余姚人也。……登弘治己未进士第，授刑部主事。……以左佥都御史巡抚南赣，……讨宸濠，……三战俘濠，……升南京兵部尚书，封新建伯。……年五十七，……先生悯宋儒之后学者以知识为知，谓人心之所有者不过明觉，而理为天地万物之所公共，故必穷尽天地万物之理，然后吾心之明觉，与之浑合而无间，说是无内外，其实全靠外来闻见以填补其灵明者也。先生以圣人之学，心学也，心即理也，故于致知格物之训，不得不言致吾心之天理于事事物物。以知识为知则轻浮而不实，故必以力行为工夫，

王阳明像

良知感应神速无有等待，本心之明即知不欺，本心之明即行也，不得不言知行合一。此其立言之大旨，不出于是。（黄宗羲《明儒学案》卷一〇《姚江一·王守仁》）

王学末流多变其宗，著名者有李贽。

李卓吾名载贽，福建晋江人。登乡榜，仕至姚安府太守，无子。生平博学，深于内典，好为惊世骇俗之论，务返宋儒道学之说。致仕后，遂祝发住楚黄州府龙潭山中，儒释从之者，几千万人。其学以解脱直截为宗，少年高旷豪举之士，多乐慕之，后学如狂，不但儒教溃防，而释氏绳检，亦多所屑弃。自谓具千古只眼，标震世奇踪，而以此为训，末流之弊，不知所终矣。又刊刻《藏书》、《焚书》等，如以秦始皇、武则天为圣君，冯道为救时贤相，以张巡死节时厉鬼杀贼等语为放屁，识者恨之。鄞县沈相公当国时，有科道论列，逮至锦衣卫狱，死焉。（沈瓒《近事丛残》）

阳明书院正门

最贻人口实者，则颜山农、何心隐也。

颜山农、何心隐皆假道学之名，恣态为奸利，而士大夫多为其所惑。（王之垣《历仕录》）

何心尹者本名梁汝元，吉之永丰人也，有气魄，为颜山农之高弟。后以事直斥山农之非，反使之拜，以示不复为弟子。为诸生时，与聂尚书豹争坟地，一夜率众赭其山，尚书告官捕之，杀公差而逃。动以圣人自期，以为圣人之出，不为天下君，则为天下相，大贤以下人，卿贰以下官，皆不屑也。亦有过人处，能一见决人贤否贵贱，嚣嚣自得。……张居正为政府，何方客游楚，张谕楚中抚台访逮，榜杀之。（沈瓒《近事丛残》）

丙、东林讲学

张居正毁书院，万历以后，讲学者复盛，

党争甚烈。明末死义者众，皆与理学有关。

> 得先辈邵宝所修杨时东林祠遗址于东林庵旁，辟为东林书院，大会吴越之士讲习其中，岁有会，月有纪，而东林之名满天下矣。（陈鼎《东林列传》卷二《顾宪成传》）

> 东林自顾泾阳先生于万历二十二年会推开阁臣罢归，与同邑高景逸、刘本儒、安我素诸君子讲学之所，一时清流，趋之如市，而东林之名遂满天下。推其名高之故，始于争国本。……受黜者身去而名高，东林君子之誉沸宇内，尊其言为清议，即中朝亦以其是非为低昂。门庭愈峻，而求进者愈众，……于时庙廊之上，或以清流自负者，小人辄忌之嫉之，挤以污垢之秩。……每罢官归里者，若破车罢马，残害数簏，乡党卒以为贤，顾与约婚姻、结金兰，相与往还不倦。若归有余赀，买田宅，高栋宇，即亲弟侄亦鄙以为贪夫，至于亲戚朋友，老死不相往来。……虽黄童白叟、妇人女子皆知东林为贤，贩夫、医子或相诮让，辄曰："汝东林贤者耶？何其清白如是耶？"……自泾阳先生救淮抚之书出，而东林之祸萌。未几妖书狱起，梃击案兴，……争红丸，争移宫，而东林之祸炽矣。及夫熹宗委命阉寺，熊、王之狱既成，杨、左之祸遂烈，又假三案以媒孽东林，而正人君子几无噍类。……崔、魏煽逆，不有杨、左诸君，则赵高问鼎矣；闽贼喋血，不有范景文、李邦华、倪元璐、刘理顺、马世奇诸公，则河岳蒙羞、乾坤削色矣。……东林初起者，为顾宪惠、为高攀龙、为邹元标、为赵南星，继之者为杨涟、为左光斗，再继之文震孟、姚希孟，最后则马世奇辈，皆节义文章足以惊天地、动鬼神者也。（陈鼎《东林列传》卷二）

丁、清初三大儒

顾炎武、王夫之近于朱，黄宗羲近于王，而皆志节炳然。夫之尤坚苦卓绝，顾、王皆不肯居讲学之名。

> 顾炎武字宁人，初名绛，昆山人。……其论学以博学有耻为先。尝与友人论学云：百余年来之为学者，往往言心言性，而茫然不得其解也。命与仁，夫子所罕言；性与天道，子贡所未得闻。性命之理，著之《易传》，未尝数以语人。其答问士，则曰"行己有耻"；其为

学，则曰"好古敏求"。其与门弟子言，但曰：允执厥中，四海困穷，天禄永终。其告哀公明善之功，先之以博学，颜子几于圣人，犹曰"博我以文"；自曾子而下，笃实莫若子夏，言仁，则曰"博学而笃志，切问而近思"。今之君子则不然，聚宾客门人数十百人，与之言心言性，舍多学而识，以求一贯之方；置四海之困穷不言，而讲危微精一。是必其道高于夫子，而其弟子之贤于子贡也，我弗敢知也。《孟子》一书，言心言性亦谆谆矣，乃至万章、公孙丑、陈代、陈臻、周霄、彭更之所问，与孟子之所答，常在乎出处、去就、辞受、取与之间。是故性也、命也、天也，夫子之所罕言，而今之君子之所恒言也；出处、去就、辞受、取与之辨，孔子、孟子之所恒言，而今之君子所罕言也。愚所谓圣人之道者如之何？曰博学于文，曰行己有耻。自一身以至于天下国家，皆学之事也；自子臣弟友，以至出入、往来、辞受、取与之间，皆有耻之事也。士而不先言耻，则为无本之人；非好古多闻，则为空虚之学。以无本之人而讲空虚之学，吾见其日从事于圣人去之弥远也。又曰：今之理学，禅学也。不取之五经、《论语》，而但资之语录，不知本矣。其论文，非有关于经旨世务者，皆谓之巧言，不以措笔。……

炎武撰《天下郡国利病书》一百二十卷，……《肇域志》一编，……《音论》三卷，……《诗本音》十卷，……《易音》三卷，……《唐韵正》二十卷，《韵补正》一卷，《古音表》二卷，……《金石文字记》，《求古录》，……《日知录》三十卷，……《杜解补正》三卷，……《石经考》，《二十一史年表》，《历代帝王宅京记》，《亭林文集》、《诗集》，《营平二州地名记》，《昌平山水记》，《山东考古录》，《谲觚》，《菰中随笔》，《救文格论》等书，并有补于学术世道。……在华阴，与王宏撰等于云台观侧建朱子祠。……

康熙二十一年卒于华阴，年六十九。（张穆《亭林年谱》附《儒林传》）

晚益笃志六经，谓古今安得别有所谓理学者，经学即理学也。自有

舍经学以言理学者，而后邪说以起，不知舍经学则其所谓理学者禅学也。故其本朱子之说，参之以慈溪黄东发《日抄》，所以归咎于上蔡、横浦、象山者甚峻。(全祖望《鲒埼亭集》卷一二《亭林先生神道表》)

黄宗羲字太冲，余姚人。……日夕读书，十三经、二十一史及百家九流、天文历算、道藏佛藏，靡不究心焉。……以蕺山刘忠正公宗周为师。……鲁王监国，……宗羲纠黄竹浦子弟数百人随诸军，……授职方司员外，……再晋左副都御史。……海氛靖后，……始奉母返里门，复举蕺山证人书院之会，从之请学者数百人。尝谓明人讲学，语录之糟粕，不以六经为根柢，束书不读，但从事于游谈。学者必先穷经，经术所以经世，乃不为迂儒。又谓读书不多，无以证斯理之变；读书多而不求于心，则又为伪儒矣。故受其教者，不堕讲学之弊，不为障雾之言。其学盛行于东南，当时有南姚江、西二曲之称，二曲者李中孚也。……宗羲之学，出自蕺山，虽姚江之派，然以慎独为宗、实践为主，不恣言心性、堕入禅门，乃姚江之诤子也。又以南宋以后，讲学家空谈性命，不论训诂，教学者说经则宗汉儒，立身则宗宋学。……

所著有《明儒学案》六十二卷，《宋儒学案》，《元儒学案》，《易学象数论》六卷，辨河洛方位说之非，《授书随笔》一卷，则阎若璩《问尚书》而答之者，《春秋日食历》一卷，《律吕新义》二卷，……《孟子师说》四卷，……《明史》案二百四十四卷，《弘光纪年》一卷，《龙武纪年》一卷，《永历纪年》一卷，《鲁纪年》一卷，《赣州失事纪》一卷，《绍武事纪》一卷，《四明山寨纪》一卷，《海外痛哭纪》一卷，《日本乞师记》一卷，《舟山兴废》一卷，《沙定洲记乱》一卷，《赐姓本末》一卷，《汰存录》一卷，……《授时历故》一卷，《大统历推》一卷，《授时历假如》一卷，《西历假如》一卷，《回历假如》一卷，《气运算法》，《勾股图说》，《开方命算测圆要》诸书，又有《今水经》，《四明

黄宗羲像

山志》、《台岩纪游》、《匡庐游录》、《病榻随笔》、《明文海》四百八十二卷，……《续宋文鉴》、《元文抄》，……《思旧录》、《姚江琐事》、《姚江文略》、《姚江逸诗》，自著年谱，《明夷待访录》二卷，《南雷文案》十卷，《外集》一卷，《吾悔集》四卷，《撰杖集》四卷，《蜀山集》四卷，《诗历》四卷，又分为《南雷文定》、《南雷文约》，合之得四十卷。《明夷留书》一卷，言王佐之略，昆山顾绛见而叹曰，三代之治可复也。又欲修宋史而未成，仅存《丛目补遗》三卷。……卒年八十有六。（江藩《汉学师承记》卷八）

王夫之字而农，湖南衡阳人。……少负俊才，读书十行俱下，与兄介之同举崇祯十五年乡试。……筑土室石船山，名曰观生居，杜门著述。其学深博无涯涘，以汉儒为门户，以宋五子为堂奥，所作《大学衍》、《中庸衍》，皆力辟致良知之说，以羽翼朱子。而于《正蒙》一书，尤有神契，精绎而畅衍之，为《正蒙注》九卷，《思问录内外篇》各一卷，以为张子之学，上承孔孟之志，下救来兹之失，如皎日丽天，无幽不烛，圣人复起，未之能易。惟其门人未有，殆庶世之信从者寡。道之诚然者不著，是以不百年而异说兴，又不二百年而邪说炽，因推本阴阳法象之状，往来原反之故，反覆辨论，所以归咎上蔡、象山、姚江者甚峻。所著诸经，有《易、书、诗、春秋稗疏》，共十四卷，……《周易内外传》、《大象解》、《尚书引义》、《诗广传》、《礼记章句》、《春秋家说》、《世论续》、《左氏传博议》、《四书稗疏》、《训义详解读》、《四书大全说》、《诸经考异》、《说文广义》、《读通鉴论》、《永历实录》，及注释《老庄》、《吕览》、《淮南》、《楚辞》，《薑斋诗文集》等书，凡三百余卷。……康熙……三十一年卒，年七十四。（《清史列传·儒林传·王夫之传》）

天下师师，谁别玉珉，苻苕首解，大命

以沦。于是哀其所败，原其所剧，始于嬴秦，沿于赵宋，以自毁其极，推初弱丧，具有伦脊，故哀怨繁心，於邑填膈，矫其所自失，以返轩辕之区画，延明圣明，中邦作辟，行其教谊，制其辟，以藩扞中区，而终远夷狄，则形质消陨，灵爽亦为之悦怿矣。岁德在丙，火运宣也；斗建维辰，春气全也。文明以应，窃承天也；太原之系，世胄绵也。为汉大行，忠效捐也；悲憗穷愁，退论旂也。明明我后，遂播迁也；俟之方将，须永年也。黄书之所以传也，意在斯乎？（王夫之《黄书后序》）

于《大学补传》，为之衍曰：……取《大学》之教，疾趋以附二氏之途，以其恍惚空明之见，名之曰"此明德也"，"此知也"，"此致良知而明明德也"，体用一，知行合，善恶泯，介然有觉，颓然任之，而德明于天下矣。乃罗织朱子之过，而以穷理格物为其大罪，天下之畏难苟安，以希冀不劳，无所忌惮，而坐致圣贤者，翕然起而从之。呜呼！彼之为师者，与其繁有之徒，其所用心，吾既知之矣。（唐鉴《学案小识》卷三）

同时尊紫阳者，有张履祥、吕留良、陆世仪、陈瑚；朱、王并重者，有孙奇逢、李颙。

张履祥字考夫，浙江桐乡人。……年三十四，如山阴，受业刘宗周之门，归而自谓有得。年三十九，友人规之曰："欲诚其意，先致其知。"因觉人谱独体，犹染阳明，遂一意程朱之学，与乌程凌克贞、海盐何汝霖、归安沈磊切劘讲习，专务躬行。其学大要以仁为本，以修己为务，而以中庸为归，穷理居敬，宗法考亭，知行并进，内外夹持，无一念非学问，无一事非学问。……康熙十三年卒，年六十四。（《清史列传》传《儒林传·张履祥传》）

先君讳留良，……号晚村，姓吕氏。……与桐乡张考夫、盐官何商隐、吴江江佩葱诸先生，及同志数人，共力发明洛闽之学。……欲补辑朱子《近思录》，……尝谓洛闽渊源至靖难时中绝，后来月川、敬轩、康斋、敬斋诸人，颠末由蘖，仅能敷述绪论，而微言不传。白沙、阳明乘吾道无人之时，祖大慧之余智，改头换面，阳儒阴释，以聋瞽天下之耳目，而阳明之才气，尤足以钳锤驾驭。自是以后，士之卑靡者，既溺于科举词章之习；其有志于讲明此理者，怅怅然如瞽之

无相,总不能脱离姚江之圈禶。若罗整庵之《困知记》、陈清澜之《学蔀通辨》,盖尝极力攻其瑕颣,而所见犹粗。至后此讲学诸儒,未尝不号宗朱,及论至精微所在,则犹然金溪墨腰也。然则此学何由而明哉?……卒康熙癸亥,享年五十有五。(《晚村文集》附《吕公忠先府君行述》)

陆世仪字道威,江南太仓州人。……尝欲从刘宗周问学,不果。……笃守程朱,自言初有得于"心为严师、随事精察"八字,谓"心为严师"即居敬,"随事精察"即穷理。既有得于"理一分殊"四字,谓圣贤工夫,随事精察是起手,一以贯之是究竟,而此四字自精察而造一贯之阶梯也。……卒年六十二。(《清史列传·儒林传·陆世仪传》)

陈瑚字言夏,亦太仓州人。……瑚之学博大精深,尤讲求经济大略,暇则横槊舞剑,弯弓注矢,其击刺妙天下。……康熙十四年卒,年六十三。(《清史列传·儒林传·陈瑚传》)

孙奇逢字启泰,直隶容城人。……顺治二年……征,……以病辞。……辟兼山堂,读《易》其中,率子弟躬耕自给。……奇逢之学,原本象山、阳明,而兼采程朱之旨,以弥阙失。其论学以慎独为宗,以体认天理为要,以日用伦常为实际,而其大本,主于穷则励行,出则经世。其治身务自刻励,而于人无町畦。有问学者,随其高下浅深,必开以性之所近,使自力于庸行。上自公卿大夫,下及野人、牧竖、武夫、悍卒,一以诚意接之,用此名在天下,而人无忌嫉。……又表周、程、张、邵、朱、陆,及薛瑄、王守仁、罗洪先、顾宪成为十一子,以为直接道统之传。……康熙十四年卒,年九十二。(《清史列传·儒林传·孙奇逢传》)

康熙三年甲辰,八十一岁,二月,闻济上事,余具呈当事,北行。原注:顺治九年,曾奉旨详察确访明末死难之人,在廷诸臣各举所知。先生故有《甲申大难录》一编,济宁州牧李为授梓,至是严野史之禁,有老蠹见编内有"野史氏"字,以为此奇货可居,遂首大吏,李被逮。

孙奇逢像

此信初传，闻者皆为变色，先生正在水部座上，闻之，饮食谈笑自若，曰："天下事只论有愧无愧，不论有祸无祸，八十一岁老人，得此已足矣。"遂投呈当事，自请赴部。三月，至中途，闻简，原书特为表忠，毫无触忌，释济守归，余遂返。原注：答同人慰问云：当此之时，谁敢自谓无过，所恃者此心无疚，祸患死生，听之而已。借鬼神之祐，同人之庇，幸不罹于法网，实出望外。从此当闭户修省，以答神人之休。默之一字，原圣人微妙处，其默足容，此是何等功力，何等境地，愿与诸同人精思而实体之。（霍炳《征君孙先生年谱》卷下）

十辞辟召，蚤谢公车，……曲避伪檄之催选，从容就道，首认野史，……予故信其有阳明本领，而无其任用也。（霍炳《征君孙先生年谱》序）

李颙字中孚，陕西盩厔人。……其学以尊德性为本体，以道问学为工夫，以悔过自新为始基，以静坐观心为入手。……居恒教人，一以反身实践为事。谓孔、曾、思、孟立言垂训，盖欲学者体诸身，见诸行，充之为天德，达之为王道，有体有用，有补于世，否则假途于进，岂圣贤立言之初心、国家期望之本意耶！时容城孙奇逢之学盛于北，余姚黄宗羲之学盛于南，与颙鼎足，世称三大儒。惟颙起自孤根，上接关学之传，尤为难及云。……卒年七十六。（《清史列传·儒林传·李颙传》）

戊、颜李之学

理学专重实用者为颜、李之学。

颜元字易直，直隶博野人。……其为学，以尧舜之道在六府三事，周公教士以三物，孔子以四教，非主静专诵读，流为禅宗俗学者所可托，乃易静坐以习恭，内而敬直，外而九容交摄。读书择经史有用者，余不尽究。严课孝弟谨信，稽礼乐兵农之允宜今古者，为倡六艺，以教来学。……著《存性篇》二卷，……《存学编》四卷，……《存治编》一卷，大旨欲全复

颜元像

井田、封建、学校、征辟、肉刑及寓兵于农之法。又《存人编》四卷，大旨戒愚民奉佛及儒者谈禅。……康熙四十三年卒，年七十。……常语友人曰："如天不废予，将以七字富天下：垦荒、均田、兴水利；以六字强天下：人皆兵，官皆将；以九字安天下：举人才，正大经，兴礼乐。"其自负如此。(《清史列传·儒林传·颜元传》)

李塨字刚主，直隶蠡县人。……塨弱冠学礼于颜元，又学琴于张而素，学射于赵思光，学数于刘见田，学书于彭通，学兵法于王余祐。于田赋、禘祫、郊社、宗庙诸大典，靡不研究，捃摭史志所载经史大略，为《瘳志编》以备用。既而深服颜元六艺之教，遂执贽称弟子。……《平书》者，大兴王源所著，塨订之，为分民、分土、建官、取士、制田、武备六政者也。……雍正十一年卒，年七十五。(《清史列传·儒林传·李塨传》)

己、道光后理学复兴

乾嘉之际，考据盛行，理学浸衰。海疆事起，说者谓由考据破碎所致，未免过甚。但学风由此遂变，为汉学者多汉宋兼包，为理学者多言排外。倭仁以诋同文馆著名，徐桐以理学自命，实兼学净土宗，又信术数之学，而赞义和团最力。

华亭倪畲香明经元坦尝刻《二曲集录要》六卷、《儒林法语要》七卷、《儒学入门》一卷及自著书共九种，今名《读易楼合刻》。嘉庆己卯入都，因会稽莫侍郎晋，得交诸公卿，力言正人心、息邪说，莫如兴理学，当轴者信之。道光初元以后，睢州、容城、宣公、蕺山、漳浦、宁陵诸儒，先后从祀庙庑，汤文端公刻《四书反身录》，麟见亭观察刻《二曲全集》，莫侍郎刻《明儒学案》，藩文恭公刻《正学编》，程简敬刻《新吾全集》，卢容庵通参刻《为学须知》，宋学复盛。乃自一老明经开其端，乾嘉考证校雠琐碎之焰稍息矣。(平步青《霞外捃屑》卷五)

唐鉴字镜海，善化人，……为太常寺卿。海疆事起，严劾琦善、耆英等，直声震天下。鉴潜研性道，宗尚洛闽诸贤，著《学案小识》，推陆陇其为传道之首，以示宗旨。时蒙古倭仁、湘乡曾国藩、六安吴廷栋、昆明窦垿、何桂珍，皆从鉴考问学业，陋室危坐，精思力践。年七十，斯须必敬，致仕南归，主讲金陵书院。……咸丰……十一年

卒，年八十有四。(《清史稿·儒林传》一《唐鉴传》)

倭仁字艮峰，乌齐格里氏，蒙古正红旗人。河南驻防，……同治元年……秋，拜文渊阁大学士。……六年，同文馆议考选正途五品以下京外官，入馆肄习天文、算学，聘西人为教习。倭仁谓根本之图，在人心不在技艺，尤以西人教习为不可，且谓必习天文算学，应求中国能精其法者，上疏请罢议。于是诏倭仁保荐，别设一馆，即由倭仁督率讲求，复奏意中并无其人，不敢妄保。寻命在总理各国事务衙门行走，倭仁屡疏恳辞，不允；因称疾笃，乞休，命解兼职，仍在弘德殿行走。(《清史稿·列传》一七八《倭仁传》)

李棠阶字文园，河南河内人。……同治元年……命为军机大臣。……四年，……军书旁午，一事稍有未安，辄忧形于色，积劳致疾。十一月卒，年六十八，……谥文清。棠阶初入翰林，即潜心理学，尝手钞汤斌遗书以自勖，会通程、朱、陆、王学说，无所偏主，要以克己复礼、身体实行为归，日记自省，毕生不懈。家故贫，既贵，俭约无改。尝曰："忧患者生之门，吾终身不敢忘忍饥待米时也。"(《清史稿·列传》一七八《李棠阶传》)

徐桐字荫轩，汉军正蓝旗人。……光绪……二十二年，拜体仁阁大学士。桐崇宋儒说，守旧，恶西学如仇，门人言新政者，屏不令入谒。……二十六年，义和拳起衅仇外，载漪大喜，导之入都。桐谓中国当自此强矣，至且亲迓之。……联军入，……桐乃投缳死，年八十有二矣。(《清史稿·列传》二五二《徐桐传》)

(二) 经学

甲、明代经学之衰

永乐中，颁行《五经大全》，类于讲章，一代学者醉心宋儒言理之书，

辨朱陆异同，浮辞相尚，其稍精者，尤多惝怳不可捉摸。治经不重训诂典制，师心自用，故《明史·儒林传》讥其疏漏，谓"专门经训授受源流，则二百七十余年间，未闻以此名家者"。兹略举足以参证者如下。

《周易象旨决录》七卷，明熊过撰。过字叔仁，号南沙。……明人之易，言数者入道家，言理者入释氏。……过作此书，虽未能全复汉学，而义必考古。……凡证字一百有一，证音三十有八，证句二十有六，证脱字七十有九，证衍文三十，证当移置者三十有二，证旧以不误为误者三。……间有未审，然皆据前文，非由臆撰。（《四库全书总目》卷五）

《周易集注》十六卷，明来知德撰。知德字矣鲜，梁山人。……居万县深山中，精思易理，……阅二十九年而成此书。其立说，专取《系辞》中错综其数以论易象，而以杂卦治之。……皆由冥心力索，得其端倪，因而参互旁通，自成一说，当时推为绝学……。（《四库全书总目》卷五）

《尚书考异》五卷，明梅鷟撰。……是编辨正《古文尚书》，其谓二十五篇为皇甫谧所作，盖据孔颖达疏，……至谓孔安国序并增多之二十五篇，悉杂取传记中语以成文，则指摘皆有依据……（《四库全书总目》卷一二）

《尚书日记》十六卷，明王樵撰。……以《蔡传》为宗，……采旧说补之。又取金履祥《通鉴前编》所载，凡有关当时事迹者悉为采入……引据详明……于经旨多所发明，而亦可用于科举。（《四库全书

《诗故》十卷，明朱谋㙔撰。……多以汉学为主，与朱子《集传》多所异同。其间自立新义，……未免失之穿凿，然谋㙔博极群书，学有根柢，要异乎剽窃陈言……（《四库全书总目》卷一六）

《诗经世本古义》二十八卷，明何楷撰。……专主孟子知人论世之旨，依时代为次，……各为序目于前；又于卷末，仿序卦传例，作属引一篇。……于三千年后，钩棘字句，牵合史传，以定其名姓时代，……大惑不解，楷之谓乎？然楷学问博通，引援赅洽，凡名物训诂，一一考证详明，典据精确，实非宋以来诸儒所可及。（《四库全书总目》卷一六）

《周礼传》十卷，《图说》二卷，《翼传》二卷，明王应电撰……论说颇为醇正，虽略于考证，而义理多所发明。（《四库全书总目》卷一九）

《春王正月考》二卷，明张以宁撰。……征引五经，参以《史》、《汉》，著为一书，决数百载之疑案，可谓卓识……（《四库全书总目》卷二八）

《六书本义》十二卷，明赵㧑谦撰。……焦竑《笔乘》称其字学最精，……是编……辨别六书之体，颇为详晰，其研索亦具有苦心。（《四库全书总目》卷四一）

《俗书刊误》十二卷，明焦竑撰。……其辨最详，而又非不可施用之僻论。（《四库全书总目》卷四一）

《春秋事义全考》十六卷，明姜宝撰。……谓孔子于周王鲁侯事有非者，直著其非而已。后人说经，用恶字、罪字、讥贬字，皆非圣人之意。其言明白正大，为啖、赵以来所未及。（《四库全书总目》卷二八）

《春秋億》六卷，明徐学谟撰。……大旨以《春秋》所书，皆据旧史，旧史所阙，圣人不能增益。……一扫公羊、穀梁无字非例之说，……言简理明，多得经旨……（《四库全书总目》卷二八）

《乐律全书》四十二卷，明朱载堉撰。……凡书十一种。……载堉究心律数，积毕生之力，以成是书。……所论横黍百粒当纵黍八十一粒之尺度，及半黄钟不与黄钟应而半太蔟与黄钟应之说，皆精微之

论。(《四库全书总目》卷三八)

其思想奇特者,略如下。

《易学残本》十二卷,明卓尔康撰。……大旨附会河洛,推演奇偶,纷纭缪辏,展卷如历家之数表。(《四库全书总目》卷八)

《河洛定议赞》一卷,明喻国人撰。其说以伏羲则河图,书乾、坎、艮、震四卦;则洛书,书巽、离、坤、兑四卦。由河图四卦,得讼、遁十六阳卦;由洛书四卦,得家人、中孚十六阴卦。合河洛迭为上下,而得否、姤、履、泰二十二阴阳配合之卦。……自以河洛之议至此书而始定,书成,且祭河洛之神,及天地四圣,为文以告。(《四库全书总目》卷八)

《周易对卦数变合参》一卷,明喻国人撰。谓朱子不知易中十年三年七日八日之旨,及讼九二三百户之教,国人乃于反对两卦得之,合屯、蒙二卦,以屯下蒙上,谓屯二爻为一年,逆数之,至蒙五爻,历十爻为十年,合需、讼二卦,以需下讼上,谓讼二画九即九十户,讼初画六即六十户,需上画六即六十户,五画九即九十户,合之得三百户。以为此意数千年不明,真穿凿附会之说也。(《四库全书总目》卷八)

《三易大传》七十二卷,明李陈玉撰。书分二册。一曰先天古易,以解图画,又每篇系以赞语,其最异者,以无极、太极、无极而大极分为三图,而先天八卦配以英辅九星之名,后天八卦配以疏附先后之名,支离破碎,全无理据。一曰后天周易,以解经传,虽言象数而皆出臆说。(《四库全书总目》卷八)

《古书世学》六卷,明丰坊撰。……其序曰:正统六年,庆官京师,朝鲜使臣妫文卿、日本使臣徐睿入贡,……以《尚书》质之,文卿曰:"吾先王箕子所传,起神农《政典》至《洪范》而止。"睿曰:"吾先王徐市所传,起虞书《帝典》至《秦誓》而止。又笑官本错误甚多……固请订其错误,仅录一典二谟……见示。……"今考《明英宗实录》正统六年,无此二国使臣之名,则其为子虚乌有,已可不辨

……（《四库全书总目》卷一三）

《国风尊经》一卷……明陶宗仪撰。……解"君子好逑"云：逑从求从辵，谓行而求之也。解"参差荇菜"云，荇从草从行，谓草生水中而东西行者也。解"左右芼之"云，芼从草从毛，言以菜加于食物之上，如毛之附丽于外……穿凿不通，不可枚举。（《四库全书总目》卷一七）

《周礼述注》六卷，明金瑶撰。……谓《周礼》之文，为汉儒所窜改，其中有伪官乱句，悉为考定，别以阴文书之……若亲得周公旧本一一亲校而知之者。（《四库全书总目》卷二三）

《礼记意评》四卷，明朱泰贞撰。……弃置一切，惟事推求语气，某字应某字，某句承某句。如场屋之讲试题，非说经之道也。（《四库全书总目》卷二四）

《春秋说志》五卷，明吕柟撰。……务为新说奇论，凡所讥刺，皆假他事以发之，而所书之本事，反置不论。如以公及邾仪父盟于蔑，……为平王之罪；……叔孙豹卒，经不书饿死，乃为贤者讳……大抵褒贬迂刻，不近情理。（《四库全书总目》卷三〇）

《春秋私考》三十六卷明，季本撰。……言惠公仲子非桓公之母；盗杀郑三乡，乃晋人使刺客杀之；晋文公归国，非秦伯所纳，诸如此类，皆无稽之谈。……于二千余年之后，杜撰事实，以改易旧文。（《四库全书总目》卷三〇）

《春秋以俟录》一卷，明瞿九思撰。……多穿凿附会之谈，如十二公配十二月，二百四十年配二十四气之类。（《四库全书总目》卷三〇）

《大学指归》二卷，附考异一卷，明魏校撰。……首以古篆写古本正文，奇形诡状。（《四库全书总目》卷三七）

《四书大全辨》三十八卷，附录六卷，明张自烈撰。……首列揭帖序文之类，盈一巨册，而所列参订姓氏，至四百八十六人。（《四库全书总目》卷三七）

乙、清代经学派别

清代经学，自顾炎武开始以考据之法治《左传》，同时毛奇龄、朱鹤龄、马骕、阎若璩皆有盛名。乾、嘉时，有一人而兼数经，多宗郑玄，称郑学所以别于朱，称汉学所以别于宋，多为义疏之学，直欲越六代而

接两汉，故王懿荣有编《清代十三经义疏》之请；至于辨伪辑佚，自广博而极于微细，因致琐碎之讥。经学名家，源流有绪者，首推徽州，次则扬州、常州、苏州，有继其业至三四代者，浙东西相望称盛，故清代经学跨越前代，极盛于三吴，至乾、嘉而蔑以复加矣。北方学者，通州雷学淇、寿阳祁寯藻、平定张穆、曲阜桂馥、栖霞郝懿行、武威张澍，西南学者，浪穹王崧、番禺陈澧、遵义郑珍，各有成就。光绪之末，俞樾极博，孙诒让极精，王闿运遍笺十一经，皆有足多。兹述派别及家法之显明者如次。

【苏州之学】

苏州惠氏之学，专经而不废词章，故惠栋为王士禛《精华录》作训纂，世传《周易》，以《易汉学》为最精。

惠周惕原名恕，字元龙，江苏吴县人。父有声，……与徐枋善。周惕少从枋游，又受业于汪琬。康熙十七年，举博学鸿儒科，……三十年成进士，……选直隶密云县知县，卒于官。周惕邃于经学，为文章，有矩度，著有《易传》二卷，《诗说》三卷，《三礼问》六卷，《春秋问》五卷，及《砚谿诗文集》。……子士奇，……字天牧，康熙五十年进士，……洊任侍读学士，……乾隆……六年卒，年七十一。撰《易说》八卷，……《春秋说》十五卷，……《礼记说》十四卷，《大学说》一卷，……《琴邃理数考》四卷，又所著诗有《红豆斋小草》，《咏史乐府》，及《南中诸集》。子七人，栋最知名。栋字定宇，元和学生员。……于经史、诸子、稗官、野乘及七经旁纬之学，靡不肄业及之。小学本《尔雅》，六书本《说文》，余及《急就章》、《经典释文》、汉魏碑碣。……作《九经古义》二十二卷，……《易汉学》，八卷。……《易例》二卷，……《周易述》二十三卷，……《明堂大道录》八卷，《禘说》二卷，……《古文尚书考》二卷，……《后汉书补注》二十四

惠栋像

卷，《王士禛精华录训纂》二十四卷，《九曜斋笔记》，《松厓笔记》，《松厓文钞》，及《诸史会最》、《竹南漫录》诸书。乾隆二十三年卒，年六十二。其弟子知名者，余萧客最为纯实。余萧客字仲林，江苏长洲人。……撰《古经解钩沈》三十卷，……《文选纪闻》三十卷，《文选音义》八卷，《文选杂题》三十卷，《选音楼诗拾》若干卷。……乾隆四十三年卒，年四十七。(《清史列传·儒林传·惠周惕传》)

沈彤字冠云，江苏吴江人。……乾隆元年，荐举博学鸿词，报罢。与修三礼及《一统志》，书成，授九品官，以亲老归。……撰《周官禄田考》三卷，……《仪礼小疏》一卷，《果堂集》十二卷，……《春秋左传小疏》，《尚书小疏》，《气穴考略》，《内经本论》，……《保甲论》。……十七年卒，年六十五。(《清史列传·儒林传·沈彤传》)

钱大昕字晓征，江苏嘉定人。乾隆十六年，召试举人，授内阁中书。十九年进士，……三十九年……提督广东学政。……嘉庆九年卒，年七十七。

大昕幼慧，善读书。时元和惠栋、吴江沈彤以经术称。其学求之十三经注疏，及唐以前子史小学诸书，大昕推而广之，错综贯串，发古人所未发。……始以辞章名，沈德潜《吴中七子诗选》，大昕居一。既乃研精经史，蔚为著述，于经义之聚讼难决者，皆剖析源流，文字、音韵、训诂、天算、地理、氏族、金石以及古人爵里、事实、年齿，了如指掌，古人贤奸是非、疑似难明者，皆有确见。尝与修《音韵述微》、《续文献通考》、《续通志》、《一统志》、《天球图诸书》，所著有《唐石经考异》一卷，《经典文字考异》三卷，《声类》四卷，《二十二史考异》一百卷，《唐书史臣表》一卷，《唐五代学士年表》二卷，《宋学士年表》一卷，《元史氏族表》三卷，《元史艺文志》四卷，《三史拾遗》五卷，《诸史拾遗》五卷，《通鉴注辨证》

《二十二史考异》书影

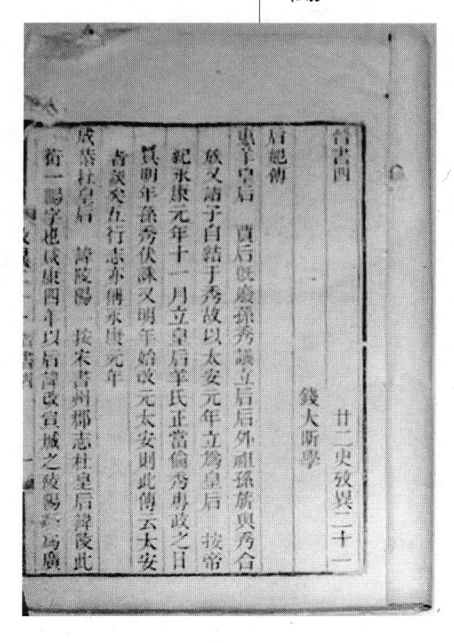

三卷，《四史朔闰考》四卷，《南北史隽》一卷，《三统术衍》三卷，《术铃》三卷，《风俗通义逸文》二卷，《吴兴旧德录》四卷，《先德录》四卷，《洪文惠年谱》一卷，《洪文敏年谱》一卷，《王伯厚年谱》一卷，《王弇州年谱》一卷，《疑年录》三卷，《潜研堂文集》五十卷，《诗集》二十卷，《词垣集》四卷，《潜研堂金石文跋尾》二十五卷，《金石文字目录》九卷，《天一阁碑目》二卷，《养新录》二十三卷，《恒言录》六卷，《竹汀日记钞》三卷。族子塘、坫，能传其学。塘字学渊，乾隆四十五年进士，改教职，选江宁府学教授。塘少大昕七岁，相与共学，又与大昕弟大昭及弟坫相切磋，为实事求是之学，于声音、文字、律吕、推步尤有神解。著《律吕古义》六卷，……《史记三书释疑》三卷，……《伴官雅乐释律》四卷，《说文声系》二十卷，《淮南天文训补注》三卷。其所作古文，曰《述古编》，凡四卷。年五十六。坫字献之，副贡生，……以直隶州州判官于陕，与洪亮吉、孙星衍讨论训诂、舆地之学。论者谓坫沉博不及大昕，而精当过之。嘉庆二年，……署华州。……仿古为合竹强弓，厚背纸为翎，二人共发之，达百五十步，又以意为发石之法。……著《史记补注》百三十卷，……《诗音表》一卷，《车制考》一卷……（《清史列传·儒林传·钱大昕传》）

钱大昭字晦之，嘉定人，太学生，大昕弟也。……少于大昕二十年，事兄如严师，得其指授。……著《尔雅释文补》三卷，及《广雅疏义》二十卷，……《说文统释》六十卷，……《两汉书辨疑》四十卷，……《三国志辨疑》三卷，……《后汉书补表》八卷，……《诗古训》十二卷，《经说》十卷，《补续汉书艺文志》二卷，《后汉郡国令长考》一卷，《迩言》二卷，《嘉定金石文字记》四卷。……嘉庆……十八年卒，年七十。子东垣、绎、侗。东垣字既勤，嘉庆三年举人，官浙江松阳县知县，以艰归，服阕，补上虞县。东垣与弟绎、侗，皆潜研经史金石，时称三凤。……为《孟子解谊》十四卷……《小尔雅校证》二卷，《补经义考》四十卷，《列代建元表》，《勤有堂文集》。绎初名东墉，字以成。……为《十三经断句考》，又著《方言笺疏》十三卷，……《说文解字读若考》三卷，《阙疑补》一卷，《释大》、《释小》各一卷，《释曲》一卷，《训诂类纂》一百六卷。

侗字同人，诸生，嘉庆……十五年举人，议叙知县。……为《释声》八卷，……《群经古音钩沈》四卷，《正名录》四卷，《九经补韵考》二卷，《说文音韵表》五卷……（《清史列传·儒林传·钱大昭传》）

【宝应之学】

宝应诸刘，台拱、宝楠、恭冕、岳云，皆各有名。

刘台拱字端临，江苏宝应人。……九岁作《颜子颂》。……及长，见同里王懋竑、朱泽沄书，遂笃志程、朱之学。乾隆三十五年举人。……与朱筠、程晋芳、戴震、邵晋涵及同郡任大椿、王念孙等游，稽经考古，旦夕讨论。……选丹徒县训道。……嘉庆十年卒，年五十五。……稿多零落，仅辑成《论语骈枝》一卷，《仪礼传注》一卷，《经传小记》三卷，《荀子补注》一卷，《汉学拾遗》一卷，《文集》一卷，及《方言补》、《校淮南子补》、《校国语补》诸书。（《清史列传·儒林传·刘台拱传》）

刘宝楠字楚桢，江苏宝应人。……从从父台拱请业，以学行闻乡里。为诸生时，与仪征刘文淇齐名，人称扬州二刘。道光二十年进士，授直隶文安县知县。……咸丰元年调三河，……五年卒，年六十五。……著《论语正义》二十四卷，……《释穀》四卷，……《汉石例》六卷，……《宝应图经》六卷，《胜朝殉扬录》三卷，《文安堤工录》六卷，……《韫山楼诗文集》。子恭冕。恭冕字叔俛，光绪五年举人。……主讲湖北经心书院。……卒年六十。著有《论语正义补》、《何休论语注训述》、《广经室文钞》。（《清史列传·儒林传·刘宝楠传》）

【仪征三刘】

仪征刘氏，三世为《左传》义疏，至襄公而止。

刘文淇字孟瞻，江苏仪征人。嘉庆二十四年优贡生。……为《左氏旧注疏证》八十卷，……《左传旧疏》八卷，……《楚汉诸侯疆域志》三卷，……《扬州水道记》四卷，又《读书随笔》二十卷，文集十卷，诗一卷。……卒

刘文淇《扬州水道记》书影

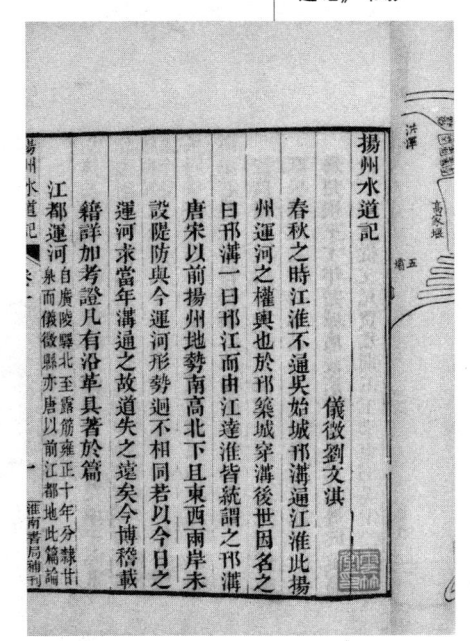

年六十六。子毓崧，孙寿曾，能世其学。毓崧字伯山，道光二十年优贡生。……成《春秋左氏传大义》二卷，……《周易》、《尚书》、《毛诗》、《礼记旧疏考正》各一卷，……《史乘》、《诸子通义》各四卷，又《经传通义》十卷，《王船山年谱》二卷，《彭城献征录》十卷，《旧德录》一卷，《通义堂笔记》十六卷，文集十六卷，诗集一卷。卒年五十。寿曾字恭甫。……初文淇为《左氏春秋长编》，晚年欲编辑成疏，甫得一卷而殁。毓崧思卒其业，未果。寿曾乃发愤，以继志述事为任。……至襄公四年而卒，年四十五。其《读左劄记》、《春秋五十凡例表》……亦未竟。他著有《昏礼别论对驳义》、《南史校议集平》、《博雅堂集》、《芝云杂记》。（《清史列传·儒林传·刘文淇传》）

【徽州之学】

徽州之学，始于江永，得其传者，戴为最精，胡为最专。段玉裁受学于戴，而传之陈奂，以至江沅，可谓源流至远。

戴震像

江永字慎修，安徽婺源人，诸生。……有《周礼疑义举要》七卷，《礼记训义择言》六卷，《深衣考误》一卷，《律吕阐微》十卷，《律吕新论》二卷，《春秋地理考实》四卷，《乡党图考》十一卷，《读书随笔》十二卷，《古韵标准》四卷，《四声切韵表》四卷，《音学辨微》一卷，《河洛精蕴》九卷，《推步法解》五卷，《七政衍》、《金水二星发微》、《冬至权度恒气注》、《历辨》、《岁实消长辨》、《历学补论》、《中西合法拟草》各一卷，《近思录集注》十四卷，《考订朱子世家》一卷。乾隆二十七年卒，年八十二。（《清史列传·儒林传·江永传》）

戴震字东原，安徽休宁人。……舆郡人郑牧、汪肇龙、汪梧凤、方矩、程瑶田、金榜从婺源江永游，震出所学质之永，永为之骇叹。永精《礼经》及推步、钟律、音声、文字之学，惟震能得其全。……年二十八，补诸生。……与吴县惠栋、吴江沈彤为忘年友。……北方学者，如献县纪昀、大兴朱筠，南方学者，如嘉定钱大昕、王鸣盛、余姚卢文弨、青浦王昶，皆折节与交。尚书秦蕙田纂《五礼通考》，……延之纂观象授时一门。乾隆二十七年，举乡试。……开四库馆，……震充纂修。四十年特命……赴殿试，赐同进士出身，改翰林院庶吉士。……四十二年，卒于官，年五十有五。……其小学书有《六书论》三卷，《声韵考》四卷，《声类表》九卷，《方言疏证》十卷；……其测算书有《原象》四篇，《迎日推策记》一篇，《句股割圜记》三篇，《历问》一卷，《古历考》二卷，《续天文略》三卷，《策算》一卷；……有《诗经二南补注》二卷，《毛郑诗考》四卷，《尚书义考》一卷，《仪礼考正》一卷，《考工记图》二卷，《春秋即位改元考》一卷，《大学补注》一卷，《中庸补注》一卷；……《水经注》四十卷，……《屈原赋注》七卷，……震卒后，其小学则高邮王念孙、金坛段玉裁传之；测算之学，则曲阜孔广森传之；典章制度之学，则兴化任大椿传之，皆其弟子也。（《清史列传·儒林传·戴震传》）

段玉裁字若膺，江苏金坛人。……年十三，补诸生，……乾隆二十五年举人。至京师，见休宁戴震，好其学，遂师事之。以教习，得贵州玉屏县知县，……著《六书音韵表》五卷。……寻任巫山县，……引疾归。……著《说文解字注》三十卷，……《述汉读考》，先成《周礼》六卷，又撰《礼经汉读考》一卷，……《古文尚书撰异》三十二卷，……《春秋左氏古经》十二卷，……《毛诗小学》三十卷，《汲古阁说文订》十六卷，《经韵楼集》十二卷。嘉庆二十年卒，年八十一。……弟子长洲陈奂、……徐颋、嘉兴沈涛及女夫仁和龚丽正，俱知名，而奂尤得其传。（《清史列传·儒林传·段玉裁传》）

段玉裁《说文解字注》书影

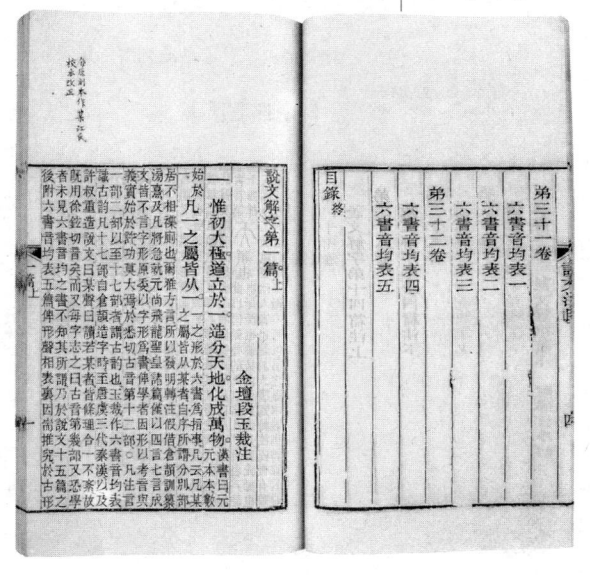

陈奂字硕甫，江苏长洲人，诸生。咸丰元年，举孝廉方正。……受学玉裁，刻《说文解字注》，校订之力，奂居多。……著《诗毛氏传疏》三十卷，……《毛诗说》一卷，……《毛诗音》四卷，……《毛传》……《义类十九篇》一卷，……《郑氏笺考征》一卷，……《诗语助义》三十卷，《公羊仪礼考征》一卷，《师友渊源记》一卷。……家居授徒，从游者数十人。……同治二年卒，年七十有八。(《清史列传·儒林传·陈奂传》)

江沅字子兰，优贡生。金坛段玉裁侨居苏州，沅出入其门者数十年。……沅先著《说文释例》，后承玉裁属，……为《说文解字音韵表》，凡十七卷。沅于段纰谬处，略笺其失。……卒年七十二。(《清史列传·儒林传·江声传附江沅传》)

胡培翚字载平，安徽绩溪人。嘉庆二十四年进士，官内阁中书，户部广东司主事。……主讲钟山云间。……道光二十九年卒，年六十八。……著《燕寝考》三卷，……《仪礼正义》……四十卷，……别为《仪礼贾疏订疑》一书，……他著有《禘祫答》、《研六室文钞》。(《清史列传·儒林传·胡培翚传》)

胡承珙字景孟，安徽泾县人。嘉庆十年进士，……迁御史，……补台湾道。……道光十二年卒，年五十七。……键户著书，与长洲陈奂往复讨论，不绝于月。著《毛诗后笺》三十卷，……《仪礼古今文疏义》十七卷，……《尔雅古义》……二卷，……《小尔雅义证》十三卷。(《清史列传·儒林传·胡承珙传》)

【高邮王氏】
高邮王氏父子训诂之学，前无古人。

王念孙字怀祖，江苏高邮人。……乾隆四十年进士，……嘉庆……六年，调永定河道。……道光……十二年卒，年八十有九。……著《读书杂志》八十二卷。……初从休宁戴震受声音、文字、训诂，……撰《广雅疏证》……三十二卷。……子引之。……(《清史列传·儒林传·王念孙传》)

公讳引之，字伯申。……嘉庆己未成进士，……授工部尚书。……著有《经义述闻》三十二卷，不为凿空之谈，不为墨守之见，聚讼之说，则求其是；假借之字，则正其解。又就古人名字音义之相比

附，以观声音训诂之会通，作《周秦名字解诂》。又考明《汉志》"太岁在子"为在寅之讹，为说二十八篇以正之，名曰《太岁考》。又以小学之书皆释名物实义，若经传语辞，释之者无几，语义未明，经义反因之而晦，爰博考九经三传及周秦西汉之书，发明助语古训分字编次，为《经传释辞》十卷，以补《尔雅》、《说文》、《方言》之缺。……享年六十有九。（《续碑传集》汤金钊《伯申王公墓志铭》）

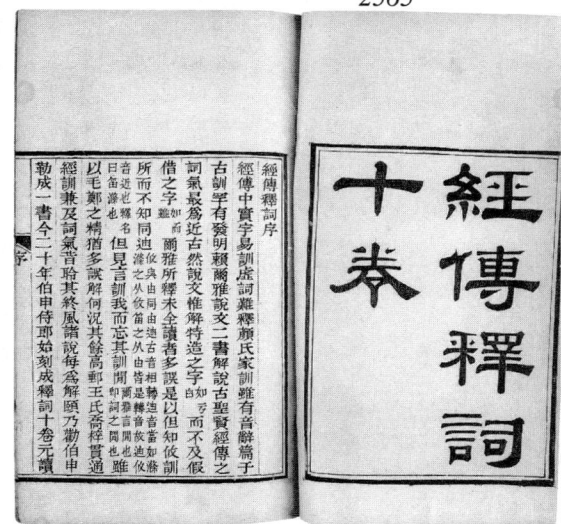

王引之《经传释辞》书影

【常州之学】

常州之学，皆有文采，通经多传绝学。张惠言而外，庄存舆、刘逢禄、宋翔凤，皆传公羊之学，遂开后来维新一派。

庄……存舆，江苏武进人。官礼部侍郎。幼传太原阎若璩之学，博通六艺，而善于别择。……为《尚书既见》三卷、《说》二卷，……《彖传论》一卷，《彖象论》一卷，《系辞传论》二卷附《序卦传论》、《八卦观象解》二卷，《卦气论》一卷，《毛诗说》二卷、补一卷、附一卷，《周官记》五卷、《说》二卷，《春秋正辞》十二卷附《举例》一卷、《要指》一卷，《四书说》二卷。（《清史列传·儒林传·庄述祖传》）

刘逢禄字申受，江苏武进人。……外祖庄存舆与舅庄述祖并以经术名，逢禄尽传其学。嘉庆十九年进士，……道光四年，补仪制司主事。……为《公羊春秋何氏释例》三十篇，……《笺》一卷，《答难》二卷，《申何难郑》四卷，……《议礼决狱》四卷，……《论语述何》、《夏时经传笺》、《中庸崇礼论》、《汉纪述例》各一卷，……《纬略》二卷，《春秋赏罚》一卷，……《春秋论》上下篇，……《左氏春秋考证》二卷，……《易虞氏变动表》……一卷，……《尚书今古文集解》三十卷，《书序述闻》一卷，《诗声演》二十七卷。……道光九年卒，年五十六。（《清史列传·儒林传·刘逢禄传》）

宋翔凤字于庭，江苏长洲人。嘉庆五年举人，湖南新宁县知县。

卷五 明清

亦庄述祖之甥，……得庄氏之真传。著《论语说义》十卷，……《论语郑注》十卷，《大学古义说》二卷，《孟子赵注补正》六卷，……《过庭录》十六卷。……卒年八十二。(《清史列传·儒林传·刘逢禄传附宋翔凤传》)

丙、清代经学名著

清代说经之书，浩如烟海，阮《经解》一百八十种，《续经解》二百十种，尚不能尽。兹举其不朽者。

凌廷堪……著《礼经释例》十三卷，谓仪礼委曲繁重，必须会通其例。如乡饮酒乡射、燕礼大射不同，而其为献酢酬、旅酬无算爵之例则同；聘礼、覲礼不同，而其为郊劳、执玉、行享、庭实之例则同；特牲馈食、少牢馈食不同，而其为尸饭、主人初献、主妇亚献、宾长三献、祭毕饮酒之例则同。乃区为八例，以明同中之异、异中之同，曰通例，曰饮食例，曰宾客例，曰射例，曰变例，曰祭例，曰器服例，曰杂例。《礼经》第十一篇，自汉以来，说者虽多，由不明尊尊之旨，故罕得经意，乃复为《封封尊尊服制考》一篇，附于变例之后。大兴朱珪读其书，赠诗推重之。廷堪《礼经》而外，复潜心于乐，谓今世俗乐与古雅乐，中隔唐人燕乐一阕，蔡季通、郑世子辈俱未之知，因以隋沛公郑泽五旦七调之说为燕乐之本，又参考段安节《琵琶录》、张叔夏《词原》、《辽史·乐志》诸书，著《燕乐考原》六卷，江都江藩叹以为思通鬼神。(《清史列传·儒林传·凌廷堪传》)

程瑶田字易畴，安徽歙县人。……与戴震、金榜同学于江永，笃志治经，震自言逊其精密。其学长于涵泳经文，得其真解，不屑依傍传注。以《丧服"緦麻"章》末"长殇中殇降一等"四句，郑氏误以为传文，故触处难通；又"不杖期章惟子不报"传文，公妾以及士妾为其父母传文，郑氏以为失误；"大功章"，大夫之妾，为君之庶子，女子已嫁者、未嫁者，为世父母叔父母姑姊妹，旧读以大夫之妾为建首，下二为字贯之，郑氏谓女子别起贯下，斥传文为不辞，皆援据经史，疏通证明，以规郑失，著《仪礼丧服文

《皇清经解》书影

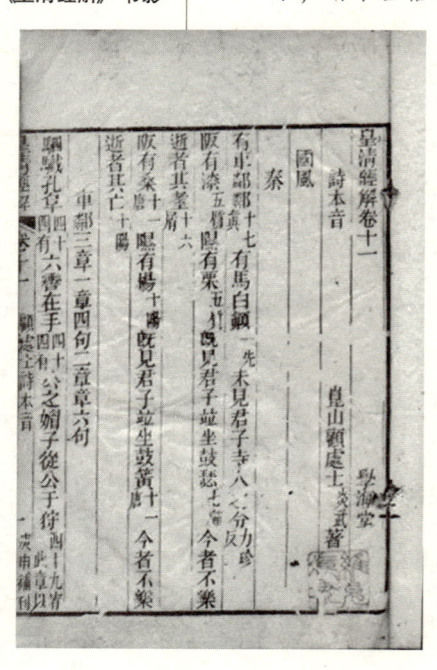

足征记》十卷。又以《考工记》诸言"磬句磬折",郑氏度直矩解之,致与前后经文不合,谓磬折不明,由于倨句不明,欲明倨句,先辨矩字,矩有直有曲,倨句之云,折其直矩而为曲矩,即今木石工所用之曲尺,著《磬折古义》一卷。又以郑注太宰九穀稷梁二者,言人人殊,因询考农家,据《说文》释之,谓梁为粟,以稷为秋,今高粱也,著《九穀考》四卷。又《宗法小记》、《释官小记》、《考工创物小记》、《沟洫疆理小记》、《水地小记》、《解字小记》、《声律小记》、《释草小记》、《释虫小记》各一卷,皆考证精确,为学者所宗。又《论学小记》一卷,外第一卷。……又有《禹贡三江考》、《读书求解数度》小记、《九势碎事修辞馀钞》各一卷,统名《通艺录》。(《清史列传·儒林传·程瑶田传》)

惟聂崇义《三礼图》二十卷见于世,于考工诸器物尤疏舛。同学治古文辞,有苦《考工记》难读者,余语以诸工之事,非精究少广旁要固不能推其制,以尽文之奥曲,郑氏注善矣。兹为图翼赞郑学,择其正论,补其未逮,图传某工之下,俾学士显白观之。因一卷书,当知古六书九数等,儒者结发从事,今或皓首未之闻,何也。休宁戴震。(戴震《考工记图·自序》)

孙诒让字仲容,浙江瑞安人也。……德清戴望、海宁唐仁寿、仪征刘寿曾,皆治朴学,诒让与游,学益进。以为典莫备于六官,故疏《周礼》。……初贾公彦《周礼疏》多隐略,世儒各往往傅以今文师说,而拘牵后郑义者,皆仇王肃,又糅杂齐鲁间学。诒让一切依古文弹正,郊社禘祫则从郑,庙制昏期则从王,益宣究子春、少赣、仲师之学,发正郑、贾,凡百余事,古今言《周礼》者,莫能先也。(《太炎文集》卷二《孙诒让传》)

张尔岐字稷若。……读《仪礼》,……因郑康成注文古质,贾公彦释义曼衍,学者不能寻其端绪,乃取经与注章分之,定其句读,疏其节,录其要,取其明注而止;有疑

孙诒让像

义则以意断之，亦附于末。始名《仪礼郑注节释》，后改名《仪礼郑注句读》。又参定监本脱误凡二百余字，并考石经脱误凡五十余字，作《正误》二篇附于后。（江藩《汉学师承记》卷一《张尔岐传》）

阎若璩字百诗，山西太原人。……年二十，读《尚书》，至古文二十五篇，即疑其伪，沉潜三十余年，乃尽得其症结所在。作《古文尚书疏证》八卷，引经据古，一一陈其矛盾之故，古文之伪大明。所列一百二十八条，毛奇龄《尚书古文冤词》，百计相轧，终不能以强辞夺正理，则有据之言，先立于不可败也。（《清史列传·儒林传·阎若璩传》）

王鸣盛字凤喈，江苏嘉定人。……著《尚书后案》三十卷，专述郑康成之学；若郑注亡逸，采马、王注补之；《孔传》虽出东晋，其训诂犹有传授，间一取焉。又谓东晋所献之《太誓》伪，而唐人所斥之《太誓》实非伪，故附书《今文太誓》一篇，存古之功，自谓不减惠氏《周易述》也。（《清史列传·儒林传·王鸣盛传》）

段玉裁……以诸经惟《尚书》离厄最甚，古文几亡，贾逵分别古今，刘陶是正文字，其书皆不存。乃广蒐补阙，正晋唐之妄改，存周汉之驳文，著《古文尚书撰异》三十二卷。（《清史列传·儒林传·段玉裁传》）

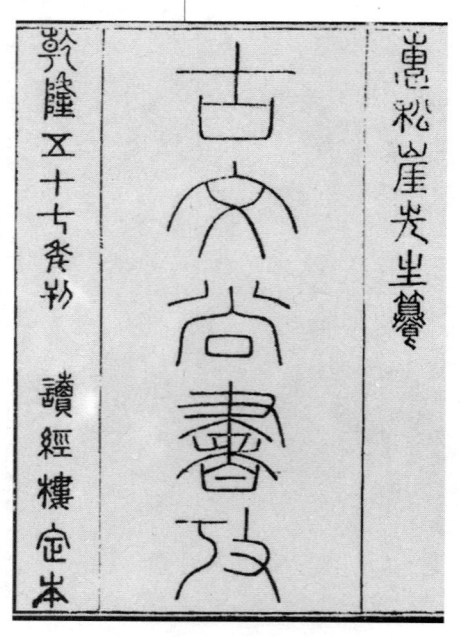

惠栋……《古文尚书考》二卷，辨郑康成所传之二十四篇为孔壁真古文，东晋晚出之二十五篇为伪。（《清史列传·儒林传·惠周惕传附惠栋传》）

孙星衍字渊如，江苏阳湖人。……为《尚书今古文注疏》三十九卷。……其书意在网罗放失旧闻，故录汉魏人佚说为多，又兼采近代王鸣盛、江都段玉裁诸人书说。惟不取赵宋以来诸人注，以其时文籍散亡，较今代无异闻，又无师传，恐滋异说也。凡积二十二年而后成，论者以为胜王鸣盛书。（《清史列传·儒林传·孙星衍传》）

陈奂于《诗》，谨守家法，精深为一代之冠。

陈奂尝言，大毛公诂训传，言简意该，汉以来无不称引，韬晦不彰。乃博征古书，发明其义，大抵用西汉以前旧说，而与东汉人说诗者不苟同。又以毛氏之学源出荀子，而善承毛氏者，惟郑仲师、许叔重两家，故于《周礼》注《说文解字》，多所取说，著《诗毛氏传疏》三十卷。(《清史列传·儒林传·陈奂传》)

顾栋高《春秋大事表》，以表类事，足为读史之法。

顾栋高字复初，江苏无锡人。……精心经术，尤嗜《左氏传》。……著《春秋大事表》五十卷、舆图一卷、附录一卷，以春秋列国诸事比而为表，又为辨论以订旧说之讹，凡百三十一篇。条理详明，议论精核，多发前人所未发。(《清史列传·儒林传·顾栋高传》)

张惠言通《虞氏易》、《荀氏九家易》，真千古绝学也。

张惠言字皋闻，江苏武进人。……尝从歙金榜问故。其学要归六经，而尤深《易》、《礼》，著有《周易虞氏义》九卷、《虞氏消息》二卷。尝谓虞。翻之学既邃，又具见马、郑、荀、宋氏书，考其是否，故其义为精。又古书亡而汉魏师说可见者十余家，然惟郑、荀、虞三家，略有梗概可指说，而虞又较备，然则求七十子之微言，田何、杨叔、丁将军之所传者，舍虞氏之注其何所自焉？故求其条贯，明其统例，释其疑滞，信其亡阙，庶以探赜索隐，存一家之学；其所未寤，俟有道正焉耳。(《清史列传·儒林传·张惠言传》)

清代小学，跨越前代，《音学五书》，实为开山之祖。

顾炎武……尤精韵学。撰《音论》三卷，言古韵者，始自明陈第，然创辟榛芜，犹未邃密，炎武乃推寻经传，探讨本原。又《诗本音》十卷，其书主陈第"诗无协韵"之说，不与吴棫本音争，亦不用棫之例，但即本经之韵互考，且证以他书，明古意原作是读，非由迁就，故曰"本音"。又《易音》三卷，即《周易》以求古音，考证精确。又《唐韵正》二十卷，《古音表》二卷、《韵补正》一卷，皆能追复三代以来之音，分部正帙而知其变。(《清史列传·儒林传·顾炎武传》)

《音学五书》书影

段玉裁……著《说文解字注》三十卷，谓《尔雅》以下义书也，《声类》以下音书也，《说文》形书也。凡篆一字，先训其义，次释其形，次释其音，合三者以完一篆，故曰形书。又谓许以形为主，因形以说音说义。其所说义与他书绝不同者，他书多假借，则字多非本义；许惟就字说其本义，知何者为本义，乃知何者为假借，则本义乃假借之权衡也。《说文》、《尔雅》，相为表里，治《说文》而后《尔雅》及传注明。又谓自仓颉造字时，至唐虞、三代、秦汉以及许叔重造《说文》，曰"某声"、曰"读若某"者，皆条理合一不紊。故既用徐铉切音，又某字志之曰，古音第几部，后附六书音韵表，俾形声相为表里。始为长编，名《说文解字读》，凡五百四十卷。既乃隐括之成此注。……高邮王念孙序之曰：千七百年无此作矣。（《清史列传·儒林传·段玉裁传》）

桂馥字东卉，山东曲阜人。……为《说文义证》五十卷。……其书荟萃群书，力穷根柢，为一生精力所在。馥与段玉裁生同时，同治《说文》，学者以桂段并称，而两人两不相见，书亦未见。段氏之书，声义兼明，而尤于声；桂氏之书，声义并及，而尤博于义。段氏钩索比传，自以为能冥合许恉，勇于自信，自成一家之言，故破字创义为多；桂氏敷佐许说，发挥旁通，令学者引申贯注，自得其义之所归。故段书约而猝难通辟，桂书繁而寻省易了。其专胪古籍，不下己意，则以意在博证求通，辗转孳乳，触长无方，亦如王氏《广雅疏证》、阮氏《经籍纂诂》之类，非可以己意为独断者也。（《清史列传·儒林传·桂馥传》）

（三）史学

明人喜纪载而乏史裁，《元史》之修，仓卒成书，缺而不备者有之，重复者有之，以畏忌之故，至不具论赞，为前史所无。有明一代，未修国史，通行者陈建《通纪》而已，而陈建本无其人，万斯同谓为梁亿所托。王世贞留心史事，辑录甚备，仅成《弇州山人别集》一书。或谓钱谦益修史，取世贞所辑《琬琰集》为蓝本，非也。谦益所采，名为《史略》，盖本于李焘《长编》，蒐集甚广，绝不限于世贞之书。清初潘柽章、吴炎

《明史记》，礼例谨严，惜未成书。柽章别撰《国史考异》六卷，精确无比，明清两代未尝有第二人也。明代政书，两京部院多有之，私人所辑如徐学聚《国朝典汇》二百卷，冯用孚《皇朝经世实用编》二十八卷，陈仁锡《皇明世法录》九十二卷，黄溥《皇明经济录》五十二卷，陈九德删次《名臣经济录》十八卷，邓球《泳化续编》十七卷，皆原原本本，言之有物，盖练习当代掌故，为其时风气使然，非清代所能及也。

甲、明代官修之史

【实录】

太祖实录曾经三修；睿宗未登帝位而有实录；熹宗实录崇祯时改修未成；崇祯无实录，今所传者康熙修《明史》时补辑之本。明代实录之修，虽无史法，当时颇重其事，总裁之任，必择有文望者。自万历中始有人钞以流传，然多脱落颠倒。顾炎武、万斯同皆信实录，以为胜于野史谬悠之谈。实录编年，宝训类事，今宝训更难睹其全矣。

《太祖高皇帝实录》二百五十七卷，建文元年正月修，三年十二月成。靖难后重修，永乐元年六月成。九年三修，十六年五月成。《太宗文皇帝实录》一百三十卷，洪熙元年修，宣德五年成。《仁宗昭皇帝实录》十卷，洪熙元年闰七月修，宣德五年五月成。《宣宗章皇帝实录》一百十五卷，宣德十年七月修，正统三年四月成。《英宗睿皇帝实录》三百六十一卷，天顺八年修，成化三年八月成，附景泰帝事实于中，称"废帝郕戾王附录"，凡八十七卷。《宪宗纯皇帝实录》二百九十三卷，弘治元年闰正月修，四年八月成。《孝宗敬皇帝实录》二百二十四卷，正德元年十二月修，四年五月成。《武宗毅皇帝实录》一百九十七卷，正德十六年六月修，嘉靖四年六月成。《世宗肃皇帝实录》五百六十六卷，隆庆元年五月修，五年八月成。《穆宗庄皇帝实录》七十卷，隆庆六年十月修，万历二年七月成。《神宗显皇帝实录》五百九十四卷，天启中修。《光宗真皇帝实录》八卷，天启三年七月成，重修，崇祯元年二月成。《熹宗哲皇帝实录》八十四卷，缺天启四年月及七年月。（《千顷堂书目》卷四）

【宝训】

《大明宝训》五卷，《皇明宝训》十五卷，《太宗文皇帝宝训》

十五卷，宣德年修。《仁宗皇帝宝训》六卷，宣德五年修。《宣宗皇帝宝训》十五卷，正统三年修。《英宗皇帝宝训》十五卷，成化三年修。《宪宗皇帝宝训》十卷，弘治四年修。《孝宗皇帝宝训》十卷，正德四年修。《武宗皇帝宝训》十卷，嘉靖四年修。《世宗皇帝宝训》二十四卷，万历五年修。《穆宗皇帝宝训》八卷，《神宗皇帝宝训》□卷，《光宗皇帝宝训》四卷。（《千顷堂书目》卷四）

【元史】

宋濂等修《元史》二百十二卷。洪武二年二月丙寅，诏修元史，上谓廷臣曰："近克元都，得元十三朝实录，元虽亡国，事当纪载，况史记成败示劝惩，不可废也。"乃诏中书左丞相宣国公李善长为监修，前起居注宋濂、漳府通判王祎为总裁，征山林遗逸之士，汪克宽、胡翰、宋禧、陶凯、陈基、赵埙、曾鲁、高启、赵汸、张文海、徐尊生、黄篪、傅恕、王琦、傅著、谢徽十六人，同为纂修，开局天界寺，取元《经世大典》诸书，以资参考。至八月癸酉，书成，善长表进，凡为纪三十七卷，志五十二卷，表六卷，传六十三卷，通一百六十九卷。至三年二月乙丑，儒士欧阳和等采摭元统以后事实还朝，仍命翰林学士宋濂、待制王祎为总裁，赵埙、朱右、贝琼、朱世濂、王彝、张孟兼、高巽志、李懋、李汶、张宣、张简、杜寅、殷弼、俞同十四人续修。七月丁亥朔，书成，计五十有三卷，纪十，志五，表二，传三十六，凡前书未备者悉补完之，通二百十二卷。学士宋濂表进，诏刊行之，人赐白金二十两、文绮帛各二，授儒士张宣等官；惟赵埙、朱右、朱世濂乞还，从之。（《千顷堂书目》卷四）

【政书】

《大明会要》八十卷，不知何人编。太祖开国时事，凡三十九则，曰帝系，曰仁政，曰后妃，曰封建，曰职官，曰官制，曰内职，曰版籍，曰方域，曰蠲放，曰礼乐，曰祭祀，曰赏赐，曰祥异，曰学校，曰建言，曰兵政，曰除寇，曰僧道，曰开基议泗，曰定策渡江，曰定鼎金陵，曰定北平，曰降西蜀，曰平云南，曰克张士诚，曰取关陇，曰取山西，曰平广海，曰来方国珍，曰下八闽，曰平溪洞，曰定塞北，曰服荆楚，曰降辽东，曰莫西城，曰来哈出，曰定四彝。（《千顷

堂书目》卷九）

《大明会典》一百八十卷，弘治十年十一月。上以累朝典制，散见叠出，未会于一，敕大学士徐溥等，仿《唐会要》、元《经世大典》、《大元通制》为书。十五年正月，书成，未及颁行。正德四年，复命大学士李东阳、焦芳、杨廷和等，勘定补正遗缺，成书刊布，两朝皆有御制序。其书止于弘治十五年，至嘉靖八年，复命阁臣，纂修十六年以后迄于嘉靖九年以前事例，续之。（《千顷堂书目》卷九）

《重修大明会典》二百二十八卷。万历四年，阁臣续修嘉靖以来事例，迄万历十四年成书。（《千顷堂书目》卷九）

《大明官制》二十八卷。（《千顷堂书目》卷九）

《诸司职掌》十卷，洪武二十六年三月吏部署部事侍郎翟善同翰林儒臣编。先是，帝以诸司秩有崇卑，政有大小，无方册以著成法，恐莅官者罔知职任政事设施之详，乃命依《唐六典》制，自五府至六部、都察院以下诸司，凡设官分职之务，类编为是书，及成，诏刊行颁布中外。（《千顷堂书目》卷九）

《宪纲》一卷，洪武四年五月御史台进，凡四十条，上亲加删定刊行矣，后诸臣有任情增改者，宣宗再令考旧文而申明之，益入后定风宪事宜，正统四年十月颁布。（《千顷堂书目》卷九）

乙、明代私人撰述

明代学者，知今而不知古，其所撰关于史事之书，能考前代得失、通知类例者甚少，且持迂腐之见，评量史实，不脱学究习气。如：

《宋史质》，明王洙撰。洙字一江，临海人。正德辛巳进士，其仕履未详。是编因《宋史》而重修之，自以臆见，别释义例。大旨欲以明继宋，非惟辽金两朝皆列于外国，即元一代年号，亦尽削之，而于宋益王之末，即以明太祖之高祖，追称德祖元皇帝者，承宋统；大德三年，以太祖之曾祖，追称懿祖恒皇帝者，继之；延祐四年，以太祖之祖，追称熙祖裕皇帝者，继之；后至元五年，以太祖之父，追称仁

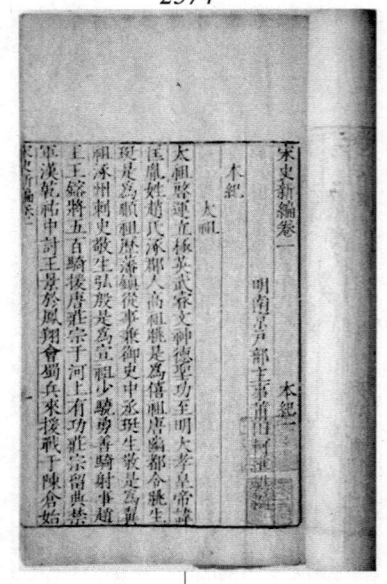

《宋史新编》书影

祖淳皇帝者,继之;至正十一年,即以为明之元年。且于瀛国公降元以后,岁岁书"帝在某地"云云,仿《春秋》书"公在乾侯",《纲目》书"帝在房州"之例。荒唐悖谬,偻指难穷,自有史籍以来,未有病狂丧心如此人者。其书可焚,其版可斧。其目本不宜存,然自明以来,印本已多,恐其或存于世,荧无识者之听,为世道人心之害,故辞而辟之,俾人人知此书为狂吠,庶邪说不至于诬民焉。(《四库全书总目》卷五〇)

柯维骐《宋史新编》二百卷,会宋辽金三史为一,以宋为正统,辽、金列于外国传,瀛国二王升于帝纪以存宋统,正亡国诸叛臣之名以明伦,升道学于循吏之前以重道,厘复补漏,击异订讹,阅二十寒暑始成。其后祥符王惟俭,吉水刘同升,皆以删定宋史,咸未行世。(《千顷堂书目》卷四)

《季汉书》五十六卷,明谢陛撰。陛字少连,歙县人。其书遵朱子《纲目》义例,尊汉昭烈为正统,自献帝迄少帝为本纪三卷,附以诸臣为内传;吴、魏之君则别为世家,而以其臣为外传。复以董卓、袁绍、袁术、公孙瓒、公孙度及吕布、张邈、陶谦诸人为载记;凡更事数姓,与依附董、袁诸人者,则为杂传。又别作兵戎始末、人物生殁二表,以括一书之经纬。卷首冠正论五条,答问二十二条,凡例四十四条,以揭一书之宗旨。(《四库全书总目》卷五〇)

《南宋书》六十卷,明钱士升撰。……是编以宋史繁冗,故为删薙,然所刊削者,不过奏疏及所历官阶而已,别无事增文省之处,亦不见翦裁熔铸之功。又去奸臣、叛臣之例,仍列于众人之中。案《隋书》以前,奸臣、叛臣本不别传,《新唐书》始另列之,后来作者,多依其例,亦足见彰瘅之公。今并一之,殊失示戒之意,未足以言复古。至所增郑思肖数人列传,亦疏略不详。惟遵循古例,不以道学、儒林分传,能扫除门户之见,为短中之一长耳。(《四库全书总目》卷五〇)

明人喜记当代之事,万历以后,实录既出,乃有根据实录兼采邸报以成书者,虽不免舛讹,而载笔甚勤。兹举其著者。

向尝流览前代，粗记其姓氏，因欲遍观有明一代之书，以为既生有明之后，安可不知有明之事。故尝集诸家记事之书读之，见其牴牾漏，无一得满人意者。如郑端简之《吾学编》，邓潜谷之《皇明书》，皆仿纪传之体，而事迹颇失之略。陈东莞之《通纪》，雷古和之《大政记》，皆仿编年之体，而褒贬间失之诬。袁永之之《献实》，犹之《皇明书》也；李宏甫之《续藏书》，犹之《吾学编》也；沈国元之《从信录》，犹之《通纪》也；薛方山之《献章录》，犹之《大政记》也。其他若《典汇》、《史料》、《史概》、《国榷》、《世法录》、《昭代典则》、《名山藏》、《颂天胪笔》、《同时尚论录》之类，要皆可以参考，而不可以为典要。唯焦氏《献征录》一书，搜辑最广，自大臣以至郡邑吏，莫不有传，虽妍媸备载，而识者自能别之，可备国史之采择者，唯此而已。（万斯同《石园文集》卷七《寄范笔山书》）

郑晓《吾学编》六十九卷，《大政记》一卷，《逊国记》一卷，《同姓诸王表》二卷，传三卷，《异姓诸侯表》一卷，传二卷，《直文渊阁诸臣表》一卷，《两京典铨表》一卷，《名臣记》三十卷，《逊国臣记》八卷，《天文述》一卷，《地理述》一卷，《三礼述》二卷，《百官述》二卷，《四裔考》二卷，《北卤考》一卷，《外吾学编余》一卷，余无。（《千顷堂书目》卷四）

何乔远《名山藏》一百卷，分三十七类，曰典谟记，曰坤则记，曰开圣记，曰继体记，曰分藩记，曰勋封记，曰天因记，曰天欧记，曰舆地记，未全，曰典体记，曰乐舞记，皆缺，曰刑法记，曰河漕记，曰漕运记，曰钱法记，曰兵制记，曰马政记，曰茶马记，曰盐法记，曰臣林记，曰臣林外记，曰关柝记，曰儒林记，曰文苑记，曰俘贤记，曰宦者记，曰列女记，曰臣林杂记，曰高道记，曰本士记，曰本行记，曰艺妙记，曰货殖记，曰方伎记，曰方外记，曰王享记，始于洪武，终于隆庆。（《千顷堂书目》卷四）

朱国祯《皇明史概》一百二十卷，其目曰大政，曰大训，曰大因，曰大志，曰大事，大因大

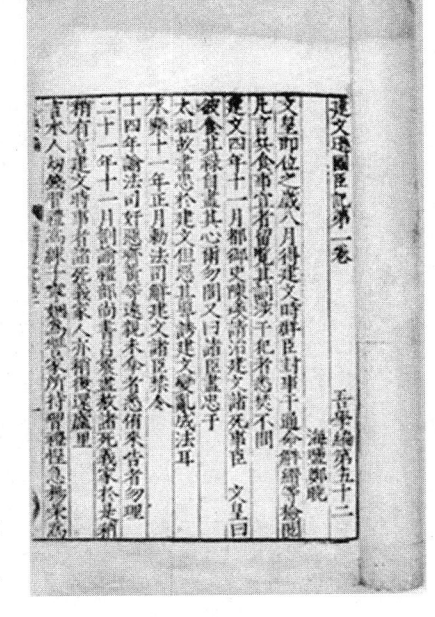

《吾学编》书影

志皆缺。列传曰开国，曰逊国，曰历朝，曰外，曰内，亦惟开国、逊国二传，余并缺。(《千顷堂书目》卷四)

尹守衡《皇明史窃》一百七卷，字用平，东莞举人，新昌知县，左迁赵府审理正。书为帝纪八卷，志六卷，世家十卷，列传八十三卷，高后纪、百官志、田赋志、河漕志四卷，俱缺。(《千顷堂书目》卷四)

《龙飞纪略》八卷，明吴朴撰。……是编仿《纲目》体例，纪明太祖事迹，初名《征伐礼乐书》，后改今名，自壬辰至壬午共五十一年，盖据《元史》及明初武胄贴黄列传则例纪载，旁蒐博采而成。(《四库全书总目》卷四八)

《明大政记》二十五卷，明雷礼撰。……所辑者至武宗而止，仅二十卷。其世宗四卷，即范守己之《肃皇外史》，穆宗一卷，则谭希思所续编。(《四库全书总目》卷四八)

《昭代典则》二十八卷，明黄光升撰。……起元至正壬辰明太祖起兵，至穆宗隆庆二年而止，编年纪事，每条皆提纲列目。(《四库全书总目》卷四八)

《宪章录》四十七卷，明薛应旂撰。所载上起洪武，下迄正德，用编年之体。(《四库全书总目》卷四八)

《嘉隆两朝闻见纪》十二卷，明沈越撰。……取世、穆两朝政绩，汇次成编，起正德十六年世宗即位，止于隆庆六年。(《四库全书总目》卷四八)

《两朝宪章录》二十卷，明吴瑞登撰。……辑嘉靖、隆庆两朝以续薛。应旂之书，大抵抄撮邸报而成。(《四库全书总目》卷四八)

陈建明《通纪》四十卷，又《续通纪》十卷。(《千顷堂书目》卷四)

《肃皇外史》四十六卷，明范守己撰。……记明世宗一代朝政，编年系月，立纲分目，颇见详备。(《四库全书总目》卷五四)

《世穆两朝编年史》六卷，明支大纶撰。……所裁自嘉靖元年至四十五年，凡四卷，自隆庆元年至六年凡二卷。(《四库全书总目》卷四八)

《国史纪闻》十二卷，明张铨撰。(《四库全书总目》卷四八)

此外沈国元《从信录》四十卷,《两朝从信录》三十五卷,许重熙《五陵注略》十四卷,乾隆时俱列入禁书。文秉《定陵注略》十卷,谈迁《国榷》一百卷,取材甚备,惜至今无刻本。其纪见闻者,以黄瑜《双槐岁抄》、李默《孤树裒谈》为较翔实,而以沈德符《万历野获编》为既精且博,多能考正前人之失。

丙、清代官修之史

【实录】

清初修《太祖武皇帝实录》十卷,出自译文,不免鄙俚,故康熙时改修三朝实录,乾隆中复一再修改,而忌讳多矣。实录有满、蒙、汉三种文字,今尚能从满蒙文实录中,寻求未改之迹。有清实录之修,但录上谕而无纪事,且多首尾不备。德宗实录成于民国十年,尤为草率。自王先谦私钞实录,刻为《东华录》一书,学者始略知一代之事。朱寿朋《光绪东华录》,成书则在德宗实录之前。实录与圣训同修,互有详略,唯圣训梓行。尚有历朝起居注及国史馆所修国史,分纪表志传,而传分大臣、昭忠、忠义、孝义、循吏、儒林、文苑、贰臣、逆臣、宗室王公表传、蒙古王公表传,史材之备,视明代有加焉。

《太祖实录》十三卷,崇德元年敕纂,康熙二十一年重修,雍正十二年敕加校订。《太宗实录》六十八卷,顺治九年敕纂,康熙十二年重修,雍

《满洲实录》书影

卷五 明清

正十二年敕加校订。《世祖实录》一百四十七,康熙六年敕纂,雍正十二年敕加校订。《圣祖实录》三百三卷,康熙六十一年敕撰。《世宗实录》一百五十九卷,雍正十三年敕纂。《高宗实录》一千五百卷,嘉庆四年敕纂。《仁宗实录》三百七十四卷,道光四年敕纂。《宣宗实录》四百七十六卷,咸丰敕纂。《文宗实录》三百五十六卷,同治元年敕纂。《穆宗实录》三百七十四卷,光绪五年敕纂。《德宗实录》五百六十一卷。宣统时敕纂。(《清史稿·艺文志》二)

【圣训】

《太祖高皇帝圣训》四卷,康熙二十年敕编。《太宗文皇帝圣训》六卷,顺治时敕编,康熙二十六年告成。《世祖章皇帝圣训》六卷,康熙二十六年敕编。《圣祖仁皇帝圣训》六十卷,雍正九年敕编。《世宗宪皇帝圣训》三十六卷,乾隆五年敕编。《高宗纯皇帝圣训》三百卷,嘉庆十二年敕编。《仁宗睿皇帝圣训》一百十卷,道光四年敕编。《宣宗成皇帝圣训》一百三十卷,咸丰六年敕编。《文宗显皇帝圣训》一百十卷,同治五年敕编。《穆宗毅皇帝圣训》一百六十卷。光绪五年敕编。(《清史稿·艺文志》二)

【方略】

有清军事,与一代相终始,官书纪其事者,曰方略,曰纪略。书成颁布,以纪武功;亦有未刊行者,如台湾郑氏之类。方略之修,始于三藩。乾隆时,始设方略馆,与国史馆并立,平时以军机章京兼任提调,以其典掌军机处档案也。每一军事告终,必撰方略,多以军机大臣总其事,先后所修,无虑数十种。

《平定三逆方略》六十卷,康熙二十一年勒德洪等奉敕撰。《亲征平定朔漠方略》四十八卷,康熙四十七年温达等奉敕撰。《平定金川方略》三十二卷,乾隆十三年来保等奉敕撰。《平定准噶尔方略》前编五十四卷,正编八十五卷,续编三十三卷,乾隆三十七年傅恒等奉敕撰。《临清纪略》十六卷,乾隆四十二年于敏中等奉敕撰。《平定两金川方略》一百五十二卷,乾隆四十六年阿桂等奉敕撰。《兰州纪略》二十卷,乾隆四十六年敕撰。《石峰堡纪略》二十卷,乾隆四十九年敕撰。《台湾纪略》七十卷,乾隆五十三年敕撰。《安南纪略》三十二卷,乾隆五十

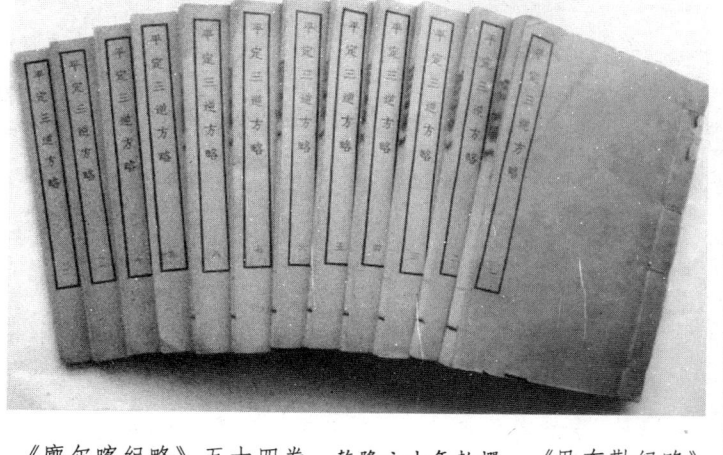

《平定三逆方略》书影

六年敕撰。《廓尔喀纪略》五十四卷,乾隆六十年敕撰。《巴布勒纪略》二十六卷,乾隆时敕撰。《平定苗匪纪略》五十二卷,嘉庆二年鄂辉等奉撰。《剿平三省邪匪方略》,前编三百六十一卷,续编三十六卷,附编十二卷,嘉庆十五年庆桂等奉敕撰。《平定教匪纪略》四十二卷嘉庆二十一年托津奉敕撰。《平定回疆剿擒逆裔方略》八十卷,道光九年曹振镛等奉敕撰。《剿平粤匪方略》四百二十卷,同治十一年敕撰。《剿平捻匪方略》三百二十卷,同治十一年敕撰。《平定陕甘新疆回匪方略》三百二十卷,光绪二十二年敕撰。《平定云南回匪方略》五十卷,光绪二十二年敕撰。《平定贵州苗匪纪略》四十卷。光绪二十二年敕撰。
(《清史稿·艺文志》二)

方略之外,有道光、咸丰、同治三朝夷务始末之修,凡实录不便纪载者,皆备于此书。由史官纂修,其体裁在实录与方略之间,为备省览,故不颁行。

【明史】

顺治初,诏修《明史》,久而未成。康熙十八年,特设博学鸿儒科,中式者五十人,多山林隐逸之士,极一时人才之选,就东厂旧址设局纂修。四、五年间,与修者或以事黜,或请假归。其时党见未除,是非未明,兴革之际,甚难著笔,故顾炎武力拒熊赐履修史之约。鸿博诸君所撰,未见采用,后多刻入私人文集。先后总裁《明史》者,叶方蔼、徐元文、张玉书、陈廷敬、王鸿绪诸人,乃招万斯同入都,委以考订之事,先后二十四年,辑成《明史稿》,属笔者钱名世也。别为鸿绪撰《横云山人

明史稿》三百十卷，雍正元年上之。再命史臣纂修，即就鸿绪所撰加以增省，帝纪兼及南渡三王，任其事者，杨椿为有名。至乾隆四年始克告成，凡本纪二十四卷、志七十五卷、表十三卷、列传二百三十卷、目录四卷，共三百三十六卷。盖前后五、六修，历时几及百年，秉笔者多属名流，故体例详明，执笔不苟，推为唐以后良史，实惟斯同之功。然尚不无舛误，犹有明季门户之见，为清讳，不敢述建州事，则修史之难也。

近代诸史，自欧阳公《五代史》外，《辽史》简略，《宋史》繁芜，《元史》草率，惟《金史》行文雅洁，叙事简括，稍为可观，然未有如《明史》之完善者。盖自康熙十七年，用博学宏词诸臣分纂明史，叶方蔼、张玉书总裁其事，继又以汤斌、徐乾学、王鸿绪、陈廷敬、张英先后为总裁官，而诸纂修皆博学能文，论古有识。后玉书任志书，廷敬任本纪，鸿绪任列传。至五十三年，鸿绪传稿成，表上之，而本纪、志、表尚未就。鸿绪又加纂辑，雍正元年再表上，世宗宪皇帝命张廷玉等为总裁，即鸿绪本，选词臣再加订正，乾隆初始进呈。盖阅六十年而后讫事，古来修史未有如此之日久而功深者也。惟其修于康熙时，去前朝未远，见闻尚接，故事迹原委，多得其真，非同《后汉书》之修于宋，《晋书》之修于唐，徒据旧人记载而整齐其文也。又经数十年参考订正，或增或删，或离或合，故事益详而文益简。且是非久而后定，执笔者无所徇隐于其间，益可征信，非如元末之修宋辽金三史，明初之修元史，时日迫促，不暇致详而潦草完事也，……执笔者不知几经审订而后成篇。此《明史》一书实为近代诸史所不及，非细心默观，不知其精审也。（赵翼《廿二史劄记》卷三一）

【政书】

清以例治天下，一岁汇所治事为四季条例，采条例而为各部署则例。新例行，旧例即废，故则例必五年一小修，十年一大修。采则例以入会典，名为"会典则例"，或"事例"。

《大清会典》书影

《大清会典》二百五十卷，起崇德元年迄康熙二十五年，圣祖敕撰；自康熙二十六年至雍正五年，世宗敕撰。雍正十年刊。《大清会典》一百卷，《会典则例》一百八十卷，乾隆二十六年履亲王允祹奉敕撰。《大清会典》八十卷，图一百三十二卷，事例九百二十卷，嘉庆二十三年敕撰。《大清会典》一百卷，图二百七十卷，事例一千二百二十卷。光绪二十五年敕撰。（《清史稿·艺文志》二）

世以杜佑《通典》、郑樵《通志》、马端临《文献通考》为"三通"，明王圻尝撰《续文献通考》二百五十四卷，乾隆中遂设三通馆，依三通例而稍变通之，先后修续三通、皇朝三通，合为"九通"。光绪末，刘锦藻倩人撰《皇朝续文献通考》三百二十卷，非其伦也。

《续通典》一百四十四卷。乾隆三十二年敕撰。《续文献通考》二百五十二卷，乾隆十二年敕撰。《皇朝通典》一百卷，乾隆三十二年敕撰。《皇朝通志》二百卷，乾隆三十二年敕撰。《皇朝文献通考》二百六十六卷。乾隆十二年敕撰。（《清史稿·艺文志》二）

丁、清代私人撰述

清代史家林立，其著述不外考补。考以辨诸史之义，补以补修前代之史，而于当代史事，述者寥寥。盖清初庄史之狱，株连至广，乾隆中复有禁书之厄，学者怵目惊心，群趋考据，以避罗织，而纪载遂视为畏途矣。

> 谢启昆《西魏书》二十一卷。观察谢蕴山先生，曩在史局，编纂之暇，与阁学翁公议补是书。洎宛陵奉讳家居，乃斟酌义例，排次成编，为本纪一、表三、考四、列传十二、载记一。既蒇事，介翁公属序于予，读其凡例，谨严有法，洵足夺伯起之席，而张涑水、考亭之帜矣。昔平绘撰《中兴书》，其体例当类此，而《隋志》不著于录，则唐初已无传。观察之书，不独为前哲补亡，而封爵、大事诸表，精核贯串，又补前史所未备。（钱大昕《潜研堂文集》卷二四《西魏书序》）

> 陈鳣《续唐书》七十卷。唐受命二百九十年而后唐兴，历三十年，后唐废而南唐兴，又历三十年而亡，此六十九年唐之统固未绝也。……窃不自揆，更审其顺逆，著其正偏，上黜朱梁，下拨石晋及

汉、周，而以宋继唐，庶几复唐六十九年之祚。为帝纪七，表四，志十，世家十三，列传三十六，凡七十卷。纠薛欧之体例，正马陆之乖连，广考群编，兼征实录。以上续刘昫《唐书》，续之名仿乎司马彪《续汉书》，而此更参用萧常、郝经等《续后汉书》例也。其十志则于经籍一类，多所收罗；各传则于忠义诸臣，尤深致意。经籍志以补薛欧之缺，而忠佞不别列传者，人以类从、贤否自见也。纪传之后，略缀断辞，不曰"论"而曰"述"者，从何法盛《中兴书》例也。凡后述者，多旁采坠典遗闻，补本篇未备，所谓事无重出、文省可知也。参用史文，倘义可从、事可据者，即仍其旧，所谓不以下愚自申管见也。（陈鳣《续唐书·自叙》）

魏源著《圣武记》，取材多本官书，年月不甚具备，时有舛误，而笔势浩瀚，足以发挥所蕴，《武事余记》尤有见地，书经数改，足见其慎。排本出，始有《道光洋艘征抚记》，叙次不清，题为洋艘，疑坊肆取失名《夷舶入寇记》，托为源所作也。

魏源像

魏源《圣武记》十四卷。荆楚以南，有积感之民焉，生于乾隆征楚苗之前一岁，中更嘉庆征教匪、征海寇之岁，迄十八载，畿辅靖贼之岁，始贡京师；又迄道光征回疆之岁，始筮仕京师，京师掌故海也，得借观史馆秘阁官书，及士大夫私家著述、故老传说。于是我生以后数大事，及我生以前，上迄国初数十大事，磊落乎耳目，旁薄乎胸臆。或涉兵事，或不尽涉兵事，有得即书，未遑述作。晚寓江淮，海警沓至，忽然触其中之所积，乃尽发其椟，排比经纬，切劘纠绎，先取其专涉兵事者四十有七篇，及尝所论议若干篇，为十有四卷，统三十余万言，告成于海夷就款江宁之月。（魏源《圣武记·自叙》）

是记当海疆不靖时，索观者众，随作随刊，未遑精审。阅二载重订于苏州，又二载复重订于扬州。如征苗、征缅甸及道光回疆，向止一篇者，今皆增为上下篇，其全改者如廓尔喀、俄罗斯等篇，其半改者如雍正征厄鲁特篇，其余诸记亦各有损益。至《武事余记》第十二、十三卷，旧多冗复，今移其琐事，散附各记之末，而更正其体例。是为《圣武记》第三次重订本。道光二十有六载，魏源识于扬州旅次。（魏源《圣武记·后记》）

光绪初元，曾纪泽以王闿运善属文，熟知湘军事，因属之撰《湘军志》。闿运奋笔纪载，适入蜀，长教尊经书院，遂刻于蜀中，携书板还湘。闿运叙事，用史迁法，能尽人情状，其书盛行，誉者以为唐以后所无。然与官书颇牴牾，而抑扬稍过，予人以难堪；又事不甚备，或有罅漏，遽为曾国荃所恶，谓其颠倒是非，几成大衅。郭嵩焘调停其间，以书板畀国荃焚毁。闿运再入蜀，蜀中复刻之。后闿运刻入《湘绮楼全书》，海上书估射利者，易为巾箱小册，题名《湘军水陆战纪》，愈益风行。嵩焘兄弟皆恶军志，各有批本，昆焘孙振镛辑为《湘军志平议》。嵩焘与闿运之交未绝，虽诋闿运弄笔，失序江忠源诸事，辞尚和缓；昆焘欲挑众人之怒，竟谓闿运有意屈抑湘人，谩骂不已，安得谓之平乎。

是篇为湘潭王湘绮先生所著，初椠板于川蜀，原印不过数十本，衡阳唯程常有藏书，不轻得见；坊间翻刻，错讹为多，读者艰之。同学屡谋重刊，皆为先生所阻止。盖是书初出，曾伯见之，若有不释然者，故先生绝口不言。然海外流传已数万本，非仅钦其文章经济足备一朝掌故，其于将才之贤否，军谋之得失，与夫始终艰难胜败之数，莫不言之亲切，无所忌讳，实中国近今之信史也。顾蒙读《盾鼻余渖》，载大埔之役，刘军由间道取道会宁、上杭，独先期至，相与画合围之策，败贼塔子岙，殪逆渠汪海洋，与《志》言典军未阵而败者不合，间举所疑质之先生，先生喟然曰："吁！左文襄之送克荤南归养亲也，敷张勋烈，以为闾里光宠，故夸大其词。吾闻于邓宝之亲历行阵，不可易也。又松潘之役，《志》言周达武所部八千人惊几溃，莫测所由。及读宁乡廖先生荪畡所辑《武军纪略》，言军中悬釜待爨，朝夕不保，用罗公亨奎计，会全部所赍糇，尚支半月，各军匀济，檄近属供军，不十日粮刍填委，军之免于哗溃者一间耳。得此二者参观互证，然后知曾伯之隘，左侯之夸，而儒素之相契，自有其也，庶几问一得三者乎。（喻谦《湘军志跋》）

清代史学，共推钱大昕、王鸣盛，称为钱、王。

予弱冠时，好读乙部书，通籍以后，尤专斯业。自《史》、《汉》讫《金》、《元》，作者廿有二家，反复校勘，虽寒暑疾疢，未尝少辍。偶有所得，写于别纸。丁亥岁，乞假归里，稍编次之，岁有增益，卷帙滋多。戊戌投教钟山，讲肄之暇，复加讨论，间与前人暗合者，削而去之；或得于同学启示，亦必标其姓名，郭象、何法盛之事，盖深耻之也。夫史之难读久矣，司马温公撰《资治通鉴》成，惟王胜之借一读，它人读未尽十纸，已欠伸思睡矣。况廿二家之书，文字烦多，义例纷纠，舆地则今昔异名、侨置殊所，职官则沿革迭代、冗要逐时，欲其条理贯串，了如指掌，良非易事，以予佇劣，敢云有得？但涉猎既久，启悟遂多，著之铅椠，贤于博弈云尔。且夫史非一家之书，实千载之书，祛其疑乃能坚其信，指其瑕益以见其美，拾遗规过，匪为齮龁前人，实以开导后学。而世之考古者，拾班、范之一言，摭沈、萧之数简，兼有竹素烂脱，豕虎传讹，易斗分作升分，更子琳为惠琳，乃出校书之陋，本非作者之訾，而皆文致小疵，目为大创，驰骋笔墨，夸曜凡庸，予所不能效也。更有空疏措大，辄以褒贬自任，强作聪明，妄生疻痏，不叶年代，不揆时势，强人以所难行，责人以所难受，陈义甚高，居心过刻，予尤不敢效也。（钱大昕《廿二史考异·自序》）

国初以来，诸儒或言道德，或言经术，或言史学，或言天学，或言地理，或言文字音韵，或言金石诗文，专精者固多，兼擅者尚少，惟嘉钱辛楣先生能兼其成。……先生于正史杂史无不讨寻，订千年未正之讹，此人所难能四也。……别有《十驾斋养新录》廿卷，乃随笔札记经史诸义之书，学者必欲得而读之，乞刻于版。凡此所著，皆精确中正之论，即琐言剩义，非贯通原本者不能。譬之析枝一枝，非邓

《十驾斋养新录》书影

林之大，不能有也。(阮元《十驾斋养新录·序》)

　　王鸣盛字凤喈，江苏嘉定人。……乾隆十九年一甲二名进士，授翰林院编修，……擢内阁学士兼礼部侍郎衔，坐滥支驿马左迁光禄寺卿，丁内艰，遂不复出。……又《十七史商榷》一百卷，于一史中纪志表传，互相稽考，因而得其异同；又取稗史丛说，以证其舛误，于舆地、职官、典章、名物，每致详焉。别撰《蛾术编》一百卷，其为目十，说录、说字、说地、说制、说人、说物、说集、说刻、说通、说系，盖仿王应麟、顾炎武之意，而援引尤博。……嘉庆二年卒，年七十六。(《清史列传·儒林传·王鸣盛传》)

　　二纪以来，恒独处一室，百思史事，既校始读，亦随读随校，购借善本，再三雠勘。又搜罗偏霸杂史、稗官野乘、山经地志、谱牒簿录，以暨诸子百家、小说笔记、诗文别集、释老异教，旁及于于钟鼎尊彝之款识，山林、冢墓、祠庙、伽蓝碑碣断阙之文，尽取以供佐证，参伍错终，此物连类，以互相检照，所谓考其典制事迹之实也。……学者每苦正史繁塞难实，或遇典制茫昧，事迹辚轕，地理职官，眼眯心瞀，试以予书为孤竹之老马，置于其旁而参阅之，疏通而证明之，不觉如关开节解，筋转脉摇，殆或不无小助也与。(王鸣盛《十七史商榷·自序》)

　　西庄先生，著述富有，同时后进，称其远侪伯厚，近匹弇州。而先生自任亦曰：我于经有《尚书后案》，于史有《十七史商榷》，于子有《蛾术编》，于集有诗文，以敌《弇州四部》，其庶几乎？然诸书皆已风行，而《蛾术编》则向未窥全豹也。己亥春，余从其乡张吟楼司马鉴处见之，乃先生外孙姚八愚茂才承绪藏本，凡九十三卷。假归尽读，如获拱璧，即欲付剞劂氏。会同邑迮青厓进士鹤寿见过，忻任勘校，以编中说刻、说系二门，已见《金石萃编》及《王氏家乘》，因钞说录至说通八门，为八十二卷，而每卷之中，间加案语。先生于前代诸儒，及近时亭林顾氏、东原戴氏，多所辩驳，而青厓所见，又与先生异同。予惟考据之学，言人人殊，要之是非不谬，俟诸后之论定，而各衷一说，亦足广学者见闻焉，爰并付梓，而为志其颠末云。(沈楸惠《蛾术编·序》)

　　章学诚著《文史通义》，倡六经皆史之说，重史德、史意，不重史法，

章学诚与《文史通义》书影

论方圆二体而重纪事本末,毕生精力萃于修志,盖视志即史也。

　　章学诚字实斋,浙江会稽人。乾隆四十三年进士,官国子监典籍。姓耽坟籍,不甘为章句之学。从山阴刘文蔚、童钰游,习闻蕺山、南雷之说,言明季党祸缘起,奄寺乱政,及唐鲁二王本末,往往出于正史之外,秀水郑炳文称其有良史才。自游朱筠之门,筠藏书甚富,因得遍览群书。日与名流讨论讲贯,尝与休宁戴震、江都汪中,同客宁绍台道冯廷丞署,廷丞甚敬礼之。震论修志,谓悉心于地理沿革,则志事以竟,侈言文献,非所急务;阳湖洪亮古尝撰辑乾隆府厅州县志,其分部乃以布政司分隶厅州县,学诚均著论相诤。所修和州、亳州、永清县诸志,论者谓是非斟酌,非兼才学识之长者不能作云。所自著有《文史通义》八卷、《校雠通义》三卷,其中倡言立论,多前人所未发。大抵推原官礼,而有得于向、歆父子之传,故于古今学术之原,辄能条别而得其宗旨。自谓卑论仲任,俯视子元,未免过诩,然亦夹漈之伯仲也。又著有《实斋文集》。(《清史列传·文苑传·章学诚传》)

(四) 文学

甲、古文

【明初宋王】

明初宋濂、王祎并称大家，濂弟子方孝孺能得濂之笔。

宋濂字景濂，……金华……潜溪人。……除江南儒学提举，命授太子经，……进学士承旨，知制诰。……洪武十三年，安置茂州。濂状貌丰伟，美须髯，视近而明，一黍上能作数字。自少至老，未尝一日去书卷，于学无所不通。为文醇深演迤，与古作者并，在朝郊社、宗庙、山川、百神之典，朝会、宴享、律历、衣冠之制，四裔贡赋赏劳之仪，旁及元勋巨卿碑记刻石之辞，咸以委濂，屡推为开国文臣之首，士大夫造门乞文者，后先相踵。外国贡使亦知其名，数问宋先生起居无恙否，高丽、安南、日本至出兼金购文集。四方学者悉称为太史公，不以姓氏，虽白首侍从。……而一代礼乐制作，濂所裁定者居多。其明年卒于夔，年七十二。（《明史》卷二一八《宋濂传》）

王祎字子充，义乌人。……太祖……用为中书省掾史，……修《元史》，命祎与宋濂为总裁。祎史事擅长，裁烦剔秽，力任笔削，书成，擢翰林待制，同知制诰。……洪武五年正月，议招谕云南，命祎赍诏往，……遇害。（《明史》卷二八九《王祎传》）

方孝孺字希直，一字希古，宁海人。……从宋濂学。……惠帝即位，召为翰林侍讲，明年，迁侍讲学士。……燕兵入，……欲使草诏，……孝孺投笔于地，且哭且骂。……成祖怒，命磔诸市。……孝孺工文章，醇深雄迈，每一篇出，海内争相传诵。永乐中，藏孝孺文者罪至死，门人王稔潜录为《侯城集》，故后得行于世。（《明史》卷一四一《方孝孺传》）

方孝孺像

【复古之文】

李、何倡言复古，文宗西京，诗自中唐以下一切吐弃。自李攀龙、王世贞起，文主秦汉，诗规盛唐，以与李、何相倡和，学者并称为何、李、王、

李。明季陈子龙，犹遵王李之教。

　　李梦阳字献吉，庆阳人。……弘治六年，举陕西乡试第一，明年成进士。……迁江西提学副使，……削籍，顷之，卒。……梦阳才思雄鸷，卓然以复古自命。……倡言文必秦汉，诗必盛唐，非是者弗道。……嘉靖朝，李攀龙、王世贞出，复奉以为宗，天下推李、何、王、李为四大家，无不争效其体。……讥梦阳诗文者，则谓其模拟剽窃，得史迁、少陵之似，而失其真。（《明史》卷二八六《李梦阳传》）

　　何景明字仲默，信阳人。八岁能诗古文。弘治……十五年第进士，……擢陕西提学副使。……卒年三十有九。……梦阳主摹仿，景明则主创造，各树坚垒不相下。（《明史》卷二八六《何景明传》）

　　李攀龙字于鳞，历城人。……举嘉靖二十三年进士，……擢河南按察使。……其持论，谓文自西京、诗自天宝而下，俱无足观，于本朝独推李梦阳。诸子翕然和之，非是则诋为宋学。攀龙才思劲鸷，名最高。……作文则聱牙戟口，读者至不能终篇，好之者推为一代宗匠，亦多受世抉摘云。（《明史》卷二八七《李攀龙传》）

　　王世贞字元美，太仓人。……嘉靖二十六年进士，……擢南京刑部尚书。……万历二十一年卒于家。世贞始与李攀龙狎主文盟，攀龙殁，独操柄二十年。才最高，地望最显，声华意气，笼盖海内，一时士大夫及山人、词客、衲子、羽流，莫不奔走门下，片言褒赏，声价骤起。其持论，文必西汉，诗必盛唐，大历以后书勿读，而藻饰太甚，晚年攻者渐起，世贞顾渐造平淡。（《明史》卷二八七《王世贞传》）

李梦阳手迹

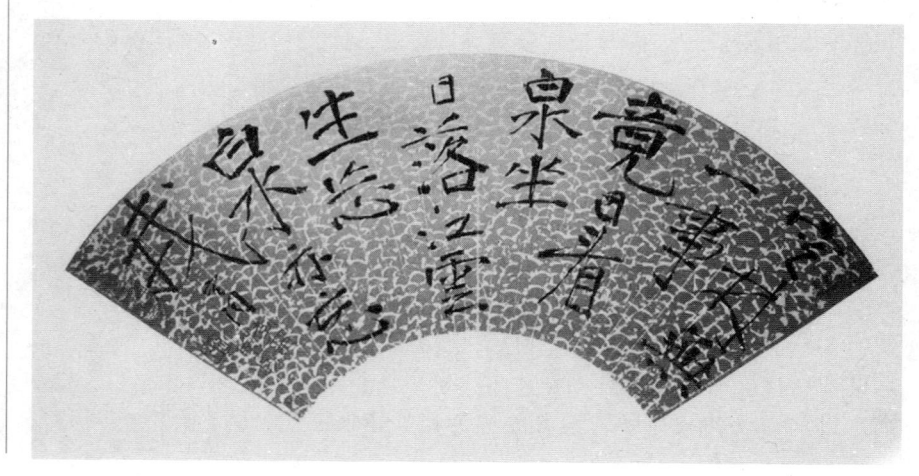

王、李之笔，古奥至不可句读，而后公安、竟陵冷峭之作，亦盛行于时。

　　袁宏道字中郎，公安人。与兄宗道、弟中道，并有才名，时称三袁。……宏道……举万历二十年进士，……天启四年，进南京吏部郎中，卒于官。先是王、李之学盛行，袁氏兄弟……矫以清新轻俊，学者多舍王、李从之，目为公安体。……钟、谭者，钟惺、谭元春也，……名满天下，谓之竟陵体。(《明史》卷二八八《文苑传·袁宏道、钟惺、谭元春传》)

【八家文之复兴】

自王慎中、唐顺之倡为八家之文，专宗欧、曾；至归有光而言义法，其体益醇，力诋王、李；钱谦益取法有光，并力诋袁、钟；艾南英工为时文，亦标欧、曾之帜。

　　归有光字熙甫，昆山人，……人称为震川先生。嘉靖四十四年始成进士，……为南京太仆丞，留掌内阁制敕房，修世宗实录，卒官。有光为古文，原本经术，好太史书，得其神理。时王世贞主盟文坛，有光力相觝排，目为妄庸巨子。世贞大憾，其后亦心折有光，为之赞曰"千载有公，继韩、欧阳，余岂异趋，久而自伤"，其推重如此。(《明史》卷二八七《文苑传·归有光传》)

　　钱谦益字受之，号牧斋，一号蒙叟，晚自称束涧遗老，江南常熟人。万历庚戌进士及第，官礼部尚书。有《初学》、《有学》等集。(卢见曾《渔洋感旧集·小传》卷一)

　　观先生之文，初变于历、启之交，规摹经营，不失累黍，其规矩绳尺，犹可寻也。已而学益博，思益深，气益厚，自唐宋以迄金元，精萦魄摄合于尺幅之上，方轨横鹜，而未知孰为后先。修词持论，崇尚体要，金科玉条，凛不可易。至于讽谕时政，磨切当世，或正而若反，或戒而若颂，微词谲谏，

钱谦益像

层见侧出,拟讥变化,虽作者亦或不知其所以然,此亦古人所未有也。(瞿式耜《初学集》目录后序)

艾南英字千子,东乡人。……以兴起斯文为任,……不第而文日有名。负气陵物,人多惮其口。始王、李之学大行,天下谈古文者悉宗之,后钟惺、谭元春出而一变。至是钱谦益负重名于词林,痛相纠驳,南英和之,排诋王、李,不遗余力。……入闽,唐王……授兵部主事,寻改御史,……卒于延平。章世纯字大力,临川人。……官柳州知府,年已七十。……悲愤,遘疾卒。罗万藻字文止,世纯同县人。……唐王……擢礼部主事,南英卒,……数月亦卒。陈际泰字大士,亦临川人。……以时文名天下,其为文敏甚,一日可二三十首。……成进士,年六十有八矣。……南行,卒于道。(《明史》卷二八八《文苑传·艾南英传》)

【清初三家】

三家之文,侯之文雄而俚,汪之文高而近于疏,皆不如魏之文醇肆得中。同时姜宸英则较雅而笔弱。黄宗羲为传状之文,记明末忠烈事,后来全祖望继之有作,皆关史事,不当以文论,而文亦奇恣可喜。

魏禧字冰叔,江西宁都人。……其为文凌厉雄杰,遇忠孝节烈事则益感激,摹画淋漓。……康熙十七年,诏举博学鸿儒,禧以疾辞。……后二年卒于仪征,年五十七。(《清史列传·文苑传·魏禧传》)

侯方域字朝宗,河南商丘人。……顺治八年,中式副榜。……为诗古文,倡韩欧学于举世不为之日。尝游吴下,将刻集,集中文未脱稿者,一夕补缀立就,人益奇之。顺治十一年卒,年三十七。……所著有《壮悔堂文集》。(《清史列传·文苑传·侯方域传》)

汪琬字苕文,江苏长洲人。顺治十二年进士,……试博学鸿儒,列一等,授翰林院编修,纂修《明史》。……以病乞归,……卒年

侯方域像

六十七。……琬少孤,自奋于学,锐意为古文辞。古文自明代滥于七子,纤佻于三袁,至启、祯而敝极,国初风气还醇,一时学者,始复唐宋以来之矩矱。琬学术既深,轨辙复正,其言大抵原本于六经,灏瀚流畅,颇近南宋诸家,庐陵、南丰,固未易言,接迹唐顺之、归有光,无愧色也。其叙事尤善,一时公卿志铭表传,必以琬为重。(《清史列传·文苑传·汪琬传》)

【桐城派】

乾隆以后,盛行桐城方苞、姚鼐之文,辞务修洁,力避经史词赋语,善于抑扬顿挫,至梅曾亮而法度愈备,世人尊为桐城派。咸、同之际,其风尤盛,光绪之末,吴汝纶犹以之为教,而能工者鲜矣。

桐城方公,……雍正九年……为中允,……迁为侍读学士,……寻迁礼部侍郎。……乾隆十有四年八月十有八日卒,春秋八十有二。公讳苞,字灵皋,学者称为望溪先生,江南安庆之桐城人。……公少而读书,能见其大。及游京师,吾乡万征君季野最奇之,因告之曰:"勿读无益之书,勿为无益之文。"公终身诵以为名言,自是一意穷经。……其文尤峻洁。未第时,吾乡姜编修湛园见之曰:"此人吾辈当让之出一头地者也。"然公论文,最不喜班史、柳集,尝条举其所短而力诋之。世之人或以为过,而公守其说弥笃。(全祖望《鲒埼亭集》卷一七《前侍郎桐城方公神道碑铭》)

姚鼐字姬传,安徽桐城人。乾隆二十八年进士,……累迁至刑部郎中,记名御史。……乞病归。……时侍郎方苞以古文鸣当世,上接震川,同邑刘大櫆继之。鼐世父范与大櫆友善,范尝问鼐志,曰义理、考证、文章,缺一不可。范乃以经学授鼐,而命鼐受古文法于大櫆,然鼐本所闻于家庭师友间者,益以自得,不尽用大櫆法也。所为文高简深古,尤近司马迁、韩愈。其论文,根极于性命,而探原于经训。至其浅深之际,有古人所未尝言,鼐独抉其微而发其蕴,论者以为辞迈于方氏,

姚鼐像

而理深于刘氏焉。(《清史列传·文苑传·姚鼐传》)

梅曾亮字伯言,江苏上元人。道光三年进士,用知县,援例改户部郎中。少时文喜骈俪,既游姚鼐门,与管同友善,同辈规之,始颇持所业相抗,已乃一变为古文辞,义法一本桐城,稍参以归震川。居京师二十余年,笃老嗜学,与宗稷辰、朱琦、龙启瑞、王拯辈游处,咸啧啧称赏其才,一时碑版叙记率其手笔。……咸丰六年卒,年七十一。(《清史列传·文苑传·梅曾亮传》)

与桐城途辙稍异者,有张惠言、恽敬,其辞宏深,大要出周秦诸子,非有学者不能,世称为阳湖派。

张惠言字皋闻,江苏武进人。……嘉庆四年进士,……授翰林院编修。七年卒,年四十二。……少为辞赋,拟司马相如、扬雄之文,及壮又学韩愈、欧阳修。(《清史列传·儒林传·张惠言传》)

恽敬字子居,江苏阳湖人。乾隆四十八年举人。……同郡庄述祖、庄献可、张惠言,海盐陈石麟,桐城王灼,先后集京师,敬与之友,商榷经义古文,而尤所爱重者惠言也。……署吴城同知。嘉庆二十六年卒,年六十一。敬少好为齐梁骈俪之作,稍长弃去,治古文。四十后,益研精经训,深求史传兴衰、治乱、得失之故,旁党纵横、名、法、兵、农、阴阳家言,较其醇驳,而折衷于儒术,将以博其识而昌其词,以期至于可用而无弊。会张惠言殁,敬闻之,慨然曰:"古文自元明以来,渐失其传。吾向所以不多作古文者,有惠言在也。今惠言死,吾当并力为之。"……其文得力于韩非、李斯,与苏洵相上下,近法家言,叙事似班固、陈寿,而敬自谓其文自司马迁而下无北面。其论文,曰典,曰己出,曰审势,曰不过乎物。论者谓国朝文气之奇推魏禧,文体之正推方苞,而介乎奇正之间者惟敬。苞之文,学者尊为桐城派,至敬出,学者乃别称为阳湖派云。(《清史列传·文苑传·恽敬传》)

其不依桐城法者,有龚自珍、魏源,力摹高古奇诡之文,维新以后,世争效之。

龚自珍字瑟人,浙江仁和人。道光九年进士,授内阁中书,升宗人府主事。十七年改礼部,寻告归。……生平著作等身,出入于九经

七纬、诸子百家，自成一家言。……所为文，独造深峻，论者谓桐城之文如泰山主峰，不可势视；自珍文如徂徕新甫，相与揖让俯仰于百里之间，不自屈抑，盖一代文字之雄云。(《清史列传》卷七三《文苑传·龚自珍传》)

魏源字默深，湖南邵阳人。道光二年顺天举人，……二十四年成进士，……补高邮州。……咸丰六年卒，年六十三。(《清史列传》卷六九《儒林传·魏源传》)

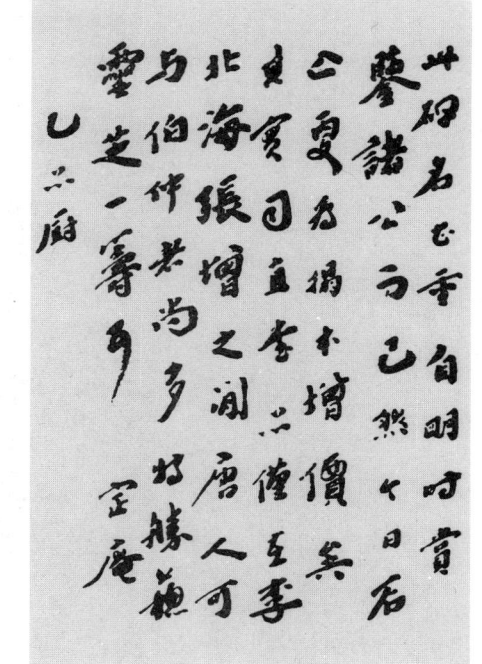

乙、骈体文

明代工骈体文者甚鲜，明季陈子龙、李舒章、张宸始有佳制。清初陈维崧开其端，吴绮、陆繁弨、章藻功皆工斯体。自后台阁、签表、册立、祝祭之文竞尚之，称为一代典制。

陈维崧字其年，江苏宜兴人。……补诸生，……开博学鸿儒科，……列一等，授翰林院检讨，与修《明史》。……卒年五十八，时康熙二十一年也。……所著……《迦陵文集》。……骈体自喜特甚，长洲汪琬谓，唐以前不敢知，自开宝后，七百年无此等作矣。国初以骈俪文擅长者，推维崧及吴绮。绮才地视维崧稍弱，维崧导源于庾信，泛滥于初唐四杰，故气脉雄厚，绮则追步李商隐，以秀逸胜，盖异曲同工云。(《清史列传》卷七一《文苑传·陈维崧传》)

吴绮字薗次，江苏江都人。五岁能诗，长益淹贯。顺治十一年拔贡生，……授浙江湖州府知府。……所作诗词骈体，合编为《林蕙堂集》。(《清史列传》卷七一《文苑传·吴绮传》)

陆繁弨字拒石，浙江钱塘人。……工骈体文。年十五，作《春郊赋》，辞藻流美，笔不停挥，伯父圻以为王筠《芍药》逊其敏，正平《鹦鹉》让其工。时陈维崧、吴绮皆下世，繁弨自许俪语为海内无双，弟子章藻功等得其讲画，多足名家。……著有《善卷堂诗文集》。(《清史列传》卷七〇《文苑传·陆繁弨传》)

章藻功字岂绩，浙江钱塘人。康熙四十二年进士，改翰林院庶吉士。……国初以骈体名者，推陈维崧、吴绮，藻功欲以新巧胜二家，

龚自珍手迹

然遁为别调。著有《思绮堂集》。(《清史列传》卷七一《文苑传·章藻功传》)

乾、嘉中，孔广森、洪亮吉，最善骈俪之作，皆学人也。

孔广森字㧑轩，山东曲阜人。……乾隆三十六年进士，改翰林院庶吉士，散馆授检讨。……卒时乾隆五十一年，年三十五。……骈体兼有汉魏六朝初唐之胜，江都汪中读之叹为绝手。(《清史列传》卷六八《儒林传·孔广森传》)

洪亮吉字君直，江苏阳湖人。……乾隆五十五年一甲二名进士，授翰林院编修，……贵州学政。……嘉庆二年，命在上书房行走。……十四年卒，年六十四。(《清史列传》卷六九《儒林传·洪亮吉传》)

君洪亮吉。善于汉魏六朝之文，每一篇出，世争传之，以倦于钞写，兹友人为刊其乙集四卷。(袁枚《卷施阁文·乙集序》)

能摹晋、宋者有汪中，所谓惊心动魄之文。同、光时，共推王闿运，才大思精，格高韵古，然闿运不自贵其文也。

汪中字容甫，江苏江都人。……乾隆四十二年拔贡。……生平于诗文书翰，无所不工，所作《广陵对》、《黄鹤楼铭》、《汉上琴台铭》，皆见称于时。……五十九年卒，年五十一。(《清史列传》卷六八《汪中传》)

余少学为文，思兼单复，及作《桂阳图志》，下笔自欲陵子长，读之乃顾似《明史》，意甚恶焉。比作《湘军志》，庶乎轶承祚、睨蔚宗矣。志、铭、小记、叙，则置于晋、宋之间，可以乱真。然尝自贵其有韵之文，以其本从诗出，如欲标榜吾文，非知己也。(陈兆奎《王志》卷二《论文答陈深之》)

洪亮吉山水画

丙、制义文

【八股】

八股文亦随时而变，明之天、崇，清之同、光，皆尚墨卷，滥恶极矣。每艺初不过三四百字，至于末世，乃务冗长，故场中限字七百，过此者为辽幅，不收。

> 经义之文，流俗谓之八股，盖始于成化以后。股者，对偶之名也。天顺以前，经义之文，不过敷衍传注，或对或散，初无定式，其单句题亦甚少。成化二十三年会试，"乐天者保天下文"，起讲先提三句，即讲乐天四股，中间过接四句，复讲保天下四股，复收四句，再作大结。……每四股之中，一反一正，一虚一实，一浅一深，其两扇立格，则每扇之中各有四股，其次第之法，亦复如之，故今人相传，谓之八股。（顾炎武《日知录》卷一六）

> 其格律有破题、接题、小讲，谓之冒子；冒子后入官题，下有原题，有大讲，有余意，亦曰从讲；又有原讲，亦曰考经；有结尾。承袭既久，以冗长繁复为可厌，或稍稍变通之，而大要有冒题、原题、讲题、结题，则一字不可易。（梁章钜《制义丛话》卷一）

【名家】

名家多以古文之法为时文，最著者方舟也；其以时文之法为古文，最著者张溥、陈际泰也。

> 今天下言举业，断自成化，至嘉靖，以守溪、荆川、昆湖、方山为四大家。（艾南英《天佣子集·今文定序篇》下）

> 王鏊字济之，又字守溪，吴县人。成化甲午解元，乙未会元、探花，武英殿大学士。谥文恪，《明史》有传，有《王守溪文稿》。（梁章钜《制义丛话·题名》）

> 唐顺之字应德，又字义修，又称荆川，武进人。嘉靖己丑会元，金都御史，巡抚淮阳。谥襄文，《明史》有传。（梁章钜《制义丛话·题名》）

> 瞿景淳字师道，又字昆湖，常熟人。嘉靖癸卯举人，甲辰会元，南京吏部侍郎。谥文懿，《明史》有传。（梁章钜《制义丛话·题名》）

> 薛应旂字仲常，又字方山，武进人。嘉靖甲午举人，乙未会元，

陕西提学副使。(梁章钜《制义丛话·题名》)

归有光制举业,湛深经术,卓然成大家。后德清胡友信与齐名,世并称归、胡。友信博通经史,学有根柢。明代举子业最擅名者,前则王鏊、唐顺之,后则震川、思泉;思泉,友信别号也。(梁章钜《制义丛话》卷五)

艾南英,……万历末,场屋文腐烂,南英深疾之,与同郡章世纯、罗万藻、陈际泰,以兴起斯文为任,乃刻四人所作,行之世。世人翕然归之,称为章、罗、陈、艾。(《明史》卷二八八《文苑传·艾南英传》)

纪文达师曰:国朝制义,自以刘黄冈、熊汉阳、李文贞、韩文懿为四大家,其继起足称后劲者,断推桐城方望溪。(梁章钜《制义丛话》卷八)

刘子壮字克猷,黄冈人。顺治己丑进士,状元,翰林修撰。有《刘克猷稿》。熊伯龙字次侯,又字钟陵,汉阳人。顺治己丑进士,榜眼,翰林侍读学士。有《熊钟陵稿》。(梁章钜《制义丛话·题名》)

李光地字晋卿,又字厚庵,又称榕村,安溪人。康熙庚戌进士,文渊阁大学士。谥文贞。有《榕村制义》。(梁章钜《制义丛话·题名》)

韩菼字元少,又字慕庐,长洲人。康熙壬子顺天举人,癸丑会元,状元,礼部尚书。谥文懿。有《有怀堂制义》。(梁章钜《制义丛话·题名》)

方舟字百川,桐城人。康熙初诸生,有《自知集》。方苞字灵皋,又字望溪,桐城人,舟弟。康熙己卯解元,丙戌进士,内阁学士兼礼部侍郎。有《抗希堂稿》。(梁章钜《制义丛话·题名》)

王步青字已山,又字汉阶,又称罕皆,金坛人。康熙甲午举人,雍正癸卯进士,翰林检讨。有《敦复堂稿》、《制义所见集》、《程墨所见集》、《考卷所见集》、《八法集》。(梁章钜《制义丛话·题名》)

纪昀像

陈兆崙字句山，又字星斋，仁和人。雍正庚戌进士，太仆寺卿。有《紫竹山房制义》。（梁章钜《制义丛话·题名》）

　　管世铭字韫山，又字缄若，阳湖人。乾隆甲午举人，戊戌进士。有《韫山制义》。（梁章钜《制义丛话·题名》）

【选家】

选家重名，何焯学人，乃欲与天盖楼争得失，且谓八股为先朝未变之制，其重之若此。故康熙之初，废止八股，未久即复。

　　昔有明之季，时文古文，俱日趋于弊。艾千子先生起而维且挽之，其所选评《今文定待》二集，以遵传注、返醇朴为主，一时学者翕然从之，而文体为之一变。（高昀《天佣子集·序》）

　　戊辰，……天如张溥、介生周钟。有复社国表之刻，……先君子杜麟徵与彝仲夏允彝，有几社六子会义之刻。……六子者何？先君子与彝仲、……周勒卣先生立勋、徐闇公先生孚远、彭燕又先生宾、陈卧子先生子龙是也，……金沙周锺。《名山业》一选，脍炙人口；……己卯，……闇公……《秉文》一选，为天下第一部书。盖吴下选手，亦虚无人，唯艾千子有艾选，溧阳陈百史先生名夏有五十大家之刻，他房行社稿试牍统于《秉文》，莫敢与之争衡者。……复社之大局虽少衰，而吾松几社之文会则日以振。……壬申，文选之刻，……另刻几社会义初集。……至丙子，刻二集；戊寅，刻三集；己卯，刻四集；……至庚辰、辛巳间，刻五集；……壬午，……六集之刻，……于是……有求社《会义》之刻，……有几社《景风》之刻，有雅似堂之刻，……赠言社亦有初集之刻，……何我抑率其徒，有昭能社之刻，盛邻汝先生率徒为《野腴楼小题》之刻，王玠右先生率其徒……有《小题东华集》之刻，……七集之刻，委于徐子丽、冲允贞，……诗义之选，则委之王子胜，……庚寅，……刻原社初集一部，……甲子春，原社有二集之刻。（杜登春《社事始末》）

　　议论无所发泄，一寄之于时文评语，大声疾呼，不顾世所顾忌。……欲补辑朱子《近思录》及三百年制义名《知言集》二书。……晚年点勘八股文字，精详反覆，穷极根柢，每发前人之所未及，乐不为疲也。有疑时文恐不足以讲学者，先君曰："事理无大小，文义无精粗，莫不有圣人之道焉。但能笃信深思，不失圣人本领，即择之狂

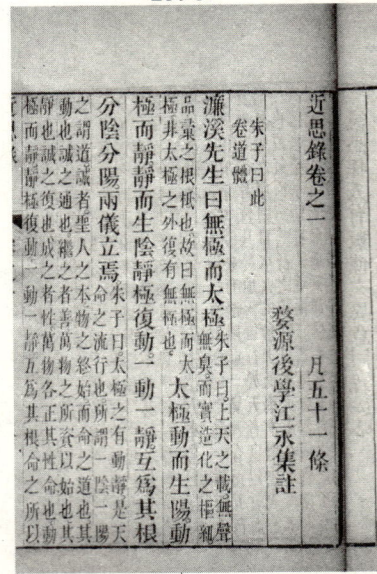

夫，察之迩言，皆能有得，况圣贤经义乎。"（《吕晚村文集》附录《吕公忠晚村行略》）

弟《小题选》，岁内仅可剜成二百余首，必至来春始竣。即使刻完，亦必待老师李光地诸文，以为一集之心官元首，庶几使初学小生即窥寻六经风味也。（何焯《义门先生集》卷四《与人书》）

近来时文，内中皆买入。前此刻诗文者皆受累，不无过虑耳。试质之老师，如不妨，则会场商之未晚。阊门近日火灾，宝翰楼书铺又烧去，坊间聘选，绝无其事，即无此亦萧索不堪，聘书事绝响矣。（何焯《义门先生集》卷四《与人书》）

忠文仲子易亭先生，痛心家国之故，不应有司课试。今且老矣，而顾好为经义，积成巨编。噫，岂非先代典章损益几尽，而此犹为未变之制乎。（何焯《义门先生集》卷一《杨易亭制艺序》）

坊刻时文，兴于隆万间，房书始于李衷。……一十八房之刻，自万历壬辰《钧元录》始；旁有批点，自王房仲选程墨始。厥后坊刻乃有四种，曰程墨，则三场主司及士子之文；曰房稿，则十八房进士平日之作；曰行卷，举人平日之作；曰社稿，诸生会课之作。（阮葵生《茶馀客话》卷一六）

丁、诗

【明初四家】

明初四家惩元诗惟求清新，不重体格，故力摹唐宋诸大家。

高启字季迪，长洲人，……居吴淞江之青丘。……洪武初，……召修《元史》，授翰林院国史编修官。……放还，……腰斩于市，年三十九。初吴下多诗人，启与杨基、张羽、徐贲称四杰，以配唐王、杨、庐、骆云。基字孟载，其先蜀嘉州人。……迁山西副使，进按察使，……谪输作，……卒。……张羽字来仪，后以字行，本浔阳人。……领乡荐，……授太常司丞，……坐事窜岭南，……投龙江以死。……徐贲字幼文，其先蜀人。……洪武七年被荐，……擢河南左布政使。……下狱，瘐死。（《明史》卷二八五《文苑传·高启杨基张羽徐贲传》）

李东阳曰：国初称高、杨、张、徐，高才力声调，过三人远甚，百余年来，亦未见卓然有过之者。(钱谦益《列朝诗集小传·甲集》)

明初文学之士，承元季虞、柳、黄、吴之后，师友讲贯，学有本原。宋濂、王祎、方孝孺以文雄，高、杨、张、徐、刘基、袁凯以诗著，其他胜代遗逸，风流标映，不可指数，盖蔚然称盛已。(《明史》卷二八五《文苑传序》)

【明七子】

七子学盛唐，雍容雄浑，而遣辞不免空泛。

李梦阳……与何景明、徐祯卿、边贡……康海、王九思、……王廷相号七才子，皆卑视一世，而梦阳尤甚。(《明史》卷二八六《李梦阳传》)

献吉生休明之代，负雄鸷之才，侗然谓汉以后无文，唐以后无诗，以复古为己任。信阳何仲默起而应之。自时厥后，齐、吴代兴，江、楚特起，北地之坛坫不改。近世耳食者，至谓唐有李杜，明有李何，自大历以迄成化，上下千载，无余子焉。呜乎，何其悖也！何其陋也！……国家当日中月满，盛极孽衰，粗材笨伯，乘运而起，雄霸词盟，流传讹种。二百年以来，正始沦亡，榛芜塞路，先辈读书种子，从此断绝，岂细故哉？后有能别裁伪体如少陵者，殆必以斯言为然。(钱谦益《列朝诗集小传·丙集》)

李攀龙、王世贞等称后七子，或称嘉靖七子，或称八子。世贞最为杰出，故云：名虽七子，实惟一雄。

李攀龙……与……谢榛、……吴维岳、……王世贞、……宗臣、梁有誉、……徐中行、吴国伦……称七子。(《明史》卷二八七《文苑传·李攀龙传》)

李于鳞举进士，候选里居，发愤读书，刺探钩摘，务取人所置不解者，抚拾之以为资，而其矫悍劲惊之材，足以济之。高自夸许，诗自天宝以下，文自西京以下，誓不污我毫素也。宦郎署五六年，倡五子七子之社。吴郡王元美以名家胜流，羽翼而鼓吹之，其声益大噪。及其自秦中挂冠，构白雪楼于鲍山华不注之间，杜门高枕，闻望茂著。自时厥后，操海内文章之柄，垂二十年。其徒之推服者，以谓上

追虞姒，下薄汉唐。有识者心非之，叛者四起，而循声赞诵者，迄今百年，尚未衰止。（钱谦益《列朝诗集小传·丁集》）

　　王元美弱冠登朝，与济南李于鳞，修复西京、大历以上之诗文，以号令一世。于鳞既殁，元美著作日益繁富，而其地位之高，游道之广，声力气义，足以翕张贤豪，吹嘘才俊。于是天下咸望走其门，若玉帛职贡之会，莫敢后至，操文章之柄，登坛设墠，近古未有，迄今五十年。《弇州四部》之集，盛行海内，毁誉翕集，弹射四起，轻薄为文者，无不以王李为口实。……迫乎晚年，……论《艺苑卮言》，则曰：作卮言时，年未四十，与于鳞辈是古非今，此长彼短，未为定论。行世已久，不能复秘，惟有随事改正，勿误后人。（钱谦益《列朝诗集小传·丁集》上）

【钟谭】
公安、竟陵，矫七子之弊，务为刻划、冶隽之作。

　　王李之学盛行，袁氏兄弟独心非之。……宏道益矫以清新轻俊，……目为公安体。……钟惺、谭元春……复矫其弊，变而为幽深孤峭。……钟谭之名满天下，谓之竟陵体。（《明史》卷二八八《文苑传·袁宏道钟惺谭元春传》）

　　中郎袁宏道之论出，王李之云雾一扫，天下之文人才士，始知疏

竟陵东湖鲫鱼桥

瀹性灵，搜剔慧性，以荡涤摹拟涂泽之病，其功伟矣。机锋侧出，矫枉过正，于是狂瞽交扇，鄙俚公行，雅故灭裂，风华扫地。竟陵代起，以凄清幽独矫之，而海内之风气复大变。（钱谦益《列朝诗集小传·丁集》中）

所谓深幽孤峭者，如木客之清吟，……以凄声寒魄为致。……自钟谭而晦，竟于僻涩蒙昧，所谓以昏气出之也。（钱谦益《列朝诗集小传·丁集》中）

【钱吴陈之派别】

明末，钱谦益兼取苏、陆而轻七子，号为虞山派，领袖东南者四五十年。吴伟业则学元、白，号为娄东派，承其绪者太仓十子也。陈子龙规摹大历，近七子而无其浮响，号为云间派，扬其余波者，西泠十子也。

钱谦益先生之诗以杜、韩为宗，而出入于香山、樊川、松陵，以迨东坡、放翁、遗山诸家，才气横放，无所不有。……采苓之怀美人，风雨之思君子，饮食燕乐，风怀谑浪，未尝不三致意焉。太史公之论《离骚》也，必原本《国风》、《小雅》，其斯为先生之诗已矣。（瞿式耜《初学集·目录后序》）

先生讳伟业，字骏公，姓吴氏。吴为昆山名族。……崇祯……辛未会试第一，殿试第二，……南中召拜少詹事，……本朝……授国子监祭酒。……间一岁，……南还。……卒于今康熙辛亥十二月二十四日，享年六十有三。（《梅村诗集》附顾湄《梅村先生行状》）

尤以诗自鸣，悲歌感激，有不得于中者，悉寓于诗。居娄东以诗倡海内，海内宗之。（陈廷敬《午亭文编》卷四七《吴梅村先生墓表》）

吴伟业选娄东十子诗，以黄与坚为冠，其九人为周肇、许旭、顾湄、王揆、王撰、王抃、王摅、王昊、王曜升也。（《清史列传》卷七〇《文苑传·黄与坚传》）

陈子龙字人中，一字卧子，青浦人。崇祯丁丑进士，……鲁王立，授兵部侍郎，兼

吴伟业像

侍读学士。事败,被获,投水死。(陈田《明诗纪事》辛签卷一)

卧子负旷世逸才,年二十,与临川艾千子论文不合,面斥之。其四六跨徐庾,论策视二苏,诗特高华雄浑,睥睨一世。好推崇右丞,后又模拟太白,于少陵微有异同。要亦倔强,语非由中也。初与夏考功瑗公、周文学勒卣、徐孝廉闇公同起,而李舒章特以诗故雁行,号陈李诗,继得辕文,又号三子诗,然皆不及。(吴伟业《梅村家藏稿》卷五八)

陆圻字丽京,……与陈子龙等为登楼社,世号西泠十子体。十子者圻与同里丁澎、柴绍炳、毛先舒、孙治、张丹、吴百朋、沈谦、虞黄昊、陈廷会也。(《清史列传》卷七〇《文苑传·陆圻传》)

【亭林之名世】

明亡之后,人皆弃帖括而致力于诗,台阁亦以此为招,故诗教盛于一时。其卓然名世者,唯亭林一集,气象万千,镕经铸史,无一字虚设,感叹沧桑,令人流涕,与以国破家亡为诗料者又不同。《日知录》论诗一则,其诗造诣,即此可以知之,尽学杜者也。

诗文之所以代变,有不得不变者。一代之文沿袭已久,不容人人皆道此语。今且千数百年矣,而犹取古人之陈言,一一而摹仿之,以是为诗,可乎?故不似则失其所以为诗,似则失其所以为我,李、杜之诗所以独高于唐人者,以其未尝不似而未尝似也。知此者可与言诗也已矣。(顾炎武《日知录》卷二一)

诗无长语,事必精当,词必古雅,抒山长老所云"清景当中,天地秋色",庶几似之。(朱彝尊《静志居诗话》卷二二)

【朱王领袖南北】

朱、王继虞山而起,领袖南北,力绝楚声,而皆学宋。金台十子与渔洋同声气,岭南三家别成一派,而与朱、王为友,惟屈大均与汪琬同声皆诋虞山。

朱彝尊字锡鬯,浙江秀水人。……康熙十八年……举博学鸿儒科,……除翰林院检讨。……作《明诗综》百卷。……彝尊诗不名一格,少时规抚王孟,未尽所长。中年以后,学问愈博,风骨愈壮,长篇险韵,出奇无穷。益都赵执信论国朝之诗,以彝尊及王士禛为大

家，谓王之才高，而学足以副之；朱之学博，而才足以运之。……著《曝书亭集》八十卷。……四十八年卒，年八十一。(《清史列传》卷七一《文苑传·朱彝尊传》)

王士禛，山东新城人。顺治十五年进士，……迁刑部尚书。……康熙。五十年五月卒于家，年七十有八。所著有《带经堂集》。……(《清史列传》卷九《大臣画一传档》正编六《王士禛传》)

辇下称诗，有十子之目，谓田雯、宋荦、王又旦、丁炜、曹禾、曹贞吉、谢重辉、叶封、汪懋麟及颜光敏也。(《清史列传》卷七〇《文苑传·颜光敏传》)

陈恭尹字元孝，……筑室羊城之南，以诗文自娱，自称罗浮布衣。……其为诗激昂顿挫，足以发其哀怨之思。自言平生文辞，多取诸胸臆，仆仆道途，稽古未遑也。卒年七十一。著《独漉堂集》。王隼取恭尹诗，合屈大均、梁佩兰共刻之，为《岭南三家集》。大均字介子，番禺人。……工诗，高浑兀奡，有《翁山诗文集》。佩兰字芝五，南海人。……有《六莹堂集》。(《清史稿·文苑传·陈恭尹传》)

【袁蒋赵张】

乾、嘉诗人，袁、蒋、赵、张特起，矫康熙季年之荒率，倡为性情之说，务极警辟痛快；其弊遂流为浅俚，与温柔敦厚之旨，相去远矣。

袁枚字简斋，浙江钱塘人。……乾隆……四年成进士，……改知县，……调江宁。……卜筑于江宁之小仓山，号随园。……所为诗文天才横逸，不可方物。然名盛而胆放，才多而手滑，后进之士，未学其才，先学其放荡，不无流弊焉。……著有《小仓山房诗文集》七十余卷。……嘉庆二年卒，年八十二。(《清史列传》卷七二《文苑传·袁枚传》)

蒋士铨字心余，江西铅山人。……乾隆十九年，由举人官内阁中书，二十二年成进士，……授编修，……记名以御史用。……以病乞休。四十九年卒，年六十一。……所为诗，气体雄杰，得之天授，变化伸

袁枚手迹

放鹤去寻三岛客
任人来看四时花

缩，能拔奇于古人之外。至叙述节烈，读之使人感泣。……与袁枚、赵翼，称袁、蒋、赵三家。……论者谓袁诗多可惊可喜，蒋诗则多可味，不能轩轾。其诗古体胜近体，七言尤胜。……著有《忠雅堂文集》十二卷，诗集二十七卷。（《清史列传》卷七二《文苑传·蒋士铨传》）

赵翼字耘松，江苏阳湖人。……举乾隆十五年乡试，……以一甲三名进士授翰林院编修，……擢贵西道，……以母老乞归。……撰《廿二史劄记》三十六卷，……《陔馀丛考》四十三卷，《瓯北诗集》五十三卷，《皇朝武功纪盛》四卷，《簷曝杂记》六卷，《唐宋十家诗话》十二卷。其诗与袁枚、蒋士铨齐名，枚称其忽奇忽正，忽庄忽俳，稗史方言皆可阑入；士铨则谓其奇恣雄丽，不可逼视，人以为知言。嘉庆……十九年卒，年八十六。（《清史列传》卷七二《文苑传·赵翼传》）

张问陶字仲冶，四川遂宁人。……乾隆五十五年进士，……山东莱州府知府。嘉庆十九年，卒于苏州，年五十一。……诗尤工，尝作宝鸡题壁诗十八首，指陈军事，得老杜诸将之遗，一时传诵焉。在都与洪亮吉、罗聘相唱和，无虚日。后往见袁枚，枚谓之曰："所以老而不死者，以未见君诗耳。"其推重如此。……著有《船山诗文集》，论者谓国朝二百年来，蜀中诗人以问陶为最。（《清史列传》卷七二《文苑传·张问陶传》）

【道光之复古】

道光时，咏叹之作，多摹少陵五言，竞尚选体，诗事复盛。潘德舆、张际亮其最著者，旁枝有龚自珍，恣奇好怪，多为涩语。

潘德舆字四农，江苏山阳人。道光八年举人，十五年大挑知县，分发安徽。未几卒，年五十五。……居京后，所与往来，若永丰郭仪霄，建宁张际亮，震泽张履，益阳汤鹏，歙徐宝善，穷精毕力，研悦劘切，尽一时之选。……为文章入幽出显，沉痛吐露；诗精深奥突，一语之造，有耐人十日思者。所著有《养一斋诗文集》二十六卷。

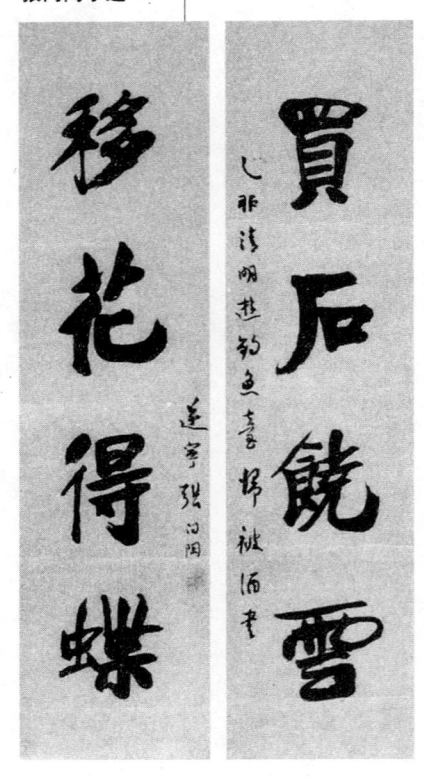

(《清史列传》卷七三《文苑传·潘德舆传》)

  余幼本庭训，读汉魏李杜诗最洽，熟杜诗尤多。未冠，先子见背，操笔学诗，苦无指授，漫然弃幼所读者。案头有一部《精华录》，亦知其非绝境，然薰染数月，遂专趋中晚唐人，盖刘宾客、张司业、李昌谷、温飞卿、杜司勋、许丁卯，皆其所涉历者，已乃谓韩、苏为巨观，年少气盛，爱为尽言，殊自豪也。至二十六七岁，乃知以陶公为法，于诗渐辨好丑。近四十岁，稍就确实，以杜为宗，而精力不专，学问不广，子美之门墙，至今不能入，况堂室乎哉。(潘德舆《养一斋集自识》)

  张际亮字亨甫，福建建宁人。……道光十六年举于乡，会试复报罢。……负经济才，磊落有奇气。所为诗，天才奇逸，感时记事，沉郁雄宕，嘉庆、道光以来作者，未能或之先也。著有《松寥山人诗集》、《娄光堂稿》。(《清史列传》卷七三《文苑传·张际亮传》)

李慈铭自谓得力于何、李，而其门有袁昶、沈曾植，遂开宋诗生硬一派。

  李慈铭字爱伯，会稽人。……光绪六年，成进士，归本班，改御史。……卒年六十六。慈铭为文沉博绝丽，诗尤工，自成一家。……著有《越缦堂文》十卷，《白华绛趺阁诗》十卷，词二卷，又日记数十册。(《清史稿·文苑传三·李慈铭传》)

  予二十年前，已薄视淫靡丽制，惟谓此事当以魄力气体补其性情，幽远清微传其哀乐，又必本之以经籍，窆之以律法，不名一家，不专一代。疵其浮缛，二陆三潘，亦所弃也；赏其情悟，梅邨、樊榭，亦所取也。至于感愤切挚之作，登临闲适之篇，集中所存，自谓虽苏李复生，陶谢可作，不能过也。砚樵之评，实深思之而不可解。以诗而论，世无仲尼，不当在弟子之列，而谓学温岐、规沈宋乎？

(李慈铭《越缦堂日记》第一六册)

李慈铭墨迹

得香涛复，言予诗雄秀二字，皆造其极，真少陵嫡派，其火候在竹垞、阮亭之间，竹垞、阮亭七古，皆学杜也。此语殊误，阮亭七古，平弱已极，无一完篇，岂足语少陵宗恉；竹垞亦仅规东坡耳。若予此诗，拟之空同、大复，则殆庶乎。（李慈铭《越缦堂日记》第一六册）

王闿运专摹晋、宋，《湘绮楼诗集》，仅刻五七古及五律，平心而论，自是清末一大家。

唐人初不能为五言，杜子美无论矣，所称陈子昂、张子寿、李太白才刘公干之一体耳，何足尽五言之妙，故曰唐无五言。学五言者，汉、魏、晋、宋尽之，齐、梁至隋，别创律诗一派，即杜所云庾、鲍、阴、何清逸苦心者也。（陈兆奎《王志》卷二）

戊、词

【明词】

明代曲盛而词衰，渐至失传，隆、万以后，此风稍盛。程明善《啸馀谱》十卷之作，平仄字数，均出臆定。自汲古阁刻行《宋名家词》六十一家，矩矱始备。朱彝尊撰《词综》三十六卷，自唐迄元，独缺明初，盖以难于着手之故。

阴初词人，犹沿虞伯生、张仲举之旧，不乖于风雅。及永乐以后，南宋诸名家词皆不显于世，惟《花间》、《草堂》诸集盛行。至杨用修、王元美诸公，小令、中调颇有可取，而长调则均杂于俚俗矣。然一代之词，亦有不可尽废者。（王昶《明词综序》）

【清词之盛】

有清经学、小学、骈体文，俱为明代所不能及，而填词尤盛。盖文纲过密，诗之所不能直言者，乃托为香草美人，以寄其幽忧之思。初卓人月撰《词统》十六卷，录隆庆、万历间词而不及天、崇；《倚声》继之，成于顺治十七年；《瑶华》又继之，成于康熙二十五年。合三集观之，可以知百年间词之变迁。

邹祇谟《倚声集》二十卷。近世如用修、元美、元朗、仲茅诸先生，无不寻流溯源，探其旨趣，而词学复明，犁然指掌。然如钱功甫、卓珂月人月字、沈天羽诸前辈，有成书而网罗未备；贺黄公、毛驰黄、

刘公戬诸同志，有论断而甄汰未闻。仆乃与渔洋山人，综核近本，揽撷芳蕤，被以丹黄，申之辨论，为时不及百年，而为体与数与人，仿佛乎两宋之盛。（邹祗谟《倚声集序》）

蒋景祁《瑶华集》二十二卷。国家文教蔚兴，词为特盛。《倚声集》上溯庆、历，比于诗之陈、隋此集惟断自六七十年来，词人出处在交会之际，无不甄收，与《倚声》所辑时代稍别。（蒋景祁《刻瑶华集述》）

顾贞观、纳兰成德《今词初集》二卷。清初选家最盛，选八股以射利，选古文诗词以通声气。顾贞观、纳兰成德亦有《今词初集》之选，所以主坛坫、招宾客，而其间颇有抑扬，与者为荣，不与者为辱。徐嘉炎未得入门，而致怨于朱彝尊，足见一时熠热情事，士也罔极，二三其德，斯之谓矣。（《五石斋题识》）

清初词家辈出，孙默所辑十七家最著。

《国朝名家诗余十七家》三十九卷。孙默字无言，号桴庵，休宁人，家于扬州。清初各家集中多有送孙无言归黄山序，日日言归，得序数十篇，诗数百篇，而卒未归。以康熙十七年卒，年六十六。见汪懋麟《百尺梧桐阁文集》孙处士墓志铭，此本吴伟业《梅村词》二卷，龚鼎孳《香严词》二卷，梁清标《棠村词》二卷，宋琬《二乡亭词》二卷，王士禄《炊闻词》二卷，尤侗《百末词》二卷，陈世祥《含影词》二卷，黄永《南溪词》二卷，陆求可《月湄词》四卷，曹尔堪《溪南词》二卷，邹祗谟《丽农词》二卷，彭孙遹《延露词》三卷，王士禛《衍波词》二卷，董以宁《蓉波词》三卷，陈维崧《乌丝词》四卷，董俞《玉凫词》二卷，程康庄《衍愚词》一卷，凡十七家三十九卷。初，默辑三家词，曰丽农、延露、衍波，刻于甲辰；合南溪、炊闻、百末曰六家，刻于丁未；合含影、乌丝、蓉渡、玉凫四家，刻于戊申，始名《国朝名家诗余》。至丁巳又刻其余，始有十六家之称。衍愚又后来所刻。予别藏《越阁春芜词》二卷，《广陵唱和词》一卷，所未得者《红桥唱和词》一卷耳。盖默随时增刻，故世鲜

全书。昔惟江南图书馆有十六家词，亦有缺卷。此本十七家，为最完整可贵矣。清初，词倚绮语，清标、士禛俱悔少作，不以入全集，余人词集亦多零落，皆赖此以传，不可谓非一时之渊薮，后之君子或有取焉。(《五石斋题识》)

浙西六家多奉玉田，其词皆有格律。

龚翔麟《浙西六家词》十一卷。翔麟刻朱竹垞《江湖载酒集》三卷，李武曾《秋锦山房词》一卷，沈融谷《柘西精舍词》一卷，李分虎《来边词》二卷，覃九沈《黑蝶斋词》一卷，而殿以己作《红藕庄词》三卷，故曰六家。玉田词为当时好尚，朱、李皆以清真立教，附刻之所以张目也。明人填词，喜作艳语，清初犹然，自竹垞选刻《词综》，继刻《六家词》，词律始正。人皆知祧南宋，万红友之功，亦不可没。(《五石斋题识》)

纳兰成德，宰相明珠之子，而善倚声，学南唐二主，颇有俊语。与顾贞观投分最深，吴兆骞得由宁古塔释归，与有力焉。一时文士，以其势要而推之，徐乾学其座主也，至代刻《通志堂经解》，以要名誉。世遂以《饮水词》、《侧帽词》拟宋之秦观、柳永，殆非确论，《四库全书》不为论定，盖有微意。

《纳兰词》书影

性德纳喇氏，初名成德，……字容若，满洲正黄旗人。……康熙十四年成进士，年十六，……授三等侍卫，再迁至一等。……卒年止三十一。……尤长倚声，遍涉南唐北宋诸家，穷极要眇。所著《饮水》、《侧帽》二集，清新秀隽，自然超逸。……顾贞观字梁汾，无锡人。康熙十一年举人，官内阁中书。……与陈维崧及朱彝尊称词三家绝。清世工词者，往往以诗文兼擅，独性德为专长，仁和谭献尝谓为"词人之词"。(《清史稿·文苑传》一《性德传》)

道光以后，竞尚填词，周之琦《金梁梦月》一集，称为名贵。

周之琦，河南祥符人。嘉庆十三年进士，改

翰林院庶吉士，……授广西巡抚。……同治元年卒。(《清史列传》卷四九《周之琦传》)

清季大家，应推临桂王鹏运、归安朱祖谋，专学草窗、梦窗，兼刻宋词，校勘极精，足正汲古阁六十家词之失。

  王鹏运字幼遐，号半塘，晚号鹜翁，广西临桂人。同治九年举人，……迁礼科掌印给事中。……精研词学，为近代宗匠。生平悒欸抑塞，悉寄于是。尝校定唐宋元名家之作，裒刻为《四印斋词》。(《半塘定稿》附小传)

  始予在汴梁，纳交君，相得也。已而从学为词，愈益亲。……约为词课，拈题刻烛，於喁唱酬，日为之无间。一艺成，赏奇攻瑕，不隐下阿。……予谓君词于回肠荡气中，仍不掩其独往独来之概，……导源碧山，复历稼轩、梦窗，以还清真之浑化，……其必名于后，固无俟余之赘言。(朱祖谋《半塘定稿序》)

  朱祖谋字古微，后改名孝臧，号沤尹，又号彊村，浙江归安人。光绪癸未二甲一名进士，……累迁礼部侍郎。……早岁工诗，及交王鹏运，乃专力为词，抗古迈绝，海内称宗匠焉。尝辑刻唐宋金元词为《彊村丛书》，其自著者，俱见《彊村遗书》中。(朱祖谋《彊村语业》附小传)

  其哀感顽艳，子夜吴趋；其芬芳悱恻，哀蝉落叶。……触绪造端，湛冥过之，信乎所忧者广，发乎一人之本身，抑声之所被者有藉之者耶。(张尔田《彊村语业序》)

《词律》成书于康熙二十六年，自是四声及字句始有定则。杜文澜复加增订，采戈载之说，益严去上之辨。

  世传《啸馀》一编即为铁板，近更有图谱数卷，尤是金科，凡调之稍有难谐，皆谱所已经驳正，但从顺口，便可名家。于是篇牍汗牛，枣梨充栋，至今日而词风愈盛，词风愈衰矣。……用

朱祖谋墨迹

是发为愿力，加以校雠，……考其调之异同，酌其句之分合，辨其字之平仄，序其编之短长，务标准于名家，必酌中于各制。有调同名别者，则删而合之；有调别名同者，则分而疏之。复者厘之，缺者补之。时则慎庵吴子，相为助阅于其初；苍崖姜君，更共编摩于其后。录之成帙，稍有可观，计为卷二十，为调六百六十，为体千一百八十有奇。其篇则取之唐、宋，兼及金、元，而不收明朝自度、本朝自度之腔。于字则论其平仄，兼分上去，而每详以入作平、以上作平之说。（万树《词律·自序》）

张惠言选词，务以生涩为贵，词家始尚南宋。

　　宋之词家，号为极盛，然张先、苏轼、秦观、周邦彦、辛弃疾、姜夔、王沂孙、张炎，渊渊乎文有其质焉。其荡而不反，傲而不理，枝而不物，柳永、黄庭坚、刘过、吴文英之伦，亦各引一端，以取重于当世。而前数子者，又不免有一时放浪通脱之言出于其间，后进弥以驰逐，不务原其指意，破析乖剌，坏乱而不可纪。故自宋之亡而正声绝，元之末而规矩隳，以至于今四百余年，作者十数，谅其所是，互有繁变，皆可谓安蔽乖方，迷不知门户者也。（张惠言《词选·目录叙》）

己、戏曲小说

【杂剧】

明初杂剧，宁献王、周宪王开其端，宁王首撰《卓文君独步大乐天》，周王有诚斋杂剧三十一种，曲文流便，多写民间俗事。

　　献王助长陵靖难，以善谋称。及徙封豫章，颇多觖望。晚乃折节读书，开雕秘笈。（朱彝尊《静志居诗话》卷一）

　　宪园留心翰墨，谱曲尤工，中原弦索，往往借以为师。李景文梦阳诗云"齐唱宪王新乐府，金梁桥外月如霜"，牛左史恒诗云"唱彻宪王新乐府，不知明月下樊楼"是也。（朱彝尊《静志居诗话》卷一）

自是以后，曲家最盛。以杂剧著名者，刘东生《娇红记》，日本有印本，康海《中山狼》，王九思《杜子美沽酒游春》，徐文长《四声猿》。刘明初人，康、王嘉靖时人。

　　《太和正音谱》曰：刘东生之词，如海峭云霞。又云：镕意铸词，

纤无尘气，可与王实父辈并驱。（王国维《曲录》卷三）

敬夫之再谪，以及永锢，皆长沙李西涯柄国时事。盛年屏弃，无所发怒，作为歌谣及《杜甫春游杂剧》力诋西涯，流转腾涌，关陇之士，杂然和之。嘉靖初，纂修实录，议起敬夫，有言于朝者曰：《游春记》李林甫固指西涯，杨国忠得非石斋，贾婆婆得非南坞耶？吏部闻之，缩舌而止。（钱谦益《列朝诗集小传·丙集》）

王渼陂词固多佳者，何元朗……云：《杜甫游春剧》，金元人犹当北面。此剧盖借李林甫以骂时相者，其词气雄宕，固陵厉一时，然亦多杂凡语，何得便与元人抗衡？王元美复谓其声价不在关马之下，皆过情之论也。（王骥德《曲律》卷四）

对山亦忤于时，放情自发，与渼陂皆以声乐相尚，彼此酬和不辍。康所作尤多，非不莽具才气，然喜生造，喜堆积，喜多用老生语，不得与王并驱，所著《沜东乐府》，可数百首。（王骥德《曲律》卷四）

按文人之意，往往托之填词。王九思《杜甫游春》，批李西涯、杨石斋、贾南坞三相；康对山之《中山狼》，则指李空同；李中麓之《宝剑记》，则指分宜父子；王辰玉之《哭倒长安街》，则指建言诸公。相传汤若士之《紫箫》，亦指当时秉国首揆，才成其半，即为人所议，因改为《紫钗》。（焦循《剧说》卷三）

近之为词者，北调则关中康状元对山、王太史渼陂，蜀则杨状元升庵，金陵则陈太史石亭、胡太史秋宇、徐山人髯仙，山东则李尚宝伯华、冯别驾海浮，山西则常廷评楼居，维扬则王山人西楼，济南则王邑佐舜耕，吴中则杨仪部南峰。康富而芜，王艳而整，杨俊而葩，陈、胡爽而放，徐畅而未汰，李豪而率，冯才气勃勃，时见纰颣，常多侠而寡驯，西楼工短调，翩翩都雅，舜耕多近人情，兼善谐谑，杨较粗莽。诸君子间作南调，则皆非当家也。南则金陵陈大声、金在衡，武林沈青门，吴唐伯虎、祝希哲、梁伯龙，而陈、梁最著，唐、

徐渭像

卷五 明清

金、沈小令并斐然有致，祝小令亦佳，长则草草。陈、梁多大套，颇著才情，然多俗意陈语，伯仲间耳，余未悉见，不敢定其甲乙也。（王骥德《曲律》卷四）

徐天池先生"四声猿"，故是天地间一种奇绝文字。……月明度柳翠一剧，系先生早年之笔，木兰、祢衡，得之新创，而《女状元》则命余更觅一事，以足四声之数，余举杨用脩所称黄崇嘏《春桃记》为对，先生遂以春桃名嘏。（王骥德《曲律》卷四）

徐文长本古乐府《木兰歌》，演为《雌木兰》杂剧，与《狂鼓吏》、《翠乡梦》、《女状元》，为"四声猿"。（焦循《剧说》卷五）

清初，吴伟业撰《秣陵春》、《通天台》、《临春阁》三种。

吴梅村《通天台》杂剧，借沈初明流落穷边，伤今吊古，以自写其身世。……临春阁杂剧，哀悱顽艳，不类《通天台》之悲惋，要其用意有在，于全篇结尾，从冯夫人口中，特为点出，盖讽明末诸帅也。（杨恩寿《词馀丛话》卷二）

尤侗五种，《桃花源》、《黑白卫》、《吊琵琶》、《读离骚》、《清平调》，皆谱旧事，惟《钧天乐》传奇独有所指。

"四声猿"插图

丁酉之秋，薄游太末，阻兵未得归，逆旅无聊，漫填词为传奇，率日一出，阅日而竣，题曰《钧天乐》，家有梨园，归则授使演焉。明年科场弊发，有无名子编为《万金记》者，制府以闻，诏命进览，其人匿弗出，臬司大索江南诸伶杂治之。适山阴姜侍御还朝，过吴门，函征予剧，同人宴之申氏堂中，乐即作，观者如堵，靡不咋舌骇叹，而逻者亦杂其中，疑其事类，驰白臬司。臬司以为奇货，既橄捕优人，拷掠诬服，既得主名，将穷其狱，且征贿焉。会有从中解之者，而予已入都门，事亦得寝。（尤侗《钧天乐》自序）

桂馥有"后四声猿"四种，《放杨枝》、《题园壁》、《谒府帅》、《投图中》，盖嘉庆时官云南永平知县，自伤老大而作也。

同年桂未谷先生，以不世才，擢甲科，名震天下，与青藤殊矣。然而远官天末，簿书蕴项背，又文法束缚，无由徜徉自快意。山城如斗，蒲藜杂庭槛间，先生才如长吉，望如东坡，齿发衰白如香山，意落落不自得。乃取三君轶事，引宫按节，吐臆抒感，与青藤争霸风雅。独《题园壁》一折，意于戚串交游间当有所感，而先生曰无之，要其为猿声一也。（王定柱《后四声猿·序》）

【传奇】

明初有《荆钗记》、《白兔记》、《拜月记》、《杀狗记》，世称荆、刘、拜、杀，其作者多不可考，曲本错误，亦经后人改正。

古戏如荆、刘、拜、杀等，传之几二三百年，至今不废。（王骥德《曲律》卷三）

世传《拜月》为施君美作，然《录鬼簿》及《太和正音谱》，皆载在汉卿所编八十一本中，不曰君美。君美名惠，杭州人，吴山前坐贾也。南戏自来无三字作目者，盖汉卿所谓拜月亭。系是北剧，或君美演作南戏，遂仍其名，不更易耳。（王骥德《曲律》卷三）

荆、刘、拜、杀，为剧中四大家，《荆钗》柯丹邱作，《白兔》即刘也，《拜月》施君美作。君美名惠元，武林人，今名《幽闺记》。《杀狗》俗名《玉环》，徐畹仲由作。仲由淳安人，洪武中征秀才，至落省辞归，有《巢云集》，自称曰：吾诗文未足品藻，惟传奇词曲，不多让古人。（焦循《剧说》卷二）

《荆钗记》一种，明宁王权撰，阴郁蓝生《曲品》题柯丹邱撰，黄文旸《曲海目》仍之，盖旧本当题丹邱先生，郁蓝生不知丹邱先生为宁献王道号，故遂以为柯敬仲耳。（王国维《曲录》卷四）

汤显祖有"临川四梦"。

临川汤奉常之曲，当置法字，无论尽是案头异书。所作五传，《紫箫》、《紫钗》，第修藻艳，语多琐屑，不成篇章；《还魂》妙处，种种奇丽动人，然无奈腐木败草，时时缠绕笔端；至《南柯》、《邯郸》二记，则渐削芜颣，俯就矩度，布格既新，遣辞复俊，其掇拾本色，参差丽语，境往神来，巧凑妙合，又视元人别一溪径。技出天纵，匪由人造，使其约束和鸾，稍闲声律，汰其剩字累语，规之全瑜，可令前无作者，后鲜来诘，二百年来，一人而已。（王骥德《曲律》卷四）

汤显祖字义仍，号若士，临川人，万历癸未进士。所著玉茗四种，《还魂记》、《烂柯记》、《邯郸记》、《紫钗记》。以《还魂》为第一部，俗呼《牡丹亭》，句如雨丝风片，烟波画船，皆酷肖元人。惜其使才，于韵脚所限，多出以乡音，如"子"与"宰"叶之类。其病处在此，佳处亦在此。（李调元《雨村曲语》卷下）

玉茗四梦，《牡丹亭》最佳，《邯郸》次之，《南柯》又次之，《紫钗》则强弩之末耳。（梁廷枏《曲话》卷三）

明季以阮大铖为最工，所撰有《双金榜》、《牟尼合》、《忠孝环》、《春灯谜》、《燕子笺》。

相传阮圆海作《燕子笺》是刺倪鸿宝。（焦循《剧说》卷三）

《燕子笺》一曲，鸾交两美，燕合双姝，设景生情，具征巧思。《春灯谜》之十错认，亦似有悔过之意，隐然露于楮墨外。然其人既已得罪名教，即使阳春白雪，亦等诸彼哉之列，置而不论可矣，况其文章之未必能醉人心腑耶。（梁廷枏《曲话》卷三）

清初李笠翁有十种曲。

李渔音律独擅,近时盛行其笠翁十种曲。十种者,《怜香伴》、《风筝误》、《意中缘》、《凤求凰》、《奈何天》、《比目鱼》、《蜃中楼》、《玉搔头》、《巧团圆》、《慎鸾交》。勾吴虞巍序而行之,称笠翁妻妾和谐,虽长贫贱,不作白头吟,另具红拂眼,亦可取也。世多演《风筝误》,其《奈何天》,曾见苏人演之。(李调元《雨村曲话》卷下)

笠翁十种曲,自俱近平妥,行世已久,姑免置喙。近人惟绵州李太史调元最深喜之,谓如景星庆云,先睹为快,家居时,常令歌伶搬演为乐。其第十种名《比目鱼》,有自题诗云:"迩来节义颇荒唐,尽把宣淫罪戏场。思借戏场维节义,系铃人授解铃方。"太史谓,读是诗,方知其绣曲心苦,盖追十种中命意,结穴在此也。客有笑其偏嗜笠翁曲者,太史尝诵此诗答之。(梁廷枏《曲话》卷三)

《长生殿》为谱董鄂妃事而作。

稗畦居士洪昉思昇,仁和人,工词曲。撰《长生殿》杂剧,荟萃唐人诸说部中事,及李、杜、元、白、温、李数家诗句,又刺取古今剧部中鲦丽色段,以润色之,遂为近代曲家第一。在京师填词初毕,选名优谱之,大集宾客。是日国忌,为台谏所论,与会凡数人,皆落职;赵秋谷时官赞善,亦罢去。秋谷年二十三,典试山西,回时,骡车中惟携《元人百种曲》一部,日夕吟讽,至都门,值《长生殿》初成,因为点定数折。昉思跌宕孤逸,无俗情,年五十余,落水死。毛西河《长生殿院本序》云:洪君昉思好为词,以四门弟子,遨游京师,初为西蜀吟,既而为大晟乐府,又既而为金、元闻人曲子,自散套雅剧以至院本,每用作长安往来歌咏酬赠

《长生殿》插图

之具。尝以不得事父母，作《天涯泪》剧，以寓其思亲之旨。应庄亲王世子之请，取唐人长恨歌事，作《长生殿》院本，一时勾栏多演之。越一年，有言日下新闻者，谓长安邸第每以演《长生殿》，为见者所恶。会国恤止乐，其在京朝官，大红小红已浃日，而纤练未除，言官谓遏密读曲，大不敬，赖圣明宽之，第褫其四门之员，而不予以罪；然而京朝诸官，则从此有罢去者。（焦循《剧说》卷四）

钱塘洪昉思升撰《长生殿》，为千百年来曲中巨擘，以绝好题目，作绝大文章，学人才人，一齐俯首。自有此曲，无论惊鸿、彩毫，空惭形秽，即白仁甫《秋夜梧桐雨》，亦不能稳占元人词坛一席矣。如定情、絮阁、窥浴、密誓数折，俱能细针密线，触绪生情，然以细意熨贴为之，犹可勉强学步，读至弹词第六、七、八、九转，铁拨铜琶，悲凉慷慨，字字倾珠落玉而出，虽铁石人不能不为之断肠，为之下泪。笔墨之妙，其感人一至于此，真观止矣。（梁廷柟《曲话》卷三）

近今李笠翁渔十种填词，洪昉思升《长生殿》，亦大手笔，各有妙处，但李之宾白似多，洪之曲文似冗，又不知后人作何评论也。（刘廷玑《在园杂志》卷三）

孔尚任制《桃花扇》，写南渡事，最易感人，所谓"南朝兴亡，尽在桃花扇底"是也。

予未仕时，每拟作此传奇，恐闻见未广，有乖信史，寤歌之余，仅画其轮廓，饰其藻采也。然独好夸于密友曰：吾有《桃花扇》传奇，尚秘之枕中。及索米长安，与僚辈饮燕，亦往往及之。又十余年，兴已阑矣。少司农田纶霞先生来京，每见，必握手索览，予不得已，乃挑灯填词，以塞其求，凡三易稿而书成，盖己卯之六月也。……《桃花扇》钞本，久而漫灭，几不可识，津门佟蔗村者诗人也，与粤东屈翁山善。翁山之遗孤，育于其家，佟为谋婚产，无异己子，世多义之。薄游东鲁，过予舍，索钞本读之，才数行，击节叫绝，倾囊橐五十金付之梓人。计其竣工也，尚难于百里之半，灾梨真非易事也。（孔尚任《桃花扇本末》）

《桃花扇》笔意竦爽，写南朝人物，字字绘水绘声，至文词之妙，其艳处似临风桃蕊，其哀处似着雨梨花，固是一时杰构。然就中亦有未惬人意者，福王三大罪五不可之议，倡自周镳、雷演祚，今阻奸折

竟出自史阁部,则与设朝折大相径庭,使观者直疑阁部之首鼠两端矣。且既以"媚座"为二十一折矣,复加入"孤吟"一折,其词义犹之家门大意,是为蛇足,总属闲文。至若曲中词调,伶人任意删改,为斯文一大恨事,然未有先虑其删改,而特在作曲时,为俗伶豫留地步者。今《桃花扇》长者七八曲,其少者四五曲,未免故走易路。又以左右部分正间合润四色,以奇偶部分中戾余煞四气,以总部分经纬二星,毋论有曲以来,万无此例,即谓自我作古,亦殊觉淡然无味,不知何所见而云也。(梁廷枏《曲话》卷三)

  孔云亭原稿第十三出,直叙宁南谋逆,胁何忠诚公同叛,何公投江,逆流六十里,遇神获救诸轶事,左梦庚急以千金为云亭寿,哀其削去,云亭遂改"哭主"一出,生气勃勃,宛然为烈皇复仇,与史可法、黄得功鼎立而三,为胜国忠臣之最。信乎,文人之笔操予夺权也!(杨恩寿《词馀丛话》卷三)

蒋士铨"藏园九种",为《四弦秋》、《一片石》、《忉利天》、《雪中人》、《香祖楼》、《临川梦》、《桂林霜》、《冬青树》、《空谷香》,《临川梦》乃讥袁枚而作。

  《藏园九种》,为乾隆时一大著作,专以性灵为宗,具史官才学识之长,兼画家皱瘦透之妙,洋洋洒洒,笔无停机。乍读之,几疑发泄无余,似少余味,究竟无语不出,无意不新,无调不谐,无韵不响,虎步龙骧,仍复周规折矩,非凫西、笠翁所敢望其肩背。(杨恩寿《词馀丛话》卷二)

黄燮清"倚晴楼七种",为《茂陵弦》、《帝女花》、《脊令原》、《鸳鸯镜》、《凌波影》、《桃溪雪》、《居官鉴》。

  黄燮清原名宪清,字韵甫,浙江海盐人。道光十五年举人,……调松滋县有政声,未几卒。燮清颖敏过人,才思秀丽,诗格不名一家,尤工倚声,所撰乐府诸词,流播人口,时比之尤侗。(《清史列传》卷七三《文苑传·黄燮清传》)

《桃花扇》书影

卷五 明清

长平公主经烈皇手刃,断臂不殊,入我朝后,奉诏访原聘驸马周世显,照公主例赐婚。……《芝龛记》有"感徽"一出,叙此事不甚周备,海盐黄韵珊谱作《帝女花》院本,本末较详,词笔逼近藏园,非芝龛可同日语也。(杨恩寿《词馀丛话》卷二)

【小曲】

诗之余为词,词之余为曲,曲之余为小曲,务以通俗为贵。钱大昕谓传奇之演绎,优伶之宾白,情词动人心目,虽里巷小夫妇人,无不为之歌泣者。实则小曲之感人,尤甚于杂剧、传奇,以其通俗也,然亦须有笔力者。

小曲《挂枝儿》即《打枣竿》,是北人长技,南人每不能及。昨毛允遂贻我《吴中新刻》一帙,中如《喷嚏》、《枕头》等曲,皆吴人所拟,即韵稍出入,然措意俊妙,虽北人无以加之,故知人情原不相远也。(王骥德《曲律》卷四)

元人小令,行于燕赵,后浸淫日盛。自宣、正至化、治后,中原又行,《琐南枝》、《傍妆台》、《山坡羊》之属,李崆峒先生,初自庆阳徙居汴梁,闻之,以为可继国风之后;何大复继至,亦酷爱之,今所传《泥捏人》及《鞋打卦》、《熬鬏髻》三阕,为三牌名之冠,故不虚也,自兹以后,又有《耍孩儿》、《驻云飞》、《醉太平》诸曲、然不如三曲之盛。嘉隆间,乃兴·《闹五更》、《寄生草》、《罗江怨》、《哭皇天》、《干荷叶》、《粉红莲》、《桐城歌》、《银绞丝》之属,自两淮以至江南,渐与词曲相远,不过写淫媟情态,略具抑扬而已。比年以来,又有《打枣干》、《挂枝儿》二曲,其腔调约略相似,则不问南北,不问男女,不问老幼良贱,人人习之,亦人人喜听之。以至刊布成帙,举世传诵,沁人心腑,其谱不知从何来,真可骇叹。又《山坡羊》者,李何二公所喜,今南北词俱有此名,但北方惟盛爱数落山坡羊。其曲自宣大辽东三镇传来,今京师妓女惯以此充弦索北调,其语秽亵鄙贱,并桑濮之音,亦离去已远。而羁人游婿,嗜之独深,丙夜开樽,争先招致,而教坊所隶,筝篴等色,及九官十二则,皆不知为何物矣。俗乐中之雅乐,尚不谐里耳如此,况真雅乐乎。(沈德符《万历野获编》卷二五)

小曲者别于昆弋大曲也,在南则始于《挂枝儿》,如贯华堂《西厢》所载,"送情人直送到丹阳路,你也哭,我也哭,赶脚的也来

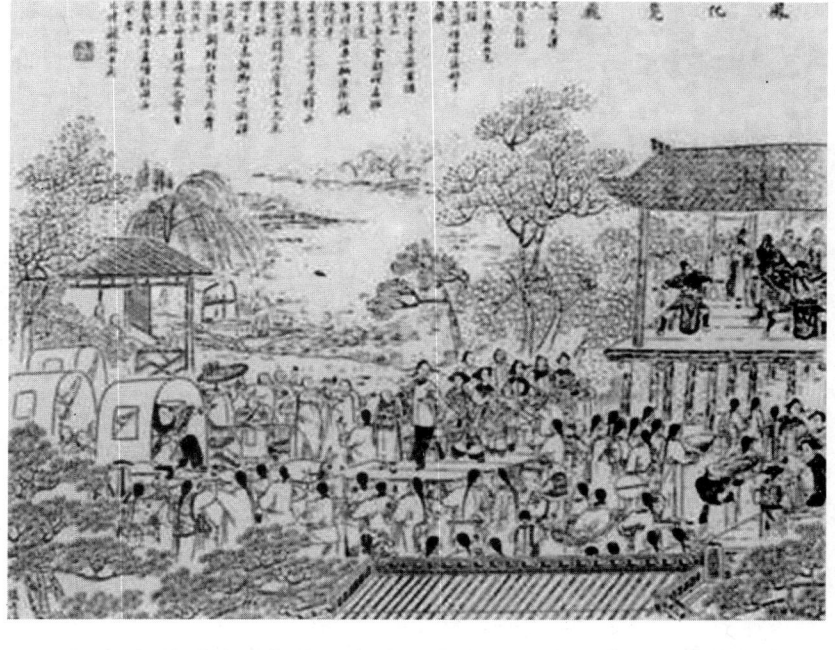

清人听戏图

哭。赶脚的他哭是因何故，去的不肯去，哭的只管哭。你两下里调情，我的驴儿受了苦"。一变为《劈破玉》，再变为《陈垂调》，再变为《黄鹂调》，始而字少句短，今则累数百字矣。在北则始于《边关调》，盖因明时远戍西边之人所唱，其辞雄迈，其调悲壮，本《凉州》、《伊州》之意，如云："斗大黄金印，天高白玉堂，大丈夫豪气三千丈，百万雄兵腹内藏，要与皇家做个栋梁。男儿当自强，四海把名扬，姓名儿定标在凌烟阁上。"明诗云"三弦紧拨配边关"是也。今则尽儿女之私、靡靡之音矣。再变为《呀呀优》。《呀呀优》者"夜夜游"也，或亦声之余韵，呀呀哟，如《倒扳桨》、《靛花开》、《跌落金钱》，不一其类。又有《节节高》一种。节节高本曲牌名，取"接接高"之意，自宋时有之，《武林旧事》所载元宵节乘肩小女是也。今则小童立大人肩上，唱各种小曲，做连像，所驮之人，以下应上，当旋即旋，当转即转，时其缓急而节凑之，想亦当时《鹧鸪》、《柘枝》之类也。今日诸舞失传，徒存其名，乌知后日之《节节高》，不亦今日之《鹧鸪》、《柘枝》也哉。（刘廷玑《在园杂志》卷三）

文小槎者，外火器营人，曾从军西域及大小金川，归途自制马上曲，即今八角鼓中所唱之单弦杂牌子及岔曲之祖也。本名小槎曲，减

称楂曲,讹为岔曲,又称脆唱。(崇彝《春明谈往》)

果勒敏字杏岑,博尔济吉特氏世袭子爵。官杭州将军罢归,穷极无聊,日游戏园,颇通词曲,无聊时所编排子曲、岔曲甚多,能以市井俚语加入,而有别趣,于最窄之辙,押之极稳妥,此实偏才。亦能作诗,则打油类也,殊不可耐。凡歌唱类分十三辙,犹之韵也,如中东、言前、江阳、花发、由求、仁辰、灰堆、依期、簸波、姑苏、怀来、遥条之类。最窄之辙为捏邪,皆作叠雪不符,此二字皆仄声。戏界多忌此辙,果公有自编大排子曲,用此辙极俏,惜忘其名。所居在王府大街,即今之培元学校。(崇彝《春明谈往》)

排子曲每段更换一调,故呼为杂排子,多至三十余种,常用之名,有金钱连花落、云苏调、南城调、倒推船、叠断桥、罗江怨、南锣、翠连卷、数唱快书、湖广调、靠山调之类。开唱时必有数句,曰曲儿头,住头处曰卧牛儿,尾声非以快书,即以数唱儿结之,亦由慢而改紧。今之所谓单弦者,即拆之排子曲中之余也。他若马头调,即大七句,其曲甚长,并非只有七句,因其腔调仅七个,倒换用之而已。(崇彝《春明谈往》)

【小说】

小说为讲史之遗,经文人润色,而为章回说部。相传为罗贯中所著者有《三国志传通俗演义》、《隋唐志传通俗演义》、《残唐五代传》、《水浒传》、《平妖传》。

罗贯中太原人,号江湖散人。与人寡合。乐府隐语,极为清新。与余为忘年交,遭时多故,各天一方。至正甲辰复会,别来又六十余年,竟不知其所终。(《录鬼簿续编》)

《三国志演义》 明人作《琵琶记》传奇,而陆放翁已有"满村都唱蔡中郎"之句。今世所传《三国演义》,亦明人所作,然东坡集记王彭论曹刘之泽云"途巷小儿薄劣,为其家所厌苦,辄与数钱,令聚听说古话。至说三国事,闻玄德败,则颦蹙有涕者,闻曹操败,则喜唱快。以是知君子小人之泽,百世不斩"云云,是北宋时已有演说三国野史者矣。又李义山《骄儿诗》"或谑张飞胡,或笑邓艾吃",似当日俳优已有以益德为戏弄者。(沈涛《交翠轩笔记》)

《水浒传》 故老传闻,罗氏为《水浒传》一百回,各以妖异语引

《三国演义》插图

其首。嘉靖时郭武定重刻其书,削其致语,独存本传。金坛王氏小品中亦云:此书每回前各有楔子,今俱不传。予见建阳书坊中所刻诸书,节缩纸板,求其易售,诸书多被刊落,此书亦建阳书坊翻刻时删落者。(周亮工《因树屋书影》卷一)

《水浒传》 相传为洪武初越人罗贯中作,又传为元人施耐庵作。田叔禾《西湖游览志》又云,此书出宋人笔。近金圣叹自七十回之后断为罗所续,因极口诋罗,复伪为施序于前,此书遂为施有矣。予谓世安有为此等书人,当时敢露其姓名者,阙疑可也。(周亮工《因树屋书影》卷一)

《金瓶梅》 袁中郎《觞政》,以《金瓶梅》配《水浒传》为外典,余恨未得见。丙午,遇中郎京邸,问曾有全帙否,曰:第睹数卷,甚奇怪,今惟麻城刘延白承禧家有全本,盖从其妻家徐文贞录得者。又三年,小修上公车,已携有其书,因与借抄,挈归吴。友冯犹龙见之惊喜,怂恿书坊,以重价雕刻。马仲良时榷吴关,亦劝余应梓人之求,可以疗饥。余曰:"此等书必遂有人板行,但一出则家传户到,坏人心术,他日阎罗究诘始祸,何辞以对?吾岂以刀锥博泥犁哉。"仲良大以为然,遂固箧之。未几时,而吴中悬之国门矣。然原本实少五十三至五十七回,遍觅不得。有陋儒补以入刻,无论肤浅鄙

俚，时作吴语，即前后血脉亦绝不贯串，一见知其赝作矣。闻此为嘉靖间大名士手笔，指斥时事，如蔡京父子则指分宜，林灵素则指陶仲文，朱勔则指陆炳，其他各有所属云。（沈德符《万历野获编》卷二五）

《西游记》 旧志称吴射阳性放多慧，为诗文下笔立成，复善谐谑，著杂记数种，惜未注杂记书名，惟淮贤文目载射阳撰《西游记通俗演义》。是书明季始大行，里巷细人乐道之，而前此亦未之有闻。世乃称为证道之书，批评穿凿，谓吻合金丹大旨，前冠以虞道园一序，而尊为长春真人秘本，亦作伪可嗤者矣。按明郡志谓出射阳手，射阳去修志时未远，岂能以世俗通行之元人小说攘列己名。或长春初有此记，射阳因而衍义，极诞幻诡变之观耳，亦如左氏之有《列国志》，三国之有《演义》。观其中方言俚语，皆淮上之乡音街谈，巷弄市井妇孺皆解，而他方人读之不尽然，是则出淮人之手无疑。然射阳才士，此或其少年狡狯，游戏三昧亦未可知。要不过为村翁塾童笑资，必求得修炼秘诀，则梦中说梦。（阮葵生《茶馀客话》卷二一）

今行世之批本四大奇书，原书多经修改。

> 四大奇书，……如《水浒》……金圣叹加以句读字断，分评总批，觉成异样花团锦簇文字。……再则《三国演义》，……杭永年一仿圣叹笔意批之，似属效颦，然亦有开生面，处较之《西游》，实处多于虚处，盖《西游》为证道之书。……乃汪憺漪从而刻画美人，唐突西子，其批注处，大半摸索皮毛，即《通书》之太极无极，何能一语道破耶。若深切人情世务，无如《金瓶梅》，真称奇书。……彭城张竹坡为之先总大纲，次则逐卷逐段分注批点，可以继武圣叹，是惩是劝，一目了然。惜其年不永，殁后，将刊板抵偿凤逋于汪君苍孚，苍孚举火焚之，故海内传者甚少。嗟乎，四书也以言文字，诚哉奇观。（刘廷玑《在园杂志》卷二）

《水浒传》插图：单身劫法场

《封神演义》，以幽渺之思，恣肆之笔，写郁勃之怀，所予者没而封神，所不予者则为兴朝佐命，盖千古愤世之作。王闿运颇赏之，其弟子宋育仁经生也，遂诠释此书，衡量三教。

　　《封神演义》者，本拟《水浒传》、《西游记》而作，亦兼袭《三国志》。其文有狠笔，在明嘉靖以后，而俗间大信用之，至以改撰神号，至今言四天王、哼哈、财神、温瘟皆本之，已为市井不刊之典矣。余童时喜其言太极图有焚身之祸，盖意在讥明太宗杀方正学诸君，及其言猪狗佐白猿总戎，以讥李景隆诸将，以为各有所指。然其文衍成数十万言，必有所命意，乃能敷演，而闻仲者又以拟张江陵不学而跋扈也，其言姜环又明斥梃击事。明人喜为传奇演义之言，而此独恢诡不平，多所指斥，大致以财色为戒，故独重赵公明兄妹。财为兄而色为妹，未有无财而能耽色者也，置之十绝之中者，戒生多端，中年尤在财色也，十绝破而杀仙，万仙诛而沐猴冠矣。此由庶人以至天子，不可以太极图自陷于落魂也。故必以太极图易草菅人，不可以太子入太极图。乃愤时嫉俗者之所为，大要言贤智皆助逆，谗邪皆为神，唯禽兽乃可通天，甚恶道学之词，疑李卓吾之所为也。昔疑其有金丹医方之说，尝欲评之，今乃知其仍为迂儒，故标其作意如此。至其神名，盖别有所本，非由此始则无可考矣。（王闿运《湘绮楼日记》光绪十九年正月二十日）

　　《醒世姻缘》，或谓蒲松龄所作，以书中所述济南旱灾，与《聊斋文集》纪灾前后篇所述康熙四十二年旱灾，约略相同也。

　　　　杨复古《梦阑琐笔述》鲍以文云：留仙尚有《醒世姻缘》小说，实有所指，书成，为其家所讦，至褫其衿。（《骨董琐记》卷七）

　　康熙五十三年严禁小说，书估不敢私刻贩卖，明季以来，小说盛行之风，自此顿衰。又四五十年，始有《红楼梦》之作，然只抄阅而已，作者、阅者俱有避忌，又久之，始有刻本。

　　《红楼梦》　闻旧有《风月宝鉴》一书，又名《石头记》，不知为何人之笔。曹雪芹得之，以是书所传述者，与其家之事迹略同，因借题发挥，将此部删改至五次，愈出愈奇，乃以近时之人情谚语，夹写而润色之，借以抒其寄托。曾见抄本，卷额本有其叔脂研斋之批语，

《红楼梦》插图

引其当年事甚确,易其名曰《红楼梦》。此书自抄本起,至刻续成部,前后三十余年。恒纸贵京都,雅俗共赏,遂浸淫增为诸续部六种,及传奇盲词等等杂作,莫不依傍此书创始之善也。"雪芹"二字想系其字与号耳,其名不得知,曹姓,汉军人,亦不知其隶何旗。闻前辈姻戚有与之交好者,其人身胖头广而色黑,善谈吐,风雅游戏,触境生春,闻其奇谈娓娓然,令人终日不倦,是以其书绝妙尽致。闻袁简斋家随园,前属隋家者,隋家前即曹家故址也,约在康熙年间,书中所称大观园,盖假托此园耳。其先人曾为江宁织造,颇裕,又与平郡王府姻戚往来,书中所托诸邸甚多,皆不可考,因以备知府第旧时规矩,其书中所假托诸人,皆隐寓其家某某,凡性情遭际,一一默写之,惟非真姓名耳。闻其所谓宝玉者,尚系指其叔辈某人,非自己写照也;所谓元迎探惜者,隐寓"原应叹息"四字,皆诸姑辈也。其原书开卷有云"作者自经历一番"等语,反为狡狯托言,非实迹也。本欲删改成百二十回一部,不意书未告成而人逝矣。余曾于程高二人未刻《红楼梦》板之前,见抄本一部,其措辞命意,与刻本前八十四多有不同,抄本中增处、减处、直截处、委婉处,较刻本总当,亦不知其为删改至第几次之本。八十回书后,惟有目录,未有书文。目录有大观园抄家诸条,与刻本后四十回四美钓鱼等目录迥然不同,盖雪芹于后四十回虽久蓄志全成,甫立纲领,尚未行文,时不待人矣。又闻其尝作戏语云"若有人欲快睹我书,不难,惟日以南酒烧鸭享我,我即为之作书"云。观刻本前八十回虽系其真笔,粗具规模,其细腻处不及抄本多多矣,或为初删之稿乎?(裕瑞《枣窗闲笔》)

同时《儒林外史》亦盛行于南方。

先生姓吴氏,讳敬梓,字敏轩,一字文木,全椒人。世望族,科第仕宦多显者。先生生而颖异,读书才过目辄能背诵。稍长,补学官弟子员，袭父祖业，有二万余金。素不习治生，性复豪上，遇贫即施，偕文士辈往还，饮酒歌呼穷日夜，不数年而产尽矣。安徽巡抚赵公国麟闻其名，招之试，才之，以博学鸿词荐，竟不赴廷试，亦自此不应乡举。而家益以贫，乃移居江城东之大中桥，环堵萧然，拥故书数十册，日夕自娱，窘极，则以书易米。或冬日苦寒，无酒食，邀同好汪京门、樊圣□辈五六人，乘月出城南门，绕城堞行数十里，歌吟啸呼，相与应和，逮明，入水西门，各大笑散去，夜夜如是，谓之暖足。余族伯祖丽山先生与有姻连，时周之，方秋霖潦三四日，族祖告诸子曰："此日城中米奇贵，不知敏轩作何状，可持米三斗、钱二千往视之。"至则不食二日矣。然先生得钱则饮酒歌呶，未尝为来日计。其学尤精文选诗赋，援笔立成，夙构者莫之为胜。辛酉、壬戌间，延至余家，与研诗赋相赠答，惬意无间，而性不耐久客，不数月别去。生平见才士，汲引如不及，独嫉时文士如仇，其尤工者，则尤嫉之。余恒以为过，然莫之能禁，缘此所遇益穷。与余族祖绵庄为至契，绵庄好治经，先生晚年亦好治经，曰："此人生立命处也。"岁甲戌，与余遇于扬州，知余益贫，执余手以泣曰："子亦到我地位，此境不易处也，奈何？"余返淮，将解缆，先生登船言别，指新月谓余曰："与子别，后会不可期。即景恨恨，欲构句相赠，而涩于思，当俟异日耳。"时十月七日也。又七日，而先生殁矣。先数日，哀囊中余钱，召友朋酣饮，醉辄诵樊川"人生只合扬州死"之句，而竟如所言，异哉。先是先生子烺已官内阁中书舍人，其同年王又曾毂原适客扬，告转运使卢公，殡而归其殡于江宁，盖享年五十有四。所著有《文木山房集》、诗说若干卷。又仿唐人小说为《儒林外史》五十卷，穷极文士情态，人争传写之。子三人，长即烺也，今官宁武府同知。论曰：余生平交友莫贫于敏轩，

吴敬梓塑像

抵淮访余，检其橐，笔砚都无。"余曰："此吾辈所倚以生，可暂离耶？"敏轩笑曰："吾胸中自具笔墨，不烦是也。"其流风余韵，足以掩映一时，窒其躬，传其学，天之于敏轩，倘意别有在，未可以流俗好尚测之也。（程晋芳《勉行堂文集》卷六《文木先生传》）

明季，冯梦龙纂《古今小说》、《警世通言》、《醒世恒言》，谓之"三言"，大约采宋人通俗小说，或加删改，增以明人及己所作。同时，凌蒙初复编刻《拍案惊奇》及《二刻拍案惊奇》，谓之"二拍"，蒙初盖湖州书贾也。

  冯梦龙字犹龙，长洲人，由贡生选授寿宁知县。有《七乐斋稿》，明府善为启颜之辞，间入打油之调，虽不得为诗家，然亦文苑之滑稽也。（朱彝尊《静志居诗话》卷二〇）

蒲松龄拟唐人小说，而成《聊斋志异》，自谓集腋为裘，妄续幽冥之录，浮白载笔，仅成孤愤之书。其书取材《太平广记》等书所记狐鬼事而变化之，兼采邸报所记及里巷见闻。唐人小说一变而为宋人通俗小说，由文言而白话；再变而为《聊斋志异》，由白话而文言。摹经摹史，穷形尽相，刻画如生，风行最广而最久。续者不休，皆以聊斋为名，最为可笑，惟史襄龄《枕瑶杂记》三卷，曲折有致，能得其神似。

  先生讳松龄，字留仙，一字剑臣，柳泉其别号也。先生初应童子试，即以县府道三第一，补博士弟子员，文名籍籍诸生间。然入棘闱，辄见斥，慨然曰："其命也夫！"用是决然舍去，而益肆力于古文辞，奋发砥淬，与日俱新，而其生平之侘傺失志，濩落郁塞，俯仰时事，悲愤感慨，又有激发其志气，故其文章颖发苕竖，恢诡魁垒，用能绝去町畦，自成一家。而蕴结未尽，则又搜抉奇怪，著为《志异》一书，虽事涉荒幻，而断制谨严，要归于警发薄俗，扶持道教，则犹是其所以为古文者而已，非漫作也。先生性朴厚，笃交游，重名义，而孤介峭直，尤不能与时相俯仰。少年与同邑李希梅及余从伯父历友、视旋诸先生，结为郢中诗社，以风雅道义相劘切，终始一节，无少间。乡先生给谏孙公为时名臣，而风烈所激，其厮役佃属，或阴为恣睢，乡里莫敢言，先生独毅然上书千余言以讽，公得书惊欺，立饬其下皆敛戢。新城王司寇素奇先生才，屡寓书，将一致先生于门

下；卒以病谢，辞不往。此妄言也，集中与阮亭书，有"十年前一奉几杖"；语祭阮亭文，有"缔结姻盟"语，可证辞不往之非。呜呼！学者目不见先生，而但读其文章，耳其闻望，意其人必雄谈博辩，风义激昂，有不可一世之概。及进而接乎其人，则循循然长者，听其言则讷讷如不出诸口，而窥其中则蕴藉深远，要皆可以取诸怀而被诸世。然而厄穷困顿，终老明经，独其文章意气，犹可以耀当时而垂后世。先生之不幸也，而岂足以尽先生哉。先生祖讳生汭，父讳槃，娶刘氏，增广生刘公季调女，子四人，孙八人，曾孙四人，五世孙才一人。所著文集四卷，诗集六卷，《聊斋志异》八卷。以康熙五十四年正月二十二日卒，享年七十有六，以本年葬村东之原。又十年为雍正改元之三年，其孤将立碑以揭其行，以文属余，以余于先生为同邑后进，且知先生之深也，乃不辞而为之文以表于墓。（《聊斋文集》附张元柳《泉蒲先生墓表》）

《聊斋志异》插图：鼠腹藏金

纪昀撰《四库全书总目提要》有名，别行《阅微草堂笔记》二十四卷，为《滦阳消夏录》、《如是我闻》、《槐西杂志》、《姑妄听之》、《滦阳续录》，或称"纪五种"，言鬼狐及因果报应，诋讲学家，及人情机诈，最喜说理，又《聊斋志异》之变体。后来俞樾《右台仙馆笔记》稍似之。

河间先生典校秘书廿余年，学问文章，名满天下。……年近七十，不复以词赋经心，惟时时追录旧闻，以消闲送老。……先生尝曰：《聊斋志异》盛行一时，然才子之笔，非著书者之笔也。《虞初》以下，乾宝以上，古书多佚矣，其可见完帙者，刘敬叔《异苑》、陶潜《续搜神记》，小说类也；《飞燕外传》、《会真记》，传记类也；

卷五 明清

《太平广记》事以类聚，故可并收。今一书而兼二体，所未解也。小说既述见闻，即属叙事，不比戏场开目，随意装点。伶元之传，得诸樊嬺，故猥琐具详；元稹之记，出于自述，故约略梗概。杨升庵伪撰秘辛，尚知此意，升庵多见古书故也。今燕昵之词，媟狎之态，细微曲折，摹绘如生，使出自言，似无此理；使出作者代言，则何从而闻见之，又所未解也。留仙之才，余诚莫逮其万一，惟此二事，则夏虫不免疑冰。（《姑妄听之》附盛时彦《跋》）